# OEUVRES COMPLÈTES
## D'ESTIENNE
# DE LA BOÉTIE

PUBLIÉES

*Avec Notice biographique, Variantes, Notes et Index*

PAR

PAUL BONNEFON

BIBLIOTHÉCAIRE A L'ARSENAL

| BORDEAUX | PARIS |
|---|---|
| G. GOUNOUILHOU, ÉDITEUR | J. ROUAM & Cᶦᵉ, ÉDITEURS |
| 8, rue de Cheverus, 8 | 14, rue du Helder, 14 |

1892

OEUVRES COMPLÈTES

D'ESTIENNE

DE LA BOÉTIE

MAISON DE LA BOÉTIE À SARLAT

# A M. REINHOLD DEZEIMERIS

CORRESPONDANT DE L'INSTITUT

*Nul n'a contribué plus que vous à faire mieux connaître La Boétie. Grâce à vous, le philologue explique le penseur, et, désormais, il n'est plus possible d'ignorer l'un sans méconnaître l'autre.*

*L'hommage de ce livre vous revenait de droit.*

*Permettez-moi d'y joindre l'expression de ma reconnaissance. Sans vos encouragements, je n'aurais pas entrepris de publier à nouveau les œuvres de La Boétie. Je n'aurais pas su mener à bien cette tâche sans le secours de votre érudition. Vous m'avez guidé avec une affectueuse bienveillance vers les filons inexplorés, renonçant pour vous-même à des recherches fructueuses. N'est-ce pas vous qui m'avez signalé le passage de La Boétie à l'Université d'Orléans ? Et ce séjour n'aide-t-il pas à expliquer le* Contr'un ?

*Je n'espère pas, mon cher maître, m'acquitter envers vous en inscrivant votre nom au seuil de ce volume. Laissez-moi l'y mettre seulement comme un témoignage de ma profonde gratitude et de ma respectueuse affection.*

P. B.

# PRÉFACE

Au point de vue de leur publication, les ouvrages d'Estienne de La Boétie se divisent naturellement en deux catégories : ceux qui ont été imprimés par Montaigne, et ceux qui ont vu le jour sans son assentiment.

Les premiers, qui comprennent les traductions de Xénophon et de Plutarque, les poésies françaises et latines, offrent toutes les garanties d'exactitude et de correction. Il suffit donc, pour les remettre en lumière, de suivre fidèlement le texte donné par Montaigne. C'est ce qui a été fait dans la présente édition.

Au contraire, le *Discours de la Servitude volontaire* ne nous est point parvenu dans de semblables conditions. Quoi qu'en ait dit le D<sup>r</sup> J.-F. Payen, nous ne sommes point assurés de posséder le vrai texte de l'auteur. Publiée à l'insu de Montaigne et contre son gré, l'œuvre de La Boétie nous a été conservée par deux documents à peu près contemporains : le troisième volume des *Mémoires de l'Estat de France sous Charles neufiesme*, et un volume manuscrit du fonds de Mesmes, publié par le D<sup>r</sup> Payen.

Cette copie, actuellement conservée au cabinet des manuscrits de la Bibliothèque Nationale, sous le n° 839 du

Fonds français, a été effectuée pour Henri de Mesmes, qui voulait réfuter le *Contr'un,* et auquel Montaigne dédia un des opuscules de son ami. Elle semblerait donc offrir de sérieuses présomptions d'exactitude. A l'examen, on se convainc aisément qu'elle a été faite par un copiste maladroit, qui a défiguré maintes fois l'opuscule qu'il avait à transcrire.

C'est cependant le texte de cette copie qui est devenu la base de la présente publication du *Discours de la Servitude volontaire.* Nous avons seulement mis en notes toutes les variantes qui se trouvent dans les *Mémoires de l'Estat de France* et aussi dans le *Réveille-Matin des François.* Souvent, elles éclairent la pensée de La Boétie, et quelques-unes d'entre elles ont une importance qui n'échappera pas au lecteur. On peut, de la sorte, en comparant les différences de rédaction, reconstituer plus aisément la forme primitive.

Toutes les fois que le texte de La Boétie nous a paru exiger un Commentaire, nous avons essayé de le donner dans des annotations publiées à la fin du volume. Il est juste de remarquer ici que ce travail nous a été beaucoup facilité par nos devanciers : M. Léon Feugère, dont l'édition des *Œuvres de La Boétie* nous a été d'un grand secours; le Dr Payen, dont la collection est une source d'informations à laquelle les amis de Montaigne ne sauraient s'empêcher de puiser.

Nous avons essayé surtout de rapprocher La Boétie des écrivains qui furent ses compatriotes et ses concitoyens. Là encore, les excellents travaux précédemment publiés, sur Montaigne, sur Brantôme et sur Pierre de Brach notamment, nous ont singulièrement aidé dans cette tâche. Enfin, un index philologique dirige les recherches des curieux au milieu des divers opuscules de La Boétie.

Pour mieux faire comprendre l'œuvre, nous avons voulu

faire connaître l'auteur. L'étude qui ouvre ce volume, n'a pas d'autre ambition. Couronnée d'abord par l'Académie des Sciences, Belles-Lettres et Arts de Bordeaux, elle a été modifiée et corrigée en vue de sa nouvelle destination. Qu'il me soit permis de remercier l'Académie de Bordeaux de la récompense qu'elle a bien voulu me décerner à cette occasion.

Cette marque d'intérêt n'est pas la seule dont j'aie été honoré. Quelles que soient les imperfections de cette édition nouvelle, si elle peut être utile aux travailleurs, elle le devra aux bons enseignements qui m'ont guidé. Je suis heureux de le reconnaître maintenant. Je dois beaucoup à mon maître, M. Reinhold Dezeimeris, dont la bienveillance n'a pas cessé de m'encourager, comme sa science me conduisait. Tous ceux qui apprécient les travaux du philologue comprendront combien une pareille direction m'a été précieuse. Je remercie également M. Leo Drouyn, artiste aussi habile que savant archéologue, dont le robuste talent a illustré ce volume; M. Philippe Tamizey de Larroque, Correspondant de l'Institut, dont la bonne grâce est toujours prête à obliger; M. le vicomte Gaston de Gérard, qui a mis à ma disposition, avec une courtoisie parfaite, les recherches qu'il avait faites sur la famille de La Boétie. Je les prie de vouloir bien agréer l'expression de ma reconnaissance.

PAUL BONNEFON.

# INTRODUCTION

## Estienne de la Boétie

### sa vie, ses ouvrages

### et ses relations avec Montaigne.

'est en 1574 que parut pour la première fois le *Discours de la Servitude volontaire*, incomplet, tronqué, mutilé, sans nom d'auteur, dans le *Réveille-Matin des François*. Depuis lors, bien des éditions en ont été publiées; bien des commentateurs — et des plus célèbres — ont tenu à honneur d'étudier et d'expliquer cet opuscule de La Boétie. Est-ce à dire que la pensée de son auteur ait été parfaitement comprise? Dans l'histoire littéraire comme dans l'histoire politique, les hommes se laissent séduire par le nom seul de la liberté: il suffit de le prononcer pour être assuré de leur bienveillance. Ce sentiment n'a pas nui à La Boétie. Gagnés par la grandeur de la cause, les éditeurs du *Contr'un* en ont surfait les mérites, sans en apercevoir nettement tous les défauts; ils ont jugé l'œuvre avec les idées de leur temps, et omis de la replacer dans le milieu et à l'époque où elle avait été composée. Aussi, en ont-ils exagéré la portée, car ils y ont trouvé plutôt ce qu'ils désiraient y rencontrer que ce que son auteur lui-même y avait mis.

Telle n'était pourtant pas la marche à suivre. L'examen attentif des circonstances au milieu desquelles ce discours fut écrit par La Boétie modifierait sensiblement cette opinion et ferait apprécier l'œuvre à sa juste valeur. C'est là ce que nous avons essayé, pour notre part. Nous avons voulu, à l'aide de l'étude consciencieuse de Montaigne, de ses *Essais* et de ses préfaces — car Montaigne a su mettre tant de lui-même dans ses ouvrages qu'il y faut toujours recourir, lorsqu'il s'agit de le mieux connaître, lui ou ses amis; — à l'aide aussi des différents écrits de La Boétie, en les comparant, en les rapprochant les uns des autres, nous avons voulu éclairer d'une lumière vraie le rôle littéraire de La Boétie et ses relations avec Montaigne. Pour avoir été fort courte, la vie de l'auteur du *Contr'un* ne renferme pas moins des obscurités que nous avons cherché à dissiper, des problèmes que nous avons tenté de résoudre. Plusieurs points restent encore dans l'ombre, malgré nos efforts. Nous espérons cependant que cette étude, composée sans parti pris, fera mieux comprendre la pensée de La Boétie et la portée de son œuvre.

Comme leur titre l'indique, nous avons divisé les pages qui suivent en trois parties. Nous avons essayé tout d'abord de faire, d'après les documents et les témoignages contemporains, le récit de l'existence tout entière de La Boétie. Quelles que soient les lacunes inévitables d'une semblable entreprise, c'est par là qu'il fallait commencer. L'examen des ouvrages de La Boétie et de son amitié pour Montaigne n'en est que le corollaire. Aussi cette première partie a-t-elle été reconstituée avec des soins qui ne paraîtront pas inutiles pour saisir le véritable but du *Contr'un* et la justesse des sentiments de Montaigne (1).

---

(1) Nous avons traité en Appendice quelques points secondaires, à peine effleurés au cours de cette introduction et qui méritent pourtant d'être examinés avec un certain développement. (Voir APPENDICE I.)

# I

*Naissance d'Estienne de La Boétie (1ᵉʳ novembre 1530). Sa famille et sa première éducation. La Renaissance à Sarlat : le cardinal Gaddi. La Boétie a-t-il été élève du Collège de Guyenne ? L'Université d'Orléans. La Boétie y passe sa licence en droit (23 septembre 1553). Ses maîtres. Il est nommé conseiller au Parlement de Bordeaux (13 octobre 1553), et admis bien qu'il n'ait pas l'âge (17 mai 1554). Son mariage. Son rôle au Parlement. Rapport de La Boétie sur les pièces jouées au Collège de Guyenne. Il est envoyé en mission à la Cour et s'y trouve à l'avènement de Charles IX (décembre 1560). Son retour à Bordeaux avec les instructions de L'Hospital. Les troubles religieux en Agenais. Le roi envoie Burie pour les apaiser. Burie emmène La Boétie avec lui. Séjour à Agen (octobre 1561) : l'affaire du couvent des Jacobins. L'Édit de janvier 1562. Comment l'observa-t-on dans le ressort du Parlement de Bordeaux ? La Boétie avait écrit, à son sujet, des Mémoires, aujourd'hui perdus. Quels pouvaient-ils être ? La Boétie s'oppose aux factions des huguenots (décembre 1562). Les derniers mois de sa vie. Sa maladie et sa mort (18 août 1563).*

Estienne de La Boétie naquit à Sarlat, le mardi 1ᵉʳ novembre 1530, deux années seulement avant son illustre ami Michel de Montaigne. Sa famille tenait dans le Périgord un rang fort honorable, et son père, Antoine de La Boétie, occupait à Sarlat le poste de lieutenant particulier du sénéchal de la province. C'est lui qui fit commencer l'éducation de ce jeune esprit, qui annonçait déjà des dispositions exceptionnelles. Mais une mort prématurée (1) le força bientôt à laisser ce fils à son frère Estienne de La Boétie, sieur de Bouilhonnas, qui était aussi le parrain de l'enfant. Celui-ci s'acquitta admirablement du devoir qui lui incombait : il fut vraiment un autre père pour l'orphelin, et plus tard, à son lit de mort, Estienne de La Boétie rappelle, avec une reconnaissance touchante, que c'est à son oncle « qu'il doit son institution et tout ce qu'il est et pouvait être » (2).

(1) Le 9 juin 1540, il signait, en sa qualité de lieutenant particulier du sénéchal de Périgord, à Sarlat, le procès-verbal de l'enregistrement d'une enquête, faite en faveur de Jean de Gontaud-Biron, à la suite d'un incendie qui, en 1538, avait consumé les archives conservées dans une des tours du château de Biron (*Archives historiques du département de la Gironde*, t. II, p. 145-147). (Voir APPENDICE II.)

(2) Voir ci-dessous son testament. — Avant d'être curé de Bouilhonnas, Estienne de La Boétie fut prieur des Vayssières, près Sarlat. Si l'on en

Le sieur de Bouilhonnas acheva donc l'instruction que son frère avait entreprise. Il fit enseigner à son neveu les humanités et la philosophie, et lorsque les progrès, dans ces deux branches, eurent été aussi remarquables qu'on les attendait de cette précoce intelligence, il voulut que le jeune homme s'adonnât au droit et à la jurisprudence. Le moment était venu d'abandonner la famille, au sein de laquelle on faisait d'ordinaire alors ses premières études. Pourtant La Boétie semble avoir poussé plus avant qu'on n'allait habituellement l'éducation qu'il avait commencée au milieu des siens.

La Renaissance était, à ce moment, dans tout l'éclat de sa splendeur, et son influence bienfaisante se ressentait à Sarlat. En 1533, le roi François I$^{er}$ avait nommé au siège épiscopal de cette ville le cardina Nicolas Gaddi, parent des Médicis, qui occupa ce poste jusqu'en 1546, c'est-à-dire pendant l'enfance et l'adolescence d'Estienne. Prélat instruit, ami des lettres et des arts, dont le goût était de tradition dans sa famille, le cardinal Gaddi avait en particulière affection les lettres et les arts de la Grèce. C'est lui qui offrit à François I$^{er}$ un certain nombre de manuscrits grecs, qui lui venaient de son parent, Jean Gaddi, doyen de la chambre apostolique et plus épris encore que lui-même des choses de l'antiquité (1). Nicolas Gaddi, qui était à Rome lors de sa nomination, ne fit son entrée dans son diocèse que huit ans après sa prise de possession et il ne séjourna pas toujours au milieu de ses fidèles (2). Ce contact échauffa pourtant les esprits. La trace de cette influence n'est pas absolument disparue ; les armes du cardinal Gaddi se voient encore sur une des façades de l'évêché et il semble que cette partie du palais ait été construite sous son inspiration, peut-être par des ouvriers que l'évêque avait ramenés de son pays. L'ardeur de l'humaniste fit des prosé-

croit une note manuscrite de l'abbé de Lespine, il avait étudié à Toulouse, au collège Saint-Martial, de 1517 à 1523. C'est là qu'il prit son grade de bachelier en droit, le 3 mars 1523, comme il appert de titres que Lespine affirme avoir vus.

(1) Notamment les n$^{os}$ 809, 1173, 2412, du fonds grec actuel de la Bibliothèque nationale. (Léopold Delisle, *Le Cabinet des manuscrits de la Bibliothèque nationale*, t. I p. 158.)

(2) Sur l'épiscopat du cardinal Gaddi, voyez les *Chroniques de Jean Tarde, chanoine théologal et vicaire général de Sarlat*, publiées par M. de Gérard, p. 223.

(3) Cette demeure est assurément un fort bel échantillon de l'art de la Renaissance, ainsi qu'on en peut juger par l'eau-forte due à la pointe de M. Leo Drouyn et placée en tête de ce volume.

(4) M. Gaullieur, qui a donné sur le Collège de Guyenne une mono-

lytes. Nulle part elle ne fut mieux accueillie que dans la maison de La Boétie, nouvellement élevée sur la place du Moustier, et que quelques pas à peine séparaient de l'évêché (3). Là, il y avait une jeune âme déjà mûre pour comprendre le charme ineffable de la beauté antique, et qui trouva, dans cette passion, le germe puissant qui féconde et qui fertilise.

Il n'est pas vraisemblable, commme l'ont prétendu la plupart de ses biographes, qu'Estienne de La Boétie vint achever ses études au Collège de Guyenne, qui était sans conteste le plus renommé de la région. Alla-t-il ailleurs? Rien ne permet de le supposer. Mais si La Boétie eût étudié à Bordeaux, comment expliquer que Montaigne, qui fut l'élève du Collège de Guyenne de 1539 à 1546, n'ait point entendu parler alors d'un condisciple si remarquable? Ils ne lièrent connaissance que plus tard, au Parlement, et, au surplus, le récent historien du Collège de Guyenne n'a pas rencontré, à ma connaissance, le nom de La Boétie parmi les élèves de cet établissement (4).

De Sarlat, La Boétie alla donc, sans doute, directement à Orléans couronner, à l'Université des Lois, les études qu'il avait faites dans sa famille. C'est là qu'il prit ses grades, et les registres nous en ont conservé la preuve. « Le 23 septembre 1553, y lit-on, fut ordonné par le recteur et le collège de l'Université d'Orléans Maître Estienne de La Boétie, du diocèse de Sarlat, qui paiera pour droit de son grade de licencié en droit civil trente sols tournois, dix autres pour le droit de nation, mais rien pour la jurande, — ou inscription accompagnée du serment, — parce qu'il est bachelier. Fait dans le dit collège, l'an du Seigneur 1553, le 23ᵉ jour du mois de septembre. *Pour le secrétaire*, CHÉTEAU (5). » Après cela, il demeure désormais certain que La Boétie acquit à Orléans cette profonde science juridique, dont ses contemporains nous disent

graphie intéressante et pleine de faits (Bordeaux, 1875, in-8º). Cette tradition du passage de La Boétie dans les écoles de Bordeaux a été, pour la première fois, mise en doute par M. Dezeimeris, dans son discours sur la *Renaissance des Lettres à Bordeaux*, p. 39.

(5) En voici le texte : « Eodem die, pro licentia magistri Stephani LA BOËTIE, Sarlatensis diocesis, in jure civili, anno et die quibusupra *(sic)* : Pro domino scolastico, XL s. t. ; pro bedello nationis, V s. t. ; pro procuratore, II s. VI d. ; pro natione, X s. t. ; pro bursa Universitatis, XXX s, t. ; pro receptore generali, II s. t. ; pro scriba, XII d. ; pro bedello generali ceterisque, XLVIII s. t. ; jura baccalaureatus. MYNIER, loco rectoris. — Eodem die quo supra, ordinatum fuit a domino rectore et collegio Universitatis Aurelianensis, quod magister Stephanus LA BOËTIE, Sarlatensis diocesis, solvet pro jure sui gradus Licentiatus in jure civili, triginta asses turonenses, et pro jure nationis, decem alios ; nihil autem pro juranda quia

qu'il était pourvu à un si haut degré, et qu'il reçut son diplôme de licencié en droit civil dans la belle salle des Thèses, construite vers les commencements du XVe siècle et qui est maintenant le seul vestige survivant d'une grandiose institution (1).

L'Université d'Orléans était fort ancienne et fort renommée : avec celle de Toulouse, où le sieur de Bouilhonnas avait étudié et où l'on croit que Montaigne fit aussi une apparition, c'était la plus ancienne et la plus renommée du royaume, après Paris. Dès les temps les plus reculés, elle fut le centre d'un ardent foyer d'instruction et compta dans son sein de nombreux élèves et des maîtres érudits (2). L'un d'eux, le bordelais Bertrand de Goth, devenu pape sous le nom de Clément V, se souvint de l'école où il avait passé sa jeunesse, et lui donna, par des bulles du 27 janvier 1305, la réglementation qui lui manquait encore. Cette puissante organisation, qui régularisait un état de choses depuis longtemps existant, fit de la nouvelle Université des Lois une des écoles les plus fréquentées de France. Bientôt la réputation de ses docteurs s'étendit partout, et, à certaines époques, disent les chroniqueurs, plus de cinq mille étudiants, divisés en dix nations, en suivaient les cours de droit civil et de droit canonique (3).

Cependant les luttes qui occupèrent le XVe siècle tout entier ternirent, un moment, l'illustration des écoles d'Orléans; elle était revenue, sous les règnes de Louis XII et de François Ier, plus brillante que jamais. Une élite de savants s'y était donné rendez-vous pour enseigner en même temps. Aussi les disciples abondèrent-ils vite, à nouveau, autour de semblables maîtres. C'est pendant cette période d'éclat que La Boétie y séjourna. Successivement il étudia sous Anne Du Bourg, que sa science

baccalaureus. Actum in dicto collegio, anno Domini millesimo quingentesimo quinquagesimo tertio, die vero vicesima tertia mensis septembris. CHETEAU, proscriba. » — Ce document important a été découvert et publié par M. Jules Doinel (*Documents du XVIe siècle, tirés des archives orléanaises*, 1876, brochure in-8°, p. 7).

(1) Boucher de Molandon, *La Salle des thèses de l'Université d'Orléans*, p. 17.

(2) Pour l'histoire de l'Université d'Orléans, il faut consulter les histoires générales d'Orléans (Lemaire, Symphorien Guyon), l'*Histoire du droit romain au moyen âge* de Savigny (t. III, p. 286) et surtout l'importante monographie de M. Eugène Bimbenet (*Histoire de l'Université des Lois d'Orléans*, 1853, in-8°).

(3) Boucher de Molandon, *loc. cit.*

(4) Anne Du Bourg enseignait à Orléans en 1549, avant même d'être reçu docteur-régent. On conserve un manuscrit qui renferme son cours de cette époque, ainsi que celui de son collègue Mynier (Bibliothèque publique d'Orléans, n° 209). C'est un volume in-folio, qui contient un commentaire

juridique devait promptement amener au Parlement de Paris (4), sous Jean Le Jay, qui succéda à Du Bourg comme recteur de l'Université, sous Jean Mynier, qui remplaçait momentanément le recteur en octobre 1553, et signa, en cette qualité, les cédules de licencié de La Boétie, sous Jean Robert, le rival de Cujas, sous François Jamet, Jean Roille et Pierre Caillard. De mérites assurément fort divers, ces maîtres surent donner à leur jeune élève une érudition peu commune, qui devait émerveiller bientôt le Parlement de Bordeaux.

L'étude du droit était alors, comme on le sait, particulièrement ardue et difficile. A l'enseignement de la législation romaine, que la méthode inaugurée par Cujas commençait à vivifier, s'ajoutait l'examen d'innombrables coutumes, toujours obscures, le plus souvent contradictoires. L'activité des jeunes gens suffisait pourtant à cette tâche considérable, tant l'ardeur au travail était grande, le goût du savoir prédominant. Non contents de fouiller jusqu'en ses plus intimes replis une science déjà si vaste par elle-même, ils apprenaient encore tout ce qui l'approchait ou pouvait l'éclairer, et ils gagnaient ainsi une érudition aussi solide que variée. Tel fut le résultat du séjour de La Boétie à l'Université d'Orléans. L'étude du droit n'occupait pas seule les fécondes années de sa jeunesse. Il approfondissait la jurisprudence, mais ces travaux, quoique importants, ne pouvaient suffire à calmer la soif de tout connaître dont il était possédé. Il se passionnait encore pour la philologie antique, qui l'attirait comme elle attirait tout son siècle, et composait, en manière de délassement, des vers français, latins ou grecs (5). C'est même avant cette époque, au dire de ses contemporains, qu'il écrivait le chef-d'œuvre qui devait immortaliser son

---

sur deux livres du Code : le premier a été interprété par Jean Mynier, le second par Du Bourg. En voici le titre : *Commentaria ad titulum XVIII libri primi Codicis de juris et facti ignorantia, et ad sexti libri Codicis titulum de Collationibus*. Nommé régent au mois de mai 1550, Du Bourg entra en fonctions en même temps que ses collègues Le Jay et Jean Robert. Il fut une première fois nommé recteur le 23 juin 1553, en remplacement de Jean Roille, et le demeura jusqu'au 7 octobre de la même année, la dignité de recteur n'étant conférée que pour quatre mois seulement. Nommé une seconde fois, il resta en exercice du 23 juin au 7 octobre 1555. Enfin, ayant obtenu ces fonctions une troisième et dernière fois, il les tint du 23 juin au 7 octobre 1557. En novembre de la même année, il quittait l'Université d'Orléans pour le Parlement de Paris. (Cf. Jules Doinel, *Anne Du Bourg à l'Université d'Orléans, sa régence, son habitation, ses trois rectoreries*. Orléans, 1884, in-8°.)

(5) Plusieurs des vers latins, qui nous sont parvenus, sont de cette époque, notamment deux distiques adressés à Lambert Daneau et sur lesquels nous aurons plus loin l'occasion de revenir.

nom, ce *Contr'un* dont les accents éloquents ont traversé les siècles et sont arrivés jusqu'à nous. Plus loin, nous examinerons à loisir quelles en furent les origines et les conséquences, dans la pensée de son auteur. Maintenant il nous suffit de le placer à sa date, dans l'existence de celui qui l'avait conçu.

Par son zèle studieux ou ses délicats passe-temps, Estienne de La Boétie acquérait une légitime réputation de conscience et d'érudition, et ses précoces mérites lui ouvraient, avant l'âge, les portes du Parlement de Bordeaux. Le 20 janvier 1553, le roi Henri II autorisait par lettres-patentes Guillaume de Lur, conseiller au Parlement de Bordeaux (1), celui-là même qui est nommé dans la *Servitude volontaire* (2), à résigner son état et office de conseiller en ladite cour, au profit de Maître Estienne de La Boétie, avocat au Parlement (3). A cette date, le futur conseiller avait seulement vingt-deux ans et quelques mois, et l'âge requis par les ordonnances pour tenir les offices de judicature était de vingt-cinq ans. Aussi, quand, le 13 octobre suivant, — quelques jours seulement après la délivrance du diplôme de licencié, — le roi envoyait de Villers-Cotterets de nouvelles lettres-patentes pour pourvoir « son almé et féal Maître Estienne de La Boétie de l'office de conseiller en la cour par la résignation de Maître Guillaume de Lur », il y

---

(1) Guillaume de Lur de Longa, conseiller lay au Parlement de Bordeaux depuis 1528, était un fervent ami des lettres. On le trouve mentionné dans De Lurbe *(De illustribus Aquitaniæ viris*, p. 101), qui en fait un émule du docte Briand de Vallée, l'ami de Rabelais et conseiller lui aussi à Bordeaux. Buchanan lui adresse une charmante pièce d'hendécasyllabes (édit. de 1628, p. 314), Jules-César Scaliger une lettre flatteuse (*Epist.*, p. 132), et enfin, Robert Britannus, professeur au Collège de Guyenne et plus tard à Toulouse, lui dédie le livre de ses poésies latines (Toulouse, 1536). — En quittant le Parlement de Bordeaux, Guillaume de Lur entra à celui de Paris. D'après le *Catalogue de tous les conseillers du Parlement de Paris* de Blanchard (p. 74), il fut reçu le 4 juin 1554, et mourut en 1557. Par lettres-patentes du roi, Guillaume de Lur avait été autorisé à garder les entrées aux séances de la Cour de Bordeaux, malgré la cession de son office à La Boétie; toutefois il ne pouvait « y avoir opinion ». (*Chronique de Jean de Métivier*, t. II, p. 64.)

(2) Sous le nom de *Longa*, ainsi qu'on le désignait alors assez communément, notamment dans les registres secrets du Parlement. « Le 29 mai 1528, y lit-on, M. Me Raimond, autrement Guillaume de Lur, dit de Longa, a esté receu audit office de conseiller de feu M. Me François Bonnal, » décédé le 24 mars précédent. (Jean de Métivier, *Chronique du Parlement de Bordeaux*, t. I, p. 272.) — Le Dr Payen s'est donc mépris en croyant que ce devait être Bertrand de Larmandie, quatrième du nom, baron de Longa ou Longua (château situé dans la commune de Sainte-Foy-de-Longa, arrondissement de Bergerac), contemporain, il est vrai, de La Boétie, mais qui ne semble pas avoir eu de relations avec lui. Au contraire, la maison noble de Longa dont il s'agit est située dans la com-

joignait des lettres de dispenses, qui permettaient au jeune homme d'occuper sa charge. « Attendu, disaient-elles au Parlement, sa suffisance qui supplée en cest endroict l'aage qui lui pourrait défaillir, et ne voulant cela lui nuire et préjudicier en aucune manière, vous mandons... que... vous ayez à recevoir le dict La Boétie au serment (4). »

Pour se conformer à des ordres aussi formels, la Cour se réunissait le 11 mai 1554, toutes chambres assemblées, et délibérait sur l'admission du postulant. Six jours après, le 17 mai, elle décidait d'admettre Estienne de La Boétie au serment, quoiqu'il n'eût en réalité que vingt-trois ans et demi (5). Nous trouvons des traces de l'accomplissement de cette formalité dans les registres secrets de la Cour. Nous lisons, en effet, dans le compte rendu de la séance de ce jour, que les chambres s'assemblèrent « pour procéder à l'examen des sieurs Pomiers et La Boétie, lesquels ayant été reconnus idoines et suffisants, furent reçus à prêter serment (6). »

C'était là une exception flatteuse, sans doute, mais justifiée par les qualités du candidat. Comme son ami Arnaud de Ferron, qui avait succédé à son père à vingt et un ans seulement, le 10 avril 1536, La Boétie voyait se lever, devant son talent, les rigueurs de la règle. Tous deux se montrèrent dignes de la faveur,

---

mune de Saint-Médard, canton de Mussidan, arrondissement de Ribérac. (Vicomte de Gourgues, *Dictionnaire topographique du département de la Dordogne*, verbo *Longa*, et aussi *Archives historiques du département de la Gironde*, t. XXIII, p. 266.) — Le mérite de cette ingénieuse identification appartient à M. R. Dezeimeris, qui l'a signalée dans son discours déjà cité sur *la Renaissance des lettres à Bordeaux au XVIe siècle*, p. 29.

(3) Archives départementales de la Gironde, *Registres du Parlement*, vol. 34, folio 180. — Ces lettres sont mentionnées dans l'ouvrage de M. Théophile Malvezin sur *Michel de Montaigne, son origine et sa famille* (Bordeaux, 1875, in-8°), p. 272.

(4) Archives départementales, *Reg. du Parlement*, vol. 34, f°. 124. Les lettres de provision et les lettres de dispense d'Estienne de La Boétie ont été publiées intégralement par M. Roborel de Climens dans le tome XXV des *Archives historiques de la Gironde*, p. 336.

(5) Et non 1553, comme l'écrit à tort le Dr Payen. On trouvera le récit détaillé de ces deux séances de la Cour dans la *Chronique du Parlement de Bordeaux* du conseiller Jean de Métivier, publiée par MM. Arthur de Brezetz et Jules Delpit, t. II, p. 63 et suivantes.

(6) Fils du savant président Sauvat de Pomiers, auquel La Boétie a adressé un distique latin conservé dans ses *Poemata* (f° 166, r°), Pierre de Pomiers, sieur du Breuil, devint conseiller par suite de la résignation de l'office de son père. N'ayant pas encore atteint l'âge légal, il obtint, comme La Boétie, des lettres de dispense datées du 16 avril de la même année (Brives-Cazes, *Le Parlement en 1549*, p. 194). L'admission de Pierre de Pomiers souleva quelques réclamations.

car l'un et l'autre, par leur savoir comme par leur probité, honorèrent le Parlement de Bordeaux, riche pourtant en grands hommes et en grands souvenirs. D'ailleurs, en pénétrant dans ce corps si attaché à ses traditions, si jaloux de ses prérogatives, La Boétie n'y arrivait pas comme un étranger. Sa mère qui était une Calvimont, était la sœur du président de Calvimont (1), et son propre mariage, dont nous ignorons la date, mais qui ne put être que postérieur à son entrée au Parlement, ne fit que multiplier ces alliances et les rendre plus étroites encore. Probablement peu de temps après avoir été pourvu de sa charge, Estienne de La Boétie épousait Marguerite de Carle, sœur du célèbre Lancelot de Carle, évêque de Riez, et aussi du président Pierre de Carle, qui lui-même avait épousé la sœur d'Arnaud de Ferron (2). Depuis 1552, Marguerite de Carle était veuve de Jean d'Arsac, seigneur d'Arsac, du Castera de Saint-Germain, de Lilhac et de Loyrac en Médoc, et qui était issu d'une vieille famille de chevalerie (3). Dans cette union La Boétie trouva le bonheur domestique, et plus tard, à son heure dernière, il eut la suprême consolation de s'endormir entre les bras de celle qu'il nommait alors « sa bien aymée femme et expouse », et qu'il déclarait avoir rencontrée « si sage, si conforme à ses volontés, et ne lui ayant commis nulle faute ».

Dès les premiers temps de sa présence au Parlement, La Boétie se distingue par une conscience scrupuleuse à remplir les devoirs de sa charge. Les registres nous apprennent qu'il assistait très régulièrement aux séances, et nous le voyons successivement siéger aux diverses chambres. La Cour lui confie même quelques travaux particuliers. C'est ainsi qu'il est chargé, le 15 mars 1555, de concert avec son collègue François de La Guyonnie d'examiner le sieur Lagarde, pourvu de l'office de lieutenant-général à Tulle, et tous deux concluent à son admission au serment (4). Mais ce

---

(1) Les liens de parenté d'Estienne de La Boétie avec la famille de Calvimont sont ci-après indiqués à l'APPENDICE II.
(2) Ce degré de parenté est nettement désigné dans un acte du 9 décembre 1559, par lequel les jurats de Bordeaux, ayant un procès avec un marinier de Toulouse, récusent cinquante et un membres du Parlement, qu'ils regardent comme prévenus contre eux. Dans ce nombre figurent le président de Carle et La Boétie, celui-ci parce qu'il « a esposué la sœur de Monsieur le président de Carle. » (Archives historiques de la Gironde, t. XIX, p. 470.) — Sur Lancelot de Carle, évêque de Riez, l'ami de Ronsard et de toute la Pléiade, je me contenterai de renvoyer à sa Vie par Guillaume Colletet, publiée par M. Ph. Tamizey de Larroque, avec des notes comme il sait en faire (Vie des poètes bordelais et périgourdins, 1873, in-8º). J'ai moi-même étudié l'helléniste, chez Lancelot de Carle, en éditant sa traduction du premier livre de Théagène et Chariclée. Je me bornerai à

n'étaient là que des fonctions peu importantes. Quels que fussent son savoir et son intelligence, La Boétie comprenait que son inexpérience ne pouvait que gagner à garder le silence et à observer. Il se préparait mieux, de cette façon, au rôle plus important qu'il allait jouer bientôt parmi ses collègues.

C'est seulement en 1560 que la personnalité de La Boétie commença à s'affirmer au Parlement de Bordeaux (5). Au début même de l'année, nous le voyons désigné par la Cour pour des missions particulières. Voici en quelles circonstances. Au Collège de Guyenne, les représentations théâtrales faisaient, pour ainsi dire, partie intégrante des programmes d'éducation (6). Une lettre de Britannus nous apprend qu'à l'origine de ce célèbre établissement les élèves organisaient déjà des représentations, dont e succès n'était pas toujours assuré. Sous la direction de Gouvéa, qui recherchait tous les moyens de rendre plus prospère encore la maison confiée à ses soins, ce goût ne fit qu'augmenter, et le Collège de Guyenne acquit, à ce point de vue, une grande réputation. Montaigne, qui y joua, l'atteste, et nous possédons les tragédies que les professeurs Muret, Buchanan, composaient à cette intention. Mais les désordres avaient fini par se mêler à ces amusements. En avril 1556, à la suite d'abus devenus de jour en jour plus graves, le Parlement avait dû défendre à tous bateleurs, enfants sans souci et autres joueurs de farces, de représenter aucunes pièces « concernant la religion ou foi chrétienne, la vénération des saints et les saintes institutions de l'Église » (7). En 1558, à la suite de nouveaux troubles survenus dans le Collège de Guyenne même, la Cour étendit sa censure à cet établissement, et décida qu'à l'avenir on n'y représenterait aucune pièce qui ne lui eût été soumise auparavant. C'est pour ce motif, qu'en 1560, Jean Deniset, régent des *primani* ou professeur de rhétorique (8),

---

compléter ce que j'en disais alors par un renseignement qui m'avait échappé et que je trouve dans la belle *Bibliographie hellénique* de M. Emile Legrand (Paris, 1885, 2 vol. in-8°). C'est à Lancelot de Carle que le célèbre Ange Vergèce dédia son édition du *Pimander* (Paris, 1554, in-4°), dans une épitre grecque que M. Legrand a reproduite (t. I, p. 292).

(3) Th. Malvezin, *Michel de Montaigne, son origine et sa famille*, p. 137.
(4) Jean de Métivier, *Chronique du Parlement de Bordeaux*, publiée par A. de Brezetz et Jules Delpit, t. II, p. 114.
(5) Sur le rôle de La Boétie au Parlement, voir APPENDICE III.
(6) E. Gaullieur, *Histoire du collège de Guyenne*, p. 256, et aussi *Histoire de la Réformation à Bordeaux et dans le ressort du Parlement de Guyenne*, t. I, p. 251.
(7) *Archives historiques de la Gironde*, t. III, p. 466.
(8) C'est sans doute le même Jean Deniset, de Sens, qui publie en 1579,

voulant faire représenter trois pièces de sa composition, c'est à dire une comédie allégorique, intitulée : *Regnorum integritas concordia retinetur,* puis une moralité en français, inspirée sans doute du *Plutus* d'Aristophane, enfin, une farce, qui devait terminer le spectacle, dut demander au préalable l'assentiment de la Cour. Le Parlement rendit un arrêt, le 3 février 1560, autorisant la représentation, et cela sur « le rapport de M⁰ Estienne de La Boétie, conseiller commis pour veoir les dites comédie, moralité et farce, qui auroit dit n'y avoir trouvé aucunes choses scandaleuses » (1). Le juge, on en conviendra, était on ne peut mieux choisi à tous égards. La représentation eut lieu et elle fut couronnée, paraît-il, d'un si plein succès, qu'il excita la jalousie des clercs de la Basoche.

A cette date, La Boétie demeurait lui-même près du Collège de Guyenne. Le 28 novembre 1559, par devant M⁰ Themer, notaire royal (2), il avait loué aux héritiers Du Rochier une maison « scize et scituée en la présente ville, en la paroisse Sainct Helloy, en la rue de Rostaing, près le collège, sortant de la rue du dict collège d'une part et à ladicte rue de Rostaing de l'aultre ». Le bail était fait pour une année seulement, moyennant « le pris et somme de quatre vingt livres tournois,... payables de quartier en quartier ». Fut-il renouvelé dans la suite, et faudrait-il croire que La Boétie y demeura plus longtemps? Il n'y a rien d'invraisemblable à cela. La Boétie se trouvait assez rapproché de ses propres relations. Son habitation ne devait pas être éloignée de celles de ses parents de Carle et de Ferron, dont l'impasse de la Rue-Neuve portait alors le nom, et Michel de Montaigne possédait, lui aussi, plusieurs immeubles dans la rue du Mirail, voisine de là, et dans la rue de Sarlat, au quartier de la Rousselle.

Dès lors les nouvelles missions se succédèrent rapidement, et, en se succédant, elles ne firent qu'augmenter d'importance. Dans ces temps de troubles perpétuels, les gages des membres du Parlement étaient toujours en retard, et parfois l'arriéré comprenait plusieurs années. Pour faire cesser ce déplorable état de choses,

---

chez Frédéric Morel, *Philosophiæ naturalis epitome* (in-4°), et, l'année suivante, *Totius artis disserendi compendium libri IV* (1580, in-4°). Cf. *Répertoire des ouvrages pédagogiques du XVIᵉ siècle*, Paris, 1886, in-8°, p. 200.

(1) Cette intéressante décision a été publiée, avec des notes explicatives, par les soins de M. le conseiller E. Brives-Cazes, dans le tome III susmentionné des *Archives historiques de la Gironde*, p. 465.

(2) Archives départementales de la Gironde, série E, *Notaires*. Ce document doit figurer dans le tome XXVI des *Archives historiques de la*

La Boétie fut chargé, à la fin de cette même année 1560, d'aller solliciter du roi un mode désormais assuré de paiement des gages de la magistrature (3). Il partit donc avec le greffier Jacques de Pontac, qui lui avait été adjoint pour cela, et tous deux se rendirent à Paris.

Sur ces entrefaites, survint la mort du roi François II (5 décembre 1560). La nouvelle du trépas royal ne parvint à Bordeaux que le 13 suivant, en même temps que la lettre par laquelle le nouveau roi, Charles IX, annonçait au Parlement son avènement à la couronne. On fit la lecture de cette missive en grande solennité, au milieu des chambres assemblées. En notifiant son arrivée au trône, le jeune prince recommandait aux membres du Parlement et aux jurats de « faire vivre en paix la population bordelaise, évitant avec soin les occasions de querelles pour le fait de la religion (4) ». La Cour ordonna ensuite des prières publiques, puis elle députa les présidents Lancelot de Fauguerolles et Fronton de Bérauld, Léonard d'Alesmes et Jacques Robert de Lineyrac, présidents aux enquêtes, et Antoine de Lescure, procureur général, pour aller à Paris faire la révérence à Sa Majesté et lui prêter le serment de fidélité accoutumé. En outre, elle décidait que le conseiller La Boétie et le greffier Pontac, qui se trouvaient déjà dans la capitale, se joindraient à cette députation spéciale (5).

La Boétie ne revint à Bordeaux qu'au mois de mars de l'année suivante. Retardées par tous ces événements, les négociations avaient été longues et laborieuses. Le 26 mars 1561, il rend compte à ses collègues de la poursuite et diligence faite par lui auprès du roi et des seigneurs de son Conseil privé. Il annonce que le roi, par lettres-patentes signées à Pontoise le 4 mars 1561, a donné assignation perpétuelle sur la recette générale d'Agen, pour les gages de la Cour à partir du 1er janvier de ladite année (6). Il rapporte, en outre, les sages paroles que le Chancelier lui a dites, lorsqu'il en prenait congé.

En partant, Michel de L'Hospital le chargeait de ses recommandations pour la Cour. Chancelier de France depuis l'année

---

*Gironde*. Il a été récemment découvert par M. Roborel de Climens, qui a eu la bonne grâce de me le faire connaître.

(3) Boscheron des Portes, *Histoire du Parlement de Bordeaux*, t. I, p. 119.
(4) Jean de Gaufreteau, *Chronique bourdeloise*, t. I, p. 94.
(5) Bibliothèque publique de Bordeaux, *Registres secrets*, ms. 367, f° 112. Cité dans Boscheron des Portes, t. I, p. 162, et dans Gaullieur, *Histoire de la Réformation à Bordeaux*, t. I, p. 224.
(6) Bibliothèque nationale, *Fonds Périgord*, n° 11. Extraits manuscrits des registres secrets du Parlement de Bordeaux.

précédente (mars 1560), L'Hospital avait inauguré, deux mois à peine après son arrivée au pouvoir, la politique de tolérance qu'il pratiqua toujours. Mais le Parlement de Bordeaux avait fait, au début, quelque opposition à cette nouvelle impulsion. Lors de la publication de l'édit de Romorantin (mai 1560), la Cour s'était tout d'abord refusée à l'enregistrer. Elle transmit au roi François II des remontrances que celui-ci n'écouta point. Afin d'éviter un semblable retard aux ordonnances d'Orléans, qui confirmaient et élargissaient l'édit de Romorantin, le Chancelier les fit suivre de prudents conseils, comme il savait en donner à l'occasion. Il profita d'un intermédiaire tel que La Boétie pour faire savoir comment il en fallait conduire l'exécution. « Elle demeure toute entière en la direction et sagesse de la Cour, disait L'Hospital, laquelle doit bien aviser de ne point irriter le mal par la rigueur, ni aussi de l'augmenter par la licence (1). » Profondes paroles qui semblaient plus judicieuses encore, répétées par le jeune conseiller!

Quelques mois seulement après son retour de Paris, La Boétie allait lui-même être appelé à mettre en pratique les sages recommandations de L'Hospital. La Guyenne était, sans nul doute, la partie du royaume dans laquelle les réformateurs avaient fait le plus grand nombre de prosélytes, et ils comptaient beaucoup sur la ferveur de ces adeptes. Mais, au centre de la Guyenne, l'Agenais se faisait remarquer encore par l'effervescence des passions religieuses. C'est dans cette place forte de la Réforme que La Boétie dut se rendre, appelé par des circonstances trop graves pour ne pas les raconter ici aussi longuement qu'elles le méritent.

Ces désordres duraient depuis longtemps et augmentaient chaque jour d'intensité. Déjà, le 18 janvier 1561, le greffier Pontac avait averti la reine-mère, au nom du Parlement, des troubles qui se fomentaient un peu partout dans le ressort de la Cour, et principalement en Agenais (2). La lettre, trop exagérée, recommandait l'emploi des moyens extrêmes à l'égard des turbulents. Mais Catherine, sous l'influence de L'Hospital, penchait alors vers la conciliation. « Ceulx d'Agen continuent tousjours de faire les folz, écrit-elle le 20 mai à M. de Burie, qui occupait à cette époque le poste de lieutenant du roi à Bordeaux, et qui se faisait remarquer par la modération de ses idées, et pour ceste cause, puisque leur sénéchal ne peut y aller pour la charge qu'il a, il

---

(1) Bibliothèque nationale, *Fonds Périgord*, n° 11, f° 417.
(2) *Archives historiques de la Gironde*, t. XIII, p. 147.
(3) *Lettres de Catherine de Médicis*, publiées par le comte H. de la Ferrière (dans la collection des *Documents inédits sur l'histoire de France*), t. I, p. 196.

sera bon, n'estant loing de là, que vous y faciez ung tour, car vostre présence y servira grandement et vous leur sçaurez aussi trop mieulx faire entendre ce qu'ilz auront à faire que autre qui y puisse aller (3). » Suivant ces instructions, Burie s'y rendit donc sans retard. En arrivant, le lieutenant du roi trouvait les esprits fort échauffés, et le nombre des mécontents était étrangement augmenté. Chacun, il est vrai, se disait le fidèle serviteur du roi, mais aussi chacun réclamait la faculté de pouvoir agir selon sa propre volonté (4). Pourtant, grâce au sens politique et aux habiles concessions de Burie, le soulèvement n'eut pas les suites fâcheuses qu'on aurait pu redouter.

En présence de la tournure favorable que prenaient les événements, Burie crut qu'il était inutile de demeurer plus longtemps à Agen. A peine avait-il quitté cette ville, que les dissensions religieuses y recommençaient avec autant de vigueur et que les réformés, non contents des locaux qu'il leur avait assignés pour leurs réunions (5), s'emparaient du couvent des Jacobins, « tant pour y prescher que pour y loger des ministres ». L'autel et les statues en furent brisés. De plus, à cette cause de troubles, vinrent s'ajouter d'autres motifs de discordes. Partout où les catholiques étaient les plus puissants, à Libos, à Tournon, ils faisaient subir à leurs adversaires des vexations que ceux-ci s'empressaient de leur rendre, lorsqu'ils étaient en force. A Condom, à Penne, à Villeneuve-d'Agen, les huguenots avaient chassé les moines, brisé les autels et jeté au feu les reliques des saints.

Le bruit de ces nouveaux excès parvint aux oreilles du roi. Charles IX était fort irrité de ces désordres, « en cette saison où il semble que plusieurs abusent de la doulceur et clémence dont elle (sa majesté) a uzé depuis son avènement à la couronne, ont prins une licence si affreuse qu'elle ne promect rien moings qu'une subversion en toutes choses, si elle estoit plus longtemps tollérée » (6). Aussi s'empressa-t-il de confirmer les instructions qu'il avait précédemment envoyées à Burie le 9 juillet de la même année, par l'entremise du capitaine Arné, guidon de la compagnie du roi de Navarre, et ordonna-t-il à son lieutenant, dans des lettres datées de Saint-Germain-en-Laye, le 4 septembre 1561, de se rendre au plus vite en Agenais, pour y achever la pacification des esprits.

Cette missive est longue et détaillée : elle retrace le plan com-

(4) *Archives historiques de la Gironde*, t. XIII, p. 151.
(5) Burie les autorisait à se réunir au petit temple de Saint-Fiari, à la condition d'être paisibles. (E. Gaullieur, *op. cit.*, t. I, p. 273.)
(6) Bibliothèque Nationale, *Fonds français*, n° 15,875, f° 3.

plet de la conduite à tenir. « Je n'oy tous les jours, disait le roi (1), aultres nouvelles que des insolences, excès, scandalles, ports d'armes et émotions qui se font ordinairement en une infinité de lieulx de mon pays du Guyenne, par des gens qui n'ont nulle religion, au moings les actes le démontrent. Et pour ceste cause, d'autant que cela en quelque sorte que ce soyt est contraire à la religion, et qu'il est croyable que tels malheureulx seront désadvouez par tous les gens de bien, de quelque religion qu'ilz soyent, j'ay advizé avant que le mal passe plus oultre d'y pourvoir et rémédier, en faisant chastier ceulx qui sont autheurs de tels maléfices. » Pour cela, le roi autorisait M. de Burie d'assembler sous ses ordres les compagnies de gens d'armes du pays de Guyenne et de lever trente arquebusiers à cheval, dont le commandement serait confié à quelque gentilhomme de bien. Le roi envoyait les appointements nécessaires à ces trente hommes pour subsister pendant deux mois et aussi l'argent indispensable à ces nouvelles démarches. De plus, il adressait à Burie une douzaine de lettres en blanc, tant pour les baillis et sénéchaux des villes où il devait passer, que pour les membres de la noblesse qui pouvaient prêter main-forte dans cette délicate entreprise.

La partie la plus intéressante de la lettre est, sans contredit, celle dans laquelle Charles IX expose comment il veut que ses ordres soient exécutés. « Vous ferez bien entendre aux principaulx, disait-il en terminant, que vous ne venez point là pour les chastier, pour le fait de la religion qu'ilz tiennent, que vous n'estes envoyé et n'avez commission de moy que de pugnir ceulx qui abusent du nom de la religion à une infinité de scandalles, violences, meurtres et séditions, qui ne sentent rien moings que la profession qu'ilz font et le nom de chrestien qu'ilz portent. Lesquelz font tant de tort à leur réputation et à leur cause qu'ils debvroient par tous moyens tascher et procurer d'exterminer telles gens d'entre eulx qui ne servent que d'aigrir et moy et tout mon conseil et tout mon royaume, contre eulx et ceulx qui les favorisent. Et pour ceste cause qu'ilz demeurent en paix et vous aydent et assistent, comme ilz ont offert, à laisser pugnir telz séditieulx qui se couvrent d'eulx et de leur faveur à toute impiété et scandalle, estans certains et asseurez que pour leur religion vous ne les molesterez ny travaillerez aulcunement, pourveu aussy que de leur part ilz se

---

(1) Bibliothèque Nationale, *Fonds français*, n° 15,875, f° 207.
(2) Bibliothèque Nationale, *Fonds Périgord*, n° 11, p. 422. — Bibliothèque publique de Bordeaux, ms. 367, f⁰ˢ 124 et 125, mentionné par Gaullieur, *op. cit.*, t. I, p. 301.

comportent avec tant de modestie et discrétion qu'ilz ne vous donnent occasion de changer de délibération. » La politique était habile sinon très sincère. Pour qu'elle eût quelque chance de succès, il fallait la faire mettre en pratique par des intermédiaires libéraux et de bonne foi. Là est le vrai motif du choix de Burie et de La Boétie.

Le 23 septembre, Burie vint lire au Parlement les lettres qu'il avait reçues de Charles IX. Les registres secrets font mention de cette cérémonie, et ils ajoutent qu'après cette lecture, Burie supplia la Cour de ne trouver mauvais si, pour le service du roi, il menait avec lui au pays d'Agenais M$^e$ Estienne de La Boétie, conseiller du roi en la dite Cour. « A quoy luy a esté respondeu qu'il pouvoit prendre pour le service du Roy, non seulement le dict La Boétie, mais tel autre de la dicte cour qu'il advizera (2). »

Au reste, en faisant cette demande, Burie se conformait strictement aux ordres du souverain. En effet, le lendemain, 24 septembre 1561, on lut une nouvelle lettre de Sa Majesté, adressée à la Cour, par laquelle le roi donnait avis qu'il envoyait M. de Burie en quelques lieux de la Guyenne, pour réprimer l'audace et insolence d'aucuns de ses sujets. En conséquence, comme il lui est besoin de quelque homme de justice pour le conseiller et faire son procès-verbal, le roi mandait à son Parlement d'avoir à commettre et députer quelqu'un de son corps pour cet effet, auquel il fera taxer ses journées (3).

Dans cette même séance, La Boétie, que la Cour avait désigné la veille, à la demande de Burie, vint prendre congé de ses collègues. Il leur dit que, puisqu'ils avaient bien voulu l'y autoriser, il se proposait de partir en Agenois en compagnie du lieutenant général, et leur demanda s'ils n'avaient point autre chose à lui commander. La réponse fut négative et le jeune homme se retira. C'était là une mission délicate, pour laquelle La Boétie semblait désigné par ses travaux et par la modération de ses idées. Elle devait demander un temps assez considérable, car, peu après, nous trouvons que le greffier, Jean de Pontac, sollicite de la Cour, de la part de Burie, une prolongation de congé pour son compagnon, « parce qu'il s'en veut servir, non pour le mener aux champs, ains pour le retenir près de luy, *en ayant à faire à toute heure;* ce que la cour lui accorda (4) ». Voyons comment La Boétie justifia la confiance de Burie et celle du Parlement.

---

(3) Bibliothèque Nationale, *Fonds Périgord*, n° 11, p. 422. — Bibliothèque publique de Bordeaux, ms. 367, f$^{os}$ 124 et 125, mentionné par Gaullieur, *op. cit.*, t. I, p. 301.
(4) *Ibid.*

De Bordeaux, Burie et La Boétie remontèrent le cours de la Garonne jusqu'à Langon. En passant à Cadillac, ils mandèrent les officiers de M. de Candalle avec les Jurats de Cadillac et firent déposer toutes les armes à la maison commune, ce qui eut lieu aussi à Langon et à Saint-Macaire. De Langon, Burie gagna Bazas. C'est là qu'il apprit la prise du couvent des Jacobins par les huguenots et que le ministre d'Agen, celui de Villeneuve et quelques gentilshommes réformés vinrent lui faire soumission et promettre fidélité au roi. Il en fut de même, suivant de Bèze, de commissaires envoyés de Nérac.

Dès cette première étape, Burie écrivit au roi pour lui dire comment les choses s'étaient passées. C'est de sa lettre, jusqu'à maintenant inédite, que nous tirons les renseignements qui précèdent. Nous y trouvons encore un passage flatteur pour le conseiller qui l'accompagnait. « J'ay aussy receu, Sire, disait Burie, la lettre qu'il vous a pleu escrire à vostre cour de parlement, à laquelle je la baillay, premier que partir. Et ay icy avec moy le conseiller qu'elle m'a baillé, qui se nomme Monsieur de La Boytye, lequel est fort docte et homme de bien (1). » Comme on le voit, le lieutenant général savait apprécier les qualités morales de celui qui devait le seconder dans sa tâche.

Burie se proposait d'aller de Bazas à Monségur et à La Réole; sans doute ce projet fut mis à exécution. Les deux compagnons gagnèrent assurément Marmande et ensuite Agen, où ils firent leur entrée le 3 octobre, escortés du prévôt général de Guyenne, Des Fourneaux. Là, nous l'avons déjà dit, la situation était fort tendue. Dès son arrivée, Burie remet aux consuls les lettres dont Charles IX l'avait muni au préalable. Elles étaient pressantes et contribuèrent à faciliter l'accomplissement de cette entreprise (2). Le roi disait : « Nous vous prions et néantmoingz ordonnons que vous ayez à assister au dict sieur de Burye, afin de luy ayder et donner les moyens de savoir les noms de ceulx que vous avez entendeu en estre auteurs et motifs, afin de les faire prendre et que justice exemplaire en soyt faicte, telle que la grandeur du cas le requiert : à quoy vous ne ferez faulte, car tel est nostre bon plaisir. »

---

(1) Bibliothèque Nationale, *Fonds français*, n° 15,875, f° 190.
(2) Francisque Habasque, *Un magistrat au XVIᵉ siècle, Estienne de La Boétie* (Discours de rentrée prononcé à l'audience solennelle de la Cour d'Agen, le 3 novembre 1876), p. 50.
(3) François de Durfort, seigneur de Bajaumont, près d'Agen.
(4) Théodore de Bèze, *Histoire ecclésiastique des églises réformées au*

Aussitôt arrivé, Burie assemble encore la noblesse de l'Agenais dans la grande salle de l'évêché, et on lui expose les principales questions religieuses, parmi lesquelles la prise du couvent des Jacobins occupait le premier rang. Burie, paraît-il, ne tenait pas outre mesure à réintégrer les moines dans leur ancienne retraite. C'est La Boétie, qui le détermina à cela, convaincu lui-même par les instances du sénéchal Bajaumont (3). « Cependant, dit de Bèze, qui raconte en détail toute cette période, Béjaumont et les autres firent tant envers La Boétie, conseiller, combien qu'il ne se souciast pas beaucoup de la religion romaine, qu'il prit la cause des Jacopins en main à bon escient, alléguant à Burie, entre autres inconvéniens, que ceux de la Religion avoient le bruit de faire plusieurs monopoles, et de se vouloir cantonner : à quoy leur pourroit grandement ayder ce couvent respondant hors la ville, et situé en lieu fort et de défense (4). » Bèze ajoute que Burie fut « tellement persuadé par La Boétie, que le dixiesme du dict mois d'octobre, il remit les Jacopins tant en leurs temples qu'en leur couvent, où ils commencèrent incontinent leur service (5). »

La mesure, au demeurant, n'avait rien de vexatoire : elle ne faisait que restituer aux religieux une propriété dont ils avaient été indûment chassés, et La Boétie, s'il l'a provoquée, rendait un arrêt digne en tous points de sa conscience de jurisconsulte. D'ailleurs, comme compensation, Burie donna aux huguenots l'autorisation de célébrer leur liturgie dans l'église Sainte-Foy d'Agen. Mais, en même temps, il faisait défense formelle aux réformés de s'emparer, sous peine de la hart, des édifices catholiques, et de plus, concession vraiment remarquable pour le temps, et à laquelle La Boétie ne dut pas rester étranger, il décida que, dans les localités où se trouvaient deux églises, la moins importante d'entre elles appartiendrait aux réformés, et que, dans les bourgs où il n'y avait qu'un temple, celui-ci servirait alternativement aux deux cultes.

Cette décision était trop libérale pour le XVIᵉ siècle. Fut-elle jamais appliquée? En tous cas, on ne l'observa pas longtemps. A peine Burie avait-il quitté Agen pour continuer ailleurs sa mis-

---

*Royaume de France,* Anvers (Genève), 1580, t. I, pp. 795-799. De Thou, qui résume ces événements d'après Théodore de Bèze, ne manque pas de rappeler qu'Estienne de La Boétie accompagna Burie à Agen. *(Histoire universelle,* La Haye, 1740, t. III, p. 284.)

(5) A propos de la rentrée des moines, de Bèze raconte une anecdote qui sent plutôt le pamphlétaire que l'historien.

sion pacificatrice (1), que les dissensions recommencèrent, d'abord timides, de jour en jour plus ardentes. Celui-ci, pour éviter les désordres à l'avenir, décida, comme il l'avait fait partout auparavant, que les gens seraient désarmés et que les armes seraient déposées à la mairie. Vingt-quatre hommes de bien étaient, en outre, chargés « de tenir la main forte à la justice et faire entretenir les ordonnances du roy et du dit sieur de Burie » (2). Mais le choix de ces vingt-quatre personnes de bonne volonté présenta bien des difficultés. La Jurade discuta longtemps pour savoir si, dans ce nombre, devaient être compris douze partisans de l'Église réformée, et ce fut là le premier ferment de nouvelles discordes, qui devaient, en fin de compte, aboutir aux arquebusades de Monluc.

On était alors aux derniers jours de 1561. A cette époque, Catherine de Médicis cherchait, sous l'influence de L'Hospital, à réunir une nouvelle conférence à Saint-Germain-en-Laye, pour aplanir les difficultés surgissant sans cesse entre catholiques et huguenots, et essayer ainsi de les rendre impossibles. Convaincu que la modération pourrait seule avoir raison des fléaux religieux qui se déchaînaient sur la France, et poursuivant sans relâche la politique libérale qu'il s'était tracée en arrivant au pouvoir, le Chancelier voulait faire rapporter l'Édit de Juillet, voté par le Parlement de Paris, grâce aux Guise, à la mince majorité de trois voix, en juillet précédent. Cet édit défendait les prêches et les assemblées étrangères au culte catholique, sous peine d'emprisonnement et de la confiscation des biens, rigueurs intempestives qui, selon L'Hospital, ne faisaient qu'aggraver le mal. Déjà, une première fois, en septembre 1561, on avait essayé de réunir les évêques catholiques et les principaux ministres protestants, dans le vieux couvent des Dominicains de Poissy, pour établir, par des concessions mutuelles, un *modus vivendi* entre les deux religions opposées. Mais les discussions avaient été à la fois si puériles et si acharnées, qu'une entente était irréalisable de ce côté-là. Dans cet état de choses, la reine crut que la magistrature du royaume trouverait plus aisément un remède à ces calamités. Elle convoqua donc en conseil privé, à Saint-Germain-en-Laye, les présidents et les plus influents conseillers des huit Parlements du royaume,

---

(1) Le 13 octobre 1561, Raymond Eyquem de Montaigne, sieur de Bussaguet, qui avait avec Burie d'étroites relations d'amitié, et qui avait été lui aussi, en juin 1560, chargé d'aller prêcher la conciliation en Agenais, en compagnie de Burie et de l'avocat du roi Bernard de Lahet, rend compte au Parlement que Burie lui a envoyé sa relation de la pacification de l'Agenais, pour la communiquer à ses collègues et

et les séances du conciliabule furent ouvertes, le 3 janvier 1562, par L'Hospital, qui exposa dans un langage élevé ses sages desseins à cet endroit. De ces discussions sortit le célèbre Édit de Janvier, que le roi signa le 17. Ce document important, qu'un moderne historien protestant considère comme l'édit le plus libéral que ses coreligionnaires aient obtenu jusqu'à l'édit de Nantes, reprenait aux réformés les églises dont ils s'étaient emparés, mais leur reconnaissait le droit de s'assembler sous certaines conditions.

Le Parlement de Bordeaux avait été représenté à Saint-Germain par son premier président, l'intègre Benoît de Lagebaston, Arnaud de Ferron et le procureur général Lescure. Celui-ci, en rentrant à Bordeaux, rapportait le texte de l'édit, dont la Cour s'empressa de prendre connaissance. Le Parlement de Paris, au contraire, au sein duquel l'influence des Guise était prépondérante, en refusa la vérification, demandée par le roi de Navarre, et ordonna même des poursuites contre le libraire Langelier, qui avait imprimé l'édit à vingt exemplaires seulement. Catherine dut intervenir, pour le faire enregistrer, et la Cour ne se soumit qu'après deux lettres de jussion. Mais le Parlement de Bordeaux, plus tolérant ou mieux avisé, enregistra l'édit sans retard. Le 30, on le publiait en présence des jurats et du lieutenant du grand-sénéchal, et, le 6 février suivant, lecture en fut faite, à son de trompe, parmi les carrefours de la ville (3).

C'eût été là une mesure d'une saine et judicieuse politique, si la mauvaise volonté persistante des partis ne l'avait pas rendue bientôt inutile. A Bordeaux, où l'on avait eu beaucoup à souffrir de toutes ces querelles, on se hâta de profiter de cette paix relative. Les huguenots installèrent bien vite un prêche au quai des Chartreux, dans un chai, et peu après ils prêchèrent officiellement à Cambes et à Beautiran, aux portes même de la ville (4).

Nous savons par Montaigne que La Boétie voulut donner son jugement sur la tolérance de L'Hospital et de la reine-mère. Au témoignage de son ami, il avait composé « quelques mémoires de nos troubles sur l'Edict de janvier 1562 ». Par malheur, ce sentiment ne nous est point parvenu, car Montaigne trouva à ces réflexions, ainsi qu'au *Discours de la Servitude volontaire*, « la

ensuite la faire parvenir au roi (Bibliothèque Nationale, *Fonds Périgord*, n° 11, p. 425).
(2) F. Habasque, *Estienne de La Boétie*, p. 53.
(3) Théodore de Bèze, *Histoire des églises réformées*, t. I, p. 789. — E. Gaullieur, *op. cit.*, t. I, 344.
(4) Jean de Gaufreteau, *Chronique bourdeloise*, t. I, p. 98.

façon trop délicate et mignarde pour les abandonner au grossier et pesant air d'une si malplaisante saison ». Montaigne s'exprimait ainsi en 1570 (1), et la manière dont les protestants publièrent, peu après, des fragments du *Contr'un* dans le *Réveille-matin des François* lui montra qu'il avait vu juste.

Nous sommes donc réduits aux conjectures. Était-ce un rapport, fait en sa qualité de conseiller, dans lequel La Boétie exposait les résultats de sa mission avec Burie et les conclusions qu'il apportait de l'examen des faits? Était-ce la discussion dogmatique des privilèges accordés aux partisans de la religion réformée? Était-ce plutôt le récit des troubles qui suivirent de près la proclamation de l'édit de Janvier? Le titre que Montaigne énonce semble le faire croire. La Boétie magistrat devait y apprécier avec une sage impartialité les actes des huguenots et des catholiques, et c'est là sans doute ce qui nous a fait perdre son œuvre, négligée par Montaigne. Cette sage opinion mécontenta les uns sans satisfaire les autres. Les *Mémoires de nos troubles,* composés par un esprit plus sage, ne purent servir d'armes aux partis, comme *la Servitude volontaire*. Nul ne se soucia d'un avis qu'il ne voulait pas suivre.

Les temps n'étaient pas faits pour apprécier et comprendre les sentiments libéraux. A part quelques hommes d'élite, L'Hospital, Montaigne, La Boétie et un petit groupe de penseurs, personne ne s'occupait des droits de la conscience. Sous ses apparences de modération, l'édit de Janvier lui-même n'était, de la part de la reine, qu'une habile manœuvre, une mesure transitoire destinée à cacher les desseins d'une politique moins patiente. Catherine s'en explique assez clairement, dans sa correspondance avec ses ambassadeurs. Si elle tentait d'employer la douceur, après tant d'autres moyens essayés sans succès jusque-là, c'était « pour cuyder vaincre la maladie par gratieux remèdes ». Plus reine que catholique, Catherine de Médicis faisait passer la raison d'État avant la religion. Sa condescendance envers les hérétiques était intéressée : elle les supportait parce qu'elle croyait que la violence les rendait moins traitables, et qu'elle ne se sentait pas assez forte pour leur imposer le respect de son autorité.

Bien que nous ne connaissions pas l'œuvre de La Boétie, nous pouvons affirmer que sa tolérance avait des motifs différents. Nous savons ce qu'il pensait de la Réforme, et suppléons ainsi, dans une certaine mesure, à l'ouvrage perdu. En quelques endroits de

---

(1) Voy. ci-dessous *Avertissement au Lecteur*, p. 61.

ses poésies latines, La Boétie a laissé entrevoir sa pensée sur ce sujet, et il l'a formellement exposée à son lit de mort. A son sentiment, les vices des prélats avaient besoin d'être corrigés, et le cours du temps avait apporté bien des imperfections dans l'Église romaine. Mais aussi La Boétie ne pouvait contempler sans tristesse les ruines dont les discussions religieuses couvraient le royaume, et il croyait, en mourant, que ces discordes feraient de bien grands ravages encore. Exacte prophétie, que les années, hélas! vérifièrent trop! S'il ne voulait pas que l'on fît quoi que ce soit contre sa conscience, il exigeait en revanche que chacun obéît aux lois du pays qui lui avait donné le jour. Ne sont-ce pas là les deux principes fondamentaux de toute sage politique? De leur observation simultanée, dans un État, naît naturellement cette tolérance, qui fait les nations vraiment prospères, et que l'âme de La Boétie était assez haute pour entrevoir et pour souhaiter.

A Bordeaux, comme ailleurs, l'entente entre les huguenots et les catholiques ne pouvait être de longue durée. D'abord, Burie, avec son amour de la justice et son grand sens pratique, cherche à rendre les compétitions le plus pacifiques qu'il peut. Mais les massacres et les représailles ne tardèrent pas à recommencer avec plus de violence que jamais. Le Parlement reprend, à l'endroit des réformés, sa sévérité d'autrefois, et alors s'ouvre à nouveau l'ère des persécutions et des vengeances.

Nous ne voyons plus qu'une fois La Boétie essayant de réprimer et d'arrêter la révolte des huguenots. C'était en décembre 1562. Les réformés conduits par Armand de Clermont et par ses lieutenants avaient pris Bergerac et semé l'effroi dans toute la contrée environnante. Le Parlement voyant l'effervescence gagner de proche en proche, et redoutant un semblable coup de main contre la ville de Bordeaux elle-même, décida l'enrôlement de douze cents hommes « pour tenir la ville en plus grande asseurance » (10 décembre 1562). Douze conseillers furent désignés et chacun d'eux prit le commandement de cent soldats, au préalable enrôlés et équipés par eux, de concert avec les Jurats. Chaque compagnie de cent hommes était elle-même subdivisée en quatre fractions de vingt-cinq hommes, placés sous les ordres directs d'un officier. Au nombre des conseillers chargés de ce périlleux devoir, figure le nom d'Estienne de La Boétie, car la Cour savait qu'elle pouvait compter sur son amour de la justice et sur son énergie à la faire respecter (2).

---

(2) E. Gaullieur, *Histoire de la Réformation à Bordeaux*, t. I, p. 519.

Ce fut là le dernier acte de la vie publique du jeune conseiller dont le souvenir ait remonté jusqu'à nous. Le 2 juin 1563, deux mois et demi seulement avant sa mort, nous voyons encore Estienne de La Boétie servir de témoin au testament de Raymond Eyquem, seigneur de Bussaguet et oncle de Michel de Montaigne, qui y signe avec lui (1). Le 8 août suivant, il ressentait, « jouant en pourpoint soubs une robbe de soye avec Monsieur d'Escars, » les premières attaques du mal qui devait l'emporter. « C'estoit un flux de ventre avec des tranchées, » avant-coureurs d'une dysenterie, qui devait s'aggraver rapidement. On croit assez généralement que c'étaient là les symptômes de la peste qui sévissait si fréquemment alors. Justement il y en avait quelques cas dans le voisinage de La Boétie, et Montaigne supposa que son ami en avait rapporté le germe du Périgord et de l'Agenais, où il était allé récemment « et où il avoit laissé tout empesté (2). »

Cependant La Boétie voulut partir le lendemain pour aller se reposer en Médoc (3); là se trouvaient les terres de sa femme et il pensait que l'air pur des champs ne ferait que hâter son rétablissement. Mais les douleurs étaient trop fortes : il ne put, ce premier jour, qu'aller jusqu'à Germignan, petit village de la paroisse du Taillan, à quelques kilomètres seulement de Bordeaux, et dut s'arrêter au logis de Richard de Lestonnac, son collègue au Parlement et le beau-frère de Michel de Montaigne. C'était là qu'il devait mourir. Le mal s'était subitement aggravé et il lui était maintenant impossible de quitter cet endroit. « Son flux de sang et ses tranchées qui l'affoiblissoient encore plus,

---

(1) Théophile Malvezin, *Michel de Montaigne, son origine et sa famille*, p. 286.

(2) La peste et la famine éclatèrent en Périgord vers le milieu de l'année. « A Sarlat, dit Jean Tarde dans sa *Chronique* (éd. de Gérard, p. 240), tous les habitants quittèrent la ville, sauf un consul et quelques chirurgiens qui demeurèrent pour la police et conservation de la ville. »

(3) Tous les détails que nous donnons sont tirés, — est-il besoin de le dire ? — de l'admirable lettre que Montaigne écrivit à son père sur le trépas et les derniers moments de son ami. Cette lettre a été étudiée, au point de vue exclusivement médical, par M. Jules Drouet, sous ce titre : *Quelques détails sur la mort d'Etienne de La Boétie*, dans l'*Union médicale* du jeudi 17 août 1865.

(4) « Il dicta si viste son testament, qu'on estoit bien empesché de le suyvre, » dit Montaigne. — Montaigne se trompe en donnant à ce testament la date du dimanche 15 août : c'est le samedi 14 qu'il fut confectionné, ainsi qu'on peut s'en convaincre en le consultant à l'appendice, où nous l'avons intégralement reproduit. Mais il ne faut pas s'étonner outre mesure de cette légère erreur, car Montaigne, comme il prend soin de nous en prévenir, avait « la mémoire fort courte et débauchée encore par le trouble que son esprit auoit à souffrir d'une si lourde perte et si importante ».

croissoient d'heure à autre », et il fut pris d'une défaillance, suivie d'une syncope prolongée. Tout espoir de guérison l'abandonna alors. Il cessa de s'abuser sur son état présent et en considéra l'issue avec courage. Le samedi 14 août, il fit son testament et mit en ordre la dévolution de ses biens, pour ne plus s'occuper que des affaires de sa conscience et philosopher jusqu'au dernier moment (4). Il n'eut garde d'y manquer. Il vit approcher la mort sans peur comme sans forfanterie, l'attendant ainsi qu'il le disait « gaillard et de pié coy », et devisa avec tous jusqu'à la fin. Montaigne nous a conservé l'écho ému de ces suprêmes entretiens. Ce fut vraiment le langage d'un philosophe qui sentait pourtant qu'il aurait pu être un jour utile à la chose publique. Puis, le 18 août, le mercredi vers les trois heures du matin, La Boétie expira avec la sereine tranquillité d'une âme qui ne faillit jamais à son devoir. Ses parents et ses meilleurs amis se pressaient autour de la funèbre couche : son oncle Etienne, sa femme, sa belle-fille et sa nièce, Mademoiselle de Saint-Quentin, Michel de Montaigne et le sieur de Beauregard l'assistaient au dernier moment. Il était âgé seulement de trente-deux ans, neuf mois et dix-sept jours.

## II

*Le Discours de la Servitude volontaire. Incertitude sur la date de sa composition. Il n'a pas été inspiré, comme on l'a dit, par les cruautés de Montmorency. La Boétie n'a pas voulu faire un pamphlet. Son ouvrage manque de conclusion. Pourquoi ? C'est une œuvre de jeunesse. Mérites et défauts du* Contr'un. *Il a été retouché. N'y peut-on pas chercher l'influence d'Anne Du Bourg? Sa publication par les protestants. Sa rareté au XVII<sup>e</sup> siècle. Richelieu et La Boétie. La Révolution française et le* Contr'un.

Parfois les existences calmes ont des mystères, comme les eaux tranquilles renferment d'insondables profondeurs. Pour La Boétie, dont on pourrait dire qu'il n'a pas d'histoire, tant le cours de sa vie fut régulier, le point le plus obscur est la composition du *Contr'un*. A cet égard, tout est controversé, depuis la date de cette composition jusqu'à la portée elle-même du *Discours de la Servitude volontaire*.

Montaigne est la cause première de cette incertitude : lui, si exact d'ordinaire quand il s'agit de l'ami de son cœur, donne deux dates au *Contr'un*. Il avait l'intention de faire une place, dans ses *Essais,* à l'opuscule de La Boétie, mais « parce que j'ai trouvé que cet ouvrage a été depuis mis en lumière, et à mauvaise fin, par ceux qui cherchent à troubler et à changer l'état de notre police, sans se soucier s'ils l'amenderont, qu'ils l'ont mêlé à d'autres écrits de leur farine, je me suis dédit de le loger ici (1). » Et dans toutes les éditions parues de son vivant, Montaigne assure que ce *Discours* fut composé par La Boétie à l'âge de dix-huit ans, c'est-à-dire, par conséquent, au moins en 1548. Au contraire, dans l'exemplaire de l'édition de 1588, que Montaigne enrichissait de ses corrections et de ses additions manuscrites, et qui devait servir à la nouvelle édition donnée à Paris, en 1595, par Mademoiselle de Gournay, l'illustre auteur a, de sa propre main, rayé le mot *dix-huit* et l'a remplacé par le mot *sèse* (seize). Ce précieux exemplaire est actuellement conservé, comme on le sait, à la Bibliothèque

---

(1) *Essais*, liv. I, ch. 27. Voy. aussi ci-dessous *Avertissement au Lecteur*, p. 61.
(2) C. Lenient, *la Satire en France ou la Littérature militante au XVI<sup>e</sup> siècle*, t. I, p. 288.

publique de Bordeaux, et l'on y peut aisément constater la substitution, qui a passé, du reste, dans les éditions suivantes des *Essais*.

Pourquoi ce changement? Je n'ignore pas que Montaigne s'est parfois donné le plaisir d'arranger la vérité à son avantage. Quelle utilité pouvait-il y trouver dans ce cas? Cette correction autographe ne peut se placer qu'entre la date de publication de l'exemplaire qui la porte (1588) et la mort même de Montaigne, survenue le 13 septembre 1592. Quel qu'ait pu être l'effet du *Contr'un*, qui avait vu le jour près de vingt ans auparavant, il était fort oublié à cette époque. On pouvait donc laisser sans crainte à un ami mort, depuis plus longtemps encore, la responsabilité d'allusions fort peu transparentes, singulièrement vieillies et dirigées contre des hommes disparus eux aussi depuis bien des années. Ce n'est pas la crainte ou la prudence, comme on a voulu l'y voir, qui ont guidé Montaigne dans sa rétractation (2).

C'est plutôt le souci du sentiment de la postérité pour La Boétie qui a inspiré Montaigne, rajeunissant ainsi l'auteur du *Contr'un*. Pour atténuer l'impression, sans doute défavorable, que la vigueur du langage de La Boétie pouvait faire sur les esprits réfléchis (3), Montaigne a mis sur le compte de la fougue et de l'âge les écarts de parole de son ami. L'excuse est généreuse. Elle est juste dans ce cas. Mais il semble que Montaigne l'ait poussée trop loin. Les faits le contredisent, et nous savons que le *Contr'un*, s'il fut composé dans l'extrême jeunesse de La Boétie, fut revu plus tard par un esprit moins adolescent.

En tout cas, ceux qui, rapprochant les dates, ont voulu voir dans le *Discours de la Servitude volontaire* un acte de vengeance contre le connétable de Montmorency, se sont assurément mépris. Rien n'est moins prouvé que la présence de La Boétie à Bordeaux, à l'époque de la révolte de 1548 et de la répression du connétable. Le contraire est beaucoup plus probable. Et, s'il était vrai, comme l'affirme De Thou, que ce jeune homme eût écrit cette invective à l'aube de ses dix-neuf ans, en 1549, quelques mois seulement après les sanglantes rigueurs de Montmorency sur la ville rebelle, serait-il admissible que son indignation se fût ainsi contenue et n'ait pas éclaté en accents d'une sublime imprudence? La *Servitude volontaire* ne contient aucun trait sur les événements contemporains; rien n'y fait deviner les vengeances dont Bordeaux avait

(3) Sur un exemplaire des *Mémoires de l'Estat de France,* dont le tome troisième fut achevé de lire le 22 février 1602, nous trouvons, en face de la *Servitude volontaire*, cette remarque d'un lecteur anonyme : « Séditieux contre la monarchie. »

été le théâtre. Un pamphlet eût-il procédé de la sorte? Les ouvrages de polémique ne valent qu'autant qu'on en peut aisément pénétrer le sens caché, et en faire une facile application aux hommes et aux choses du moment. Plus tard, quand Hubert Languet publiait, sous le pseudonyme de Junius Brutus, ses *Vindiciæ contra tyrannos*, il avait le plus souvent en vue les dissensions du royaume de France et la politique de ses rois. Hotman, lui aussi, dans sa *Franco-Gallia*, cherchait avant tout à établir, par l'étude des chroniques et de l'histoire, que la monarchie française était élective et qu'elle avait dévié de sa première institution.

Est-ce ainsi que procède La Boétie? Nullement. Il prend bien soin d'écarter de son raisonnement ce qui pourrait faire l'objet d'une application particulière; il excepte le gouvernement des rois de France avec une attention jalouse et des termes d'une déférence trop sincère pour qu'elle paraisse une échappatoire. Je sais bien qu'on a voulu trouver d'allégoriques accusations dans un passage où l'auteur s'indigne de voir le peuple « souffrir les pilleries, les paillardises, les cruautés...... d'un seul hommeau, le plus souvent le plus lache et femelin de la nation; non pas accoustumé à la poudre des batailles, mais encore à grand peine au sable des tournois; non pas qui puisse par force commander aux hommes, mais tout empesché de servir vilement a la moindre femmelette ». C'est de la prophétie faite après coup et qu'expliquent seuls des événements de beaucoup postérieurs, qu'on ne pouvait prévoir alors. Une femmelette, Diane de Poitiers? Elle, que chacun s'accorde à regarder comme femme de caractère et d'une volonté tenace. Un diplomate vénitien, Marino Cavalli, reconnaît que la sénéchale avait réussi à communiquer à son amant encore dauphin ces qualités de fermeté qu'elle possédait elle-même à un degré éminent(1). Quant à Henri II, je ne sais si l'on pouvait déjà constater son goût pour les tournois (2). La Boétie faisait-il allusion au duel

---

(1) *Relations des ambassadeurs vénitiens sur les affaires de France au XVIe siècle, recueillies et traduites* par M. N. Tommaseo (Documents inédits sur l'histoire de France), t. I, p. 287. (Relation de Marino Cavalli.)

(2) La relation ci-dessus mentionnée de Marino Cavalli reconnaît qu'Henri II aimait à assister aux exercices militaires, mais l'ambassadeur vénitien ajoute aussitôt : « On estime généralement son courage dont il a déjà donné des preuves à Perpignan et en Champagne. » *(Ibid.)*

(3) Notamment dans le traité qu'il publia en février 1649 sur « la responsabilité des rois et des magistrats, où l'on prouve qu'il est et a toujours été légitime pour ceux qui ont en main le pouvoir, d'interroger un tyran ou un méchant roi, et, son crime une fois prouvé, de le déposer et de le mettre à mort, si les magistrats ordinaires ont négligé ou refusé de le faire » (Londres, in-4º). On en trouvera l'analyse dans

célèbre de Jarnac et de La Châtaigneraie, auquel assistèrent le roi et la favorite? La discussion sur ce point risque fort de demeurer stérile.

J'ajouterai que La Boétie ne pouvait pas écrire de la sorte. Croire que la *Servitude volontaire* fut une protestation indignée contre le connétable, et la prendre pour une diatribe révolutionnaire, c'est établir entre les actes et les paroles de La Boétie une divergence qui n'existe pas. Durant toute sa vie publique, La Boétie fut l'ennemi de l'émeute et il ne se refusa point à la réprimer, chaque fois que ses collègues du Parlement l'y appelèrent. Si sa conscience de magistrat lui faisait entrevoir la réforme politique, il la souhaitait profonde, mais amenée par des moyens honnêtes, basée sur de justes revendications. Ainsi que le D$^r$ Payen l'a remarqué, le *Contr'un* manque de conclusion. Pour faire un pamphlet et pour être logique avec son œuvre, conçue dans ce sens, La Boétie aurait dû conclure au régicide, comme Milton y conclura plus tard (3). Le XVI$^e$ siècle, lui aussi, ne recula jamais devant cette conséquence : protestants comme Languet, Hotman ou Buchanan, catholiques comme Bodin, nul n'y contredit. Le meurtre est louable, quand il fait disparaître un tyran dont le pouvoir est inique et que sa vie met en danger ses milliers de sujets. C'est ce que demandait la rectitude du raisonnement et ce que l'antiquité admit tout entière. La Boétie s'est écarté formellement ici des opinions grecques et romaines. Effrayé d'aussi horribles conséquences, il n'a pas tiré de conclusion, car c'eût été donner, par avance, le plus formel démenti à sa conduite, complètement consacrée à sauvegarder la justice et la paix (4).

Comme remède à cet état de choses qu'il déplore, il proposera un moyen puéril, où l'on a trop vu son inexpérience politique, mais où je retrouve surtout l'honnêteté de son caractère et la pureté de ses intentions. Sa pensée en écrivant était bien celle

---

l'étude de M. Geffroy sur les *Pamphlets politiques et religieux de Milton*, p. 120.

(4) Au bas du titre d'un recueil d'ordonnances, qui aurait pu lui servir quand il se trouvait encore sur les bancs de l'école, M. Benjamin Fillon a relevé la signature d'Estienne de La Boétie, précédée des trois mots : *Pax et Lex*. Faut-il voir dans cette formule une devise que La Boétie inscrivait au commencement de ses volumes et dont il voulait se faire à lui-même une règle de conduite? S'il en était ainsi, cette petite découverte viendrait confirmer la thèse que nous soutenons. L'écriture, il est vrai, diffère assez sensiblement des autres autographes connus de La Boétie pour que l'authenticité de cette mention soit absolument démontrée. (Benjamin Fillon, *La devise d'Estienne de La Boétie et le juriste fontenaisien Pierre Fouschier*, 1872, in-8°.)

que lui prête Montaigne. « A fin que la mémoire de l'aucteur n'en soit intéressée en l'endroict de ceulx qui n'ont peu cognoistre de prez ses opinions et ses actions, je les advise que ce subject feut traicté par luy en son enfance par manière d'exercitation seulement, comme subject vulgaire et tracassé en mille endroicts des livres. Je ne fois nul doubte qu'il ne creust ce qu'il écrivoit, car il estoit assez consciencieux pour ne mentir pas même en se jouant, et sçay davantage que s'il eust eu à choisir, il eust mieulx aymé estre nay à Venise qu'à Sarlat, et avecques raison. Mais il avoit une aultre maxime souverainement empreinte en son âme, d'obéir et de se soubmettre très religieusement aux lois sous lesquelles il estoit nay. Il ne feust jamais un meilleur citoyen, ny plus affectionné au repos de son païs, ny plus ennemy des remuements et nouvelletez de son temps ; il eust bien plustost employé sa suffisance à les esteindre qu'à leur fournir dequoy les esmouvoir davantage (1). »

Montaigne a raison. Par ses incertitudes et par ses inexpériences, la *Servitude volontaire* est avant tout une œuvre de jeunesse. C'est en considérant surtout ce point de vue que Sainte-Beuve a porté sur ce discours un jugement qui ne serait pas juste, s'il ne l'atténuait aussitôt (2). Pour le pénétrant critique, le *Contr'un*, « bien lu, n'est, à vrai dire, qu'une déclamation classique et un chef-d'œuvre de seconde année de rhétorique.... un des mille forfaits classiques qui se commettent au sortir de Tite-Live ou de Plutarque, avant qu'on ait connu le monde moderne ou même approfondi la société antique. » Il se hâte d'ajouter que cet opuscule annonce bien de la fermeté et du talent d'écrire. « Dans cet écrit si étroit et si simple d'idées, il y a de fortes pages, des mouvements vigoureux et suivis, d'éloquentes poussées d'indignation, un très beau talent de style : on y sent quelque chose du poète dans un grand nombre de comparaisons heureuses. » C'est là que se trouve la vraie originalité et le vrai mérite du *Contr'un* (3).

Par l'ensemble de ses qualités et de ses défauts, le *Discours de la Servitude volontaire* est bien l'œuvre de la Renaissance. Comme tous ses contemporains, La Boétie se livre à l'étude des lettres antiques avec une activité fiévreuse, avec une imprudence

(1) *Essais*, liv. I, chap. 27.
(2) Sainte-Beuve, *Causeries du Lundi*, t. IX, p. 112-128.
(3) Nous ne mentionnerons que pour mémoire l'explication que d'Aubigné donne de la *Servitude volontaire*, composée par La Boétie « irrité de ce que, voulant voir la salle du bal, un archer de la garde

irréfléchie. Comme eux, il ne se doutait guère, en agitant les cendres du passé, que cette évocation troublerait le présent. Mais la comparaison fut inévitable, et nous savons maintenant combien elle devait être défavorable, à tant d'égards, à l'organisation de la France d'alors. L'intention du jeune homme n'était pas d'attaquer l'ordre des choses établies. Il excepte formellement le roi de France de ses raisonnements, en des termes qui sont empreints de déférence et de respect. Les événements furent plus puissants que ses propres intentions. Il arriva ce qu'il advint pour la Renaissance elle-même. Le *Contr'un* ne fut pas longtemps considéré comme une dissertation spéculative. On en faisait bientôt application à la pratique. La Boétie devint, sans le vouloir, l'auxiliaire des passions et des discussions politiques. Son œuvre fut dénaturée, et c'est là qu'il faut chercher la cause de l'interprétation erronée qu'on en donna si souvent.

Le *Contr'un* est le produit d'une utopie, mais d'une utopie grande et noble. A chaque page s'exhale le plus pur et le plus sincère amour de l'humanité. Rien de plus hardi, mais aussi rien de plus honnête n'a été écrit « à l'honneur de la liberté contre les tyrans », que ce petit traité qu'on prendrait, selon la belle expression de Villemain (4), « pour un manuscrit antique trouvé dans les ruines de Rome, sous la statue brisée du plus jeune des Gracques ». Tout y est antique, en effet : la forme, l'inspiration, les pensées. La forme est de cette beauté sobre, aux lignes nettes et pures qui caractérisent l'art de la Grèce. Au dire de Montaigne, c'est une lecture de Plutarque qui inspira cette amplification oratoire, et les sentiments en sont si austères que nul penseur ancien ne les désavouerait. La passion qui y domine est cet amour ardent de la liberté qui fait parfois les Harmodius et les Thraséas, mais tempéré, ici, par le respect de la justice et on y retrouve ce culte de la fraternité qui honorait la morale stoïcienne. Suivant La Boétie, la nature ne nous a faits inégaux « qu'afin de nous entreconnoistre tous pour compaignons, ou plustost pour frères ». Sublime illusion, dont sont capables seules les âmes délicates, et qui confond dans un même élan l'égalité et la charité !

Mais La Boétie n'a pas apporté dans les questions qu'il traite l'harmonieuse pondération qui est le propre des ouvrages de l'an-

---

(qui le sentit à l'escholier) lui laissa tomber sa hallebarde sur le pied, de quoi celui-ci criant justice par le Louvre, n'eut que des risées des grands qui l'entendirent. » (*Histoire universelle*, Amsterdam, 1726, t. I, p. 670.)

(4) Villemain, *Ouverture des cours d'éloquence française* (1828).

*f*

tiquité. Son argumentation, toujours pressante et animée, est souvent bien incomplète. Il décrit plus volontiers les effets de la servitude qu'il n'en recherche les causes et n'en indique les remèdes. Comme on l'a judicieusement remarqué, c'est un cri éloquent contre la tyrannie; il ne faut point chercher dans ces pages colorées une raison politique, une maturité de vues que son auteur ne pouvait pas y mettre. Prévost-Paradol(1) a fort bien noté que La Boétie soulève plus de questions qu'il n'en résout, et, en agitant avec une émotion si brûlante ce triste sujet de méditation pour les plus nobles intelligences, il nous instruit moins qu'il ne nous oblige à penser. Essayons pourtant de coordonner ses principes et de les rassembler en un corps de doctrine.

« Je ne puis comprendre, écrit quelque part Montesquieu, comment les princes croient si aisément qu'ils sont tout, et comment les peuples sont si prêts à croire qu'ils ne sont rien. » Telle est, au fond, la pensée même de La Boétie. Ce qui l'indigne surtout, c'est que le peuple oublie sa puissance, car il est fort, puisqu'il est le nombre, au bénéfice d'un homme qui est faible, puisqu'il est seul. Et quand cette puissance est une fois abandonnée, le peuple s'y accoutume aisément et s'enfonce plus avant dans la servitude, qui l'amollit au point de s'en faire aimer; si bien qu'on dirait, à le voir, « qu'il a non pas perdu sa liberté, mais gaigné sa servitude ». Puis le temps s'écoule, qui affermit les tyrannies, et les générations se succèdent, plus dociles au maître, parce qu'elles sont nées en esclavage. C'est là un extrême malheur, comme l'écrit La Boétie, d'être sujet d'un maître, d'autant qu'on ne peut jamais être assuré qu'il sera bon, puisqu'il est en sa puissance d'être mauvais quand il le voudra.

Quel moyen employer pour faire cesser une situation si désastreuse? Devra-t-on chasser le tyran ignominieusement? le bannir de la société, et dépouiller de tout celui dont le pouvoir est illégal? ou bien quelque homme de courage ira-t-il jusqu'à tremper ses mains dans le sang de l'ennemi commun? Et les jeunes filles

---

(1) Prévost-Paradol, *Études sur les moralistes français*, p. 59.
(2) Lucain *(Pharsale*, ch. IV, v. 185) avait dit longtemps auparavant :
   *Usque adeone times quem tu facis ipse timendum.*

(3) Il est vrai d'ajouter que les impôts étaient considérables alors, et la facilité avec laquelle le peuple s'acquittait d'aussi lourdes charges avait frappé l'esprit de diplomates habiles et désintéressés. «Les Français, écrivait, en 1546, l'ambassadeur vénitien Marino Cavalli, que nous avons déjà eu l'occasion de citer, les Français ont entièrement remis leur liberté et leur volonté aux mains de leur roi. Il lui suffit de dire : Je veux telle ou

couronneront de myrthe ce hardi citoyen, les poètes le chanteront sur leur lyre, tous célébreront son exploit comme la délivrance même de la patrie! Non, la haine de La Boétie est moins farouche, si elle n'est moins profonde; elle est plus honnête et plus réfléchie. Il n'est pas besoin de répandre le sang, fût-ce celui d'un coupable. Le propre auteur de sa servitude, c'est le peuple, qui s'y soumet volontairement (2); qu'il cesse donc de vouloir être esclave, et il le sera. « Soyez résolus de ne servir plus, et vous voilà libres. Je ne veux pas que vous le poussiés, ou l'esbranliés, mais seulement ne le soutenés plus, et vous le verrés, comme un grand colosse à qui on a desrobé la base, de son pois mesme fondre en bas et se rompre. » Tel un rameau périt et se détache du tronc qui ne le nourrit plus (3).

Sans nul doute le remède ne serait pas très efficace : il fait plus d'honneur au caractère de La Boétie qu'à son expérience politique. Après avoir omis de distinguer l'autorité qui s'exerce légitimement de l'autorité illicite, et s'être imprudemment attaqué au principe même d'autorité, La Boétie émet une illusion naïve. Il semble croire que l'homme pourrait vivre dans l'état de nature, sans société et sans gouvernement, et laisse entrevoir que cette situation serait pleine de bonheur pour l'humanité. Le rêve est puéril, mais exposé avec une éloquence communicative, car l'on sent toujours, à travers l'utopie, la conviction d'une âme ardente et jeune, sincère avant tout dans ses emportements.

Tel est, en effet, le caractère saillant de La Boétie : une forme à la fois savante et entraînante, une langue vive et colorée, qui pare un fonds par lui-même assez pauvre d'idées. Ce reproche pourtant ne doit point être exagéré. Pour cela, il ne faut pas oublier que la *Servitude volontaire* avait été composée par son auteur, bien avant les grands mouvements politiques et religieux du XVIᵉ siècle. Dans de semblables circonstances, jointes au jeune âge de l'écrivain, il était nécessaire que le *Contr'un* fût l'œuvre d'un esprit plus généreux qu'expérimenté. La passion de La

---

telle somme, j'ordonne, je consens, et l'exécution est aussi prompte que si c'était la nation entière qui eût décidé de son propre mouvement. La chose est allée si loin que quelques-uns des Français mêmes, qui voient plus clair que les autres, disent : « Nos rois s'appelaient jadis *Reges Francorum*; à présent on peut les appeler *Reges Servorum*. On paye au roi tout ce qu'il demande; puis tout ce qui reste est encore à sa merci. » (*Relations des ambassadeurs vénitiens*, t. I, p. 273.) Peut-être cet état de choses avait-il étonné aussi La Boétie et il n'est pas impossible qu'il y songeât un peu en écrivant, car nous savons qu'il eût préféré vivre à Venise qu'à Sarlat.

Boétie lui avait été inoculée, en quelque sorte, par l'amour de l'antiquité, par la lecture de ses orateurs, le culte de ses poètes, qui revoyaient alors le jour après un si long oubli. Elle devait donc être, dans une large part, irréfléchie et inconséquente, comme ces opinions qu'on puise toutes faites dans les livres, sans prendre le temps de les accommoder à l'époque, ou sans les modifier suivant sa propre connaissance des hommes et des choses. Ceci explique encore la différence si considérable qui existe entre la *Servitude volontaire,* ouvrage de jeunesse et d'imprévoyance, et les *Essais,* rassemblés par un écrivain en la complète maturité de son talent, après une observation lente et sagace et la leçon des événements. « La *Servitude volontaire,* dit M. R. Dezeimeris, écrite d'entraînement, à une époque d'espérance générale et de foi en l'avenir, est une œuvre de conviction. Les *Essais,* composés à bâtons rompus, dans des entr'actes d'émeutes, et en pleine désillusion, sont le livre du doute. La Boétie avait été véhément par confiance et enthousiasme; Montaigne, aussi libéral que son ami, mais mieux édifié sur les ambitions des hommes, allait être modéré par expérience et conservateur par méfiance (1). »

Quelle que soit, au reste, la date à laquelle on s'arrête, sur la foi des contemporains de La Boétie, pour fixer l'époque de la composition du *Contr'un,* il ne faut pas l'accepter sans atténuation. Soit que l'on admette avec Montaigne que ce libelle est l'œuvre d'un garçon de seize à dix-huit ans, soit qu'on monte jusqu'à dix-neuf ans avec de Thou, il est certain qu'il fut remanié et complété dans la suite. Par qui? Là est la question, car nous ne sommes point assurés d'avoir le vrai texte de l'écrivain, la publication s'étant faite en fraude et contre le gré de ceux qui avaient le plus souci de la bonne renommée de La Boétie. Est-ce l'auteur qui aurait revu plus tard le texte de son propre ouvrage? ou bien faut-il y voir la main de Montaigne, qui se serait permis quelques corrections délicates et discrètes aux vers et à la prose de son ami? On pourrait croire aussi que le *Discours,* en courant longtemps sous le manteau, s'est insensiblement accru, et supposer en quelques endroits des interpolations ainsi amenées. La retouche n'en est pas moins incontestable. La Boétie y parle de Ronsard, de Baïf, de Du Bellay, qui ont « fait tout à neuf » notre poésie française. Or, les uns et les autres ne commencèrent à être connus que postérieurement à 1546, ou même à 1548. Du Bellay n'avait rien publié avant 1549, et la réputation de Ronsard ne se répandit vraiment en

---

(1) R. Dezeimeris, *De la Renaissance des lettres à Bordeaux,* p. 62.

France qu'en 1550. C'est à cette époque environ (1552) qu'il conçut le projet de cette *Franciade,* mentionnée par La Boétie, si longtemps promise par le grand poète, et dont il ne donna les quatre premiers livres qu'en 1572 seulement, mais qu'il n'acheva jamais. Quant à Baïf, né en septembre 1532, il n'avait alors que quatorze ou quinze ans et n'avait rien imprimé encore. On le sait, l'apparition de la Pléiade n'eut lieu qu'en 1549, à la publication de la *Défense et illustration de la langue françoise,* qu'il faut considérer comme le manifeste et le signal de la nouvelle école : cette date, selon le mot si pittoresquement exact de Sainte-Beuve, est précise comme celle d'une insurrection (2). La Boétie ne pouvait donc s'exprimer ainsi sur le compte des trois poètes, qu'après l'apparition des odes de Ronsard en 1550 et 1552, de celles de Du Bellay dans le recueil de 1550, et des *Amours* de Baïf en 1552. Tout cela indique, assurément, des corrections postérieures, pratiquées soit par des mains étrangères, soit qu'un La Boétie de vingt-deux à vingt-quatre ans, sans doute l'écolier d'Orléans, ait revu et retouché l'œuvre du « garçon de seize ans ».

Dans cet ordre d'idées, on peut émettre une autre hypothèse qui, si elle explique bien des choses, a le tort grave de contredire Montaigne. N'est-il pas permis de croire que le *Contr'un* fut composé, plutôt que revu, à Orléans, par La Boétie, sinon encore mûri par l'étude, moins adolescent pourtant qu'on ne l'a cru jusqu'ici? Cette explication serait à plusieurs égards bien vraisemblable. Le milieu dans lequel vivait alors La Boétie, ses fréquentations, ses travaux expliqueraient, dans une certaine mesure, de semblables aspirations. L'Université d'Orléans était un centre de libre discussion, et les maîtres qui y enseignaient, ne s'effrayaient point des hardiesses de la raison. L'un d'entre eux surtout, Anne Du Bourg, se passionnait aisément pour les généreuses conceptions. Est-il téméraire d'admettre que l'âme ardente de La Boétie se soit sentie attirée vers cette nature droite, franche, si chaude dans ses affections, comme dans ses haines?

Certes, de grandes dissemblances séparaient leurs caractères : le respect de l'autorité, de la légalité, les convictions religieuses. Que de nombreux points de contact aussi! L'un et l'autre étaient de fervents adeptes de la science juridique, dont l'étude développait encore davantage, dans les intelligences d'élite, le goût de l'examen consciencieux et de la discussion indépendante. Libre par dessus toutes choses, cette étude n'avait pas alors de cadre tracé, une suite

(2) *Tableau de la poésie française au XVIe siècle,* 2e édition, t. I, p. 55.

réglée d'avance, des développements prévus comme de nos jours. Les investigations s'y exerçaient sans entraves : plus que partout ailleurs l'amour de la dialectique pouvait s'y donner carrière. Au XVIe siècle, comme on l'a fait remarquer (1), l'enseignement du droit était une prédication plutôt qu'une institution, une sorte de recherche de la vérité, faite en commun par le maître avec ses élèves, et pour laquelle ils se passionnaient ensemble, ouvrant un champ sans fin aux spéculations philosophiques. C'est là un des motifs qui expliquent comment les plus célèbres jurisconsultes de cette époque entrèrent si aisément, portés par la nature même de leurs occupations, dans le mouvement de la Réformation, dont ils furent les plus habiles, les plus forts et les plus héroïques défenseurs.

A cet égard, Anne Du Bourg était l'idéal du professeur. Entre autres rares mérites, il savait faire passer chez ceux qui l'écoutaient les convictions qu'il ressentait lui-même, les convertir aux vérités que la réflexion lui avait fait entrevoir et que sa raison acceptait. Mais il est vrai d'ajouter que Du Bourg n'était pas alors le réformateur qu'il devint plus tard. Entré de bonne heure dans les ordres ecclésiastiques, il est hors de doute qu'en prenant place dans les rangs du clergé, il en partageait les croyances. Nature ardente et enthousiaste, passionnée pour la libre recherche, le jeune professeur n'arriva à la Réforme que poussé par la force même de son esprit inquiet, entraîné par ce besoin de changement et d'examen qui possédait l'Europe entière. Et l'ordre même de ses méditations avivait les tourments de son âme et contribuait à cet événement pour une large part. Serait-il inadmissible d'avancer, après cela, que La Boétie se soit échauffé à un semblable voisinage, sans que ses convictions religieuses y aient été atteintes? Toute sa vie publique et sa mort même nous sont de sûrs garants de sa fidélité aux croyances orthodoxes. L'ardeur de sa jeunesse ne dut pas moins s'embraser à l'éloquence de ce maître qui allait bientôt finir par la plus courageuse des obstinations. Est-il téméraire de chercher dans le *Contr'un* l'influence de Du Bourg, agité en tous sens par le besoin d'innovations et de progrès, encore catholique, mais incertain, ébranlé sans doute dans sa foi? Devrait-on voir dans la prose entraînante de La Boétie l'écho prolongé jusqu'à nous de l'enseignement d'Anne Du Bourg?

Pour s'arrêter à cette explication, nous avons déjà dit qu'il ne faut tenir nul compte du témoignage de Montaigne. Peut-être n'en faudrait-il pas non plus tenir un compte excessif. M. Dezeimeris

---

(1) H. Doniol, *Notice historique sur Anne Du Bourg*, 1845, in-8º, p. 9.

a cru que Montaigne s'efforçait de rajeunir son ami pour constater que la *Servitude* était une œuvre d'extrême jeunesse, et atténuer ainsi l'interprétation exagérée que pouvait souffrir cet ouvrage, publié, comme il le fut, au milieu de diatribes révolutionnaires (2). La chose est plausible. Il est juste aussi de faire remarquer que la composition du *Contr'un* se place, — à quelque date qu'on l'attribue, — dans une période que Montaigne ne vécut point aux côtés de son ami. De là, sans nul doute, le manque de précision dans l'affirmation de Montaigne et les deux âges qu'il assigne successivement à cette composition. D'ailleurs, d'autres considérations semblent encore venir ébranler le témoignage de Montaigne et confirmer l'hypothèse de la rédaction à Orléans. Il paraît particulièrement difficile qu'un tout jeune homme puisse ainsi façonner à son usage une langue sobre, expressive, bien personnelle, surtout si l'on admet, comme il le faudrait supposer, qu'il n'écrivait pas dans un centre intellectuel de premier ordre. A moins d'un génie exceptionnellement doué, de qualités absolument transcendantes, — et ce n'est pas le cas de La Boétie, esprit fort remarquable assurément, mais que des dons si extraordinaires ne semblent avoir jamais distingué, — la chose serait sans exemple dans les annales littéraires. Au contraire, écrit à Orléans, c'est-à-dire au moment où la Pléiade commence à poindre, où les tentatives de rénovation littéraire s'agitent déjà un peu confusément, composé dans ce milieu voué par excellence aux libres controverses et aux entretiens érudits, le *Contr'un* germe à son heure, dans un sol bien préparé à son éclosion. Ainsi mis en sa place, c'est un anneau dans la grande chaîne des accroissements humains. L'ouvrage de La Boétie prend rang à sa date dans le développement de la langue et de l'esprit français. Les progrès intellectuels sont solidaires les uns des autres, et ils se tiennent entre eux par des liens étroits, qu'il n'est pas permis de rompre.

Replacer, de la sorte, le *Contr'un* dans le milieu qui l'inspira probablement, pourrait contribuer, en outre, à expliquer l'application qui en fut postérieurement faite. Prédisposée entre toutes les villes de France à bien accueillir la réforme religieuse, Orléans en devint rapidement un des plus ardents foyers. Quelques-uns de ceux qui avaient été les compagnons de La Boétie sur les bancs de l'école en furent plus tard les principaux adeptes, et, dans ce nombre, il faut compter Lambert Daneau, dont nous aurons à nous occuper encore. Uni dans sa jeunesse avec La Boétie,

---

(2) *De la Renaissance des lettres à Bordeaux*, p. 40.

dont il partageait les goûts studieux et les travaux intelligents, Daneau fut entraîné au calvinisme par la constance et par l'exemple de son maître, Anne Du Bourg, dont il semble avoir été l'élève favori. L'un et l'autre, Daneau et La Boétie, se communiquaient alors leurs projets comme ils échangeaient leurs pensées, et Daneau fut sans nul doute le confident des premiers essais de La Boétie. C'est lui assurément qui eut la primeur du *Contr'un*, si elle n'avait pas été réservée au maître qui les guidait tous les deux. Leurs âmes, animées d'un même élan, devaient se comprendre à merveille, et c'est dans l'intimité de ces relations qu'il faut chercher le vrai motif pour lequel le *Contr'un* était si répandu parmi les fervents huguenots. Peut-être avait-on cru un moment pouvoir convertir à la cause commune l'esprit si droit de La Boétie, et quand il fut bien avéré que ces nouveautés ne l'avaient point tenté, quand il ne fut plus de ce monde pour se défendre des fausses interprétations, on publia l'œuvre dans laquelle il s'était mis tout entier, avec l'ardeur et les utopies de sa jeunesse. On voulut en faire une application, d'abord timide, aux choses du présent, que La Boétie avait pourtant évité avec soin de toucher. On n'était pas fâché d'entendre un catholique, dont la foi n'avait jamais été suspectée, traiter, avec une aussi grande liberté d'allures, les questions qui préoccupaient le plus les huguenots. On faisait bien remarquer, qu'au prix du catholique, ceux-ci étaient « trop doux et trop serviles ». On espérait enfin que ce franc parler convaincrait bien des gens indécis, et que les autres Français, « qu'on traite pire que des bestes », s'éveilleraient à cette mâle parole « pour recognoistre leurs misères et aviser très tous ensemble de remédier à leurs malheurs (1). » L'éditeur omettait seulement de dire que cette

---

(1) Comme on le verra ci-dessous, ce sont les propres paroles qui précédaient et qui annonçaient l'extrait de la *Servitude volontaire* inséré, sans nom d'auteur, dans le *Réveille-Matin des François*.

(2) Voir ci-dessous APPENDICE V.

(3) *Dialogi ab Eusebio Philadelpho cosmopolita in Gallorum et cæterarum nationum gratiam compositi, quorum primus ab ipso auctore recognitus et auctus, alter vero in lucem nunc primum editus fuit.* — Edimburgi (Bâle?), ex typographiâ Jacobi Jamæi, 1574, in-8°. — Deux dialogues à pagination séparée : 1$^{er}$ dialogue, 110 pp. et 16 ff. lim. non chiff. ; 2$^e$ dialogue, 136 pp.

(4) *Dialogus quo multa exponuntur quæ Lutheranis et Hugonotis Gallis acciderunt. Nonnulla item scitu digna et salutaria consilia adiecta sunt.* Oragniæ (Orani en Piémont), excudebat Adamus de Monte, 1573, pet. in-8° de 4 ff. lim., 170 pp. et 2 ff. pour l'index.

(5) *Dialogue auquel sont traitées plusieurs choses advenues aux Luthériens et Huguenots de la France, ensemble certains points et avis nécessaires d'estre sçus et suivis.* Basle, 1573, pet. in-8°, 2 ff. et 162 pp. A la fin : « Achevé d'imprimer le douziesme iour du sixiesme mois d'après la trahison. »

application particulière, qu'il faisait aux maux de la France du discours de La Boétie, n'était point le cas de celui-ci. Il commettait la première fausse interprétation du *Contr'un;* par malheur, elle ne devait pas rester la dernière.

La publication de la *Servitude volontaire* n'eut lieu qu'en 1574, plus de dix ans après la mort de son auteur, et, — chose curieuse, qui n'a cependant été mentionnée par aucun des biographes de La Boétie, — le premier extrait qui en fut publié le fut en latin (2). En 1574 parurent en effet, sous le pseudonyme d'Eusèbe Philadelphe, qui cachait un écrivain protestant, deux dialogues latins assez longs, dirigés contre le roi et la reine sa mère (3). Le premier avait déjà été publié l'année précédente, à la fois en latin (4) et en français (5) six mois et douze jours seulement après la Saint-Barthélemy. C'est dire qu'il était assez violent et qu'il eut quelque retentissement : on le traduisit même en allemand (6), et la cour le fit combattre par un libelle contradictoire d'Arnaud Sorbin (7). Quant au second dialogue, d'une forme un peu plus modérée, il voyait le jour pour la première fois et se terminait par une longue tirade sur la servitude volontaire, qui n'était autre qu'un important fragment du discours de La Boétie, mis en latin pour les besoins de la cause. Œuvre anonyme et collective, comme devait être plus tard la *Satyre Ménippée,* mais composée avec infiniment moins d'esprit, le *Réveille-Matin des François* renfermait un pêle-mêle de discussions et d'opinions sur les diverses questions du temps (8). Pour le rendre plus redoutable encore, on ne tarda pas à le mettre en français, et l'extrait de La Boétie parut alors, tel qu'il avait été écrit, sans que son auteur fût nommé pour cela.

Il ne le fut pas même en 1576. A cette date (9), un pasteur de

---

(6) Traduction du titre allemand : *Réveille-matin, ou réveillez-vous de bonne heure, c'est-à-dire Relation sommaire et véritable des troubles graves passés et actuels de la France, composée en forme de dialogue pour le bien des Français et d'autres nations voisines par Eusebius Philadelphus cosmopolite; traduite maintenant du français en allemand par Emericus Lebusius.* Edimbourg, I. James, 1575, in-8°.

(7) *Le vrai Réveille-Matin, pour la défense de la Majesté de Charles IX par Arnaud Sorbin.* Paris, 1574, in-8°. — Cet opuscule fut réimprimé en 1576 sous un titre quelque peu différend.

(8) On trouvera une judicieuse appréciation des mérites littéraires du *Réveille-Matin des François* dans l'ouvrage de M. C. Lenient sur *la Satire en France ou la littérature militante au XVI$^e$ siècle* (Paris, 1877, in-12, t. II, p. 30).

(9) Cette première édition des *Mémoires de l'estat de France sous Charles neufiesme* est fort rare. Je n'ai pu la rencontrer et je n'en parle que d'après Brunet et la *France protestante.* Suivant Brunet, l'ouvrage fut réimprimé en 1577 et 1578; sous cette dernière date, il y aurait même eu deux éditions

*g*

Genève, Simon Goulard, éditait trois volumes compacts de pièces publiées « tant par les catholiques que par ceux de la religion », depuis la paix de 1570. C'est une indigeste collection de libelles, dont quelques-uns sont du compilateur lui-même, mais dont la plupart ont été traduits ou arrangés par lui. Au milieu du troisième volume, nous voyons figurer la *Servitude volontaire,* moins mutilée que dans le *Réveille-Matin,* sans que son texte offre pourtant des garanties suffisantes d'exactitude et de correction. C'est là, à vrai dire, qu'il faut chercher la première manifestation imprimée du *Contr'un.*

Née, pour ainsi parler, avec les troubles, la renommée de la *Servitude volontaire* grandit avec eux et passa comme eux. Sous la monarchie libérale de Henri IV ou sous la puissante autorité de Richelieu ou de Louis XIV, on ne se préoccupa guère des opinions de La Boétie et son libelle fut tout à fait oublié. Seuls, quelques esprits curieux le recherchent encore et le lisent. Un poète bordelais, Martin Despois, nous apprend combien le *Contr'un* était rare au commencement du XVIIe siècle. Longtemps il désira l'opuscule. La libéralité d'un ami, Gabriel Cormier, le lui procure enfin et aussitôt il remercie son bienfaiteur de ce don par une charmante pièce d'hendécasyllabes latins, instructifs à bien des égards (1). Une mort prématurée, dit-il, a fait périr La Boétie, et voici que maintenant un oubli injuste frappe encore son œuvre, comme une nouvelle mort :

> *Sic mors eripuit secunda famam.*

Pourtant La Boétie ne mérite pas ce destin : c'était un cœur généreux, une âme honnête, qui vivait dans un temps indigne de le comprendre :

> *Fuit pulcer olor Boetianus,*
> *Indignus sociisque seculoque*
> *Quod tum barbaries tenebat atra.*

---

des *Mémoires*, publiées toutes deux à Meidelbourg et imprimées l'une en gros caractères, l'autre en petits. Dans l'édition en gros caractères, qui est réputée la meilleure et la plus complète, la *Servitude volontaire* occupe les feuillets 116 verso à 139 verso du t. III ; dans l'édition en petits caractères, elle va du feuillet 82 verso au feuillet 99 verso, également dans le t. III.

(1) Par le charme du style et la délicatesse du sentiment la pièce mériterait d'être citée, n'était sa longueur. Nous renverrons le lecteur aux poésies françaises, latines et grecques de Martin Despois, éditées avec une introduction et des notes par M. Reinhold Dezeimeris, dans les *Publications de la Société des Bibliophiles de Guyenne* (1875, in-8°, t. II, p. 107-110).

(2) « Boethiani librum *De Servitute voluntariâ* seu *ethelodouleias* nondum a filio sororis meæ recuperare potui. Monebo illum iterum proximis

Et, à ces plaintes, se mêle bientôt un accent contenu de découragement personnel, qui en rend le ton plus touchant et plus vrai.

Toutefois, cette gloire de La Boétie, quoique fort diminuée assurément, n'était pas seulement, comme on pourrait le croire, une gloire de clocher. Elle s'étendait même au delà des frontières françaises. Jean de Wower, l'ingénieux panégyriste de l'*Ombre,* souhaitait lui aussi de prendre connaissance du *Contr'un.* Il le réclame de Hambourg, avec instances, à son ami Dominique Baudius, fixé alors à Leyde, mais celui-ci ne peut le lui envoyer (2), car il a laissé en Zélande, entre les mains du fils de sa sœur, l'exemplaire qui le contient (12 janvier 1603). Jean de Wower insiste (3), et Baudius finit par adresser au curieux philologue de Hambourg le petit traité de La Boétie (4), avec l'*Hésiode* de Heinsius, plus d'un an après sa demande (10 mars 1604).

Si l'on en croit Tallemant des Réaux (5), le renom posthume de l'auteur de la *Servitude volontaire* s'éleva plus haut encore. Un jour, Richelieu voulut lire lui aussi cet opuscule si vanté par Montaigne. En vain, le fit-il rechercher chez tous les libraires de la rue Saint-Jacques, bien fournie alors en marchands de livres, vieux ou nouveaux : aucun ne possédait le petit discours ou ne voulut le procurer au cardinal. Enfin, l'un d'entre eux, plus savant ou plus avisé que ses confrères, le libraire Blaise, se décida à le céder aux intermédiaires du tout-puissant ministre au prix de cinq pistoles. Il n'avait eu, pour cela, qu'à détacher des *Mémoires de l'Estat de France sous Charles neufiesme* les quelques feuillets consacrés à l'œuvre de La Boétie. Le cardinal put ainsi la lire. Il dut sourire des utopies du jeune conseiller; sans doute, la décision de son caractère ne s'accommoda guère de ces théories incertaines, et l'homme d'État traita de chimères les nobles aspirations de ce réformateur adolescent.

Par bien des côtés, le XVIIIe siècle ressemble plus au XVIe siècle que le siècle même de Louis XIV. Durant les cent années qui

---

literis. Jam ferè tres menses sunt ipsi postquam soror abiit ad plures; ab eo tempore unas tantum literas ad me misit. » (Dominici Baudii *Epistolæ.* Amsterdam, Louis Elsevir, 1654, III centurie, 34 lettre, p. 346.)

(3) Le 5 fevrier 1604, Baudius lui écrit encore : « Nondum ex Zelandiâ literas a filio sororis meæ recepi, nec librum quo continetur tractatus *de Servitute voluntariâ.* » (Ibid., III cent., let. 36, p. 350.)

(4) Baudius termine ainsi sa lettre du 10 mars 1604 : « Accepi tractatum *de Servitute voluntariâ,* quem mittam proximâ occasione unà cum Hesiodo Heinsii, qui jam recens editus est, sed auctor eum nondum communicavit nisi cum iis quibus dedicavit. » (Ibid., cent. III, let. 37, p. 352.)

(5) *Les Historiettes de Tallemant des Réaux.* Troisième édition, revue par MM. de Monmerqué et Paulin Paris. 1862, in-12, t. I, p. 433.

séparent ces deux époques, cette poussée vers la liberté de discussion et d'action s'est ralentie ; on dirait que le flot des idées audacieuses a disparu sous terre, qu'il y roule sans bruit pour réapparaître à son heure. Aussi le XVIII<sup>e</sup> siècle était-il mieux à même de comprendre et d'apprécier le *Contr'un*. Dès les premières années, nous voyons la *Servitude volontaire* réimprimée prendre à la suite des *Essais* de Montaigne une place qu'elle garda presque toujours depuis lors. De cette façon, elle fut plus répandue en France : sous la protection de Montaigne, elle pénétra plus avant dans les esprits. Il ne paraît pas cependant qu'on s'y soit beaucoup arrêté. L'influence du *Contr'un* ne fut pas aussi notable qu'on aurait pu l'attendre. Parfois pourtant, quelque nature d'élite, éprise comme La Boétie de l'amour de l'humanité, se rencontrait avec lui dans un cri éloquent ou dans une pensée généreuse, et il serait intéressant de rapprocher, par exemple, le *Contrat social* de la *Servitude volontaire*, de comparer Jean-Jacques avec La Boétie (1).

Malgré ces heureuses exceptions, on peut dire que l'œuvre de La Boétie ne fut pas estimée à sa juste valeur. Presque à la veille de la Révolution, M. de Paulmy en publiait une appréciation qu'il est intéressant de signaler, à cause du moment où elle fut écrite (2). Elle est sévère, et M. de Paulmy pense que le *Contr'un* « pouvait tout au plus faire honneur à l'esprit de son auteur ». Il conclut ainsi : « C'est l'ouvrage d'un jeune homme qui avait de l'esprit et avait déjà lu un assez grand nombre de livres ; il écrivait bien pour son temps, mais il raisonnait mal. On peut donner les mêmes louanges,

---

(1) M. Dezeimeris mentionne (*Renaissance des Lettres à Bordeaux*, p. 42) quelques rencontres frappantes entre La Boétie et Jean-Jacques.

(2) *Mélanges tirés d'une grande bibliothèque*, t. XVII, p. 121-126. Ce volume, qui parut en 1781, est consacré aux *Livres de politique du XVI<sup>e</sup> siècle*.

(3) On le publia deux fois en 1789 et 1790, après l'avoir traduit en langage moderne pour le faire servir aux passions du jour. Voici le titre exact de ces deux publications : *Discours de Marius, plébéien et consul, traduit en prose et en vers français du latin de Salluste ; suivi du discours d'Etienne de La Boétie, ami de Montaigne et conseiller au Parlement de Bordeaux, sur la Servitude volontaire, traduit du françois de son temps en françois d'aujourd'hui, par L'Ingénu, soldat dans le régiment de Navarre* (d'après Barbier, pseudonyme de M. Lafite, avocat). S. l., 1789, in-8° de 144 pp. (Le discours de La Boétie est précédé d'une préface curieuse à bien des égards.) — *L'ami de la Révolution ou Philippiques dédiées aux représentants de la nation, aux gardes nationales et à tous les Français.* (La huitième philippique contient en supplément un *Discours sur la servitude et la liberté extrait d'Etienne de La Boétie*, pp. 137-143.) 1790-91, 57 numéros in-8°.

(4) On trouvera ci-dessous des renseignements bibliographiques sur

et reprocher les mêmes défauts à ceux qui, de nos jours, ont soutenu des paradoxes philosophiques et politiques sur l'égalité des conditions, le despotisme, etc. » Certes, ces restrictions seraient assez justes, si l'auteur avait loué davantage et la fermeté de la langue de La Boétie et la netteté toujours si grande de son expression. Il importe d'ajouter que cette opinion défavorable de M. de Paulmy tranche assez avec les opinions du moment. Il était de mode alors, dans toutes les classes de la société, de se montrer plus indulgent pour les réformateurs politiques, et cette sentence ne fut peut-être bien que l'expression d'un jugement personnel.

Bientôt les temps s'assombrirent. Aux jours d'émeute, on cherche à faire arme de tout : des pavés des rues comme des œuvres du passé. Le *Contr'un* n'échappa pas à la destinée commune. Au milieu de la Révolution, on le rendit à la lumière, rajeuni, commenté et adapté aux besoins de l'heure présente (3). Plus tard, La Boétie servit au même usage. M. de Lamennais l'édita, en le faisant précéder d'une préface violente (4) et son exemple fut suivi par d'autres (5). C'était rabaisser un des monuments de la langue française, en l'employant aux attaques des partis. Il y a plus encore. Ceux qui, sur de semblables traces, veulent faire de La Boétie un des précurseurs des révolutions modernes, un fauteur de discordes, et voient dans son éloquent libelle le symbole des revendications sociales, méconnaissent à la fois sa vie et sa pensée. Lire ainsi la *Servitude volontaire*, c'est la lire à rebours, comme les sorciers lisaient la messe quand ils la célébraient en l'honneur du diable.

l'édition de Lamennais et sur celle de Charles Teste, à laquelle il est fait allusion.

(5) Il en fut de même en 1852 et l'on accommoda le *Contr'un* en vengeur du coup d'État de décembre. Voy. *Tyrannie, usurpation et servitude volontaire, trois extraits d'Alfieri, de Benjamin Constant et d'Estienne de La Boétie, publiés par A. Poupart* (Bruxelles, 1852, in-12).

## III

*La Boétie traducteur et poète. Son goût pour Plutarque. Il annote le traité de l'Amour et traduit en français les* Règles de Mariage *et la* Lettre de consolation *de Plutarque à sa femme. La Boétie et Amyot. Traduction de la* Mesnagerie *de Xénophon. Ses qualités. On la réimprime au XVII<sup>e</sup> siècle. La Boétie poète français. Il traduit en vers un fragment de l'Arioste. Les sonnets de La Boétie. Leurs mérites et leurs défauts. Ses vers latins.*

Pour achever de juger la physionomie littéraire de La Boétie, il ne faut point omettre l'examen de ses traductions et de ses poésies, latines ou françaises. Nous allons les étudier successivement. Aussi bien, les unes et les autres nous fourniront des particularités remarquables et dignes d'être notées.

La Boétie était un véritable philologue, il en avait les qualités : l'érudition, la sagacité, la critique. Sa solide instruction le rendait capable des besognes délicates vers lesquelles son goût le portait. Dès sa jeunesse, il s'efforçait de dépouiller les ouvrages de l'antiquité de l'élément étranger que le temps y avait introduit. Certes, si les siècles avaient conservé une grande partie des chefs-d'œuvre de l'esprit hellénique, ceux-ci n'étaient pas demeurés, à travers tant d'années, dans l'harmonieux appareil de leur beauté native. A mesure qu'il se répandait par le monde, bien des scories s'étaient mêlées à ce métal précieux et elles en altéraient la pureté et l'éclat. Maintenant que le génie de Gutenberg allait vulgariser ces travaux encore davantage et mettre à la portée des érudits les plus modestes ce qui avait été, jusque-là, le privilège exclusif des heureux et des riches, il fallait, autant que possible, pénétrer les secrets de la pensée antique, et la reproduire dans tout son charme et toute son intégrité.

Ce fut l'ambition du XVI<sup>e</sup> siècle, et La Boétie s'y livra lui aussi,

---

(1) C. A. Sainte-Beuve, *Correspondance*, t. II, p. 249.

(2) *Remarques et corrections d'Estienne de La Boétie sur le traité de Plutarque intitulé* Ἐρωτικός, *avec une introduction et des notes par Reinhold Dezeimeris* (Publications de la Société des Bibliophiles de Guyenne, t. I, pp. 81-160), 1868, in-8°.

(3) *Plutarchi opuscula LXXXXII.* (A la fin) Venetiis in ædibus Aldi et Andreæ Asulani soceri, mense martio MDIX. — In-folio de 8 ff. non chiffrés, 1050 pp. et 1 f. pour l'ancre aldine qui figure également sur le titre.

avec l'ardeur à la fois entraînante et réfléchie, qu'il apportait dans ses entreprises. Mais son rôle, dans la Renaissance philologique, demeura longtemps ignoré. Montaigne ne l'a pas indiqué, car l'érudition du philosophe n'était pas assez solide pour juger des difficultés d'un semblable labeur. Le mérite d'avoir mis en lumière la haute science philologique de La Boétie appartient tout entier à M. R. Dezeimeris. C'est lui qui a retrouvé la trace, jusqu'alors perdue, des goûts critiques de La Boétie, et découvert ainsi, selon la très juste expression de Sainte-Beuve, un La Boétie primitif, antérieur à celui dont Montaigne nous a laissé le portrait, et tout à fait neuf (1). Les pages qui suivent ne sont, et ne pouvaient être que le résumé des trouvailles de M. Dezeimeris sur La Boétie philologue, un aperçu des considérations qu'il a lui-même émises ailleurs, en publiant pour la première fois, avec tant d'autorité, les remarques de La Boétie sur l'Ἐρωτικός de Plutarque (2).

Plutarque, en effet, attirait La Boétie, et, en particulier, dans Plutarque, le recueil de ses œuvres diverses ou morales. La philosophie de ces opuscules charmait La Boétie, et les difficultés qui se rencontraient alors, à chaque ligne, l'eussent retenu à l'étude d'un écrivain si intéressant par lui-même. Dans le commencement du siècle, ces *moralia* avaient été rassemblées par les soins du crétois Démétrius Ducas (3), et Alde en livrait la collection au public savant en mars 1509. Cette édition fut avidement accueillie (4), quoiqu'elle eût été confectionnée avec plus de bonne volonté que de jugement, et qu'elle reproduisît trop scrupuleusement les lacunes et les erreurs des manuscrits suivis. Trente ans après, Froben imprimait à Bâle, en 1542 (5), une nouvelle édition amendée et plus correcte. Entre-temps, la critique avait fait un grand pas et la philologie classique était née. De véritables érudits avaient exercé leur sagacité et leur science sur le texte des écrits philosophiques de Plutarque, de sorte que, pour en donner une collection sensiblement améliorée, il suffisait à Froben de centraliser le résultat de ces remarques et de ces corrections. On essayait même de traduire Plutarque en latin et les versions ainsi entreprises commençaient à être assez nombreuses pour

(4) Janus Lascaris, en mission à Venise au moment de l'apparition de cet ouvrage, en expédiait les bonnes feuilles à Guillaume Budé à mesure de leur impression. Voir deux lettres fort curieuses publiées par M. Emile Legrand (*Bibliographie hellénique*, t. II, p. 330-333).
(5) *Plutarchi Chœronei Moralia opuscula multis mendarum milibus expurgata.* Basileæ, per Hier. Frobenium et Nic. Episcopium, 1542, In-folio de 6 ff. liminaires, 877 pp. et un feuillet pour la marque de Froben.

former un volume, également imprimé à Bâle, en 1541, et qui comprenait déjà plus de la moitié des *moralia* (1).

C'est sur le texte de Plutarque donné par Froben, fort défectueux malgré ses améliorations, que La Boétie exerça son jugement. A ses côtés, son collègue et ami Arnaud de Ferron se livrait à la même étude avec un zèle digne d'éloges. Il s'occupait à mettre en latin divers opuscules non encore traduits de Plutarque (2) et ses traductions parurent successivement à Lyon en 1555, 1556 et 1557. Pour mener à bien une semblable tâche, Ferron recourait à l'obligeance des érudits avec lesquels il était lié : à Jules-César Scaliger il demandait des préfaces et probablement aussi des conseils; il consultait La Boétie sur le résultat de ses lectures et de ses observations. La preuve matérielle de cette collaboration nous est fournie par la traduction du traité de l'*Amour,* publiée par Ferron chez Jean de Tournes, en 1557 (3). A la suite de cette traduction se trouvent plusieurs restitutions intéressantes et une note nous informe que la plupart sont dues à La Boétie. Sans doute ce sont là des remarques sans prétention et dont il ne faudrait pas surfaire l'importance; elles sont curieuses cependant à envisager à bien des égards.

C'était le produit de ses propres conjectures, de ses recherches personnelles, que La Boétie échangeait ainsi avec Ferron, et l'érudition nullement pédantesque, qu'il apportait en tout ceci, prouve bien qu'il s'exécutait avec plus d'amicale bonne grâce que d'ambition philologique. Tous les renseignements fournis par La Boétie n'ont pas été publiés par Ferron : nous n'en possédons qu'une partie et il est vraisemblable même qu'en les écrivant La Boétie n'avait pas la pensée de les voir imprimer un jour. Sans doute, quand ces doctes restitutions arrivaient à leur heure, Ferron se hâtait d'en faire son profit, et il agissait sagement de prendre ainsi, sans façon, ce que lui offrait si cordialement son collègue. Ce qui en reste permet de se faire une idée du travail fourni au traducteur de Plutarque par le jeune et éminent helléniste. L'examen de ce fragment de commentaire suffit surtout

---

(1) *Plutarchi Chœronei philosophi et historici clariss. opera moralia quæ hunc usque diem latinè extant universa.* Basileæ, apud Mich. Isingrinium, anno MDXLI, in-folio.
(2) Il traduisit notamment le petit traité de Plutarque : *Ne vivere quidem jucundè quemquam posse qui sectam sequatur Epicuri* (Lyon, 1555), celui *Contrà Coloten* (1555), celui *De inscriptione Delphici templi* (1557) et le traité apocryphe *Pro nobilitate* (1556).
(3) Voir ci-dessous APPENDICE VI.
(4) *Publications de la Société des Bibliophiles de Guyenne,* t. I, p. 114.

pour qu'on puisse constater le mérite du philologue et la valeur de son œuvre. Ainsi que le note M. Dezeimeris (4), en publiant à nouveau les remarques de La Boétie avec un commentaire qui les rend plus précieuses encore, de semblables travaux étaient plus méritoires au XVIe siècle qu'on ne le croirait tout d'abord. Ils supposent une grande somme d'érudition et de lectures, et chaque esprit était à lui-même le propre auteur de sa science. On ne possédait point alors les lexiques et les index, qui depuis ont singulièrement facilité ces sortes de recherches. Les textes étaient plus que jamais remplis de lacunes, d'erreurs et d'interpolations. Quelle méthode sûre et quel jugement droit ne fallait-il pas avoir pour parvenir ainsi à un résultat satisfaisant? Telles étaient les qualités maîtresses de La Boétie, et, en constatant maintenant l'ingéniosité de ses conjectures, on ne peut que souscrire à l'éloge flatteur qu'Arnaud de Ferron, bien placé pour le juger à l'œuvre et sur des preuves que nous n'avons plus, décernait à son collaborateur (5), qu'il appelait « un homme vraiment attique et le second Budé de son siècle ».

Quelque honorable qu'elle fût par elle-même, cette besogne n'était qu'une préparation. La Boétie voulut lui aussi tenter de faire passer en français quelques-uns des petits traités de Plutarque. Il en traduisit deux. L'un, les *Règles de Mariage,* avait eu un succès particulier à cette époque. En moins de trente ans, de 1535 à 1571, date de la publication des traductions d'Amyot et de La Boétie, l'opuscule de Plutarque fut tourné cinq fois en langage commun (6). On le mit même « en rythme françoise », sans doute pour rendre les préceptes qu'il contenait plus aisés à retenir, et quelques-unes des versions en prose — celles de Jean Lode et de Jean de Marconville — eurent jusqu'à trois et quatre éditions. Le tableau que fait Plutarque de la fidélité conjugale méritait assurément d'être aussi goûté. La Boétie a su laisser à cet aimable dialogue le charme de langage qui le caractérise dans l'original, et reproduire sans les affaiblir les conseils que donne aux jeunes époux le philosophe de Chéronée (7). Le second des opuscules de Plutarque que La Boétie

---

(5) A la fin même des annotations que La Boétie lui avait adressées sur le traité de l'*Amour*.

(6) Par Jean Lode (Paris, 1535, 1536, 1545), par un anonyme qui l'ajoute à la traduction d'un dialogue italien de Sperone (Lyon, 1546, Paris, 1548), en vers par Jean de La Tapie (Paris, 1559), par le poète dramatique J. Grevin (Paris, 1558) et par Jean de Marconville (Paris, 1564, 1565, 1570 et 1571).

(7) Ce petit traité n'a été traduit que deux fois séparément depuis La Boétie. — *Manuel des époux ou maximes de conduite dans le mariage, traité de Plutarque traduit par M\*\*\**. Londres et Paris, 1774 (Avec un *Précis de ce*

*h*

voulut traduire est d'un attrait plus sévère : c'est la lettre de consolation que Plutarque écrivit à sa femme après la perte de leur fille au berceau. Là encore, La Boétie ne s'est point trouvé inférieur à son entreprise. On sent poindre, dans sa prose émue, la douleur du père et la résignation du philosophe, qui se soumet simplement et dignement au malheur qui le frappe.

Comme on le voit, La Boétie avait beaucoup pratiqué Plutarque. Ainsi que Montaigne, il aimait son attrayante sagesse, qu'il avait plus approfondie encore que Montaigne. Maintes fois il le cite, au cours de la *Servitude volontaire,* et toujours les préceptes du penseur grec sont traduits avec une exactitude, avec un bonheur d'expression qui montrent l'érudition et le goût de La Boétie (1). Ce qu'il a essayé d'en faire passer dans notre langue a été rendu avec une consciencieuse élégance, qui lui permet de figurer sans désavantage à côté des traductions mêmes d'Amyot. Assurément il ne peut venir à la pensée de personne de mettre en parallèle le mérite des deux tâches et d'en comparer la valeur : elles sont hors de proportions. Mais si l'on rapproche les deux courts traités de Plutarque traduits par La Boétie de la version donnée par Amyot, on peut voir que cette traduction du jeune helléniste balance souvent celle d'Amyot par des qualités sérieuses et personnelles. Un critique qui a beaucoup étudié Amyot et qui l'a fait surtout au point de vue qui nous occupe, Auguste de Blignières, reconnaît qu'Amyot garde toujours une originalité supérieure de style. « La Boétie est moins égal ; il n'a pas cette lucidité de diction qui jette un jour heureux sur toutes les parties de la pensée, il n'a pas ce charme exquis du naturel, cette vive netteté du coloris, cette douce teinte de bonhomie et de sensibilité dans le style, qui donnent un prix infini à la traduction de son rival (2). »

Ceci est exact de tous points, mais il est juste d'indiquer à côté, plus amplement qu'on ne l'a fait, les points sur lesquels La Boétie l'emporte. Moins abondant qu'Amyot, La Boétie est un interprète plus précis et suit de plus près l'original. Par la nature même de

*qui s'observait dans les mariages des Grecs et des Romains*). In-18 de 96 pp. — *Les préceptes de mariage, traduits du grec de Plutarque par le D$^r$ L. Seraine.* 4$^e$ édition, suivie d'un *Essai sur l'idéal de l'amour, du mariage et de la famille*, revue, corrigée et augmentée. Paris, 1871, in-32 de 182 pp.

(1) L. Feugère a eu tort d'écrire (p. 17 de son étude) que La Boétie emprunte la traduction d'Amyot pour les passages de Plutarque qu'il cite dans la *Servitude volontaire*. Cela n'est pas exact ; la traduction des *Œuvres morales* par Amyot ne parut pour la première fois qu'en 1572, c'est-à-dire près de dix ans après la mort de La Boétie.

son ouvrage, Amyot, transportant Plutarque en français pour le rendre accessible au plus grand nombre, essayait avant tout de faire comprendre son auteur : il ne pouvait s'arrêter à toutes les ressources de style, à copier des détails qui eussent surchargé sa besogne sans l'éclairer. Il fallait plutôt songer à donner des écrits de Plutarque un ensemble harmonieusement établi, où toutes les qualités vinssent, dans leur ordre, tenir le rang qu'elles devaient occuper. Sa traduction était un édifice de proportions régulières et bien établies qu'Amyot éleva avec une conscience jalouse. Plus philologue par instinct, La Boétie au contraire cherchait à reproduire la prose de Plutarque avec une exactitude qui n'excluait pas l'élégance. Il possédait par dessus tout la connaissance de la langue, et le sentiment de la phrase grecques. Il avait autant approfondi la syntaxe de l'une que le génie de l'autre. Et quand son érudition si solide, sa critique si pénétrante et si avisée l'amenaient à découvrir le vrai sens caché d'un auteur mal édité, avec quelle précision ne cherchait-il pas à rendre toutes les nuances d'une période dont il comprenait jusqu'aux moindres finesses (3)? On trouve ainsi, dans les quelques pages de Plutarque traduites par lui, des traces nombreuses de l'effort méritoire tenté par La Boétie, pour faire sentir, dans sa prose, le jeu toujours délicat des particules grecques. Au contraire, les notes sur le traité de l'*Amour* nous ont montré les soins apportés à l'établissement du texte même. Nous assistons au travail de préparation intime du philologue et nous savons que cette besogne était féconde, car on y trouve bien des corrections nouvelles que les manuscrits ont justifiées depuis, beaucoup d'intelligentes remarques dont les commentateurs plus récents se sont emparés, sans nommer La Boétie.

Une traduction du dialogue de Xénophon *sur l'Economie*, qu'il appelle heureusement *la Mesnagerie*, termine avantageusement la série des traductions grecques de La Boétie, puisqu'il est maintenant démontré que la traduction de l'*Economique* d'Aristote n'a été rangée sous son nom que par une supercherie de libraire (4).

(2) Aug. de Blignières, *Essai sur Amyot et les traducteurs français du XVIe siècle*, Paris, 1851, in-8°, p. 216.
(3) M. Feugère indique (p. 301 de son édition) une correction fort heureuse apportée par La Boétie au texte des *Règles de mariage*. M. Dezeimeris signale en outre (*Publications des Bibliophiles de Guyenne*, t. I, p. 301) les efforts du traducteur pour rendre scrupuleusement le jeu même des particules grecques. Nous en signalerons d'autres exemples.
(4) Voir APPENDICE VII.

Cette traduction de la *Mesnagerie* de Xénophòn est aussi la plus importante par sa longueur comme la plus digne d'être relue à cause de ses nombreuses qualités. L'ouvrage, il est vrai, méritait à tous égards que le jeune érudit y appliquât sa science et ses soins.

On sait quel charme pénétrant s'exhale du récit de l'existence rustique, quel joli tableau du séjour et des travaux des champs Xénophon a su nous tracer. Son *Economique* est un hymne à la campagne, mais un hymne à la fois enthousiaste et pratique. Xénophon n'aime pas la nature en épicurien lettré comme Horace, en poète mélancolique comme Virgile, qui pratiqua beaucoup son livre et qui se souvient. Xénophon est un père de famille au bon sens droit, plein de raison, d'une raison qui n'a rien de froid ni de sévère, une raison souriante et indulgente, athénienne et socratique, comme on l'a dit (1), à la fois gracieuse et aimable. Il aime les champs parce que l'esprit et le corps y trouvent en même temps la santé et la joie, parce que la vie y est utile et active et que cette activité suffit à l'embellir et à la rendre heureuse. Moraliste honnête, Xénophon sait tirer de tout cela des exemples salutaires et des encouragements précieux. Son esprit clair, lucide, ennemi du pédantisme, excelle à retracer la vraie physionomie de ce bonheur tempéré, comme il aime à simplifier les connaissances nécessaires à l'agriculteur maître de maison. Avec l'activité, la prévoyance, le sens pratique, l'amour du travail et de l'ordre, les succès arrivent nombreux et mérités. Si à ces qualités l'homme des champs ajoute l'humanité et la douceur, exempte de faiblesse, la vertu de commander par l'ascendant de son exemple et la droiture de son caractère, il sera le type accompli du père de famille tel que Xénophon le souhaite et tel qu'il a voulu nous en donner le modèle dans Ischomaque.

Faut-il s'étonner, après cela, de l'affection que l'antiquité tout entière portait à ce traité de Xénophon ? Nous l'avons déjà dit, Virgile le lisait avec plaisir et profit, comme l'indique mainte

---

(1) Alfred Croiset, *Xénophon, son caractère et son talent*. 1873, in-8°, p. 169.

(2) La première parut chez Philippe Junte à Florence (1516, in-f°), et la seconde à Venise chez Alde et André Asulan (1525, in-f°). Plus correcte que la première, celle-ci servit à une réimpression parue à Florence en 1527, in-f°.

(3) La première parut en 1535, in-4°, chez Jean-Louis Tiletan (ou de Tielt en Gueldre) et la seconde chez Jacques Bogard, 1544, également in-4°.

(4) *Économie de Xénophon. C'est-à-dire, Domestiques Institutions et Enseignemens pour bien regir sa famille et augmenter son bien particulier.*

heureuse réminiscence des *Géorgiques,* et Cicéron, formé à l'école des Grecs, ne manqua pas de traduire cet ouvrage. La Renaissance, dans son besoin de pénétrer en tous sens le génie antique, n'avait point négligé cette partie de la culture hellénique; il semble, au contraire, qu'elle fut plus particulièrement attirée de ce côté-ci. Le XVIe siècle était le temps des premiers essais d'économie domestique en France. Sous l'influence salutaire des chanceliers Olivier et L'Hospital, on s'était mis à étudier *le ménage des champs,* comme on disait alors, et il était juste que le charmant traité de Xénophon, retrouvât, après plus de quinze siècles, le même bienveillant accueil que l'antiquité lui avait fait jadis. Si nos pères aimaient l'agriculture, l'idéal de l'honnête homme, qu'ils s'étaient formé à ce contact, avait plus d'un caractère commun avec l'idéal propre à Xénophon. Comme lui, ils aimaient la vertu facile, aimable, cette sagesse enjouée faite de la modération des besoins et de l'honnêteté des désirs, que Xénophon avait prêchée et qu'il affirmait se rencontrer surtout à la campagne, dans un milieu paisible et sain.

De 1516 à 1561, c'est-à-dire depuis qu'il avait vu le jour pour la première fois jusqu'à la célèbre publication d'Henri Estienne, Xénophon eut huit éditions grecques de ses œuvres complètes (2). A cela il faut joindre trois éditions partielles de l'*Economique,* dont deux furent imprimées à Paris (3). Le succès de ce livre était donc très réel. La Boétie en fut le premier traducteur français. Il est vrai d'ajouter qu'une traduction, faite sur le latin par Me Geofroy Tory de Bourges, avait été précédemment publiée par lui en 1531 (4). De plus, une autre traduction de François de Ferris, médecin de Toulouse, porte la date de 1562 (5), ce qui en rend la publication antérieure de près de dix ans à celle de La Boétie, mais il demeure certain néanmoins que la traduction de La Boétie avait été composée avant celle-ci. Sans aucun doute, La Boétie est demeuré le traducteur le plus renommé de l'*Economique* de Xénophon (6). Indépendamment de sa constante préoccupation de la fidélité et de la précision, sa

---

*Jadis composé en Grec par l'ancien autheur Xénophon et translaté de Grec et Latin en langaige françois par Maistre Geofroy Tory de Bourges.* Paris, 1531, pet. in-8°. — Quelques exemplaires portent un titre différent.

(5) *Le Mesnagier de Xénophon, plus un discours de l'excellence du même autheur à monseigneur Paul de Termes, maréchal de France.* Paris, Vincent Sertenas, 1562, in-8° de 84 ff. — Le privilège est daté du 22 novembre 1561 et la préface signée F. de Ferris.

(6) Deux traductions de l'*Economique* ont été publiées séparément, postérieurement à celle de La Boétie : l'une au XVIIIe siècle, par Ph. Dumas (Paris, 1768, in-12); l'autre, plus récente, date de vingt-cinq ans seulement

version méritait de n'être point oubliée à cause de ses qualités évidentes. C'est elle qui reproduit le plus heureusement les grâces particulières à l'original. En passant ainsi d'une langue dans l'autre, l'attrait s'est amoindri assurément; il est cependant assez grand encore pour qu'on relise ces pages avec plaisir même de nos jours. Dans la copie de La Boétie, les traits principaux du tableau sont demeurés intacts. Seul le style est trop souvent lâche et traînant, un peu diffus par suite des efforts de l'écrivain; pourtant il garde, suivant une expression heureuse, « ce coloris discret et cette touche qui sont le charme de l'atticisme au temps de sa perfection classique ». A peine serait-il besoin de quelques retouches, faites avec retenue, pour rendre à cette copie toute sa couleur première, comme il suffirait de quelques corrections philologiques pour la mettre au courant de la science moderne. Le reproche le plus important qu'un juge compétent en ces matières, M. Egger (1), adresse à La Boétie, concerne la difficulté avec laquelle le traducteur se résout à transcrire les mots techniques. La remarque est juste, mais faut-il s'en étonner? La langue française n'était pas parvenue à un degré suffisant de précision savante, et pour ce motif, l'extrême rigueur scientifique n'était pas de mise alors. La phrase n'avait pas encore cette netteté qu'elle devait acquérir plus tard. Nul écrivain — Rabelais et Montaigne exceptés — n'était maître de la syntaxe et du vocabulaire, et Amyot lui-même, malgré tout son talent, en offre bien souvent la preuve.

Moins heureux que Plutarque, Xénophon ne trouva point, au XVIe siècle, un traducteur qui s'attachât à donner en français le recueil complet de ses œuvres. Montaigne « résignait » cette tâche à la vieillesse d'Amyot, comme plus aisée et plus appropriée à cet âge (2). Le grand traducteur ne mit pas ce projet à exécution, et il ne nous reste, dans la langue de l'époque, qu'une série de traductions particulières d'ouvrages séparés, qui nous donnent, à

(*Economie domestique et rurale par Xénophon*, traduction nouvelle d'après le texte grec par V. B. Grenoble, 1863, in-18).
(1) Emile Egger, *L'Hellénisme en France*, t. I, p. 267.
(2) *Essais*, liv. II, ch. 4.
(3) *Les œuvres de Xénophon, docte philosophe et valeureux capitaine athénien. Nouvellement traduites en français, recueillies toutes en un volume, et dédiées au Roy*, par Pyramus de Candole. A Cologny, par Pierre Aubert, pour la Société Caldorienne, 1613, in-folio. — L'*Economique*, qui occupe les pages 611-652, est imprimé comme cinquième livre des *Mémorables*.
(4) C'est ce que font supposer les lettres S. G. S. (*Simon Goulard, Senlisien*) du privilège, daté du 5 octobre 1612. Goulard a signé ainsi quelques-unes de ses nombreuses publications.

la vérité, la physionomie presque complète de l'aimable penseur, mais auxquelles il manque un lien d'unité. Ces différentes traductions partielles furent réunies (3), au commencement du siècle suivant, par un compilateur qui devait être sans doute Simon Goulard (4), que nous avons mentionné déjà à l'occasion de la publication du *Contr'un*. Ainsi rapprochées, ces pièces formèrent un volume publié par l'imprimeur génevois Pyramus de Candole (5). Le collecteur déclare que ses prédécesseurs sont « dignes de louange », et il ne cache point qu'il les a « suivis en leur version », changeant seulement ce qu'il jugeait convenable. Pour La Boétie, dont la traduction de l'*Economique* a été reproduite, le style en a été maladroitement rajeuni et parfois au détriment de l'exactitude. En somme, Xénophon méritait un plus solennel hommage et ses traducteurs avaient droit à de plus habiles égards.

Les opuscules poétiques de La Boétie sont moins importants à considérer que ses traductions, surtout si l'on s'en tient uniquement à ses vers français. A peine sont-ils « dix ou douze » dans le modeste petit recueil de 1571, et pourtant Montaigne a rassemblé « vert et sec tout ce qui lui est venu entre mains, sans choix et sans triage ». Il voulait les imprimer en même temps que les autres productions de son ami, mais les critiques qu'il consulta sans doute auparavant crurent ces vers trop imparfaits, et la publication en fut « différée après le reste de ses œuvres, sous couleur de ce que, par delà (au delà de la Loire), on ne les trouvoit pas assez limez pour estre mis en lumière » (6). Peut-être alors Montaigne, en homme avisé, leur donna-t-il ce dernier coup de lime, dont ils manquaient aux yeux des délicats. La fraude serait trop pieuse pour qu'il soit possible d'en vouloir beaucoup à son auteur. Six des sonnets imprimés par Montaigne sont arrivés jusqu'à nous par un autre chemin. Jean-Antoine de Baïf, qui connaissait La Boétie avant Montaigne, les a insérés, en 1571, au second livre de ses *Diverses amours*,

---

(5) L'établissement typographique, que Pyramus de Candole avait dénommé « Société Helvétiale Caldorienne ou Caldoresque », était établi alors à Cologny, près de Genève. Plus tard, en 1616, lorsque Pyramus de Candole transporta son imprimerie à Yverdon, il donna une édition nouvelle de Xénophon (Yverdon, 1619, in-8°). La Boétie y occupe les pages 964-1030.

(6) Le titre même du recueil des opuscules de La Boétie annonce les vers français, qui ne s'y trouvent point. L'impression n'en fut cependant pas beaucoup retardée. L'achevé d'imprimer des traductions et des vers latins est daté du 24 novembre 1570 et le permis du 28 octobre de la même année. La préface mise par Montaigne aux vers français est du 1er septembre 1570 et nous savons que ceux-ci virent le jour dès 1571, puisque quelques exemplaires portent cette date.

c'est-à-dire au milieu de pièces qui n'avaient pas vu le jour jusque-là, mais qui dataient pour la plupart de sa jeunesse (1). Ils lui avaient été communiqués peut-être par La Boétie lui-même et longtemps il les garda par devers lui. L'apparition du petit volume publié par Montaigne en 1571 raviva-t-elle, dans l'âme du poète, le souvenir de l'ami absent? Toujours est-il, qu'en faisant son propre examen de conscience littéraire, il inséra au premier volume de ses *Euvres en rime,* dont il préparait une édition complète, les six sonnets du jeune conseiller enlevé aux lettres si prématurément. Ces six sonnets se rattachent étroitement à la publication même de Montaigne; ce sont seulement des rédactions extrêmement différentes de quelques-uns de ceux qu'il a donnés. Le sujet est le même, mais la forme diffère.

Il est assez délicat de choisir maintenant entre ces deux versions d'une même pièce de vers, et de dire quelle est la bonne, celle qui reproduit le plus fidèlement le texte de son auteur. Je ne sais si je m'abuse, mais il me semble que les sonnets publiés par Montaigne sont, comme il le dit lui-même, plus « charnus, pleins et moelleux ». Les qualités qu'on y rencontre sont bien celles de La Boétie : une certaine vigueur dans l'expression, l'énergie de la phrase. Les défauts aussi qu'on y retrouve sont les mêmes que ceux des autres productions poétiques de La Boétie; ce sont les défauts d'un écrivain plus prosateur que poète, qui se délasse en composant des vers et n'évite pas toutes les maladresses que fuirait un versificateur de profession. Au contraire, les sonnets publiés par Baïf sont conformes à la manière de celui-ci et se rapprochent de la mode du temps. Il y a plus de recherche et plus de « métier ». Les allitérations y abondent, et les antithèses et les oppositions de mots sont, la plupart du temps, le fond même de cette poésie. Si on compare le texte donné par Baïf à celui donné par Montaigne, on remarque que les seuls vers conservés par Baïf sont ceux où se trouvent des antithèses. On est frappé, en outre, de l'ordonnance du sonnet, dont les images se suivent mieux, dont les mots se répondent davantage. La préoccupation de la symétrie y est évidente. Ce sont là des soucis de métier qui manquent à La Boétie.

(1) *Euvres en rime de Jan-Antoine de Baïf, secrétaire de la Chambre du Roy.* A Paris, pour Lucas Breyer, 1572, in-8° (*Second livre des diverses amours,* ff. 196-197). La présence de ces sonnets est signalée par M. Becq de Fouquières (*Poésies choisies de J.-A. de Baïf,* 1874, in-12, p. 184, note 1) et ils ont été intégralement reproduits par M. Marty-Laveaux en note de son édition nouvelle de Baïf, dans sa collection de la *Pléiade française* (1882, in-8°, t. I, p. 412). Montaigne n'ignorait pas la présence des sonnets de La Boétie dans les poésies de Baïf, car il possédait parmi ses

On objectera peut-être que Baïf, ami des premières années, dut recevoir la confidence des essais poétiques de La Boétie, et c'est à ce titre qu'il aurait accueilli les six sonnets publiés plus tard par lui. Comment expliquer alors que la rédaction, qui devrait être la première en date, soit, au contraire, la moins inexpérimentée ? Je croirais plus volontiers que Baïf était du nombre de ceux qui ne trouvaient pas ces vers « assez limez pour estre mis en lumière ». Sans doute Montaigne, qui savait quelles avaient été les relations de Baïf avec La Boétie, lui montra un échantillon des vers de ce dernier. Les publiant lui-même, Baïf a voulu leur donner le tour qui leur seyait le mieux, à son avis. Il les a arrangés à son goût et au goût de son école, au lieu de leur laisser le charme un peu agreste, mais pénétrant, de leur forme native. Telle est la solution que me paraît comporter ce petit problème.

Le modeste recueil des poésies françaises de La Boétie s'ouvre par la traduction des plaintes de Bradamante, tirées du XXXII$^e$ chant de l'Arioste. L'*Orlando furioso* était alors le poème le plus populaire de l'Europe. Depuis 1516, date à laquelle parurent à Ferrare les quarante premiers chants, les éditions italiennes s'étaient succédé avec une surprenante rapidité, que l'adjonction des six derniers chants en 1532 n'avait fait qu'accroître. Cette brillante épopée ne tarda pas à être traduite en français. Dès 1543 paraissait à Lyon une traduction complète en prose, qui eut presque autant de succès que la publication italienne. Plusieurs fois on la réimprima en peu de temps, et les poètes, eux aussi, se mirent à traduire et imitèrent à l'envi le chef-d'œuvre de l'Arioste. La liste de ces adaptations françaises serait longue à dresser, car chacun tenait à honneur de redire quelqu'un des séduisants épisodes du poème italien. Celui que La Boétie choisit est un des plus célèbres, et en le choisissant, il a fait preuve de goût. « Ce sont, dit L. Feugère (2), les plaintes de Bradamante, lorsqu'en proie à d'inconsolables regrets, elle redemande son cher Roger ; ce sont les accents enflammés que la jalousie fait sortir du fond de son cœur : jamais la passion n'a parlé un langage plus véhément et plus énergique. Par la vérité des couleurs, par la vivacité des traits que lui suggère sa souple et

---

livres un exemplaire des œuvres de ce dernier, qui se trouve actuellement dans la collection Payen, à la Bibliothèque nationale, sous les n$^{os}$ 480-481.

(2) *Caractères et portraits littéraires du XVI$^e$ siècle*, t. I, p. 45. — La Boétie a traduit trente huitains du chant XXXII. M. Feugère a eu tort d'écrire (p. 473 de son édition) que le poète Guillaume Du Peyrat avait traduit plus tard en vers le même épisode que La Boétie. Les *Regrets* de Bradamante traduits par Du Peyrat sont tirés du chant XLIV et se trouvent imprimés dans ses *Essais poétiques* (Tours, 1593, in-12, ff. 103-107).

puissante imagination, l'Arioste, dans ce tableau d'une âme agitée des plus fougueux mouvements, se place au niveau des grands peintres de l'antiquité. Euripide, Apollonius et Théocrite; Catulle, Virgile et Ovide n'ont pas prêté plus d'éloquence aux douleurs touchantes de la tendresse qui s'alarme, aux fureurs de l'amour désespéré. » La Boétie a-t-il su rendre d'aussi brillantes couleurs ? Elles sont fort ternies, dans la copie française. En vain le traducteur a-t-il modelé sa verve sur celle de l'Arioste et partagé sa poésie en stances de vers de dix syllabes, ainsi que dans l'original italien. La concision du vers italien y fait absolument défaut. Emporté par l'abondance d'une langue qui n'avait pas encore atteint son complet développement, La Boétie n'a pu exprimer ni la magie des images ni l'harmonie du style, et son infructueuse tentative ne saurait donner l'idée des qualités si nombreuses du poète avec lequel il essayait de lutter. Au reste, cette besogne secondaire du traducteur ne séduisait guère La Boétie :

> *Car à tourner d'une langue étrangère*
> *La peine est grande et la gloire est légère* (1).

Les mécomptes y sont trop nombreux ; il les décrit dans la dédicace en vers de ce morceau, qu'il adresse à Marguerite de Carle.

> *Le traducteur ne donne à son ouvrage*
> *Rien qui soit sien que le simple langage :*
> *Que mainte nuict dessus le livre il songe,*
> *Que depité les ongles il s'en ronge ;*
> *Qu'un vers rebelle il ait cent fois changé*
> *Et en trassant, le papier oultragé ;*
> *Qu'il perde après mainte bonne journée,*
> *C'est mesme corps, mais la robe est tournée :*
> *Toujours vers soy l'autheur la gloire ameine,*
> *Et le tourneur n'en retient que la peine* (2).

(1) Ces deux vers sont cités par Florimond de Raymond dans l'épître dédicatoire de sa traduction du *De coronâ militis* de Tertullien (Bordeaux, Millanges, 1594, in-8°). Comme le remarque M. Tamizey de Larroque (*Essai sur la vie et les ouvrages de Florimond de Raymond*, 1867, in-8°, p. 70), Viollet-le-Duc, qui s'étonne (*Bibliothèque poétique*, p. 231) de n'avoir vu ces vers cités nulle part, avait eu le tort de ne pas lire les ouvrages de Florimond de Raymond.

(2) On cite encore une strophe assez gracieuse de la même pièce :

> *Ainsi voit l'on en un ruisseau coulant,*
> *Sans fin l'une eau après l'autre coulant ;*
> *Et tout de rang d'un éternel conduit,*
> *L'une suit l'autre, et l'une l'autre fuit ;*
> *Par ceste-cy celle-là est poussée,*
> *Et ceste-cy par une autre avancée :*
> *Toujours l'eau va dans l'eau, et toujours est-ce*
> *Meme ruisseau, est toujours eau diverse.*

L'événement a donné raison à La Boétie et cette pièce d'envoi est de beaucoup préférable à la traduction qu'elle accompagne. Un ton facile et enjoué règne dans ces vers naturels et vrais, et leur assigne un rang fort honorable, entre les productions poétiques du XVIe siècle. Il en est de même chaque fois que La Boétie s'abandonne à ses qualités personnelles, quand son inspiration sait demeurer dans une juste mesure. L'aisance du tour, la délicatesse de la pensée, les réminiscences heureuses et les gracieuses comparaisons montrent alors combien le talent de La Boétie était propre à la poésie légère. Ce sentiment se dégage également d'une pièce de vers que La Boétie a intitulée *Chanson,* mais qu'on pourrait plus justement appeler *Élégie.* D'une forme un peu confuse, d'un style parfois pénible, elle témoigne un grand souci des règles poétiques, notamment de la régularité du mètre et de l'alternance des rimes, que Ronsard commençait à imposer. Par la nature du sujet si elle se rapproche du goût régnant, quelques traits charmants la signalent aux regards. Par endroits, la grâce de l'image s'y allie heureusement à l'harmonie du rythme, comme dans la strophe qui suit :

> *Les vents aux bords tant de vagues n'amènent,*
> *Lorsque l'hyver est le maistre de l'eau,*
> *Comme de flots dans ton cœur se promènent.*
> *L'automne abbat moins de feuilles aux plaines,*
> *Moins en refait le plaisant renouveau,*
> *Que tu desfais et fais d'amours soudaines.*

En prenant cette comparaison à l'antiquité, La Boétie a su la rajeunir et lui donner une poésie pleine d'une fraîcheur nouvelle.

Le recueil s'achève par une suite de vingt-cinq sonnets, qui forment sans contredit la portion la plus personnelle et la plus importante des poésies de La Boétie (3). Apporté d'Italie en

---

Ces vers sont cités par Montaigne avec quelques variantes (*Essais,* liv. III, ch. 13). C'est apparemment là que les a pris Guillaume Bouchet, qui les insère à son tour dans la neuvième de ses *Serées* (édition Roybet, Paris, 1873, t. II, p. 129).

(3) Nous ne possédons pas tous les vers que La Boétie composa. Montaigne nous apprend, dans son avertissement au lecteur, que son ami « avoit fait force autres vers latins et françois », dont quelques-uns portaient le titre de *Gironde,* et lui-même en entendit réciter de « riches lopins ». Montaigne ajoute : « Mesmes celuy qui a escrit les *Antiquitez de Bourges* en allègue que je recognoy : mais je ne sçay que tout cela est devenu, non plus que ces Poemes grecs. » Nous ignorons à quel ouvrage Montaigne fait ici allusion. Voudrait-il parler, comme le croit M. Feugère, d'Elie Vinet, auteur de l'*Antiquité de Bourg,* — et non de Bourges, ainsi que le ferait dire à Montaigne une erreur typographique? La chose semble difficile, l'*Antiquité de Bourg* n'ayant été publiée qu'en 1574, à la suite de

France, le goût de ce petit poème était alors prédominant. Il n'est donc pas étonnant que La Boétie l'ait cultivé, ainsi que la plus grande partie de ses contemporains. D'ailleurs, la forme étroite du sonnet, sa sévérité d'allure devaient plaire à un esprit aussi net que le sien. Montaigne trouve ceux-ci « autant charnus, pleins et moëlleux qu'il s'en soit encore vu dans notre langue ». Si la mollesse y fait un peu défaut, ces petites productions sont en effet singulièrement « pleines et charnues ». Destinées à chanter l'amour de La Boétie pour celle qui allait devenir sa femme, elles retracent les émotions successives, les mille petits drames de la passion.

Il en est de même des vingt-neuf autres sonnets que Montaigne inséra plus tard dans les *Essais*, aux lieu et place de la *Servitude volontaire*. Ceux-ci sont ceux que le sieur de Poyferré(1), « homme d'affaires et d'entendement », qui connaissait La Boétie bien avant Montaigne, retrouva « par fortune chez luy, parmy d'autres papiers », ce qui explique leur apparition tardive. En les publiant, Montaigne les dédiait à la belle Corisandre d'Andouins (2), et les faisait précéder de piquants renseignements. Ils avaient été produits « en la même saison » que le *Contr'un* et La Boétie les avait faits « en sa plus verte jeunesse, eschauffé d'une belle et noble ardeur », que Montaigne promettait de dire un jour à l'oreille de Corisandre. Pour ce motif, Montaigne les affectionnait particulièrement : il les trouve « gaillards, enjoués..., vifs, bouillants », et n'hésite pas à les préférer à ceux qu'il avait précédemment publiés. Composés par La Boétie en l'honneur de sa femme, ces derniers sentent déjà, au dire de Montaigne, « je ne scay quelle froideur maritale ». C'en

---

l'*Antiquité de Bourdeaus* du même Elie Vinet (Bordeaux, S. Millanges, 1574, in-4°, § 110). Les vers cités de La Boétie étaient-ils français ou latins ? Par contre, nous lisons dans un volume de Florimond de Raymond (*L'Ante-Christ*, Paris, 1607, in-8°, p. 300) : « Estienne de La Boétie, jadis l'ornement de notre Sénat, avoit dit mieux que tout autre, car on dit que ces vers sont à luy :

« *Le premier coing duquel l'or fut battu*
*En battant l'or abattit la vertu* ».

Ces deux vers ne se trouvent point dans les poésies publiées ; s'ils appartiennent véritablement à La Boétie, ils font sans doute partie d'une des pièces dont parle Montaigne, et qui ont été perdues. Il est également à remarquer que les vers cités par La Boétie lui-même dans le *Contr'un*, comme étant siens, ne se retrouvent pas dans ses œuvres imprimées. Cf. ci-dessous, p. 18.

(1) Je n'ai pu identifier absolument ce sieur de Poiferré ou Poyferré. Grâce à l'obligeante indication de M. Leo Drouyn, j'ai consulté, à la bibliothèque de Bordeaux, des lettres royaux du 3 juin 1587, provenant des archives du château de La Tresne, en faveur de M. Jean de Poyferré, avocat au Parlement de Bordeaux, et Nicolas de Poyferré, procureur en la dite cour, cautions de Menault de Chegaray, fermier de la bourse commune des marchands de Bordeaux, qui avait vendu une maison à

était assez pour plaire moins à l'esprit de Montaigne, car il était de ceux « qui tiennent que la poésie ne rid point ailleurs comme elle faict en un subjet folatre et desréglé ». Ainsi que les vingt-cinq sonnets du premier recueil, les vingt-neuf sonnets nouveaux insérés dans les *Essais* redisent les joies et les douleurs d'une passion tumultueuse ; aux uns et aux autres ces vers d'un des plus beaux d'entr'eux pourraient servir d'épigraphe (3) :

> *Chacun sent son tourment et sçay ce qu'il endure ;*
> *Chacun parla d'amour ainsi qu'il l'entendit.*
> *Je dis ce que mon cœur, ce que mon mal me dict.*
> *Que celuy ayme peu qui ayme à la mesure !*

Ce sont en effet ses propres souffrances, leurs violences, leurs transports, que La Boétie y analyse et il le fait avec une vivacité de touche qui égale la variété de ses impressions.

Ces sonnets sont assez nombreux, pour qu'il puisse se dégager, de leur examen, une idée générale du talent poétique de leur auteur. La Boétie n'était pas poète, au sens ordinaire du mot. Il ne se livrait à la poésie ni par inspiration, ni par habitude, et n'en faisait qu'un délassement. De là, une certaine infériorité sur ses contemporains qu'on avait déjà notée de son temps. Il ne faut point cependant se montrer trop sévère pour ces essais. Quelques-uns sont de la prime jeunesse de La Boétie, c'est-à-dire composés un peu avant le mouvement de rénovation littéraire qui est demeuré le titre de gloire de la Pléiade. On doit savoir en tenir compte à leur auteur. Parfois aussi, dans ces vers trop peu harmonieux et qui manquent

---

Mᵉ Florimond de Raymond, conseiller au dit Parlement, contre le dit de Chegaray, qui n'avait pas mis le dit Raymond en jouissance de cette maison. C'est apparemment à l'un de ces deux Poyferré, l'avocat ou le procureur, que Montaigne fait allusion dans ce passage. Montaigne le cite également dans deux lettres au maréchal de Matignon, l'une du 9 février, l'autre du 13 février 1585, reproduites toutes deux à la suite des *Essais*, édition Courbet et Royer, t. IV, p. 340 et 345.

(2) Diane d'Andouins, dite *la belle Corisande* ou *Corisandre*, vicomtesse de Louvigny et dame de Lescun, fille unique de Paul d'Andouins, vicomte de Louvigny, et de Marguerite de Cauna, avait épousé, en 1567, Philibert de Gramont, comte de Guiche, gouverneur de Bayonne et sénéchal de Béarn, qui fut tué en 1580 au siège de La Fère. La passion du roi de Navarre pour la comtesse de Gramont succéda à ses amours avec Mademoiselle de Montmorency-Fosseux, vers 1581, et dura plus de dix ans.

(3) Sainte-Beuve, qui le cite en entier (*Nouveaux Lundis*, t. IV, p. 308), estime que c'est le meilleur des vingt-neuf sonnets intercalés par Montaigne dans les *Essais* et souligne trois vers qu'il trouve très beaux. Il rapproche ce sonnet, pour l'intensité de la passion, de ceux de Louise Labé et le critique ajoute : « Mais, bon Dieu ! que la prose de La Boétie est elle-même plus coulante que ses meilleurs vers ! »

de personnalité, brillent tout à coup, comme un éclair dans un ciel gris, quelques vers d'une facture habile, d'un accent plus vrai. Là se montre et se reconnaît l'homme de talent : adonné à la poésie par manière de passe-temps, La Boétie n'a pas le coup d'aile puissant du véritable poète, ce coup d'aile qui l'emporte dans la nue ; mais il a souvent quelque élan spontané qui l'élève assez haut au-dessus des versificateurs d'occasion, et toujours ses sonnets sont d'une aimable décence d'expressions et d'images, qui les fait lire avec plaisir.

Une certaine indécision dans la forme, tel est le défaut le plus général et le plus apparent des vers français de La Boétie ; mais tel n'est pas le reproche qu'on peut adresser à ses poésies latines. Dans celles-ci, au contraire, le mot est toujours propre et le langage sobre : on sent que l'auteur préférait manier le vers latin qu'écrire sa langue maternelle. C'est chose fréquente au XVIe siècle. Aussi emploie-t-il plus volontiers le latin, que son éducation lui avait rendu familier, et sait-il se mettre plus complètement dans ce nouveau tour de sa pensée. L'idée y garde un air d'aisance et de facilité, qu'elle ne conserve pas dans les vers français ; elle est plus nette et atteint un degré de précision presque digne d'Horace. Il n'est donc pas surprenant que La Boétie ait été regardé comme l'un des plus remarquables poètes latins d'une époque qui en comptait cependant nombre de fort habiles (1). L'agrément et la variété de sa verve latine méritent certainement une semblable distinction. Ces petites pièces ont d'autre attrait pour nous que le charme de leur facilité : elles nous montrent assez profondément l'âme même de leur auteur. Les sonnets français de La Boétie ne sont inspirés que par l'amour et le célèbrent sous ses aspects divers. Les vers latins, au contraire, doivent leur naissance à des causes plus nombreuses ; les événements, les sentiments qui les produisirent sont plus différents et varièrent l'émotion (2). Tantôt La Boétie prend la plume pour accompagner de quelques lignes l'envoi de livres à des amis, ou pour déplorer la mort du duc de Guise ou celle de J.-C. Scaliger ; tantôt ses vers fustigent les poètes flatteurs et les mauvais médecins. Le plus souvent il s'adresse à son ami Montaigne pour l'encourager au bien, et ces hexamètres, en plus de leurs mérites intrinsèques, ont pour nous l'avantage particulier de nous ouvrir les pensées intimes du jeune poète, de nous faire pénétrer plus avant dans le secret d'une amitié étroite que le temps a immortalisée.

(1) S. de Ste-Marthe, *Gallorum doctrinâ illustrium elogia*, liv. II, p. 128.
(2) En les analysant, M. Feugère a indiqué ce qu'on y peut trouver de renseignements (*Caractères et portraits littéraires du XVIes.*, t. I, p. 107-125).

## IV

*La Boétie et Montaigne : l'un et l'autre avaient une haute idée de l'amitié. Les premiers amis de La Boétie. Lambert Daneau. Jean-Antoine de Baïf. Jean Dorat et la Pléiade. La Boétie et Ronsard. Jean de Belot. Guy de Galard de Brassac. Relations avec Jules-César Scaliger. Liaison avec Montaigne. Son caractère. Rôle de La Boétie. Sa mort frappe Montaigne profondément. La Boétie lui lègue ses livres.*

L'amitié, suivant La Boétie, est un sentiment délicat dont sont capables seules les natures d'élite ; les âmes corrompues et méchantes ne peuvent s'y hausser. « L'amitié, dit-il, c'est un nom sacré, c'est une chose sainte ; elle ne se met jamais qu'entre gens de bien et ne se prend que par une mutuelle estime ; elle s'entretient non tant par bienfaits que par la bonne vie. Ce qui rend un ami asseuré de l'autre, c'est la connoissance qu'il a de son intégrité : les respondens qu'il en a, c'est son bon naturel, la foi et la constance. Il n'i peut avoir d'amitié là où est la cruauté, là où est la déloiauté, là où est l'injustice ; et entre les meschans, quand ils s'assemblent, c'est un complot, non pas une compaignie ; ils ne s'entr'aiment pas, mais ils s'entre-craignent ; ils ne sont pas amis, mais ils sont complices (1). » Peut-on s'étonner, après un pareil langage, que le jeune homme, qui parlait ainsi des affections du cœur, demeurât toujours si sûr et si dévoué dans ses liaisons d'amitié ? Qu'on rapproche ces quelques lignes des admirables pages de Montaigne sur ce même sentiment, et l'on aura bien vite le secret motif d'un lien si fort et si étroit que les siècles n'ont pu le rompre.

Mais ce qui n'a pas été assez dit et ce que l'on ignore communément, c'est que Montaigne ne fut pas le premier séduit par l'amitié de La Boétie. La chose est cependant importante et vaut la peine d'être notée, car le respect et l'admiration de Montaigne étaient si grands à l'égard de son ami qu'il les pousse jusqu'à l'apparence de l'illusion. Il parle de La Boétie avec une affection si enthousiaste, ce sceptique, railleur par nature, qu'on le soupçonne de s'être abusé et que nous accusons volontiers son esprit d'avoir

---

(1) On rencontre encore dans ses sonnets ce beau vers inspiré par le même sentiment :

*Aussi qu'est-il plus beau qu'une amitié fidèle ?*

été, pour une fois, la dupe de son cœur. Essayons de montrer qu'en parlant de la sorte, Montaigne n'a fait qu'exprimer, dans une large part, la pensée même de ses contemporains, et que son illusion, — s'il y a quelque illusion à croire un jeune homme aussi richement doué capable des plus nobles sentiments, — a été partagée par d'autres grands esprits de son temps.

Sur les bancs mêmes de l'école, dans ces premières années de la jeunesse où les amitiés sont à la fois si profondes et si spontanées, La Boétie sut lier avec ses condisciples de bonnes et franches relations. Nous avons dit quelle élite l'Université d'Orléans comptait alors dans son sein. Dans cette élite, il distingua les plus remarquables et noua avec eux d'amicales unions. Sans doute le souvenir de ces épanchements ne nous est pas parvenu tout entier. Nous avons gardé pourtant le nom d'un de ces amis de la première heure, non le moins célèbre assurément, Lambert Daneau.

Avant d'être théologien et controversiste, Lambert Daneau, de Beaugency, avait été un écolier remarquable de l'Université d'Orléans. C'est là qu'il était venu étudier la jurisprudence, sous la direction d'Anne du Bourg; c'est là aussi qu'il prit son grade de licencié, le 20 novembre 1557 (1). Il y fut donc le contemporain de La Boétie. Entre eux s'établit vite un commerce affectueux, car Daneau, comme La Boétie, étudiait avec autant d'ardeur la philologie que le droit. Dans la banlieue d'Orléans, l'oncle maternel de Daneau, Antoine Brachet, érudit et poète à ses heures, possédait un agréable jardin orné de quinconces et de berceaux. Là, de jeunes écoliers venaient souvent se réunir pour y discuter et y agiter des questions de sciences ou de belles-lettres (2). C'était une sorte d'académie champêtre et sans prétentions, dont Daneau lui-même nous a laissé un croquis. La Boétie en fit-il partie? Donna-t-il à cette société d'esprits ardents et libéraux la primeur de sa *Servitude volontaire,* et ne faudrait-il voir dans sa prose entraînante que l'écho prolongé de l'enseignement d'Anne du Bourg?

(1) Suivant M. de Félice, l'historien de Daneau, celui-ci vint étudier à Orléans vers 1552, après un séjour de quatre à cinq ans à Paris, et il resta quatre ans l'élève de Du Bourg. Après le départ de son maître, il demeura quelques mois encore à Orléans pour y prendre sa licence. Ces dates confirment les vers de La Boétie.

(2) Daneau parle de ce domaine et de ces réunions dans un dialogue *De jurisdictione omnium judicum,* demeuré manuscrit et conservé à la bibliothèque de Berne (collection Bongars, n° 284). Composé pour honorer la mémoire d'Anne Du Bourg, peut-être ce dialogue renferme-t-il

INTRODUCTION LXXIII

Nous ne saurions le dire, et le seul témoignage de la liaison de La Boétie avec Daneau est une pièce de trois distiques, qu'il lui adresse, et qui a été plus tard recueillie dans ses vers latins. « Lorsque je nie que tu sois jeune, tu me contredis, Daneau ; mais tes paroles sérieuses trahissent un vieillard. Evite de parler. Ton langage réfléchi suppose les années, et ce qui prouve ta jeunesse te fait paraître vieux. Voilà ce que tu prouves bien : tes paroles se retournent contre toi. Prouve donc mal ce que tu veux bien prouver. » Si le sentiment est flatteur, le vers est trop recherché. L'afféterie de la pensée décèle un peu trop l'inexpérience de l'auteur. Qu'advint-il de ces belles inclinations en vieillissant ? Qui sait ? Converti par la constance de son maître Anne du Bourg, qui le gagna au protestantisme, Daneau fut, dans la suite, un controversiste fougueux. Un abîme le séparait désormais de celui qui avait été le compagnon de ses études et de ses plaisirs délicats.

C'est aussi parmi les amis de la première heure qu'il faut compter Jean-Antoine de Baïf. La Boétie et lui se connurent jeunes encore et les vers de Baïf ne tardèrent pas à faire mention de cette liaison. Dès 1555, date à laquelle il publiait les *Quatre livres de l'amour de Francine* (3), Baïf adressait au nouveau conseiller au Parlement de Bordeaux un sonnet renfermé au second livre de ses poésies. C'était le premier témoignage d'une affection qui survécut, nous l'avons vu, à La Boétie lui-même. Ces vers de Baïf ne nous donnent pas de détails sur les relations des deux poètes, mais il est probable qu'elles eurent sur La Boétie une influence notable. Assurément, Baïf l'initia aux ambitions de la Pléiade. Dans un passage de la *Servitude volontaire,* La Boétie a dit quelle estime il portait aux novateurs de la jeune école, quel enthousiasme il nourrissait pour la poésie « faite toute à neuf par nostre Ronsard, nostre Baïf, nostre du Bellay ». Leur influence littéraire est palpable dans les écrits du jeune conseiller, et il est vraisemblable que celui-ci les a connus autrement que par la simple lecture de leurs œuvres.

Cela est certain pour Jean Dorat tout au moins. La Boétie le

quelques renseignements sur le sujet qui nous occupe. Il est mentionné par M. Jarry dans son étude sur Daniel (p. 55) et par M. de Félice dans son étude sur Daneau (p. 273).

(3) *Quatre livres de l'amour de Francine* par Ian-Antoine de Baïf. A Paris, chez André Wechel (la date est à la fin). Le sonnet à La Boétie se trouve au f° 36 v°. Il a été reproduit dans les *Euvres en rime* (Deuxième livre des *Amours de Francine,* f. 83 v°) et aussi par M. Marty-Laveaux, dans son édition des œuvres de Baïf de la *Pléiade française,* t. I (1882, in-8°, p. 149).

*i*

contredisait fort agréablement dans une réponse à la fois spirituelle et modérée, quand il justifiait en vers latins les mesures de Henri II pour asservir la magistrature (1); cela ne les empêchait pas d'être amis. Nous avons, parmi les vers latins, un distique qui prouve que La Boétie était admis dans l'intimité de Dorat. C'est une pensée philosophique inspirée par l'horloge de Marguerite de Laval, première femme de Dorat (2). L'horloge était habilement construite et on ne voyait pas couler le sable qui la mettait en mouvement : ainsi le temps passe sans qu'il y paraisse. Le foyer de Dorat fut le premier asile de la Pléiade ; on n'ignore pas l'action prépondérante que le savant helléniste exerçait sur ses disciples, qui aimèrent toujours à se réunir autour de lui. N'est-il pas très vraisemblable après cela, que La Boétie, accueilli dans cette famille, dut y rencontrer ceux qui en faisaient l'ornement et qui étaient alors les gloires de la poésie française?

Tout semble faire supposer que La Boétie put, de la sorte, approcher Ronsard, autour duquel rayonnait toute la jeunesse éclairée. Ronsard conserva jusqu'à la fin de sa vie les relations les plus étroites avec son maître Dorat, et La Boétie portait à celui qu'on regardait comme le prince des poètes une telle admiration, qu'elle dut lui faire souhaiter de le connaître plus intimement que par ses vers. Lui-même laisse entendre, dans son *Contr'un*, qu'il avait approché du chef incontesté des poètes d'alors : « J'entens sa portee, ie connois l'esprit aigu, ie sçay la grâce de l'homme, » dit-il de Ronsard, et ces expressions marquent bien la déférence de l'écrivain. La Boétie ne tolérait pas qu'on attaquât le grand poète, et ceux qui s'avisaient d'y toucher subissaient sa colère. Témoin Gaillard de Lavie, son collègue au Parlement de Bordeaux (3). Celui-ci était choqué des vers amoureux de Ronsard, trop nom-

---

(1) Voir les deux pièces intitulées : *Joannis Aurati de Androgyno et Senatu semestri* (*Poemata*, f° 117 v°; ci-dessous, p. 237). A l'occasion de cette lutte, J.-C. Scaliger composait un quatrain trop flatteur pour La Boétie pour ne pas le citer ici (J.-C. Scaligeri *Poemata*, 1574, 1<sup>re</sup> partie, p. 203):

BOETIANI IAMBUS FILIUS ANDROGYNI AURATINI

*Non mirum Androgyni productum e semine fœtum*
*Utraque commodius semina juncta vigent.*
*Sed mirum e neutro (neutrum est hoc, quicquid utrumque est)*
*Tam fortem atque acrem prosiluisse virum.*

(2) *In horologium Margaretæ Lavaliæ eâ arte compositum ut sabulum fluens videre nequeat* (*Poemata*, f° 107 v°; ci-dessous, p. 218).

(3) *In Lavianum qui Petrum Ronsardum monuerat ut non amplius amores sed Dei laudes caneret* (*Poemata*, f° 107; ci-dessous, p. 217). — Sans

breux à son sens, et il s'était permis de dire que le talent du poète serait mieux employé à chanter la gloire de Dieu. La Boétie lui fait remarquer vivement qu'il est plusieurs façons de plaire à Dieu et que Lavie l'eût honoré en gardant le silence. La réponse était mordante : pour que La Boétie l'adressât à un collègue, il fallait qu'il eût été atteint dans ses affections les plus chères.

D'ailleurs, d'autres liens encore unissaient La Boétie à Ronsard, depuis Lancelot de Carle, l'ami des premières années de Ronsard et le beau-frère de La Boétie, jusqu'à Jean Amelin, le célèbre traducteur de Tite-Live, oncle lui aussi de La Boétie. Le souvenir de celui-ci ne dut pas nuire à la liaison qui se forma plus tard entre Ronsard et Jean de Belot (4), qui avait si intimement connu La Boétie avant de devenir l'ami du poète. D'abord conseiller au Parlement de Bordeaux, où il siégeait aux côtés de Montaigne et de La Boétie, Belot avait noué avec l'un et avec l'autre d'étroites relations. Il en est maintes preuves dans les vers latins de La Boétie, qu'il visita durant sa dernière maladie. Maître des requêtes de l'hôtel du roi, Belot quitta Bordeaux pour Paris et se trouva dès lors mêlé au monde des littérateurs et des poètes. Il devint bien vite et l'ami de Baïf, qui lui dédie plusieurs poèmes, et celui de Ronsard, qui l'appelle

*Belot, parcelle, ains le tout de ma vie.*

L'un des plus remarquables poèmes de Ronsard, le poème sur la *Lyre*, porte le nom de Belot. Il nous montre à quel degré d'intimité en était venue la liaison entr'eux et il n'est pas téméraire de supposer que le souvenir de La Boétie n'y avait pas nui.

Faut-il mentionner ici tous ceux que Ronsard et La Boétie connurent à la fois? Faut-il dire que l'un et l'autre furent des

---

nul doute, il s'agit ici de Gaillard de Lavie, conseiller lay au Parlement de Bordeaux depuis le 20 décembre 1540, et devenu conseiller clerc le 15 septembre 1555. Il entretint quelques relations avec des littérateurs de son temps. Ainsi que me le signale fort obligeamment M. Emile Picot, Béranger de La Tour, d'Albenas en Vivarez, lui adresse un sonnet, dans l'*Amie des amies* (Lyon, 1558).

(4) Originaire de l'Agenais, Jean de Belot était encore conseiller au Parlement de Bordeaux le 9 décembre 1559, ainsi qu'il appert d'un arrêt du Parlement de cette date. Il y est dit qu'il a de « grands biens » dans le Haut-Pays, c'est-à-dire en Agenais (*Archives historiques de la Gironde*, t. XIX, p. 472). On le trouve comme maître des requêtes de l'hôtel du roi dans une pétition des jurats de Bordeaux au roi, datée du 15 juin 1568 (*Arch. hist.*, t. IV, p. 164). Les deux pièces de Ronsard qui lui sont dédiées lui sont adressées sous ce titre (édition P. Blanchemain, t. IV, pp. 53 et 121). Voy. aussi Baïf, édition Marty-Laveaux, t. II, pp. 33, 71 et 435.

protégés du cardinal Charles de Lorraine ? Comme il n'est guère de poète de cette époque qui n'ait, de plus ou moins près, approché le cardinal de Lorraine, si prodigue de largesse par politique et par goût, la remarque n'aurait qu'une valeur assez restreinte. Disons seulement que l'un et l'autre se sont plu à chanter — Ronsard en français, La Boétie en latin — la grotte que le cardinal de Lorraine avait vouée aux Muses dans son domaine de Meudon (1). C'est là que La Boétie appelle les Muses, chassées par les barbares de leur sol paternel ; il les invite à porter là leurs affections : elles s'y trouveront entourées de poètes, comme aux plus beaux jours de l'Hellade. Et, comme pour justifier, semble-t-il, cette invocation, Ronsard place dans cet endroit, dont il décrit les charmes, une églogue dialoguée dont les interlocuteurs sont, avec lui, le chancelier de L'Hospital et Joachim du Bellay. Il suffit de mentionner ici une aussi heureuse coïncidence, qui confirme la probabilité des relations entre Ronsard et La Boétie.

Entré au Parlement de Bordeaux, le premier de ses collègues avec lequel La Boétie semble s'être lié plus particulièrement fut Guy de Galard de Brassac (2), conseiller clerc au Parlement depuis 1534, où il avait succédé à son frère Bertrand de Galard, qui faillit être archevêque de Bordeaux en 1529, si l'on en croit Lopès (3). Guy de Galard avait pour les lettres, comme La Boétie, un culte passionné et était fort lié avec plusieurs savants, entre autres avec Jules-César Scaliger. Celui-ci en avait fait son correspondant ordinaire à Bordeaux, et, de plus, l'avait prié de surveiller l'éducation de ses trois fils, confiée au principal du Collège de Guyenne, Gélida. Les livres arrivaient assez difficilement à Agen ; aussi Brassac se chargeait-il volontiers

---

(1) *Ad Musas, de antro Medono cardinalis Lotharingi* (*Poemata*, f° 105 ; ci-dessous, p. 213). — L'églogue de Ronsard a pour titre : *Chant pastoral sur les nopces de Monseigneur Charles duc de Lorraine et de Madame Claude, deuxième fille du roi Henri II* (Paris, André Wéchel, 1559, 20 pp. in-4°. Édition P. Blanchemain, t. IV, p. 54).

(2) Guy de Galard de Brassac naquit vers 1492, suivant une généalogie manuscrite dressée par l'archiviste Bouland et conservée au château de Brassac (Noulens, *Documents historiques sur la maison de Galard*, t. IV, p. 1043). François I$^{er}$ lui donna provision de l'office de conseiller au Parlement de Bordeaux par lettres-patentes du 13 octobre 1533 et il prêta serment le 7 janvier 1534. Chanoine d'Agen (1535) et de Saint-André de Bordeaux (1556), il devint président aux enquêtes (18 mai 1543), au moment de la création de la deuxième chambre des enquêtes. Il résigna son office de conseiller en faveur de Florent de Nort (31 mai 1557), et fut admis néanmoins à conserver ses fonctions de président des enquêtes. (Brives-Cazes, *Le Parlement de Bordeaux et la Cour des Commissaires de 1549*, pp. 176 et 202.)

d'adresser à son docte ami les nouveautés littéraires. Un jour, à son envoi de livres il ajoute quelques vers charmants de La Boétie, et aussitôt Scaliger est dans l'admiration. M. Dezeimeris (4), auquel nous empruntons la plus grande partie de ces détails, et qui a eu le mérite de constater le premier les relations entre La Boétie et Scaliger, a trouvé dans les œuvres de ce dernier la preuve de ce contentement : « Je puis me réjouir amplement, m'estimer heureux et honoré, puisque vous avez daigné faire de moi des éloges capables de m'attirer l'estime et l'amitié du grand La Boétie et de me valoir une faveur rare (5). » Mis en goût, Scaliger veut en avoir d'autres, et presse La Boétie, dont la veine poétique ne produit pas au gré de ses désirs. Poutant La Boétie s'exécutait bientôt (6), et la joie de Scaliger ne connaissait plus de bornes : « La Boétie, s'écriait-il dans des vers qui étaient vraiment à l'unisson de la prose de Montaigne, La Boétie est un homme qui a toutes les aptitudes. A quelque chose qu'il s'applique, il y dépassera tout ce que l'on peut attendre. Habitué à dénouer les nœuds gordiens de l'un et l'autre droit, il sait descendre des hauteurs d'une charge suprême, abaisser son esprit aux bagatelles d'Hipponax, et ne dédaigne pas de prendre la lyre de Phalœcus. Tout cela, nous l'avons vu; mais que ne sommes-nous pas appelés à voir encore, à moins qu'il ne veuille priver à la fois lui et nous des dons de son esprit! A vous, grand président, à vous revient le soin de dissiper cette crainte, cette anxiété cruelle, tellement qu'entraîné par la haute autorité de vos exhortations, il ne s'obstine plus à nous frustrer en se frustrant lui-même (7). »

Néanmoins, ces paroles aimables ne séduisaient pas complètement La Boétie (8). En vain Scaliger le grondait-il de sa froideur

---

(3) Hiérosme Lopès, *L'église métropolitaine et primatiale Saint-André de Bourdeaux*. Réédition de l'abbé Callen, t. II, p. 337.
(4) *De la Renaissance des Lettres à Bordeaux au XVI<sup>e</sup> siècle*, pp. 39 et 49, et aussi dans l'introduction placée en tête des *Remarques et corrections d'Estienne de La Boétie sur le traité de Plutarque de l'Amour* (*Publications de la Société des Bibliophiles de Guyenne*, t. I, pp. 101 et seq.).
(5) Julii-Cæsaris Scaligeri *Poemata* (1624), p. 20.
(6) La Boétie adressait à Scaliger ses vers sur l'*Hermaphrodite* ou sur la *Grotte de Meudon*, construite par le cardinal de Lorraine, et Scaliger le remerciait aussitôt d'un envoi qu'il avait vivement sollicité (*Poemata*, 1574, p. 201).
(7) J.-C. Scaligeri *Poemata* (1574), p. 420. — Ailleurs (ibid., p. 347), dans une épître à La Boétie et à Brassac, Scaliger s'adressait aussi fort élogieusement au premier.
(8) Dans les vers latins de La Boétie nous ne trouvons qu'une seule pièce adressée à Scaliger (*Poemata*, f<sup>o</sup> 119 v°; ci-dessous, p. 243). A la mort de celui-ci (1558), La Boétie composa, sur le grand philologue, des

avec une aimable brusquerie et cherchait-il à le faire sortir de son silence par d'élogieux compliments. La Boétie répondait à ces avances avec la lenteur d'une amitié contrainte : il semblait ne se livrer qu'à regret. Un jour même, il échappa tout entier aux devoirs de cette relation. Scaliger attendait des vers latins depuis longtemps promis. Il se plaignit avec amertume de ce retard. Ses plaintes furent vaines, car La Boétie venait de rencontrer au Parlement l'ami que son cœur avait rêvé, et, séduit par la douceur de cette passion naissante, il oubliait ses promesses et ses correspondants d'autrefois.

On sait quelles circonstances les rapprocha. Michel de Montaigne avait succédé à son père comme membre de la Cour des aides de Périgueux, lorsque cette Cour fut supprimée par un édit de mai 1557, qui ordonnait que les offices attachés à ladite Cour le fussent dorénavant au Parlement de Bordeaux (1). Deux autres édits, rendus quelques mois après, complétaient la mesure : le premier en fondant une chambre des requêtes formée des nouveaux magistrats, le second en leur donnant le rang de conseillers. Cependant, ils n'en remplirent véritablement les fonctions et n'en eurent les prérogatives qu'à partir de septembre 1561.

Il était nécessaire, en un semblable état de choses, que les deux collègues fissent promptement connaissance, d'autant qu'ils se plaisaient avant de s'être vus et se recherchaient sur le bruit de leur commune renommée. Longtemps avant de s'attacher à La Boétie, Montaigne avait lu la *Servitude volontaire*, et cette œuvre avait suffi à lui donner le désir d'approcher son auteur; c'est elle qui fut entre les deux le premier trait d'union : « Nous nous embrassions par nos noms, dit Montaigne, et à notre première rencontre, qui fut par hasard en une grande fête et compagnie de ville, nous nous trouvâmes si près, si connus, si obligés entre nous, que rien dès lors ne nous fut si proche que l'un à l'autre. » Aussitôt commença, en effet, cette liaison étroite, cette intimité de tous les instants que Montaigne lui-même ne peut expliquer, sinon par ce mot sublime : *parce que c'était lui, parce que c'était moi!*

Dès cet instant, leur alliance était scellée aussi solidement qu'elle le fut jamais, et leur amitié demeura toujours aussi vive, aussi ardente qu'elle l'avait été dans ses premiers transports. Ce sentiment les avait saisis l'un et l'autre avec la violence d'une

---

vers d'une mélancolie touchante et qui ont été reproduits par Joseph Scaliger en tête de la *Poétique* de son père (Paris, 1561, in-folio).

passion, et leurs deux existences se confondirent au point de n'en former plus qu'une, avec ses joies et ses douleurs communes. Cependant, en examinant de près cette liaison si intime, on peut encore distinguer quel était plus particulièrement le rôle de chacun dans l'ensemble. Montaigne, jeune encore de goûts et d'inclinations, mais plus généreusement doué au point de vue des qualités intellectuelles, demeure surtout le juge de l'esprit : La Boétie confesse de bonne grâce cet avantage. La Boétie, au contraire, vertueux et chaste, fut le juge des mœurs : « De même qu'il me surpassait d'une distance infinie en toute autre suffisance et vertu, écrit Montaigne, aussi faisoit-il au debvoir de l'amitié. » Et, si l'on poussait aux extrêmes cette minutieuse analyse, on reconnaîtrait aisément à La Boétie une supériorité sur son ami, supériorité donnée par l'âge — il avait deux ans de plus que Montaigne, — mais surtout par la fermeté de caractère et la pureté de la vie. Jusqu'ici on a un peu trop exclusivement considéré la conduite de Montaigne. Cependant, si Montaigne avait une aussi haute idée de l'amitié, il le devait, pour beaucoup, à l'influence de La Boétie. C'est à côté d'un semblable compagnon qu'il avait appris à placer l'amitié au-dessus de tous les grands sentiments, au-dessus de l'amour fraternel lui-même, quoique le nom de frère soit, à son sens, un nom si doux et si beau, qu'il en avait fait un lien de plus entre son ami et lui. Mais la communauté d'intérêts et d'origine est trop souvent entre les frères une cause de relâchement et de désunion. Il est vrai qu'en cela Montaigne n'entendait point parler de ces amitiés ordinaires, qui ne sont « qu'accointances et familiarités, nouées par quelque occasion ou commodité par le moyen de laquelle nos âmes s'entretiennent ». Il ne songe qu'à cette union absolue, prédestinée à quelques natures délicates, qui les mêle l'une à l'autre si étroitement que la volonté de chacun se perd dans la volonté de l'ami de son choix.

Tel était le sentiment que La Boétie lui avait inspiré. Et lorsque Montaigne, âme ardente mais un peu mobile, semblait se lasser de poursuivre une perfection toujours pénible à atteindre, c'est La Boétie qui le réconfortait encore et l'encourageait à de nouveaux efforts. Nous avons conservé trois pièces de vers latins qui nous montrent bien cette salutaire impulsion. Elles sont vraiment belles toutes trois et n'ont contre elles, de l'avis de Sainte-Beuve, que de n'être point écrites en français. Deux d'entre elles surtout

(1) Th. Malvezin, *Michel de Montaigne, son origine et sa famille*, p. 169.

méritent d'être étudiées au point de vue qui nous occupe en ce moment, car elles fournissent sur ce sujet des lumières très précieuses.

La première (1), quoique remarquable aussi par elle-même, est cependant moins importante à considérer sous l'aspect particulier qui nous intéresse. Adressée en même temps à Montaigne et à Belot, elle décrit plutôt le lamentable état de la France qu'elle ne nous dévoile les secrètes pensées de La Boétie. Mais quels sentiments touchants y sont exprimés! On s'attache malgré soi à la relire, tant la douleur y est sincère et simplement dite. Devant les ruines qui couvrent le pays tout entier, La Boétie voudrait fuir n'importe où et n'importe comment. Et qui sait si les dieux, en montrant à des marins hardis de nouvelles terres, vierges et fécondes, n'ont pas voulu conseiller cette fuite? « Quel que soit le lieu qui m'accueille dans ma fatigue — et plût au ciel que ce fût avec vous, ô mes amis? — non, jamais je ne pourrai arracher de mon cœur le désastre de la patrie; partout elle me suivra, je reverrai son image abattue et désolée :

> *Hic quicumque manet fessum locus, haud sine vobis*
> *O utinam socii, vix est ut pectore toto*
> *Excutiam casum patriæ. Quacumque sequetur*
> *Prostrata facies, tristisque recurret imago.*

— Ce désespoir est touchant et cette poétique évocation de l'Amérique ne semble-t-elle pas la vision anticipée d'un lointain avenir?

Plus tard (2), La Boétie livra plus complètement les profondeurs de son âme : « Je recherche la vertu, écrivait-il à Montaigne ; là où je l'aperçois, je l'embrasse avec ardeur. » Et il voudrait que son ami tentât lui aussi de gravir les sommets radieux où elle se tient. La tâche est pénible, pourtant. Mais La Boétie lui vante la gloire d'y parvenir; il lui rappelle la fameuse apparition de la Volupté et de la Vertu au jeune Hercule et les propos qu'elles lui tinrent l'une et l'autre. D'ailleurs, le travail n'est-il pas le fond même de la nature humaine ? « Au travail seul le maître des dieux ne refuse rien. Lui-même, ce n'est pas au sein d'un lâche repos qu'il gouverne la mer, la terre et les voûtes de l'Olympe. Qu'est-ce que l'existence pour un homme inutile ? Vivant, il ressemble à ceux

---

(1) *Poemata*, f° 102; voy. ci-dessous, p. 207.
(2) *Poemata*, f° 103 v°; voy. ci-dessous, p. 210.
(3) R. Dezeimeris, *Renaissance des Lettres*, p. 51.

que renferme la tombe. Il devance l'heure du trépas, celui qui passe ses journées dans le silence et laisse ses années s'écouler dans un profond sommeil, sans être compté parmi les hommes. » La Boétie rêvait donc de la gloire. Quelques instants avant de mourir, il se tournait encore vers Montaigne et lui disait : « Mon frère, n'étois-je pas né si inutile que j'eusse moyen de faire service à la chose publique? » C'est le mot que, deux cents ans après, André Chénier prononçait en montant à l'échafaud; c'est le mot qui échappe à toutes les grandes âmes quand le sort les frappe avant l'heure (3). La communauté des aspirations et des destinées les unit étroitement l'un à l'autre, le penseur au poète, et, comme on l'a dit, par-dessus deux siècles ils peuvent se tendre la main.

La Boétie ne devait pas arrêter là de pareils enseignements : il essaya une fois de plus de les développer dans une satire que Montaigne déclare excellente, et qui est assurément la plus étendue des pièces latines de La Boétie (4). Il commence par rappeler tout d'abord l'origine et les premiers temps de leur liaison. C'est une page d'un abandon charmant, qui mérite d'être citée. Sainte-Beuve en a traduit avec bonheur le commencement et nous empruntons au grand critique la copie de cet aimable tableau (5).

« La plus grande partie des prudents et des sages, lui dit-il, est méfiante et n'a foi à une amitié qu'après que l'âge l'a confirmée et que le temps l'a soumise à mille épreuves. Mais nous, l'amitié qui nous lie n'est que d'un peu plus d'une année, et elle est arrivée à son comble : elle n'a rien laissé à ajouter. Est-ce imprudence? Personne du moins ne l'oserait dire, et il n'est sage si morose qui, nous connaissant tous deux, et nos goûts et nos mœurs, aille s'enquérir de la date de notre alliance, et qui n'applaudisse de bon cœur à une si parfaite union. Et je ne crains point que nos neveux refusent un jour d'inscrire nos noms (si toutefois le destin nous prête vie) sur la liste des amis célèbres. Toutes greffes ne conviennent point à tous les arbres : le cerisier refuse la pomme, et le poirier n'adopte point la prune : ni le temps ni la culture ne peuvent l'obtenir d'eux, tant les instincts répugnent. Mais à d'autres arbres la même greffe réussit aussitôt par secret accord de nature; en un rien de temps les bourgeons se gonflent et s'unissent, et les deux ensemble s'entendent à produire à frais communs le même fruit... Il en est ainsi des âmes : il en est telles,

---

(4) *Poemata*, f° 110 v°; voy. ci-dessous, p. 225.
(5) Sainte-Beuve, *Causeries du Lundi*, t. IX, p. 122. Il a également traduit la pièce adressée à Belot et à Montaigne.

une fois unies, que rien ne saurait disjoindre ; il en est d'autres qu'aucun art ne saurait unir. Pour toi, ô Montaigne, ce qui t'a uni à moi pour jamais et à tout événement, c'est la force de nature, c'est le plus aimable attrait d'amour, la vertu. »

Puis, après ces quelques minutes de gracieuses confidences, il expose encore à Montaigne ses sentiments sur la vertu. Jusqu'ici pour ainsi dire il en avait surtout montré la gloire, tandis que maintenant il en fait ressortir l'utilité. Sa théorie est ingénieuse. Quoique la forme n'en soit pas didactique et laisse percer parfois une légère malice, cette satire n'en est pas moins un véritable traité de morale. La Boétie pousse le jeune homme à la vertu, en lui montrant combien le bonheur né du vice est court et trompeur. Est-ce à dire que La Boétie prêchait pour cela la doctrine épicurienne, qui déclare l'homme fait pour le plaisir et lui montre la vertu comme la source la plus pure et la plus certaine de ce plaisir, souverain but de sa nature ? Non ; si l'influence épicurienne s'y retrouve, c'est surtout dans la versification, visiblement inspirée d'Horace, dont les réminiscences sont nombreuses et dont La Boétie reproduit un peu aussi la doctrine aisée. Quoi de plus naturel d'ailleurs que cette argumentation, comme le remarque M. Desjardins ? « Sans doute, la vertu est belle, mais le vice est attrayant ; il est plus malaisé de s'attacher fermement à la première que de se laisser mollement entraîner au second : pourquoi ceux qui recommandent le bien ne feraient-ils pas valoir toutes les raisons de le cultiver avec zèle, et négligeraient-ils celles qui peuvent être le plus efficaces sur un grand nombre d'esprits (1) ? »

Toutes ces questions sont traitées avec une grande délicatesse de touche, avec un aimable enjouement. La Boétie moralise sans morgue et sans pédant appareil : il ne veut point parler comme un oncle sévère :

*Ludam vacuus, blandisque ferocem*
*Aggrediar melius...*

— Il expose avec grâce l'éducation du jeune homme telle qu'il la rêve et telle qu'il la veut, et fait avec vivacité le tableau des vertus qu'il recommande. Au premier rang, il place la continence, nécessaire aux grands efforts et aux nobles pensées. Il en peint habilement les avantages et les bonheurs. Mais jamais il n'effraie son disciple par des raisonnements trop sévères. Il préfère mettre en parallèle les joies fugitives du vice avec les joies pures du foyer

(1) Albert Desjardins, *Les Moralistes du XVIe siècle*, 1870, in-8º, p. 136.

domestique, et de cette vivante comparaison découle bien vite l'enseignement que La Boétie voulait en tirer. En cela, il avait surtout en vue de convaincre Montaigne, jeune alors et ardent, trop enclin sans doute à préférer les plaisirs faciles à l'attrait plus austère de la sagesse et de la vertu. Mieux que personne, il connaissait les qualités et les défauts de cette nature, aussi noble qu'enthousiaste, et c'était pour la retenir qu'il lui adressait de sages exhortations.

On comprend que la perte d'un tel ami fut un vrai malheur pour Montaigne. Sans vouloir augmenter le rôle de La Boétie, on peut dire, je crois, qu'il exerçait sur son compagnon une influence salutaire, et qu'il ranima souvent une ardeur pour le bien qui commençait parfois à se refroidir. Aussi, quelle émotion Montaigne n'éprouva-t-il pas à la première nouvelle d'un mal qui devait emporter cet incomparable ami! Le récit que Montaigne nous a laissé des derniers instants de La Boétie est admirable, et je ne sais, dans notre langue, nulles pages remplies d'une douleur plus touchante et plus vraie. C'est la mort du sage dans toute la sérénité de sa foi en l'infini. On entend encore, après trois siècles, les propos que La Boétie tenait à chacun avant l'heure suprême; on traverse toutes les inquiétudes qu'éprouvèrent ceux qui l'entouraient en attendant le fatal dénouement. Cependant le malade s'affaiblit peu à peu. Tout à coup il semble se remettre : son visage n'est plus exsangue et sa faiblesse paraît moins grande. Nous nous prenons à espérer. Erreur trompeuse. Comme un flambeau prêt à s'éteindre jette un dernier éclat, la vie s'enfuit dans un effort suprême, et c'est ainsi que rendit l'âme celui qu'on a pu nommer un grand homme de bien.

A ce coup si rude, qui frappait une existence si proche de la sienne, le cœur de Montaigne souffrit cruellement. La vie lui semblait lourde à porter, après un si grand malheur, et il la regardait désormais « comme une nuit obscure et ennuyeuse ». Il languit quelque temps comme un oiseau blessé; les plaisirs eux-mêmes ne font que raviver sa douleur. « Nous étions à moitié de tout, il me semble que je lui dérobe sa part. » Ce qui le charmait jadis l'ennuie maintenant. Son âme, atteinte dans ses profondeurs les plus sensibles, se prend à douter, car, avec la sauvegarde de l'ami, ont disparu aussi la foi et le courage. Enfin, le Parlement, où il siégeait, lui devient odieux, et il ne tarde pas, pour chasser les derniers souvenirs d'un passé qui l'attriste, à résigner sa charge de conseiller en faveur de Florimond de Raymond (2).

(2) Tamizey de Larroque, *Essai sur Florimond de Raymond*, p. 132.

Désormais, l'existence de Montaigne eut le pieux office de faire « à tout jamais les obsèques » de celui qui n'était plus. Ils s'étaient livrés sans restrictions l'un à l'autre, tant que la vie les avait réunis. Maintenant que la mort les séparait, la suprême consolation de celui qui restait fut la certitude de n'avoir pas caché son affection, d'avoir eu avec l'autre « une parfaite et entière communication ». Montaigne se dévoua à la mémoire de l'ami qu'il avait perdu. Il fallait que chacun le connût, l'estimât et l'aimât, comme lui-même l'avait connu, estimé et aimé. Il défendit contre tous le souvenir de La Boétie et il pouvait se rendre ce témoignage que, s'il n'avait pas pris ce soin, La Boétie eût été, par la médisance, « deschiré en mille contraires visages ». Mais Montaigne veillait sur une tombe si chère.

Malgré le temps, malgré le devoir accompli, le regret de celui qui était disparu demeurait vivant dans le cœur de celui qui restait et Montaigne ne put jamais songer sans douleur à la perte de cet ami inséparable. Plus de vingt ans après la mort de La Boétie, aux bains della Villa où il se trouvait alors, Montaigne est tout à coup envahi par la pensée de celui qu'il avait si tendrement aimé : « J'y fus si longtemps sans me raviser que cela me fit grand mal (1). » Le témoignage est touchant, car il est noté sans aucune recherche, tel qu'il avait été éprouvé. Plus tard encore, dans une des revisions des *Essais* auxquelles il se livrait, Montaigne, déjà près de succomber lui-même, parlait encore avec amertume de celui qu'il avait vu « surpris dans le train d'une très heureuse et très vigoureuse santé ». Sa douleur l'entraîne. Il accuse les médecins de cette mort : « Ce pendant qu'ils craignent d'arrester le cours d'un dysenterique pour ne lùy causer la fièvre, ils me tuerent un amy qui valoit mieux qu'eus tous tant qu'ils sont (2). » Rien n'avait pu remplir un vide, qui se faisait toujours cruellement sentir.

L'affection de La Boétie avait, il est vrai, survécu à lui-même. En mourant, il ne voulut pas laisser le compagnon des dernières

---

(1) *Journal de voyage,* in-4°, p. 218.
(2) *Essais* (1595), liv. II, ch. 37.
(3) Voir ci-dessous, APPENDICE VIII. — Le volume n° 490 de la collection Payen (L.-G. Gyraldus, *De Deis gentium varia et multiplex historia,* Bâle, 1548, in-f°), me semble avoir appartenu à La Boétie, avant d'être possédé par Montaigne. Sur la page de titre, à côté de la signature de Montaigne, il y a une déchirure, un lambeau de papier enlevé, sur lequel se trouvait le nom d'un précédent possesseur, peut-être de La Boétie. A l'intérieur du volume, on trouve sur les marges quelques notes manuscrites dont l'écriture offre une analogie frappante avec celle de La Boétie. Celles-ci sont en latin ou même en grec, contrairement à la coutume de Montaigne, qui annotait ses livres en français.

années de son existence, sans un témoignage qui lui rappelât les jours heureux passés ensemble. Il lui légua sa bibliothèque. « Ledict testateur prie M. M⁰ Ayquem de Montaigne, conseillier du Roi en la cour de Parlement de Bourdeaulx, son intime frère et inviolable amy, de reculhir pour un gaige d'amitié ses livres et papiers qui sont à Bourdeaulx, desquels lui faict présent, excepté de quelques ungs de droict qu'il donne à son cher cousin, fils légitime et hérittier du feu seigneur président de Calvymont (3). » Montaigne accepta le legs avec une reconnaissance émue, et fit placer dans sa propre « librairie » ces témoins muets d'un sentiment qui lui tenait tant au cœur. Plus tard, dans son château de Montaigne, au second étage de cette tour dont il avait fait sa retraite favorite et dans laquelle il aimait à s'enfermer pour méditer et pour écrire, il avait sous les yeux le dernier présent de son collègue au Parlement de Bordeaux. Ces volumes lui redisaient la tendresse de l'ami absent, et sans doute il les contemplait en composant ce chapitre de l'*Amitié*, impérissable apologie de La Boétie. Ils faisaient revivre, en quelque sorte, celui qui les avait maniés auparavant. Et, devant cette évocation familière, les souvenirs de Montaigne s'éveillaient, nombreux et touchants. Il se répandait en confidences inoubliables, parce que le grand écrivain s'y mettait tout entier, qu'il renfermait dans ces quelques pages tout son génie et tout son cœur.

Paul BONNEFON.

# DISCOVRS

### DE

# LA SERVITVDE

### VOLONTAIRE

Entre Helies et Jehan Gabourin frères appellans du Seneschal d'Albret ou son lieutenant au
siege de Castelgelous et demendeurs l'incertinemant de certaine requeste d'une part
Et Simone Gabourin intimée et defenderesse à ladicte requeste d'aultre

Veu le proces ladicte requeste desdz appellans du septiesme may mil cinq cens
soixante et un tendant aulx fins pour les causes y contenues mectre l'appel et
ce dont a esté appellé au neant sans amande et despens et aultres
pieces et productions des parties

Il sera dict que la Court mect l'appel au neant sans amande et
ordonne que ce dont a esté appellé sortira son plain et entier effect
condampne lesdz appellans envers ladce intimée aulx despans
de la cause d'appel la taxe d'iceulx a ladce Court reservée

Alesme rapportator despectz duo Sourse
DELABOETIE

Messieurs les presidens
Alesme
Ouuonie
Messieurs de la Guane
Arnoul Simon
De la taske
Le coute
Du duc
De la boetie

(Fac-simile d'un rapport autographe de La Boétie.)

# DISCOVRS

### DE LA

# SERVITVDE VOLONTAIRE

'AVOIR plufieurs feigneurs aucun bien ie n'y voy ;
Qu'vn, fans plus, foit le maiftre, & qu'vn feul foit le roy,
ce difoit Vliffe en Homere, parlant en public. S'il n'euft rien plus dit, finon

5   D'auoir plufieurs feigneurs aucun bien ie n'y voy,

c'eftoit autant bien dit que rien plus ; mais, au lieu que, pour le raifonner, il falloit dire que la domination de plufieurs ne pouuoit eftre bonne, puifque

VARIANTES

1.
D'auoir plufieurs feigneurs aucun bien ie ne voy :
Qu'vn fans plus foit le maiftre & qu'vn feul foit le roy,

« ce dit Vlyffe en Homere, parlant en public. S'il n'euft dit, finon

D'auoir plufieurs feigneurs aucun bien ie ne voy,

cela eftoit tant bien dit que rien plus ». — Les variantes qui ont été relevées en notes font extraites des *Memoires de l'Eflat de France fous Charles neufiefme*, à moins d'indications contraires.

7. « pour parler auec raifon ».

la puiſſance d'vn ſeul, deſlors qu'il prend ce tiltre de maiſtre, eſt dure & deſraiſonnable, il eſt allé adiouſter, tout au rebours,

*Qu'vn, ſans plus, ſoit le maiſtre, & qu'vn ſeul ſoit le roy.*

Il en faudroit, d'auenture, excuſer Vliſſe, auquel poſſible lors eſtoit beſoin d'vſer de ce langage pour appaiſer la reuolte de l'armee; conformant, ie croy, ſon propos plus au temps qu'à la verité. Mais, à parler à bon eſcient, c'eſt vn extreme malheur d'eſtre ſubiect à vn maiſtre, duquel on ne ſe peut iamais aſſeurer qu'il ſoit bon, puiſqu'il eſt touſiours en ſa puiſſance d'eſtre mauuais quand il voudra; & d'auoir pluſieurs maiſtres, c'eſt, autant qu'on en a, autant de fois eſtre extremement malheureux. Si ne veux ie pas, pour ceſte heure, debattre ceſte queſtion tant pourmenee, ſi les autres façons de republique ſont meilleures que la monarchie, ancore voudrois ie ſçauoir, auant que mettre en doute quel rang la monarchie doit auoir entre les republicques, ſi elle en y doit auoir aucun, pour ce qu'il eſt malaiſé de

### VARIANTES

5. « Toutesfois à l'auanture il faut excuſer Vliſſe, auquel poſſible lors il eſtoit beſoin d'vſer de ce langage, & de ſ'en ſeruir pour appaiſer la reuolte de l'armee, conformant (ie croy) ſon propos ».

10. « duquel on ne peut eſtre iamais aſſeuré qu'il ſoit bon ».

13. « c'eſt autant que d'auoir autant de fois à eſtre extremement malheureux ».

15. « tant pourmenee aſauoir, ſi les autres façons ».

17. « A quoy ſi ie voulois venir, ancore voudrois ie ſauoir ».

19. « ſi elle y en doit ».

26. « entendre, ſ'il eſt poſſible & comme il ſe peut faire ».

29. « que celle qu'on lui donne ».

30. « ſinon de tant ».

35. « de voir vn million de millions d'hommes ». — Ici commence

croire qu'il y ait rien de public en ce gouuernement, où tout eſt à vn. Mais ceſte queſtion eſt reſeruee pour vn autre temps, & demanderoit bien ſon traité à part, ou pluſtoſt ameneroit quand & ſoy toutes les diſputes
25 politiques.

Pour ce coup, ie ne voudrois ſinon entendre comm' il ſe peut faire que tant d'hommes, tant de bourgs, tant de villes, tant de nations endurent quelque fois vn tyran ſeul, qui n'a puiſſance que celle qu'ils lui
30 donnent; qui n'a pouuoir de leur nuire, ſinon tant qu'ils ont vouloir de l'endurer; qui ne ſçauroit leur faire mal aucun, ſinon lors qu'ils aiment mieulx le ſouffrir que lui contredire. Grand' choſe certes, & toutesfois ſi commune qu'il ſ'en faut de tant plus
35 douloir & moins ſ'esbahir voir vn million d'hommes ſeruir miſerablement, aiant le col ſous le ioug, non pas contrains par vne plus grande force, mais aucunement (ce ſemble) enchantes & charmes par le nom ſeul d'vn, duquel ils ne doiuent ni craindre la
40 puiſſance, puis qu'il eſt ſeul, ny aimer les qualites, puis qu'il eſt en leur endroit inhumain & ſauuage. La foibleſſe d'entre nous hommes eſt telle, qu'il faut

---

VARIANTES

le long fragment publié dans le second dialogue du *Reueille-Matin des François*. Pour le raccorder à ce qui le précède, le texte de La Boétie y est arrangé de la sorte : « A la verité dire, mon compagnon, c'eſt vne choſe bien eſtrange de voir vn milion de milions d'hommes ſeruir miſerablement ». Quoiqu'elles ne ſoient pas en général fort importantes, nous en noterons les variantes, en indiquant leur source.

38. « ce me ſemble » (*R.-M.*).

42. « La foibleſſe d'entre nous hommes eſt telle. Il faut ſouuent que nous obeiſſions à la force, il eſt beſoin de temporiſer, on ne peut pas touſiours eſtre le plus fort ». — Le *Reueille-Matin* donne un texte incompréhensible : « La nobleſſe d'entre nous hommes eſt telle, qu'elle fait ſouuent que nous obeiſſons à la force ».

souuent que nous obeiffions à la force ; il eft befoin de temporifer, nous ne pouuons pas toufiours eftre les plus forts. Doncques, fi vne nation eft contrainte par la force de la guerre de feruir à vn, comme la cité d'Athenes aus trente tirans, il ne fe faut pas esbahir 5 qu'elle ferue, mais fe plaindre de l'accident ; ou bien pluftoft ne f'esbahir ni ne f'en plaindre, mais porter le mal patiemment & fe referuer à l'aduenir à meilleure fortune.

Noftre nature eft ainfi, que les communs deuoirs 10 de l'amitié emportent vne bonne partie du cours de noftre vie ; il eft raifonnable d'aimer la vertu, d'eftimer les beaus faicts, de reconnoiftre le bien d'où l'on l'a receu, & diminuer fouuent de noftre aife pour augmenter l'honneur & auantage de celui qu'on aime 15 & qui le merite. Ainfi doncques, fi les habitans d'vn païs ont trouué quelque grand perfonnage qui leur ait monftré par efpreuue vne grand' preueoiance pour les garder, vne grand' hardieffe pour les defendre, vn grand foing pour les gouuerner ; fi, de là en auant, 20 ils f'appriuoifent de lui obeïr & f'en fier tant que de lui donner quelques auantages, ie ne fçay fi ce feroit fageffe, de tant qu'on l'ofte de là où il faifoit bien,

VARIANTES

6. « ains fe plaindre » *(R.-M.)*.
11. « emportent bonne partie » *(R.-M.)*.
12. « eft bien raifonnable » *(R.-M.)*
13. « de conoiftre le bien ».
14. « diminuer fouuent noftre aife » *(R.-M.)*.
18. « grande prouidence » *(R.-M.)*
19. « pour les garder, grande hardieffe ».

20. « fi de là en auant ils f'appriuoifent de luy obeir & fe fier tant de luy, que de luy donner quelque auantage. (ie ne fçay fi ce fera fageffe de l'ofter de là où il faifoit bien pour l'auancer en vn lieu où il pourra mal faire), mais il ne peut faillir d'y auoir de la bonté du cofté de ceux qui l'esleuent, de ne craindre point mal de celuy de qui on n'a receu que bien » *(R.-M.)*.

pour l'auancer en lieu où il pourra mal faire ; mais
25 certes fy ne pourroit il faillir d'y auoir de la bonté, de
ne craindre point mal de celui duquel on n'a receu
que bien.

Mais, ô bon Dieu ! que peut eftre cela ? comment
dirons nous que cela s'appelle ? quel malheur eft celui
30 là ? quel vice, ou pluftoft quel malheureux vice ? voir
vn nombre infini de perfonnes non pas obeir, mais
feruir ; non pas eftre gouuernes, mais tirannifes ;
n'aians ni biens, ni parens, femmes ny enfans, ni leur
vie mefme qui foit à eux ! fouffrir les pilleries, les
35 paillardifes, les cruautes, non pas d'vne armee, non
pas d'vn camp barbare contre lequel il faudroit
defpendre fon fang & fa vie deuant, mais d'vn feul ;
non pas d'vn Hercule ny d'vn Samfon, mais d'vn feul
hommeau, & le plus fouuent le plus lafche & femelin
40 de la nation ; non pas accouftumé à la poudre des
batailles, mais ancore à grand peine au fable des
tournois ; non pas qui puiffe par force commander aux
hommes, mais tout empefché de feruir vilement à la
moindre femmelette ! Appellerons nous cela lafcheté ?
45 dirons nous que ceux qui feruent foient couards &
recreus ? Si deux, fi trois, fi quatre ne fe defendent

### VARIANTES

28. « comment pourrons-nous dire » (R.-M.).

29. « quel malheur eft ceftuy-là ? ou quel vice ».

31. « vn nombre infini non pas obeir ».

32. « non pas eftre gouuernees, mais tyrannifees » (R.-M.).

33. « ni parens ni enfans ».

39. « & le plus fouuent du plus lafche & femenin de la nation. » — *Reueille-Matin* : « mais d'vn feul hommeau, le plus lafche & femelin de toute la nation ».

44. « Appelons-nous ».

45. « ceux là qui feruent ». — *Reueille-Matin* : « qui feruent à vn fi lafche tyran ».

46. « Si deux, fi trois, fi quatre ne fe defendent d'vn ; cela eft eftrange,

d'vn, cela eſt eſtrange, mais toutesfois pôſſible; bien pourra l'on dire lors, à bon droiƈt, que c'eſt faute de cœur. Mais ſi cent, ſi mille endurent d'vn ſeul, ne dira l'on pas qu'ils ne veulent point, non qu'ils n'oſent pas ſe prendre à luy, & que c'eſt non couardiſe, mais pluſtoſt meſpris ou deſdain? Si l'on void, non pas cent, non pas mille hommes mais cent païs, mille villes, vn million d'hommes, n'aiſſaillir pas vn ſeul, duquel le mieulx traité de tous en reçoit ce mal d'eſtre ſerf & eſclaue, comment pourrons nous nommer cela? eſt ce laſcheté? Or, il y a en tous vices naturellement quelque borne, outre laquelle ils ne peuuent paſſer : deux peuuent craindre vn, & poſſible dix ; mais mille, mais vn million, mais mille villes, ſi elles ne ſe deffendent d'vn, cela n'eſt pas couardiſe, elle ne va point iuſques là; non plus que la vaillance ne ſ'eſtend pas qu'vn ſeul eſchelle vne fortereſſe, qu'il aſſaille vne armee, qu'il conqueſte vn roiaume. Doncques quel monſtre de vice eſt cecy qui ne merite pas ancore le tiltre de couardiſe, qui ne trouue point de nom aſſes vilain, que la nature deſaduoue auoir fait & la langue refuſe de nommer?

### VARIANTES

& poſſible pourra l'on bien dire lors à bon droit que c'eſt faute de cœur *(R.-M.)*.
4. « qu'ils ne veulent point, qu'ils n'oſent pas ».
6. « meſpris & deſdain ».
9. « en reçoit mal ».
11. « Or, y a il » *(R.-M.)*.
13. « & poſſible dix le craindront » *(R.-M.)*.
15. « ce n'eſt pas » *(R.-M.)*.

18. « qu'il conquierre vn royaume ». — Le *Reueille-Matin* donne la même leçon.
20. « le nom de couardiſe » *(R.-M.)*
20. « qui ne trouue de nom aſſez vilain, que Nature deſauoue auoir fait, & la langue refuſe de le nommer ». — Le *Reueille-Matin* écrit fautivement « longueur » au lieu de « langue ».
25. « les vns combattans » *(R.-M.)*.

Qu'on mette d'vn cofté cinquante mil hommes en armes, d'vn autre autant; qu'on les range en bataille; qu'ils viennent à fe ioindre, les vns libres combattans pour leur franchife, les autres pour la leur ofter : aufquels promettra l'on par coniecture la victoire? lefquels penfera l'on qui plus gaillardement iront au combat, ou ceux qui efperent pour guerdon de leurs peines l'entretenement de leur liberté, ou ceux qui ne peuuent attendre autre loyer des coups qu'ils donnent ou qu'ils reçoiuent que la feruitude d'autrui? Les vns ont toufiours deuant les yeulx le bon heur de la vie paffee, l'attente de pareil aife à l'aduenir; il ne leur fouuient pas tant de ce peu qu'ils endurent, le temps que dure vne bataille, comme de ce qu'il leur conuiendra à iamais endurer, à eux, à leurs enfans & à toute la pofterité. Les autres n'ont rien qui les enhardie qu'vne petite pointe de conuoitife qui fe reboufche foudain contre le danger & qui ne peut eftre fi ardante que elle ne fe doiue, ce femble, efteindre de la moindre goutte de fang qui forte de leurs plaies. Aus batailles tant renommees de Miltiade, de Leonide, de Themiftocle, qui ont efté donnees deux mil ans y

VARIANTES

29. « pour le guerdon » (R.-M.).
31. « attendre loyer ».
33. « deuant leurs yeux le bonheur de leur vie paffee ».
35. « il ne leur fouuient pas tant de ce qu'ils endurent, ce peu de temps que dure vne bataille, comme de ce qu'il conuiendra à iamais endurer à eux, à leurs enfans & à toute la pofterité ». — Le *Reueille-Matin* donne la même leçon, sauf à la fin : « & à toute leur pofterité ».
39. « enhardiffe ». — La même leçon se lit dans le *Reueille-Matin*.
39. « de leur conuoitife » (R.-M.).
41. « qu'elle ne fe doiue & femble eftaindre par la moindre goutte de fang qui forte de leurs playes ». — *Reueille-Matin* : « qu'elle ne fe doiue (ce femble) efteindre par la moindre goutte de fang qui forte de leurs playes ».

a & qui font ancores auiourd'hui auſſi frefches en la memoire des liures & des hommes comme ſi c'euſt eſté l'aultr'hier, qui furent donnees en Grece pour le bien des Grecs & pour l'exemple de tout le monde, qu'eſt ce qu'on penſe qui donna à ſi petit nombre de gens, comme eſtoient les Grecs, non le pouuoir, mais le cœur de fouſtenir la force de tant de nauires que la mer meſme en eſtoit chargee, de defaire tant de nations, qui eſtoient en ſi grand nombre que l'efcadron des Grecs n'euſt pas fourni, ſ'il euſt fallu, des cappitaines aus armees des ennemis, ſinon qu'il ſemble qu'à ces glorieux iours là ce n'eſtoit pas tant la bataille des Grecs contre les Perſes, comme la victoire de la liberté ſur la domination, de la franchiſe ſur la conuoitiſe ?

C'eſt chofe eſtrange d'ouïr parler de la vaillance que la liberté met dans le cœur de ceux qui la deffendent ; mais ce qui ſe fait en tous païs, par tous les hommes, tous les iours, qu'vn homme maſtine cent mille & les priue de leur liberté, qui le croiroit, ſ'il ne faiſoit que

---

VARIANTES

1. « & viuent encore auiourd'huy auſſi frefches en la memoire des liures & des hommes, comme ſi c'euſt eſté l'autre hier qu'elles furent donnees en Grece, pour le bien de Grece & pour l'exemple de tout le monde ». — Même leçon dans le *Reueille-Matin*, ſauf la différence : « comme ſi c'euſt eſté l'autr'hier, qui furent donnees ».

5. « & queſt ce ». (R.-M.).

10. « n'euſt pas fourny feulement de capitaines » (R.-M.).

12. « qu'en ces glorieux iours là ». — *Reueille-Matin* : « que ces glorieux iours là ».

18. Dans le *Reueille-Matin*, ce paſſage eſt arrangé de la façon ſuivante : « mais ce qui ſe fait tous les iours deuant nos yeux en noſtre France ».

19. « qu'vn homme feul maſtine cent mille villes ».

21. « & ſ'il ne ſe voyoit qu'en pays eſtranges ».

23. « feint & controuué ».

25. « il n'eſt pas befoin de ſ'en defendre ».

l'ouïr dire & non le voir ? &, ſ'il ne ſe faiſoit qu'en
païs eſtranges & lointaines terres, & qu'on le dit, qui
ne penſeroit que cela fut pluſtoſt feint & trouué que
non pas veritable ? Encores ce ſeul tiran, il n'eſt pas
25 beſoin de le combattre, il n'eſt pas beſoin de le
defaire, il eſt de ſoymeſme defait, mais que le païs ne
conſente à ſa ſeruitude ; il ne faut pas lui oſter rien,
mais ne lui donner rien ; il n'eſt pas beſoin que le païs
ſe mette en peine de faire rien pour ſoy, pourueu
30 qu'il ne face rien contre ſoy. Ce ſont donc les peuples
meſmes qui ſe laiſſent ou pluſtoſt ſe font gourmander,
puis qu'en ceſſant de ſeruir ils en ſeroient quittes ;
c'eſt le peuple qui ſ'aſſeruit, qui ſe coupe la gorge,
qui aiant le chois ou d'eſtre ſerf ou d'eſtre libre, quitte
35 ſa franchiſe & prend le ioug, qui conſent à ſon mal,
ou pluſtoſt le pourchaſſe. S'il lui couſtoit quelque
choſe à recouurer ſa liberté, ie ne l'en preſſerois
point, combien qu'eſt ce que l'homme doit auoir plus
cher que de ſe remettre en ſon droit naturel, &, par
40 maniere de dire, de beſte reuenir homme ; mais ancore

VARIANTES

27. « ne conſente pas » *(R.-M.)*.
27. « luy rien oſter ».
28. « il n'eſt point beſoin que le pays ſe mette en peine de faire rien pour ſoy, mais qu'il ne ſe mette pas en peine de faire rien contre ſoy ». — *Reueille-Matin :* « mais qu'il ſ'eſtudie à ne rien faire contre ſoy ».
30. Cette phrase est au singulier dans le *Reueille-Matin,* comme toute la suite du développement.
35. « & prend le ioug & pouuant viure ſous les bonnes loix & ſous la protection des Eſtats, veut viure ſous l'iniquité, ſous l'oppreſſion & iniuſtice, au ſeul plaiſir de ce tyran. C'eſt le peuple qui conſent à ſon mal, ou pluſtoſt le pourchaſſe » *(R.-M.)*.
37. « de recouurer ſa liberté ».
38. « combien que ce ſoit ce que l'homme doit auoir plus cher que de ſe remettre en droit naturel, &, par maniere de dire, de beſte reuenir à homme ». — *Reueille-Matin :* « combien qu'eſt-ce que l'homme doit auoir plus cher, que de le remettre en ſon droit naturel, &, par maniere de dire, de beſte reuenir homme ».

ie ne deſire pas en lui ſi grande hardieſſe ; ie lui permets qu'il aime mieux vne ie ne ſçay quelle ſeureté de viure miſerablement qu'vne douteuſe eſperance de viure à ſon aiſe. Quoi ? ſi pour auoir liberté il ne faut que la deſirer, s'il n'eſt beſoin que d'vn ſimple vouloir, ſe trouuera il nation au monde qui l'eſtime ancore trop chere, la pouuant gaigner d'vn ſeul ſouhait, & qui pleigne ſa volonté à recouurer le bien lequel il deuroit racheter au prix de ſon ſang, & lequel perdu, tous les gens d'honneur doiuent eſtimer la vie deſplaiſante & la mort ſalutaire ? Certes, comme le feu d'vne petite éſtincelle deuient grand & touſiours ſe renforce, & plus il trouue de bois, plus il eſt preſt d'en bruſler, &, ſans qu'on y mette de l'eaue pour l'eſteindre, ſeulement en n'y mettant plus de bois, n'aiant plus que conſommer, il ſe conſomme ſoymeſme & vient ſans force aucune & non plus feu : pareillement les tirans, plus ils pillent, plus ils exigent, plus ils ruinent & deſtruiſent, plus on leur baille, plus on les ſert, de tant plus ils ſe fortiffient & deuiennent touſiours plus forts & plus frais pour aneantir & deſtruire tout ; &

---

VARIANTES

1. « en lui vne ſi grande » (R.-M.).

2. « ie ne lui permets point qu'il aime mieux vne ie ne ſçay quelle ſeureté de viure à ſon aiſe ». — Reueille-Matin : « ie lui permets qu'il aime mieux vne ie ne ſçay quelle ſeureté de viure miſerablement, qu'vne douteuſe eſperance de viure aiſe ».

4. « Quoy ? ſi pour auoir la liberté, il ne luy faut que la deſirer, s'il n'a beſoin que d'vn ſimple vouloir, ſe trouuera il nation au monde qui l'eſtime trop chere, la pouuant gaigner d'vn ſeul ſouhait ? & qui plaigne ſa volonté à recouurer le bien, lequel on deuroit racheter au prix de ſon ſang ? » — Reueille-Matin : « s'il n'eſt beſoin que d'vn ſimple vouloir ».

11. « tout ainſi comme ». — Reueille-Matin : « tout ainſi que ».

13. « plus eſt preſt ».

15. « ſeulement n'y mettant » (R.-M.).

15. « n'ayant plus que conſumer,

si on ne leur baille rien, si on ne leur obeït point, sans combattre, sans frapper, ils demeurent nuds & deffaits & ne font plus rien, sinon que comme la
25 racine, n'aïans plus d'humeur ou aliment, la branche deuient seche & morte.

Les hardis, pour acquerir le bien qu'ils demandent, ne craignent point le dangier; les aduises ne refusent point la peine : les lasches & engourdis ne sçauent
30 ni endurer le mal, ni recouurer le bien; ils s'arrestent en cela de les souhaitter, & la vertu d'y pretendre leur est ostee par leur lascheté; le desir de l'auoir leur demeure par la nature. Ce desir, ceste volonté est commune aus sages & aus indiscrets, aus courageus
35 & aus couars, pour souhaitter toutes choses qui, estant acquises, les rendroient heureus & contens : vne seule chose en est à dire, en laquelle ie ne sçay comment nature defaut aus hommes pour la desirer, c'est la liberté, qui est toutesfois vn bien si grand & si plai-
40 sant, qu'elle perdue, tous les maus viennent à la file, & les biens mesme qui demeurent apres elle perdent entierement leur goust & sçaueur, corrompus par la

VARIANTES

il se consume soy mesme & deuient sans forme aucune & n'est plus feu ». — *Reueille-Matin* : « n'ayant plus que consumer, il se consume soy mesme, & vient sans force aucune & n'est plus feu ».

18. « plus exigent » (*R.-M.*).

20. « d'autant plus ».

24. « sinon comme la racine estant sans humeur ou aliment, la branche deuient seche & morte » (*R.-M.*).

29. « les lasches & estourdis » (*R.-M.*).

31. « de le souhaiter ». — *Reueille-Matin* : « & s'arrestent en cela de le souhaiter ».

31. « la vertu d'y pretendre leur est ostee par celle lascheté » (*R.-M.*).

35. « lesquelles estant acquises, les rendront heureus » (*R.-M.*).

36. « vne seule en est à dire, en laquelle ie ne sçay comme nature defaut aux hommes pour la desirer ».

39. « si grand & plaisant ».

feruitude : la feule liberté, les hommes ne la defirent point, non pour autre raifon, ce femble, finon que f'ils la defiroient, ils l'auroient, comme f'ils refufoient de faire ce bel acqueſt, feulement par ce qu'il eſt trop aifé.

Pauures & miferables peuples infenfes, nations opiniaſtres en voſtre mal & aueugles en voſtre bien, vous vous laiſſes emporter deuant vous le plus beau & le plus clair de voſtre reuenu, piller vos champs, voller vos maifons & les defpouiller des meubles anciens & paternels! vous viues de forte que vous ne vous pouues vanter que rien foit à vous; & fembleroit que meshui ce vous feroit grand heur de tenir à ferme vos biens, vos familles & vos vies; & tout ce degaſt, ce malheur, ceſte ruine, vous vient, non pas des ennemis, mais certes oui bien de l'ennemy, & de celui que vous faites fi grand qu'il eſt, pour lequel vous alles fi courageufement à la guerre, pour la grandeur duquel vous ne refufes point de prefenter à la mort vos perfonnes. Celui qui vous maiſtrife tant n'a que deus yeulx, n'a que deus mains, n'a qu'vn

### VARIANTES

2. « non pas pour ».

2. « finon pource que f'ils le defiroient ».

3. « comme f'ils refufoient faire ce bel acqueſt ».

6. « Pauures gens & miferables ». — *Reueille-Matin* : « Poures & miferables Français, peuple infenfé ! nation opiniaſtre en ton mal & aueuglee en ton bien ».

11. « vous viuez de forte que vous pouuez dire que rien n'eſt à vous ».

14. « de tenir à moitié ». — *Reueille-Matin* : « de tenir à meſtayrie ».

16. « mais bien certes ». — *Reueille-Matin* : « mais certes bien ».

19. « de mettre à la mort » (R.-M.).

22. « le moindre homme du grand nombre infiny de vos villes : finon qu'il a plus que vous tous, c'eſt l'auantage que vous lui faites pour vous deſtruire ». — *Reueille-Matin* : « finon qu'il a plus que vous tous

corps, & n'a autre chofe que ce qu'a le moindre homme du grand & infini nombre de vos villes, finon que l'auantage que vous luy faites pour vous deftruire. D'où a il pris tant d'yeulx, dont il vous efpie, fi vous ne les luy bailles? comment a il tant de mains pour vous fraper, f'il ne les prend de vous? Les pieds dont il foule vos cites, d'où les a il, f'ils ne font des voftres? Comment a il aucun pouuoir fur vous, que par vous? Comment vous oferoit il courir fus, f'il n'auoit intelligence auec vous? Que vous pourroit il faire, fi vous n'efties receleurs du larron qui vous pille, complices du meurtrier qui vous tue & traiftres à vous mefmes? Vous femes vos fruicts, afin qu'il en face le degaft; vous meubles & remplifles vos maifons, afin de fournir à fes pilleries; vous nourriffes vos filles, afin qu'il ait de quoy faouler fa luxure; vous nourriffes vos enfans, afin que, pour le mieulx qu'il leur fçauroit faire, il les mene en fes guerres, qu'il les conduife à la boucherie, qu'il les face les miniftres de fes conuoitifes & les executeurs de fes vengeances; vous rompes à la peine vos perfonnes,

### VARIANTES

vn cœur deloyal, felon, & l'auantage que vous lui donnez pour vous deftruire ».

25. « D'où a il pris tant d'yeulx ? d'où vous efpie il, fi vous ne les luy donnez? »

30. « que par vous auftres mefmes ».

32. « recelateurs » (R.-M.).

34. « & traiftres de vous mefmes ».

35. « afin qu'il en face degaft » (R.-M.).

35. « vous meubles, remplifles ».

36. « pour fournir à fes voleries ». — Reueille-Matin : « pour fournir à fes pilleries & volleries ».

37. « de quoy raffafier » (R.-M.).

38. « vous nourriffez vos enfans, à fin qu'il les meine, pour le mieux qu'il face, en fes guerres; qu'il les meine à la boucherie; qu'il les face les miniftres de fes conuoitifes, les executeurs de fes vengeances ». — Le Reueille-Matin ajoute : « & bourreaux des confciences de vos concitoyens ».

afin qu'il fe puiffe mignarder en fes delices & fe veautrer dans les fales & vilains plaifirs; vous vous affoibliffes, afin de le rendre plus fort & roide à vous tenir plus courte la bride; & de tant d'indignites, que les beftes mefmes ou ne les fentiroient point, ou ne l'endureroient point, vous pouues vous en deliurer, fi vous l'effaies, non pas de vous en deliurer, mais feulement de le vouloir faire. Soies refolus de ne feruir plus, & vous voilà libres. Ie ne veux pas que vous le pouffies ou l'esbranfiies, mais feulement ne le fouftenes plus, & vous le verres, comme vn grand coloffe à qui on a defrobé la bafe, de fon pois mefme fondre en bas & fe rompre.

Mais certes les medecins confeillent bien de ne mettre pas la main aux plaies incurables, & ie ne fais pas fagement de vouloir prefcher en cecy le peuple qui a perdu, long temps a, toute congnoiffance, & duquel, puis qu'il ne fent plus fon mal, cela monftre affes que fa maladie eft mortelle. Cherchons donc par coniecture, fi nous en pouuons trouuer, comment f'eft ainfi fi auant enracinee cefte opiniaftre volonté de feruir, qu'il femble maintenant que l'amour mefme de la liberté ne foit pas fi naturelle.

Premierement, cela eft, comme ie croy, hors de

VARIANTES

1. « en delices » (R.-M.).
3. « afin de le faire plus fort ».
4. « et » (mot supprimé) (R.-M.).
5. « que les beftes mefmes ou ne fentiroient point ou n'endureroient point. — Reueille-Matin : « que les beftes mefmes ne les fouffriroient point ».
7. « fi vous effaiez ».
10. « ni le branfliez ». — Reueille-Matin : « ou esbranliez ».
11. « et » (mot supprimé).
12. Reueille-Matin : « de foy mefme ». — Ici finit le fragment publié dans le Reueille-Matin des François.
16. « de vouloir en cecy confeiller ».
17. « long temps y a ».

25 doute que, fi nous viuions auec les droits que la nature
nous a donné & auec les enfeignemens qu'elle nous
apprend, nous ferions naturellement obeïffans aus
parens, fubiets à la raifon, & ferfs de perfonne. De
l'obeïffance que chacun, fans autre aduertiffement
30 que de fon naturel, porte à fes pere & mere, tous les
hommes f'en font tefmoins, chacun pour foy; de la
raifon, fi elle nait auec nous, ou non, qui eft vne
queftion debattue à fons par les academiques &
touchee par toute l'efcole des philofophes. Pour
35 cefte heure ie ne penferai point faillir en difant cela,
qu'il y a en noftre ame quelque naturelle femence
de raifon, laquelle, entretenue par bon confeil &
couftume, florit en vertu, &, au contraire, fouuent ne
pouuant durer contre les vices furuenus, eftouffee,
40 f'auorte. Mais certes, f'il y a rien de clair ni d'apparent en la nature & où il ne foit pas permis de faire
l'aueugle, c'eft cela que la nature, la miniftre de Dieu,
la gouuernante des hommes, nous a tous faits de
mefme forme &, comme il femble, à mefme moule,
45 afin de nous entreconnoiftre tous pour compaignons
ou pluftoft pour freres; & fi, faifant les partages
des prefens qu'elle nous faifoit, elle a fait quelque
auantage de fon bien, foit au corps ou en l'efprit, aus

VARIANTES

18. « cela feul monftre affez ».
24. « hors de notre doute ».
25. « auec les droits que Nature nous a donnes & les enfeignemens qu'elle nous apprend ».
31. « tous les hommes en font tefmoins, chacun en foy & pour foy ».
33. « debattue au fond ».
35. « en croyant cela ».
37. « qui, entretenue par bon confeil ».
40. « & d'apparent en la nature & en quoy ».
42. « que Nature, le miniftre de Dieu & la gouuernante des hommes ».
47. « qu'elle nous donnoit ».

vns plus qu'aus autres, ſi n'a elle pourtant entendu
nous mettre en ce monde comme dans vn camp clos,
& n'a pas enuoié icy bas les plus forts ny les plus
auiſez, comme des brigans armes dans vne foreſt,
pour y gourmander les plus foibles; mais pluſtoſt
faut il croire que, faiſant ainſi les parts aus vns plus
grandes, aus autres plus petites, elle vouloit faire
place à la fraternelle affection, afin qu'elle eut où
s'employer, aians les vns puiſſance de donner aide,
les autres beſoin d'en receuoir. Puis doncques que
ceſte bonne mere nous a donné à tous toute la terre
pour demeure, nous a tous loges aucunement en
meſme maiſon, nous a tous figures à meſme patron,
afin que chacun ſe peuſt mirer & quaſi reconnoiſtre
l'vn dans l'autre; ſi elle nous a donné à tous ce
grand preſent de la voix & de la parolle pour nous
accointer & fraterniſer dauantage, & faire, par la
commune & mutuelle declaration de nos penſees,
vne communion de nos volontes; & ſi elle a taſché
par tous moiens de ſerrer & eſtreindre ſi fort le nœud
de noſtre alliance & ſocieté; ſi elle a monſtré, en
toutes choſes, qu'elle ne vouloit pas tant nous faire
tous vnis que tous vns, il ne faut pas faire doute
que nous ne ſoions tous naturellement libres, puis
que nous ſommes tous compaignons, & ne peut
tomber en l'entendement de perſonne que nature ait

### VARIANTES

6. « aux vns les parts plus grandes ».
10. « & les autres ».
13. « en vne meſme maiſon ».
13. « en meſme paſte ».
15. « ſi elle nous a, tous en commun, donné ».
20. « plus fort ».
22. « qu'elle ne vouloit tant ».
24. « que nous ſoions ».

mis aucun en feruitude, nous aiant tous mis en
compaignie.

Mais, à la verité, c'eft bien pour neant de debattre
30 fi la liberté eft naturelle, puis qu'on ne peut tenir
aucun en feruitude fans lui faire tort, & qu'il n'i a
rien fi contraire au monde à la nature, eftant toute
raifonnable, que l'iniure. Refte doncques la liberté
eftre naturelle, & par mefme moien, à mon aduis,
35 que nous ne fommes pas nez feulement en poffeffion
de noftre franchife, mais auffi auec affection de la
deffendre. Or, fi d'auenture nous faifons quelque doute
en cela, & fommes tant abaftardis que ne puiffions
reconnoiftre nos biens ni femblablement nos naïfues
40 affections, il faudra que ie vous face l'honneur qui
vous appartient, & que ie monte, par maniere de
dire, les beftes brutes en chaire, pour vous enfeigner
voftre nature & condition. Les beftes, ce maid' Dieu!
fi les hommes ne font trop les fourds, leur crient :
45 VIVE LIBERTÉ! Plufieurs en y a d'entre elles qui meurent auffy toft qu'elles font prifes : comme le poiffon
quitte la vie auffy toft que l'eaue, pareillement celles
là quittent la lumiere & ne veulent point furuiure à
leur naturelle franchife. Si les animaus auoient entre
50 eulx quelques preeminences, ils feroient de celles là
leur nobleffe. Les autres, des plus grandes iufques
aus plus petites, lors qu'on les prend, font fi grand'

### VARIANTES

31. « qu'il n'y a rien au monde fi
contraire à la Nature ».

33. « Refte donc de dire que la
liberté eft naturelle ».

35. « pas feulement naiz ».

45. « y en a ».
46. « fi toft ».
47. « qui perd la vie ».
49. « Si les animaus auoyent
entre eux leurs rangs & preemi-

resiſtence d'ongles, de cornes, de bec & de pieds,
qu'elles declarent aſſes combien elles tiennent cher
ce qu'elles perdent; puis, eſtans priſes, elles nous
donnent tant de ſignes apparens de la congnoiſſance
qu'elles ont de leur malheur, qu'il eſt bel à voir que
dores en là ce leur eſt plus languir que viure, &
qu'elles continuent leur vie plus pour plaindre leur
aiſe perdu que pour ſe plaire en ſeruitude. Que veut
dire autre choſe l'elephant qui, ſ'eſtant defendu
iuſques à n'en pouuoir plus, n'i voiant plus d'ordre,
eſtant ſur le point d'eſtre pris, il enfonce ſes machoires
& caſſe ſes dents contre les arbres, ſinon que le grand
deſir qu'il a de demourer libre, ainſi qu'il eſt, luy fait
de l'eſprit & l'aduiſe de marchander auec les chaſſeurs
ſi, pour le pris de ſes dens, il en ſera quitte, & ſ'il
fera receu à bailler ſon iuoire & paier ceſte rançon
pour ſa liberté? Nous apaſtons le cheual deſlors qu'il
eſt né pour l'appriuoiſer à ſeruir; & ſi ne le ſçauons
nous ſi bien flatter que, quand ce vient à le domter,
il ne morde le frein, qu'il ne rue contre l'eſperon,
comme (ce ſemble) pour monſtrer à la nature &
teſmoigner au moins par là que, ſ'il ſert, ce n'eſt
pas de ſon gré, ains par noſtre contrainte. Que faut
il donc dire?

*Meſmes les bœufs ſoubs le pois du ioug geignent,*
*Et les oiſeaus dans la caige ſe pleignent,*

### VARIANTES

nences, ils feroyent (à mon aduis)
de liberté leur nobleſſe ».
1. « de pieds, de bec ».
2. « combien tiennent ».
17. « comme il eſt nay ».

19. « tant flatter ».
23. « mais par noſtre contrainte ».
25. « ſous les pieds ».
27. « i'ay dit ailleurs, paſſant ».
29. « deſquels ie ne lis ».

comme i'ai dit autresfois, paſſant le temps à nos
rimes françoiſes : car ie ne craindray point, eſcriuant
à toi, ô Longa, meſler de mes vers, deſquels ie ne te
lis iamais que, pour le ſemblant que tu fais de t'en
contenter, tu ne m'en faces tout glorieus. Ainſi donc,
puiſque toutes choſes qui ont ſentiment, deſlors
qu'elles l'ont, ſentent le mal de la ſuietion & courent
apres la liberté ; puiſque les beſtes, qui ancore ſont
faites pour le ſeruice de l'homme, ne ſe peuuent
accouſtumer à ſeruir qu'auec proteſtation d'vn deſir
contraire, quel mal encontre a eſté cela qui a peu
tant denaturer l'homme, ſeul né, de vrai, pour viure
franchement, & lui faire perdre la ſouuenance de ſon
premier eſtre & le deſir de le reprendre ?

Il y a trois ſortes de tirans : les vns ont le roiaume
par election du peuple, les autres par la force des
armes, les autres par ſucceſſion de leur race. Ceus
qui les ont acquis par le droit de la guerre, ils ſ'y
portent ainſi qu'on connoit bien qu'ils ſont (comme
l'on dit) en terre de conqueſte. Ceus là qui naiſſent
rois ne ſont pas communement gueres meilleurs, ains
eſtans nes & nourris dans le ſein de la tirannie, tirent
auec le lait la nature du tiran, & font eſtat des peuples
qui ſont ſoubs eus comme de leurs ſerfs hereditaires ;
&, ſelon la complexion à laquelle ils ſont plus enclins,
auares ou prodigues, tels qu'ils ſont, ils font du

### VARIANTES

31. « tu ne m'en faces glorieus ».
39. « de luy faire perdre ».
41. « Il y a trois ſortes de tirans, ie parle des meſchans princes : les vns ».
42. « l'election ».
46. « Ceux qui naiſſent rois ».
48. « dans le ſang ».
51. « en laquelle ils ſont plus enclins ».

royaume comme de leur heritage. Celui à qui le
peuple a donné l'eſtat deuroit eſtre, ce me ſemble,
plus ſupportable, & le feroit, comme ie croy, n'eſtoit
que deſlors qu'il ſe voit eſleué par deſſus les autres,
flatté par ie ne ſçay quoy qu'on appelle la grandeur,
il delibere de n'en bouger point : communement celui
là fait eſtat de rendre à ſes enfans la puiſſance que le
peuple lui a baillé ; & deſlors que ceus là ont pris ceſte
opinion, c'eſt choſe eſtrange de combien ils paſſent,
en toutes ſortes de vices & meſmes en la cruauté, les
autres tirans, ne voians autre moien pour aſſeurer la
nouuelle tirannie que d'eſtreindre ſi fort la ſeruitude
& eſtranger tant leurs ſubiects de la liberté, qu'ancore
que la memoire en ſoit freſche, ils la leur puiſſent faire
perdre. Ainſi, pour en dire la verité, ie voi bien qu'il
y a entr'eus quelque difference, mais de chois, ie n'i
en vois point ; & eſtant les moiens de venir aus regnes
diuers, touſiours la façon de regner eſt quaſi ſem-
blable : les eſleus, comme s'ils auoient pris des toreaus
à domter, ainſi les traictent ils ; les conquerans en
font comme de leur proie ; les ſucceſſeurs penſent
d'en faire ainſi que de leurs naturels eſclaues.

Mais à propos, ſi d'auanture il naiſſoit auiourd'huy
quelques gens tous neufs, ni accouſtumes à la ſubiec-

### VARIANTES

4. « eſleué par deſſus les autres en ce lieu ».

6. « communement celui là fait eſtat de la puiſſance que le peuple luy a baillee, de la rendre à ſes enfans ».

8. « or, deſlors ».

11. « ils ne voyent ».

12. « que d'eſtendre fort la ſeruitude, & eſtranger tant les ſuiets de la liberté, encore que la memoire en ſoit ».

17. « n'en vois point ».

20. « les traiſtent ainſi ».

21. « les conquerans penſent en auoir droit, comme de leur proye ;

tion, ni affriandes à la liberté, & qu'ils ne fçeuffent
que c'eft ni de l'vn ni de l'autre, ni à grand' peine
des noms; fi on leur prefentoit ou d'eftre ferfs, ou
viure francs, felon les loix defquelles ils ne f'accor-
deroient : il ne faut pas faire doute qu'ils n'aimaffent
trop mieulx obeïr à la raifon feulement que feruir à
vn homme ; finon poffible que ce fuffent ceux d'Ifraël,
qui, fans contrainte ni aucun befoin, fe firent vn
tiran : duquel peuple ie ne lis iamais l'hiftoire que ie
n'en aye trop grand defpit, & quafi iufques à en
deuenir inhumain pour me refiouïr de tant de maus
qui lui en aduindrent. Mais certes tous les hommes,
tant qu'ils ont quelque chofe d'homme, deuant qu'ils
fe laiffent affuietir, il faut l'vn des deus, qu'ils foient
contrains ou deceus : contrains par les armes eftrangeres, comme Sparthe ou Athenes par les forces
d'Alexandre, ou par les factions, ainfi que la feigneurie
d'Athenes eftoit deuant venue entre les mains de
Pififtrat. Par tromperie perdent ils fouuent la liberté,
&, en ce, ils ne font pas fi fouuent feduits par autrui
comme ils font trompes par eus mefmes : ainfi le
peuple de Siracufe, la maiftreffe ville de Sicile (on me
dit qu'elle f'appelle auiourd'hui Sarragouffe), eftant
preffé par les guerres, inconfiderement ne mettant

### VARIANTES

les fucceffeurs, d'en faire ainfi que de leurs naturels efclaues ».

24. « non accouftumes ».

27. « ou d'eftre fuiects, ou viure en liberté, à quoy f'accorderoyent ils ? »

29. « pas faire difficulté ».

30. « feulement à la raifon ».

32. « ny fans aucun befoin ».

34. « quafi iufques à deuenir inhumain ».

36. « qui leur en aduindrent ».

38. « ou qu'ils foient ».

40. « Sparthe & Athenes ».

46. « de Sicile, qui f'appelle auiourd'huy Saragoffe ».

ordre qu'au danger prefent, efleua Denis, le premier tiran, & lui donna la charge de la conduite de l'armee, & ne fe donna garde qu'il l'eut fait fi grand que cefte bonne piece là, reuenant victorieus, comme f'il n'euft pas vaincu fes ennemis mais fes citoiens, fe feit de cappitaine roy, & de roy tiran. Il n'eft pas croiable comme le peuple, deflors qu'il eft affuietti, tombe fi foudain en vn tel & fi profond oubly de la franchife, qu'il n'eft pas poffible qu'il fe refueille pour la rauoir, feruant fi franchement & tant volontiers qu'on diroit, à le voir, qu'il a non pas perdu fa liberté, mais gaigné fa feruitude. Il eft vrai qu'au commencement on fert contraint & vaincu par la force ; mais ceus qui viennent apres feruent fans regret & font volontiers ce que leurs deuanciers auoient fait par contrainte. C'eft cela, que les hommes naiffans foubs le ioug, & puis nourris & efleues dans le feruage, fans regarder plus auant, fe contentent de viure comme ils font nes, & ne penfans point auoir autre bien ni autre droict que ce qu'ils ont trouué, ils prennent pour leur naturel l'eftat de leur naiffance. Et toutesfois il n'eft point d'heritier fi prodigue & nonchalant que quelque fois ne paffe les yeulx fur les regiftres de fon pere, pour voir f'il iouïft de tous les droicts de fa fucceffion, ou fi l'on a rien entrepris fur lui ou fon predeceffeur.

### VARIANTES

1. « qu'au danger efleua Denis le premier, & lui donna ».
3. « qu'elle l'eut fait fi grand ».
7. « tombe foudain ».
9 « qu'il f'efueille ».
11. « non pas perdu fa liberté, mais fa feruitude ».
13. « mais ceux qui viennent apres, n'ayans iamais veu la liberté & ne fachans que c'eft, feruent fans regret ».
16. « naiffent foubs le ioug ».
18. « fe contentent de viure ».
19. « d'autre droit ny autre bien ».

Mais certes la couftume, qui a en toutes chofes grand pouuoir fur nous, n'a en aucun endroit fi grand' vertu qu'en cecy, de nous enfeigner à feruir &, comme l'on dit de Mitridat qui fe fit ordinaire à boire le poifon, pour nous apprendre à aualer & ne trouuer point amer le venin de la feruitude. L'on ne peut pas nier que la nature n'ait en nous bonne part, pour nous tirer là où elle veut & nous faire dire bien ou mal nez; mais fi faut il confeffer qu'elle a en nous moins de pouuoir que la couftume : pource que le naturel, pour bon qu'il foit, fe perd ſ'il n'eſt entretenu ; & la nourriture nous fait toufiours de fa façon, comment que ce foit, maugré la nature. Les femences de bien que la nature met en nous font fi menues & gliffantes qu'elles ne peuuent endurer le moindre heurt de la nourriture contraire ; elles ne ſ'entretiennent pas fi aifement comme elles ſ'abatardiffent, fe fondent & viennent à rien : ne plus ne moins que les arbres fruictiers, qui ont bien tous quelque naturel à part, lequel ils gardent bien fi on les laiffe venir, mais ils le laiffent auffi toft pour porter d'autres fruicts eftrangiers & non les leurs, felon qu'on les ente. Les herbes ont chacune leur proprieté, leur naturel & fingularité; mais toutesfois le gel, le temps, le terroir ou la main du iardinier y adiouftent ou diminuent beaucoup de

### VARIANTES

20. « leur nature ».
22 « qui ».
23. « dans fes regiftres pour entendre ſ'il iouiſt ».
29. « que Mitridat ».
30. « pas amer ».
33. « ou bien ou mal nez ».

40. « qu'elles n'endurent pas ».
41. « elles ne ſ'entretiennent pas plus aifement, qu'elles ſ'abaftardiffent, fe fondent & viennent en rien ».
43. « que les fruictiers ».
46. « pour ports d'autres fruicts ».
50. « ou adiouftent ».

leur vertu : la plante qu'on a veu en vn endroit, on
eſt ailleurs empeſché de la reconnoiſtre. Qui verroit
les Venitiens, vne poignee de gens viuans ſi libre-
ment, que le plus meſchant d'entr'eulx ne voudroit
pas eſtre le roy de tous, ainſi nes & nourris qu'ils
ne reconnoiſſent point d'autre ambition ſinon à qui
mieulx aduiſera & plus ſoigneuſement prendra garde
à entretenir la liberté, ainſi appris & faits des le
berceau qu'ils ne prendroient point tout le reſte des
felicites de la terre pour perdre le moindre point de
leur franchiſe; qui aura veu, dis-ie, ces perſonnages
là, & au partir de là ſ'en ira aus terres de celui que
nous appellons Grand Seigneur, voiant là les gens
qui ne veulent eſtre nez que pour le ſeruir, & qui
pour maintenir ſa puiſſance abandonnent leur vie,
penſeroit il que ceus là & les autres euſſent vn meſme
naturel, ou pluſtoſt ſ'il n'eſtimeroit pas que, ſortant
d'vne cité d'hommes, il eſtoit entré dans vn parc de
beſtes? Licurge, le policeur de Sparte, auoit nourri,
ce dit on, deux chiens, tous deux freres, tous deux
allaites de meſme laict, l'vn engraiſſé en la cuiſine,
l'autre accouſtumé par les champs au ſon de la trompe
& du huchet, voulant monſtrer au peuple lacedemo-

---

VARIANTES

5. « pas eſtre Roy & tout ainſi ».
6. « connoiſſent ».
7. « à qui mieux aduiſera à ſoigneuſement entretenir leur liberté ».
8. « dans le berceau, ils ne prendroient point ».
13. « le Grand Seigneur ».
14. « des gens qui ne peuuent eſtre nez que pour le ſeruir & qui pour le maintenir abandonnent leur vie ; penſeroit il que les autres & ceux là euſſent meſme naturel ».
18. « il eſt entré ».
19. « ayant nourry ».
21. « à la cuiſine ».
24. « leur nourriture ».
27. « ce dit il ».
30. « euſt eu plus cher ».

nien que les hommes font tels que la nourriture les
fait, mit les deus chiens en plain marché, & entr'eus
vne foupe & vn lieure : l'vn courut au plat & l'autre
au lieure. Toutesfois, dit-il, fi font ils freres. Donc
ques celui là, auec fes loix & fa police, nourrit & feit
fi bien les Lacedemoniens, que chacun d'eux eut plus
cher de mourir de mille morts que de reconnoiftre
autre feigneur que la loy & la raifon.

Ie prens plaifir de ramenteuoir vn propos que tindrent iadis vn des fauoris de Xerxes, le grand roy des Perfans, & deux Lacedemoniens. Quand Xerxe faifoit les appareils de fa grande armee pour conquerir la Grece, il enuoia fes ambaffadeurs par les cites gregeoifes demander de l'eau & de la terre : c'eftoit la façon que les Perfans auoient de fommer les villes de fe rendre à eus. A Athenes ni à Sparte n'enuoia il point, pource que ceus que Daire, fon pere, y auoit enuoié, les Atheniens & les Spartains en auoient ietté les vns dedans les foffes, les autres dans les puits, leur difants qu'ils prinfent hardiment de là de l'eaue & de la terre pour porter à leur prince : ces gens ne pouuoient foufrir que, de la moindre parole feulement, on touchaft à leur liberté. Pour en auoir

VARIANTES

31. « la Loy & le Roy ».
33. « iadis les fauoris ».
34. « de Perfe, touchant les Spartiates ».
35. « fes appareils de grande armee ».
38. « les Perfes ».
39. « de fommer les villes. A Sparthe ny à Athenes ».

40. « de ceux que Daire y auoit enuoié pour faire pareille demande ».
41. « les Spartiates & les Atheniens ».
42. « dans les foffes, les autres ils auoyent fait fauter dedans vn puits ».
43. « qu'ils priffent là hardiment de l'eau & de la terre ».

4

ainſi vſé, les Spartains congneurent qu'ils auoient encouru la haine des dieus, meſme de Talthybie, le dieu des herauds : ils f'aduiſerent d'enuoyer à Xerxe, pour les appaiſer, deus de leurs citoiens, pour ſe preſenter à lui, qu'il feit d'eulx à ſa guiſe, & ſe paiat 5 de là pour les ambaſſadeurs qu'ils auoient tué à ſon pere. Deux Spartains, l'vn nommé Sperte & l'autre Bulis, ſ'offrirent de leur gré pour aller faire ce paiement. De fait ils y allerent, & en chemin ils arriuerent au palais d'vn Perſan qu'on nommoit Indarne, qui 10 eſtoit lieutenant du roy en toutes les villes d'Aſie qui ſont ſur les coſtes de la mer. Il les recueillit fort honnorablement & leur fit grand chere &, apres pluſieurs propos tombans de l'vn en l'autre, il leur demanda pourquoy ils refuſoient tant l'amitié du 15 roy. Voies, dit il, Spartains, & connoiſſes par moy comment le roy ſçait honorer ceulx qui le valent, & penſes que ſi vous eſtiez à lui, il vous feroit de meſme : ſi vous eſties à lui & qu'il vous euſt connu, il n'i a celui d'entre vous qui ne fut ſeigneur d'vne ville de 20 Grece. — En cecy, Indarne, tu ne nous ſçaurois donner bon conſeil, dirent les Lacedemoniens, pource que le bien que tu nous promets, tu l'as eſſaié, mais celui dont nous iouiſſons, tu ne ſçais que c'eſt : tu as

VARIANTES

1. « les Spartiates ».
2. « la haine des dieux meſmes, ſpecialement de Thaltibie, dieu des herauts ».
7. « Deux Spartiates, l'vn nommé Specte ».
9. « faire ce paiement. Ils y allerent ».
10. « d'vn Perſe qu'on appeloit Gidarne ».
12. « ſur la coſte ».
13. « fort honorablement, & apres pluſieurs propos ».
16. « Croyez, dit il, Spartiates ».
21. « Gidarne ».
27. « Or, ſi tu en auois taſté

esprouué la faueur du roy; mais de la liberté, quel goust elle a, combien elle est douce, tu n'en sçais rien. Or, si tu en auois tasté, toymesme nous conseillerois de la defendre, non pas auec la lance & l'escu, mais auec les dens & les ongles. Le seul Spartain disoit ce qu'il falloit dire, mais certes & l'vn & l'autre parloit comme il auoit esté nourry; car il ne se pouuoit faire que le Persan eut regret à la liberté, ne l'aiant iamais eue, ni que le Lacedemonien endurast la suietion, aiant gousté de la franchise.

Caton l'Vtiquain, estant ancore enfant & sous la verge, alloit & venoit souuent ches Sylla le dictateur, tant pource qu'à raison du lieu & maison dont il estoit, on ne lui refusoit iamais la porte, qu'aussi ils estoient proches parens. Il auoit tousiours son maistre quand il y alloit, comme ont accoustumé les enfans de bonne maison. Il s'apperceut que, dans l'hostel de Sylla, en sa presence ou par son commandement, on emprisonnoit les vns, on condamnoit les autres; l'vn estoit banni, l'autre estranglé; l'vn demandoit la confiscation d'vn citoien, l'autre la teste : en somme, tout y alloit non comme ches vn officier de ville, mais comme ches vn tiran de peuple, & c'estoit non pas vn parquet de iustice, mais vn ouuroir de tirannie. Si dit lors à son

### VARIANTES

toy mesme, tu nous conseillerois ».
29. « Le seul Spartiate ».
30. « mais certes l'vn & l'autre disoient, comme ils auoient esté nourris ».
32. « le Perse ».
34. « gousté la franchise ».
35. « l'Vtican ».
38. « on ne luy fermoit iamais les portes ».
40. « comme auoyent accoustumé les enfans de bonne part ».
44. « le confisque ».
46. « de la ville ».
47. « du peuple ».
48. « vne tauerne de tirannie ».

maiſtre ce ieune gars : Que ne me donnes vous vn
poignard ? Ie le cacherai ſous ma robe : ie entre
ſouuent dans la chambre de Sylla auant qu'il ſoit
leué, i'ay le bras aſſes fort pour en deſpeſcher la ville.
Voilà certes vne parolle vraiement appartenante à
Caton : c'eſtoit vn commencement de ce perſonnage,
digne de ſa mort. Et neantmoins qu'on ne die ni ſon
nom ni ſon pais, qu'on conte ſeulement le fait tel
qu'il eſt, la choſe meſme parlera & iugera l'on, à belle
auenture, qu'il eſtoit Romain & né dedans Romme,
& lors qu'elle eſtoit libre. A quel propos tout ceci ?
Non pas certes que i'eſtime que le pais ni le terroir
y facent rien, car en toutes contrees, en tout air, eſt
amere la ſuietion & plaiſant d'eſtre libre ; mais par ce
que ie ſuis d'aduis qu'on ait pitié de ceux qui, en
naiſſant, ſe ſont trouues le ioug au col, ou bien que
on les excuſe, ou bien qu'on leur pardonne, ſi, n'aians
veu ſeulement l'ombre de la liberté & n'en eſtant point
auertis, ils ne ſ'apperçoiuent point du mal que ce leur
eſt d'eſtre eſclaues. S'il y auoit quelque païs, comme
dit Homere des Cimmeriens, où le ſoleil ſe monſtre
autrement qu'à nous, & apres leur auoir eſclairé ſix
mois continuels, il les laiſſe ſommeillans dans l'obſ-
curité ſans les venir reuoir de l'autre demie annee,
ceux qui naiſtroient pendant ceſte longue nuit, ſ'ils

### VARIANTES

1. « ce noble enfant dit à ſon maiſtre »
5. « Voyla vrayement vne parole appartenante à Caton ».
10. « dedans Rome, mais dans la vraye Rome, & lorſqu'elle eſtoit libre ».
13. « y parfacent rien ».
14. « eſt contraire la ſuietion ».
18. « n'ayans iamais veu ».
20. « S'il y a ».
24. « ſans les venir receuoir ».
26. « ſ'ils n'auoient ouï parler ».
30. « ſinon apres le plaiſir, &

n'auoient pas oui parler de la clarté, s'esbaïroit on
fi, n'aians point veu de iours, ils s'accouftumoient
aus tenebres où ils font nez, fans defirer la lumiere?
On ne plaint iamais ce que l'on n'a iamais eu, & le
30 regret ne vient point finon qu'apres le plaifir, & toufiours eft, auec la congnoiffance du mal, la fouuenance
de la ioie paffee. La nature de l'homme eft bien d'eftre
franc & de le vouloir eftre, mais auffi fa nature eft telle
que naturellement il tient le pli que la nourriture lui
35 donne.

Difons donc ainfi, qu'à l'homme toutes chofes lui
font comme naturelles, à quoy il fe nourrit & accouftume; mais cela feulement lui eft naïf, à quoi fa nature
fimple & non alteree l'appelle : ainfi la premiere
40 raifon de la feruitude volontaire, c'eft la couftume :
comme des plus braues courtaus, qui au commencement mordent le frein & puis s'en iouent, & là où n'a
gueres ruoient contre la felle, ils fe parent maintenant
dans les harnois & tous fiers fe gorgiafent foubs la
45 barde. Ils difent qu'ils ont efté toufiours fubiects, que
leurs peres ont ainfi vefcu; ils penfent qu'ils font
tenus d'endurer le mal & fe font acroire par exemples,
& fondent eus mefmes foubs la longueur du tems la
poffeffion de ceux qui les tirannifent; mais, pour vrai,
50 les ans ne donnent iamais droit de mal faire, ains

VARIANTES

toufiours eft auec la cognoiffance du
bien, le fouuenir de la ioie paffee ».
 32. « Le naturel ».
37. « lui font naturelles ».
38. « mais feulement ce luy ».
42. « & puis apres ».

43. « ils ruoient ».
43. « ils fe portent maintenant ».
47. « d'endurer le mors & fe le font
acroire par exemples ; & fondent eus
mefmes fur la longueur la poffeffion
de ceux qui les tyrannifent ».

agrandiffent l'iniure. Toufiours f'en trouue il quelques
vns, mieulx nes que les autres, qui fentent le pois
du ioug & ne fé peuuent tenir de le fecouer; qui ne
f'appriuoifent iamais de la fubietion, & qui toufiours,
comme Vliffe, qui par mer & par terre cherchoit
toufiours de voir de la fumee de fa cafe, ne fe peuuent
tenir d'auifer à leurs naturels priuileges & de fe fouuenir de leurs predeceffeurs & de leur premier eftre;
ce font volontiers ceus là qui, aians l'entendement net
& l'efprit clairuoiant, ne fe contentent pas, comme
le gros populas, de regarder ce qui eft deuant leurs
pieds f'ils n'aduifent & derriere & deuant & ne reme-
morent ancore les chofes paffees pour iuger de celles
du temps aduenir & pour mefurer les prefentes; ce
font ceus qui, aians la tefte d'eus mefmes bien faite,
l'ont ancore polie par l'eftude & le fçauoir. Ceus là,
quand la liberté feroit entierement perdue & toute
hors du monde, l'imaginent & la fentent en leur
efprit, & ancore la fauourent, & la feruitude ne leur
eft de gouft, pour tant bien qu'on l'accouftre.

Le grand Turc f'eft bien auifé de cela, que les liures
& la doctrine donnent, plus que toute autre chofe,
aus hommes le fens & l'entendement de fe reconnoiftre & d'haïr la tirannie; i'entens qu'il n'a en fes

VARIANTES

1. « Toufiours en demeure il ».
3. « & ne peuuent tenir de le crouller ».
5. « cerchoit de voir la fumee de fa cafe ».
6. « ne fe fçauent garder d'ad-uifer ».
8. « des predeceffeurs ».

12. « & ne rameinent ancore ».
18. « l'imaginant & la fentant en leur efprit, & ancores la fauou-rant, la feruitude ne leur eft iamais de gouft pour fi bien qu'on l'ac-couftre ».
23. « le fens de fe reconnoif-tre ».

terres gueres de gens fçauans ni n'en demande. Or, communement, le bon zele & affection de ceux qui ont gardé maugré le temps la deuotion à la franchife, pour fi grand nombre qu'il y en ait, demeure fans effect pour ne f'entrecongnoiftre point : la liberté leur eft toute oftee, fous le tiran, de faire, de parler & quafi de penfer ; ils deuiennent tous finguliers en leurs fantafies. Doncques Mome, le Dieu moqueur, ne fe moqua pas trop quand il trouua cela à redire en l'homme que Vulcan auoit fait, dequoi il ne lui auoit mis vne petite feneftre au cœur, afin que par là on peut voir fes penfees. L'on voulfift bien dire que Brute, Caffe & Cafque, lors qu'ils entreprindrent la deliurance de Romme, ou pluftoft de tout le monde, ne voulurent pas que Ciceron, ce grand zelateur du bien public f'il en fut iamais, fuft de la partie, & eftimerent fon cœur trop foible pour vn fait fi haut : ils fe fioient bien de fa volonté, mais ils ne f'affeuroient point de fon courage. Et toutesfois, qui voudra difcourir les faits du temps paffé & les annales anciennes, il f'en trouuera peu ou point de ceus qui, voians leur païs mal mené & en mauuaifes mains, aient entrepris d'vne intention bonne, entiere & non feinte, de le deliurer, qui n'en foient venus à bout, & que la liberté, pour

VARIANTES

25. « gueres de plus fçauans qu'il n'en demande ».
28. « en demeure fans effect ».
30. « de faire & de parler ».
31. « ils demeurent tous finguliers ».
32. « Et pourtant Momus ne fe mocqua pas trop ».

36. « L'on a voulu dire ».
37. « & Caffe, lors qu'ils firent l'entreprife de la deliurance ».
39. « ne voulurent point que Ciceron ».
46. « ayant entrepris d'vne bonne intention de le deliurer, qu'ils n'en foient venus à bout ».

se faire paroiſtre, ne ſe ſoit elle meſme fait eſpaule. Harmode, Ariſtogiton, Thraſybule, Brute le vieus, Valere & Dion, comme ils l'ont vertueuſement penſé, l'executerent heureuſement : en tel cas, quaſi iamais à bon vouloir ne defaut la fortune. Brute le ieune & Caſſe oſterent bien heureuſement la ſeruitude, mais en ramenant la liberté ils moururent : non pas miſerablement (car quel blaſphesme ſeroit ce de dire qu'il y ait eu rien de miſerable en ces gens là, ni en leur mort ni en leur vie?), mais certes au grand dommage, perpetuel malheur & entiere ruine de la republicque, laquelle fut, comme il ſemble, enterree auec eus. Les autres entrepriſes qui ont eſté faites depuis contre les empereurs romains n'eſtoient que coniurations de gens ambitieus, leſquels ne ſont pas à plaindre des inconueniens qui leur en ſont aduenus, eſtant bel à voir qu'ils deſiroient, non pas oſter, mais remuer la couronne, pretendans chaſſer le tiran & retenir la tirannie. A ceux cy ie ne voudrois pas moymeſme qu'il leur en fut bien ſuccedé, & ſuis content qu'ils aient monſtré, par leur exemple, qu'il ne faut pas abuſer du ſaint nom de liberté pour faire mauuaiſe entrepriſe.

Mais pour reuenir à notre propos, duquel ie m'eſtois

### VARIANTES

1. « apparoiſtre ».
3. « comme ils ont ».
8. « quel blaſme ſeroit-ce ».
9. « rien eu de miſerable ».
12. « laquelle certes fut, comme il me ſemble ».
13. « contre les autres empereurs ».
14. « que des coniurations ».
16. « qui leur ſont ».
17. « non pas d'oſter, mais de ruiner la couronne ».
19. « A ceux là ie ne voudroy pas meſme ».
22. « abuſer du ſaint nom de la liberté ».

25 quasi perdu, la premiere raison pourquoy les hommes
seruent volontiers est pource qu'ils naissent serfs &
sont nourris tels. De ceste cy en vient vn'autre,
qu'aisement les gens deuiennent, soubs les tirans,
lasches & effemines : dont ie sçay merueilleusement
30 bon gré à Hyppocras, le grand pere de la medecine,
qui s'en est pris garde, & l'a ainsi dit en l'vn de
ses liures qu'il institue Des maladies. Ce personnage
auoit certes en tout le cœur en bon lieu, & le monstra
bien lors que le Grand Roy le voulut attirer pres de
35 lui à force d'offres & grands presens, il luy respondit
franchement qu'il feroit grand conscience de se mesler
de guerir les Barbares qui vouloient tuer les Grecs,
& de bien seruir par son art à lui qui entreprenoit
d'asseruir la Grece. La lettre qu'il lui enuoia se void
40 ancore auiourd'hui parmi ses autres œuures, &
tesmoignera pour iamais de son bon cœur & de sa
noble nature. Or, est il doncques certein qu'auec la
liberté se perd tout en vn coup la vaillance. Les
gens subiects n'ont point d'allegresse au combat ni
45 d'aspreté : ils vont au danger quasi comme attaches
& tous engourdis, par maniere d'acquit, & ne sentent
point bouillir dans leur cœur l'ardeur de la franchise
qui fait mespriser le peril & donne enuie d'achapter,

VARIANTES

24. « à mon propos, lequel i'auois quasi perdu ».
26. « est ce qu'ils naissent serfs ».
30. « Hippocrates ».
32. « qu'il intitule ».
33. « auoit certes le cœur ».
34. « bien alors ».
35. « & luy respondit ».

38. « & de rien seruir ».
42. « Or, il est donc certain qu'auec la liberté tout à vn coup se perd la vaillance ».
45. « au danger comme attaches ».
46. « & par maniere d'acquit ».
47. « dans le cœur ».

par vne belle mort entre ſes compagnons, l'honneur
& la gloire. Entre les gens libres, c'eſt à l'enui à qui
mieulx mieux, chacun pour le bien commun, chacun
pour ſoi, ils ſ'attendent d'auoir tous leur part au mal
de la defaite ou au bien de la victoire; mais les gens
aſſeruis, outre ce courage guerrier, ils perdent auſſi en
toutes autres choſes la viuacité, & ont le cœur bas &
mol & incapable de toutes choſes grandes. Les tirans
connoiſſent bien cela, &, voians qu'ils prennent ce
pli, pour les faire mieulx auachir, ancore ils aident ils.

Xenophon, hiſtorien graue & du premier rang entre
les Grecs, a fait vn liure auquel il fait parler Simonide
avec Hieron, tiran de Syracuſe, des miſeres du tiran.
Ce liure eſt plein de bonnes & graues remonſtrances,
& qui ont auſſi bonne grace, à mon aduis, qu'il eſt
poſſible. Que pleuſt à Dieu que les tirans qui ont
iamais eſté l'euſſent mis deuant les yeux & ſ'en fuſſent
ſeruis de miroir! Ie ne puis pas croire qu'ils n'euſſent
reconnu leurs verrues & eu quelque honte de leurs
taches. En ce traité il conte la peine en quoy ſont
les tirans, qui ſont contrains, faiſans mal à tous, ſe
craindre de tous. Entre autres choſes, il dit cela, que
les mauuais rois ſe ſeruent d'eſtrangers à la guerre
& les ſouldoient, ne ſ'oſans fier de mettre à leurs
gens, à qui ils ont fait tort, les armes en main. (Il y
a bien eu de bons rois qui ont eu à leur ſoulde des

---

VARIANTES

1. « l'honneur de la gloire ».
4. « là où ils ſ'attendent d'auoir toute leur part ».
5. « les gens aſſuiettis ».
6. « ils perdent encore ».
8. « & ſont incapables ».
10. « encore leur y aident ils ».
12. « vn liuret ».
13. « le Roy de Syracuſe ».
16. « que tous les tirans ».

nations eftrangeres, comme des François mefmes, &
plus ancore d'autrefois qu'auiourd'huy, mais à vne
autre intention, pour garder les leurs, n'eftimant rien
30 le dommage de l'argent pour efpargner les hommes.
C'eft ce que difoit Scipion, ce croi ie, le grand Afri-
quain, qu'il aimeroit mieux auoir fauué vn citoien
que defait cent ennemis.) Mais, certes, cela eft bien
affeuré, que le tiran ne penfe iamais que fa puiffance
35 lui foit affeuree, finon quand il eft venu à ce point
qu'il n'a fous lui homme qui vaille : donques à bon
droit lui dira on cela, que Thrafon en Terence fe
vante auoir reproché au maiftre des elephans :

*Pour cela fi braue vous eftes*
40 *Que vous aues charge des beftes.*

Mais cefte rufe de tirans d'abeftir leurs fubiects ne
fe peut pas congnoiftre plus clairement que par ce
que Cyrus fit enuers les Lydiens, apres qu'il fe fut
45 emparé de Sardis, la maiftreffe ville de Lydie, & qu'il
euft pris à merci Crefus, ce tant riche roy, & l'eut
amené quand & foy : on lui apporta nouuelles que
les Sardains f'eftoient reuoltes; il les eut bien toft
reduit fous fa main; mais, ne voulant pas ni mettre à
50 fac vne tant belle ville, ni eftre toufiours en peine d'y
tenir vne armee pour la garder, il f'aduifa d'vn grand
expedient pour f'en affeurer : il y eftablit des bor-

VARIANTES

25. « les armes en la main. Il y
a eu ».
30. « rien de dommage ».
32. « la vie à vn citoyen ».
41. « des tyrans ».

44. « aux Lydiens ».
45. « Sardes ».
46. « & l'euft amené captif ».
47. « les nouuelles ».
49. « pas mettre ».

deaus, des tauernes & ieux publics, & feit publier vne ordonnance que les habitans eussent à en faire estat. Il se trouua si bien de ceste garnison que iamais depuis contre les Lydiens ne fallut tirer vn coup d'espee. Ces pauures & miserables gens s'amuserent à inuenter toutes sortes de ieus, si bien que les Latins en ont tiré leur mot, & ce que nous appellons *passe-temps*, ils l'appellent Lvdi, comme s'ils vouloient dire Lydi. Tous les tirans n'ont pas ainsi declaré expres qu'ils voulsissent effeminer leurs gens; mais, pour vrai, ce que celui ordonna formelement & en effect, sous main ils l'ont pourchassé la plus part. A la verité, c'est le naturel du menu populaire, duquel le nombre est tousiours plus grand dedans les villes, qu'il est soubçonneus à l'endroit de celui qui l'aime, & simple enuers celui qui le trompe. Ne penses pas qu'il y ait nul oiseau qui se prenne mieulx à la pipee, ni poisson aucun qui, pour la friandise du ver, s'accroche plus tost dans le haim que tous les peuples s'aleschent vistement à la seruitude, par la moindre plume qu'on leur passe, comme l'on dit, deuant la bouche; & c'est chose merueilleuse qu'ils se laissent aller ainsi tost, mais seulement qu'on les chatouille. Les theatres, les ieus, les farces, les spectacles, les gladiateurs, les bestes estranges, les medailles, les

### VARIANTES

2. « ceste ordonnance ».
3. « qu'il ne lui fallut iamais depuis tirer vn coup d'epee contre les Lydiens ».
5. « Ces pauures gens miserables ».
6. « les Latins ont ».

8. « Ludi, comme s'ils vouloient dire Lydi ».
10. « si expres ».
10. « leurs hommes ».
11. « celui là ».
14. « dans les villes. Il est souspeçonneux ».

tableaus & autres telles drogueries, c'eſtoient aus
peuples anciens les apaſts de la ſeruitude, le pris de
leur liberté, les outils de la tirannie. Ce moien, ceſte
pratique, ces allechemens auoient les anciens tirans,
30 pour endormir leurs ſubiects ſous le ioug. Ainſi
les peuples, aſſotis, trouuans beaus ces paſſetemps,
amuſes d'vn vain plaiſir, qui leur paſſoit deuant les
yeulx, s'accouſtumoient à ſeruir auſſi niaiſement, mais
plus mal, que les petits enfans qui, pour voir les
35 luiſans images des liures enlumines, aprenent à lire.
Les rommains tirans s'aduiſerent ancore d'vn autre
point : de feſtoier ſouuent les dizaines publiques,
abuſant ceſte canaille comme il falloit, qui ſe laiſſe
aller, plus qu'à toute autre choſe, au plaiſir de la
40 bouche : le plus auiſé & entendu d'entr'eus n'euſt pas
quitté ſon eſculee de ſoupe pour recouurer la liberté
de la republique de Platon. Les tirans faiſoient
largeſſe d'vn quart de blé, d'vn ſeſtier de vin & d'vn
ſeſterce ; & lors c'eſtoit pitié d'ouïr crier Vive le roi !
45 Les lourdaus ne s'auiſoient pas qu'ils ne faiſoient que
recouurer vne partie du leur, & que cela meſmes
qu'ils recouuroient, le tiran ne le leur euſt peu
donner, ſi deuant il ne l'auoit oſté à eus meſmes. Tel
euſt amaſſé auiourd'hui le ſeſterce, & ſe fut gorgé au
50 feſtin public, beniſſant Tibere & Neron & leur belle

### VARIANTES

18. « pour la friandiſe s'accroche ».
20. « pour la moindre plume ».
26. « eſtoient ».
30. « leurs anciens ſubiects ».
35. « de liures illuminez ».
39. « toute choſe ».
40. « le plus entendu de tous ».
41. « eſcuelle ».
45. « n'aduiſoient point ».
47. « ne leur ».
49. « & tel ſe fuſt gorgé ».
50. « en beniſſant ».
50. « de leur belle liberalité ».

liberalité qui, le lendemain, eſtant contraint d'abandonner ſes biens à leur auarice, ſes enfans à la luxure, ſon ſang meſmes à la cruauté de ces magnifiques empereurs, ne diſoit mot, non plus qu'vne pierre, ne ſe remuoit non plus qu'vne ſouche. Touſiours le populaire a eu cela : il eſt, au plaiſir qu'il ne peut honneſtement receuoir, tout ouuert & diſſolu, &, au tort & à la douleur qu'il ne peut honneſtement ſouffrir, inſenſible. Ie ne vois pas maintenant perſonne qui, oiant parler de Neron, ne tremble meſmes au ſurnom de ce vilain monſtre, de ceſte orde & ſale peſte du monde ; & toutesfois, de celui là, de ce boutefeu, de ce bourreau, de ceſte beſte ſauuage, on peut bien dire qu'apres ſa mort, auſſi vilaine que ſa vie, le noble peuple romain en receut tel deſplaiſir, ſe ſouuenant de ſes ieus & de ſes feſtins, qu'il fut ſur le point d'en porter le dueil ; ainſi l'a eſcrit Corneille Tacite, auteur bon & graue, & des plus certeins. Ce qu'on ne trouuera pas eſtrange, veu que ce peuple là meſmes auoit fait au parauant à la mort de Iules Cæſar, qui donna congé aus lois & à la liberté, auquel perſonnage il n'y eut, ce me ſemble, rien qui vaille, car ſon humanité meſmes, que l'on preſche tant, fut plus dommageable que la cruauté du plus ſauuage tiran qui fuſt onques,

VARIANTES

2. « à l'auarice ».
6. « le populas ».
11. « de ceſte orde & ſale beſte. On peut bien dire ».
16. « & feſtins ».
18. « & graue des plus, & certes croiable ».
19. « ſi l'on conſidere ce que ce peuple là meſmes auoit fait à la mort de Iules Cæſar ».
21. « auquel perſonnage ils n'y ont (ce me ſemble) trouué rien qui vaille que ſon humanité, laquelle quoiqu'on la preſchat tant, fut plus dommageable que la plus grande cruauté du plus ſauuage Tiran qui fuſt onques ».

pource qu'à la verité ce fut ceste sienne venimeuse
douceur qui, enuers le peuple romain, sucra la seruitude; mais, apres sa mort, ce peuple là, qui auoit
ancore en la bouche ses bancquets & en l'esprit la
souuenance de ses prodigalites, pour lui faire ses
honneurs & le mettre en cendre, amonceloit à l'enui
les bancs de la place, & puis lui esleua vne colonne,
comme au Pere du peuple (ainsi le portoit le chapi-
teau), & lui fit plus d'honneur, tout mort qu'il estoit,
qu'il n'en debuoit faire par droit à homme du monde,
si ce n'estoit par auenture à ceus qui l'auoient tué. Ils
n'oublierent pas aussi cela, les empereurs romains, de
prendre communement le tiltre de tribun du peuple,
tant pource que cest office estoit tenu pour saint &
sacré qu'aussi il estoit establi pour la defense & protection du peuple, & sous la faueur de l'estat. Par ce
moien, ils s'asseuroient que le peuple se fieroit plus
d'eus, comme s'il deuoit en ouir le nom, & non pas
sentir les effects au contraire. Auiourd'hui ne font pas
beaucoup mieux ceus qui ne font gueres mal aucun,
mesmes de consequence, qu'ils ne facent passer deuant
quelque ioly propos du bien public & soulagement
commun : car tu sçais bien, ô Longa, le formulaire,
duquel en quelques endroits ils pourroient vser assez

### VARIANTES

25. « ceste venimeuse ».
28. « à la bouche ».
31. « puis esleua ».
32. « ainsi portoit ».
34. « faire à homme ».
35. « si ce n'estoit possible à ceus qui l'auoient tué ».
41. « ce peuple ».

42. « comme s'ils deuoient encourir le nom & non pas sentir les effects. Au contraire, auiourd'huy ne font pas beaucoup mieux ceux qui ne font mal aucun ».
46. « bien commun & soulagement public ».
47. « car vous sauez bien ».

finement; mais à la plus part, certes, il n'y peut auoir
de fineffe là où il y a tant d'impudence. Les rois
d'Affyrie, & ancore apres eus ceus de Mede, ne fe
prefentoient en public que le plus tard qu'ils pouuoient, pour mettre en doute ce populas f'ils eftoient
en quelque chofe plus qu'hommes, & laiffer en cefte
refuerie les gens qui font volontiers les imaginatifs
aus chofes defquelles ils ne peuuent iuger de veue.
Ainfi tant de nations, qui furent affes long temps fous
ceft empire Affyrien, auec ce miftere f'accouftumoient
à feruir & feruoient plus volontiers, pour ne fçauoir
pas quel maiftre ils auoient, ni à grand'peine f'ils en
auoient, & craignoient tous, à credit, vn que perfonne
iamais n'auoit veu. Les premiers rois d'Egipte ne fe
monftroient gueres, qu'ils ne portaffent tantoft vn
chat, tantoft vne branche, tantoft du feu fur la tefte, &
fe mafquoient ainfi & faifoient les bafteleurs; &, en
ce faifant, par l'eftrangeté de la chofe ils donnoient
à leurs fubiects quelque reuerence & admiration,
où, aus gens qui n'euffent efté ou trop fots ou trop
afferuis, ils n'euffent apprefté, ce m'eft aduis, finon
paffetems & rifee. C'eft pitié d'ouïr parler de combien
de chofes les tirans du temps paffé faifoient leur profit
pour fonder leur tirannie; de combien de petits
moiens ils fe feruoient, aians de tout tems trouué ce
populas fait à leur pofte, auquel il ne fçauoient fi mal

VARIANTES

1. « en la plus part ».
2. « auoir affez de fineffe ».
8. « de quoy ils ne peuuent ».
10. « f'accouftumerent ».
11. « pour ne fçauoir quel ».

13. « perfonne n'auoit ».
15. « qu'ils ne portaffent tantoft vne branche ».
25. « ils fe feruoient grandement, ayans trouué ce populas ».

tendre filet qu'ils ne ſ'y vinſent prendre ; lequel ils ont
touſiours trompé à ſi bon marché qu'ils ne l'aſſuiet-
tiſſoient iamais tant que lors qu'ils ſ'en moquoient
30 le plus.

Que dirai ie d'vne autre belle bourde que les
peuples anciens prindrent pour argent content ? Ils
creurent fermement que le gros doigt de Pyrrhe, roy
des Epirotes, faiſoit miracles & gueriſſoit les malades
35 de la rate ; ils enrichirent ancore mieus le conte, que
ce doigt, apres qu'on eut bruſlé tout le corps mort,
ſ'eſtoit trouué entre les cendres, ſ'eſtant ſauué, maugré
le feu. Touſiours ainſi le peuple ſot fait lui meſmes les
menſonges, pour puis apres les croire. Prou de gens
40 l'ont ainſi eſcrit, mais de façon qu'il eſt bel à voir
qu'ils ont amaſſé cela des bruits de ville & du vain
parler du populas. Veſpaſian, reuenant d'Aſſyrie &
paſſant à Alexandrie pour aller à Romme ſ'emparer
de l'empire, feit merueilles : il addreſſoit les boiteus, il
45 rendoit clair-voians les aueugles, & tout plein d'autres
belles choſes auſquelles qui ne pouuoit voir la faute
qu'il y auoit, il eſtoit à mon aduis plus aueugle que
ceus qu'il gueriſſoit. Les tirans meſmes trouuoient
bien eſtrange que les hommes peuſſent endurer vn
50 homme leur faiſant mal ; ils vouloient fort ſe mettre
la religion deuant pour gardecorps, &, ſ'il eſtoit poſſible, emprunter quelque eſchantillon de la diuinité

VARIANTES

26. « ne ſçauoient tendre ».
27. « duquel ils ont eu touſiours
ſi bon marché de tromper ».
33. « doigt d'vn pied ».
38. « ſ'eſt fait luy meſme ».

43. « par Alexandrie ».
44. « redreſſoit les boiteus ».
49. « fort eſtrange ».
52. « empruntoient quelque eſchantillon de diuinité ».

pour le maintien de leur meschante vie. Donques
Salmonee, si l'on croit à la sibyle de Virgile en son
enfer, pour s'estre ainsi moqué des gens & auoir voulu
faire du Iuppiter, en rend maintenant conte, & elle
le veit en l'arrier-enfer, 5

 *Souffrant cruels tourmens, pour vouloir imiter*
 *Les tonnerres du ciel, & feus de Iuppiter.*
 *Dessus quatre coursiers celui alloit, branlant,*
 *Haut monté, dans son poing vn grand flambeau brillant.*
 *Par les peuples gregeois & dans le plein marché,*  10
 *De la ville d'Elide haut il auoit marché*
 *Et faisant sa brauade ainsi entreprenoit*
 *Sur l'honneur qui, sans plus, aus dieus appartenoit.*
 *L'insensé, qui l'orage & foudre inimitable*
 *Contrefaisoit d'airain, & d'vn cours effroiable*  15
 *De cheuaus cornepies le Pere tout puissant!*
 *Lequel, bien tost apres, ce grand mal punissant,*
 *Lança, non vn flambeau, non pas vne lumiere*
 *D'vne torche de cire, auecques sa fumiere,*
 *Et de ce rude coup d'vne horrible tempeste,*  20
 *Il le porta à bas, les pieds par dessus teste.*

Si cestuy qui ne faisoit que le sot est à ceste heure si
bien traité là bas, ie croi que ceus qui ont abusé de
la religion, pour estre meschans, s'y trouueront ancore
à meilleures enseignes. 25

Les nostres semerent en France ie ne sçai quoi de
tel, des crapaus, des fleurdelis, l'ampoule & l'oriflamb.

### VARIANTES

1. « pour le soustien ».
2. « & son enfer ».
4. « où elle le veit ».
9. « flambeau brulant ».
11. Vers omis dans les *Memoires*.
12. *En faisant sa brauade, mais il entreprenoit.*
16. « *du Pere* ».
20. *Mais par le rude coup d'vne horrible tempeste,*
*Il le porta là bas, les pieds par dessus teste.*
22. « Si celuy qui ».

Ce que de ma part, comment qu'il en foit, ie ne veus
pas mefcroire, puis que nous ni nos anceftres n'auons
30 eu iufques ici aucune occafion de l'auoir mefcreu,
aians toufiours eu des rois fi bons en la paix & fi
vaillans en la guerre, qu'ancore qu'ils naiffent rois, fi
femble il qu'ils ont efté non pas faits comme les autres
par la nature, mais choifis par le Dieu tout puiffant,
35 auant que naiftre, pour le gouuernement & la confer-
uation de ce roiaume; & ancore, quand cela n'y feroit
pas, fi ne voudrois ie pas pour cela entrer en lice pour
debattre la verité de nos hiftoires, ni les efplucher fi
priuement, pour ne tollir ce bel esbat, où fe pourra
40 fort efcrimer notre poëfie françoife, maintenant non
pas accouftree, mais, comme il femble, faite tout à
neuf par noftre Ronfard, noftre Baïf, noftre du
Bellay, qui en cela auancent bien tant noftre langue,
que i'ofe efperer que bien toft les Grecs ni les Latins
45 n'auront gueres, pour ce regard, deuant nous, finon,
poffible, le droit d'aifneffe. Et certes ie ferois grand
tort à noftre rime, car i'vfe volontiers de ce mot, & il
ne me defplait point pour ce qu'ancore que plufieurs
l'euffent rendu mechanique, toutesfois ie voy affes de
50 gens qui font à mefmes pour la ranoblir & lui rendre
fon premier honneur; mais ie lui ferois, di-ie, grand
tort de lui ofter maintenant ces beaus contes du roi
Clouis, aufquels defià ie voy, ce me femble, combien

VARIANTES

27. « l'Oriffan » (sic).
30. « eu aucune occafion ».
31. « ayans toufiours des rois ».
35. « deuant que naiftre ».
35. « & la garde de ce roiaume ».

37. « pas entrer ».
39. « ce bel eftat ».
46. « poffible que le droit ».
48. « ne me defplait pour ce qu'ancore ».

plaisamment, combien à son aise s'y esgaiera la veine
de nostre Ronsard, en sa Franciade. I'entens sa portee,
ie connois l'esprit aigu, ie sçay la grace de l'homme :
il fera ses besoignes de l'oriflamb aussi bien que les
Romains de leurs ancilles

> & des boucliers du ciel en bas iettes,

ce dit Virgile ; il mesnagera nostre ampoule aussi bien
que les Atheniens le panier d'Erictone ; il fera parler
de nos armes aussi bien qu'eux de leur oliue qu'ils
maintiennent estre ancore en la tour de Minerue.
Certes ie serois outrageus de vouloir dementir nos
liures & de courir ainsi sur les erres de nos poetes.
Mais pour retourner d'où, ie ne sçay comment, i'auois
destourné le fil de mon propos, il n'a iamais esté
que les tirans, pour s'asseurer, ne se soient efforces
d'accoustumer le peuple enuers eus, non seulement
à obeissance & seruitude, mais ancore à deuotion.
Donques ce que i'ay dit iusques icy, qui apprend les
gens à seruir plus volontiers, ne sert guere aus tirans
que pour le menu & grossier peuple.

 Mais maintenant ie viens à vn point, lequel est à
mon aduis le ressort & le secret de la domination, le
soustien & fondement de la tirannie. Qui pense que les
halebardes, les gardes & l'assiette du guet garde les

VARIANTES

8. « leur panier d'Erisicthone ».
8. « il se parlera de nos armes ancore dans la tour de Minerue ».
12. « terres de nos poetes ».
13. « pour reuenir ».
14. « n'a il iamais esté ».
15. « n'ayent tousiours tasché d'accoustumer ».
16. « non pas seulement ».
19. « seruir volontiers ».
21. « ie viens à mon aduis à vn poinct lequel est le secret &

tirans, à mon iugement fe trompe fort; & f'en aident ils, comme ie croy, plus pour la formalité & efpouuantail que pour fiance qu'ils y ayent. Les archers gardent d'entrer au palais les mal-habilles qui n'ont nul moyen, non pas les bien armes qui peuuent faire quelque entreprife. Certes, des empereurs romains il eft aifé à conter qu'il n'en y a pas eu tant qui aient efchappé quelque dangier par le fecours de leurs gardes, comme de ceus qui ont efté tues par leurs archers mefmes. Ce ne font pas les bandes des gens à cheual, ce ne font pas les compaignies des gens de pied, ce ne font pas les armes qui defendent le tiran. On ne le croira pas du premier coup, mais certes il eft vray : ce font toufiours quatre ou cinq qui maintiennent le tiran, quatre ou cinq qui lui tiennent tout le païs en feruage. Toufiours il a efté que cinq ou fix ont eu l'oreille du tiran, & f'y font approché d'eus mefmes, ou bien ont efté appeles par lui, pour eftre les complices de fes cruautes, les compaignons de fes plaifirs, les macquereaus de fes voluptes, & communs aus biens de fes pilleries. Ces fix addreffent fi bien leur chef, qu'il faut, pour la focieté, qu'il foit mefchant, non pas feulement de fes mefchancetes, mais ancore des leurs. Ces fix ont fix cent qui proufitent fous eus, & font de leurs fix cent ce que les fix font

### VARIANTES

le refourd de la domination ».
25. « ils f'en aident ».
28. « dans les palais les mal habiles ».
32. « par le fecours de leurs archers ».
33. « comme de ceus là qui ont efté tuez par leurs gardes ».
37. « Mais on ne le croira pas du premier coup : toutesfois il eft vray ».
40. « tout en feruage ».

au tiran. Ces ſix cent en tiennent ſous eus ſix mille, qu'ils ont eſleué en eſtat, auſquels ils font donner ou le gouuernement des prouinces, ou le maniement des deniers, afin qu'ils tiennent la main à leur auarice & cruauté & qu'ils l'executent quand il ſera temps, & facent tant de maus d'allieurs qu'ils ne puiſſent durer que ſoubs leur ombre, ni ſ'exempter que par leur moien des loix & de la peine. Grande eſt la ſuitte qui vient apres cela, & qui voudra ſ'amuſer à deuider ce filet, il verra que, non pas les ſix mille, mais les cent mille, mais les millions, par ceſte corde, ſe tiennent au tiran, ſ'aidant d'icelle comme, en Homere, Iuppiter qui ſe vante, ſ'il tire la cheſne, d'emmener vers ſoi tous les dieus. De là venoit la creue du Senat ſous Iules, l'eſtabliſſement de nouueaus eſtats, erection d'offices; non pas certes, à le bien prendre, reformation de la iuſtice, mais nouueaus ſouſtiens de la tirannie. En ſomme que l'on en vient là, par les faueurs ou ſoufaueurs, les guains ou reguains qu'on a auec les tirans, qu'il ſe trouue en fin quaſi autant de gens auſquels la tirannie ſemble eſtre profitable, comme de ceus à qui la liberté ſeroit aggreable. Tout ainſi que les medecins diſent qu'en noſtre corps, ſ'il y a quelque choſe de gaſté, deſlors qu'en autre endroit il ſ'y bouge rien, il ſe vient auſſi toſt rendre vers ceſte partie vereuſe : pareillement, deſlors qu'vn roi ſ'eſt

VARIANTES

1. « ſix cent tiennent ».
2. « ils ont fait ».
6. « tant de mal ».
15. « election d'offices ».
16. « à bien prendre ».
18. « en ſomme l'on ».
19. « les faueurs, les guains ».
20. « ſe trouue quaſi ».
23. « qu'à noſtre corps ».
30. « qui ſont taxez ».

declaré tiran, tout le mauuais, toute la lie du roiaume, ie ne dis pas vn tas de larronneaus & efforilles, qui ne peuuent gueres en vne republicque faire mal ne bien, mais ceus qui font tafches d'vne ardente ambition & d'vne notable auarice, s'amaffent autour de lui & le fouftiennent pour auoir part au butin, & eftre, fous le grand tiran, tiranneaus eus mefmes. Ainfi font les grands voleurs & les fameus corfaires : les vns difcourent le païs, les autres cheualent les voiageurs; les vns font en embufche, les autres au guet; les autres maffacrent, les autres defpouillent, & ancore qu'il y ait entr'eus des preeminences, & que les vns ne foient que vallets, les autres chefs de l'affemblee, fi n'en y a il à la fin pas vn qui ne fe fente finon du principal butin, au moins de la recerche. On dit bien que les pirates ciliciens ne f'affemblerent pas feulement en fi grand nombre, qu'il falut enuoier contr'eus Pompee le grand; mais ancore tirerent à leur alliance plufieurs belles villes & grandes cites aus haures defquelles ils fe mettoient en feureté, reuenans des courfes, & pour recompenfe leur bailloient quelque profit du recelement de leur pillage.

Ainfi le tiran afferuit les fubiects les vns par le moien des autres, & eft gardé par ceus defquels, f'ils valoient rien, il fe deuroit garder; &, comme on dit, pour fendre du bois il fait les coings du bois mefme.

### VARIANTES

35. « defcouurent le païs ».
36. « les vns maffacrent ».
39. « les chefs ».
40. « fe fente du principal ».
42. « Siciliens ».

46. « en grande feureté ».
48. « de leurs pilleries ».
51. « mais, comme on dit, pour fendre le bois il fe fait des coings du bois mefme ».

Voilà fes archers, voilà fes gardes, voilà fes halebardiers ; non pas qu'eus mefmes ne fouffrent quelque fois de lui, mais ces perdus & abandonnes de Dieu & des hommes font contens d'endurer du mal pour en faire, non pas à celui qui leur en faict, mais à ceus qui endurent comme eus, & qui n'en peuuent mais. Toutesfois, voians ces gens là, qui nacquetent le tiran pour faire leurs befongnes de fa tirannie & de la feruitude du peuple, il me prend fouuent esbahiffement de leur mefchanceté, & quelque fois pitié de leur fottife : car, à dire vrai, qu'eft ce autre chofe de f'approcher du tiran que fe tirer plus arriere de fa liberté, & par maniere de dire ferrer à deus mains & ambraffer la feruitude ? Qu'ils mettent vn petit à part leur ambition & qu'ils fe defchargent vn peu de leur auarice, & puis qu'ils fe regardent eus mefmes & qu'ils fe reconnoiffent, & ils verront clairement que les villageois, les païfans, lefquels tant qu'ils peuuent ils foulent aus pieds, & en font pis que de forfats ou efclaues, ils verront, dis ie, que ceus là, ainfi mal menes, font toutesfois, aus pris d'eus, fortunes & aucunement libres. Le laboureur & l'artifan, pour tant qu'ils foient afferuis, en font quittes en faifant ce qu'on leur dit ; mais le tiran voit les autres qui font pres de lui, coquinans & mendians fa faueur : il ne faut pas feulement qu'ils facent ce qu'il dit, mais

VARIANTES

2. « il n'eft pas qu'eus mefmes ».
3. « ces abandonnes de Dieu ».
6. « qui en endurent ».
10. « quelque pitié de leur grande fottife ».
12. « finon que de fe tirer plus arriere de leur liberté ».
15. « leur ambition, qu'ils ».
16. « eus mefmes, qu'ils ».
19. « des forfats ».

qu'ils penſent ce qu'il veut, & ſouuent, pour lui
ſatisfaire, qu'ils preuiennent ancore ſes penſees. Ce
n'eſt pas tout à eus de lui obeïr, il faut ancore lui
30 complaire; il faut qu'ils ſe rompent, qu'ils ſe tourmentent, qu'ils ſe tuent à trauailler en ſes affaires,
& puis qu'ils ſe plaiſent de ſon plaiſir, qu'ils laiſſent
leur gouſt pour le ſien, qu'ils forcent leur complexion,
qu'ils deſpouillent leur naturel; il faut qu'ils ſe pren-
35 nent garde à ſes parolles, à ſa vois, à ſes ſignes & à
ſes yeulx; qu'ils n'aient ny œil, ny pied, ny main,
que tout ne ſoit au guet pour eſpier ſes volontes
& pour deſcouurir ſes penſees. Cela eſt ce viure
heureuſement? cela ſ'appelle il viure? eſt il au monde
40 rien moins ſupportable que cela, ie ne dis pas à vn
homme de cœur, ie ne dis pas à vn bien né, mais
ſeulement à vn qui ait le ſens commun, ou, ſans plus,
la face d'homme? Quelle condition eſt plus miſerable
que de viure ainſi, qu'on n'aie rien à ſoy, tenant
45 d'autrui ſon aiſe, ſa liberté, ſon corps & ſa vie?

Mais ils veulent ſeruir pour auoir des biens : comme
ſ'ils pouuoient rien gaigner qui fuſt à eus, puis qu'ils
ne peuuent pas dire de ſoy qu'ils ſoient à eus meſmes;
& comme ſi aucun pouuoit auoir rien de propre ſous
50 vn tiran, ils veulent faire que les biens ſoient à eus,
& ne ſe ſouuiennent pas que ce ſont eus qui lui
donnent la force pour oſter tout à tous, & ne laiſſer

VARIANTES

34. « qu'ils prennent garde ».
35. « à ſes ſignes, à ſes yeulx ».
36. « ni yeulx, ni pieds, ni mains ».
40. « rien ſi inſupportable que cela? Ie ne di pas à vn homme bien nay, mais ſeulement à vn qui ait le ſens commun, ou ſans plus, la face d'vn homme ».
46. « pour gaigner des biens ».
48. « dire d'eux ».

rien qu'on puiffe dire eftre à perfonne. Ils voient que rien ne rend les hommes fubiets à fa cruauté que les biens; qu'il n'y a aucun crime enuers lui digne de mort que le dequoy; qu'il n'aime que les richeffes & ne defait que les riches, & ils fe viennent prefenter, comme deuant le boucher, pour s'y offrir ainfi plains & refaits & lui en faire enuie. Ces fauoris ne fe doiuent pas tant fouuenir de ceus qui ont gaigné au tour des tirans beaucoup de biens, comme de ceus qui, aians quelque temps amaffé, puis apres y ont perdu & les biens & les vies; il ne leur doit pas tant venir en l'efprit combien d'autres y ont gaigné de richeffes, mais combien peu ceus là les ont gardees. Qu'on difcoure toutes les anciennes hiftoires, qu'on regarde celles de noftre fouuenance, & on verra tout à plein combien eft grand le nombre de ceus qui, aians gaigné par mauuais moiens l'oreille des princes, aians ou emploié leur mauuaiftié ou abufé de leur fimpleffe, à la fin par ceus-là mefmes ont efté aneantis, & autant qu'ils y auoient trouué de facilité pour les eleuer, autant y ont ils congneu puis apres d'inconftance pour les abattre. Certainement en fi grand nombre de gens qui fe font trouué iamais pres de tant de mauuais rois, il en a efté peu, ou comme point, qui n'aient effaié quelque fois en eus mefmes la cruauté

### VARIANTES

4. « les richeffes, ne desfait ».
5. « qui fe viennent prefenter ».
11. « & la vie ».
12. « pas venir ».
14. « Qu'on defcouure ».
15. « toutes celles de noftre fouuenance ».

20. « & autant qu'ils auoient ».
21. « autant puis apres y ont ils trouué d'inconftance pour les y conferuer ».
22. « Certainement en fi grand nombre de gens, qui ont efté iamais pres des mauuais rois, il en eft peu ».

du tiran qu'ils auoient deuant attifee contre les autres : le plus fouuent s'eſtant enrichis, ſous ombre de ſa faueur, des deſpouilles d'autrui, ils l'ont à la fin eus meſmes enrichi de leurs deſpouilles.

30   Les gens de bien meſmes, ſi quelque fois il s'en trouue quelqu'vn aimé du tiran, tant ſoient ils auant en ſa grace, tant reluiſe en eus la vertu & integrité, qui voire aus plus meſchans donne quelque reue-rence de ſoi quand on la voit de pres, mais les gens
35 de bien, di-ie, n'y ſçauroient durer, & faut qu'ils ſe ſentent du mal commun, & qu'à leurs deſpens ils eſprouuent la tirannie. Vn Seneque, vn Burre, vn Thraſee, ceſte terne de gens de bien, leſquels meſmes les deus leur male fortune approcha du tiran & leur
40 mit en main le maniement de ſes affaires, tous deus eſtimes de lui, tous deus cheris, & ancore l'vn l'auoit nourri & auoit pour gages de ſon amitié la nourri-ture de ſon enfance ; mais ces trois là ſont ſuffiſans teſmoins, par leur cruelle mort, combien il y a peu
45 d'aſſeurance en la faueur d'vn mauuais maiſtre ; &, à la verité, quelle amitié peut on eſperer de celui qui a bien le cœur ſi dur que d'haïr ſon roiaume, qui ne fait que lui obeïr, & lequel, pour ne ſe ſauoir pas ancore aimer, s'appauurit lui meſme & deſtruit ſon
50 empire ?

### VARIANTES

28. « ils ont eus meſmes enrichi les autres de leur deſpouille ».

34. « mais les gens de bien meſ-mes ne ſauroient durer ».

38. « deſquels meſme les deux leur mauuaiſe fortune les approcha d'vn tyran ».

40. « tous deux eſtimez de lui & cheris ».

44. « combien il y a peu de fiance en la faueur des mauuais maiſ-tres ».

46. « eſperer en celui ».

47. « ſi dur de hayr ».

Or, fi on veut dire que ceus là pour auoir bien vefcu
font tombes en ces inconueniens, qu'on regarde hardiment autour de celui là mefme, & on verra que
ceus qui vindrent en fa grace & f'y maintindrent par
mauuais moiens ne furent pas de plus longue duree.
Qui a ouï parler d'amour fi abandonnee, d'affection fi
opiniaftre? qui a iamais leu d'homme fi obftinement
acharné enuers femme que de celui là enuers Popee?
or fut elle apres empoifonnee par lui mefme. Agrippine
fa mere auoit tué fon mari Claude pour lui faire place
à l'empire; pour l'obliger, elle n'auoit iamais fait
difficulté de rien faire ni de fouffrir : donques fon fils
mefme, fon nourriffon, fon empereur fait de fa main,
apres l'auoir fouuent faillie, enfin lui ofta la vie; &
n'y eut lors perfonne qui ne dit qu'elle auoit trop bien
merité cefte punition, fi c'euft efté par les mains de
tout autre que de celui à qui elle l'auoit baillee. Qui
fut oncques plus aifé à manier, plus fimple, pour le
dire mieus, plus vrai niais que Claude l'empereur?
qui fut oncques plus coiffé de femme que lui de
Meffaline? Il la meit en fin entre les mains du bourreau. Là fimpleffe demeure toufiours aus tirans, f'ils
en ont, à ne fçauoir bien faire, mais ie ne fçay
comment à la fin, pour vfer de cruauté, mefmes enuers
ceus qui leur font pres, fi peu qu'ils ont d'efprit, cela

### VARIANTES

4. « & f'y maintindrent par mefchanceté ».
10. « pour lui faire place en l'empire ».
14. « fouuent faillie, lui ofta la vie ».
15. « fort bien ».

16. « fi c'euft efté par les mains
de quelque autre que de celui qui
la lui auoit baillee ».
19. « pour vrai niaiz ».
25. « fi peu qu'ils aient d'efprit ».

mesme s'esueille. Asses commun est le beau mot de cest autre là qui, voiant la gorge de sa femme descouuerte, laquelle il aimoit le plus, & sans laquelle il sembloit qu'il n'eust sceu viure, il la caressa de ceste
30 belle parolle : Ce beau col sera tantost coupé, si ie le commande. Voilà pourquoi la plus part des tirans anciens estoient communement tues par leurs plus fauoris, qui, aians congneu la nature de la tirannie, ne se pouuoient tant asseurer de la volonté du tiran
35 comme ils se deffioient de sa puissance. Ainsi fut tué Domitian par Estienne, Commode par vne de ses amies mesmes, Antonin par Macrin, & de mesme quasi tous les autres.

C'est cela que certainement le tiran n'est iamais
40 aimé ni n'aime. L'amitié, c'est vn nom sacré, c'est vne chose sainte; elle ne se met iamais qu'entre gens de bien, & ne se prend que par vne mutuelle estime; elle s'entretient non tant par bienfaits que par la bonne vie. Ce qui rend vn ami asseuré de l'autre, c'est la
45 connoissance qu'il a de son integrité : les respondens qu'il en a, c'est son bon naturel, la foi & la constance. Il n'i peut auoir d'amitié là où est la cruauté, là où est la desloiauté, là où est l'iniustice; & entre les meschans, quand ils s'assemblent, c'est vn complot,
50 non pas vne compaignie; ils ne s'entr'aiment pas,

VARIANTES

26. « le beau mot de cestuy là, qui voiant la gorge descouuerte de sa femme, qu'il aimoit le plus ».
32. « par leurs fauorits ».
37. « Marin ».
42. « de bien, ne se prend ».

43. « par vn bienfait ».
48. « l'iniustice; entre les meschans ».
50. « non pas compaignie; ils ne s'entretiennent pas, mais ils s'entrecraignent ».

mais ils s'entrecraignent; ils ne sont pas amis, mais ils sont complices.

Or, quand bien cela n'empescheroit point, ancore feroit il mal aifé de trouuer en vn tiran vn' amour asseuree, par ce qu'estant au dessus de tous, & n'aiant point de compaignon, il est desià au delà des bornes de l'amitié, qui a son vrai gibier en l'equalité, qui ne veut iamais clocher, ains est tousiours egale. Voilà pourquoi il y a bien entre les voleurs (ce dit on) quelque foi au partage du butin, pource qu'ils sont pairs & compaignons, & s'ils ne s'entr'aiment, au moins ils s'entrecraignent & ne veulent pas, en se desunissant, rendre leur force moindre; mais du tiran, ceus qui sont ses fauoris n'en peuuent auoir iamais aucune asseurance, de tant qu'il a appris d'eus mesmes qu'il peut tout, & qu'il n'y a droit ni deuoir aucun qui l'oblige; faisant son estat de conter sa volonté pour raison, & n'auoir compaignon aucun, mais d'estre de tous maistre. Doncques n'est ce pas grand' pitié que, voiant tant d'exemples apparens, voiant le dangier si present, personne ne se vueille faire sage aus despens d'autrui, & que, de tant de gens s'approchans si volontiers des tirans, qu'il n'i ait pas vn qui ait l'auisement & la hardiesse de leur dire ce que dit, comme porte le conte, le renard au lyon qui faisoit le malade : Ie

### VARIANTES

7. « qui a son gibier en l'equité ».
9. « il y a bien (ce dit on) entre les volleurs ».
11. « & que s'ils ne s'entr'aiment ».
12. « en se desunissant, rendre la force moindre ».

14. « ceux qui sont les fauorits ne peuuent iamais auoir ».
16. « ny droit ny deuoir ».
22. « & que tant de gens s'approchent si volontiers des tirans, qu'il n'i ait pas vn qui ait l'aduisement ».

t'irois volontiers voir en ta tafniere; mais ie voi affes
de traces de beftes qui vont en auant vers toi, mais
qui reuiennent en arriere ie n'en vois pas vne.

Ces miferables voient reluire les trefors du tiran
30 & regardent tous esbahis les raions de fa braueté;
&, alleches de cefte clarté, ils s'approchent, & ne
voient pas qu'ils fe mettent dans la flamme qui ne
peut faillir de les confommer : ainfi le fatyre indifcret
(comme difent les fables anciennes), voiant efclairer
35 le feu trouué par Promethé, le trouua fi beau qu'il
l'alla baifer & fe brufla; ainfi le papillon qui, efperant
iouïr de quelque plaifir, fe met dans le feu pource
qu'il reluit; il efprouue l'autre vertu, celle qui brufle,
ce dit le poete tofcan. Mais ancore, mettons que ces
40 mignons efchappent les mains de celui qu'ils feruent,
ils ne fe fauuent iamais du roi qui vient apres : s'il eft
bon, il faut rendre conte & reconnoiftre au moins
lors la raifon; s'il eft mauuais & pareil à leur maiftre,
il ne fera pas qu'il n'ait auffi bien fes fauoris, lefquels
45 communement ne font pas contens d'auoir à leur tour
la place des autres, s'ils n'ont ancore le plus fouuent
& les biens & les vies. Se peut il donc faire qu'il fe
trouue aucun qui, en fi grand peril & auec fi peu
d'affeurance, vueille prendre cefte malheureufe place,
50 de feruir en fi grand'peine vn fi dangereus maiftre?

### VARIANTES

26. « ie t'irois voir de bon cœur ».
30. « & regardent tous eftonnez les rayons de fa brauerie ».
33. « à les confumer ».
34. « les fables, voiant ».
35. « par le fage Promethé ».

36. « & fe brufler ».
38. « cela qui brufle, ce dit le poete Lucan ».
42. « & recognoiftre ».
47. « & la vie ».
48. « fi grand peril, auec fi peu ».

Quelle peine, quel martire eſt ce, vrai Dieu? eſtre nuit & iour apres pour ſonger de plaire à vn, & neantmoins ſe craindre de lui plus que d'homme du monde; auoir touſiours l'œil au guet, l'oreille aus eſcoutes, pour eſpier d'où viendra le coup, pour deſcouurir les embuſches, pour ſentir la mine de ſes compaignons, pour auiſer qui le trahit, rire à chacun & neantmoins ſe craindre de tous, n'auoir aucun ni ennemi ouuert ny ami aſſeuré; aiant touſiours le viſage riant & le cœur tranſi, ne pouuoir eſtre ioieus, & n'oſer eſtre triſte!

Mais c'eſt plaiſir de conſiderer qu'eſt ce qui leur reuient de ce grand tourment, & le bien qu'ils peuuent attendre de leur peine & de leur miſerable vie. Volontiers le peuple, du mal qu'il ſouffre, n'en accuſe point le tiran, mais ceus qui le gouuernent: ceus là, les peuples, les nations, tout le monde à l'enui, iuſques aux païſans, iuſques aus laboureurs, ils ſçauent leurs noms, ils dechifrent leurs vices, ils amaſſent ſur eus mille outrages, mille vilenies, mille maudiſſons; toutes leurs oraiſons, tous leurs veus ſont contre ceus là; tous leurs malheurs, toutes les peſtes, toutes leurs famines, ils les leur reprochent; & ſi quelque fois ils leur font par apparence quelque honneur, lors meſmes ils les maugreent en leur cœur, & les ont en horreur

### VARIANTES

2. « pour plaire ».
7. « rire à chacun, ſe craindre de tous ».
14. « & de ceſte miſerable vie ».
15. « n'en accuſe pas ».
22. « tous les malheurs ».
29. « ce ſemble, ſatisfaits ».

31. « apres la mort ».
39. « leuons les yeux vers le ciel, ou bien pour noſtre honneur, ou pour l'amour de la meſme vertu, à Dieu tout puiſſant, aſſeuré teſmoin de nos faits ».
46. « qu'il reſerue bien à bas ».

plus eftrange que les beftes fauuages. Voilà la gloire, voilà l'honneur qu'ils reçoiuent de leur feruice enuers les gens, defquels, quand chacun auroit vne piece de leur corps, ils ne feroient pas ancore, ce leur
30 femble, affes fatisfaits ni à demi faoules de leur peine; mais certes, ancore apres qu'ils font morts, ceus qui viennent apres ne font iamais fi pareffeus que le nom de ces mange-peuples ne foit noirci de l'encre de mille plumes, & leur reputation defchiree dans mille
35 liures, & les os mefmes, par maniere de dire, traines par la pofterité, les puniffans, ancore apres leur mort, de leur mefchante vie.

Aprenons donc quelque fois, aprenons à bien faire: leuons les yeulx vers le ciel, ou pour noftre honneur,
40 ou pour l'amour mefmes de la vertu, ou certes, à parler à bon efcient, pour l'amour & honneur de Dieu tout puiffant, qui eft affeuré tefmoin de nos faits & iufte iuge de nos fautes. De ma part, ie penfe bien, & ne fuis pas trompé, puis qu'il n'eft rien fi contraire
45 à Dieu, tout liberal & debonnaire, que la tirannie, qu'il referue là bas à part pour les tirans & leurs complices quelque peine particuliere.

CHÂTEAU DE LA BOÉTIE
près de Sarlat.

# LA MESNAGERIE DE XENOPHON.

## Les Regles de mariage, DE PLVTARQVE.

## Lettre de confolation, de Plutarque à fa femme.

Le tout traduict de Gréc en François par feu M. ESTIENNE DE LA BOETIE Conseiller du Roy en sa court de Parlement à Bordeaux. Ensemble quelques Vers Latins & François, de son inuention.

*Item, vn Difcours fur la mort dudit Seigneur De la Boëtie, par M. de Montaigne.*

## A PARIS.

De l'Imprimerie de Federic Morel, rue S. Ian de Beauuais, au Franc Meurier.

M. D. LXXI.

AVEC PRIVILEGE.

# EXTRAICT DV PRIVILEGE

*Par Lettres du Roy donnees le XVIII. iour d'Octobre, M D. LXX. il est permis à Federic Morel, Imprimeur & Libraire en l'vniuersité de Paris, d'imprimer & vendre La Mesnagerie de Xenophon, Les Reigles de Mariage de Plutarque, Vne Lettre de Consolation de Plutarque à sa femme. Le tout traduit de Grec en François par feu M. Estienne de La Boëtie Conseiller du Roy en sa Court de Parlement à Bordeaux : ensemble quelques Vers Latins & François, & autres œuures de son inuention : Item vn Discours de Monsieur de Montaigne sur la mort dudict de La Boëtie. Auec inhibitions & deffenses a tous autres Imprimeurs, Libraires & Marchands, de non imprimer ny vendre en ce Royaume lesdictes Oeuures, en sorte que ce soit, de neuf ans entiers, à compter du iour de la premiere impression paracheuee par ledict Morel : sur peine de confiscation des Exemplaires qui se trouueroient, de ses despens, dommages & interets, & d'amende arbitraire. Outre ce a ledict Seigneur voulu, que en inserant le contenu de ses Lettres ou l'extraict d'icelles, à la fin ou au commencement des Liures qui s'en imprimeront, elles soient tenues pour suffisamment signifiees, & venues a la notice & cognoissance de tous Libraires, Imprimeurs & autres, tout ainsi que si lesdictes lettres leur auoient particulierement & expressement esté monstrees & signifiees : comme plus amplement appert par lesdictes Lettres donnees à Paris les iour & an que dessus, signees & seellees du seel dudict Seigneur.*

*Par le Conseil.*      H. DE VARADE.

# LA MESNAGERIE DE XENOPHON.

## Les Regles de mariage, DE PLVTARQVE.

## Lettre de confolation, de Plutarque à sa femme.

Le tout traduict de Gréc en François par feu M. ESTIENNE DE LA BOETIE Conseiller du Roy en sa court de Parlement à Bordeaux. Enfemble quelques Vers Latins & François, de son inuention.

*Item, vn Difcours sur la mort dudit Seigneur De la Boëtie, par M. de Montaigne.*

## A PARIS.

De l'Imprimerie de Federic Morel, rue S. Ian de Beauuais, au Franc Meurier.

M. D. LXXI.

### AVEC PRIVILEGE.

# EXTRAICT DV PRIVILEGE

*Par Lettres du Roy donnees le XVIII. iour d'Octobre, M D. LXX. il est permis à Federic Morel, Imprimeur & Libraire en l'vniuersité de Paris, d'imprimer & vendre La Mesnagerie de Xenophon, Les Reigles de Mariage de Plutarque, Vne Lettre de Consolation de Plutarque à sa femme. Le tout traduit de Grec en François par feu M. Estienne de La Boëtie Conseiller du Roy en sa Court de Parlement à Bordeaux : ensemble quelques Vers Latins & François, & autres œuures de son inuention : Item vn Discours de Monsieur de Montaigne sur la mort dudict de La Boëtie. Auec inhibitions & deffenses a tous autres Imprimeurs, Libraires & Marchands, de non imprimer ny vendre en ce Royaume lesdictes Oeuures, en sorte que ce soit, de neuf ans entiers, à compter du iour de la premiere impression paracheuee par ledict Morel : sur peine de confiscation des Exemplaires qui se trouueroient, de ses despens, dommages & interets, & d'amende arbitraire. Outre ce a ledict Seigneur voulu, que en inserant le contenu de ses Lettres ou l'extraict d'icelles, à la fin ou au commencement des Liures qui s'en imprimeront, elles soient tenues pour suffisamment signifiees, & venues a la notice & cognoissance de tous Libraires, Imprimeurs & autres, tout ainsi que si lesdictes lettres leur auoient particulierement & expressement esté monstrees & signifiees : comme plus amplement appert par lesdictes Lettres donnees à Paris les iour & an que dessus, signees & seellees du seel dudict Seigneur.*

*Par le Conseil.   H. DE VARADE.*

# ADVERTISSEMENT AV LECTEVR

PAR

## M. DE MONTAIGNE

LECTEVR, tu me dois tout ce dont tu iouis de feu M. Eſtienne de la Boëtie : car ie t'aduiſe que quant à luy, il n'y a rien icy qu'il euſt iamais eſperé de te faire voir, voire ny qu'il eſtimaſt digne de porter ſon nom en public. Mais moy qui ne ſuis pas ſi hault à la main, n'ayant trouué autre choſe dans ſa Librairie, qu'il me laiſſa par ſon teſtament, ancore n'ay-ie pas voulu qu'il ſe perdiſt. Et, de ce peu de iugement que i'ay, i'eſpere que tu trouueras que les plus habiles hommes de noſtre ſiecle font bien ſouuent feſte de moindre choſe que cela : i'entens de ceux qui l'ont prattiqué plus ieune, car noſtre accointance ne print commencement qu'enuiron ſix ans auant ſa mort, qu'il auoit faict force autres vers Latins & François, comme ſous le nom de Gironde, & en ay ouy reciter des riches lopins. Meſme celuy qui a eſcrit les Antiquitez de Bourges en allegue, que ie recognoy : mais ie ne ſçay que tout cela eſt deuenu, non plus que ces Poëmes Grecs. Et à la verité, à meſure que chaque ſaillie luy venoit à la teſte, il ſ'en dechargeoit ſur le premier papier qui luy tomboit en main, ſans autre ſoing de le conſeruer. Aſſeure toy que i'y ay faict ce que i'ay peu, & que, depuis ſept ans que nous l'auons perdu, ie n'ay peu recouurer que ce que tu en vois, ſauf vn Diſcours de la feruitude volontaire, & quelques Memoires de noz troubles fur l'Edict de Ianuier, 1562. Mais quant à ces deux dernieres pieces, ie leur trouue la façon trop delicate & mignarde pour les abandonner au groffier & pefant air d'vne fi mal plaifante faifon. A Dieu.

De Paris, ce dixieme d'Aouft, 1570.

## *A MONSIEVR*

## MONSIEVR DE LANSAC,

### CHEVALIER DE L'ORDRE DV ROY,
### CONSEILLER EN SON CONSEIL PRIVÉ,
### SVRINTENDANT DE SES FINANCES,
### ET CAPITAINE
### DE CENT GENTILS-HOMMES DE SA MAISON.

MONSIEVR, *ie vous enuoye la Mesnagerie de Xenophon mise en François par feu Monsieur de la Boëtie : present qui m'a semblé vous estre propre, tant pour estre party premierement, comme vous sçavez, de la main d'vn Gentilhomme de merque, tresgrand homme de guerre & de paix, que pour auoir prins sa seconde façon de ce personnage que ie sçay auoir esté aymé & estimé de vous pendant sa vie. Cela vous seruira tousiours d'esguillon à continuer enuers son nom & sa memoire vostre bonne opinion & volonté. Et hardiment, Monsieur, ne craignez pas de les accroistre de quelque chose : car ne l'ayant gousté que par les tesmoignages publics qu'il auoit donné de soy, c'est à moy à vous respondre, qu'il auoit tant de degrez de suffisance au delà, que vous estes bien loing de l'auoir cogneu tout entier. Il m'a faict cest honneur, viuant, que ie mets au compte de la meilleure fortune des miennes, de dresser auec moy vne cousture d'amitié si estroicte & si ioincte, qu'il n'y a eu biais, mouuement ny ressort en son ame, que ie n'aye peu considerer & iuger, au moins si* ma veuë n'a quelquefois tiré court. Or, sans mentir, il estoit, à tout prendre, si pres du miracle, que pour, me iettant hors des barrieres de la vray'-semblance, ne me faire mescroire du tout, il est force, parlant de luy, que ie me reserre & restraigne au dessoubs de ce que i'en sçay. Et pour ce coup, Monsieur, ie me contenteray seulement de vous supplier, pour l'honneur & reuerence que vous deuez à la verité, de tesmoigner & croire, que nostre Guyenne n'a eu garde de veoir rien pareil à luy parmy les hommes de sa robbe. Soubs l'esperance donc que vous luy rendrez cela qui luy est tresiustement deu, & pour le refreschir en vostre memoire, ie vous donne ce liure, qui tout d'vn train aussi vous respondra de ma part, que sans l'expresse defense que m'en fait mon insuffisance, ie vous presenterois autant volontiers quelque chose du mien, en recognoissance des obligations que ie vous doy, & de l'ancienne faueur & amitié que vous auez portee à ceux de nostre maison. Mais, Monsieur, à faute de meilleure monnoye, ie vous offre en payement vne tresasseuree volonté de vous faire humble seruice.

Monsieur, ie supplie Dieu qu'il vous maintienne en sa garde.

Vostre obeissant seruiteur,

MICHEL DE MONTAIGNE.

# LA MESNAGERIE
## DE XENOPHON

TRADVITE DE GREC EN FRANÇOIS

par

M. Estienne de la BOËTIE

CONSEILLER DV ROY EN SA COVRT DE PARLEMENT
A BORDEAVX

VNE fois, i'ouy Socrates debatre ainfi à *Chapitre 1.*
peu pres, de la mefnagerie. La mefna-
gerie, dit-il, ô Critobule, eft-ce quelque
fçauoir qui a nom ainfi, comme la
medecine, l'orfeuerie, la charpenterie,
5 qu'en dis-tu? Il me femble bien qu'ouy, dit Critobule.
Et fçaurions nous point dire quel eft le faict de la
mefnagerie, dit Socrates, comme nous dirions bien fi
nous voulions quel eft celuy de chacun de ces autres
arts? Ie penfe pour vray, dit Critobule, que le faict *Le deuoir*
10 d'vn bon mefnager, c'eft de bien gouuerner fa maifon. *d'vn bon mefnager.*
Et quoy la maifon d'autruy, dit Socrates, fi quelqu'vn

(Nous avons maintenu les manchettes imprimées dans l'édition originale. Ces sommaires sont vraisemblablement de Montaigne, ce qui ne permet pas de les négliger ici; et nous reproduisons entre guillemets des sommaires manuscrits et inédits qui se trouvent sur les marges d'un exemplaire appartenant à M. Reinhold Dezeimeris. Quoique non signés, ceux-ci paraissent être aussi de la main de Montaigne; on peut le conclure de l'examen de l'écriture et de l'analogie de rédaction et d'orthographe. — Les mots ou parties de mots renfermés entre crochets représentent la restitution probable de bouts de lignes tranchés par le couteau d'un relieur.)

la luy donnoit en charge, ne la fçauroit il pas bien gouuerner, s'il le vouloit faire, tout ainſi que la ſienne ? Car, de vray, vn charpentier entendu en ſon art, auſſi bien pourra il beſongner en ſon art pour vn autre que pour ſoy, & parauenture vn bon meſnager tout de meſme. Il me le ſemble bien, ô Socrates. Donc, dit Socrates, qui entendra ceſt art de bien meſnager, encores qu'il n'aye de ſoy aucuns biens, ſi pourroit il gaigner bons gages à gouuerner la maiſon d'autruy, auſſi bien qu'il en gaigneroit pour la baſtir. Mais fort grands gages auroit il, dit Critobule, s'il fçauoit faire la miſe comme il appartient : &, faiſant abonder le bien, il pourroit augmenter par ſa reſerue la maiſon qu'il auroit prinſe en main.

*Chap. 2.*
*Maiſon, que c'eſt.*

Mais, dit Socrates, qu'entendons nous par la maiſon ? eſt-ce comme ſi nous diſions vn logis, ou ſi tout le bien qu'on a, ſoit il dans le logis ou dehors, tout eſt de la maiſon ? De ma part ie l'entens bien ainſi, dit Critobule, que ce que chacun a, & fuſt il hors la ville, tout eſt de ſa maiſon, puis qu'il l'a. Et n'y a il pas aucuns qui ont des ennemis, dit Socrates ? Pour certain, dit Critobule ; & tel qui en a pluſieurs. Quoy donc, dit Socrates, dirons nous auſſi que les ennemis ſont de l'auoir de ceux qui les ont ? A bon eſcient, dit Critobule, ce feroit bien vne vraye mocquerie, ſi celuy qui augmenteroit le nombre des ennemis gaignoit encores des gages. Pourtant qu'il nous ſembloit naguieres, que la maiſon de chacun fuſt ſon auoir. Mais pour vray, dit il, c'eſt ce que chacun a qui luy eſt bon ; & ſans doute ce qu'il a qui eſt mauuois pour luy, cela n'eſt pas ſon auoir. Il ſemble,

dit Socrates, que ce qui eſt proffitable à chacun, tu *Auoir, que c'eſt.*
appelles cela ſon auoir. Cela meſme, dit il. Et certes
ce qui eſt nuiſible, ie ne penſe pas que ce ſoit le bien
de perſonne, mais plus toſt le dommage. Et quoy, dit
Socrates, ſi quelqu'vn a acheté vn cheual, & n'en
ſçait vſer, ains ſe fait mal tombant de deſſus, à celuy
là ſon cheual ne ſera pas compté en ſon bien? Non
pas, dit il, ſi le bien eſt bon à qui l'a. Ny la terre,
doncques, dit Socrates, ne ſera pas du bien de tel
qu'il y a qui la laboure de telle ſorte, qu'à la labourer
il a plus de perte que de gain. Non certes, dict
Critobule, la terre n'eſt pas bien, ſi en lieu de nourrir
ſon maiſtre, elle le met à la faim. Et n'eſt ce pas, dit
Socrates, du beſtail tout de meſmes? ſi pour en auoir
l'on ſouffre dommage, à faute d'en ſçauoir vſer, le
beſtail n'eſt pas le bien de telles gens? Non certes *Bien, que c'eſt.*
pas, ce me ſemble. A ce compte, dit Socrates, tu
eſtimes bien ce qui ſert, & non pas ce qui nuit. Ce
fais-mon, dit Critobule. Donc, dit Socrates, à ceux
qui ſe ſçauent ſeruir de chaque choſe, ces choſes leur
ſont bien, & non pas à ceux qui n'en ſçauent vſer:
comme pour vray les fluſtes ſont le bien de celuy qui *Fluſtes.*
en ſçait iouër pour en faire compte; & à celuy qui n'y
entend rien, les fluſtes entre ſes mains ne ſont non
plus que des caillous inutiles, ſinon que parauenture
il les vende. Ainſi voilà vn autre point que nous
arreſtons, que les fluſtes, à les vendre, ſont le bien
de celuy qui les a, mais à les-garder non, ſinon qu'on
en ſçache vſer. Ouy vrayement, dict Critobule, faiſant
ainſi, noſtre propos ſe conduit bien d'vn fil & d'vn
commun accord, fuyant ce que nous diſions tantoſt,

que les biens ce ſont les choſes profitables. Car les
fluſtes, ne les vendant point, ne ſont pas de noz
biens, puis qu'il n'en vient aucun bien à leur maiſtre :
mais auſſi les vendant, elles ſont du bien de celuy
qui les poſſede. Adoncques Socrates dit : Ouy ſ'il les
ſçait vendre : mais ſ'il les vend de rechef à vn qui
n'en ſçache rien, non plus que luy, à les vendre
meſme elles ne ſont pas bien, au moins ſelon ton
propos. Il ſemble, dit il, ô Socrates, que tu vueilles
*Argent.* dire que l'argent meſme n'eſt pas des biens, ſi on n'en
ſçait vſer. Mais c'eſt toy meſme, ce me ſemble, qui
l'accordas ainſi, quand tu dis que les biens ſont choſes
dont on tire profit. Doncques ſi quelqu'vn vſoit de
l'argent en telle ſorte, qu'il en fiſt ſon emploite en
vne choſe, & par ce moyen ſ'en trouuaſt mal de ſa
perſonne, mal de ſon eſprit, & mal des affaires de ſa
maiſon, comment d'ores en là feroit à celuy l'argent
profitable ? Certes nullement. Autrement auſſi bien
dirons nous la Cigue eſtre de noſtre bien, qui faict
deuenir inſenſez ceulx qui en ont mangé. Doncques,
ô Critobule, l'argent, tant qu'il eſt entre mains
d'homme qui n'en ſçait vſer, renuoyons le ſi loing &
en faiſons ſi peu de compte, qu'il ne ſoit pas ſeulement
*Les amis.* compté entre les biens de celuy qui les a. Mais des
amis qu'en dirons nous, ſi on en ſçait vſer, de façon
qu'on puiſſe faire ſon profit auec eux ? Hardiment ils
ſont de nos biens, dit Critobule, & pour vray beaucoup mieulx que les bœufs de la charrue, ſi plus que
*Les ennemis.* des bœufs nous receuons profit de noz amis. Et les
ennemis doncques, à ce compte, dit Socrates, font du
bien de celuy qui ſ'en peut ſeruir, & en tirer profit.

Ouy vrayement, ce me ſemble. A ce que ie voy, dit
Socrates, c'eſt le faict d'vn bon meſnager, de ſçauoir
vſer de ſes ennemis, de façon qu'il ſ'en ſerue. Mais
bien fort, dit il. Et de vray tu vois, ô Critobule,
combien de maiſons de ſimples citoyens ſont aug-
mentees par la guerre, combien par les tyrannies.

Or, ô Socrates, ce dit Critobule, tout ce que nous *Chap. 3.*
auons dit iuſques icy, me ſemble eſtre bien : mais que
penſerons nous que c'eſt, quand nous voyons par fois
des gents ayans bien le ſçauoir & les commoditez *Le ſçauoir,*
pour pouuoir agrandir bien fort leur maiſon, ſ'ils y *à qui inutile.*
prenoient peine, mais on ſ'aperçoit bien qu'ils n'en
veulent rien faire. Et pourtant voyons nous que, à
ceux là, le ſçauoir leur eſt inutile. Dirons nous
autrement d'eux, ſinon que, à ceux cy, le ſçauoir n'eſt
point de leur bien, ny de leur auoir ? Tu veux parler
des ſerfs, ô Critobule, reſpondit Socrates. En bonne
foy, non pas des ſerfs, dict il, mais d'aucuns qu'on
penſe bien eſtre de fort bon lieu, leſquels ie voy, les
vns bien entendus aux arts de la guerre, les autres à
ceus de la paix, & toutefois ils ne les veulent pas
employer ; & cela meſme à mon aduis en eſt la cauſe,
pour ce qu'ils n'ont point de maiſtre qui leur face
faire. Et comment ſeroit il poſſible, dit Socrates, qu'ils
fuſſent ſans maiſtre ? Ils deſirent de viure bien à leur
aiſe, ils veulent faire toutes choſes pour auoir des
biens ; mais apres, quelque maiſtre vient au deuant
qui les en garde. Et qui ſont ils doncques ces inuiſibles maiſtres qui leur commandent, dit Critobule ? *Mauuais*
Inuiſibles certes ne ſont ils pas, mais fort apparents ; *maiſtres.*
& pour vray bien mauuais maiſtres ſont ils, & pour

tels toy mefme les cognois, fi tu eftimes mauuaifes la pareffe, la lafcheté de cœur & la nonchalance. Encore y a il d'vne autre forte de maiftres, vrayement pipeurs : ce font les ieus, & les compaignies inutiles. Ces maiftres font le femblant & portent la mine de plaifirs & de paffetemps ; & auec le temps fe font voir à cler, & cognoiftre à ceus là mefmes qu'ils ont pipé, que ce ne font que tourments entrelaffez de voluptez, qui venans à maiftrifer ceus qui les fuiuent, les retirent de f'employer à ce qui leur feroit profitable. Mais il y a des gents encore d'autre forte, que tout cela ne desbauche point de leur befongne, ains trauaillent bien fort courageufement, & pourchaffent de gaigner les biens, & toutefois ils deftruifent leur maifon, & font tenus en telle deftreffe, qu'ils ne fçauent que faire. Car ceus la auffi, dict il, font en

*Maiftreffes.* feruage, foubs la puiffance de maiftreffes bien terribles, les vns de la friandife, les autres de la gourmandife, ceux cy de l'yurongnerie, ceux là d'vne ambition & magnificence fotte & defpenfiue, qui commandent bien fi outrageufement à ceux qu'elles ont faifis, que tant qu'ils font ieunes & puiffans pour trauailler, elles les contraignent de leur porter tout ce qu'ils tirent de la peine qu'ils prennent, & de le defpendre à contenter leurs defirs. Mais apres, quand elles les fentent foibles, & fans pouuoir pour fouffrir le trauail, à raifon de la vieilleffe, elles adonc les laiffent languir & vieillir en peine, chetifs & malheureux. De rechef f'effayent de trouuer ailleurs d'autres ferfs, pour fe feruir de mefme : mais contre cela, ô Critobule, il faut combattre ny plus ne moins

pour la liberté, comme on feroit contre les ennemis
eftrangers, que nous voudrions afferuir auec les
armes. De vray fouuent on a veu par le paffé, que
les ennemis, ayant pour eux la force du nombre
& de la vaillance, quand ils affugettiffoient quelque
nation, la contraignoient deuenir meilleure, & faifoient viure depuis toufiours les vaincus plus à leur
aife, pour f'eftre amendez & rendus plus fages. Mais
toutes ces maiftreffes ne ceffent iamais de gafter &
diffamer les corps des perfonnes, & les cœurs, & les
biens, tant qu'elles le gouuernent. Critobule lors
parla à peu pres ainfi : Pour le regard de ce propos
ie me contente fort, & fuis bien trompé fi ie n'en ay
affez entendu, par ce que tu en dis. Et de ma part
m'examinant moymefme, ie me treuue, ce me femble,
paffablement deliuré de ces paffions là ; de forte que
fi tu m'aduertis, en quoy faifant i'augmenteray mon
bien, ie me fais bien fort que ces maiftreffes là que
tu appelles, ne m'en fçauroient garder.

Or donne moy doncques quelque bon confeil, fi *Chap. 4.*
tu en as : finon que poffible, ô Socrates, tu ayes defià
ainfi ordonné de moy, que ie fuis affez riche, & te
femble que meshuy ie n'ay pas befoing de plus
grande richeffe. Pour vray, dit Socrates, fi tu parles *Socrates*
auffi de moy, il ne m'eft pas aduis que i'aye affaire *pauure*
*f'eftime*
de plus grand bien que celuy que i'ay ; & trouue que *riche, &*
*pourquoy.*
i'ay de quoy, autant qu'il m'en faut. Mais de toy
certes, ô Critobule, i'ay cefte opinion, que tu me
fembles eftre fort pauure, & fi de vray il eft par fois
que i'ay grand'pitié de toy. Lors Critobule fe print
à rire, & dit : Et ie te prie pour Dieu, ô Socrates,

dis moy combien tu penses qu'il se trouueroit de ton
bien à le vendre & combien du mien? Et ie pense,
dit Socrates, si ie venois à rencontrer vn achepteur,
homme de bien & raisonnable, qu'il se trouueroit fort
aisement, de tout ce que i'ay auec ma maison, cinq
mines; & sçay bien certainement que de ton bien
il s'en feroit d'argent plus de cent fois autant. Et
encore sçachant cela, dit Critobule, tu ne penses pas
auoir besoing de plus grande richesse, & me plains
à moy pour ma pauureté. Pour ce, dit Socrates, que
ce que i'ay est suffisant pour fournir à ce qu'il me
fault; mais à toy, au train que tu as prins, & pour la
façon dont tu t'es accoustré, & pour ta reputation,
s'il t'en venoit encores trois fois autant que tu en as
à ceste heure, encore ne penseroy ie pas qu'il y en
eust trop pour toy. Et comment cela, dit Critobule?
Socrates le luy declaira. Premierement, dit il, pour ce
que ie voy qu'il te fault faire sacrifice de plusieurs
& grandes hosties, & c'est à toy vn faire il le fault,
autrement combien de gents le trouueroient mauuais,
& crois ie qu'ils ne le te souffriroient pas. Apres il
te fault tenir maison ouuerte à plusieurs hostes allans
& venans, & leur faire magnifique & sumptueux traitement. Puis il te fault festoyer tes citadins, & leur
faire du bien, ou demourer abandonné d'amis qui te
soustiennent; & encore ie m'apperçoy, que la ville
commence desià à te mettre sus des grandes despenses,
comme l'entretien des grands cheuaux, l'appareil des
ieux, le gouuernement des palestres & autres charges.
Et apres si la guerre vient, ie suis seur qu'on te
rechargera de la solde des galeres, & de tant de sub-

*« Commant les plus riches sont les plus poures ».*

*Pourquoy Socrates n'estime Critobule riche.*

*« Ce qui fai[ct] la grande despance [&] grand apa[reil] rand les plus riches poures ».*

lides, qu'à grand'peine les pourras tu porter : & si en quelque endroit on cognoit que tu ailles escharcement à faire ce qui te sera enioint, ie me tiens pour dit que les Atheniens s'en prendront à toy pour se venger, ny plus ne moins que s'ils t'auoient trouué desrobant le leur propre. Puis, outre tout cela, ie vois que tu penses estre riche, & n'as soin ny soucy de pourchasser du bien, mais, au lieu de cela, tu as le cœur à l'amour, estimant bien auoir le de quoy pour le faire : voilà pourquoy i'ay pitié de toy, & ay grand'peur que à la fin il ne t'en faille souffrir quelque mal incurable, & de te voir reduit à quelque extreme souffrance. Or quant à moy, ie pense que tu sçais bien, encore que i'eusse faute de quelque chose, qu'il en y a prou qui m'en fourniroient à suffisance : de sorte qu'en me donnant tant soit peu, ils feroient refouler le bien chez moy à foison. Mais tes amis ayant beaucoup mieux de quoy pour leur bien, que toy pour le tien, aduisent toutesfois vers toy pour en auoir aide & secours. Lors dit Critobule : A cela vrayement ie ne sçaurois que contredire ; mais il est temps maintenant que tu me gouuernes, à fin que du tout ie ne sois à bon escient miserable & subiect à pitié.

*Pourquoy Socrates a pitié de Critobule.*

Socrates l'oyant parler ainsi, luy dit : Et donc, ô Critobule, ne t'esbahis tu pas toy mesme de ce que tu fais, qui naguieres, quand ie me disois riche, te mocquois de moy, comme ne sachant de richesse que c'est ; & n'as iamais cessé, iusques à tant que tu m'as conuaincu, & fait confesser qu'il s'en fault encores beaucoup que ie n'aye vaillant la centiesme partie de ce que tu as : & maintenant tu me pries que ie te

*Chap. 5.*

gouuerne & que i'aye foing de toy, à ce que tu ne fois pauure & fouffreteux de tout point. Pour ce, dit il, ô Socrates, qu'il me femble que le feul moyen qu'il y a d'eftre riche, tu le fçais, c'eft de faire abonder le bien : ainfi i'efpere que toy qui fçais faire efpargne d'vn petit reuenu, fçauras bien faire d'un grand bien vne grande referue. Et de vray ne te fouuient il pas du propos que nous tenions tantoft, quand tu ne me laiffois pas toucher du pied à terre, tant tu me fuiuois de pres, difant que les cheuaux ne font pas le bien de celuy qui n'en fçait vfer, ny les terres non plus, ny le beftail, ny l'argent, ny chofe du monde, quand on ne la fçait employer. Or le reuenu ne vient que de telles chofes. Mais de moy, ce dit Socrates, comment penfes tu que i'en puiffe fçauoir vfer, qui des ma naiffance n'ay iamais eu rien de cela qui fuft à moy? Voire, dit Critobule; mais nous auons arrefté par ci deuant, qu'il y a quelque art & fçauoir de la mefnagerie, encore qu'on n'aye point de bien; & qui empefche doncques que tu ne le fçaches? Cela mefme, pour vray, dit Socrates, qui garderoit vn homme de fçauoir iouër de la flufte, s'il n'auoit iamais eu flufte qui fuft à luy, ny autre ne luy en auoit baillé pour en apprendre auecques la fienne. Et tout de mefme eft il de la mefnagerie : car ie n'eus iamais les inftruments pour en apprendre, qui font les biens, ny iamais perfonne ne me bailla les fiens en garde pour gouuerner, finon tant que tu m'en veux bailler à cefte heure. Or, au commencement, ceux qui apprennent à iouër de la guiterne, gaftent volontiers les cordes & le fuft, ainfi ie gafterois parauenture ta maifon, fi en la

*Le moyen d'eftre riche.*

« [Qu]i na iamais rien hu ne puft [p]as eftre grand [m]efnager ».

*Qu'il y a quelque art & fçauoir de la mefnagerie, encore qu'on n'aye de quoy mefnager.*

« [Qu]e tous apra[n]tis gaftent [v]oluntiers [q]uelque chofe [pou]r l'art ».

maniant ie m'eſſayois à apprendre à meſnager. A
cela, reſpondit Critobule : Tu fais des grands efforts, ô
Socrates, pour m'eſchapper, à fin de ne me donner
35 nul ſecours, à ce que plus aiſement ie puiſſe ſupporter
les affaires dont ie ne me puis paſſer. Non fais en
bonne foy, dit Socrates, ie n'ay garde : mais tout ce
que i'en ſçay, ie te le diray volontiers & de fort bon
cueur.

40 Auſſi ie croy bien que ſi tu venois cercher du feu, *Chap. 6.*
& qu'il n'en y euſt point chez moy, ſi ie te menois *Comparai-*
ailleurs, où tu en pourrois auoir, tu ne ſçaurois en *ſons fort*
cela de quoy te plaindre de moy ; & ſi tu me deman- *pertinentes*
dois de l'eau, & que ie n'en euſſe point, quand ie te
45 menerois ailleurs, où il y en euſt, ie ne penſe pas pour
cela que tu en euſſes aucun meſcontentement de moy :
& ſi tu voulois apprendre de moy la muſique & que
ie t'enſeignaſſe d'autres beaucoup plus grands maiſtres
en ceſt art que ie ne ſuis, & qui te ſçauroient fort bon
50 gré quand tu voudrois apprendre d'eux, de quoy en
ce faiſant te plaindrois tu de moy ? Ie m'en plaindrois
ſans raiſon, ô Socrates, ſi ie le faiſois. Ie te monſtreray
donc d'autres, ô Critobule, dict il, beaucoup plus
ſçauants que moy, en ce dont tu me pries, & qui en
55 font profeſſion. De vray ie ne nie pas que ie n'aye
eſté curieux de ſçauoir ceux qui ſont en noſtre ville
les meilleurs & plus ſçauans maiſtres de tous eſtats ;
car m'eſtant apperceu les vns eſtre fort pauures, & les *Pourquoy*
autres fort riches, faiſans meſme eſtat, i'en fus esbay, *les vns ſont*
60 & me ſembla que la choſe meritoit qu'on y aduiſaſt, *pauures,*
pour ſçauoir que c'eſtoit : puis, en y prenant garde, *les autres*
ie trouuay que cela ſe faiſoit fort naturellement : car *riches.*

« [Ce]ux qui font les [c]hofes inconfi[de]remant font [v]oluntiers [p]oures ».

ie vis que ceux qui faifoient les chofes folement & à l'aduenture, n'en rapportoient que perte & dommage; & ceux qui pouruoyoient d'vn fens arrefté, ie cogneus à l'œil que ceux là en venoient à bout, & plus toft & plus aifement, & auec plus grand gain & auantage. A l'efcole de ceux là fuis ie bien affeuré que fi tu veux aller, tu ne faudras, fi Dieu ne t'eft contraire, d'eftre quelque iour vn merueilleux treforier. Critobule l'oyant parler ainfi : Ie n'ay donc garde meshuy de te lafcher, que premier tu ne m'ayes monftré ce que tu m'as maintenant promis en prefence de ces gents de bien nos amis. Et quoy, ô Critobule, dit Socrates, fi ie

*Baftir.* te monftre premierement les vns qui baftiffent à grand couft des baftiments inutiles, & les autres qui à beaucoup moindres frais les font commodes pour tout ce qu'il fait befoing, te femblera il que ie t'aye monftré vn des points appartenans à la mefnagerie? Ouy vrayement bien fort, dit Critobule. Et quoy? dit il, fi ie t'enfeigne, apres cela, vne autre chofe qui vient

*Pourquoy aucuns ne fe peuuent feruir de leurs meubles.* à la fuitte de celle là, comment les vns ayans force meubles de toutes fortes, ne f'en peuuent feruir quand ils en ont befoing, ny ne fçauent à grand'peine f'ils les ont : ainfi ils fe tourmentent eux mefmes fouuent, & tourmentent leurs valets; & d'autres qui n'ayans rien plus que ceux là, mais encores beaucoup moins, les ont toufiours prefts & à main, quand ils en ont affaire. Mais qui eft la caufe de tout cela, ô Socrates? eft ce point pour ce que ceux là efpandent tous leurs meubles, & les iettent par ci par là; & chez les autres toutes chofes font ordonnees chafcune en quelque lieu? Ouy vrayement, dit Socrates, & non pas feule-

ment en quelque lieu : mais encores tout eſt, l'aranger
en la place qui luy eſt la plus conuenable. Tu dis
donc, dit Critobule, ce croy ie, que c'eſt vn point de
35 la meſnagerie. Quoy donc encores, dit Socrates, ſi ie
te monſtre chez l'vn, les feruiteurs tous attachez, par
maniere de dire, & ceux là s'enfuyans & ſe deſrobans
ſouuent ? Et chez l'autre, viuans au large, & trauail-
lans franchement & de bon cœur, & ne bougeans
40 iamais ; n'eſtimeras tu pas que ie t'ay fait voir vn bel
effect & notable de la meſnagerie ? Mais bien fort ie
t'aſſeure, dit Critobule. Et ſi ie te fais cognoiſtre *Beaux*
comment en labourant la terre de meſme ſorte, à peu *effects &*
*notables*
pres, les vns diſent qu'ils en ſont perdus & deſtruis, *de la*
*meſnagerie.*
45 & les autres ont à gré & à foiſon tout ce qui leur fait
meſtier, par le moyen de l'agriculture ? Ouy, dit
Critobule, mais poſſible eſt ce pour autant que ceux
là deſpendent, non pas ſeulement en ce qu'il faut,
mais encores à ce qui leur eſt dommageable à eux &
50 à leur bien. Parauenture, dit Socrates, en y a il bien
auſſi quelques vns de ceſte ſorte, mais d'eux ne parle
ie pas maintenant, ainçois d'autres que i'en voy, qui
ne peuuent pas ſeulement fournir à ce qui leur eſt
neceſſaire, & qui ſe diſent faire meſtier de l'agricul-
55 ture. Et qui ſera la cauſe de cela, dit il, ô Socrates ?
Ie te meneray auſſi vers ceux là, dit il ; & apres les
voyant à l'œil toy meſme, tu l'apprendras, ie croy.
Ouy bien, dit il, mais c'eſt à ſçauoir ſi ie pourray. De
vray, dit Socrates, il faudra t'eſſayer, pour voir ſi en
60 aduiſant tu pourras cognoiſtre la cauſe. Et certes il me
ſouuient bien, auſſi fait il bien à toy, ie croy, que
ſouuent tu t'es leué de fort bon matin, & as fait

beaucoup de chemin pour aller voir les ieus des comedies; & maintefois m'as prié de grande affection d'aller auecques toy. Mais tu ne me conuias iamais pour aller voir aucun de ces effects de la mefnagerie. C'eft donc à dire, ô Socrates, qu'il te femble qu'il y a bien en moy de quoy fe mocquer. Mais c'eft à toy, dit Socrates, qu'il le femble, ce croy ie, plus qu'à moy. Mais encore fi ie te monftre aucuns qui n'ont pas à grand'peine de quoy viure, & font venus à cefte extremité pour aymer les cheuaux; & d'autres qui pour les auoir aymez auffi, font maintenant fort ayfez, & fe vantent du profit qu'ils y ont trouué? Cela voy ie bien moy mefme, dit Critobule, & cognois & les vns & les autres; & pourtant ne fuis ie pas du nombre de ceux qui gaignent. Pour ce, dit Socrates, que tu les vois tout ainfi comme tu regardes les ioueurs des tragedies & comedies, non pas, ie croy, pour deuenir bon poëte, mais pour te donner plaifir à voir ou à ouïr quelque chofe. Et parauenture que d'en vfer ainfi aux ieux tu n'as pas de tort, car tu n'as pas d'enuie d'eftre poëte; mais puis que tu es contraint de tenir grande efcuyrie, ne penfes tu pas eftre bien mal fage, fi tu ne prens garde de t'entendre en cheuaux, veu mefmement que les mefmes chofes font bonnes pour en auoir feruice, & proufitables pour en tirer gain à les vendre? Tu veux doncques, Socrates, dit il, que ie fois maquignon de cheuaux. Non ie t'affeure, dit Socrates, non plus que d'acheter des enfants ferfs, & les faire de la main dés leur ieune aage, pour eftre laboureurs. Mais i'eftime qu'aux hommes & aux cheuaux il y a quelque certain aage, auquel on fe

*Il pourfuit fon propos.*

fert defia d'eux, & fi croiffent toufiours de bien en
mieux.

 Encore te monftreray ie, fi ie veux, les vns vfans
35 fi bien de leurs femmes, qu'ils ont d'elles fecours
& compagnie, pour faire d'vn accord la maifon meilleure; & d'autres qui pour en auoir en font affolez,
comme font la plus part. Et de cela, ô Socrates, dit
Critobule, à qui en faut il donner le blafme, au mary
40 ou à la femme ? Le plus communement, refpondit
Socrates, quand le beftail a quelque mal, on en
charge le berger. Et le plus fouuent, fi le cheual eft
hargneus & malfaifant, nous en donnons la coulpe
à l'efcuyer. Mais quant à la femme, fi ayant efté
45 enfeignee par fon mary à bien faire, elle faict mal,
lors croiray ie bien qu'à bon droict elle en auroit le
blafme : mais fi le mary, n'ayant rien enfeigné à fa
femme de bon & honnefte, la trouue apres mal-
apprife en l'vfage des chofes, n'eft ce pas fur luy
50 qu'en doit tomber le reproche ? Et à bon efcient,
ô Critobule, dy nous en la verité toy mefme, ie te
prie, car nous fommes ici tous lais, y a il perfonne
du monde en qui tu te fies tant, de plus de chofes
d'importance, comme en ta femme ? Non vrayement,
55 dit il. Et y a il perfonne auec qui tu parles & rai-
fonnes moins qu'auec elle ? Il n'en eft guieres, dit il, &
poffible point. Et quand tu l'efpoufas, n'eftoit elle pas
ieune & encore fort enfant, & qui n'euft fceu auoir ny
moins ouy ny moins veu qu'elle auoit ? Certes non,
60 dit il. Il faudroit donc, refpondit Socrates, beaucoup
plus f'esbahir fi elle fçauoit ou dire, ou faire aucune
chofe comme il faut, que de la veoir faillir en l'vne ou

*Chap. 7.*
*Que bien*
*vfer des*
*femmes fert*
*beaucoup*
*en mefnage.*

*Belles com-*
*paraifons*
*& remon-*
*ftrances.*

en l'autre. Mais ceux, ô Socrates, qui ont les bonnes
femmes que tu dis, ne pourroit on point aduiſer en
quelque ſorte comment ils les ont enſeignees ? Ie te
mettray deuant Aſpaſie, dit il, qui te fera entendre
toutes ces choſes beaucoup plus doctement que ie
ne ſçaurois faire. Mais de ma part, ie penſe quand la
femme eſt loyale compaigne de la maiſon, s'il falloit
iuger qui a plus de part au bien, ou le mary, ou elle,
ils balanceroient fort. Car le plus ſouuent les biens
entrent en la maiſon par le faict du mary, & communement la miſe ſe faict & ſe gouuerne par la conduite
de la femme. Et ſi l'vn & l'autre va bien comme il
faut, la maiſon s'augmente : ſi mal, elle diminue. Apres,
ie penſe bien que ie ne failliray pas à te monſtrer auſſi
les meilleurs maiſtres, & les plus recommendables de
tous autres maiſtres, ſi tu cuides que cela te puiſſe
ſeruir, en quelque choſe. Mais à quoy faire eſt il
beſoing, ô Socrates, dit Critobule, que tu me monſtres
ainſi tous ces arts ? car d'en recouurer de chacun les
ouuriers tels qu'il les faut, il n'eſt pas aiſé ; & d'eſtre
moy meſme ſçauant en tous, il eſt impoſſible. Mais les
arts qu'on eſtime les plus beaux, & qui me ſieroient
le mieux, quand ie m'y ferois exercé, monſtre les moy,
& les hommes qui en vſent ; & toy meſme ayde moy,
pour les apprendre. Tu parles certes fort bien, ô Critobule, dit il, car les arts qu'on appelle mecaniques, où
il faut ſoufler le charbon, ſont mecaniques de leur
nom, & à bon droit les tient on en peu d'eſtime aux
bonnes villes, car elles gaſtent les perſonnes de ceux
qui y trauaillent & s'y exercent, de tant qu'elles les
contraignent de eſtre touſiours aſſis, viure caſaniers

*Qui a plus de part au bien, le mary ou la femme.*

*Les arts mecaniques en peu d'eſtime ès bonnes villes.*

& demeurer à l'ombre; & encore y a il tel meftier, qu'il faut auoir tout le long du iour le vifage au feu. Or le corps eftant par ce moyen amolly & effeminé,
35 le cueur mefme en deuient plus lafche & moins vigoureux. Auffi ces arts mecaniques donnent plus d'empefchement & retirent les hommes du foucy qu'ils doiuent auoir de leurs amis & de leur ville : de forte qu'il eft aifé à cognoiftre que en telles gents
40 les amis ne treuuent guieres de plaifirs, ny leur païs guieres grand fecours; & de là vient qu'en plufieurs citez, mefmes en celles qui femblent eftre les plus guerrieres, il n'eft pas loifible à aucun des citoyens de befongner de ces meftiers. Et à moy, dit il, ô
45 Socrates, de quel me confeilles tu que i'ufe? Poffible, dit Socrates, n'aurons nous pas honte d'imiter le roy de Perfe : car on dit que pour autant qu'entre les plus beaux & plus neceffaires exercices il eftime l'agriculture & les armes, qu'à cefte occafion il eft
50 meruellleufement foigneux de tous deux. Critobule l'oyant parler ainfi : Et tu croys cela, dit il, ô Socrates, que le Roy de Perfe aye aucun penfement de l'agriculture ? Parauenture, dit Socrates, cognoiftrons nous f'il f'en foucie, en y prenant garde de la forte que ie
55 te vois dire. Nous fommes bien d'accord qu'il eft fort foigneux du faict des armes, pour ce que luy mefme ordonne à chafque gouuernement, fur quelles nations il faut prendre la monition, & à combien il en faut donner de gents de cheual, des archiers, des tireurs
60 de fonde, des picquiers, qui foient en nombre fuffifant pour eftre maiftres du peuple de fon gouuernement, & pour la garde du païs contre l'ennemy eftranger;

*Le Roy de Perfe fort foigneux du fait des armes.*

&, outre cela, comment il faut nourrir les foldats en garnifon dans les citadelles des villes. Or baille il la monition aux garnifons par les mains du gouuerneur, à qui il en a donné la charge. Mais le roy faict tous les ans la reueuë des eftrangers qui font à fa folde, & de ceux de fes terres à qui il a efté commandé de f'y trouuer en armes; & les ayant affemblez tous, cela f'appelle lors la monftre, qu'il voit luy mefme, & nombre ceux qui font autour du lieu de fa demeure; & aux autres qui en font loing il enuoye, pour y regarder, les plus fideles qu'il ait pres de luy. Et les capitaines des villes, le couronnel des compaignies, les fatrapes qui fe trouuent auoir complet le nombre ordonné de leurs foldats, & qui les ont les plus braues en cheuaux & les mieux fournis d'armes, ce font les officiers qu'il aduance en honneurs, & enrichit de beaux & grands prefents. Et, au contraire, ceux qu'il trouue ou ayant peu de foing des capitaines qui font foubs eux, ou qui pillent quelque chofe, il les chaftie fort rudement, &, les priuant de leurs eftats, il en met d'autres en cefte charge. Or donc, faifant ainfi, nous croyons bien qu'il eft fans contredit curieux des

*Il pourfuit encore fon propos.* affaires qui concernent l'eftat des armes : mais il fait encore d'auantage; car luy-mefme, tant qu'il peut vifiter à l'œil les terres de fa fuiection, il f'effaye d'entendre leur portee; & celles qu'il ne peut voir, il les vifite par gents fideles qu'il enuoye pour ceft effect. Et f'il cognoit qu'il y ait quelques gouuerneurs qui maintiennent les païs de leur charge bien peuplez, & la terre bien cultiuee & pleine des arbres qu'elle porte & de fes fruicts, à ceux là il donne ou autre

gouuernement encore de furcroy, ou les honore de
beaux dons, des rencs & eftats honorables. Mais
ceux defquels il voit les païs deferts & mal habitez,
35 pour raifon ou de leur rudeffe, ou infolence, ou pour
leur nonchalance, il les punit, & leur ofte leurs
offices, & eftablit d'autres gouuerneurs. Et faifant
ainfi, il femble qu'il ne f'eftudie pas moins que la
terre foit bien entretenue par les habitans, que de
40 l'auoir gardee bien & feurement par les garnifons :
& encore ce n'eft pas vn mefme gouuerneur qui eft
ordonné pour ces deux charges : mais l'vn commande
aux gents du païs & laboureurs, & leue fur eux les
daces ; & l'autre a foubs fa main les gents d'armes
45 gardans les places ; & fi celuy là ne garde le païs
comme il doit, l'autre qui a le gouuernement des habitans, & le foing de l'entretenement de leur terre, fe
plaint de celuy qui eft commis pour la guerre, de ce
que pour eftre le païs mal gardé, fes gents ne le
50 peuuent faire valoir. Mais fi le capitaine donne la
commodité aux gents du lieu de trauailler à leur aife,
il accufe à fon tour l'autre capitaine, f'il tient la
prouince mal peuplee & la laiffe chaumer. Et de vray
il fe voit toufiours que par ceux qui font mal leurs
55 terres, ny les gents d'armes ne peuuent eftre entretenus, ny les daces payees. Mais aux prouinces où il
y a vn Satrape qu'ils appellent, celuy là a le foing &
fuperintendance de l'vn & de l'autre. Apres cela,
Critobule print le propos, & dit : Pour vray, ô Socra-
60 tes, ie penfe que le Roy a autant de foucy du faict de
l'agriculture comme de la guerre, au moins f'il en vfe
comme tu dis.

*Cire, foin-*
*gneux de*
*l'agriculture.*

*Chap. 8.* Encore outre cela, dit Socrates, en quelque païs qu'il demeure, & en quelque lieu qu'il hante, il a le cœur à ce qu'il aye ſes vergers, qu'on appelle ſes paradis, bien pleins de tout ce qu'on peut ſouhaiter de bel & bon que le terroir ayme à porter; & là dedans il paſſe la plus part du temps, ſi la ſaiſon de l'an ne l'en iette & met hors. Il faut bien donc, dit Socrates, ô Critobule, qu'il ait le penſement que ſes vergers ſoient ſingulierement beaux & bien accouſtrez & d'arbres & de tout ce qui eſt de beau que la terre produit, puis que luy meſme y demeure tant dedans. Encore, ô Critobule, dit Socrates, l'on dit que, quand il deſpart ſes preſents, il faict premierement entrer ceux qui ſe ſont monſtrez bons hommes de guerre, pour ce qu'il ne ſeruiroit de rien qu'on labouraſt beaucoup, ſ'il n'en y auoit qui tinſſent le païs en ſeureté. Apres, les ſeconds qu'il fait entrer, ce ſont ceux là qui entretiennent mieux les terres, & qui les font valoir; & donne la raiſon que meſmes les plus vaillans guerriers ne ſçauroient viure, ſ'il n'y auoit gents qui trauaillaſſent au labourage. Si dit on encore de Cire, qui a eſté pour vray le plus grand & le plus renommé Prince qu'on ſache, que, à ceux qu'il faiſoit venir pour prendre de ſes dons, il leur diſoit que à bon droit luy meſme prendroit pour ſoy les preſents qu'il bailloit aux vns & aux autres : car nul mieux que luy ne ſçauroit entretenir les terres, ny les terres bien entretenues mieux que luy garder & defendre. Cire doncques, ô Socrates, dit Critobule, ſ'il tenoit ce langage, promettoit tout autant pour bien cultiuer le païs & le faire valoir, comme pour eſtre bon guerrier. En bonne foy, dit

*Vergers, Paradis.*

*L'ordre que tenoit Cire à deſpartir ſes dons.*

*Cire promettoit autant au bon laboureur comme au bon guerrier.*

Socrates, Cire euſt eſté, s'il euſt veſcu, auſſi bon chef de prouince qu'il eſt poſſible ; & de cela donna il pluſieurs ſignes & grands teſmoignages, & meſmement
35 lors qu'il alloit trouuer ſon frere auec ſon armee, pour le combatre ſur la querelle du Royaume. Car non pas vn ſeul, dit on, du camp de Cire, ne ſe rendit du coſté du Roy ; & pluſieurs miliers d'hommes quitterent le ſeruice du Roy pour venir à Cire. Or
40 de ma part, ie penſe que l'vn des grands ſignes de la vertu d'vn chef, c'eſt quand les ſubiects luy obeiſſent volontiers, & tiennent bon pour luy, voire aux plus grands dangers. Et l'on a veu que les amis de Cire combatirent pour luy tant qu'il veſquit ; & quand il
45 mourut, ils moururent pour luy & auecques luy, combatans tous autour du corps mort, fors ſeulement Ariee qui eſtoit à ſon ranc, pour commander à vn autre coſté de la bataille, à main gauche. Doncques, de ce Cire, on fait vn conte, que, alors que Liſandre *Conte que l'on fait de Cire.*
50 luy alla porter les preſents que ſes alliez luy enuoyoient, ce bon Prince le feſtoya de mille autres careſſes, comme Liſandre meſme eſtant à Megare l'a conté depuis à vn ſien ami & hoſte ancien ; mais entre autres bonnes cheres qu'il lui fit, il lui monſtra,
55 ce dit il, à Sardes, ſon verger. Liſandre, le voyant, *Verger de Cire.* s'eſtonnoit que les arbres fuſſent ſi beaux & ſi iuſtement plantez à la ligne, & les rancs des fruitiers ſi droits, & tous bien meſurez à angles compaſſez d'vne façon belle à merueilles ; & puis vn grand nombre
60 d'odeurs ſouëfues qui les accompagnoient ſe promenans aux allees, dont luy tout esbahy dit à Cire : De tout ce que ie vois, pour vray, ie m'en eſmerueille, ô

Cire, pour eftre tout fingulierement beau : mais fur
tout, trop plus que nulle autre chofe, i'admire l'ouurier
qui vous a compaffé & ordonné cecy. Cire, l'oyant
parler ainfi, en fut bien aife. Moy mefme doncques,
ô Lifandre, ay le tout compaffé & ordonné, comme
tu le vois; & encores, dit il, y a prou de ces arbres
que i'ay planté moy mefme. Lors Lifandre le regardant, & voyant la beauté de fon habillement, & fentant
les perfums qu'il portoit, & aduifant la richeffe de fa
chaine & de fes bracelets, & de tout le refte de fa
parure : Que dis tu, ô Cire, dit il ; eft il poffible que
tu ayes planté aucun de ces arbres de ta main ? Aucun
de ces arbres ? tu t'esbahis doncques de cela, ô Lifan-

*Exercice de Cire auant le repas.* dre, refpondit Cire : ie te iure le Soleil, que tant que
i'ay eu vn iour de fanté, ie n'ay iamais faict repas,
premier que d'auoir trauaillé iufques à fuer, m'exer-
citant ou bien aux armes, ou bien à l'agriculture, ou à
faire quoy que ce foit que i'aye prins à cœur. Lifandre
à l'heure l'embraffe, & luy dit : Certes, ô Cire, tu es
vrayement bien heureux, & à bon droit : car en toy
la fortune accompagne la vertu.

*Chap. 9.* Tout ceci t'ay ie voulu conter, ô Critobule, dit
Socrates, à fin que tu entendes que ceux là mefme
qui font les mieux fortunez, ne fe peuuent garder
*Louange de l'Agriculture.* qu'ils ne vaquent à l'agriculture. Car il femble que
cefte occupation faict fentir à qui f'y eftudie vn
merueilleux plaifir, vn grand accroiffement de bien,
& dreffe le corps pour fçauoir tout ce qui eft bien feant
& conuenable à vn homme bien né. Premierement,
tout ce dont les hommes viuent, la terre le produit à
ceux qui la cultiuent; & tout ce dont les hommes

fentent plaifir, la terre auffi le porte. D'auantage, tout
ce dont ils parent les autels des dieux & des images,
& dont eux mefmes fe parent, elle le leur donne, mais
35 c'eft auec vne admirable douceur de bonnes fenteurs,
& d'vn fingulier plaifir de la veuë. Et outre, la plufpart
des viandes, les vnes elle les porte, les autres elle les
nourrit. Car ie prens le pafturage pour eftre vni à
l'agriculture ; & par ce moyen, elle baille aux hommes
40 de quoy contenter les dieux en facrifiant, & en prendre
eux mefmes pour leur vfage : mais, faifant largeffe des
biens à grande foifon, fi n'endure elle pas qu'auec
pareffe on les recueille ; ains accouftume ceux qui en
veulent auoir, auecques le froid de l'hyuer & le chaud
45 de l'efté, de bien porter la peine. Elle rend plus forts
& vigoureux ceux qui l'entretiennent eux mefmes de
leur main, en les exerceant par l'effort de leurs bras ;
& ceux auffi qui l'entretiennent par le foing & foucy,
les faifant vaillamment fefueiller de bon matin, & les
50 contraignant de marcher au grand pas, pour aller
voir leur befongne. Car auffi bien aux champs qu'à la
ville, toufiours ce qu'on faict de bonne heure eft le
mieux faict, & le plus à propos. D'auantage, fi on
veult fecourir fon païs à cheual, c'eft à l'agriculture
55 de le nourrir : fi à pied, elle faict les membres forts
& robuftes. Encore elle conuie d'aymer la peine de la
chaffe, de tant que la terre baille le moyen de nourrir
aifement les chiens de chaffe & de mefme nourrit auffi
les beftes fauuages. Et puis les cheuaux & les chiens, *Des cheuaux*
60 pour le bien qu'ils tirent de l'heritage, luy en font *& des chiens.*
auffi pour recompenfe à leur tour : le cheual portant
de grand matin le maiftre, qui en a le foing, à la vifite

de la beſongne, & luy donnant moyen de ſ'en
retourner le ſoir; les chiens en deſtournant les beſtes
ſauuages des fruicts & du beſtail, à ce qu'ils ne ſoient
endommagez, & tenant en ſeureté le lieu champeſtre,
ſolitaire & eſcarté. Et certes la terre donne quelque
cœur, ce me ſemble, à ſes laboureurs, de defendre le
païs auec les armes, de tant qu'elle met ſes fruits
comme vn pris au milieu du ieu, pour le vainqueur.

*Encore de l'agriculture.* Or quel meſtier rendroit les artiſans plus adroits à
courir, à tirer, à ſauter, que l'agriculture ? & quel art
recompenſe mieux ſes ouuriers de la peine qu'on y
prent ? Quelle recueillit mieux, ny plus ioyeuſement,
celuy qui a ſoing d'elle, que ceſte ci, qui luy met à
main, quand il la vient voir, tout ce qu'il lui faut ?
Quelle faict plus grand'chere, ny plus liberalement,
aux amis de ſon maiſtre ? Où eſt on mieux à ſon aiſe
pour hyuerner auecques beaux grands feux, & les
eſtuues bien chaudes ? Où y a il plus grande commodité de paſſer l'eſté qu'au village, auecques les belles
fontaines, & les petits vents gracieux, & les ombra-
ges ? Quelle fait offrande aux dieux de ſes premices
plus ſeante & mieux conuenable? quelle fait plus de
feſtes en leur honneur? quelle eſt plus aymable aux
ſeruiteurs, plus plaiſante à la femme, plus deſirable
aux enfants, plus gracieuſe aux amis ? De ma part ie
trouue eſtrange ſ'il y a quelque homme bien né, qui
ait aucun bien auquel il prenne plus de plaiſir qu'à
ſon champ, ou ſ'il trouue aucun exercice plus plaiſant
que ceſtui cy, ny plus profitable pour la vie. Encore
y a il bien mieux, car la terre de ſon gré enſeigne de
viure iuſtement à ceux qui le ſçauent comprendre :

car ceux qui la feruent le mieux, ce font ceux qu'elle recompenfe de plus grands biens. Mais fi par fois il furuient vne groffe armee d'ennemis, qui empefchent
35 ceux qui font eftat de l'agriculture de vaquer à leur befongne, ils ont au moins ceft auantage, qu'eftans vaillamment nourris à la peine, ils font prefts & defia fournis de cœur & de corps pour pouuoir, fi Dieu ne leur eft contraire, aller aux terres de ceux qui leur
40 font le deftourbier, & là prendre fur eux des viures pour fe nourrir. De vray, fouuent, en temps de guerre il eft plus feur de chercher des viures les armes au poing, qu'auec les outils de l'agriculture. L'agriculture apprent encore de f'entraider l'vn l'autre : car il faut
45 aller à la guerre en compagnie, & en compagnie au trauail du labourage. Celuy donc qui voudra faire bien les terres, il faut qu'il face les ouuriers gaillards & courageux, & volontaires à obeïr ; & cela mefme doit moyenner celuy qui mene les foldats à la guerre,
50 en faifant des prefents à ceux qui font ce qu'il faut que les gents de bien facent, en chaftiant ceux qui font le defordre. Et fouuent eft befoing que le mefnager crie à fes ouuriers & leur donne cœur, auffi bien que le capitaine aux foldats : & fi les ferui-
55 teurs efclaues maintefois n'ont pas moins de befoing que les hommes libres, ains beaucoup plus, qu'on les contente de bonnes efperances, à fin qu'ils tiennent bon & ne bougent. Et vrayement celuy là difoit bien qui appelloit l'agriculture la mere & la
60 nourrice de tous les autres arts. Car fi l'agriculture eft bien, les autres font bien auffi ; mais là où la terre eft contrainte de demeurer en friche, les autres

*Belles comparaifons.*

*L'Agriculture, mere & nourrice des autres arts.*

meftiers fe meurent quafi tout par tout, & par mer & par terre.

*Chap. 10.* Adonc, Critobule, oyant cela, luy dit : Ie treuue certes bien fort bon ce que tu dis, finon qu'en la plus part des chofes de l'agriculture il eft impoffible aux hommes d'y pouruoir ne d'y mettre ordre. Car les grefles, les brouillarts, les feichereffes, les exceffiues pluyes, les vermines, & plufieurs autres chofes emportent fouuent tout ce qui aura efté au labourage bien penfé & bien executé ; & quelquefois vne maladie furuenant tue miferablement tout vn parc de beftail, le mieux nourri qu'il eft poffible. A cela Socrates refpondit : Or penfois-ie certes, ô Critobule, que tu fçeuffes que les Dieux font auffi maiftres de l'agriculture comme des affaires de la guerre. Et ie crois que tu prens bien garde comment à la guerre, auant aller aux factions, chafcun f'effaye de fon cofté de gaigner la bonne grace des Dieux, & met peine d'entendre d'eux, par facrifices & par augures, ce qu'il faut faire ou laiffer. Et en la mefnagerie des champs, penfes tu qu'il faille moins gaigner les Dieux & les rendre fauorables ? Car tu fçais bien que les fages, & pour les grains, & pour les fruits, & pour les bœufs, & les cheuaulx, & menu beftail, & pour tout ce qu'ils ont, honorent les Dieux & les feruent. Tu parles certes comme il faut, ô Socrates, m'aduertiffant que ie tafche de ne commencer chofe aucune que auec le plaifir des Dieux, de tant qu'ils font feigneurs de tout ce qui appartient à la paix & à la guerre : ie m'efforceray doncques d'en vfer ainfi. Mais reprens, ie te prie, le propos de la mefnagerie, en l'endroit où tu l'auois

*Que Dieu eft maiftre & feigneur de tout, & pour ce faut tafcher de gaigner fa bonne grâce, le feruir & honnorer.*

laiſſé, & eſſaye de mener à bout ce qui ſuiuoit apres :
car à ceſte heure meſme, pour auoir ouy ce que tu as
dit, il m'eſt bien auis que deſia, mieux que deuant,
35 i'entreuoy ce qu'il me fault faire pour viure. Quoy
doncques, dit Socrates, ſi nous repaſſions ce que nous
auons arreſté d'vn accord en diſputant, à fin que, ſ'il
eſt poſſible, nous mettions peine de diſcourir auſſi ce
qui reſte encore, ſans laiſſer paſſer choſe dont on ne
40 ſ'accorde? Pour vray, dit Critobule, il y a du plaiſir,
ce me ſemble, comme à deux parçonniers, qui voyent
les parties de leur ſocieté, quand ils paſſent touſiours
auant en leur compte, ſans laiſſer derriere aucun
article en debat; & de meſme entre nous, qui ſommes
45 communs aux propos que nous debatons, ſi nous
fuiuons noſtre diſpute, ſans preſuppoſer aucune choſe
que nous n'ayons arreſté tous deux. Doncques, dit
Socrates, n'auons nous pas eſté d'aduis, que la meſnagerie eſt le nom d'vn ſçauoir? Et puis, il nous a ſemblé
50 que c'eſt le ſçauoir par lequel les hommes peuuent
faire les maiſons meilleures: & la maiſon, nous diſions
que c'eſtoit tout l'auoir de chacun; & qu'à chacun,
ſon auoir, c'eſt ce qui luy eſt proffitable pour la vie;
& apres nous auons trouué, que ce de quoy nous
55 ſçauons vſer, cela nous eſt profitable; & auons eſté
d'opinion qu'il eſtoit impoſſible d'apprendre tous les
arts, & eſtions d'aduis de ne faire point compte,
comme on ne fait aux bonnes villes, des arts mecaniques, pour ce qu'il ſemble, à voir, qu'elles abbatent
60 le cœur & gaſtent le corps; & de cela diſions nous
qu'on en verroit vn cler & apparent teſmoignage, ſi,
quand les ennemis entrent en vne contree, on mettoit

*Brieue repetition de tout ce qui a eſté traiẛé au parauant.*

*Les laboureurs plus prests à combatre que les artisans.*

d'vn costé les laboureurs, & les artisans d'vn autre, & on leur demandoit à tous, à part, de quel aduis ils sont, ou de defendre la campaigne, ou bien de l'abandonner pour se retirer dans les villes & garder les murailles : car pour certain nous croyons que ceux qui sont tousiours apres les terres seroient d'auis de combatre ; & les artisans non, mais de demeurer assis, comme ils sont apprins des leur enfance, & ne se mettre en peine ny en danger. Apres nous auons resolu que l'agriculture, dont les hommes prennent ce qui leur faict besoing, est la meilleure occupation & le plus beau sçauoir qu'on pourroit trouuer pour vn homme de bien & honneste. Car nous trouuions ceste vacation, entre toutes, la plus facile à apprendre, la plus plaisante à en vser, & rendant les corps les plus beaux & les plus forts ; & si ne donne aucun empeschement à l'esprit, qu'on ne puisse bien auoir le

*Conclusion de l'epilogue.*

cœur aux affaires de son païs & de ses amis : & auons estimé qu'elle eguillonne grandement les hommes à estre hardis & courageux, de tant que hors des murailles & des forts, elle produit les fruits & nourrit les hommes qui l'entretiennent. Et par ainsi, que ceste façon de viure est en grand honneur aux citez, pour ce qu'elle faict des bons citadins, & fort affectionnez au commun.

*Chap. 11.*

Adonc Critobule dit : Or donc meshuy, ô Socrates, que ie croye que viure de la mesnagerie des champs, c'est la plus belle, & la meilleure, & la plus plaisante maniere de vie, i'en pense auoir eu par tes raisons suffisante preuue. Mais quant à ce que tu disois auoir appris autrefois, pourquoy c'est qu'aucuns vsent

d'agriculture de telle forte, qu'ils en tirent tout ce
qui leur faict meftier, en grande abondance; & les
autres en vfent de telle façon, qu'elle ne leur vient
à aucun proufit: la raifon de cela entendrois ie de toy
fort volontiers, pour faire ce qui eft bon, & laiffer
ce qui eft dommageable. Et quoy, dit Socrates, ô
Critobule, fi ie te conte des le commencement vn
propos qu'autrefois i'eus auec vn perfonnage, qui
eftoit vrayement, à mon aduis, de ceux à qui on
donne iuftement ce tiltre de bel & bon homme, qu'on *Bel & bon homme.*
appelle? A bon efcient, dit Critobule, ie voudrois bien
qu'on dift cela de moy: car auffi de vray i'aymerois
bien eftre tel, que ie fuffe digne de ce tiltre. Ie te feray
doncques de furcroy le conte, dit Socrates, comme
c'eft que ie me prins garde de ce beau mot; car pour
le regard des bons charpentiers, des bons graueurs
d'erain, bons peintres, tailleurs de pierre, & tels
autres artifans, i'eus prou de peu de temps à paffer
par tout, pour les voir tous, & tous leurs ouurages
qu'on eftime beaux: mais pour auoir le moyen de
prendre garde à ceux qui ont ce grand & braue nom
de Bel & Bon, & d'entendre en quoy faifant ils
meritent d'en eftre appellez, i'auois vne grande enuie
en mon cœur de trouuer quelqu'vn de ceux là, de qui
ie me peuffe accointer. Et premierement, pour ce
qu'en ce nom le beau eft accouplé auecques le bon, le
premier que ie voyois beau & bien formé, ie m'appro-
chois de luy, & m'efforçois d'apprendre, pour voir
quelque endroit où le bon fe tinft au beau, mais ie
n'auois garde de le trouuer ainfi; ains me fembloit que
i'apperceu plufieurs en qui ie voyois bien belle la

forme, & bien mauuaife l'ame. Pour cefte caufe, ie me
refolu de laiffer à part ce qui paroit bel à la veuë, &
d'aller tout droit chercher quelqu'vn qui f'appellaft
Bel-&-Bon. Voilà pourquoy ayant ouy dire qu'entre
les hommes & les femmes, les eftrangers & les
citoyens, on donnoit ce tiltre à Ifchomache, ie deli-
beray d'entrer en propos auec luy. Vn iour doncques,
le voyant affis au portique qu'on appelle de Iuppiter
le franc, pour ce qu'il me fembloit eftre de loifir, ie
m'aduançay vers luy, & m'eftant affis aupres, luy dis:
Qu'eft ce à dire, ô Ifchomache, que toy, qui n'as
guieres accouftumé d'eftre oifif, es maintenant affis
ici fans rien faire? Car la plus part du temps ie te
vois ou faifant quelque chofe par la place, ou ne
chaumant que bien peu. Encore, ô Socrates, dit Ifchomache, m'y verrois tu maintenant, fi ie n'auois arrefté
auec quelques amis miens de les attendre ici. Mais,
di ie lors, puis que tu n'es pas empefché à telles
chofes, pour Dieu dis moy où demeures tu? que
fais tu? car certes i'ay vn merueilleux defir d'entendre de toy, à quoy faire tu as recouuert le nom de
Bel-&-Bon. Car à eftre cafanier ne l'as tu pas gaigné;
& auffi ton port & la difpofition de ta perfonne femble
bien n'en tenir rien. Lors Ifchomache fe print à rire
fur ce mot que i'auois dit, comment il f'eftoit fait
appeler Bel-&-Bon; & tout ioyeux, ce me fembla,
parla ainfi : Si on me nomme de ce nom, ô Socrates,
quand on parle à toy, ie n'en fçay rien; mais quand
on me demande pour contribuer à l'entretien des
galeres, & à la fourniture des ieux, ie ne vois pas que
perfonne demande le Bel-&-Bon, mais tout clerement

*Propos honneftes & plaifans de Socrates auec Ifchomache.*

ils m'appellent & me nomment fort bien Ifchomache,
de mon nom, & du nom de mon pere. Mais quant à *La femme bien apprinfe met bon ordre en la maifon.*
ce que tu voulois fçauoir, fi ie demeure guieres dans
35 la maifon, certes non : car tout ce qui eft dedans, ma
femme eft bien fort fuffifante pour y mettre ordre.

 Mais, dis-ie, ie te demanderois volontiers auffi, fi tu *Chap. 12.*
as enfeigné ta femme pour eftre telle qu'il fault, ou fi
fes pere & mere te la baillerent defia bien apprinfe,
40 & fçachant pourueoir à ce qui eft de fa charge. Et
qu'eft ce, dit il, ô Socrates, qu'elle euft peu fçauoir
quand ie la prins d'entre leurs mains, qui n'ayant
pas à grand'peine quinze ans entra chez moy; & tout
le temps deuant qu'elle fe mariaft, auoit efté nourrie
45 en la maifon paternelle auec vn extreme foing, mais
c'eftoit pour garder qu'elle ne veift, qu'elle n'ouïft,
qu'elle ne f'enquift d'aucune chofe, que le moins qu'il
feroit poffible. Ie ne fçay pas comment tu penfes; mais
de ma part ie faifois bien affez de cas, & me contentois
50 fort qu'elle fceuft, quand elle vint, de la laine faire vn
habillement, & qu'elle euft veu comment on defpart
la filaffe aux chambrieres. Or, quant eft de la bouche, *Sobrieté, chofe finguliere pour hommes & femmes.*
dit il, ô Socrates, ie la prins certes fort bien apprinfe
à mon gré, & nourrie en la fobrieté, qui eft à mon
55 aduis vne des meilleures & plus fingulieres chofes que
fçauroient apprendre les hommes & les femmes. Et
quant au demeurant, dy ie, ô Ifchomache, l'enfeignas
tu pour la faire capable d'auoir le foing & la cure de
ce qu'il faut? Non pas en bonne foy, dict il, que *Deuoir merueilleux des anciens en leur religion.*
60 premier ie n'euffe faict facrifice & priere, que ie peuffe
enfeigner & elle apprendre ce qui feroit le meilleur
pour elle & pour moy. Et ta femme, quoy, dy ie,

sacrifioit elle point quant & toy, & prioit tout à la fois cela mesme? Mais bien fort, dit Ischomache, & faisoit de grands veus aux Dieux qu'elle seroit telle qu'elle deuoit estre, & monstroit bien à la voir, qu'elle ne mettroit à mespris les enseignements qu'on luy donneroit. De grace, ô Ischomache, dis ie, ie te prie, conte moy par où tu commenças de l'apprendre; & ie t'asseure que i'auray beaucoup plus de plaisir de t'escouter parlant de ce propos, que si tu me contois le plus beau tournoy & les plus belles ioustes qu'on vit iamais. Et comment penses tu, ô Socrates, que ie l'apprinse, dit il? Apres qu'elle me sembla desia estre traictable, & assez priuee pour raisonner auec moy, ie l'interrogay à peu pres ainsi : Dy moy, ma femme, t'es tu point encore aduisee à quelle intention ie t'espousay, & pour quoy faire ton pere & ta mere t'ont baillee à moy pour espouse? Tu penses bien, ie croy, que ce n'estoit pour faute que nous ne peussions auoir d'autre compagnie, ny toy ny moy : mais c'estoit, que moy deliberant pour moy mesmes, & tes parents pour toy, de nous trouuer, à moy vne compagne selon mon naturel, & les tiens, à toy, vn compagnon de mesme, pour estre communs & en maison & en posterité; nous, estans en ceste queste des deux costez, de tous les partis qui se presenterent, ie t'ay choisie pour moy; & tes parents, ce croy ie, m'ont choisi pour toy. Quant est des enfants, si Dieu nous en donne quelque iour, lors delibererons nous comment il nous faudra faire pour les nourrir & instituer le mieux que nous pourrons : car ce bien là nous fera commun aussi entre nous deux, d'auoir des

*Maniere fort familiere & belle pour enseigner vne ieune femme.*

bonnes gardes & nourriſſiers de noſtre vieilleſſe. Mais pour ceſte heure, ceſte maiſon c'eſt le bien de noſtre ſocieté. Car de mon coſté, tout ce que i'ay au monde,
35 ie le mets en commun, & le declaire tel; & auſſi tout ce que tu apportas, tu le fis commun de meſme. Et n'eſt ià beſoing maintenant de conter par les menus lequel de nous deux a plus mis en la communauté; mais il faut tenir cela pour certain que celuy qui fera
40 le meilleur & plus induſtrieus parçonnier, c'eſt celuy qui confere le plus en la ſocieté. Lors, ô Socrates, ma femme me reſpondit : Moy pauure, dit elle, de quoy te ſçaurois ie aider? quel pouuoir ay-ie? le tout eſt en ta main; & quant eſt de moy, tout ce que i'ay à faire,
45 c'eſt, comme ma mere me dit quand ie vins ceans, de viure chaſtement. A bon eſcient, ma femme, lui reſ‑ pondis-ie, ie croy qu'elle te le dit; car autant m'en dit ton pere. Mais encore il eſt bien en la puiſſance du mary & de la femme, en viuant chaſtement, de mettre
50 ſi bon ordre, que les biens qu'ils ont deſià ſoient bien entretenus, & faire par honneſtes & iuſtes moyens qu'il en vienne encore beaucoup d'ailleurs. Et en quoy vois tu, dit elle, que choſe que ie faſſe puiſſe aucunement ſeruir à l'accroiſſement de noſtre maiſon?
55 En quoy, dis ie? Efforce toy ſeulement de faire, le mieux que tu pourras, ce que les Dieux meſmes ont dit que tu peus faire, & que nos loix ont approuué. Et qu'eſt ce cela, dit elle? Non pas certes petite choſe, ny de petite valeur, dis ie; ou il faut eſtimer de meſme,
60 que la Royne des abeilles qui gouuerne auſſi la ruſche a charge de choſe de peu d'importance, en ce qui concerne leur faict. Mais pour dire vray, il m'eſt bien

aduis que les Dieux mefmes, ma femme, difent qu'ils
ont auec vn grand aduifement compofé l'attelage de
cefte laiffe qu'on appelle le mafle & la femelle, à fin
qu'eftant la couple telle, elle f'accommodaft foy-mefme
d'infinies commoditez pour la focieté. Premierement,
à fin que la race des animaux ne faille, cefte laiffe eft
pour les entretenir enfemble, faifans des enfans l'vn
auec l'autre. En apres, de ce ioug tirent les hommes
ce bien, qu'ils recouurent de là les nourriffiers de
leurs vieux ans. D'auantage, la vie des hommes fe
paffe, non pas comme des beftes, au defcouuert;
mais a befoing, comme il eft notoire, de toict & de
couuerture. Il faut doncques, fi les hommes veulent
porter quelque chofe de dehors au couuert, qu'ils
ayent des gents pour trauailler dehors au vent & à
la pluie : car le labour, la femence, le plant, & les
paiffages, font befongnes qui fe font au defcouuert,
& de celles là tirons nous les commoditez de noftre
vie. Mais encore quand on aura porté à la maifon ce
qui eft neceffaire, fi eft il befoing d'auoir quelqu'vn
qui le garde, & qui face les chofes qui ne peuuent
eftre faictes que dans le logis. De la couuerture du
logis a befoing la nourriture des enfants petits; du
logis a befoing la façon du pain que l'on faict des
fruicts; de mefme auffi la mefnagerie de la laine, pour
en veftir le train de la maifon. Or, pour ce que toutes
ces deux mefnageries, & celle de dehors, & celle de
dedans, ont meftier de foing & diligence, pour faire
ce qui eft neceffaire, Dieu mefme, ce me femble, feit
des le commencement la nature de la femme propre
pour auoir le foing & prendre la charge de ce qui eft

*Les hommes ne pouuoir viure au defcouuert.*

dans la maifon : car il a compofé le corps & le cueur
des hommes plus fort & puiffant, pour fouffrir les
froidures, les chaleurs, les voyages, & les guerres, &
35 auffi les a il chargez de tout ce qui fe faict dehors.

 Mais Dieu ayant fait le corps moins vigoureux à *Chap. 13.*
la femme, pour cela il m'eft aduis qu'il a dit qu'il
ordonnoit pour elle le foing des chofes domeftiques.
Et fçachant qu'il auoit donné & enioint naturellement  *La*
 *nourriture*
40 aux femmes qu'elles nourriroient les enfans en bas *des enfants*
 *eniointe à*
aage, il leur defpartit auffi plus qu'à l'homme d'affec- *la femme.*
tion naturelle enuers eux. Auffi apres qu'il euft baillé
à la femme le foucy & la garde des chofes portees à
la maifon, cognoiffant que pour bien garder il n'eft
45 pas mauuais d'auoir le cueur vn peu craintif, il fit plus
grand'part de la crainte aux femmes qu'aux hommes ;
& voyant, de l'autre part, que celuy qui feroit le train
de dehors, auroit befoing de fe mettre en defenfe, fi
quelqu'vn l'outrage, il l'auantagea auffi en courage &
50 hardieffe. Mais, pour autant qu'il falloit qu'auffi bien
l'vn que l'autre fift eftat de prendre & de donner, il leur
mit en commun à tous deux le foing & la memoire :
de forte qu'en cela on ne fçauroit choifir lequel des
deux fexes, ou du mafle, ou de la femelle, a eu plus
55 d'auantage. Auffi de fçauoir commander aux paffions *Comman-*
 *der aux*
qu'il faut, il leur a mis cela au milieu d'entre eux, & en *paffions.*
leur donnant congé d'en prendre, a ordonné que qui
vaudra plus que fon compagnon, foit l'homme ou foit
la femme, ce fera celuy à qui il efcherra plus grand
60 partage de ce bien. Vray eft, que pour autant que le
naturel d'eux deux ne fe rencontre pas toufiours à eftre
bon en toutes chofes, voylà pourquoy ils fe peuuent

encore moins paffer l'vn de l'autre, & d'autant plus
en eft vtile l'affemblee & vnion, l'vn ayant en foy ce

*Chacun de fon cofté doit effayer de faire fon deuoir.*
dont l'autre eft defaillant. Auffi, luy dis-ie, ma femme,
il eft befoing que nous, ayants cognoiffance de ces
chofes, effayons de faire le mieux que nous pourrons
noftre deuoir, chacun de fon cofté, fuiuant ce qui
nous eft enioint de Dieu. Les loix auffi ont approuué
cela, de tant que par le mariage elles affemblent les
hommes & les femmes; & tout ainfi que Dieu les
a affociez en la lignee, auffi a la loy. La loy a faict
trouuer plus beau aux femmes de demeurer plus
dans la maifon que d'aller par la ville, & à l'homme
moins honnefte de feiourner dedans que de negocier
dehors; & de mefme Dieu les auoit faicts deuant plus
capables de ce qui leur deuoit eftre le plus feant. Mais
fi quelqu'vn vient à faire le contraire de ce pour quoy
Dieu l'a faict, puis qu'il faict le defordre, parauanture
il n'eft pas que les Dieux ne le fçachent; & poffible
qu'il portera quelque iour la peine, de tant qu'il
abandonne ce qui eft de fa charge, & fe mefle du faict

*La befogne de la mere des abeilles.*
qui appartient aux femmes. Or eft l'occupation de la
femme à peu pres, ce me femble, comme la befongne
à quoy Dieu a voulu que la mere des abeilles trauail-
laft. Et quel eft le faict de cefte mere, dit ma femme,
que vous comparez à ce qu'il faudra que ie face?
C'eft, luy dis-ie, qu'elle ne bouge du bornail, iamais
ne laiffe chaumer les moufches à miel, ains enuoye à
la befongne celles qui ont à faire leur iournal dehors;
& tout ce que chacune d'elles porte dans la rufche,
elle le recognoift, & le prent & garde iufques à tant
qu'il le faut employer; & quand la faifon d'en vfer eft

venue, elle en baille iuftement fa portion à chacune,
& commande leans à celles qui ourdiffent la cire, à fin
qu'elle foit bien & viftement tiffue, & a le foing des
35 petits qui naiffent, à fin qu'ils foient bien nourris &
efleuez. Et apres qu'elles ont fait leur paroy, & que
les ieunes font capables du trauail, elle enuoye le
ietton dehors chercher autre logis auec vn guide
de ceux qui fuiuent apres. Comment doncques, dit
40 lors ma femme, faudra il que ie face ainfi? Ouy pour *Le deuoir de la bonne mef-*
vray, dis-ie, il faudra que tu demeures à la maifon, & *nagere, &*
que tu enuoyes dehors tes feruiteurs qui ont là leur *en quoy elle*
iournee; & à ceux qui doiuent trauailler dedans, que *fe doibt employer.*
tu ordonnes ce qu'ils auront à faire, que tu reçoiues ce
45 qu'on apportera à la maifon, & de cela que tu diftribues
ce qu'il en faut defpendre, & que tu pouruoyes à ce
qui reftera, & le gardes bien, à fin que la prouifion *Prouifion.*
d'vne annee ne f'en aille en vn mois. Quand on aura
apporté la laine, tu auras le foing d'en faire des *Laine.*
50 habillemens à ceux à qui il en faudra, & auffi quant au
bled, que le pain foit bien faict & bien apprefté pour *Bled.*
noftre train. Vn autre penfement auras tu, qui eft de
ta charge, & te fera, à mon aduis, plus agreable que
nul autre, c'eft qu'il faut, quand il y aura des malades
55 en noftre famille, que tu prennes garde à les faire tous *Malades à*
bien guerir & bien traicter. Certes, dit elle, ce feroit *penfer.*
bien le plus plaifant foucy que ie pourrois auoir, fi
puis apres ceux qui auroient efté bien gouuernez en
fçauoient gré, quand ils feroient gueris, & eftoient
60 plus affectionnez à noftre feruice que deuant. Lors,
dit Ifchomache, moy qui m'efmerueillay fort de fa
refponfe, luy dis: Et n'eft ce pas doncques le foucy

que la mere des abeilles a dans la rufche, qui eft
caufe que toutes les moufches à miel ont telle affection enuers elle, que fi elle laiffe le bornail, elles ne la
laiffent pas, & n'y en a vne feule de toutes qui veuille
demeurer derriere? Ma femme me refpondit : Certes
ie trouue bien eftrange que la charge de cefte mere ne
touche à toy plus qu'à moy; car, à mon aduis, ce ne
feroit que mocquerie de la garde ny du mefnagement
que ie fçaurois faire en la maifon, fi tu n'auois le cœur
de faire porter dedans quelque chofe. Et vne grande
mocquerie de moy auffi, dis-ie, d'y faire rien porter,
f'il n'y auoit perfonne dedans qui gardaft les chofes
qui y feroient portees. Vois tu pas comme il va de
ceux qu'on dit puifer l'eau auecques des feaux percez,
& comment l'on n'a pas pitié d'eux, de ce qu'on les
voit fe donner peine pour neant? Ouy, dit elle, & de
vray ils font miferables, f'ils le font ainfi. Encore auras
tu, dis-ie, d'autres penfemens qui te feront propres
& plaifans, à mon aduis, comme quand tu auras prins

*Chambriere à enfeigner.* vne chambriere qui n'entende rien à faire la laine, de
la mettre au meftier & l'enfeigner, & ainfi la faire valoir
pour toy le double de ce qu'elle valoit. De mefme,

*Seruante à apprendre.* quand par fois d'vne feruante que tu prendras malhabile à feruir & n'entendant rien à manier le faict
de la defpenfe, tu en feras vne bien apprife, loyale &
diligente, que puis apres tu tiendras fi chere, que tu ne
voudrois l'auoir donnée pour chofe du monde. Quelle
autre encore plaifante occupation pour toy, quand tu
pourras à ton gré faire bien à ceux que tu verras fages
& faits au profit de la maifon, & chaftier auffi ceux qui
te fembleront mal conditionnez? Mais fur tout le plus

grand plaifir feroit, fi tu pouuois te monftrer meilleure
que moy, & me faire par ce moyen moindre que toy,
& aucunement ton fubiet. Ainfi il ne te faudra point
craindre, quand tu feras plus auant en l'aage, que tu
en fois pourtant moins honnoree en la famille; ains
feras affeuree qu'eftant plus agee, d'autant que tu
feras en mon endroit plus loyale compagne, & à noz
enfants plus fidelle treforiere de noftre bien, de tant
feras tu en plus grand honneur & reputation à ceux de
la maifon. Car, de vray, luy dis ie, tout ce qui eft de bel
& bon en la vie des hommes leur vient & s'augmente
par la vertu, non point par la fleur de la ieuneffe ny *La vertu.*
la beauté. Voilà, ô Socrates, ce que ie penfe auoir
retenu du propos que ie luy tins premierement.

Et t'apperceus tu point, luy dis-ie lors, ô Ifchomache, *Chap. 14.*
que cela l'efmeut aucunement à auoir foing? Ouy ie
t'affeure à bon efcient, me dit il adonc, & parfois l'ay
ie veuë s'en mordre les leures & en rougir bien fort,
quand ie demandois chez moy quelque chofe qu'on y
euft porté, fi elle ne le me pouuoit bailler promptement. Et vn iour, la voyant fe fafcher en foy mefme
pour vne telle occafion, ie luy dis : Ne te paffionne
point, ma femme, pour ce que tu ne me peus donner
ce que ie te demande. Quand on a faute de quelque
chofe qui faict befoing, c'eft vraye & expreffe pauureté : mais de ne pouuoir trouuer ce qu'on a, quand
on le cherche, ce defaut eft moins defplaifant que
quand, lors mefme qu'il feroit meftier, on ne le cherche
point, fçachant qu'on ne l'a pas. Maintenant de cefte
fafcherie tu n'en es pas caufe, mais moy, qui t'ay baillé
en main tout ce mefnage, fans ordonner où il falloit

*Qu'il n'y a rien plus commode, ny plus beau, que le bon ordre.*

que chafque chofe fuft, à fin que tu fceuffes, de tout ce qui eft ceans, où il le faut mettre, & d'où il le faut prendre. Or n'y a il au monde, ma femme, ny chofe plus aifee pour l'vfage, ny plus belle que le bon ordre. Vn chœur de comedie eft compofé d'hommes : mais quand chacun fait à fa fantaifie & à belle aduenture, c'eft vne confufion, & chofe defplaifante à voir. Mais ceux là mefmes, foit ou qu'ils facent quelque chofe ou qu'ils parlent, f'ils y vont d'vn train en bon ordre,

*Vne armee mal ordonnee n'eft qu'vne confufion.*

c'eft plaifir de les voir. Vne armee auffi, difois-ie, fi elle eft defordonnee, ce n'eft qu'vn trouble. Elle prefente, à la voir feulement, la victoire aux ennemis, le deshonneur aux fiens; elle eft de nul vfage; vn fommier pefle mefle auec vn foldat, le bagage, la cauallerie legere, l'homme d'armes, vne charrette, tout l'vn parmy l'autre : car comment marcheroit le camp, qu'ils ne f'empefchaffent l'vn l'autre en cefte forte, fi celuy qui va le pas desbauche celuy qui galope, l'autre qui court celuy qui eft arrefté, la charrette l'homme d'armes, le fommier la charrette, le bagage les foldats? Et f'il leur faut combatre, comment combatront ils ainfi? Car ceux-là mefmes, à qui il conuiendra fuir deuant ceux qui leur courent fus, font bien taillez de fouler aux pieds en fuyant leurs gents

*Vn camp bien ordonné, belle chofe & plaifante à voir.*

d'armes mefmes. Mais vn camp bien ordonné, c'eft vne des plus belles chofes qu'il eft poffible, la plus plaifante à veoir à ceux de fon party, la plus fafcheufe à l'ennemy. De vray, qui fera l'amy & allié d'vn camp, qui ne prendra vn fingulier plaifir à veoir vn grand nombre d'infanterie bien armee marcher de ranc & par ordre? Qui ne trouuera admirable de veoir les

gents d'armes mener les cheuaux au grand pas rangez en bataille? & qui fera l'ennemy qui ne s'effroye, voyant le bataillon des corfelets, des boucliers, la
35 caualerie, les archers, les tireurs de fonde, & chacun mis à part, & bien à point, tous fuyuans leurs chefs en belle ordonnance? Et ainfi, mais qu'ils aillent d'ordre, & fuffent ils cent mille hommes, fi marcheront ils tous enfemble paifiblement, & à leur aife, comme fi chacun
40 d'eux eftoit tout feul. Car à mefme que l'vn depart pour aller auant, fans ceffe l'autre par derriere s'auance & gaigne fon lieu. D'vne galere chargee d'hommes pour quoy en eft la veuë fi aggreable aux amis, fi efpouuantable aux ennemis, finon pour la viftefse dont
45 elle va? Et pour quoy ceux qui font dedans, entre eux ne fe font point d'ennuy, fi ce n'eft pour autant que tous fçauent le ranc où ils fe fient, & qu'à ranc ils leuent, & qu'à ranc ils baiffent, &, en toutes fortes, à ranc? Mais auffi là où il y a defordre, il me femble
50 que c'eft comme fi le laboureur iettoit de l'orge, du froment, des pois, pefle-mefle l'vn parmi l'autre, & qu'il luy faille puis apres trier le tout, lors qu'il a befoing de tourteau, ou de pain, ou de viande, en lieu de le prendre tout trié pour en vfer. Donc, ô ma
55 femme, ne vueille point tomber en ce defordre, & prens enuie de fçauoir mefnager parfaictement ce que nous auons, & de prendre à ton aife ce qui fera befoing, & me le bailler ioyeufement & fans peine quand ie te le demanderay. Or aduifons doncques
60 pour chafque chofe la place qui luy fera la plus conuenable; & l'ayant mife là, nous apprendrons à la feruante de l'y prendre, & de l'y remettre apres. Ainfi

*De l'vfage des meubles, & comment ils doiuent eftre arangez par ordre.*

nous fçaurons fur le doigt ce que nous auons, ou que nous auons perdu. Car la place mefme demandera fon meuble, s'il en eft à dire, & la veuë fans plus iugera ce qui aura befoing d'habiller, & reprefentera incontinent où eft chafque chofe pour la faire voir, de forte que fans peine on fe feruira de ce qu'on aura. Le plus bel ordre de meubles, ô Socrates, & le plus accomply que ie vis iamais, ie le penfe auoir veu vne fois que i'entray en la grande galere pheniciene, pour en auoir la veuë. Car ie vis infinis meubles tous rangez à part, dans vn fort petit vaiffeau : car vne nau fe fert, dit il, d'vn grand nombre d'inftruments de bois & de cordage, pour gaigner la terre & pour gaigner le hault. Combien de pendans a elle pour nauiguer? de combien de machines eft elle armee contre les vaiffeaux ennemis ? Et fi porte elle auec les hommes grand'quantité d'armes pour eux & chafque bande de ceux qui viuent enfemble; elle porte tous les meubles dont les hommes vfent en leurs maifons, & par fus tout encore, elle eft pleine de paquets, dont le maiftre de la nau fe charge pour gaigner. Et tout ce que ie te dis demouroit en autant de place, ou guiere plus, qu'il en faudroit pour vne fale bien proportionnee, où dix hommes mangeroient à leur aife; & prins garde que chacune chofe eftoit rangee de façon que l'vne n'empefchoit l'autre, & pour ne donner peine à la chercher; & n'eftoient ny en monceau, ny efcartees, pour ne f'amufer aucunement lors qu'on auoit promptement affaire de quelqu'vne. Et fi vis encore vn qui feruoit de pilote, & demeure toufiours à la prouë, qui fçait fi bien la place de tout ce qui eft dedans, qu'il

*Bel ordre de meubles en vne galere pheniciene.*

euft dit fans faillir le lieu & le nombre de toutes chofes
fans les voir, ny plus ny moins qu'vn qui fçait lire
diroit combien il y a de lettres à Socrates, & le ranc de
35 chacune. Celuy là, dit Ifchomache fuiuant fon propos,
trouuay-ie comme il nombroit à par foy, à loifir, tout
le fourniment de la galere; & moy, esbahy de le voir
penfif, luy demanday qu'il faifoit. Il me refpondit:
l'aduife, mon amy, fi, par auenture, il furuenoit quelque
40 chofe, comme tout va en noftre vaiffeau, f'il y a rien
hors de fon lieu, f'il y a quelque chofe mal à propos,
& rangee de mauuaife grace. Car on n'a pas le temps,
dit il, quand Dieu enuoye la tempefte, de chercher
ce qui faict meftier, & à l'heure ne peut on pas fournir
45 de ce qui eft mal ordonné. Dieu mefmes menace les *Dieu menace*
lafches & les chaftie, & encore eft ce belle chofe, *les lafches*
*& les punit.*
quand il ne faict perdre que feulement ceux qui font
la faute; & faut remercier les Dieux, quand il leur
plaift de fauuer ceux qui f'acquittent fort bien de
50 leur charge. Ayant donc veu la perfection d'vn tel
appareil, ie dis à ma femme que noftre lafcheté feroit
bien defmefuree, fi ceux là qui font dans les vaiffeaux,
& encore bien petits, trouuent place pour tant de
chofes, & mefmes branlans & flottans fi fort fur l'eau,
55 comme ils font, gardent neantmoins le rang de chafque
meuble; & eftans en vn tel effroy, comme il leur
conuient y eftre fouuent, toutefois ils ne faillent point
de trouuer ce qui leur faut aueindre; et nous, qui
auons en noftre maifon certains lieux grands & amples
60 pour tout, & mefmes eftant la maifon pofee fus tel fol
ftable & ferme, fi nous ne trouuons belle place & à
plaifir pour noftre mefnage, faudra il point bien dire

que nous fommes bien defprouueus de fens? Voylà donc comment il eft bon d'ordonner les meubles, comme il eft aifé de leur bailler lieu pour les mettre en la maifon, felon la commodité de chaque chofe, & combien il eft vtile d'ainfi le faire, pour les garder & trouuer promptement.

*Chap. 15.*
*Que c'eft belle chofe de voir les meubles bien ordonnez.*

Or quant à la beauté, n'eft ce pas belle chofe à voir, quand toute la chauffure de la famille, quelle qu'elle foit, eft à ranc? Il fait beau voir les habillements tous feparez, foient ils bons, foient ils mauuais; les garnitures des lits, les vafes d'airain, la vaiffelle pour la table, & encore vne autre chofe (dont fe rira, dit il, plus que de tout le refte, non pas quelque homme graue, mais poffible quelque braue railleur), auoir mefme les pots de fer bien ordonnez, cela eft beau à l'œil, & à mon gré femble auoir bonne grace. Et pour vray, quoy que ce foit paroit plus beau quand il eft rangé bien à point. Chafque ranc femble vn chœur de vafes, & l'entredeux mefme des rancs a, felon mon aduis, quelque chofe de plaifant, quand ils font tous à part & feparez l'vn de l'autre : comme vn chœur en rond eft plaifant à la veuë, non pas luy feulement, mais l'efpace mefme, qui eft au milieu, femble eftre beau & net. Si ie dis vray, ou non, ô ma femme, dis ie, nous en pouuons faire l'efpreuue fans couft & fans grand'peine; & ne faut point que tu fois en grand foucy pour crainte de ne trouuer perfonne qui fçache apprendre l'ordre de noz meubles, & qui fe fouuienne de les y mettre bien à droit. Il n'eft pas malaifé d'en recouurer de tels. Car nous fçauons bien qu'il n'y a ville où il n'y ait mille & mille fois autant de chofes

que chez nous, & toutefois au premier feruiteur que tu commanderas d'aller acheter quoy que ce foit, il ne marchandera point où il luy faut aller pour en auoir;
35 & n'y aura celuy de tous tes valets qui ne fçache où il faut qu'il aille pour en trouuer. Et n'y a de cela autre raifon, fi ce n'eft que les chofes fe trouuent au lieu qui leur eft ordonné. Et fouuent quand ie cherche vn homme, encore que parfois celuy là mefme me
40 cherche auffi de fon cofté, toutefois auant le pouuoir rencontrer, ie fuis contraint de quitter ma quefte. Et la caufe de cela n'eft point autre, fi ce n'eft qu'il n'y a point de lieu ordonné où les hommes fe doiuent attendre. C'eft ce dont ie penfe eftre bien fouuenant,
45 pour le regard du propos que ie tins à ma femme de l'vfage de nos meubles & de leur ordre. Adonc ie luy dis : Et lors, ô Ifchomache, que te fembla-il de ta femme ? Cogneus tu point qu'elle preftat l'oreille à ce que tu luy enfeignois fi fagement ? Que penfes tu, dit
50 il, qu'elle fift, finon qu'elle me promit d'y auoir le cœur ? Et fe cognoiffoit aifément à la voir, qu'elle fe refiouiffoit bien fort, comme ayant trouué vn beau chemin au fortir d'vn mauuais pas; & me pria que ie rengeaffe tout, au plus toft, ainfi que i'auois dit. Et
55 comment le rengeas tu, dis-ie, ô Ifchomache ? Comment euffe-ie fait, dit il ? Il me fembla, auant toute autre chofe, que ie luy deuois monftrer les commoditez de mon logis : car ma maifon, ô Socrates, n'eft point embellie d'ouurages, ny de peintures, mais tout
60 le baftiment qui y eft n'a efté deuifé que pour vne demeure commode à ceux qui feront dedans, fuiuant ce qu'il m'a femblé que chafque chofe demande natu-

*Exemple familier.*

*Qu'il faut auoir efgard aux commoditez du logis.*

*Chafque chofe demande ce qui luy eft conuenable.*

rellement ce qui luy eft le plus feant & conuenable : comme les chambres eftants aux lieux les plus forts & les plus feurs appelloient, à mon aduis, les chofes plus precieufes, les garnitures des lits & les vafes ; la plus feiche partie du logis appelloit le blé, & la plus froide le vin ; la plus claire, l'ouuroir des feruiteurs qui ont befoing de clairté, & les outils. Ie luy fis voir auffi les fales pour manger bien garnies & agencees, les vnes froides pour l'efté, les autres chaudes pour l'hyuer. Encore luy monftray-ie comment tout mon logis eft tourné vers le Midy, & par ce moyen il eft aifé à voir que l'hyuer il a le foleil fort à propos, & l'ombre l'efté. Ie luy monftray la porte du quartier des femmes, & celuy des hommes, dont les eftuues qui font entre deux font la feparation, à fin qu'on n'emporte rien, finon ce qui fait befoing, & que les feruiteurs & les feruantes ne puiffent eftre enfemble pour faire des enfants fans noftre congé. Car de vray on voit volontiers que d'vne compagnie de ferfs les bons fils ont des enfants en ayment mieux leurs maiftres ; & les mauuais f'eftans aliez enfemble, ont plus de moyens de faire mal.

*Chap. 16. Comment Ifchomache & fa femme difpofent de leur mefnage.*

Apres, dit il, que nous eufmes difcouru, nous departifmes ainfi par bandes noftre mefnage. Premierement nous commençames d'affembler les vafes dont nous vfons aux facrifices ; apres, nous mifmes à part l'atour des femmes pour les feftes, les habillements des hommes des feftes & pour la guerre, la garniture des chambres des hommes & des femmes, leur chauffure & la noftre ; apres, vn autre ranc de harnois, vn autre des inftruments pour la filaffe, vn autre de ceux qui

font pour moudre le bled, vn autre des meubles de cuiſine, vn de ceux qui appartiennent aux eſtuues, vn de la boulengerie & vn autre de la vaiſſelle pour
35 la table; & les ſeparaſmes tous, tant ceux dont il faut vſer ordinairement, que les autres qui ſont pour les banquets; nous miſmes auſſi à part ce que nous deſ-pendions par mois, & ſerraſmes à part la prouiſion pour toute l'annee : car ainſi on ſe meſconte moins
40 pour ſçauoir combien à la fin monte la deſpenſe. Apres que nous euſmes ſeparé par eſpeces tous les meubles, nous les portames chacun en la place qui luy eſt plus conuenable. Cela faict, tous ceux dont nos ſeruiteurs vſent tous les iours, comme pour le moulin,
45 pour la cuiſine, pour la filaſſe, & ſ'il y a quelque autre meſnage de telle ſorte, nous monſtrames à ceux qui en vſent où c'eſt qu'il les faut mettre, & les leur baillaſmes, auec expres commandement de les bien garder. Tous les autres dont nous vſons aux feſtes &
50 à la venue de nos amis, ou aux beſongnes qui ſe font par temps, ceux là donnaſmes nous à noſtre maiſtreſſe d'hoſtel; & luy ayant enſeigné leur place, & apres les auoir comptez, & mis chacun par eſcrit, nous luy diſmes qu'elle en baillaſt à ceux qu'il faudroit, & ſe
55 ſouuint bien qu'eſt ce qu'elle donneroit à quiconque ce fuſt, &, l'ayant recouuerte, qu'elle remiſt chaque choſe au lieu dont elle la prendroit. Or feimes nous noſtre maiſtreſſe d'hoſtel, apres auoir regardé celle que nous penſames eſtre la moins ſubiecte à ſa bouche
60 & au vin & au dormir, & aymer la compagnie des hommes, & qui nous ſembla auoir plus de memoire, & aduiſement de ne ſe faire mal traiter pour ſa pareſſe,

*Qu'elle doit eſtre vne maiſtreſſe d'hoſtel.*

& plus de foucy de nous complaire en quelque chofe
pour eftre par recompenfe prifee de nous. Nous luy
enfeignames auffi de nous aymer; & le moyen que
nous trouuames pour cela, ce fut, quand nous fentions
quelque aife, de luy en faire part, &, f'il y auoit rien
d'ennuyeux, de l'y conuier; & l'apprimes à f'affec-
tionner d'augmenter noftre maifon, en luy faifant
cognoiftre & la rendant participante de noftre bonne
fortune; la faifions loyale & droituriere, de tant que
nous rendions plus prifez les loyals, & plus riches
& plus libres que les defloyaulx; & à celle là nous
donnames ceft eftat. Ce faict, ô Socrates, ie dis à ma
femme, que tout cela n'eftoit rien, fi elle ne mettoit
peine que chaque chofe demeuraft en fon ordre. Et
luy apprenois comment aux villes bien pollicees les
citoyens ne penfent pas que ce foit affez faict, quand
ils ont eftably des bonnes loix, mais eflifent encore
des officiers expres pour les garder & entretenir, qui
ont charge d'aduifer pour donner honneur à ceux
qui viuent felon les loix, & de punir ceux qui font le
contraire. Or prioy-ie ma femme de croire qu'elle
auoit ceft office là en noftre maifon, & que c'eft à
elle de faire la reueuë de tout ce qui y eft, quand bon
luy femblera, comme à vn coronel de la faire de fes
compagnies; & qu'elle peut recognoiftre toute fa
maifon, & iuger f'il y a rien qui ne foit bien, comme
à la monftre le confeil recognoit les cheuaux & leurs
maiftres; & que c'eft fon eftat de louër, auffi bien que
les roynes, celuy qui en eft digne, & l'honorer felon
noftre pouuoir; & de blafmer & punir celuy qui l'aura
merité. Apres cela luy remonftrois qu'elle n'auoit

pas raifon de fe plaindre que la chargeois d'affaires
& de peine pour noftre bien, plus que les feruiteurs
mefmes; & luy faifois entendre que les feruiteurs *Comment les*
35 participent des biens de leur maiftre, mais c'eft, fans *feruiteurs participent*
plus, ou pour les entretenir, ou pour les porter, ou *du bien de*
pour les garder; mais à aucun d'entre eux il n'eft *leur maiftre.*
loifible d'y toucher aucunement pour en vfer, finon
tant qu'il plaift au maiftre d'en donner à quelqu'vn.
40 Or, tout le bien eft vrayement au maiftre, pour en faire
tout ce que bon luy femblera. Donc celuy qui a plus
de iouiffance des biens qui demeurent, & prent plus
de dommage de ceux qui fe gaftent, il eft bien raifonnable auffi que celuy là en aye plus de foucy. Quoy *Graue*
45 doncques, dy-ie, ô Ifchomache, ta femme oyant cela, *refponfe d'vne*
comment te creut elle? Que fit elle donc? dit il. Et *femme.*
fi me dit, ô Socrates, que ie le prenois fort mal, fi ie
penfois luy commander chofe malaifee, en luy apprenant qu'elle doit auoir le foing de ce que nous auons:
50 car elle euft trouué bien eftrange & fafcheux, ce difoit
elle, fi i'euffe commandé qu'elle euft mis à nonchaloir
fes affaires, & beaucoup plus fafcheux qu'ainfi que
i'auois faict de luy recommander fes propres biens.
Car il femble, difoit elle, tout ainfi qu'à vne femme de
55 bien, naturellement c'eft plus de plaifir de fe foucier
de fes enfants que de n'en auoir aucun foing; qu'auffi
elle trouue plus plaifant d'auoir le cœur aux biens qui
la tiennent à fon aife, tant qu'elle les a, que de les
mettre à nonchaloir. Et moy, dit Socrates, luy oyant
60 dire que fa femme auoit ainfi refpondu, luy dis: Si
m'ait Dieu, ô Ifchomache, tu me reprefentes vn entendement virile en vne femme. Ie te veux doncques

conter d'elle, dit Ifchomache, d'autres faicts d'vn cœur
grand & efleué, en quoy elle m'a obeï auffi toft, pour
vne fois feulement qu'elle m'en a ouy parler. Et en
quoy? dy-ie lors; conte le moy, ie te prie, comme
à celuy qui me refiouïray plus de fçauoir les vertus
d'vne femme viuante, que fi Zeufis me monftroit la
plus belle femme du monde en peinture pourtraite de
fa main.

*Chap. 17.* Lors Ifchomache parla en ce point : Ie la vis vn
iour qu'elle f'eftoit frottee tout le vifage de cerufe,
pour paroiftre plus blanche qu'elle n'eftoit, & de
fard, pour paroiftre plus vermeille que le naturel ; &
auoit aux pieds des hauts patins pour fe monftrer
*Remonf-* plus grande: Efcoute, ma femme, ce luy dis-ie: com-
*trance*
*d'Ifchomache* ment m'eftimerois tu loyal & plus aymable parçonnier
*à fa femme*
*pource* au faict d'vne focieté de biens, ou fi lors qu'on traite-
*qu'elle fe*
*fardoit.* roit de nous affocier, ie declairois franchement & au
vray ce qui feroit à moy, fans me venter de ce que
ie n'auroy pas, & fans cacher ce que i'aurois; ou bien
fi ie m'efforçois de te tromper, en te faifant monftre
de pieces d'argent faux, & fi ie te prefentois des
chefnes creufes, pleines de bois par dedans, & fi de
l'efcarlate contrefaite de nulle valeur ie t'affeurois
que ce fuft de la vraye & naïue? Ma femme adonc
*Refponfe* print le propos & dit: Ne parlons point de cela, ie te
*ioyeufe.*
prie; & ià ne puiffe-ie tant viure, que ie te voye tel :
car pour vray, fi tu l'eftois, ie ne fçaurois, ce crois-ie,
t'embraffer de bon cœur. Et nous, ô ma femme,
fommes nous pas affemblez pour eftre en focieté
& communion des corps mefmes? Les hommes le
difent, fit elle. Doncques, dis-ie, en quelle maniere

me trouuerois tu plus eftimable compaignon en cefte communauté, ou bien fi ie mettois peine de rendre mon corps plus fain & plus fort, & l'entretenir en ce point, & par ce moyen ie te demeure entier, & naïf en ma naturelle couleur; ou fi me frottant la face du ius de vermillon, ie me prefentois ainfi deguifé auec toy, pour te piper & faire voir & tafter le vermillon en lieu de moy & de ma peau ? Ià à Dieu ne plaife que i'aymaffe mieux toucher au vermillon que à toy, ou que ie veiffe plus volontiers aucune peinture que ton teint, ou que ie prinffe plus de plaifir à regarder des yeux illuminez autour de couleurs empruntees, que fains & naturels. Penfe doncques, ma femme, qu'autant t'en dis-ie de mon cofté, que la couleur de ceruze ny du fard ne me plait pas tant que la tienne. Et, pour vray, tout ainfi que les Dieux ont fait que la plus belle & aggreable compagnie qui foit aux cheuaux c'eft des caualles, & aux bœufs des vaches, & au menu beftail des femelles de leur efpece; tout de mefme l'homme ne trouue point de forme fi belle, ne fi plaifante que celle du corps de la femme pur & naïf. Auffi ces tromperies là pourroient bien parauenture tromper les eftrangers fans eftre defcouuertes; mais ceux qui viuent toufiours enfemble, ils ne pourroient faire qu'ils ne fuffent prins fur le faict, f'ils entreprennent de fe piper l'vn l'autre. Car ceux-là ou bien ils font furprins en fe leuant du lict, premier qu'auoir acheué leur appareil, ou font conuaincus par la fueur, ou decelez par les larmes, ou au fort le bain & l'eftuue en font la raifon de les defcouurir au vray. Et par ta foy, dis-ie, que te refpondit elle à cela ? Rien autre

*Comment fe defcouure le fard.*

chose, dit il, sinon qu'elle ne s'en essaya oncques puis.
Il est vray qu'elle a tasché de se tenir honnestement,
nette, propre, & aduenante, & de se monstrer telle. Et
si me demanda vn iour, si ie luy sçaurois point donner
quelque bon conseil, pour faire non pas seulement
qu'elle peust paroistre belle, mais l'estre vrayement,
& le sembler. Et ie luy conseillay, ô Socrates, de se
garder bien de demeurer tousiours assise & accroupie
seruilement, mais se monstrer, auec l'aide de Dieu,
dame & maistresse, & d'aller tantost à l'ouuroir de ses
lingieres, & voir comme elles font, &, en s'essayant, ce
qu'elle sçait mieux faire qu'elles, le leur enseigner; ce
qu'elle ne sçait pas si bien, de l'apprendre; tantost
regarder comme on besongne en la boulengerie, &
quelquefois estre presente à voir mesurer le bled, & le
bailler auec la maistresse d'hostel, & aller par cy par
là dans la maison se prendre garde si tout est à son
rang. D'en vser ainsi, ie luy disois qu'il me sembloit
que ce seroit tout à la fois & mesnager le bien, & se
promener. Ie luy dis aussi que beluter parfois, pestrir,
& secouër les habillements des lits, & les ranger,
c'estoit vn exercice bon & sain; & que, s'exerceant
ainsi, elle en mangeroit de meilleur appetit, & auec
beaucoup plus de plaisir, & en feroit plus saine, &
auroit le teint naïfuement plus beau & plus frais, qui
feroit vrayement tel, & le sembleroit estre. De vray,
quant à la grace, elle estriue contre la besongne
qu'elle faict, pour estre son visage mieux net, & son
habillement plus honneste que pour la peine qu'elle
prent; mais il me semble que cela donne ie ne sçay
quelle plus viue beauté, mesmes quand cela y est

*Bon conseil pour les femmes, à fin d'estre belles.*

encore qu'il fe cognoift qu'elle trauaille liberalement,
& pour fon plaifir, & non pas par contrainte. Mais
au contraire celles-là qui tiennent grauité, eftans
35 toufiours en chaife, encores qu'elles fuffent belles,
donnent occafion de fe faire conter entre celles qui
fe parent outre le naturel, & qui vfent des tromperies
du fard. Et maintenant, dit il, ô Socrates, affeure toy
que ma femme mife à ce ply tient la façon de viure
40 que ie luy enfeignay lors, & que ie le conte à cefte
heure. Lors ie prins la parolle, & luy dis : O Ifchomache, il m'eft aduis que meshuy i'ay affez bien
entendu pour la premiere fois le deuoir de ta femme
& ce qu'elle fait ; &, pour certain, ainfi que vous en
45 auez vfé tous deux, il y a de quoy vous en louër
grandement & l'vn & l'autre. Mais toy comment fais
tu de ton cofté, dy le moy à cefte heure, à fin que
d'vn coup tu fentes quelque plaifir de m'auoir conté
ce que tu fais, qui te tient en fi bonne reputation, &
50 que i'aye de quoy t'eftre grandement redeuable toute
ma vie, pour auoir ouy de toy, & poffible apprins, au
moins fi ie puis, entierement tout le faict de ce bel-
&-bon homme que ie cherche tant. En bonne foy, dit
Ifchomache, ie te diray, & trefuolontiers, ce que i'ay
55 faict, & que ie fais toufiours, & comment ie paffe mon
temps, mefmement à fin que tu me rabilles, f'il te
femble que ie face quelque chofe qui ne foit pas
bien. Et comment, dis-ie, pourroit on, fans faillir
lourdement, mettre la main à rabiller vn perfonnage
60 accomply & entierement bel-&-bon ; mefmes moy,
qui, felon l'opinion de plufieurs, ne fçay faire autre *L'opinion*
chofe que babiller, & mefurer l'air, & conter les *qu'on auoit*
*deSocrates.*

eftoilles, & qui fuis encores appellé pauure, qui eft, à mon aduis, la plus lourde iniure & le plus fot reproche qu'on me face ? Et, pour vray, ie me fuffe tourmenté de tel outrage qu'on me difoit, fi ie n'euffe rencontré de fortune naguieres le cheual de Nicie l'eftranger, & veu comment vn grand nombre de gents alloit apres pour le regarder. I'ouy lors plufieurs qui faifoient grand compte de ce cheual; moy doncques, en oyant tant parler, m'aprochant de l'efcuyer qui le menoit, luy demanday fi ce cheual eftoit riche. Et luy adonc me regardant ferme, comme s'il euft cogneu à ma demande que ie n'auois pas d'entendement, me refpondit : Et comment feroit riche vn cheual ? Ainfi ie me tiray de l'autre part, ayant entendu par là qu'il n'eft pas defendu à vn cheual pauure d'eftre bon, fi de fa nature il a bon cœur. Puis doncques, qu'il n'eft pas non plus defendu d'eftre homme de bien, dy moy ce que tu fais, à fin que ie m'efforce de l'apprendre, te l'oyant dire, tant que ie pourray, & que, des le iour mefme de demain grand matin, ie commence de t'imiter. Car pour certain, dis-ie, bonne eft la iournee qu'on commence à bien faire. Ie voy bien, dit Ifchomache, que tu te ioues : mais toutesfois fi te conteray ie en quoy faifant ordinairement, le mieux que ie puis i'effaye de paffer ma vie.

*Chap. 18.* Premierement ie penfe auoir apprins par experience que les Dieux n'ont pas permis aux hommes de viure à leur aife, s'ils n'entendent ce qu'il leur faut faire, & s'ils ne fe foucient que cela foit faict : & encore aux fages & feigneurs, aux vns ils donnent le bon heur de la vie, aux autres non. Voilà pour quoy

la premiere chofe que ie fais c'eft d'honorer & feruir
les Dieux, & mettre peine en les priant qu'ils me
donnent la grace d'eftre fain de ma perfonne & vigou-
35 reux, honoré en ma ville, bien voulu de ceux de ma
cognoiffance, d'efchapper honneftement du danger
de la guerre, & d'enrichir de bon acqueft. Comment,
dis-ie lors, ô Ifchomache, as tu encores penfement de
deuenir plus riche, & en recouurant plus de biens
40 recouurer plus d'affaires, fi tu en veux auoir le foing?
Mais bien à bon efcient ay-ie ce penfement que tu
dis : car, de ma part, ie prens bien grand plaifir, ô
Socrates, d'honorer les Dieux fumptueufement, de
fecourir mes amis fi quelqu'vn d'eux a befoing de moy,
45 & faire que ma cité n'aye point faute, que ie puiffe,
d'aucune chofe qui foit pour l'embellir & orner. De
vray, dis-ie lors, ô Ifchomache, ce font toutes belles
chofes ce que tu dis, & qui n'apartienent qu'aux
bien grands feigneurs & fort puiffans. Auffi comment
50 pourroit il eftre autrement, veu qu'il y a plufieurs
qui ne fçauroient pas viure fans auoir affaire de l'aide
d'autruy, plufieurs qui penfent faire vn grand coup
d'efchapper au temps feulement, & f'ils peuuent auoir,
pour paffer, ce qui leur faict befoing, fans plus, pour eux
55 mefmes. Et doncques faut il pas bien croire que ceux
là font pleins & aifes, qui peuuent non pas feulement
entretenir leur maifon, mais encores la combler de
referues, fi bien qu'ils ayent de quoy orner leur ville
& foulager leurs amis? Or fommes nous, Dieu mercy,
60 dis-ie, bien grand nombre entre nous, qui pouuons
& fommes à mefme de dire bien de tels feigneurs
que ceux là; mais toy, ô Ifchomache, reprens noftre

*Priere d'Ifchoma- che « payen fainte ».*

*Comment & pourquoy Ifchomache defire d'eftre riche.*

*« Belle fimi[li]tude touc[hant] la referue q[u'on] faict des bi[ens] ».*

propos par là mefme où tu l'auois commencé. Par
quel moyen entretiens-tu ta fanté? comment la force
du corps? comment t'eft-il poffible de te fauuer honneftement des perils mefmes de la guerre? Et apres
tout cela, ie feray content, dis-ie, d'ouir parler de ta
mefnagerie. Mais font bien, dit il, ô Socrates, toutes
ces chofes là liees enfemble, & f'entrefuiuent l'vne
l'autre : car, depuis qu'vn homme a de quoy manger

*« [A qu]oy fert [...] neſtre tra-u[ai]l. »*

tant que la nature requiert, il me femble, f'il trauaille,
que fa fanté en eft plus affeuree; f'il trauaille, fa force
mefme luy croift; f'il f'exerce au faict des armes, il fe
fauue plus honorablement; & f'il a bien le cœur à
fes affaires & ne face de fait point du lafche ny du
pareffeux, fon bien ne faudra point d'augmenter entre
fes mains. Iufques à là te fuys ie bien, ô Ifchomache,

*A qui c'eſt que le bien vient.*

dis ie lors, que, felon ton dire, à vn qui trauaille, qui
eft foigneux, qui f'adreffe & exerce, le bien luy vient
toufiours plus toft qu'à vn autre; mais i'orrois bien
volontiers de toy encores d'auantage, f'il te plaifoit
me faire entendre quel eft le trauail dont tu vfes pour
la fanté & pour la force, comment tu t'adreffes aux
armes, comment tu mets ordre que tout abonde chez
toy fi fort, que tu en peus aider tes amis & affeurer la
ville. Premierement doncques, ô Socrates, dit Ifchomache, i'ay accouftumé me leuer du lict à l'heure
que ie penfe trouuer encores chez luy celuy à qui i'ay
affaire, fi d'auenture i'ay quelqu'vn à voir ce matin; &
fi i'ay quelque chofe à defpecher par la ville, ie prens
cela pour mon pourmenoir, & pour mon exercice.
Mais, fi ie n'ay en la ville aucun affaire preffé, i'enuoye
mon laquais deuant pour mener mon cheual au village,

& moy ie vois à pied, & fais feruir ce chemin d'exercice parauenture meilleur & plus naturel, ô Socrates, que fi ie me promenois aux portiques. Puis quand ie fuis
35 arriué à mon village, fi i'ay des gents à faire quelque plant, fi i'en ay au labour, fi i'en ay à femer, ou bien à cueillir les fruits, ie prens garde comme ils font par tout, & radreffe ce que ie peus cognoiftre qui feroit mieux autrement que ainfi qu'il eft. Apres cela, le plus
40 fouuent ie monte à cheual & cheuauche en la maniere que ie peus choifir la plus approchante du train qu'on eft forcé de tenir aux factions de la guerre, ne m'efpargnant ny à paffer en vn chemin tortu & raboteux, ny à vne vallee, ny à vn foffé, ny à vn ruiffeau. Vray eft
45 que ie prens bien garde, le plus que ie puis, pour ce que c'en eft, de ne donner attainte à ma monture qui la face clocher. Cela fait, mon laquais me prent le cheual & le mene au logis, & porte des champs à la ville f'il y a rien qui nous y face befoing; & moy, reuenu à la
50 maifon, tantoft le pas, tantoft en courant, ie change d'habillemens, & puis ie difne, & mange tant & fi peu, que ie puiffe paffer le iour fans me fentir ny vuide ny trop chargé. En bonne foy, ô Ifchomache, dis-ie lors, voylà tres bien fait à mon gré : car en vn mefme temps
55 f'aider des moyens pour la fanté & la force, des exercices pour la guerre, de la mefnagerie pour les biens, ie trouue tout cela fort beau & admirable. Auffi pour certain tu donnes des fuffifans tefmoignages que tu n'oublies vne feule chofe de celles là, qu'à chacune
60 tu n'y pouruoyes fagement : car communement nous te voyons fain & vigoureux, & fçauons bien que tu es nommé entre les plus adroits hommes d'armes & les

*Exercices d'Ifchomache, pour la fanté, la guerre & la mefnagerie tout enfemble.*

« *Exercices [p]ar les champ[s]* ».

« *Exercice[s] pour le gan[dar]me* ».

« *[So]brietez d'vng [pe]re de familye* ».

plus riches citoyens. Certes, dit il, ô Socrates, pour faire ainfi que ie t'ay dit, ie fuis certain que i'en fuis calomnié par plufieurs, &, poffible, ton intention eftoit de t'enquerir de moy pour quelle raifon on m'a nommé Bel-&-Bon.

*Chap. 19.* Encore eftois-ie à mefme, dis-ie adonc, de te demander fi tu t'eftudies iamais de fçauoir comment tu dois parler, & comment il te faut prendre les propos d'autruy, fi cela par fois te faifoit befoing en l'endroit de quelqu'vn. Et comment, dit Ifchomache, *Comment Ifchomache s'eftudie à parler.* ne vois tu pas que ie m'y eftudie quafi fans ceffe? Premierement à me iuftifier, de tant que ie ne fais tort à perfonne, & bien à plufieurs, de tout mon pouuoir; auffi à fçauoir accufer, de tant que ie voy tous les iours tant de gents faifans tort & à plufieurs particuliers, & à la ville mefmes, & pas vn feul qui face bien. Voire, dis-ie; mais declaire moy encore ce point, fi fçachant tout cela tu t'exerces apres, & mets peine de le fçauoir dire. Pour vray, ô Socrates, dit il, ie ne chaume iamais de m'exercer à parler : car ou bien i'ay mes valets, dont y a toufiours quelqu'vn d'entre eux qui accufe, l'autre qui fe iuftifie; & puis ie m'effaye de conuaincre celuy que ie penfe auoir tort; ou bien ie me plains de quelqu'vn à mes amis, ou ie leur louë quelque autre, ou i'appointe quelqu'vn de mes cognoiffans, m'efforçant de leur faire entendre qu'ils auront plus de proufit de viure en amitié que d'eftre en querelle; ou bien fi ie fuis auec le Iuge, nous chaftions quelqu'vn de parolle, ou remonftrons l'innocence de celuy qui eft iniuftement accufé, ou nous accufons l'vn l'autre entre nous, f'il nous eft aduis

que quelqu'vn foit puny fans caufe; & fouuent, en deliberant, nous louons ce que nous auons enuie de faire, & blafmons ce que nous ne voulons pas. Et puis
35 i'ay defià fouuent, ô Socrates, efté preuenu, mais c'eftoit marché fait, que ie fçauois, à point nommé, ce qu'il me faudroit, en faire de caufe, ou fouffrir, ou payer. Et par qui? luy dis-ie; car certes ie ne l'ay fçeu iamais. Par ma femme, dit il. Et comment plaides tu
40 auec elle? dis-ie. Certes, dit il, fort fauorablement, & auec bonne iffue, quand là il m'aduient d'auoir la verité pour moy; mais quand ie ne l'ay point de mon cofté, il ne faut point mentir, ô Socrates, d'vne mauuaife caufe ie n'en fçay iamais faire vne bonne.
45 Car parauenture, dis-ie, d'vne menfonge tu n'en peus faire vne verité. Mais au moins, ô Ifchomache, que ie ne t'amufe point, & t'engarde de t'en aller, fi tu en as enuie. Non, fais non, dit il; car auffi bien ne m'en irois-ie pas, que de tout la court & le marché ne foient
50 acheuez. A bon efcient, dis-ie, ie croy que non; car tu aduifes bien fort de ne perdre pas ce beau tiltre de Bel-&-Bon qu'on t'a donné. Et voylà pourquoy, poffible, à cefte heure, encore que tu ayes beaucoup d'affaires qui auroient befoing que tu y meiffes ordre, fi ne veux
55 tu pas faillir d'attendre tes amis, puis que tu as promis, à fin de ne leur faillir point de promeffe & de ne leur mentir point. Ce n'eft pas cela, dit-il; mais affeure toy, ô Socrates, que ces affaires que tu dis, encore que ie fois icy, ne laiffent pas de fentir du foing que
60 i'en ay, & ne m'en trouuent pas à dire; car i'ay des Receueurs au village, en qui ie me fie.

Mais, ce luy dis-ie, ô Ifchomache, quand tu as faute

*D'vne mauuaife caufe en faire vne bonne.*

*Chap. 20.*

d'vn Receueur, t'enquiers tu pas fi tu pourras trouuer quelque part quelqu'vn qui foit capable de l'eftre, & puis tu mets peine d'acheter celuy là; ny plus ny moins que quand tu as affaire d'vn bon charpentier, ie m'affeure que fi tu en fçais quelqu'vn bon ouurier, & que tu le penfes trouuer, tu t'efforces de le recouurer; ou bien fi toy mefmes enfeignes tes Receueurs & les fais de ta main ? Moy mefme, ô Socrates, m'effaye de les faire : car celuy qui doit fatisfaire quand ie ne fuis point à ce que ie ferois, & f'en foucier pour moy, que faut il qu'il fçache, finon ce que ie fçay ? Car fi ie fuis fuffifant pour le gouuernement des affaires, ie pourray bien enfeigner à vn autre ce que ie fçais moy mefme. Donc, dis-ie, ne fera il pas requis qu'en premier lieu il aye vne grande amitié à toy & à tes affaires, puis qu'il faut qu'il aye prou de luy fans toy ? car fans amitié de quoy feruiroit le fçauoir d'vn Receueur quel qu'il fuft ? De rien, pour certain, dit Ifchomache ; mais c'eft la premiere chofe que ie tafche d'apprendre au mien, de m'aymer & moy & mon bien. Comment, bon Dieu, enfeigner d'aymer ! dis-ie. Comment enfeignes tu de t'aymer ? En bonne foy, dis-ie, faifant du bien à celuy que ie veux apprendre, lors que les dieux m'en donnent largement. Tu veux donc dire, luy dis ie, que ceux qui fe fentent de ta bonne fortune f'affectionnent enuers toy & defirent de te prochaffer quelque bien. Certes, de ma part, ô Socrates, la plus fouueraine recepte pour l'amitié, que ie fçache, c'eft celle là. Mais, ô Ifchomache, dis-ie, deflors que quelqu'vn de tes gens t'ayme, eft il pour cela capable d'auoir la charge de manier ton affaire ? Vois tu pas

*Des Receueurs, & comment il les faut façonner.*

« [Qu']il faut fère [u]ng recepueur [à] fa main ».

*Recepte pour fe faire aymer « des feruiteurs ».*

que tous les hommes, tant qu'il y en a, par maniere
de dire, f'ayment bien eux mefmes ? Et combien y en
a il qui veulent bien des biens pour eux, & toutefois
35 ne veulent pas fe foucier comment il les auront? Lors
me dit Ifchomache, ceux que ie cognois de bonne
volonté, fi ie delibere de les faire mes Receueurs, ie
leur enfeigne apres d'auoir foing de mes befongnes.
Comment ? dis-ie; que dis tu maintenant, ô Ifchoma-
40 che ? car, de faire vn homme foigneux, au fort cela
eftimoy-ie impoffible d'eftre enfeigné. Auffi n'eft il pas
poffible, dit il, ô Socrates, qui voudroit entreprendre
d'enfeigner à eftre foigneux toute maniere de gents.
Quelles gents doncques, dis-ie, eft il poffible? deffeigne
45 les moy tout clairement. Premierement, dit il, vous
ne fçauriez faire foigneux ceux qui font fubiects au
vin : car, de f'enyurer, cela faict perdre toute memoire
de tout ce qu'on a affaire. Ceux ci donc, fans plus,
dis-ie, font incapables, ou f'il y en a d'autres? Ouy
50 vrayement, dit Ifchomache, les fommeilleux & dormars, puis que l'endormy ne fçauroit ny luy mefme
faire fon deuoir, ny le faire faire aux autres. Quoy
donc, dis-ie, & maintenant eft ce tout, ou f'il en y a
d'autres encores oultre ceux là? Certes ie penfe, dit
55 Ifchomache, que ceux qui ayment les femmes d'vne
amour defmefuree font infuffifans d'apprendre à fe
foucier d'autre chofe plus que de cela : car il n'eft pas
aifé de trouuer à ceux ci ny aucun foing plus plaifant,
ny aucune efperance plus aggreable que le foucy
60 qu'ils ont de leurs amours. Et puis, quand faut mettre
ordre à quelque affaire, on ne fçauroit pour eux
inuenter vn plus grief tourment que de les efloigner

« Qu'il
ne fe fau[t]
feruird'iuron-
[gnes]».

Les
yurongnes.

Les
endormis.

«[Qu']il nefe
faut [fe]ruyr
d'vng
[e]ndormy ».

Les
amoureux
de femmes.

«[Qu']il nefe
faut f[e]ruyr
d'amou-
[r]eux ».

de la perfonne qu'ils ayment. Ie quitte doncques
ceux là, & m'accorde bien de ne charger iamais telles
gents du foing de mes affaires, fi ie les cognoy. Et
que dirois tu, ce luy dis-ie, d'vne autre forte de gents
qui font bien amoureux, mais c'eft du gain & du
profit? A ceux là auffi eft il impoffible de leur faire
entendre le foucy des befongnes champeftres? Non
vrayement pas à ceux là, dit Ifchomache, mais les
trouue-ie bien fort dociles & aifez à ployer au foing
de telles chofes : car il ne faut autre chofe que leur
monftrer qu'il y a du gain à ce foucy. Or doncques,
dis-ie, quand tu en trouues d'autres qui font exempts
de ces mauuaifes conditions, comme tu veulx qu'ils
foient, & qui font de naturel pour aymer le profit,
mais non que bien à point, comment leur enfeignes tu
à ton gré d'eftre curieux de ton bien? Ie les enfeigne,
ô Socrates, d'vne façon certes fort groffe & planiere :
car quand ie les vois aduifants foigneufement à ce
qu'il fault, ie les louë, & m'effaye de les honorer; fi
ie les voy nonchalants, ie m'effaye de dire & faire
chofe qui les picque.

Ifchomache, dis-ie, reuiens vn peu, ie te prie, à
peine de te tordre du grand chemin, de ce propos où
tu es, de ceux qui apprennent auoir foing, & dy moy
de leur inftitution vne chofe : fi vn qui fera luy mefme
nonchalant peut faire les autres foigneux. Non, ie
t'affeure, dit Ifchomache, non plus que vn qui ne
cognoit aucune note, ne fçauroit faire les autres bons
muficiens : car il eft malaifé d'apprendre à faire bien
ce que le precepteur monftre mal; & auffi malaifé,
quand le maiftre donne exemple de n'auoir pas de

foucy, que le feruiteur fe rende diligent. Brief, pour
le dire en vn mot, ie ne penfe iamais auoir cogneu
des bons feruiteurs à vn mauuais maiftre; mais à des
35 bons maiftres ay-ie bien veu des mauuais valets, mais
non pas qui n'en fuffent bien chaftiez. Or faut il que
celuy qui voudra faire fes gents pour eftre foucieux,
qu'il s'accouftume luy mefme à voir à l'œil la befongne
& l'examiner, & qu'il foit volontaire de donner fa
40 recompenfe à celuy qui eft caufe de ce qui fe fait bien,
& non retif à bailler le chaftiment aux nonchalans
felon leur merite. Et de ma part, dit il, ie trouue
bonne la refponfe que fit le barbare, comme l'on dit,
quand le Roy ayant recouuré vn fort bon cheual, &
45 ayant grande enuie de le mettre en chair le plus toft
qu'il luy feroit poffible, demanda à vn de ceux dont
on faifoit le plus de cas pour penfer cheuaux : Qu'eft
ce qui engraiffe plus toft vn cheual? L'œil de fon
maiftre, dit il. De mefme il m'eft aduis, ô Socrates,
50 qu'en toutes autres chofes, s'il y a de bel-&-bon en la
maifon, c'eft l'œil du maiftre qui le fait. Mais, dis-ie,
quand tu auras mis en la tefte de quelqu'vn de tes
valets, & le plus fort que tu auras peu, qu'il fe doit
foucier de tout ce que tu voudras, celuy là fera il pour
55 cela auffi toft bon & fuffifant receueur? Non, pour
certain, dit Ifchomache : car il luy refte encore à
entendre ce qu'il faut faire, & quand & comment;
autrement, de quoy feruiroit plus vn receueur fans
cela, qu'vn medecin qui feroit bien fort foigneux d'vn
60 malade, & iroit & viendroit matin & foir, mais qui
ne fçauroit qu'eft ce qui feroit bon de luy faire? Et
s'il entend bien, dis-ie, les affaires qu'il luy fault faire,

*« Belle fimilitude ».*

*« [Com]mant & [qu]els vales [i]l faut reco[m]pancer ».*

*« [B]elle fimilitude [d]u cheual ».*

*L'œil du maiftre engraiffe le cheual.*

*Entendre ce qu'il faut faire, quand & comment.*

aura il plus deformais befoing d'autre chofe ? ou bien fi par auenture ceftuy cy fera bon receueur pour toy, & du tout accomply en fon eftat ? Ie penfe, dit-il, qu'il faut encore qu'il apprenne à fçauoir commander à ceux qui trauaillent. Comment, dis-ie, tu apprens donc auffi les receueurs à fçauoir commander ? Au moins ie m'en effaye, dit Ifchomache. Et pour Dieu, dy moy, fis-ie, en quelle maniere les peus tu faire bons à commander entre les hommes ? Fort groffierement, dit-il, ô Socrates ; de forte que par auenture t'en riras tu fi tu l'entens. Si n'eft ce pas, dis-ie, chofe digne de rifee ; car qui fçaura les hommes bons à commander aux hommes, il les pourra fi bien enfeigner qu'ils feront fuffifants pour eftre maiftres ; & qui pourra les faire fuffifants pour eftre maiftres, les pourra auffi faire capables pour eftre roys : de forte que ie ne cuide pas qu'vn perfonnage qui le fçait faire, foit digne de moquerie, mais de grande louange. N'eft il donc pas vray, ô Socrates, que tous les autres animaux apprennent à obeïr par ces deux moyens, l'vn d'eftre chaftiez quand ils f'effayent de defobeïr, & l'autre, fi on leur fait quelque bien quand ils feruent de bon cœur. Voilà comment les poulains apprennent d'obeïr à l'efcuyer qui les dompte, par ce qu'on leur baille quelque chofe de bon quand ils font ce qu'on veut, & que, tant qu'ils font rebelles, ils font tourmentez, iufques à ce qu'ils facent bien au gré de l'efcuyer. Et les petits chiens mefmes, qui ne font rien au pris des hommes, tant pour le fens que pour la parole, apprennent toutesfois, en la mefme façon que nous auons dit, à faire les tours & les foubrefauts, & plufieurs

*Sçauoir commander.*

*Comme les animaux apprennent à obeir.*
« [L]es hobeyffans [&] deshobeyffans ».

« [B]elles fimilitudes [d]es cheuaux & [d]es chiens

autres choses : car lors qu'ils obeïssent, on leur donne *tou[c]hant l'obeyssance ».*
quelque chose de ce qu'ils demandent; & quand ils
faillent & ne se soucient de ce qu'on leur enseigne,
35 ils sont lors fouëttez. Or est il bien plus aisé de faire
les hommes plus obeïssans, si on leur fait entendre de
parole qu'il leur vault mieux obeïr. Il est vray qu'en
l'endroit des seruiteurs, la doctrine mesme des bestes *Les seruiteurs.*
est fort bonne pour les ranger à obeïr : car on ne
40 croiroit pas combien on tue d'eux, en octroyant par
fois quelque surcrois au desir de leur ventre. D'autre *L'ambicieux d'honneur.*
costé, vn naturel ambicieux & gourmand d'honneur
s'esperonne mieux par la louange; car il en est prou
de ceste nature qui sont plus affamez de gloire &
45 de louange que les autres de manger ny de boire.
Doncques, tout ainsi mesmes que ie fais pour me
cuider seruir de mes gents auec plus d'obeïssance,
ainsi apprens ie à faire ceux que ie delibere choisir
pour receueurs, & prens pour eux & pour moy
50 mesmes enseignements. Car ie ne fais pas semblables *Moyen d'auantager les bons ouuriers.*
tous les habillements qu'il me faut bailler à mes
manouuriers, pour les vestir & chauffer, mais les vns
pires, les autres meilleurs, à fin que i'aye moyen auec *« Lesquels il faut recompen-[cer]ȼ».*
les meilleurs d'auantager les meilleurs trauailleurs, &
55 aux pires donner aussi les pires : car c'est, à mon aduis,
ô Socrates, vn grand descouragement & desconfort
aux bons, quand ils voyent que ce sont eux qui font
la besongne, & que ceux qui n'ont point de cœur au
besoing de leur maistre, ny à la peine, ny au danger,
60 ont toutesfois autant d'auantage comme eux. Ainsi, de *Faire les meilleurs & les pires d'vne liuree.*
ma part, en chose qui soit, ie ne m'accorderay iamais
de faire les meilleurs & les pires d'vne liuree. Voylà

17

comme i'en vfe; & quand ie fçay que mes receueurs ont departy aux plus dignes les meilleures chofes, ie les en louë. Si ie vois que quelqu'vn aye efté par eux aduantagé par flaterie, ou par quelque autre faueur mal employee, ie ne mefprife pas cefte faute; mais les en chaftie, & m'efforce de faire entendre à celuy qui l'a faict, ô Socrates, qu'il n'a rien faict pour luy mefme en le faifant. Et bien, ô Ifchomache, dis-ie, mais que ton homme foit bien apprins à commander, de forte qu'il fe fçache faire obeïr, penfes tu qu'il foit du tout bien ainfi, & vrayement parfaict; ou f'il y a encore à dire en luy quelque chofe, bien qu'il foit prouueu de tout ce que tu as dit? Ouy, certes, dit Ifchomache, il a encores faute d'vne chofe, c'eft d'auoir les mains feures au bien de fon maiftre, & ne defrober point : car fi celuy qui manie les fruits eft fi ofé de les faire efuanouïr & n'en laiffer pas qui feruent pour fournir aux affaires, quel acqueft y a il à bien mefnager les terres par le foing d'vn tel homme? Comment donc, dis-ie, tu te foubmets encores à ce trauail, d'enfeigner la loyauté? Ouy bien fort, dit Ifchomache; mais pour vray ie ne trouue pas que tous foient prefts ainfi promptement à receuoir cefte doctrine; & fi mets-ie peine, partie auec les loix de Dracon, partie auec celles de Solon, d'acheminer ceux de ma famille au train de la iuftice & loyauté : car il me femble que ces gents là n'ont pas oublié de mettre plufieurs de leurs loix pour la iuftice, qui font tres bien à propos pour la façon de ma doctrine; de tant qu'il eft porté par leurs loix, que le larron foit condemné en amende pour le larrecin, qu'il foit mené

*Auoir les mains feures.*

*Loix de Dracon & de Solon touchant les larrons.*

prifonnier s'il eft trouué fur le faict, & tué s'il vfe de
force. Il eft donc bel à voir qu'ils ont ordonné cela,
pour faire aux mefchans que le mauuais gain leur foit
inutile. Ainfi donc leur mettant deuant les yeux quelques poincts de ces loix là, & d'autres encores des
ordonnances des Roys, ie m'effaye de rendre iuftes
mes valets en ce qui paffe par leurs mains : car les loix
de Dracon & de Solon ne portent que mal & dommage
à ceux qui faillent ; & celles des Roys n'endommagent
pas feulement les mefchans, mais auantagent encore
les gents de bien : de forte que quand on voit les bons
plus riches que les mauuais, maint-vn de ceux là
mefmes qui font conuoiteux du gain fe maintient en
fon deuoir, & fe garde tant qu'il peut de mal faire.
Or, quand ie m'apperçoy qu'aucuns de ceux à qui ie
fay du bien s'effayent neantmoins de me faire tort,
des lors ie ceffe de me feruir de ceux là, comme eftant
incurables preneurs, & fans remede gaftez d'auarice ;
& ceux au contraire que ie voy qui ont enuie d'eftre
loyaux, non pas feulement pour ce qu'ils gaignent
plus auec moy par ce moyen, mais encore pour autant
qu'ils defirent eftre louez & eftimez de moy, des lors
i'vfe de ceux là aucunement comme s'ils eftoient
libres, & ne me contente pas feulement de les enrichir,
mais encore ie les honore comme preudhommes &
gents de bien : car c'eft, à mon aduis, ce qu'il y a à
dire du conuoiteux de gain au defireux d'honneur,
que ceftuy-cy, de fon gré, pour la gloire & louange,
s'offre au trauail & au danger, & s'abftient du gain
deshonnefte.

Or donc à cefte heure, dis-ie lors, que tu a mis en

*Les ordonnances des Roys auantagent les gents de bien.*

*Chap. 22.*

*Les perfections d'vn bon receueur.*

volonté à ton homme de defirer ton bien, & puis l'as fait foigneux de le prochaffer, & luy as recouuert le fçauoir comment fe doit faire chafque chofe pour eftre plus profitable, & encore luy as baillé la fuffifance de commander, & au par fus de tout cela, f'il te prefente de la terre les fruits qu'elle porte en fes faifons, à grand' planté, auffi loyaument que toy à toy mefme, meshuy ie ne m'enquiers point f'il y a rien à dire à vn tel perfonnage : car il m'eft aduis qu'vn tel receueur eft bien fort eftimable. Mais pourtant, ô Ifchomache, fi ne faut il pas que tu laiffes vn point, lequel nous auons de tout le propos conté le plus nonchalamment & fauté en paffant. Lequel, dit Ifchomache ? Tu difois, ce me femble, en quelque

*Que c'eft qui importe le plus.*

endroit, dis-ie, que ce qui importe le plus, c'eft d'apprendre comment il faut faire & conduire chafque chofe ; car, fans cela, tu difois qu'il n'y a point d'auantage, pour tant qu'on fe foucie, fi on ne fçait ce qu'on doit faire & comment. A cela me dit Ifchomache : Quoy ? tu veux donc maintenant, ô Socrates, que ie

*Pourquoy Socrates defire entendre que c'eft de l'Agriculture.*

t'enfeigne la fcience mefme de l'agriculture? Ouy bien, dis-ie, puis que c'eft elle, fans doute, qui fait riches ceux qui la fçauent, & ceux qui ne la fçauent, trauailler fort & viure mal à leur aife. Or conte doncques à cefte heure, ô Socrates, la debonnaireté de cefte fcience. Car elle eftant plus profitable & plus plaifante à prattiquer & plus aggreable aux dieux & aux hommes que nulle autre ; oultre tout cela d'eftre encor la plus aifee à apprendre, comment pourroit on dire que

*L'Agriculture noble.*

ce ne foit vne grande & vraye nobleffe de ceft art ? car communement, d'entre les beftes mefmes, nous

appellons toutes celles là nobles, qui ayants quelque
chofe en elles de beau & de grand & profitable, fe
monftrent toutefois traitables & humaines enuers les
35 hommes. Il me femble bien, dis-ie, ô Ifchomache, que
i'ay affez bien retenu comme c'eft, fuiuant ton dire,
qu'il faut enfeigner le Receueur : car ie penfe auoir
apprins comment tu difois qu'il le faut faire affectionné
& foigneux enuers toy, & bon à commander, & loyal ;
40 mais ce que tu as dit eftre neceffaire à vn qui eft pour
auoir le foing de l'agriculture, d'apprendre ce qu'il
y faut faire, & comment, & en quelle faifon chafque
chofe, il m'eft aduis que cela auons nous paffé en
courant parmy l'autre propos vn peu legerement,
45 comme fi tu difois qu'à celuy qui veut fçauoir efcrire
foubs vn autre ce qu'on dictera, & le lire, il luy eft
befoing de recognoiftre les lettres : par là i'entendroy
bien qu'il doit cognoiftre les lettres, mais le fçachant,
ie croy que ie ne cognoiftrois les lettres pour cela, ny
50 plus ny moins ; & à cefte heure tout de mefme. Car
ie crois bien ayfement que celuy qui doit eftre bon
fuperintendant de l'agriculture la doit fçauoir &
entendre ; mais fçachant cela, ie ne fçay pas mieux
pourtant comment l'agriculture fe doit manier. Et fi
55 maintenant il me prenoit foudainement enuie de mefnager les terres, ie reffemblerois à mon aduis à ce
medecin, qui va bien & vient fans ceffe pour vifiter
les malades, mais qui n'entend rien de ce qui leur
peut feruir. Doncques, fi tu ne veux que ie fois de cefte
60 forte, apprens moy le fait mefme de l'agriculture. Or
pour vray, ô Socrates, dit il, ce n'eft pas ainfi d'elle
comme des autres arts ; car aux autres, il f'y faut

aucunement confommer en les apprenant, premier que l'apprentis f'en fçache ayder pour gaigner fa vie. Et l'agriculture n'eft pas ainfi difficile à apprendre, ains partie en voyant ceux qui trauaillent, partie en oyant parler, tu l'auras auffi toft apprinfe, fi bien que tu l'enfeigneras fi tu veux à vn autre. Et fi m'affeure bien, dit il, que toy mefme fçais beaucoup de chofes, en ceft art, que tu ne penfes pas fçauoir; & y a encores vn autre point, que tous autres artifans, ie ne fçais comment, cachent toufiours ce qu'ils fçauent de plus propre chafcun en fon meftier; mais d'entre les laboureurs celuy qui mieux plante, c'eft celuy qui prendra le plus de plaifir fi on le regarde faire; & celuy qui feme le mieux, tout de mefme; & fi tu t'enquiers de ce que tu vois le mieux accouftré, il ne te celera vn feul poinct pour te faire entendre comment il l'a fait, tant il femble que l'agriculture face nobles & honneftes ceux qui la hantent. Vrayement, dis-ie, voici belle preface, & qui n'eft pas, l'ayant ouyë, pour me deftourner de ma quefte. Et toy de ton cofté, de tant qu'elle eft plus ayfee à apprendre, de tant fais m'en plus ample difcours; car ce n'eft pas honte à toy d'enfeigner ce qui eft ayfé, mais à moy beaucoup plus de ne le fçauoir pas, mefmement quand c'eft vne chofe profitable. Premierement donc, dit il, ô Socrates, ie te veux monftrer à l'œil, qu'il n'y a aucune difficulté non pas en cela mefme qui a efté eftimé le plus diuers & variable de l'agriculture, par aucuns qui ne l'ont aucunement pratiquee, & toutefois, à les ouïr parler, ils en difcourent le plus fubtilement qu'il eft poffible: car ils difent que celuy qui veut faire bon labourage

doit premierement cognoiftre la nature de la terre.
Et difent bien à mon aduis, ce dis-ie; car, qui ne fçait
ce que la terre peut porter, fçaura auffi peu, ie croy,
35 ce qu'il faut femer, ny ce qu'il faut planter. Or eft il, *Qu'il eft ayfé*
dit Ifchomache, bien ayfé à cognoiftre, ouy bien en la *de cognoiftre*
*ce que la terre*
terre mefme d'autruy, ce qu'elle peut porter ou non, *peut porter*
*& comment.*
en voyant les fruits & les arbres; puis, quand on la
cognoit, il ne fert plus de rien d'ores en là combattre
40 la nature : car qui n'aura efgard qu'à femer ou planter
ce que luy fait befoing ne tirera pas fi bien fa vie de
la terre, comme d'y planter ou femer ce qu'elle fe
plairoit de porter & nourrir. Mais quand la terre, par
la nonchalance de celuy qui la tient, ne peut declairer
45 fa portee, fouuent aduient il que par la terre voifine
on en peut cognoiftre la verité mieux qu'on ne fçauroit
entendre par le voifin mefme. Ouy bien encore, lors
mefme qu'elle eft en friche, elle reprefente fa nature :
car celle qui porte des herbes fauuages, belles & bien
50 nourries, fi on l'entretenoit, elle en pourroit bien
porter des belles domeftiques. Ainfi donc, ceux là
mefmes qui ne font guieres experts en l'agriculture
peuuent bien difcerner le terroir. Defià doncques,
dis-ie, i'ai gaigné ce point, ô Ifchomache, que ie me
55 fais fort qu'il ne faut pas que ie laiffe de vacquer à
l'agriculture, de peur que ie ne fçache bien cognoiftre
le naturel des terres. Auffi certes il m'eft fouuenu des *Exemple des*
*pefcheurs.*
pefcheurs, pour ce qu'encor que leur fait foit fur
l'eau, fans ce qu'ils f'arreftent, ny aillent plus beau,
60 pour fe prendre garde des terres, ains outrepaffent
tout courant, fi eft ce, quand ils voyent en paffant les
fruits fur la terre, qu'ils ne font pas difficulté d'en

declairer leur aduis, quelle eſt bonne, quelle eſt mauuaiſe, en blaſmant l'vne, & louant l'autre; & pour
vray ie vois que la plus part du temps, en la plus part
des choſes, ils diſent de la bonté du terroir tout de
meſme que les laboureurs experimentez. Où veux tu
donc, ô Socrates, que ie commence à te remettre en
memoire l'agriculture? Car ie ne fais point de doute
qu'en te parlant de ce qu'il y faut faire, le plus ſouuent
ie ne te die autre choſe, ſinon cela meſme que tu ſçais
fort bien. O Iſchomache, dis-ie, i'apprendrois, auant
tout cela, plus volontiers, ce me ſemble, que nulle
autre choſe (auſſi eſt ce vrayement le faict d'vn
homme qui ayme à ſçauoir), à quoy faire, pour la
culture de la terre, ſi ie m'en voulois meſler, ie cueil-
lirois plus d'orge & de froument.

*Chap. 23.*      Doncques ne ſçais tu pas, dit Iſchomache, que, pour
ietter la ſemence deſſus, il faut deuant appreſter la
*Quand c'eſt* terre repoſee? Cela ſçais ie bien, dis-ie. Et quoy, dit
*qu'il faut*
*commencer* il, que ſera-ce ſi nous commençons de labourer la
*à labourer.*
terre l'hyuer? Et comment? dis-ie; ce ne ſeroit que
fange. Et l'eſté quoy, à ton aduis? dit il. Elle ſera,
croy ie, bien dure, pour les bœufs, à virer, dis-ie. Il
eſt donc vrayſemblable, dit il, que c'eſt au printemps
qu'il faut commencer ceſte beſongne. Ie le croirois
bien, dis-ie; car la terre, ce ſemble, ſ'en reſſentira
d'auantage, ſi elle eſt remuee en ceſte ſaiſon. Ouy
certes, dit il, & les herbes renuerſees adonc par le
labour ſeruent des lors d'autant de fumier à la terre,
& ne gaſtent pas encore le grain, ains luy donnent
loiſir de ſortir. Ie penſe bien auſſi, que cela eſt aiſé à
cognoiſtre, qu'il faut, qui veut auoir bon champ &

fertile, le tenir & defcharger de tout autre herbage, & *Pour auoir bon champ & fertile.*
faire qu'il foit cuit, par maniere de dire, le mieux qu'il
fera poffible, au foleil. Sans doute, dis-ie, il me femble
35 qu'il eft neceffaire que cela foit ainfi. Or doncques,
dit il, comment cuides tu que cela fe peut mieux faire,
que fi on le fait l'efté, en remuant fort fouuent la
terre? Pour vray, dis-ie, il m'eft bien aduis que ie
fçais cela fort bien, qu'il n'y a point de meilleur
40 moyen pour mettre les mauuaifes herbes tout deffus
à fleur de terre, ny pour les faire hauies par les chaleurs, & la terre cuite par le foleil, que de la virer
auec les bœufs au fin milieu du iour & de l'efté. Et
fi les hommes, dit il, virent la terre, & la font à bras,
45 eft il mal aifé à cognoiftre qu'il eft befoing auffi qu'ils
departent l'herbe de la terre? Ouy, dis-ie, & qu'ils
arrachent les herbes à fin qu'elles fe meurent, au
hault de feicherefse, & virent la terre, à fin que celle
d'en bas, qui eft cruë, cuife auffi. Tu vois doncques
50 bien, ô Socrates, dit il, que, pour le regard du labour,
toy & moy fommes de mefme aduis. De mefme aduis,
dis-ie. Or quant à la faifon de femer, dit il, ô Socra- *Saifon de femer.*
tes, as tu autre opinion que celle là eft la meilleure
qui a efté cognue telle par tous ceux qui cy deuant
55 en ont fait l'efpreuue, & tous ceux qui la font encor
maintenant? car lors que l'Automne eft venu, tout le
monde par tout vire les yeux à Dieu vers le ciel, pour
veoir quand il luy plaira de mouiller la terre, pour leur *« Qu'il faut [fe]mer*
donner congé de femer. De vray, ô Ifchomache, tous *quand i[l] a pleu ».*
60 les hommes ont aduifé de ne femer pas à leur efcient,
tant que la terre eft feiche, pour autant, comme il eft
aifé à voir, que ceux qui fement auant que Dieu l'ait

ordonné, ont esté en plusieurs sortes batus du dommage. Ainsi, dit Ischomache, entre nous hommes nous sommes tous d'vn accord en cela. Pour ce, disie, que naturellement il se fait, qu'en ce que Dieu enseigne, les hommes s'en accordent, ainsi voit on que tout le monde s'accorde bien en cela, & est d'vn aduis, qu'en hyuer il est meilleur, si on peut, de porter des habillements fourrez, & tous s'accordent de faire du feu, qui a du bois. Mais en vn point, dit Ischomache, il y en a bien de diuers aduis, c'est du semer, à sçauoir si le plus aduancé est le meilleur, ou le plus tardif, ou l'entre deux. Et comment, dis-ie, Dieu n'ameine il pas l'an tout de ranc, tantost l'vne saison fort belle pour les fruits aduancez, vne autre de mesme pour les plus tardifs, & vne autre encor pour ceux d'entre deux. Toy doncques, ô Socrates, lequel estimes tu le meilleur, ou de choisir vn de ces temps pour semer, ou bien si tu aimerois mieux, à commencer la semence que tu voudrois faire, estre des premiers, & acheuer des derniers, soit que tu eusses à semer beaucoup de grains, ou bien peu ? Lors ie luy respondy : Certes, ô Ischomache, il me semble bien que le meilleur est d'en prendre de tous, & vser de chasque temps des semaisons; car i'estime qu'il y a plus de proffit de faire tousiours suffisante cueillette des fruits, que d'en auoir vne fois à grand' foison, & l'autre trop peu pour atteindre au bout de l'an. Doncques, dit il, ô Socrates, encore en cecy entre nous, le maistre & le disciple, nous nous trouuerons de mesme opinion, & si as tu premier que moy declairé la tienne. Mais à ietter la semence, dis-ie, ce sçauoir seroit il point

*marginalia:*
« [?]oies saysons [po]ur semer ».

Quel temps il faut choisir pour semer.

Comment il faut semer.

diuers & mal-aifé? Et bien, dit il, ô Socrates, à cela
aduiferons nous auffi: car quant à la femence, qu'il
la faille ietter de la main, cela fçais tu bien, Dieu
35 mercy. Ouy, dis-ie, car ie l'ay veu faire. Or de la
ietter, dit il, les vns le fçauent faire toufiours efgalement par mefure, les autres non. Et à cela, dis-ie, ne
faut il pas de l'exercice & de l'accouftumance, comme «*L'acouftu-
à la main d'vn iouëur de harpe, pour fçauoir obeïr, *rend*
40 & fe conduire au vouloir du maiftre? Ouy vrayement, *meftres».*
dit il, bien fort; mais felon que la terre eft legere,
ou fort graffe. Qu'eft-ce à dire, dis-ie? par la legere, *Terre legere*
entens tu la plus foible, & par la graffe, la plus forte? *graffe&forte.*
Ainfi mefme, dit il; & te demande encore, fi tu don-
45 nerois autant de femence à l'vne qu'à l'autre, ou bien
à laquelle des deux d'auantage? Au vin, dis-ie, plus *Similitudes*
il eft fort, & plus i'eftime qu'il y faut mettre d'eau; & *à propos*
à vn homme plus grande charge, plus il eft fort, f'il *fort à*
faut porter quelque chofe; & f'il falloit nourrir quel- *vne [bon]ne*
50 que compagnie, ce feroit aux plus puiffants, & qui *terre».*
ont mieux de quoy, que i'ordonnerois d'en nourrir
le plus; mais par auanture que la terre foible deuient
plus forte quand on luy baille, comme aux cheuaux,
plus de grain; & f'il eft ainfi, enfeigne le moy, ie te
55 prie. Lors Ifchomache, en riant: Tu te iouës, ô
Socrates, ie le vois bien. Mais fois affeuré qu'ayant
mis la femence dans le champ, puis apres l'hyuer, lors
que la terre prent grande nourriture du ciel, & quand
le grain a germé, & eft venu en herbe, fi tu le rem-
60 barres adonc, & le recules, cela vient apres tout en
blé, & la terre fe renforce d'autant, auffi bien comme
du fumier; & fi tu fouffres que la terre mene la

semence iufqu'au bout, & l'acheue de nourrir, il fera fort mal aifé, fi la terre eft foible, qu'elle porte à la fin grand fruict, auffi bien qu'à vne truye foible de bien nourrir beaucoup de cochons, mefmes quand ils font grandelets. Tu veux dire, ô Ifchomache, dis-ie, qu'il faut charger les terres legeres de moins de grain. Ouy pour vray, dit-il, ô Socrates, & toy mefme, puis que tu dis qu'il faut, à ton aduis, à tout ce qui eft plus foible donner à porter moindre charge. Mais pourquoy, ô Ifchomache, mettez vous le farceau (ou farcloir) dans le blé? Tu fçais bien, dit-il, que l'hyuer il vient aux terres des grandes eaux. Et pourquoy non, dis-ie? Pofons le cas, dit-il, que le limon, qui vient parmy, cache vne partie des grains, & que la rauine de l'eau defcouure ailleurs des racines, & fouuent par les eaux, auec le blé fort force autre herbage, qui feroit pour l'eftouffer fans doubte. Il eft bien vrayfemblable, dis-ie, que tout cela fe fait ainfi. Lors doncques te femble il, dit-il, que le blé aye befoing de quelque fecours? Ouy à bon efcient, dis-ie. Donc à celuy qui eft enlimonné, qu'y faut il faire, à ton aduis, pour luy aider? Souleuer la terre, dis-ie, & la defcharger. Et à celuy qui monftre les racines nues? Luy ramaffer la terre deffus, dis-ie. Et fi l'herbe fortant meflee auec le germe, l'eftouffe, & rauit la nourriture qui fait befoing pour le blé, comme les bourdons inutiles au bornal pillent fur les abeilles, ce qu'elles, pour viure, auec leur grand'peine ont mis dedans? Certes, dis-ie, il faudroit coupper les viures & la nourriture à ces herbes, auffi bien comme il faut chaffer les bourdons hors du bornal. Donc, dit-il, te

*« [Qu]e la terre [fo]ieble ne peut [g]uiere porter [d]es qu'elle eft [fo]rt chargee [d]e femance ».*

*Qu'il eft befoing de farcler.*

*« La rayfon pou[rq]uoy on far[cle] ».*

*Exemple des bourdons qui volent les moufches à miel.*

semble il que sans cause on mette le sarceau par les
terres ? Non vrayement, dis-ie ; mais maintenant ie
comprens quel aduantage il y a d'amener des exem-
35 ples bien à propos : car tu m'as aigry contre ces
mauuaises herbes beaucoup plus, quand tu as parlé
des bourdons, que deuant, quand tu parlois des herbes
mesmes. Au reste ne faudra il pas desormais faire *De la façon*
moissons ? Dy moy donc aussi ce que tu as à m'ensei- *de coupper le blé*
40 gner pour ce regard. Ouy, dit-il, sinon qu'il se cogneust *&moissonner.*
à l'essay, qu'encor en cela ce que ie sçais tu le sçais
aussi. Tu sçais bien doncques qu'il faut couper le blé.
Et comment ne le sçaurois-ie ? luy dis-ie adonc. Comme
donc le coupperas tu ? dit-il : ou bien si tu te mettras
45 du costé que le vent vient, ou bien de front au vent ?
Non pas vrayement de front, dis-ie : car il seroit
facheux, à mon aduis, & aux yeux & aux mains, de
moissonner quand le vent renuoye contre le chaume
& l'espi. Et rongneras tu, dit-il, le blé au bout de
50 l'espi ou tout contre terre ? Si le chaume du blé
est court, dis-ie, ie le couperois fort bas, à fin que la
paille fust de plus suffisante grandeur ; mais s'il est
haut, ie penserois bien faire de le coupper enuiron le
milieu, à fin que les batteurs ne prinssent peine pour
55 neant, & ceux qui vannent ne s'amusent à ce qui *« Deu*
n'est pas besoing. Et croy que l'estouble qui demeure, *retouble*
s'il est bruslé, fait grand bien à la terre, & augmente *bruslé».*
le fumier, s'il est meslé parmy. Vois tu, dit-il, ô
Socrates, comment tu es trouué sur le faict, & es
60 conuaincu de sçauoir, autant que moy, du faict des
moissons ? I'en suis en grand danger, dis-ie ; mais ie
veux encore aduiser si ie sçais point battre.

*Chap. 24.*
*De la*
*maniere de*
*battre &*
*vanner le*
*blé.*

Or doncques, dy moy pour voir, fait il, fçais tu point cela, que toutes beftes de voiture battent le blé? Ouy dea, dis-ie. Et fçais tu pas qu'on appelle beftes de voiture les bœufs, les afnes, les cheuaux, tous d'vne forte? & en fçais tu d'autres, à ton aduis, qui peuffent rompre le blé aux pieds, qui les toucheroit? Nulles autres, dis-ie. Mais, dis-ie, comment le batteront ils ainfi qu'il faut? & comment fe pourra efgaler la batterie du blé au fol? par quel moyen cela, ô Socrates? Par le moyen, dis-ie, de ceux qui gouuernent le fol: car tirant les gerbes, & mettant toufiours foubs les pieds des iuments ce qui n'eft pas rompu, ils feront aller tout d'vn train auffi bien ce qui va deffous que l'autre, & fi aduanceront plus ainfi. Donc, dit-il lors, il n'en eft rien à dire, ô Socrates, qu'en ceci tu n'en fçaches autant que moy. Apres cela, dis-ie, ô Ifchomache, ne nettoyons nous pas le blé en le vannant? Dy moy, ô Socrates, dit-il, fçais tu pas bien que fi tu commences à vanner deuers le bout qui eft contre le vent, toute la bale f'en volera par tout le fol? Il n'y a point de faute, dis-ie. Et par ce moyen, dit-il, tomberoit elle pas fur le blé? Ouy, dis-ie, car elle auroit bien affaire de paffer par deffus tout le monceau de blé, & aller en la place du fol qui eft vuide. Et fi on commence, dit-il, à vanner au deffous du vent? Il eft aifé à voir, dis-ie, que la bale fera à fon monceau à part. Mais, dit-il, apres que tu auras bien efuenté le blé iufques au milieu de l'aire, le laifferas tu ainfi efpars, & efuenteras foudain le demeurant? ou fi tu amafferas le blé en vn monceau, & le ferreras à part pour tenir le moins de place

« [Co]mmant
il [fa]ut
vaner ».

qu'il fera poffible? Ouy certes, dis-ie, ie ferreray
le net à part, à fin qu'apres en efuentant le refte,
la bale paffe par deffus, & aille au lieu du fol qui
eft vuide, & qu'il ne me faille retourner deux fois à
vanner mefme blé. Pour vray, ô Socrates, quant à
faire que le blé foit promptement net, tu en fçais
affez pour l'enfeigner à quiconque le voudroit apprendre. A ce compte, dis-ie, i'ignorois que i'en fceuffe
tant moy mefme, & fi ie le fçauois fort long temps y
a; & pour vray ie penfe en moy mefme fi, poffible, ie
fçaurois point fondre l'or & iouër des fluftes, & peindre, & qu'encor ie ne m'en fuffe pas prins garde. Il
eft vray que perfonne ne m'y a iamais enfeigné; mais
fi n'a pas perfonne, non plus, à cultiuer la terre. Or
voy moy les hommes trauaillants aux autres meftiers
tout de mefme qu'en l'agriculture. Et ne t'ay ie pas
dit, long temps y a, dit Ifchomache, que l'agriculture
eftoit le plus noble meftier du monde, pour cela
encore qu'il eft plus facile à apprendre que tout
autre? Or bien, dis-ie, ô Ifchomache, i'entens à cefte
heure; & de vray, voylà comment ie n'auois iamais
plus fceu que ie fçauois femer. Mais le plant des *Le plant des arbres du faiɛt de l'agriculture.*
arbres eft ce auffi du faiɛt de l'agriculture? Ouy
vrayment, dit Ifchomache. Et comment doncques fe
fait cela que ie fçache femer, & que ie n'entende rien
à planter? Que tu ne l'entens pas, dit-il? Et comment
le fçaurois ie, dis-ie, qui n'entend ny en quelle terre
il faut planter, ny de quelle profondeur, ny de quelle
largeur, ny de quelle grandeur les fauuageons doiuent
eftre, ny en quelle forte il les faut mettre en terre, à
fin qu'ils prennent & iettent mieux? Et vien ça donc,

*De quelle profondeur doibuent eſtre les foſſes qu'on fait pour planter des arbres.*

dit Iſchomache, & apprens ce que tu ne ſçais pas. Tu as bien veu, i'en ſuis ſeur, des foſſes qu'on fait pour planter des arbres, & comment elles ſont faites. Ouy, & bien ſouuent, dis-ie. Quoy donc, en vis tu iamais qui fuſt profonde plus de trois pieds ? Non certes, dis-ie, ny deux & demy à grand'peine. Et quoy, dit-il, en as tu veu qui euſſent plus de trois pieds en largeur ? Non, ny deux, fis-ie. Et vien ça, dit-il, reſpons moy encore à ce point : en vis tu iamais de moins profonde que d'vn pied ? Non certes, dis-ie, qui n'euſt pour le moins vn pied & demy : car on les aueindroit en labourant à bras la terre, ſ'ils eſtoient ainſi plantez à fleur de terre. Et donc, ſçais tu pas bien qu'on n'en plante point plus profond que de deux & demy, ny moins que d'vn & demy ? Cela eſt bien, dis-ie, ſi cler qu'il n'eſt pas poſſible qu'on ne le voye. Et quoy, dit-il, cognois tu la terre ſeiche & l'humide, quand tu la vois ? Il me ſemble que les terres d'autour de Licabet ſont ſeiches, & celles qui leur reſſemblent ; & humides celles du marez de Phalere, & autres pareilles à celles là. Où feras tu donc la foſſe pour la plante que tu as à faire, ou bien à la terre ſeiche ou humide ? En bonne foy, dis-ie, à la ſeiche : car ſi tu caues profond dans

*« Qu'il ne faut planter en lie[u] acatique ».*

la graſſe tu troũueras l'eau, & dor en là de planter en l'eau tu ne ſçaurois. Certes, dit il, c'eſt bien dit à mon gré. Or, apres que les foſſes ſont faictes, as tu encore iamais prins garde quand c'eſt qu'il fault mettre en terre les plantes de chaſcune ſorte ? Ouy bien, dis-ie.

*En quelle terre le plant iette pluſtoſt.*

Donc ſi tu veux que ton plant vienne au pluſtoſt, penſes tu ſi tu le mets en champ labouré, que les iettons du ſep ſortent plus toſt à trauers la terre molle

que par la dure qui aura chaumé? Il eſt bien aiſé à
cognoiſtre qu'il iette bien plus toſt en la terre cultiuee
qu'en celle qui a demeuré oiſifue. Et faut il donc, dit-il,
35 bouter de la terre ſoubs la plante? Et pourquoy non?
dis-ie. Mais, dit-il, comment penſes tu qu'il ſe prenne
mieux & ſ'enracine, ou bien, ſi tu mets tout le ſep en
terre iuſtement droit & regardant le ciel, ou bien ſi
tu le mets aucunement panché à coſté, la terre
40 amaſſee au deſſoubs, pour eſtre couchee, en forme d'vn
gamma, λ, à l'enuers? C'eſt vrayement ainſi que ie le
planterois, dis-ie adonc: car en ce point, le ſep aura
plus d'yeux vers la terre. Or voy-ie qu'au haut meſme
l'arbre bourgeonne à trauers ſes yeux. Ainſi ie penſe
45 qu'il ſe fait tout de meſme dans la terre, & croy que
pluſieurs iettons ſortent par dedans à la racine; & par
ce moyen la plante eſt plus gaillarde & en vient pluſtoſt, & ſe renforce d'auantage. Tu es donc, dit-il, en
cela de meſme opinion que moy; mais te contenteras
50 tu d'aſſembler ſeulement la terre au tour, ou ſi tu la
voudras encore battre & preſſer bien fort, tout à
l'enuiron de la plante? Ouy bien moy, certes, ie la
preſſerois, ſi c'eſtoit à moy à faire: car qui ne la
ſerreroit ainſi, ie croy certainement qu'à force d'eau
55 qui donneroit dedans, la terre diſſoute viendroit en
fange, & du ſoleil qui frapperoit deſſus, elle ſe deſſei-
cheroit iuſqu'au fond: de ſorte qu'il ſeroit à craindre
que la plante par l'eau ſe pourriſt à force d'humeur,
ou bien ſe hauiſt, eſtants les racines eſchauffees, à
60 raiſon de la ſeichereſſe de la terre, pour eſtre laſche
& mal liee.

Donc, ô Socrates, dit-il, ce que i'entens au plant de

*« [Q]u'il faut que [l']arbre qu'on plan[te] panche vn [p]eu ».*

*« [Q]u'il faut preſ[ſ]er la terre [au]tour les arbres ».*

*Chap. 25.*

la vigne, tu fçais cela mefme auffi bien que moy. Et
*Le figuier.* le figuier, dis-ie, le faut il planter de mefme ? C'eft bien
mon aduis, dit Ifchomache, & en tous autres arbres,
qui viennent de plant : car qu'eft ce que tu fçaurois
trouuer mauuais au plant des autres arbres, qui foit
*L'oliuier.* bon au plant de la vigne ? Mais l'oliuier, ô Ifchomache,
dis-ie, comment le planterons nous ? Tu m'effayes,
dit-il, en cecy, ie le cognois bien, car tu le fçais mieux
que tout autre : tu vois bien qu'on fait plus profonde la
foffe pour l'oliuier, pour ce qu'on le plante volontiers
pres des chemins. Auffi tu vois bien comment l'on met
les greffes par toutes les pepinieres, & fçais qu'on fait
à tous la tefte de terre graffe & deftrempee, & comme
l'on tient à toutes plantes le deffus couuert & enueloppé. Ie voy bien tout cecy, dis-ie. Et le voyant,
dit-il, qu'y a il que tu n'entendes ? Quoy, fçais tu pas
comme il te faut mettre la coquille au deffus de l'amas
de terre ? En bonne foy, dis-ie, Ifchomache, de tout
ce que tu as dit ie n'en penfe ignorer rien ; bien penfe
ie fort pourquoy c'eft que tantoft, quand tu m'as
demandé tout en gros fi ie fçauois planter, i'ay dit
que non : car il ne me fembloit pas que i'en fceuffe
rien dire ; & apres quand tu t'effayois de m'interroguer de chafque chofe à part, ie te refpons ce que tu
fçais toy mefme, qui es eftimé fi merueilleux mefna-
*Qui* ger. Seroit ce point, ô Ifchomache, que qui interrogue
*interrogue*
*enfeigne.* enfeigne ? car i'apprens, ce me femble, chafque chofe
à mefme que tu me la demandes, pour autant que, me
conduifant par les chofes que ie fçay, & me monftrant
celles que ie ne penfe pas fçauoir, toutes femblables,
tu me fais acroire, ce croy ie, que ie les fçay bien.

Mais à fçauoir mon, dit Ifchomache, fi en te faifant pareilles demandes de l'argent, f'il eft bon, ou non, ie te pourrois faire entendre que tu le fçais fort bien
35 efprouuer, & cognoiftre les bons lingots & les faux; & pareillement, fi en t'interrogant fur le ieu des fluftes, ie te fçaurois point faire croire que tu fçais iouër, & de la peinture, & tout autre fçauoir femblable, tout de mefme? Parauanture que ouy, dis-ie,
40 puis que tu m'as donné à entendre que ie fuis vn fauant homme en l'agriculture, bien que ie fceuffe qu'oncques perfonne quelconque ne m'enfeigna ce meftier. Ce n'eft pas cela, dit il, ô Socrates; mais il y a long temps que ie te dis que l'agriculture eft vn art
45 fi humain & fi debonnaire, qu'en voyant & oyant feulement, il fait auffi toft les gents fçauans, f'ils en ont enuie; & de vray elle mefme apprend beaucoup de chofes à fin qu'on puiffe bien vfer d'elle. Voilà, pour le premier, la vigne qui en montant fur les
50 arbres, fi elle en trouue pres de foy, enfeigne elle mefme, qu'il la faut arrefter & fouftenir; &, en eftendant de toutes parts fon pampre, lors que fes raifins font encore tendres, elle monftre qu'il faut à fon exemple ombrager en cefte faifon là les grappes que
55 le foleil touche trop & voit toutes nues; & en defpouillant fes fueilles, lors qu'il eft temps que le raifin f'adouciffe par la force du foleil, elle apprent clairement qu'il la faut defcouurir adonc, & aider à meurir & amollir fon fruict; & encore, en prefentant les
60 raifins les vns mols & luifants, les autres verdelets encores, elle monftre au doigt comment il la faut vendanger, ny plus ne moins que les figuiers couurent

*La vigne enfeigne comment il faut vfer d'elle.*

toufiours, & tiennent à l'ombre ce qui boutonne encore.

*Chap. 26.* Lors ie prins la parole, & luy dis : D'où vient doncques, ô Ifchomache, fi ce qui eft de l'agriculture eft tant aifé à apprendre, & que egalement tous fçauent ce qu'il y faut faire, qu'egalement tous ne le font de mefme ? Or voit on les vns qui en viuent fort richement, & font encore referue ; & les autres n'en peuuent pas auoir feulement pour leurs neceffitez,

*D'où vient qu'entre les laboureurs les vns font aifez, les autres malaifez.* mais empruntent encore pour y fubuenir. Certes ie te le diray, ô Socrates, dit Ifchomache ; car pour vray ce n'eft pas ny le fçauoir, ny l'ignorance des laboureurs, qui fait aifez les vns, & les autres malaifez ; & iamais tu ne verras qu'il court vn bruit ainfi : Vne telle maifon a efté deftruitte pour ce que celuy qui feme au labourage ne femoit pas bien efgalement ; ny pour ce que les rancs de la vigne n'ont pas efté plantez bien droits ; ny pour autant que quelqu'vn ne cognoiffant pas la terre qui ayme la vigne, la plante en terre qui n'en porte point ; ny pour auoir ignoré qu'il eft bon, pour femer, d'apprefter le champ deuant ; ny pour n'auoir fceu qu'il eft bon de mefler le fien auec la terre. Mais beaucoup plus volontiers orra on dire : C'eft vn homme qui ne prend point de blé de fon heritage, car il n'a point cœur à le faire ny fumer, ny femer ; c'eft vn homme qui ne recueille point de vin, car il n'a pas le foing qu'on luy plante des vignes, ny celles qu'il a, de les faire porter ; il n'a cueilly ny figues, ny huile, car il ne met pas ordre & ne fait pas ce qu'il faut faire pour en auoir. Voilà, ô Socrates, comment les laboureurs eftans differents les vns des

autres, ils font auſſi leur beſongne differente, & non
pas pour auoir trouué l'vn plus que l'autre quelque
grand ſecret en ce ſçauoir. Et les capitaines meſmes, *Entre les*
en prou de choſes qui ſont du deuoir d'vn chef d'ar- *capitaines*
mes, l'vn eſt meilleur & l'autre pire, non pas pour *l'vn eſt meilleur,*
auoir en cela diuerſes opinions, mais clairement ce *l'autre eſt pire, &*
qui donne à l'vn l'auantage, c'eſt le ſoing & la dili- *pourquoy.*
gence : car les choſes que tous capitaines ſçauent bien
qu'il faut faire, & pluſieurs meſmes qui ne le firent
oncques, les vns des chefs le font, & les autres non,
comme en cecy : tout le monde entend bien qu'il eſt
meilleur, quand on paſſe en terre d'ennemy, de marcher en ranc & en ordonnance, car en ce point on
combatra beaucoup mieux, s'il en eſt beſoing; chacun
donc le ſçait bien; mais les vns le font ainſi, les autres
non. Perſonne n'ignore que ce ne ſoit le meilleur
d'aſſeoir le corps de garde auant le camp & la nuit &
le iour; mais les vns ſont ſoigneux d'auiſer ainſi & les
autres ne ſ'en ſoucient. De rechef encore, quand vne
armee va par des deſtroits, fort malaiſeement trouueroit on quelqu'vn qui ne ſceuſt que pour bien faire il
faut gaigner les lieux commodes pour le camp; &
toutefois en cela les vns ſont ſoigneux, & les autres
point. Auſſi tous diſent bien qu'il n'y a rien meilleur
pour le labourage que le fumer; & voyans bien *Rien meil-*
comme il ſe fait, eux meſmes neantmoins, encore *leur pour les terres*
qu'ils ſçachent ſur le doigt comment on le fait, & *que le fien.*
ayant le moyen d'en faire beaucoup, l'vn met peine
pour en aſſembler, & l'autre n'y aduiſe pas. Or Dieu
meſme nous preſente l'eau & nous l'enuoye d'en
haut; & lors naturellement tous lieux caues & enfon-

cez viennent en mares; d'autre part la terre iette des herbes infinies de toutes fortes : or la faut il nettoyer qui la veut femer; & cela mefme qu'on en tire, qui le iettera dans l'eau, le temps fans plus fera de foy mefme ce dont la terre f'efiouit le plus. Car quelle herbe, voire quelle terre, ne deuient fumier, fi elle demeure dans l'eau dormant qui n'a point de cours? Chacun entend auffi en combien de fortes on donne remede à la terre, fi elle en a befoing, lors qu'elle eft ou trop mouillee pour le grain, ou trop amere & falee pour le plant; & comment il en faut tirer hors l'eau auec des foffes, & comme il faut corriger l'amertume & falure en la deftrempant auec quoy que ce foit de dous & humide & fec : mais les vns fe foucient d'y pouruoir, & les autres nullement. Et encore, f'il y en auoit aucun au monde qui fuft du tout ignorant de ce que la terre peut porter, & qui n'euft veu fruit aucun d'elle, ny plante aucune, ny trouué perfonne de qui il en euft peu entendre la verité, ne feroit il pas à celuy là mefme, & à tout autre, plus aifé d'apprendre à cognoiftre la terre par l'efpreuue, que de cognoiftre les cheuaux, que de cognoiftre les hommes? car elle ne fait monftre de chofe quelconque, pour tromper aucun; mais, auec vne grande fimpleffe, elle declare, fans déguifer & fans mentir, ce qu'elle peut ou ce qu'elle ne peut pas. Et me femble qu'en fe prefentant ainfi, fi facile à cognoiftre & comprendre, qu'elle defcouure le mieux qu'il eft poffible & merque ceux qui valent quelque chofe, & ceux qui ne valent rien : car il n'eft pas ainfi d'elle, comme des autres meftiers, aufquels ceux qui n'y trauaillent point

*« Que la terre [ne] trompe aucun à fa monftre ».*

peuuent s'excufer qu'ils n'y fçauent rien; mais tout
le monde cognoit la terre, qu'elle ne faut iamais à
faire bien à qui luy en fait. Et ainfi ceft art d'agri-
35 culture accufe haut & clair & conueint vn mauuais
cœur & lafche, car il n'y a perfonne qui fe face
acroire qu'on puiffe viure fans les chofes neceffaires;
& par ainfi qui ne fçait aucun autre meftier pour
gaigner fa vie, & encore ne veut pas labourer, c'eft
40 chofe apparente qu'il penfe viure ou de defrober,
ou de voler, ou de mendier, ou bien il eft du tout
infenfé. En cela confifte, dit-il, bien la grande difference de l'agriculture pour en tirer profit, ou n'en
tirer point, quand là où il y a compagnie de manou-
45 uriers & bien grande, lon voit l'vn auoir grand foing
que fes gents foient de bonne heure à la befongne,
& l'autre n'y penfer point. Lors cognoit on à l'œil
que c'eft bien autre chofe d'vn homme qui vaudra
mieux lui feul que dix autres, pource qu'il trauaillera
50 tant qu'il y a de temps, & autre chofe d'vn qui laiffe
la befongne auant le temps. Et certes qui laiffera
mufer les gents tout le long du iour, il fera aifeement,
ce qu'on dit volontiers, que mieux vaudroit la moitié
que le tout. Comme l'on voit, à voyager, que mainte-
55 fois de deux qui vont mefme chemin, il y a à dire de
l'vn à l'autre en diligence vingt & cinq lieuës pour
cinquante, & fi feront tous deux ieunes, & tous deux
fains; mais c'eft quand l'vn fe defpefche d'aller la
part qu'il s'eft acheminé, & l'autre prent fon aife, fe
60 repofant autour des fontaines & à l'ombre, & s'amufe
à regarder par cy par là, cherchant l'aleine des vents
frais & gracieux; de mefme, pour aduancer l'ouurage,

*La terre ne faillit iamais à faire du bien à qui luy en fait.*

*« [Q]ue celluy la qui [n]e veut trava[l]ier a enuye [d']eftre volur ».*

*Comment vaut mieux la moitié que le tout.*

il y a bien grande difference de ceux qui font ce pour quoy ils font là, & ceux qui ne le font point, ains cherchent excufe de rien faire & à qui on fouffre de mufer ainfi; & pour vray d'auifer à faire bien tra-
uailler ou à trauailler mal, il y a bien autant à dire de l'vn à l'autre, comme de trauailler à chaumer du tout. Comme en voilà qui befchent la vigne, à fin que le fep foit tout net de toutes herbes, & ils la befchent de forte que l'herbe y viendra plus que deuant & plus belle : ne diras tu pas que c'eft vrayement chaumer ? C'eft donc cela qui gafte les maifons beaucoup plus que la grande ignorance de la mefnagerie qu'on pourroit penfer. Car, qui enuoyra de l'argent de fa maifon, faifant defpenfe entiere, & ne fera pas les befongnes à demy pour feruir à la mife, meshuy il ne fe faut pas esbahir, fi ce mefnage au lieu de richeffe ameine pauureté & fouffrance. Mais certes mon pere m'enfeignoit à moy & prattiquoit luy mefme la meil-leure & plus fouueraine regle de mefnagerie cham-peftre qu'il eft poffible, pour ceux qui fe fçauent foucier de leurs affaires, & qui font eftat bien à point de l'agriculture; car, il ne fouffroit point qu'on achetaft vne ferme bien cultiuee & bien agencee, mais confeilloit de mettre fon argent en vne qui fuft oyfiue & defplantee, ou pour la nonchalance ou pour l'im-puiffance de fon maiftre; pour ce, difoit il, que les lieux bien agencez font à haut pris à qui en veut, & apres leur valeur ne peut augmenter. Or penfoit il que ceux qui ne peuuent croiftre en valeur, ne don-nent point de plaifir au pris des autres; mais luy fembloit que quelque bien qu'on aye, quelque nour-

*« Qu'il vaut aut[ant] chaumer que tra[u]a-lyer mal.*

*Bon confeil pour ceux qui veulent acheter vne ferme.*

riture qu'on face, quand elle profite & s'amende, c'eſt
lors qu'elle nous reſiouit le plus. Or n'y a il rien qu'on
voye plus clairement profiter qu'vn lieu qui n'a-
35 guieres eſtoit ſauuage, & maintenant porte toute ſorte
de fruits : car ie veux bien, ô Socrates, que tu ſçaches
que i'ai deſià fait valoir pluſieurs lieux dix ou douze
fois autant qu'ils valoient au commencement, quand
ie les prins; & ceſte belle inuention, ô Socrates, &
40 tant eſtimable, eſt bien ſi facile à apprendre que maintenant, me l'ayant ouy dire, tu t'en iras auſſi ſçauant
que moy pour ce regard, & l'enſeigneras à vn autre ſi
tu veux. Et mon pere ne l'apprint iamais de perſonne,
ny ne ſe trauailla iamais à la trouuer; mais pour
45 eſtre naturellement penible, & affectionné à l'agriculture, voilà qui luy fit dire qu'il n'auoit enuie que
d'vn lieu où il euſt à quoy s'employer, & de quoy ſe
reſiouir en receuant profit. Car ſans doubte, ô
Socrates, l'homme d'entre tous les Atheniens qui
50 naturellement eſtoit plus amoureux de l'agriculture
& plus affectionné, c'eſtoit mon pere. Adonc, l'oyant
parler en ceſte maniere, ie lui demanday : Et, fis-ie,
tant de lieux que ton pere fit valoir, les gardoit il
tous, ou s'il en vendoit quand il en trouuoit beaucoup
55 d'argent? Il en gardoit, & en vendoit pour vray, dit
Iſchomache ; mais certes auſſi toſt, au lieu de celuy là,
il en achetoit vn autre oiſif & vacant, tant il aymoit
le trauail & la peine. A bon eſcient, ô Iſchomache,
dis-ie, tu me parles d'vn homme qui eſtoit vrayement
60 de ſa nature amoureux de l'agriculture; mais c'eſtoit
ny plus ny moins comme les marchands ſont amoureux des bleds. Car pour les aimer extremement, où

que ce foit qu'ils oyent dire qu'il y a abondance de blé, ils nauigent auffi toft celle part, trauerfans pour l'aller trouuer l'Ægee, l'Euxine, & la mer de Sicile. Et quand ils y ont chargé le plus qu'ils ont peu, ils l'emmeinent par mer, mais c'eft l'ayant mis dans mefme vaiffeau où ils ont leurs perfonnes, & puis fils ont faute de deniers, ils ne l'abandonnent pourtant folement à l'auenture; mais fils entendent que le blé foit à grand'requefte quelque part, & qu'on en fait là plus grand compte, ils l'ameinent à ceux là & le leur deliurent. De cefte mefme façon te femble il que ton pere aymaft l'agriculture? A cela Ifchomache refpondit : I'entens bien, ô Socrates, que tu te mocques; mais de ma part ie n'eftimerois pas vn homme moins baftiffeur & affectionné à l'architecture, pour auoir vendu le baftiment qu'il auroit acheué, & puis apres en auoir refait vn autre. Et moy, luy dis-ie, ô Ifchomache, ie te feray bon ferment que ie te crois fort bien, & que fur ta parole ie veux bien penfer que ces gents là aiment naturellement toutes ces chofes dont ils penfent tirer quelque profit; mais ie fais auffi mon compte, ô Ifchomache, que tu as amené tout ce difcours pour ayder à ton premier propos : car tu auois propofé que l'agriculture eft le plus facile art du monde; & maintenant par tout ce que tu en as dit, à ta perfuafion, ie croy fermement qu'il eft ainfi.

*Que fçauoir commander & gouuerner eft vn des principaux poincts en toutes façons de viure.*

Il eft ainfi & t'en affeure, dit Ifchomache. Mais certes en vn point, ô Socrates, qui eft cogneu en toutes façons de viure, à l'agriculture, au maniement de la Republique, à la mefnagerie, au faict des armes, c'eft de fçauoir commander & gouuerner; en ce point feul,

dis-ie, te confefferay ie bien que, pour auoir le fens
de le fçauoir faire, il y a grand'difference des vns aux
autres. Comme en vne galere, quand on flote en
35 haute mer, & qu'il faut tirer à la rame pour trauerfer
à quelque pas, il y en a qui n'ont office en la galere
que d'animer les autres; mais de ceux là les vns
fçauent dire & faire ie ne fçay quoy qui efpoint viuement les cœurs de la chiorme, & les fait trauailler
40 franchement & de leur gré; & les autres y font fi mal
adroits qu'ils n'auanceront pas tant de chemin en
deux fois autant de temps. Et ainfi les vns fortent
apres à terre ioyeux, fuans à groffes goutes, & fe
vantans, & f'entrelouans l'vn l'autre, tant celuy qui
45 les animoit, que ceux qui ont obey; & les autres
arriuent fans fuer goute, trahifans leur chef, & haïs
de luy. Et en cela mefme confifte la difference des
capitaines, pour ce qu'il y en a que les foldats fous
leur charge ne fe mettent iamais de leur gré ny à la
50 peine, ny au danger, & ne daignent obeïr, ny ne
veulent, finon tant qu'il leur eft force; ains prennent
gloire de contredire & faire tefte à leur chef. C'eft ce
capitaine qui ne leur pourroit enfeigner d'auoir honte
de luy, quelque vilanie qu'ils euffent fait; mais il y en
55 a auffi d'autres vrayement diuins & bons maiftres à
commander, qui prendroient en main ces mefmes
foldats là, & d'autres encore mainte-fois, & les auroient
fi bien faicts à leur pofte, qu'ils mourroient de honte
de faire rien de vilain & de mefchant, & fe vanteroient
60 & tiendroient fiers, chacun endroit foy, de leur rendre
obeiffance. Et, f'il eft befoing que tous enfemble fe
mettent au trauail, ils trauaillent tous, fans monftrer

*Office d'encourager les autres.*

*« Diuerfes façons de commande-[m]ans ».*

*Difference de capitaines.*

*« Capitenes [p]ropres à commander ».*

vn seul brin de regret, ny de lascheté ; ains, comme
il s'en voit parfois, de toutes manieres de gents,
quelqu'vn en qui on recognoit vn naturel valeureux
& cherchant la peine, auſſi les bons commandeurs
d'armees impriment cela au cueur de tous ceux du
camp, d'aymer le trauail, de conuoiter ambitieuſement
la gloire d'eſtre veus de par leurs chefs, faiſans quelque beau fait. Or, quiconques ſoient les chefs de
guerre, enuers leſquels les gents qui les ſuyuent ſont

*« Quelz capitenes ſe puuent di[re] puyſſans ».*
ainſi affectionnez, certainement ceux là ſe peuuent
bien hardiment vanter que ce ſont eux les puiſſants
capitaines & redoutables, non pas certes ceux qui
ont les corps plus à commandement que tous leurs
ſoldats, ny ceux qui dardent, ny ceux qui tirent mieux
de l'arc, ne qui ſont les mieux montez pour combatre
des premiers plus vaillamment & plus dextrement
que nul autre, ſoit à cheual, ou à pied la targue au
poing ; mais ſont vrayement ceux qui ſçauent mettre
cela en la teſte des ſoldats, qu'ils les doiuent ſuyure,
& falluſt il paſſer dans le feu, & par tous les dangers
du monde. A ceux cy faut il à bon droit donner le
tiltre de cœur grand & de grand' ceruelle, quand
pluſieurs vont apres vn, ayans tous vne meſme
volonté. Ceſtui cy peut on dire auoir le bras grand,
au ſens du quel tant de bras obeïſſent ſans contrainte ;
ceſtui cy eſt vrayement grand perſonnage, qui peut
mettre à fin les choſes grandes auec ſon ſens plus toſt

*Difference de maiſtres.*
qu'auec ſa force. Et aux beſongnes domeſtiques tout
de meſmes, ſoit ou qu'il y aye vn receueur ou vn
maiſtre d'hoſtel qui en aye la charge, s'il ſçait tenir
les gents au trauail gaillards & courageux, ſans deſ-

bauche & fans relafche, c'eft luy fans doubte qui fait
le grand coup pour mettre les biens à la maifon, &
qui la comble d'abondance. Mais, ô Socrates, quand
35 le maiftre furuient à la befongne, en la puiffance
duquel il eft de donner aux lafches trauailleurs plus
grand peine, & aux courageux plus de recompenfe,
fi lors à fa veuë les manouuriers ne donnent à
cognoiftre à veuë d'œil qu'il eft venu, certes ie ne
40 feray pas cas d'vn tel maiftre ; mais de celuy là, qui,
auffi toft que fes gents l'auront veu, ils f'efmoueront,
& vne ardeur fe boute dans le cœur de chafcun des
iournaliers, & voir querelle de gloire parmy tous
pour trauailler à l'enuy, à qui mieux mieux, & vne
45 ambition à chafcun en fon endroit tres bonne & profitable : celuy là diray ie hardiment, qu'il a quelque
chofe de naturel royal. Et voilà ce qui eft à mon aduis  «*Commant*
le plus important en toutes factions où l'on f'aduance  *les homes*
par le moyen des hommes, & par ainfi, au fait auffi  *font aduan-*
de l'agriculture. Mais affeure toy que ce que ie te  *cez le[s]*
50 viens de dire ne f'apprent point ny pour l'auoir veu  *vns par le*
faire, ny pour l'auoir ouy dire vne fois ; mais ie te dis  *moyen des*
que qui le veut fçauoir faire, il a befoing de f'y  *autres*
nourrir & adreffer, & encore que de fa nature il foit  *homes ».*
55 bien nay, &, ce qui eft le plus fort encore, qu'il aye  *De quoy a*
ie ne fçais quoy de diuin : car ie ne peus bonnement  *befoing celuy*
croire que ce bien fi grand puiffe entierement eftre  *qui veut*
propre de l'homme, mais vrayement de Dieu, de  *fçauoir com-*
commander aux perfonnes de telle forte qu'il fe  *mander.*
60 cognoiffe clairement que c'eft de leur gré. C'eft luy
qui efpargne ce bien & le referue pour ceux qui ont
vrayement voué & fait la profeffion d'vne vie pure

*« Punition de [c]eux qui veulent [c]ommander par [fo]rce ».*

& chaste; mais de regner sur les hommes malgré eux, cela donne il, à mon aduis, à ceux qu'il estime dignes de viure comme Tantale, lequel on dit estre là bas, en enfer, languissant à tout iamais, & mourant de peur de mourir deux fois.

5

*Fin de la Mesnagerie de Xenophon.*

*A MONSIEVR*

## MONSIEVR DE MESMES,

SEIGNEVR DE ROISSY ET DE MAL-ASSIZE,
CONSEILLER DV ROY EN SON PRIVÉ CONSEIL.

ONSIEVR, c'est vne des plus notables folies que les hommes facent, d'employer la force de leur entendement à ruiner & chocquer les opinions communes & receues, qui nous portent de la satisfaction & du contentement. Car, là où tout ce qui est soubs le ciel employe les moyens & les outils que nature luy a mis en main (comme de vray c'en est l'vsage), pour l'agencement & commodité de son estre, ceulx icy, pour sembler d'vn esprit plus gaillard & plus esueillé, qui ne reçoit & qui ne loge rien que mille fois touché & balancé au plus subtil de la raison, vont esbranlant leurs ames d'vne assiete paisible & reposee, pour, apres vne longue queste, la remplir en somme de doute, d'inquietude & de fieure. Ce n'est pas sans raison que l'enfance & la simplicité ont esté tant recommandees par la verité mesmes. De ma part i'ayme mieulx estre plus à mon aise, & moins habile; plus content, & moins entendu. Voylà pour quoy, Monsieur, quoy que des fines gens se mocquent du soing que nous auons de ce qui se passera icy apres nous, comme nostre ame, logee ailleurs, n'ayant plus à se ressentir des choses de çà bas, i'estime toutefois que ce soit vne grande consolation à la foiblesse & brieueté de ceste vie, de croire qu'elle se puisse fermir & allonger par la reputation & par la renommee; & embrasse tres-volontiers vne si plaisante &

*fauorable opinion engendree originellement en nous, sans m'enquerir curieusement ny comment ny pourquoy. De maniere que, ayant aymé plus que toute autre chose feu Monsieur de La Boetie, le plus grand homme, à mon aduis, de nostre siecle, ie penserois lourdement faillir à mon deuoir, si à mon escient ie laissois esuanouir & perdre vn si riche nom que le sien, & vne memoire si digne de recommandation; & si ie ne m'essayois, par ces parties là, de le resusciter & remettre en vie. Ie croy qu'il le sent aucunement, & que ces miens offices le touchent & resiouissent. De vray, il se loge encore chez moy si entier & si vif, que ie ne le puis croire ny si lourdement enterré, ny si entierement esloigné de nostre commerce. Or, Monsieur, par ce que chaque nouuelle cognoissance que ie donne de luy & de son nom, c'est autant de multiplication de ce sien second viure, & d'auantage que son nom s'ennoblit & s'honore du lieu qui le reçoit, c'est à moy à faire, non seulement de l'espandre le plus qu'il me sera possible, mais encore de le donner en garde à personnes d'honneur & de vertu, parmy lesquelles vous tenez tel ranc, que, pour vous donner occasion de recueillir ce nouuel hoste, & de luy faire bonne chere, i'ay esté d'aduis de vous presenter ce petit ouurage, non pour le seruice que vous en puissiez tirer, sçachant bien que, à pratiquer Plutarque & ses compaignons, vous n'auez que faire de truchement; mais il est possible que Madame de Roissy y voyant l'ordre de son mesnage & de vostre bon accord representé au vif, sera tres-aise de sentir la bonté de son inclination naturelle auoir non seulement attaint, mais surmonté ce que les plus sages Philosophes ont peu imaginer du deuoir & des loix du Mariage. Et, en toute façon, ce me sera tousiours honneur de pouuoir faire chose qui reuienne à plaisir à vous ou aux vostres, pour l'obligation que i'ay de vous faire seruice.*

*Monsieur, ie supplie Dieu qu'il vous doint tres-heureuse & longue longue vie. De Montaigne, ce 30 avril 1570.*

*Vostre humble Seruiteur,*
MICHEL DE MONTAIGNE.

## LES
# REGLES DE MARIAGE
### DE PLVTARQVE

*Plutarque à Pollion & Euridice, nouueaux mariez.
Salut.*

APRES la sainɛte Loy du païs qui vous fut
chantee par la preftreffe de Ceres, lors
que vous fuftes ioints par mariage, fi
maintenant, fuyuant cela, ie vous fais
5 fur ce propos vn difcours pour vous vnir
toufiours de plus en plus, en maniere d'vn fecond
Chant Noçal, il pourra eftre, à mon aduis, aucune- *Chant Noçal.*
ment proffitable, & f'accordera auec la loy qui vous
fut declairee à voz noces. Or en la mufique, mefme au
10 ieu de la flufte, iadis entre les façons de chants il y
en auoit vne, laquelle pour fa fingularité on appelloit
*hafte-cheual*, pour autant, ie croy, qu'elle auoit quelque vertu de donner aux cheuaux courage de tirer
au chariot; & en la philofophie, entre plufieurs &
15 beaux propos qu'elle traiɛte, ie ne croy pas qu'il en
y aye vn plus digne que le Noçal. C'eft ceftui-cy que

nous auons en main, au son duquel la philosophie rend doux, priuez & paisibles ensemble, ceux qui par la communion de la vie s'assemblent, & deuiennent de deux vn. Doncques ayant assemblé en quelques comparaisons breues (pour estre plus aisees à retenir), quelques sommaires de ce que vous auez souuent ouy dire à plein sur ce subiet, ayans esté nourris tous deux en la philosophie, ie vous les enuoye par vn present commun à l'vn & à l'autre. Mais dés le commencement, ie veux faire priere aux Muses, qu'elles vueillent estre en vostre mariage compaignes & aydes de Venus. Aussi, à la verité, vne lyre ne leur feroit pas mieux seante, ny vne guiterne, que de mettre vn accord bien auenant en la maison, & au mariage, par vn doux parler, par quelque harmonie, par la philosophie. Voilà pourquoy les anciens assirent sur mesme autel Venus & Mercure, comme voulans dire qu'au plaisir de mariage le doux parler y est necessairement requis; & pareillement assemblerent ils Suadelle & les Graces, pour monstrer qu'il faut que le mary & la femme obtiennent l'vn de l'autre ce qu'ils desirent par douces paroles & persuasions, sans debat ny querelle.

*Accord en la maison & au mariage.*

*Comment le mary & la femme doiuent obtenir l'vn de l'autre ce qu'ils desirent.*

I. Solon ordonna que la nouuelle espouse ne couchast point auec son espoux, qu'elle n'eut mangé d'vne pomme de coing : voulant declairer ainsi couuertement, à mon aduis, qu'il faut deuant tout aux mariez la grace de la bouche & du parler douce & auenante.

*Pomme de coing.*

II. En Bœotie ils couurent l'espouse & la couronnent d'asperges, pour ce que ceste herbe, d'vn chardon aspre & poignant, iette vn fruit merueilleusement doux; & aussi la nouuelle espouse, à qui ne se degoute pas &

*Asperges.*

ne fe fafche pas pour fa premiere eftrangeté & amertume, donne vn fingulier plaifir pour la compagnie
d'vne vie douce & priuee. Mais ceux qui ne peuuent *Belle com-*
35 fouffrir les premieres rudeffes des filles, c'eft autant, *paraifon.*
ce me femble, comme fi quelqu'vn quittoit à vn autre
le raifin meur, pour auoir trouué amer le verius de
grain; & auffi plufieurs nouuelles mariees, ayans
prins en haine leurs marys, ont fait tout de mefmes,
40 comme qui endureroit bien la piqueure des abeilles,
mais apres laifferoit les rais de miel. Sur tout il faut
que les nouueaux mariez fe donnent bien garde qu'ils
ne f'entrepiquent & offenfent l'vn l'autre, ains qu'ils
ayent cela deuant les yeux, qu'au commencement,
45 quand on vient à former les vafes à la fonte, aifément
par la moindre chofe fe viennent ils à refoudre;
mais auec le temps, quand les ioinctures fe font
prifes & confolidees, lors auec le feu & le fer à peine
les peut on desfaire.

50 Ainfi que le feu f'allume aifément à la paille, & au *III.*
poil de lieure, & auffi toft eft il efteint, fi de là ne fe *Similitude digne*
prent à quelque autre chofe qui le puiffe garder & *de noter.*
entretenir; tout de mefme faut il penfer qu'il n'eft rien
moins de duree, ny moins affeuré que le poignant
55 amour qui f'enflame aux nouueaux mariez, pour le
plaifir du corps & la fleur de l'aage, finon que cefte
affection puis apres f'affie & f'arrefte fur les bonnes
mœurs & conditions, & par ce moyen, fe prenant à
l'efprit, elle vient foudain à fe rendre d'vne qualité
60 fpirituelle & animee.

La pefche auec les drogues venimeufes qu'on fait, *IV.*
prent bien foudain & fort aifément le poiffon, mais

elle le rend de mauuais gouſt & tel qu'il n'eſt pas bon à manger; & pareillement celle là qui, comme par bruuages & charmes qu'elle inuente contre ſon mary, le veut gaigner par la volupté, n'y fait autre proffit, ſinon qu'il luy conuient apres viure en la compagnie *Exemple fort à propos.* d'vn homme eſtourdy, inſenſé & tout abaſtardy. Car certes Circé ne receut nul plaiſir de ceux qu'elle transforma auec ſes bruuages, & ne ſe ſouuint aucunement de ceux qui deuindrent aſnes ou pourceaux; mais à bon droit & ſagement porta celle grande affection à Vlyſſe, homme d'entendement, qu'elle tint en ſa compagnie.

V. Celles qui ayment mieux maiſtriſer vn mal auiſé qu'obeïr à vn ſage, ſemblent à ceux qui choiſiroient pluſtoſt de conduire vn aueugle par le chemin que de ſuiure vn bien entendu & clairuoyant.

VI. *Paſiphaé.* Elles ne veulent pas croire que Paſiphaé, qui auoit la compagnie d'vn Roy, deuint amoureuſe du bœuf, & voyent bien maintenant maint'vne qui dedaigne ſon mary ſeuere & chaſte, & ſe plait plus de la compagnie de quelques gents du tout abandonnez, comme chiens ou boucs, à leurs diſſolutions & voluptez.

VII. Ceux qui ne peuuent monter à cheual pour raiſon de leur debilité ou molleſſe, apprennent les cheuaux à ſe mettre en bas & à genoux; ainſi pluſieurs ayans prins des femmes de haut lieu & fort riches, ne ſe rendent pas eux meſmes en rien meilleurs ny plus dignes, mais rabaiſſent leurs femmes, comme ſ'ils ſ'attendoient d'en cheuir mieux, quand elles ſont ainſi rabaiſſees. Or faudroit il, gardant & la hauteur du cheual & la valeur de la femme, vſer de la bride.

Nous voyons la Lune, quand elle eſt eſlongnée  *VIII.*
du Soleil, claire & luyſante, & puis eſtant pres de  *La Lune.*
luy, elle ſe pert & ſe cache; mais la femme ſage au
35 contraire, il faut qu'elle paroiſſe fort, eſtant auec ſon
mary, & qu'elle garde la maiſon, & ne ſe monſtre
point, quand il eſt abſent.

Herodote a eu tort de dire que la femme auec la  *IX.*
chemiſe deſpouille la honte; ains tout au rebours, au  *La femme honneſte ne deſpouillela honte auec la chemiſe.*
40 lieu de la chemiſe elle prend la honte; & entre eux
le mary & la femme ſe portent plus d'amitié l'vn à
l'autre, d'autant qu'ils ont plus de honte & reuerence
l'vn de l'autre; & peuuent prendre cela pour vn ſigne
apparent & certain.

45 Comme ſi on prent deux tons accordans, le ſon  *X.*
demeure au plus gros des deux, ainſi en vne maiſon
ſage & bien rengee, tous affaires ſe font bien par tous
deux, d'vn accord; mais en l'apparence, tout ce qui
ſe fait ne repreſente que le gouuernement & vouloir
50 du mary.

Le Soleil gaigna la Biſe: car l'homme, quand le  *XI.*
vent le vouloit forcer auec ſes grandes ſoufflees de  *Comment le Soleil gaigna la Biſe.*
laiſſer le manteau, il le ſerroit touſiours plus fort, &
retint ainſi ſon habillement; & puis, quand le vent
55 fut paſſé, l'homme eſchauffé par la chaleur du Soleil,
& encores apres brulant de chaut, deſpouilla le manteau & le pourpoint: ainſi beaucoup de femmes qu'il
y a ſe debattent auecques leurs marys quand ils leur
veulent oſter l'affetterie, la brauetè & la depenſe, là
60 où, ſi l'on y va par douceur auecques bonnes paroles,
elles la laiſſent & ſe rengent à la raiſon.

Caton ietta de la court vn Senateur qui auoit baiſé  *XII. Caton.*

sa femme en presence de sa fille. Cela fut, possible, vn peu rigoureux; mais si cela est deshonneste, comme il est, d'embrasser, de s'entrebaiser, de s'entracoller, quand il y a des estranges, comment ne seroit il deshonneste, quand il y a des gents, de s'outrager & d'auoir different ensemble ? Et comment se peut il faire que les caresses & les accueils se facent en secret & à part, & qu'il soit bien seant d'vser d'auertissemens, de plaintes, de rigoureux langage tout à clair & à descouuert?

*XIII.*
*Comparaison de la femme à vn miroir.*

Tout ainsi qu'vn miroir, enrichy d'or & de pierrerie, ne sert à rien s'il ne represente nostre forme semblable, de mesmes il n'y a plaisir aucun d'auoir vne femme riche, si elle ne rend sa vie pareille à son mary, & ses complexions accordantes.

*XIV.* Si vn miroir presente triste la face d'vn homme ioyeux, & ioyeuse & riante la face d'vn homme despit & melancholique, il est mauuais & ne vaut rien; & la femme est mal auenante & de nulle valeur, qui a le visage refroigné & triste quand elle voit le mary ayant enuie de rire & le cœur en ioye, & qui se rit & fait l'esbaudie voyant son mary pensif. Par cela elle se monstre facheuse, & par cecy nonchallante & dedaigneuse. Or comme les Geometriens disent que les lignes & les montres, qu'ils appellent, ne se meuuent point d'elles mesmes, mais se meuuent auecques le corps, ainsi faut il que la femme n'aye nulle affection pour soy toute sienne, mais qu'elle participe auecques son mary de son pensement & de son esbat, de son vouloir & de son rire.

*XV.* Ceux qui ne voyent pas volontiers leurs femmes

beuuans & mangeans auec eux, leur enseignent à se *Beaux aduertissements.* traitter à leur ayse quand elles seront seules. Et de mesmes, ceux qui ne prennent pas plaisir de coucher
35 auecques leurs femmes, & qui ne leur font point de part de leur passetemps & du rire, leur apprennent de cercher ailleurs, sans eux, leurs plaisirs & voluptez.

Les femmes espouses des Roys de Perse se sient à *XVI.* table au diner, & prennent auec eux leurs repas; mais
40 lors qu'ils veulent folatrer & boire d'autant, ils les en enuoyent, & font venir les chanteresses & femmes disso luës. Et certes c'est bien fait à eux, de quoy ils ne font part à leurs femmes de la dissolution de l'yurongnerie. Doncques si quelque autre, encores qu'il ne soit ny
45 roy ny officier, pour estre dissolu & abandonné aux voluptez, fait d'auenture quelque faute auecques la garçe ou la chambriere, il ne faut pas que la femme s'en tourmente ny s'en passionne, ains qu'elle aye ceste consideration, que, pour la honte qu'il a d'elle, il va
50 yurongner auec vne autre, & faire en la compaignie de celle là ses folies & insolences.

Les Roys qui ayment la musique font beaucoup de *XVII.* musiciens; ceux qui ayment l'eloquence, plusieurs eloquens; ceux qui ayment la luitte, plusieurs bons
55 luitteurs: ainsi, si le mary se soucie oultre mesure du corps, il est cause que la femme se farde; s'il ayme trop *Tel qu'est le mary, telle est souuent la femme.* son plaisir, il la fait dissoluë & mal viuante; s'il ayme toutes choses bonnes, il la rend chaste & honneste.

Quelqu'vn demanda à vne fille de Sparte, nouuelle *XVIII. Apophthegme d'vne nouuelle mariee.*
60 mariee, si desià elle auoit eu affaire à son mary : Non (dit-elle), mais ouy bien mon mary à moy. C'est, à mon aduis, la façon que doit garder la femme, de ne refuser

point, ny de faire la faścheuśe à śon mary, quand il la conuie à telles chośes; mais auśśi de ne l'en conuier point. Ceci śent śa femme lubrique & deshontee; & cela monśtre grande outrecuidance, & point d'amitié.

*XIX.*
*Quels amis la femme doit auoir.*

Il ne faut pas que la femme aye d'amis, mais ceux qui śont amis de śon mary qu'elle les tienne pour les śiens. Or śont les Dieux noz premiers & principaux amis; & pour cela, il luy faut adorer les Dieux en qui śon mary croit, & n'en recognoiśtre point d'autres, & fermer la porte à toutes autres religions recerchees, & śuperśtitions eśtrangeres : car il n'y a point de Dieu qui prenne plaiśir à śacrifice qui luy śoit fait par vne femme à part & à la deśrobee.

*XX.*
*Quelle ville heureuśe.*

Platon dit que celle ville eśt heureuśe & fortunee, en laquelle le moins qu'on peult on oit dire : ceci eśt mien, cela n'eśt pas mien; pour ce qu'en celle là les citoyens vśeroient en commun, tant qu'il śeroit pośśible, des chośes dignes du śoing de l'homme & de śon eśprit. Mais encore faut il bien plus ośter du mariage

*Mien & Tien.*
ces mots de Mien & Tien : śinon que, comme les medecins diśent que les playes qui śont aux parties gauches renuoyent la douleur à celles de main droicte, ainśi faut il que la femme śe śente des paśśions du mary, &, pour le moins, que le mary śe śente autant de celles

*Comparaiśon de la compaignie de l'homme & de la femme à vn neud.*
de śa femme, à fin qu'eśtans de ceśte śorte comme les neuds par l'entrelaśśement prenant la force l'vn de l'autre, ainśi la compaignie & śocieté du mary & de la femme śoit entretenue, quand l'vn rend à l'autre en change vn amour reciproque. Car la nature meśle l'homme & la femme par l'vnion des corps, pour prendre de tous deux quelque part, & puis apres, l'ayant

meſlee, rendre à tous deux en commun ce qui en
prouiendra ; mais de telle façon que l'vn ny l'autre ne
puiſſe diſcerner ne recognoiſtre ce qui luy appartient
35 en ſeul, ne ce qui eſt à l'autre. Donc, il faut ſur tout *Communauté de biens entre les mariez.*
qu'entre les mariez il y aye vne telle communion de
biens, qu'ayant tout aſſemblé & meſlé, n'y aye celuy
d'eux qui eſtime l'vne choſe particulierement ſienne,
& l'autre non, mais tout ſien & rien d'autruy.

40 Tout ainſi qu'en la meſlange du vin & de l'eau, *XXI.*
encores qu'il y aye de l'eau plus largement, ſi l'appel- *« [B]elle ſimilitude*
lons nóus touſiours vin; ainſi fault-il dire que le bien *du uin & de l'eau ».*
& la maiſon ſont du mary, encore que la femme y en
aye apporté plus que luy de ſon coſté.

45 Heleine aymoit les biens, Paris le plaiſir; Vlyſſe eſtoit *XXII.*
ſage, Penelope chaſte : voilà pour quoy le mariage de *Le mariage d'aucuns heu-*
ceux ci fut heureux, & merite qu'on l'honore & qu'on *reux, d'autres mal heureux,*
ſ'eſſaye de l'enſuiure; & le mariage d'Heleine & Paris *& pourquoy.*
apporta vne grande Iliade de maulx aux Grecs & aux
50 Troyens.

Vn Romain fut blaſmé par ſes amis de quoy il auoit *XXIII.*
fait diuorce auec ſa femme ſage, riche, ieune & belle,
& il leur tendit ſon ſoulier : Si eſt bien auſſi ce ſoulier
bel & neuf à le voir, dit-il, mais nul ne ſçait où il
55 me bleſſe. Il ne faut doncques point que la femme *Que la femme ne ſe*
mette grand eſpoir ny en ſa race, ny en ſa beauté; *doit glori-*
mais qu'elle ſ'aduiſe aux accidents qui ſuruiennent *fier de ſa race, ou*
aux façons, aux propos communs, qui ſont choſes qui *beauté.*
touchent de plus pres au cueur du mary; mais qu'elle
60 ſ'aduiſe, dis-ie, en cela, de n'eſtre ny rude, ny faſ-
cheuſe, mais auenante, plaiſante & amiable. Car, tout
ainſi que les medecins ſur toutes fieures craingnent

*« Quelles noises deunisent plu[s]tost le cœur des maryes ».*  celles là qui viennent de causes incognues & amassees peu à peu, & n'ont pas tant de peur de celles qui sont apparentes & desquelles on sçait les occasions, tant soient elles grandes, ainsi ces petites offenses & noises, qui viennent sans cesse, à tous propos, entre le mary & la femme, de quoy peu de gents s'apperçoiuent, ce sont celles là qui gastent le plus & deünissent la compaignie du mariage.

*XXIV. Histoire d'vne femme qu'on accusoit d'auoir charmé le roi Philippe.*  Philippe le Roy s'enamoura d'vne femme de Thessalie, & l'accusoit on qu'elle l'auoit charmé : dont Olympe meit peine de prendre la garce, & de l'auoir en sa puissance. Or apres l'auoir veuë, elle luy sembla auoir au visage quelque beauté agreable, & encor tint elle à la royne plusieurs propos sentans sa femme auisee & de bonne part. Qu'on ne me face plus cas, ce dit Olympe, de ces rapports & calomnies, car tu as les charmes en toy mesmes. Il n'y a donc point cœur d'homme qui se puisse deffendre de celle qui est *« Quels charmes [s]aut à vne [s]ame maryee ».*  sa femme en bon & loyal mariage, si elle pourchasse, par vertu & amiables façons, de gaigner son amitié, quand elle met sa race, son dot, les charmes & le reste en soy-mesmes.

*XXV.*  Olympe encores, ayant entendu qu'vn ieune homme courtisan auoit espousé vne belle femme, mais ayant mauuais bruit, ce dit elle : Cestuy-là n'a point d'entendement, car il ne fust pas ainsi marié des yeux. Aussi peu se doit l'on marier des dons, comme font ceux qui espousent femme, ayants bien conté combien elle apporte, & n'ayants point d'esgard quelles qualitez elle a pour la compagnie de la vie.

*XXVI.*  Socrates vouloit que les enfants quand ils se regar-

doient au miroir, s'ils se trouuoient laids, qu'ils missent *Comment il se faut*
peine de reparer cela par vertu ; & s'ils se trouuoient *seruir d'vn*
beaux, qu'ils s'auisassent de ne faire point par le vice *miroir.*
35 deshonneur à la beauté. Donc ce qu'il faut que la « *Que faut*
femme face quand elle se mire, c'est qu'elle die à soy *que f[a]ce vne fame*
mesmes, si elle est laide : Et que sera ce de moy, si *laide ».*
ie ne suis sage ? Car c'est chose honorable à la laide
quand elle est aymee, non pour estre belle, mais pour
40 estre bien conditionnee.

Le Tyran Sicilien enuoya aux filles de Lysandre *XXVII.*
des habillements & ioyaux des plus riches qu'il eust ; *Pourquoy Lysandre ne*
mais Lysandre ne les print point, ains dit : Ces pare- *veut prendre des ioyaux*
mens feroient plus de deshonneur à mes filles, qu'ils *pour ses filles.*
45 ne les pareroient d'or. Or, l'auoit dit Sophocle deuant
Lysandre :

*Tous ces ioyaux, dont tu fais si grand conte,*
*Non ce n'est point, ce n'est point parement ;*
*Mais c'est plustost ton reproche & ta honte,*
50 *Et le deffaut de ton entendement.*

Car parement, comme dit Crate, c'est ce qui pare. Or
cela qui rend la femme plus paree, c'est non pas
l'or, ny l'emeraude, ny l'escarlate, mais tout ce qui *« La parure d'vne*
luy fait vne apparence d'vn maintien graue, d'vne *fame ».*
55 façon bien ordonnee, d'vne modestie.

Ceux qui font sacrifice à la nociere Iunon ne consa- *XXVIII.*
crent point le fiel, auec le demeurant des hosties, ains,
l'ayant tiré à part, le iettent derriere l'autel : c'est *Qu'il n'y doit auoir*
que celuy qui establit ceste loy vouloit couuertement *de cholere au*
60 donner à entendre qu'il ne faut iamais qu'il y aye *mariage.*
cholere ne courroux au mariage. Car il faut que le

bon esprit de la femme de bien aye pointe, comme le vin, douce & profitable, non pas pointe amere & sentant à la drogue comme l'aloé.

XXIX.
« [Qu]e auec la [c]hasteté il [f]aut de la [g]race & de la debonereté ».

Platon disoit à Xenocrate, qui auoit vn peu la façon rude, & au demeurant homme de bien & fort honneste, qu'il sacrifiast aux Graces : aussi croy-ie qu'à vne femme chaste est fort besoing qu'elle aye de la grace beaucoup & de la courtoisie enuers son mary, à fin qu'elle puisse auec luy demeurer en ioye & plaisir, & que, pour estre chaste, cela ne soit pas occasion, comme dit Metrodore, de courroux & de noyse. Car, bien qu'vne femme soit mesnagere, si faut il qu'elle soit propre & nette, & aussi, pour tant qu'elle soit chaste, si est il besoing qu'elle s'auise d'estre gracieuse & courtoise : car la rudesse & le parler rigoureux rendent aucunement dure & deplaisante la sagesse, & la saleté fait trouuer mauuaise la mesnagerie.

« [Q]u'est-ce que [e]ngendre la [r]udesse ».

XXX.
La femme doit estre ioyeuse deuant son mary.

Quant à celles qui craignent de rire deuant leurs marys, & de leur faire bonne chere, à fin qu'elles ne semblent estre temeraires & indiscrettes, il n'y a pas grandement à dire d'elles à celles là qui ne se veulent pas oindre la teste d'huile, craignant qu'on ne die que c'est onguent, & qui ne se lauent point le visage, de peur qu'on die qu'elles se fardent. Or voyons nous bien que les Poëtes & Orateurs, qui se veulent garder d'vne façon affettee & non pure, toutefois par artifice s'estudient à conduire à leur gré & esmouuoir les escoutans par les choses bien inuentees, par le bon ordre & disposition, & en declairant par le propos les complexions des personnes qui parlent.

A cefte caufe il faut que la femme, en bien viuant, fe
garde & f'exempte bien de toutes façons excefliues
& qui fentent fa femme commune & fon cabaret; &
35 auffi qu'elle ne f'eftudie pas moins en toutes ces graces
honneftes qui rendent les façons plus aggreables, &
plus plaifante la compaignie de la vie auecques fon
mary, l'accouftumant à ce qui eft bon par ce qui eft
plaifant. Mais fi, de fortune, la femme eft de fa nature
40 rude, & de complexion melancholique & folitaire, il
faut que le mary le prenne en bonne part; & comme
Phocion dit à Antipatre, qui luy auoit demandé
quelque chofe non honnefte : Vous ne pouuez pas vous    « *Belle rej-*
feruir de moy pour vous eftre amy, & pour vous eftre   *ponfe [d']ung*
45 flatteur; ainfi qu'il face en foy mefme fon eftat de fa      *amy».*
femme fage & chafte : Ie ne puis pas auoir auecques
moy vne femme qui tienne tout à vn coup le lieu
d'vne femme de bien & d'vne courtifane.

  En Egypte, la couftume n'eftoit pas qu'elles portaf- XXXI.
50 fent fouliers, à fin de ne bouger de la maifon; & la
plufpart des femmes, fi on leur ofte le foulier doré,
les doreures, le calçon, l'efcarlate & les perles, elles
demeurent au logis.

  Theanon veftant fa robe defcouurit fon coude : Voilà XXXII.
55 beau coude, ce dit quelqu'un. Bel eft il vrayement,
dit elle, mais non pas pour demeurer en veuë. Or faut
il que non pas feulement elle ne monftre le coude,                *Que la*
mais qu'elle craigne mefme de parler, comme fi en              *femme doit*
parlant elle fe defcouurait par le dehors : car en la         *craindre de*
60 parole fe monftrent les affections, les complexions, &          *parler.*
la difpofition de l'efprit de celle qui parle.

  Phidie peignit Venus de Lide, marchant du pied fur XXXIII.

vne tortue, pour vn aduertiſſement aux femmes de
garder la maiſon & de ſe taire : car il faut qu'elles
parlent auec leurs marys, ou par leurs marys; & ne ſe
doiuent plaindre & faſcher, ſi elles ont plus d'honneur
de parler, comme les ioueurs de fluſtes, de la langue
d'autruy.

XXXIV. Les riches & les Roys qui portent honneur aux
Philoſophes, honorent eux-meſmes, & les Philoſophes
auſſi; & les ſçauants, qui font la court aux grands
Seigneurs ne les font pas pourtant plus priſez, mais
eux meſmes ſe rendent plus cognus. Cela meſme voit
l'on aduenir en l'endroit des femmes : car ſi elles ſe
rendent ſoubs l'obeïſſance du mary, chacun les en
priſe mieux; mais ſi elles veulent maiſtriſer, cela leur
eſt trop plus mal ſeant que d'eſtre ſuiettes. Or faut-il
que l'homme commande à la femme, non pas comme
le maiſtre à ſon valet, mais comme l'eſprit au corps,
eſtant participant de ſes paſſions, ſe tenant touſiours
par amitié ioint auecques luy. Doncques, comme il
ſe peut faire que l'eſprit ſoit grandement ſoigneux
du corps, ſans toutefois s'aſſuiettir à ſes voluptez &
vaines conuoitiſes, ainſi il y a bien quelque moyen
de gouuerner ſa femme en plaiſir & par douceur &
courtoiſie.

*Le deuoir de la femme eſt d'obeïr.*

*« En quelle fa[çon] l'home faut [q]u'il commande à la fame ».*

XXXV. Les Philoſophes diſent que les vnes choſes ſont
faittes de pieces diuerſes & ſeparees, comme vne
armee de mer & vn camp; les autres ſont de parties
aſſemblees & vnies, comme vne maiſon, vne nauire ;
les vnes toutes vnies & d'vn naturel, comme chaſque
animal en ſoy meſmes eſt conforme à ſoy. Quaſi de
meſme ſorte le mariage : ſi c'eſt de perſonnes qui

*Le mariage.*

s'entrayment, il est lors du ranc des choses qui sont vnes & conformes; si c'est de gents qui sont mariez pour le bien, ou pour auoir enfants, il est de parties
35 assemblees & vnies; si c'est comme d'aucuns qu'il y en a qui ne couchent point ensemble, ce mariage est fait de pieces diuerses & separees : car ceux-là, à le bien prendre, demeurent bien l'vn auec l'autre, mais non pas qu'ils viuent ensemble.

40 Comme les Medecins disent que des liqueurs la meslange s'en faict vniuerselle & en tout; ainsi il est mestier qu'entre le mary & femme leurs corps, leurs biens, leurs amis, leurs domestiques, soient meslez & confus l'vn parmy l'autre. Car le Policeur de Rome
45 deffendit que le mary & la femme ne s'entredonnassent ny receussent rien l'vn de l'autre, non pas qu'il voulsist que l'vn ne fust participant de rien que l'autre eust, mais à fin qu'ils estimassent tout leur auoir estre commun.

*XXXVI.*

*Toutes choses estre communes entre le mary & la fame.*

50 En vne ville de Libye, qu'on appelle Lepte, la coustume du païs est que l'espousee, le iour d'apres ses noces, enuoye à la mere de son mary demander vn pot; & elle ne le baille point, ains dit n'en auoir pas, à fin que la mariee, des le premier iour, ayant
55 appris la rigueur maternelle de sa belle mere, ne se despite point ny se fasche, s'il luy suruient apres quelque chose de dur & fascheux. Il faut donc que la femme, sçachant cela, remedie à l'occasion d'où pourroit le mescontentement de sa belle mere pro-
60 uenir. Or n'y a il autre occasion que la ialousie de la mere contre elle, à force de grande amitié qu'elle porte à son fils; & le remede contre ce mal, c'est que

*XXXVII.*

*Demande & refus d'vn pot.*

la femme se pourchasse vne amitié de son mary toute sienne & particuliere en son endroict, mais qu'elle ne tire pas à soy & ne diminue en rien la bonne volonté qu'il portoit à sa mere.

*XXXVIII.*
*Les meres aymer les garçons & les peres les filles, & pourquoy.*

Il semble que les meres ayment plus les fils, pour ce qu'ils ont pouuoir de les secourir, & les peres ayment plus les filles pour ce qu'elles ont plus besoing de leur aide; possible aussi que pour faire honneur l'vn à l'autre, chacun d'eux veut donner à entendre qu'il ayme plus & cherit ce qui est pareil & conforme à l'autre; toutefois que ceci se pourroit prendre autrement. Mais certes cela est honneste & bien seant, que la femme se monstre aucunement tenir le party des parents de son mary, & leur faire honneur plus qu'aux siens propres; voire s'il luy suruient quelque fascherie, de s'en descouurir aux parents de son mary,

« [M]oyen pour [es]tre aymé ».

& la tenir secrette aux siens. Car qui veut qu'vn autre se fie de soy, il n'y a meilleur moyen que de monstrer qu'il se fie de luy; & pour estre aymé, il ne fault qu'aymer.

*XXXIX.*

Aux Grecs qui estoient auecques Cyre, l'aduertissement que leur donnerent leurs Capitaines, ce fut :

*Bel aduertissement.*

Si les ennemis les chargeoient en criant, qu'ils les receussent sans mot dire; & s'ils les assailloient sans crier, qu'en criant ils les repoussassent : Et les femmes d'entendement, quand les maris tancent & crient,

« [Tr]es beau ad[u]ertissemant [p]our les fa[m]es ».

estans en cholere, elles demeurent en paix sans dire mot; & quand ils se taisent, elles, deuisant à eux & appaisant leurs courages, les adoucissent.

*XL.*

A bon droict Euripide blame ceux qui employent la harpe aux festins & banquets : car il eust mieulx

valu vfer de la mufique & f'en feruir pour les choleres *Quand on fe*
& les ennuis, non pas ainfi comme on fait pour effe- *deuroit feruir de la*
miner encor plus & du tout ceux qui font defià en lieu *mufique.*
35 de paffetemps & volupté. Croyez donc entre vous
que ceux là faillent lourdement qui dorment enfemble
pour la iouiffance & plaifir, & qui, puis apres, quand
ils font en quelque cholere & different, font deux licts,
& ne f'auifent pas d'appeller lors plus que iamais Venus
40 au fecours, qui eft, pour vray, en ces chofes, la plus *«Commant*
fouueraine medecine qui foit point, comme auffi l'a *f'apayfent les debats*
bien voulu enfeigner le Poëte, qui faict ainfi parler *[d]es maris*
Iunon : *e[t] des fames».*

  *J'appaiferay tous ces debats entre eux,*
45   *Mais qu'vne fois dans le lict ie les meine,*
  *Pour les vnir du plaifir amoureux.*

Or fault il bien qu'en tout temps & en tous lieux,
la femme fe garde d'offenfer fon mary, & le mary
fa femme; mais principalement qu'ils f'en donnent
50 garde, lorfqu'ils couchent & dorment enfemble. Car *Apophthegme*
celle là qui eftoit en mal d'enfant & qui fe tormentoit, *d'vne femme en trauail.*
difoit à ceux qui la couchoient : Et comment pourra
ce lict guerir le mal de cefte chetifue qui a pris fon
mal dans le lict? Et certes il eft malaifé que les que-
55 relles & les outrages que le lict engendre fe puiffent
bien appaifer en autre temps ny en autre lieu.

 Hermioné dit, ce femble, vne parole veritable :   *XLI.*

  *Quelque mauuaife alors entra chez moy;*
  *De là me vint mon mal & mon efmoy.*

60 Or fe fait cela fouuent, mais non pas du tout ainfi
pris fimplement; ains quand les noifes & la ialoufie de

la femme contre le mary ont ouuert à telles femmes rapportereſſes non pas ſeulement les portes, mais encores les oreilles. Doncques c'eſt lors qu'il faut plus que iamais qu'vne femme de ſens bouſche l'ouye, & tienne pour ſuſpect ce qui luy vient ſouffler à l'oreille, de peur que ce ne ſoit mettre feu ſur feu; & eſt beſoing qu'elle aye lors en main vn mot de Philippe. Car on dit de luy qu'vne fois ſes amis, le voulant irriter contre les Grecs, luy diſoient qu'ils auoient receu tant de biens de luy, & toutefois en meſdiſoient, & il dit lors : Que feroient ils donc ſi nous leur faiſions mal? Donc, quand ces femmes rapportereſſes & inuentereſſes de paroles viennent à dire : Voyez vous comme voſtre mary vous tourmente, encores que vous l'aymiez tant, & que vous vous gouuerniez ſi ſagement? il faut qu'elle die en ſoy meſme : Que feroit il donc ſi ie commençois à luy vouloir mal & luy faire tort?

*Qu'il ne faut eſcouter les faux raports.*

« [B]elle reſponce [de] Philippe ».

« La reſponce [d']vne fame aulx [rap]porteurs ».

XLII. Vn qui vit à chef de piece vn ſien eſclaue fuitif, le ſuiuit; & le voyant fuir, &, pour ſe cacher, qu'il gaignoit le moulin à bras : Et où eſt ce donc que i'euſſe peu ſouhaiter de te trouuer mieux à propos? Doncques, la femme qui par ialouſie fait diuorce auecques ſon mary, & qui ſ'en paſſionne ſi fort, qu'elle die en ſoy meſmes : Celle-là dont ie ſuis ialouſe, où feroit elle plus ayſe de me voir, & qu'aymeroit elle que ie feiſſe ſinon ce que ie fais, de me tourmenter en ceſte ſorte, & d'eſtriuer contre mon mary, & d'en quitter la maiſon meſme, le lict & le mariage?

XLIII. Les Atheniens font ſolennité de trois coutres : du premier au lieu de Scire, en memoire des plus anciens

& premiers grains femez ; du fecond, à Rarie ; du tiers au deffous de la ville Pelis qu'ils appellent Bœuf-Ioug. Mais, certes, de tout tant qu'il y en a, le coutre & le
35 féme noçaux, vouez pour faire lignee, font les plus facrez.

C'eft bien le nom de Venus celuy que Sophocle lui a donné, quand il l'appelle l'Apporte-bon-fruit ; & par ce, eft il bien befoing que le mary & la femme
40 f'auifent d'en vfer auec grande & fage difcretion, fe maintenants purs & nets, & non fouillez de toutes autres compagnies reprouuees de Dieu & de la loy, fans iamais femer aux lieux où ils ne veulent que rien naiffe, voire que, f'il en fort du fruit, ils en ont
45 vergoigne & le cachent.

*XLIV. Venus l'apporte-bon-fruit.*

Apres que Gorge le Rheteur eut leu aux Grecs publiquement, aux ieux Olympiques, vne oraifon qu'il auoit faite de la paix & vnion de la Grece, ce dit Melanthe : Ceftui-cy nous prefche icy de la paix qui en fa maifon,
50 à foy, à fa femme, à fa chambriere, qui ne font que trois teftes, n'a oncques fceu faire accroire qu'ils deuffent eftre d'accord. Car il y auoit, comme il eft vrayfemblable, quelque ialoufie de la femme, & quelques amours du mary & de la chambriere. Il faut donc
55 que celuy qui fe veut mefler d'accorder le palais & les amis aye premier fa maifon bien d'accord. Car il femble, ie ne fçay comment, que les fautes que font les femmes font plus fecrettes à plufieurs que les fautes qu'on fait aux femmes.

*XLV.*

*Reproche notable.*

60 On dit que les chats f'effarrouchent & deuiennent enragez par la fenteur des onguents : ainfi, fi, pour fentir les onguents, il auenoit que les femmes deuinf-

*XLVI. S'abftenir d'onguents.*

sent folles & insensees, ce seroit bien chose estrange si les hommes ne vouloient s'abstenir des onguents, & si, pour vn si court plaisir, ils ne tenoient compte de voir les femmes ainsi mal menees. Puis donc que elles en viennent à cela, non pas quand les hommes se perfument, mais quand ils couchent auec les garces, c'est chose trop deraisonnable, pour vne volupté petite, que les hommes ayent le cœur de tant troubler & tormenter les femmes, & qu'ils ne veuillent aller à elles purs & nets de la compagnie de toutes autres, comme font ceux qui s'approchent des mouches à miel : pour ce que les abeilles se fachent, ce semble, de ceux qui sont auec les femmes, & leur font la guerre.

<small>*Voluptez à euiter.*</small>

Ceux qui vont pres des Elephans ne portent point robe luysante, ny de rouge ceux qui vont pres des toreaux : car ces bestes deuiennent farrouches en voyant ces couleurs; & dit l'on aussi que les tygres au son du tabourin deuiennent du tout enragees & se desmembrent elles mesmes. Puis donc qu'il y a des hommes, les vns qui voyent contre cœur les robes teintes en greine, les robes d'escarlate, les autres se despitent d'ouïr les cymbales & tabourins, qu'y a il tant à faire que les femmes s'abstiennent de telles choses, sans troubler & aigrir leurs marys, viuans auec eux bien & ordonneement en vne douceur paisible ?

<small>*XLVII. Elephants. Toreaux. Tygres.*</small>

Vne femme dit à Philippe qui la trainoit par force : Lasche moy; toutes femmes sont vnes, la lampe mise à part. Cela fut tres bien dit contre les paillars & concubinaires : mais la femme mariee, il faut, mesmes lors que la lumiere est ostee, qu'elle ne soit pas de

<small>*XLVIII. Qu'il y a difference, mesme la nuit, entre les femmes.*</small>

<small>«[Qu]elle faut</small>

mefme que les femmes communes; ains quand le corps
ne fe voit point, que lors paraiffe en elle fa chafteté
& tout ce qu'elle garde propre à fon mary, fa volonté
35 ordonnee, fon affection.

 Platon auertiffoit les vieux d'auoir honte des ieunes,
à fin que les ieunes fe maintinfent en leur endroit
auec honte & reuerence : car là où les vieillards font
effrontez, il ne penfoit pas qu'il fe peuft trouuer aux
40 ieunes aucune modeftie ni difcretion. Il eft befoing
que le mary, fe fouuenant de cela, n'aye honte de
perfonne tant que de fa femme, comme eftant le lict
du mary la vraye efchole de chafteté à la femme, & de
la voye bien ordonnee. Mais celuy qui iouit de tous
45 fes plaifirs, & les deffend à fa femme, c'eft ny plus ne
moins que celuy qui commande à fa femme de tenir
bon contre les ennemis, aufquels il f'eft rendu luy
mefme.

 Or, quant à aymer outre mefure les bagues & ioyaux,
50 ô Eurydice, toy qui as leu ce qu'en a efcrit Timoxene
à Ariftille, effaye toy de le ramenteuoir. Et toy, ô
Pollion, ne penfe pas que ta femme f'abftienne de ces
curiofitez & exceffiues defpenfes, fi elle te voit faire
conte ailleurs de pareilles chofes, & prendre plaifir
55 aux doreures des taffes, aux peintures des chambres,
aux harnois des mulets, aux caperaçons des cheuaux :
car il n'eft pas poffible de chaffer du cabinet des femmes
la fuperfluité, fi elle a prins place bien auant dans
le garderobe des hommes. Et pour ton regard, c'eft
60 maintenant à toy, qui es defià en aage pour prattiquer
la philofophie, d'agencer ta façon de viure, en te
mettant deuant & t'appropriant toutes ces bonnes

*que [foi]a*
*la fame*
*[m]aryee la*
*nuict.»*

XLIX.

L.
*Qu'il ne*
*faut eftre*
*curieux*
*de bagues*
*& ioyaux,*
*ains*
*faut chaffer*
*toute*
*fuperfluité.*

choses que tu oys dire, ainsi qu'on les t'a monstrees, & qu'on en a garny ton esprit; & aussi de faire part à ta femme de ce que tu pourras de toutes parts recueillir, comme l'abeille, de bon & proffitable, mais que ce soit en le protrayant & representant en toy mesme. En cette façon deuise auec elle, luy rendant familiers & priuez tous les meilleurs propos & les plus honnestes :

*Car luy seul il luy est & pere, & mere, & frere.*

Et moins honneste n'est il pas d'ouïr dire à la femme : Mon mary, vous m'estes gouuerneur, philosophe, enseigneur de toutes belles choses & sainctes. Premierement ces enseignemens retirent les femmes de toutes choses indignes & mal auenantes : car celle aura honte d'estre baladine qui aura apris la Geometrie; & celle là ne cuydera pas faire cas de bruuages charmez, qui sera charmee des beaux mots de Platon ou de Xenophon. Et si quelqu'vn promet d'attraire la Lune, celle là se rira de l'ignorance & sotise des femmes qui le croyront, celle là, dis-ie, qui aura ouy parler de l'astrologie, & qui aura ouy dire d'Aganice, la fille d'Hegetor le Thessalien, que ce fut elle qui, estant entendue aux generales eclipses de la Lune, & preuoyant le temps qu'il auient que la Lune se trouue prise par l'ombre de la terre, affronta les femmes, & leur fit accroire que c'estoit elle qui tiroit à soy la Lune. Et certes on dit que iamais il ne s'est trouué femme qui ait fait enfant sans compagnie d'homme, mais quelques portees que les femmes font sans forme, comme des masses de chair assemblees entre elles (on l'appelle Amas); ainsi il se faut garder

*Dequoy sert que les femmes ayent estudié & soient bien apprinses.*

*« Que c'est que Amas ».*

que telles chofes ne s'engendrent en l'entendement
des femmes : car fi elles ne reçoiuent les femences des
bons propos, & ne participent des doctrines de leurs
marys, à part foy elles enfantent plufieurs delibera-
35 tions & affections mauuaifes & mal auenantes. Or
quant à toy, ô Eurydice, mets peine d'auoir toufiours
en main les beaux mots des bons & fages hommes,
& fais que tu ayes fans ceffe à la bouche ces propos
là, que tu apprins auecques moy, eftant encore fille, à
40 fin que d'vne part tu faces viure en plaifir ton mary, &
outre cela, que tu fois à toutes les autres femmes en
admiration, eftant ainfi fingulierement paree, & plus
magnifiquement que tu ne pourrois eftre d'aucune
autre chofe. Car de recouurer & mettre fur toy les
45 perles des femmes riches, ou foyes des eftrangeres, tu
ne le fçaurois faire fans les acheter bien cherement;
mais les beauz ioyaux & parements de Theanon, de
Cleobuline, de Gorgon, la femme de Leonide, de Thi-
moclee, la fœur de Theogene, de Claude l'ancienne,
50 de Cornille, la fille de Scipion, & tant d'autres qui
ont efté tant admirables & renommees, les beaux
parements, dis-ie, de celles là, il te fera ayfé de t'en
accouftrer pour neant ; & puis apres, en eftant paree,
de viure par mefme moyen en grand honneur & grand
55 heur. Car fi Saphon, pour la plaifante façon d'efcrire
vers, en eftoit fi fiere, qu'elle a bien ozé dire par fes
efcrits à quelque grand'dame :

*Les vrais
ioyaux &
parements
des femmes
aifez à
auoir, & à
bon
marché*

> *De toy, quand tu giras morte,*
> *Ne fera memoire aucune :*
60 *Car tu n'as part à pas vne*
> *Des rofes qu'Helicon porte;*

comment ne te fera il pas mieux permis de te glorifier en toy mefme d'vne grande & belle gloire, quand tu te fentiras eftre participante non feulement des rofes, mais auffi des fruits dont les Mufes font prefent à ceux qui eftiment & admirent le fçauoir & la philofophie? 5

## A MADAMOISELLE

# DE MONTAIGNE

### MA FEMME.

Ma femme, vous entendez bien que ce n'eſt pas le tour d'vn galand homme, aux reigles de ce temps icy, de vous courtiſer & careſſer encore. Car ils diſent qu'vn habil-homme peut bien prendre femme; mais que de l'eſpouſer c'eſt à faire à vn ſot. Laiſſons les dire; ie me tiens de ma part à la ſimple façon du vieil aage: auſſi en porte ie tantoſt le poil. Et de vray la nouuelleté couſte ſi cher iuſqu'à ceſte heure à ce pauure eſtat (& ſi ie ne ſçay ſi nous en ſommes à la derniere enchere), qu'en tout & par tout i'en quitte le party. Viuons, ma femme, vous & moy, à la vieille Françoiſe. Or, il vous peult ſouuenir comme feu Monſieur de La Boetie, ce mien cher frere & compaignon inuiolable, me donna, mourant, ſes papiers & ſes liures, qui m'ont eſté depuis le plus fauory meuble des miens. Ie ne veulx pas chichement en vſer moy ſeul, ny ne merite qu'ils ne ſeruent qu'à moy. A ceſte cauſe, il m'a pris enuie d'en faire part à mes amis; &, par ce que ie n'en ay, ce croy-ie, nul plus priué que vous, ie vous enuoye la Lettre conſolatoire de Plutarque à ſa femme, traduite par lui en François : bien marry de quoy la fortune vous a rendu ce preſent ſi propre, &, que, n'ayant enfant qu'vne fille longuement attendue, au bout de quatre ans de noſtre mariage, il a falu que vous l'ayez perdue dans le deuxieſme an de ſa vie.

*Mais ie laiſſe à Plutarque la charge de vous conſoler, & de vous aduertir de voſtre deuoir en cela, vous priant le croire pour l'amour de moy : car il vous deſcouurira mes intentions, & ce qui ſe peut alleguer en cela, beaucoup mieux que ie ne ferois moy meſmes. Sur ce, ma femme, ie me recommande bien fort à voſtre bonne grace, & prie Dieu qu'il vous maintienne en ſa garde. De Paris, ce 10 ſeptembre 1570.*

*Voſtre bon mary,*
MICHEL DE MONTAIGNE.

# LETTRE DE CONSOLATION

DE

## PLVTARQVE A SA FEMME

*Plutarque à sa femme, bonne & heureuse vie.*

L'HOMME que tu m'enuoyas pour me porter les nouuelles du trespas de l'enfant se fouruoya, à mon auis, sur chemin, en venant à Athenes; mais
5 ie l'entendy à Tanagre, quand i'y fus arriué. Quant à l'enterrement, ie croy que tout est desià fait. De ma part, ie desire que ce qui en a esté fait soit en la sorte qu'il pourra estre mieux pour te donner, à ceste heure & à l'auenir, moins d'occasion
10 de fascherie. Mais si en cela tu as laissé de faire quelque chose dont tu eusses enuie, & attens sur ce mon auis, fais la hardiment, si tu penses, cela estant fait, en estre plus à ton aise; mais ce sera mettant à part toute superfluité & vaine superstition: aussi sçay-ie
15 bien que de ces passions là, tu n'en tiens rien. *Superfluité & vaine superstition à euiter « aux funeralyes ».*

D'vne chose sans plus te veux-ie auertir, qu'en ceste douleur tu te maintiennes, & à toy & à moy, dans les termes du deuoir. Car de mon costé, ie cognois

*« [Com]mant on doict por[te]r la perte de quel- [qu'v]ng ».*  & compren, en ceſt inconuenient, de combien il eſt grand. Mais ſi ie trouue à mon arriuee que tu te tormentes outre meſure, cela certes me troublera encores plus que l'accident meſme. Et, pour vray, ie ne ſuis ny de bois, ny de pierre : toy-meſmes le ſçais bien, m'ayant touſiours tenu compaignie à nourrir en commun tant d'enfans que nous auons eu, qui ont eſté tous eleuez & entretenus chez nous par nous-meſmes. Et ſi ſçais bien qu'apres auoir eu quatre enfans maſles, toy ayant grande enuie d'auoir vne fille, ceſte icy naſquit, & me donna occaſion de luy mettre le meſme nom que tu portes, aymé de moy vniquement. Et vois bien encore qu'en noſtre naturel amour, il y a, outre ces occaſions, quelque particuliere pointe d'vne viue *Natureɩ gay d'vne petite fille.* affection, à raiſon de la façon gaye qu'elle auoit, & du tout franche & naïue, n'ayant rien de cholere & de deſpit; & voyoit on en elle vne nature admirable, paiſible, douce & attrempee. Et l'amour qu'elle rendoit à ceux qui l'aymoient, & la recognoiſſance qu'elle auoit enuers ceux qui luy faiſoient quelque bien, donnoit, tout à la fois, plaiſir & cognoiſſance d'vn *«Beau diſ- cours qu'ont accouſt[ume] de fere les p[lus] petits enfans ».* naturel humain & debonnaire. Car il me ſouuient qu'elle prioit ſa nourrice de bailler & preſenter le tetin non pas ſeulement aux autres enfans, mais aux petits pots meſme qu'on lui donnoit, à quoy elle prenoit ſon eſbat, & à tous ſes iouets, comme ayant enuie de faire part, & mettre en commun ce qu'elle auoit de beau & plus aggreable en toutes choſes qui luy donnoient paſſetemps, les conuiant par vne grande courtoiſie de manger à ſa table.

Or, ma femme, ie ne ſçay pas pour quoy toutes ces

façons, qui, elle viuant, nous donnoient tant de plaisir,
maintenant nous donneront peine, & nous trauaille-
ront, quand nous y penserons ; mais aussi ie crains *Comment il*
5 qu'en voulant chasser la douleur, nous ne chassions *se faut*
tout d'vn coup la souuenance, comme faisoit Climene *souuenir*
qui dit : *des morts.*

> *Ie me desplais des lieux où la ieunesse*
> *A escrimer & à luitter s'addresse ;*
> 40 *Les arcs aysez de cormier me desplaisent ;*

tant elle craignoit & fuyoit le souuenir de son fils
qui tousiours l'accompaignoit : car nostre nature fuit
volontiers cela dont elle reçoit peine. Or faut il, tout
ainsi comme elle se rendoit telle en nostre endroit,
45 qu'elle nous faisoit sentir tous les plaisirs du monde
à nous festoyer, à se faire voir, à se faire ouïr, que pareillement à ceste heure la souuenance d'elle demeure
tousiours & viue dedans nous, apportant auecques soy
vn plaisir plus grand, mais de beaucoup, que non pas
50 l'ennuy, au moins si nous pensons qu'il est raisonnable
que nous mesmes tirions quelque proffit, au besoing,
des aduertissemens que nous auons fait souuent à
plusieurs autres. Il faut donc entretenir ceste plaisante *Que le*
memoire, & non pas mener dueil, & se desconforter *dueil doit*
55 tant & lamenter, qu'il semble à voir que, pour l'ayse *estre*
qu'on a receu quelquefois, on vueille maintenant ren- *moderé.*
dre en payement au double de fascheries & d'ennuys.

Ceux qui viennent de là où tu es, vers moy, m'ont
bien rapporté vne chose, pour raison de laquelle ils
60 t'admirent grandement : c'est que tu n'as point pris
nouuel habillement, n'en rien difformé ne gasté ta
façon accoustumee, en toy, ny en tes chambrieres ;

qu'il n'y auoit à l'enterrement aucun appareil fomptueux qui fentift fa pompe & fuperfluité; mais que le tout a efté conduit auec grande difcretion & fans bruit, à la compaignie feulement de nos plus proches parents. Quant eft de moy, fçachant bien que tu ne prins iamais de belle robe pour aller aux ieux & à la fefte, mais as toufiours penfé que la fomptuofité ne fert de rien, non pas mefme pour la volupté, ie ne me fuis point esbahy d'entendre que tu ayes entretenu en la trifteffe ton affeurance & modefte fimplicité. Auffi il ne faut pas feulement qu'vne femme de bien fe garde pure & entiere, aux feftins & aux ieux, mais qu'elle penfe que l'ebranlement que fait en nous la douleur, & le mouuement des fafcheries, n'a pas moins de befoing d'vne ferme difcretion qui combate, non pas, comme plufieurs eftiment, contre l'amour que naturellement nous deuons aux noftres, mais contre les defordonnees paffions de l'efprit. Car nous ottroyons cela à la naturelle affection d'honorer ceux qui font morts, de les regretter, de f'en fouuenir. Mais certes ce defir defordonné de mener deuil, deuoyant l'efprit & le menant parmy les lamentations & trauaux, n'eft pas moins vicieux, à le bien prendre, que la diffolution aux voluptez. Mais on pardonne à la trifteffe plus volontiers, & à bon droit, d'autant que ce qui eft en elle de vicieux, en lieu de plaifir, a toufiours auec foy la peine & l'amertume. Car qu'eft ce qu'on pourroit trouuer plus deraifonnable que de deffendre le rire exceffif & la ioye defordonnee, & puis apres fe laiffer du tout aller aux debordements des pleurs & des plaintes qui viennent de la mefme

*La fomptuofité ne feruir de rien.*

« *Que la fache[rie] ne nous d[oie] esbranler [pu]yfque paffions defordonn[ees]ne nous pu[uent] esbranler* ».

*Naturelle affection enuers les morts.*

fource d'où part le plaifir defmefuré? Et quelle raifon
peuuent auoir plufieurs marys d'entrer en querelles
auecques leurs femmes pour les garder de porter des
fenteurs & de l'ecarlate, fi apres ils leur accordent de *Ancienne*
fe tondre pour le deuil, de prendre nouuelle teinture *façon de porter le*
de robe noire, de demeurer en vn lieu affifes ou *dueil.*
mal couchees, fans fe bouger, chofes certainement
toutes indignes & mal auenables? Et, ce que ie trouue
encores plus nouueau, n'eft ce pas chofe eftrange de
voir qu'alors que les femmes frappent & tourmentent
les valets & les chambrieres, outre mefure & fans
raifon, les marys empefchent cela & les en gardent;
& quand elles mefmes font viuement tormentees &
cruellement par elles mefmes, ils n'en font aucun
compte, & les laiffent à ce befoing & en ce trouble
d'efprit, où elles auoient befoing de la bonté & douceur d'eux & de leur courtoifie?

Mais entre nous, ô ma femme, nous n'auons iamais
encores eu debat aucun pour ces chofes: fi n'aurons
nous pas à cefte heure pour cefte icy, à mon auis. Car *L'honneur que*
il n'y a vn feul des philofophes qui nous ont hantez *Plutarque*
& cogneus, qui ne fe foit efmerueillé de l'honnefte *fait à fa femme, &*
humilité de ton accouftrement & de la moderation *pourquoy il la louë tant.*
& façon reformee de ta vie; & n'y a pas vn de noz
citoyens, à qui ton honnefte fimpleffe aux eglifes, aux
facrifices, aux theatres, ne ferue d'exemple & de
miroir. Et d'autre fois, à vn pareil befoing qu'à cefte
heure, tu fis cognoiftre vne grande affeurance d'efprit
& fermeté de cueur, lors que tu perdis l'aifné de
noz enfants, & encores depuis, alors que noftre beau
Charon nous abandonna. Car il me fouuient qu'on me

porta les nouuelles de la mort de ce garçon, ainfi que ie defcendois de fur mer ; & lors plufieurs de mes hoftes & amis me tindrent compaignie, & vindrent auecques moy en noftre maifon, & beaucoup d'autres quant & eux. Et puis voyant chez nous que toutes chofes eftoient en leur ranc, & tout paifible comme de couftume, ils penfoient (& ainfi l'ont ils dit depuis à maint-vn) qu'il n'y eftoit rien auenu de mal, mais que quelqu'vn auoit femé cefte fauffe nouuelle : tant tu auois bien ordonné la maifon en temps fi trifte & qui donnoit fi grande occafion de defordre. Et fi auois tu nourry celuy là de tes propres mammelles, & pour luy auois enduré l'incifion d'vn tetin qui f'eftoit fendu tout autour. Ce font vrayement les chefs d'œuure d'vn bon cœur & noble, & d'vne viue affection.

Mais la plufpart des meres, nous les voyons prenans entre leurs bras leurs enfants, tant qu'ils viuent, des mains d'autruy, pour les feruir, ce femble, de paffe-temps ; & puis, quand ils font morts, indifcrettement elles f'abandonnent à vn deuil vain & fans raifon ; non pas d'amitié qu'elles ayent : car l'amitié certes eft vne belle chofe & pleine de moderation & preuoyance ; mais, pour vray, l'abondance d'vne vaine ambition, qui eft meflee auec vn peu de paffion naturelle, fait ce deuil ainfi fauuage & enragé, & ce grand defconfort. Et qu'il foit ainfi, il femble bien qu'Æfope ne l'ait pas ignoré : car il dit qu'alors que Iupiter partageoit les honneurs entre les Dieux, le Deuil demanda fa part, & il luy en donna, mais feulement à l'endroit de ceux là qui de leur gré mefme luy en voudroyent faire. Ainfi doncques en auient il au commencement : car chacun

*Fable d'Efope touchant le dueil.*

« *Commant le dueil fe lo[ge]* ».

qui a deuil le meine luy mefme chez foy. Mais apres,
quand il y a vne fois gaigné place auec le temps,
viuant & logeant auec celuy qui l'a receu, il ne s'en
35 va pas encores lors qu'on luy donne congé. Donc il le
faut combatre des l'entree, à la porte, & non pas luy
quitter le fort, en laiffant fon habillement & fon poil, &
par tous autres pareils moyens & toutes autres façons,
qui, fe prefentans à toute heure deuant les yeux
40 & attriftans la perfonne, tiennent en ferre & diminuent la vigueur de l'efprit, & le mettent en defefpoir
de trouuer iffue du mal, & le rendent incapable
de confolation, tout obfcur & tenebreux; de tant
que l'entendement, depuis qu'il s'eft par la douleur
45 entourné & enueloppé de ces triftes habits, il ne fe
fait aucune part ny du rire en compaignie, ny de la
lumiere, ny de la bonne chere, & de la plaifante
& ioyeufe table de fes amis. A ce mal de la trifteffe
fe ioint volontiers la nonchallance de fa perfonne, &
50 vn defpit contre la coutumiere façon, iufques à ne fe
vouloir ny eftuuer : là où il falloit que l'efprit fift tout
au contraire pour fe fecourir & ayder, par le moyen du
corps fain & vigoureux. Car certes, quand le corps eft
fain & en fa gaillardife, vne grand'partie de l'ennuy
55 s'abbat & fe relafche, comme le flot à vn beau iour
quand le temps eft calme; mais fi on laiffe le corps
rouiller & durcir par le mal gouuerner, & qu'il n'enuoye plus rien de bon ny de gracieux à l'ame, ains
feulement comme des ameres & fafcheufes fumees,
60 certes à grand'peine fe peult on rauoir, encores qu'on
le vueille, fi grandes font les paffions qui faififfent
l'ame ainfi malmenee.

« [Les] effaitz [q]ue le dueil meyne ».

Encore m'asseure ie tant de toy, que, pour ton regard en ceci, ie ne crains point vne chose, qui est bien en tel cas la plus grande & la plus à craindre : ce sont les visites d'vn tas de mauuaises femmes, leurs voix plaintiues, & la recharge de leurs complaintes, auec lesquelles elles ont accoustumé de frotter, par maniere de dire, & refraischir & irriter la douleur, ne permettant point que le deuil, ou par autre moyen, ou bien de luy mesme, se vienne à flestrir, & s'amortisse. Car ie sçay combien tu eus de peine n'a guieres, quand tu secourus si bien la sœur de Theon, & combatis si bien celles là, qui, outre le deuil qu'elle auoit en elle, luy faisoient encores, auec les assaults qu'elles luy donnoient, des cris & des pleurs, comme pour vray si elles eussent eu enuie d'y mettre le feu. Car, si on voit bruler la maison de son amy, on esteint la flamme le plus tost que l'on peut, & à la plus grande haste ; & quand on le voit luy mesme se consommer en son esprit & tout enflammé, on luy attise encores le feu ! Et certes on n'endure pas, quand quelqu'vn a mal aux yeux, qu'il y mette la main, encores qu'il le vueille ; & personne ne touche là où son mal luy cuit : & celuy qui est en deuil demeure tousiours assis, se presentant à tous venans expressement, ce semble, pour se faire esmouuoir, & enuenimer la playe, à fin que pour vn peu de douleur qu'il a, qui le poingt & luy demange, l'vlcere egratigné s'empire tousiours, & deuienne plus grand & fascheux. Or doncques de cela ie suis certain que tu te garderas fort bien.

Mais encores essaye toy en ta pensee de te transferer toy-mesme & remettre à ce temps là, que ceste fille,

*Les visites des folles femmes à craindre.*

*Exemples bien à propos.*

*Comment la consideration du temps*

maintenant morte, n'eſtoit pas encores nee; & ſi ne *peut ſeruir de conſolation.*
penſions nous pas lors auoir occaſion aucune de nous
plaindre de la fortune. Puis, ayant penſé à ce temps là, « [Com]ment
35 aſſemble le auec celuy de maintenant, & tu trouueras  *la con[ſe]-*
que l'eſtat de nos affaires eſtoit lors, & eſt à ceſte *rance du*
heure entierement pareil. Car, ſi nous eſtimons que *[te]ms ſert de [b]eaucoup*
nous auions plus de raiſon de nous contenter, auant *pour [oſ]ter les*
qu'elle naſquit, il ſemblera, ma femme, que nous *ſach[er]ves ».*
40 ſoyons courroucez & deſplaiſans de ſa naiſſance. Or,
les deux ans d'entre deux, qui a eſté le terme de ſa
vie, il ne faut point les tirer hors ny rabbattre de
noſtre memoire; mais, comme nous ayant apporté
iouiſſance d'autant de faueur & de bien, les compter
45 pour plaiſir, & non pas reputer vn bien court à
grand mal, ny eſtre ingrats enuers noſtre fortune du
preſent qu'elle nous a fait, pour ce qu'elle ne l'a pas
augmenté de tant comme nous eſperions. Car certainement on ne peut faillir à tirer vn bel & plaiſant *Qu'il ſe ſaut*
50 fruict de dire touſiours bien & ſe contenter de ce *contenter de ce qui plait*
que Dieu a voulu, & de prendre à gré, & ſans ſe *à Dieu.*
plaindre, ce que la fortune nous baille. Et, en telles
choſes, celuy qui rameine le plus à ſoy la ſouuenance
des biens paſſez, & qui deſtourne & retire l'entende-
55 ment des choſes qui le troublent & obſcurciſſent,
pour le remettre en la partie de ſa vie qu'il a trouuee
la plus belle & la plus claire, c'eſt vrayement celuy
là qui en eſteint entierement ſa douleur, ou, pour le
moins, l'affoiblit & l'amortit, la deſtrempant auecques
60 la meſlange de ſon contraire. Car tout ainſi que les *Similitude à noter.*
onguents de bonne odeur reſiouiſſent touſiours le ſen-
timent, & ſi font vn preſeruatif contre les mauuaiſes

senteurs; ainsi le pensement du bien receu sert encore
de remede necessaire au mal qui suruient, au moins
à celuy qui ne fuit pas la memoire du bien passé, &
ne prent pas plaisir d'accuser entierement de tout la
fortune : de quoy nous nous deuons bien garder, & 5
de vouloir calomnieusement blasmer la vie d'entre
nous hommes pour quelque tache de malheur, vne
possible sans plus, qui se trouue en elle, comme en
vn liure, tout le demeurant estant net & entier.

 Car il te souuient bien de m'auoir souuent ouy dire 10
que les changemens de fortune ne peuuent de guieres
esbransler nostre vie, ny auec ses hazards elle ne
luy sçauroit faire prendre grand saut. Mais toute la
felicité ne depend que d'vne bonne & droite resolu-
tion, parfaite & accomplie en vne habitude ferme & 15
asseuree. Et encores s'il faut, à la façon de la plus
part des hommes, se gouuerner par ce qui est hors de
nous, & s'il est besoin de conter ce que nous tenons
de la fortune, & faire le peuple mesme iuge de nostre
bon heur, ne prens pas garde, ie te prie, aux larmes 20
& plaintes de ceux qui te visitent maintenant, lesquels
par vne mauuaise coustume on voit faire ainsi, ains
combien ceux là mesmes admirent ton bon heur, à
raison des enfants que tu as, & de la grandeur de
nostre maison, & de ta vie. Et, sans doute, ce seroit vne 25
chose merueilleusement desraisonnable qu'il n'y aye
celuy de ceux qui te voyent, qui ne print volontiers
la condition en quoy tu es, encores auec la charge
de l'inconuenient dont toy & moy nous deuillons, &
que tu fusses seule à t'en plaindre & mescontenter. Et 30
n'y a pas de raison que le mal mesme qui te pique ne te

*D'où depend la felicité.*

«[Qu']on ne doict point ensuiure vne [m]auuese coustume».

face sentir combien nous deuons à la fortune pour ce qu'il nous demeure. Certes, ny plus ny moins qu'on a veu quelques vns qui se sont amusez à tirer les vers
35 d'Homere où il y a quelque faute au commencement ou à la fin, laissant ce pendant passer sans y prendre garde tant de belles & grandes inuentions, ainsi seroit il de toy, si tu voulois rechercher curieusement les infortunes de ceste vie humaine, &, pour le regard des
40 biens qui te viennent à foison & à monceaux, tomber en la mesme maladie des auares & riches mecaniques, qui, ayans amassé de l'argent de toutes parts, n'en vsent point, quand ils l'ont perdu. Or, si tu plains ta fille pour estre morte sans auoir esté mariee & porter
45 enfants, tu as de l'autre costé de quoy te resiouir de ce qu'il n'y a aucun de ces biens là qui te defaillent, & dont tu ne sois participante : car ce seroit bien folie de penser que ces biens fussent grands, au regard de ceux qui les ont perdus, & petits en l'endroit de ceux
50 qui en iouissent. D'auantage, si elle est allee en lieu où elle ne sente point la douleur, elle n'a pas besoin qu'on se deuille pour elle : car pour quoy deuons nous auoir mal pour raison d'elle, s'il n'y a rien qui luy en face? Pour vray, la perte des grands biens doit faire
55 cesser le deuil qu'on en pourroit mener, quand par la perte mesme on vient à cela de n'auoir plus besoing des choses perdues. Or, ta petite Timoxene n'a perdu que peu de bien, de tant qu'elle n'en cognoissoit que bien peu & se reiouissoit de peu. Car comment pour-
60 roit on dire qu'elle eust perdu ce dont elle n'auoit pas sentiment & qu'elle ne pouuoit encores ny cognoistre ny comprendre?

*Le lieu, où nous croyons les morts estre en repos, nous doit seruir de consolation.*

Toutefois ie fçay bien, touchant cefte opinion, qu'aucuns tiennent & la donnent à entendre à plufieurs, que les hommes, depuis qu'ils font vne fois diffous par la mort, n'ont en nul endroit nul mal ny tourment, ie fçay bien, dis-ie, quant à cefte opinion, que la religion de noftre païs te gardera de la croire, & les fentences qui fe difent par myftere aux feftes de Bacchus, que nous fçauons entre nous qui en fommes participans. Doncques, prefuppofant l'ame eftre immortelle, imagine en toy qu'il luy auient de mefmes que ès oyfeaux qui font pris : car, fi l'ame fe nourrit long temps auec le corps, & par grands maniements d'affaires & long vfage f'accouftume & f'appriuoife en cefte vie, quand elle f'en deloge & f'en reuole, elle y rentre tout à coup par le moyen des renaiffances, & ne ceffe de f'empefcher toufiours des paffions & fortunes que nous auons icy. Et ne penfe pas que la vieilleffe foit tant maudite & blafmee fur les rides & le poil gris & la foibleffe du corps ; mais ceft aage là a ce mal qui luy eft plus à reprocher que nul autre, qu'il efloigne l'ame & l'eftrange du fouuenir de ce qu'elle voyoit au lieu dont elle eft venue, & parmy les chofes d'icy l'appefantit & la rend lourde & groffiere : car par les ans elle plie & contraint la forme & habitude de fon eftre, & garde & entretient celle qu'elle a prife, par le moyen de tant de chofes qu'il luy a faillu endurer. Mais, au contraire, l'ame qui a demeuré peu de temps captiue, ayfément par les puiffantes loix de fa nature eft retenue en fa forme naturelle, n'ayant pris du corps qu'vne façon de ply encores fraiche & molle : car ainfi que le feu,

*L'âme eft immortelle.*

*Quel mal à reprocher à la vieilleffe.*

si on l'esteint & incontinent apres on le rallume, il flamboye & se reprent soudain; de mesme l'ame qui naguieres est partie de son origine, quand elle y reua
35 bien tost, la reprent plus facilement, & ne pourroit auoir aucun auantage à reculer

*De franchir au plus tost les portes de Pluton,*

sinon pour nourrir en soy vne grande amour des choses du monde; &, comme si elle estoit charmee
40 par le corps, s'amollir & destremper auecques luy.

Et la verité de ceci se cognoit encores plus clair par les coustumes & loix anciennes de nostre cité : car, en nostre ville, on ne fait point de sacrifice à l'enterrement des enfans quand ils meurent, ny autre solennité,
45 comme il est raisonnable d'en faire pour les autres morts. Car les enfants ne tiennent rien de terrien ny des choses terrestres; & ne se dit point que leurs esprits, pour s'aymer pres de leurs corps, s'amusent & s'arrestent aux tombeaux & sepulchres, & aux repas
50 qu'on a accoustumé presenter aux morts : car les loix ne souffrent point qu'on pense cela d'eux, comme n'estant point loysible de le croire de ceux là, desià estans en vn estat meilleur & plus sainct, & au partir d'ici arriuez à vne plus belle demeure. Or, puis qu'à
55 ne les en croire point, il y a plus de peine pour nous que de les en croire, il faut par le dehors en vser ainsi comme les loix l'ordonnent, & auoir le dedans encores moins souillé & mieux net, & plus chaste.

*La fin en est à dire en Plutarque.*

*Enterrement d'enfants sans solennité, & pourquoy.*

Stephani Boetiani,
Confiliarij regij
in Parlamento
Burdigalēfi,
Poemata.

## A MONSEIGNEVR
## MONSIEVR DE L'HOSPITAL

#### CHANCELLIER DE FRANCE

MONSEIGNEVR, *i'ay opinion que vous autres, à qui la fortune & la raifon ont mis en main le gouuernement des affaires du monde, ne cherchez rien plus curieufement que par où vous puiffiez arriuer à la cognoiffance des hommes de vos charges : car à peine eft-il nulle communauté fi chétiue qui n'aye en foy des hommes affez pour fournir commodément à chafcun de fes offices, pourueu que le departement & le triage f'en peuft iuftement faire. Et ce point là gaigné, il ne refteroit rien pour arriuer à la parfaicte compofition d'vn eftat. Or à mefure que cela eft le plus fouhaitable, il eft auffi plus difficile, veu que ny voz yeulx ne fe peuuent eftendre fi loing, que de trier & choifir parmy vne fi grande multitude & fi efpandue, ny ne peuuent entrer iufques au fond des cœurs pour y veoir les intentions & la confcience, pieces principales à confiderer : de maniere qu'il n'a efté nulle chofe publique fi bien eftablie, en laquelle nous ne remerquions fouuent la faute de ce departement & de ce choix. Et en celles où l'ignorance & la malice, le fard, les faueurs, les brigues & la violence commandent, fi quelque election fe voit faicte meritoirement & par ordre, nous le deuons fans doute à la fortune, qui par l'inconftance de fon branfle diuers, f'eft pour ce coup rencontree au train de la raifon. Monfieur, cefte*

*consideration m'a souuent consolé, sçachant M. Estienne
de la Boëtie, l'vn des plus propres & necessaires hommes
aux premieres charges de la France, auoir tout du long de
sa vie crouppy, mesprisé, és cendres de son fouyer domestique, au grand interest de nostre bien commun : car quant
au sien particulier, ie vous aduise, Monsieur, qu'il estoit si
abondamment garny des biens & des thresors qui deffient
la fortune, que iamais homme n'a vescu plus satisfaict ny
plus content. Ie sçay bien qu'il estoit esleué aux dignitez
de son quartier qu'on estime des grandes; & sçay d'auantage que iamais homme n'y apporta plus de suffisance, &
que, en l'aage de trente deux ans qu'il mourut, il auoit
acquis plus de vraye reputation en ce rang là, que nul
autre auant luy. Mais tant y a que ce n'est pas raison de
laisser en l'estat de soldat vn digne capitaine, ny d'employer
aux charges moyennes ceux qui feroient bien encores les
premieres. A la verité, ses forces furent mal mesnagees
& trop espargnees : de façon que, au de là de sa charge, il
luy restoit beaucoup de grandes parties oisiues & inutiles,
desquelles la chose publique eust peu tirer du seruice, &
luy de la gloire. Or, Monsieur, puis qu'il a esté si nonchalant de se pousser soy mesme en lumiere, comme de
malheur la vertu & l'ambition ne logent gueres ensemble,
& qu'il a esté d'vn siecle si grossier ou si plein d'enuie, qu'il
n'y a peu nullement estre aidé par le tesmoignage d'autruy,
ie souhaitte merueilleusement que, au moins apres luy,
sa memoire, à qui seule meshuy ie dois les offices de nostre
amitié, recoiue le loyer de sa valeur, & qu'elle se loge en
la recommandation des personnes d'honneur & de vertu.
A ceste cause m'a il pris enuie de le mettre au iour, & de
vous le presenter, Monsieur, par ce peu de Vers Latins
qui nous restent de luy. Tout au rebours du Maçon qui
met le plus beau de son bastiment vers la rue, & du
Marchand qui fait monstre & parement du plus riche
eschantillon de sa marchandise, ce qui estoit en luy le
plus recommandable, le vray suc & moëlle de sa valeur*

l'ont ſuiui, & ne nous en eſt demeuré que l'eſcorce & les feuilles. Qui pourroit faire voir les reiglez branſles de ſon ame, ſa piété, ſa vertu, ſa iuſtice, la viuacité de ſon eſprit, le poix & la ſanté de ſon iugement, la haulteur de ſes conceptions ſi loing eſleuees au deſſus du vulgaire, ſon ſçauoir, les graces compaignes ordinaires de ſes actions, la tendre amour qu'il portoit à ſa miſerable patrie, & ſa haine capitale & iuree contre tout vice, mais principalement contre ceſte vilaine traficque qui ſe couure ſous l'honorable tiltre de Iuſtice, engendreroit certainement à toutes gents de bien vne ſinguliere affection enuers luy, meſlee d'vn merueilleux regret de ſa part. Mais, Monſieur, il s'en faut tant que ie puiſſe cela, que du fruict meſme de ſes eſtudes, il n'auoit encores iamais penſé d'en laiſſer nul teſmoignage à la poſterité; & ne nous en eſt demeuré que ce que, par maniere de paſſetemps, il eſcriuoit quelquefois. Quoy que ce ſoit, ie vous ſupplie, Monſieur, le receuoir de bon viſage, & comme noſtre iugement argumente maintefois d'vne choſe legere vne bien grande, & que les ieux meſmes des grands perſonnages rapportent aux cler-voyans quelque marque honnorable du lieu d'où ils partent, monter par ce ſien ouurage à la cognoiſſance de luy meſme, & en aymer & embraſſer par conſequent le nom & la memoire. En quoy, Monſieur, vous ne ferez que rendre la pareille à l'opinion treſreſoluë qu'il auoit de voſtre vertu, & ſi accomplirez ce qu'il a infiniement ſouhaité pendant ſa vie : car il n'eſtoit homme du monde en la cognoiſſance & amitié duquel il ſe fuſt plus volontiers veu logé que en la voſtre. Mais ſi quelqu'vn ſe ſcandaliſe de quoy ſi hardiment i'vſe des choſes d'autruy, ie l'aduiſe qu'il ne fut iamais rien plus exactement dict ne eſcript aux eſcholes des Philoſophes du droit & des deuoirs de la ſaincte amitié que ce que ce perſonnage & moy en auons prattiqué enſemble. Au reſte, Monſieur, ce leger preſent, pour meſnager d'vne pierre deux coups, ſeruira auſſi, s'il vous plaiſt, à vous teſmoigner l'honneur & reuerence que *ie porte à voſtre ſuffiſance, & qualitez ſingulieres qui ſont en vous : car quant aux eſtrangeres & fortuites, ce n'eſt pas de mon gouſt de les mettre en ligne de compte.*

*Monſieur, ie ſupplie Dieu qu'il vous doint tres heureuſe & longue vie.*

*De Montaigne, ce 30 Auril, 1570.*

*Voſtre humble & obeïſſant ſeruiteur,*

Michel de Montaigne.

# STEPHANI BOETIANI

## CONSILIARII REGII

IN PARLAMENTO BVRDIGALENSI

## POEMATA

Ad Belotium & Montanum.   (1)

MONTANE, *ingenii iudex æquiſſime noſtri,*
*Tuque, ornat quem priſca fides candorque, Beloti,*
*O ſocii, ô dulces, gratiſſima cura, ſodales,*
*Quæ mens? qui vobis animus? quos ira Deorum*
5 *Et crudelis in hæc ſeruauit tempora Parca?*
*Nam mihi conſilii nihil eſt, niſi, quo rapiet fors,*
*Vel ratibus vel equis, laribus migrare reliĉtis:*
*Hoc ſequar, vtilius niſi quid vidiſtis vterque,*
*Si modo & exilii dabitur iam copia. Sanè*
10 *Et dolet & miſerum eſt; ſed ſtat ſententia, longum*
*Extremùmque vale natali dicere terræ.*
*Vidimus excidium: quid adhuc calcare parentis*
*Buſta iuuat? patriæ quando nihil eſt opis in me,*
*Parcam oculis. Fuerat melius vitare ruentis,*
15 *Quàm nunc euerſæ conſpeĉtum; munera ſed nę*

*Pœniteat gratum præstasse nouissima ciuem,*
*Et sese officio pietas soletur inani.*
*Ipsa fugam iam tum nobis minus æqua monebant*
*Numina, cùm ignotos procul ostendêre sub Austro*
*Telluris tractus, & vasta per æquora nautæ*     20
*Ingressi, vacuas sedes & inania regna*
*Viderunt, solemque alium, terrasque recentes,*
*Et, non hæc, alio fulgentia sidera cœlo.*
*Credibile est, cum iam crudeli perdere ferro*
*Europam late superi, turpique pararent*     25
*Deformare situ viduos cultoribus agros,*
*Prouidisse nouum populis fugientibus orbem;*
*Hincque sub hoc seclum, Dis annitentibus, alter*
*Emersit pelago mundus. Vix lubrica primum*
*Sustinuisse ferunt raræ vestigia gentis :*     30
*Molle solum curuum nunc vltro poscit aratrum,*
*Et nulli parens inuitat gleba colonos.*
*Hîc gratis dominum lati sine limite campi*
*Quemlibet accipiunt, ceduntque in iura colentis.*

  *Huc iter, huc certum est remisque & tendere velis,* 35
*Vnde nec aspiciam impatiens tua funera, nec te*
*Auersis palmas tendentem, Gallia, diuis.*
*Hîc sedes olim procul a ciuilibus armis*
*Sortiar, & modicos, ignobilis aduena, fines;*
*Hîc quicumque manet fessum locus, haud sine vobis*
*O vtinam, socii, vix est vt pectore toto*     40
*Excutiam casum patriæ. Quacumque sequetur*
*Prostratæ facies, tristisque recurret imago.*
*Hanc mihi non ratio curam, non leniet ætas,*
*Non oras longo qui diuidit obiice pontus.*     45
*Vnum hoc follicitus, securus cætera rerum,*

*Exul agam, certufque larem non vifere, fati*
*Opperiar leges externo in littore; feu me*
*Ante diem rapient peregrini tædia cœli,*
50 *Siue diu fupereffe colus volet arbitra vitæ.*


## Ad Carliam vxorem. (II)

*Quæ pectus tremulum turbida gaudia,*
    *Vxor, concutient tibi,*
    *Cùm menfe tandem feptimo*
    *Irrumpam fubitus fores?*
5 *Non vnâ facie feruida perferes*
    *Æftum lætitiæ grauis,*
    *Motumque mentis concitæ*
    *Prodent inftabiles genæ.*
*Seu te lana tenet pendula, feu leues*
10     *Exercet digitos acus,*
    *Vt vt futura, fic volans*
    *Amplexus repetes meos.*
*Feftinas quoties adiicies manus,*
    *Et nectes auido mihi,*
15     *Optataque ora immobilis*
    *Obtutu tacito leges!*
*At cùm vox facilem repperiet viam,*
    *Expletis oculis diu,*
    *Tum blanda lætum vocibus*
20     *Feftis excipies virum.*
*Tum mî longa viæ tædia, tum feræ*
    *Exhauftas hyemis minas*
    *Delebit exultatio*
    *Et plaufus nitidæ domus.*

*Iam motu, video, tecta fremunt nouo;* 25
   *Iam cerno famulis domum*
   *Feruere concurfantibus:*
   *Vifuri dominum ruunt,*
*Certantefque animis vndique fedulam*
   *Oftentant operam leues.* 30
   *Pars curat altum fternere*
   *Truncis illicibus focum,*
*Pars Bacchi relinit fepofitum cadum*
   *Vincentem altera frigora,*
   *Nigrifque obumbrat cantharis* 35
   *Menfam iam dapibus grauem.*
*Tecum, vxor, faciles carpere fic iuuat*
   *Parui delicias laris,*
   *Rurifque inempta gaudia*
   *Hîc, hîc, ô liceat diu!* 40
*Vitam nam fine te, Carlia, ducere*
   *Intactam pariter malis;*
   *Hîc & libet minacibus*
   *Canis fpargere verticem.*
*Hîc mors vna ferat, fera tamen, duos,* 45
   *Si quid vota valent mea,*
   *Societque Parca funere*
   *Concordes cineres pari.*

*(III)*          Ad Michaelem Montanum.

*An te paternis paffibus arduos*
*Luctantem honefti vincere tramites*
   *Et ipfe feruidus iuuenta,*
     *Ridiculus monitor, docebo?*

*Te sponte promptum, te volucri pede*
*Iamiam coronas tollere proximum,*
   *Iam metâ in extremâ, pudendis*
     *Exacuam stimulis volantem?*
*Et in proteruos consilium valet*
*Linguæ efficacis, si tamen huic fidem*
   *Authoribus canis senecta*
     *Conciliat grauibusque rugis.*
*Me leuis ætas discere dignior,*
*Vigorque plenus, tempore non suo*
   *Repellit audentem monere*
     *Et viridem reicit magistrum.*
*Seuera virtus, quam legit indolem,*
*Hanc fingit vltrò: mentibus inseri*
   *Natiua non suis recusat,*
     *Et refugit sobolem prophanam.*
*Flagris nec illam, nec monitis queat*
*Vocare doctor; cœlitus aduolat,*
   *Et sponte concedit videri*
     *Dura viris superare natis.*
*Asopi vt illam fertilis ad vada*
*Spectasse pubes dicitur Hercules,*
   *Numenque fulgentemque vultum*
     *Intrepidus tolerasse coram.*
*Hinc illa stabat; parte sed altera*
*Vrget voluptas, cui madidis comæ*
   *Florent odoratæ coronis,*
     *Et niueis humeris solutum*
*Vagatur aurum: purpureo genæ*
*Fouent procacem verè cupidinem;*
   *Sed corpus effœtum laborant*

*Ferre pedes, gracilesque suræ*
*Annisque fractæ & luxu : ast anus impudens*
*Falsis iuuentam picta coloribus*
 *Mentitur, extantemque frustra*
  *Dissimulat medicata fucum.* 40
*Quis cultus almæ, quis fuerit status*
*Virtuti, & ori quis decor aureo,*
 *Nec tento mortalis, nec vlli*
  *Fas fuerit memorare linguæ :*
*Alcida, dixit, num Ioue te satum* 45
*Vulgauit error famaque mobilis*
 *Frustra? en (nefas!) iamiam labanti*
  *Degeneres oculos moratur*
*Obscœna pellex. At puer, effuge,*
*Dum fas valenti, perfida munera* 50
 *Queis illa nunc demulcet aures,*
  *Mox animo expositura virus.*
*Heu! tanta inerti ne manus otio*
*Languescat. Eheu! immiserabilis*
 *Ne vitet addictos honores,* 55
  *Seque suis viduet triumphis.*
*O quot lacertis, me duce, me duce,*
*Debentur istis monstra? quot vrbium*
 *Ceruicibus graues tyranni*
  *Quos superum tibi seruat ira?* 60
*Hæc te manet sors; haud leuibus tamen*
*Sperare noli conditionibus;*
 *Sed nulla si gnaui laboris,*
  *Nulla tibi vacet hora curæ.*
*Tantum labori nil Deus abnuit :* 65
*Quippe nec vndas ipse volubiles,*

*Terrasque, pendentemque Olympum*
  *Imperio regit otioso.*
*Quo vitam inerti, si minimum interest*
70 *Viuus sepultis? occupat is mori*
  *Qui desides edormit annos,*
  *Et tacitum innumeratus œuum.*

## Ad Musas, (IV)
### de antro Medono Cardinalis Lotharingi.

*Dic, ô Calliope, chori magistra;*
*Eia, dic, dea; dic, soror dearum;*
*Eia, dicite vos, deæ sorores,*
*An vos riuus habet, iugum, vel antrum?*
5 *Nam vos riuus habet, iugum vel antrum;*
*Sedes incolitis quietiores,*
*Assuestisque iugis adhuc tenellæ,*
*Cùm vos depositas sinu parentis*
*Excepit sacer audiitque Pindus*
10 *Paruas, tunc quoque dulce vagientes.*
*Qui vos cumque tamen tenent recessus,*
*Seu vos Castaliâ madetis vndâ,*
*Seu vos Pieriâ sedetis vmbrâ,*
*Hoc licet mihi iure suspicari,*
15 *Nec iam ducitis vt prius choræas,*
*Nec sicut prius explicata frons est;*
*Nam vos obsidet hinc & hinc Scytharum*
*Proles barbara barbarissimorum :*
*Vos mersæ caput (heu!) sacris in vndis,*
20 *Sacro quæritis in vado latebras,*
*Et mœstæ trepidatis, atque fontem*

*Vix a barbarie tenetis imum.
Eheu! nunc Helicon miferque Pindus
Horrent barbaricas referre voces,
Afcræos foliti fonare cantus.* 25
*Quin ergo potius fugâ prophanum
Vitatis genus impiamque gentem?
O illinc fugite, huc venite, Mufæ!
O proles Iouis, ô venite Diuæ!
Hîc tutus locus, hîc amœna fedes;* 30
*Hîc & præfidio valetis antri
Æftum fallere feruidofque foles;
Hîc affurgit humus virente cliuo,
Qui Pindum referatque Pierumque;
Hîc fons lucidulæ perennis vndæ,* 35
*Dignus aureolum lauare crinem,
Feffa & corpora mollibus choræìs.
Mæandros quoque Sequanæ iocofos
Defpectabitis hinc, licentiore
Si quando iuuat alueo natare;* 40
*Hinc arces triplicis videntur vrbis,
Magnæ, Iuppiter, vrbis & fuperbæ.
Hinc, ô Calliope, chori magiftra,
Spectabis propius tuos alumnos,
Et miraberis hic nouos videre* 45
*Ciues, Mæonidafque Pindarofque,
Et quofcumque dedit politiores
Quondam, fed meliore Roma fæclo,
Et quos Cecropiæ dedere Athenæ,
Feraces hominum politiorum.* 50
*Hîc vobis dabitur videre coram
Magni Principis ora, quique veftra*

*Magnis carmina prouocet triumphis.*
*O Musæ, licet hunc sonare; sed non*
55 *Alternis licet hunc sonare, Musæ.*
*Hunc vno simul ore concinentes*
*Fas est dicere, sicque forsan vni*
*Totus sufficiet chorus canendo*
*Huc, ô Calliope, chori magistra,*
60 *Huc, huc currite vos, Deæ sorores.*
*Quid Musæ? quid? adhucne restitantes:*
*Hæretis patria pigræ sub vnda?*
*Sic flocci facitis preces rogantis?*
*Duræ, sic mihi vos negare frustra,*
65 *Dum vos eliciam potentioris*
*Iussu numinis, vsque sustinetis?*
*Antistes Lotharingus imperauit.*

## Ad Belotium cùm donaret Carmina quinque Poëtarum. (V)

*Acceptum refer en tibi, Beloti;*
*Vno munere quinque do poëtas,*
*Singulos tamen vnicos poëtas;*
*Quin & aspice muneri quid addam:*
5 *Sextum me tibi do; sed hoc dolemus,*
*Quòd sextum tibi non damus poëtam.*

## Ad Chaffaneum cùm illi donaret Solinum manu scriptum. (VI)

*Chaffani, tibi quòd damus libellum,*
*Non paruum tamen æstimato munus;*

*Non datur liber vnus, ipse nosti,*
*Quod totus datur orbis in Solino.*

(VII) ### Ad Pomerium.

*Viue, senex bone, viue; senem te iure colemus.*
*Nos iuuenes, iuuenem quem coluêre senes.*

(VIII) ### In Charidemum.

*Non deest, ô Charideme, tuos qui carpat amores,*
*Indignosque putet fascibus esse tuis.*
*At te nil prohibet, nisi longè fallor, amare,*
*Defungique tui muneris officio.*
*In quo peccatur, tua si tibi chara puella est,*     5
*Cùm simul & res sit publica chara tibi?*

(IX) ### Ad Danum.

*Cùm nego te iuuenem, tua me, Dane, verba refellunt;*
*Cana tamen produnt te tua verba senem.*
*Parce loqui, canus tibi sermo subinserit annos;*
*Quique probat iuuenem, te facit esse senem.*
*Acriter ista probas; tua sed tibi verba resistunt:*     5
*At malè, si benè vis ista probare, proba.*

(X) ### Ad Fauguerollum.

*Non tot vidisti populos quot vidit Vlysses,*
*Iure tamen volo te dicere πουλύτροπον.*

## In Næuolum. (XI)

*Cùm tua nunc annis vernet iuuenilibus ætas,*
  *Annos cùm dicat frons inarata tuos,*
*Cùm pingas tenerâ roseas lanugine malas,*
  *Et cum virgineo murice certet ebur;*
5 *Tempora (proh facinus!) viridantia pileus vrget,*
  *Næuole, quo leuius cassidis esset onus,*
*Quo pudeat glaciale caput velasse Prometeum,*
  *Quem nec Rufini tussis amara ferat,*
*Cuius onus capiti timeat vel cœlifer Athlas,*
10 *Æternas tanti nec putet esse niues.*
*Crede mihi, seniumque vocas, morbosque lacessis;*
  *Inficiet canis pileus iste comam.*
*Quin Lachesim, miserande, caues? leuis est dea; dicet,*
  *Auersum si te viderit, esse senem.*

## In Lauianum, (XII)
## qui Petrum Ronsardum monuerat, vt non
## amplius amores,
## sed Dei laudes caneret.

*Quòd Petrum, Lauiane, mones ne cantet amores,*
  *Vtque canat grato iam pius ore Deum,*
*Crede mihi, sapis; ille Deo, Lauiane, poëta*
  *Dignus erit, quisquam si modò dignus erit.*
5 *Ergo agite vnanimesque Deum, Lauiane, colatis:*
  *Te quoque spes aliqua est posse placere Deo.*
*Scilicet ille colet diuino numina cantu;*
  *Nec tu fortè minus, si, Lauiane, taces.*

*(XIII)*   De fuga Caroli Imperatoris, euerſis Teruana
& Hedino.
Ad Henricum regem.

*Gallica Germanus modo qui temerarius arma*
*Sollicitans, nudas rabidus ſœuibat in vrbes,*
*Nunc tua ſigna videns, non iam tua ſuſtinet arma,*
*Non oculos, Henrice, tuos : fugit ille, fugaque*
*Effugiens viciſſe putat, turpemque ſalutem*          5
*Annumerat victus palmis, vitamque triumphis.*
*Qualiter afra canis, ſi quando naribus haurit*
*Signa feræ, furit inſtabilis, latratibus auras*
*Impellens, ipſumque ciet clamore leonem;*
*Iamque illi vellitque iubas aureſque laceſſit,*     10
*Dente feram lambens : at in hanc ſi fortè reflexit*
*Toruos ille oculos, totam dum colligit iram,*
*Illa fugit, trepidanſque volat, rapiturque timore.*
*At leo ſecurus graditur, prædamque pudendam*
*Negligit, & vix iam fugientem reſpicit hoſtem.*     15


*(XIV)*   In horologium Margaretæ Laualiæ,
ea arte compoſitum, vt ſabulum fluens videri nequeat.

*Quis curſum teneat fugacis œui?*
*Vides vt fugit hora, nec videtur.*


*(XV)*   Ad Maumontium ſurdum.

*Deficiunt aures; quid, tum cum lingua ſuperſit?*
*Quod diſcas nihil eſt, plurima quæ doceas.*

## In adulatores poetas. (XVI)

*Ne sibi me socium, ne speret, Charole, quisquis*
*Prostituit laudem immeritis, versusque prophanat*
*In vulgus, sua nec virtuti præmia seruat,*
*Dum captat patulas alienis laudibus aures :*
5 *Postulat hunc virtus læsa, & sua iura reposcit.*
*Quin ipsas si quis fortè ad mendacia Musas*
*Ambitiosa vocat, veniunt cunctanter, & illis*
*Virgineus rubor haud alias magis ora notauit.*
*Regibus hoc commune malum : vix forsitan vnus*
10 *Vel toto quicquam veri semel audiit anno.*
*Deuitat proceres refugitque palatia longè*
*Veri pulcher amor; sonat vndique Regia fictis*
*Carminibus, strepit & mediâ dominatur in aulâ*
*Vilis adulantum cœtus, fallitque placendo.*
15 *En modò vix trepidas Italo seruauit ab hoste*
*Relliquias Visius, turbataque signa reduxit,*
*Secum multa gemens, incusans multa, quòd ausus*
*Deceptum toties Romano credere Gallum,*
*Debita quòd patriæ trans Alpes extulit arma,*
20 *Dum præbet faciles Theatinis fraudibus aures.*
*Ipse lubens fastis hunc, si queat, eximat annum,*
*Infaustique vetet cœpti meminisse nepotes.*
*Non deerit tamen Ausoniam qui dicere captam*
*Audeat exultans, & inani tempora lauro*
25 *Cingat, & Insubrum populos, Parmamque rebellem*
*Annumerabit ouans, optataque regna triumphis,*
*Victrici nec parcet Io. Num talia possit*
*Laudati tolerare pudor? quin aulica turba*

*Plausibus ingeminat falsis, & laude ruborem*
*Guisiadæ certant risumque mouere Philippo.* 30
*Iam quas Calisio laudatrix turba recepta*
*Iactauit voces? omnem profudit in illâ*
*Materiam laudis, consumptaque præmia Gallis*
*Sperari iam plura vetant. Quis namque peracto*
*Burgundo, domitisque petat maiora Britannis?* 35
*Non victis leges Visius si ponat Iberis,*
*Non si per Celtas in bigis altus eburnis*
*Henricus victum traheret post terga Philippum,*
*Et pleno Iani clausisset templa triumpho?*

(XVII) De morte Bontani.

*Hunc, si qui fuerit scias, viator,*
*Cuius dissimulas videre cippum,*
*Vix vnum numeres beatiorem,*
*Cui res acciderit semel nec vna*
*In totâ, nisi mors acerba, vitâ.* 5
*Tu iam colligis, & mihi repentè*
*Hunc albo tribuis potentiorum,*
*Queis præfatio longa nomen auget,*
*Fortunamque sagax facis sepulto:*
*At sors tam medio gradu locarat,* 10
*Vt deesset nihil & nihil vacaret;*
*Sic vt pauperibus fuisse diues,*
*Pauper diuitibus queat videri.*
*Verum illi fuit vxor (ô precamur,*
*Si cœlebs agis, ô deos precamur,* 15
*Talem dent tibi coniugem, viator,*
*Sed totos ita si legis phaleucos!)*

*Vxor millibus ex tot vna, quæ se*
*Ad mores ita finxerat mariti,*
20 *Ipsum tam bene norat, vt putares*
*Ad nutum domini domum moueri;*
*Nec iam velle aliquid sinebat, acris*
*Quod posset modò prouidere cura :*
*Vxor candidulis venusta malis,*
25 *Vxor aureolo decora crine,*
*Vxor flammeolis decens labellis,*
*Cuius basiolum rosas recentes,*
*Et forsan flagrat indicos odores,*
*Quantum suspicor ipse : namque scire*
30 *Qui vult, euocet inferis maritum.*
*Talem nunc thalamum miser reliquit:*
*Namque, dum reficit paterna tecta,*
*Surgentesque gradus videre gaudens,*
*Pronus spectat opus; sibi inuolutus,*
35 *Præceps decidit in caput pedesque,*
*Crassæ pondere prægrauatus alui.*
 *At vos sanguine lubricos herili,*
*Funestique gradus, nocensque cella,*
*Domus perfida, consciumque limen,*
40 *Vltrix cum niue grando decoloret,*
*Æternusque trabes flagellet imber!*
*Semper flamine pestilentis Austri*
*Acris vexet hyems & atra, sed quæ*
*Longis cedere nesciat diebus!*
45 *Tantum ne pius ista curet hæres,*
*Domus perfida consciumque limen!*
*Tam bellum eripitis mihi sodalem,*
*Tam bellum patriæ probumque ciuem,*

*Cui mens integra, candidique mores,*
*Et nullâ manus inquinata culpâ;*     50
*In cuius licet innocente vitâ*
*Priscæ relliquias notare vitæ.*

  *Tu, cùm dicimus hunc probum, resistis,*
*Riderique times, viator, & nunc*
*Cùm regnat scelus & viget libido,*     55
*Omnis cùm probitas iacet relicta,*
*Et fides, velut obsoleta, sordet,*
*Miraris puto transilisse purum*
*Tot contagia seculi nocentis;*
*Et miraris adhuc viator? atqui*     60
*Mireris licet vsque & vsque & vsque,*
*Mirandum magis est : erat patronus.*

(XVIII)          In tumulum
         Sardoni Caluimontis auunculi.

*Infra despice : cippus hic, viator,*
*Sardoni tegit ossa Caluimontis.*
*Annos ille duos, decemque lustra*
*Vixit, non sine dignitate, cœlebs,*
*Sacris iam puer & dicatus aræ.*     5
*At quo in munere si fortè requiris,*
*Illud te poterit docere Lemma,*
*Quando id ne faciam vetant phalœci.*
*Vitam haud magnificam, sed elegantem,*
*Nusquam degener, egit; huncque, si non*     10
*Rerum splendida cura publicarum,*
*Non laus eximia eruditionis,*
*Non illustria facta, non honores;*

*At certè nihilominus, viator,*
*Præstat candida vita Caluimontem.*
*Cùm nomen legis hoc, monemus hospes,*
*Non noris licet, hæsitare noli;*
*At sic fac quasi noris. Huncne notos*
*Qui sibi neget esset Scipiones,*
*Aut qui turpiter hæret in Catone,*
*Possis dicere tu satis Quiritem?*
*Nos, Gens Gallica, sic habemus, hospes,*
*Vix vt sit bonus ille, qui fatetur*
*Nec de nomine nosse Caluimontes.*

## Ad Vidum Brassacum (XIX)
## de morte Iulii Cæsaris Scaligeri.

*O Vide, versu si queam superstite*
*Fugacis æui prorogare terminos,*
*Factisue laudem demereri posteram,*
*Hæc vna, Vide, cura iam restat mihi,*
*Quiduis parato ferre, dum vitæ breui*
*Memores nepotes aliquid addant gloriâ.*
*Quis namque certa mortis implacabilis*
*Tardare speret tela, quando pharmacis*
*Fugitare mortem primus Æsculapius*
*Vetat peremptus? nunc & alter Iulius*
*Extinctus alget, atque acerbo funere*
*Victæ fatetur artis impotentiam.*
  *Non hunc fefellit vlla vis recondita*
*Salubris herbæ, saltibus seu quam auiis*
*Celat niualis Caucasus, seu quam procul*
*Riphæa duro contigit rupes gelu.*

*Hic iamque spectantes ad Orcum non semel*
*Animas repressit victor, & membris suis*
*Hærere succis compulit felicibus,*
*Nigrique auaras Ditis elusit manus.* 20
*Quid tandem? & ipse exilis vmbra nunc videt*
*Visenda cunctis stagna liuidæ Stygis;*
*Vnumque restat viuidum nomen viri :*
*Immune lethi non Charonta sentiet,*
*Latrantis ora nec timebit Cerberi.* 25
*Hoc ille doctis prouidus mandauerat*
*Seruare chartis, quas in hos, fati memor,*
*Parabat vsus; spes nec hunc fallit sua :*
*Nam longa gratis Cæsarem nepotibus*
*Sacrabit ætas. Cæsarem teret legens* 30
*Mirator orbis, lector & dicet frequens :*
*Hoc incola felix Agennum claruit,*
*Verona ciue. At interim nos, Brassace,*
*Quos Cæsaris pertentat amissi dolor,*
*Extrema tristes exequemur munera.* 35
*Te, Vide, sacris deditum, decet magis*
*Curare longi funeris solennia;*
*Me in veste pulla frigidum iuuat pio*
*Rigare fletu Cæsarem. Non illum ego*
*Lugere viuus desinam, forsan meis* 40
*Et ipse mox luctum relicturus parem.*
*Sic dura poscunt fata, sic visum Deis :*
*Æuum omne flendo ducitur mortalibus,*
*Miserique luctu continenter mutuo*
*Lugemus aut lugemur omnes in vicem.* 45

## Ad Michaëlem Montanum. (XX)

*Prudentum bona pars, vulgo malè credula, nulli*
*Fidit amicitiæ, nifi quam explorauerit ætas,*
*Et vario cafus luctantem exercuit vfu.*
*At nos iungit amor paulo magis annuus, & qui*
5 *Nil tamen ad fummun reliqui fibi fecit amorem :*
*Fortè inconfultò; fed nec fas dicere, nec fit*
*Quamuis morofè fapiens, cùm nouerit ambos,*
*Et ftudia & mores, qui noftri inquirat in annos*
*Fœderis, & tanto gratus non plaudat amori.*
10 *Nec metus, in celebres ne noftrum nomen amicos*
*Inuideant inferre, finant modò fata, nepotes.*
*Infita ferre negat malum cerafus, nec adoptat*
*Pruna pyrus; non id valeat, pugnantibus vfque*
*Ingeniis, nec longa dies, nec vincere cura.*
15 *Arboribus mox idem aliis haud fegnis adhæfit*
*Surculus, occulto naturæ fœdere; iamque*
*Turgentes coëunt oculi, & communibus ambo*
*Educunt fœtum ftudiis : viget aduena ramus,*
*Et patrium humorem ftirps læta miniftrat, & vltro*
20 *Migrat in externam mutato nomine gentem.*
   *Haud difpar vis eft animorum, hos nulla reuinctos*
*Tempora diffocient, hos nulla adiunxeris arte.*
*Te, Montane, mihi cafus fociauit in omnes*
*Et natura potens, & amoris gratior illex*
25 *Virtus : illa animum fpectata, cupidine formæ,*
*Ducit inexpletum; nec vis præfentior vlla*
*Conciliatque viros & pulchro incendit amore.*
*Ipfe ego virtuti vix vlli affinis, & impar*

*Officiis, tamen hanc fugientem, impenfius vltro*
*Infequor, atque vbiuis vifam complector, amoque.* 30
 *At ne dedecorem vitiis, quam cognita virtus*
*Iunxit amicitiam, ftudio iam totus in hoc fum.*
*Sed minus hic operæ : bona quippe illuftria mentes*
*Anguftæ haud capiunt; morbos patiuntur & acres*
*Parcius : affligunt ita me leuiora, beantque,* 35
*Ad fumma indocilem, tantum mediocribus aptum.*
*At tibi certamen maius, quem fcimus amici*
*Nobilibus vitiis habilem, & virtutibus æquè;*
*Sed tu iam haud dubiè meliora capeffis, eoque*
*Miror victorem, lætor quoque. Cedo libens nunc* 40
*Ipfe tibi; at virtus cùm fe firmauerit æuo,*
*Tum poteris, nec fallit amor, contendere fummis :*
*Tam bona perraro ingeniis fors contigit altis.*
*Ægyptus bona multa creat, mala multa venena.*
*Cliniadem grauis affiduè cùm ambiret amator,* 45
*Cui non inuidit Sapientis nomen Apollo,*
*Quid vidiffe putas? Puer hic aut perdet Athenas*
*Aut ornabit, ait : vis emicat ignea mentis,*
*Oftentans mirum artificem prauique bonique,*
*Quifquis erit : dubium virtuti adducere conor,* 50
*Si valeam expugnare; & adhuc victoria pendet :*
*Surgit læta feges, fed lætior officit herba.*
 *Ergo maturè atque opera maiore valentes*
*Inflectendi animi, & multâ mercede colendi.*
*Quod ni mox puerum monitor nutrice relicta* 55
*Finget, & affiduè patulas purgauerit aures*
*Ante nuces, & charta priufquam oblectet hiantem*
*Picta, & falforum capiant fpectacula regum;*
*Ni melior doctrina ferum turgente iuuenta*

60 *Occupat, illicet; occidit: haud quicquam moror vltra,*
*Quin trahat ad partes docilem infidiofa voluptas,*
*Et teneat victrix fugitiuum & mancipet vfu.*
   *Men' clarum proauis & alumnum diuitis aulæ,*
*Fafcia lactantem quem non nifi byffina vinxit,*
65 *Tot curuum infomni vexare volumina cura?*
*Ignorem folus Venerem, iam grandior? Atqui*
*Ampla domus fumptus & vires fufficit ætas.*
*Hic certè eft, hic vfus opum viridifque iuuentæ.*
*Quin etiam ridet, fed clam, mihi dulce puella,*
70 *Vel cano capiti fpeciofa occafio culpæ.*
*Talia iactanti quis iam moderetur? acerbus*
*Si iurgem vt patruus, fruftra hunc fortaffis & ipfum*
*Me cruciem: ludam vacuus, blandifque ferocem*
*Aggrediar melius. Quod fi nil maius, at illum*
75 *Tantifper potero pronum ad peiora morari:*
*O bone, quando tibi donant peccare licenter*
*Nobilitas & opes, nec egent rectore beati,*
*Non ego fortunæ quæro præfcribere, nec te*
*Sperem aufimue bonis auidum prohibere paratis.*
80 *Sed tamen hæc paucis, ô fœlix, fi vacat, audi,*
*Fermè eadem folitus parafitum audire loquentem:*
*Dulcius an faturo venari, an ludere talis;*
*Hæc an fit potior, num purior illa voluptas?*
*Difpice nunc mecum, tibi quæ tu maxima fingis*
85 *Gaudia, num mera fint: fpecie num credita fallunt*
*Atque intus vitiat labor, & dolor inficit ater?*
   *Primum hoc: te ne pares meretrici an dedere nuptæ?*
*— A nupta aufpicium. — Generofè. Sed mala difce*
*Illæfus ventura, impendentemque laborem.*
90 *Vndique mox luftrandi aditus, & limine in ipfo*

*Sudandum imprimis, atque hinc illincque locandæ*
*Infidiæ. Cuiquam ex famulis fi gratia prima eft,*
*Hanc obferuato, fic ars iubet. Hinc mifer, hinc iam*
*Affuefcefque iugo, atque ancillabere feruæ.*
*Illa quid? emunget properantem; nec minus vltrò* 95
*Sæpè auidum fallet ridens, atque improba ludet.*
*Ventum eft ad dominam: longis ambagibus illa*
*Confumet cupidum, & miferum fpe ducet amantem.*
*Nam quæ tam rudis eft & amandi nefcia, quæ non*
*Calleat & torquere morâ, & terrere repulfâ?* 100
*Tum tibi quid mifero fperas animi fore? geftis*
*Liber inexpenfum geftare onus, vt phaleris &*
*Exfultant manni peregrino murice, nati*
*Seruitium in longum & fæuis parere lupatis.*
*Vin' tu quæ nefcis expertis credere? amantum* 105
*Singultus audi, lamentaque; pulpita quanto*
*Et fcenæ refonant gemitu, quas exprimat ægris*
*Dira Venus voces execratufque Cupido.*
*Res tot nulla elegis, tragico tot nulla cothurno,*
*Argumenta dedit, nifi amor turbaret, vbique* 110
*Luderet; & folo comœdia luget in illo.*
*Cur ita? Quid fentis? nifi multo inclaruit vfu*
*Exemplifque malum, atque in profcenia venit.*
*A Cyclope roga valeat, morbone laboret;*
*Nam certe infanit; ftultè quaffat caput hirtum,* 115
*Ad furdum voces iactat mare, faltat ineptus,*
*Et plorat puerile, vt cùm a nutrice relictum*
*Excitat infantem lemurum pauor. Heus, malè fanum*
*Quis te nunc, Cyclops, agitat furor? Haud furor, inquit,*
*Sed me vexat amor, vehemens Deus. Hoc quoque morbum*
*Arguit: haud fentis cùm te tuus vrgeat error.* 121

*Angit te partus verè tuus; & tamen hunc tu*
*Cœlitibus fratrem, ciuemque afcribis Olympo.*
*Te falfi fpes læta boni, te infcitia veri*
125 *Perdidit; induxit facilem exitiofa libido.*
*Dices: quid Cyclops ad rem? quia nil vetat, inquam,*
*Quin de te hæc olim recinatur fabula, notus*
*Si monitum inuadet furor & derifus in illo.*
*Sed non agnofcis Polyphemum; oculatior illo*
130 *Effe paras, & amore potes fapientius vti.*
*Difplicet ifta tibi perfona? vel indue magnum,*
*Si libet, Alcidem: quem, cum inferuiret amori,*
*Stamina callofâ barbatum vellere dextrâ*
*Conferuæ rifere diu, nifi vatibus eft hic*
135 *Fortè neganda fides. Sed quis non peccat amator*
*Penè eadem, aut iftis minimum diftantia? pendet*
*Ex oculis totus, nutuque mouetur herili;*
*Flet, ridet dominæ arbitrio, gaudetque doletque.*
*Si placuit charæ paffer catulufue puellæ:*
140 *O felix ales, quicum cubat? haud mora, mille*
*Sufficit in verfus catulus pafferque loquaci*
*Stultitiæ. Dic iam: muliebre eft carpere penfa?*
*Quid? fic nugari qualem decet? anne putamus*
*Hæc magis effe viri? Verumtamen hoc quoque quæram*
145 *Qua delirabis mercede? & quæ maneant te*
*Turpis feruitii & lachrymofi præmia belli?*
*Si perftas longum patiens tolerare laborem,*
*Si facere & donare nihil pudet & piget, euge,*
*Tandem magnanimus thalamum expugnabis adulter,*
150 *Et iunges niueo lateri latus. Hoc quoties &*
*Quanto commodius fecit, nulloque periclo,*
*Verna prior? quamuis & pinguis pane fecundo*

*Increuit stabulis, & puluere sordet equino,*
*Libauit spes ille tuas, dominæque pudorem;*
*Et meritò : nutum quippe opportunus ad omnem.* 155
*Nam cur se, censes, tibi subdidit? an quia bellus*
*Atque dicax? nimium hoc : etiam vix vltima causa est.*
*Cur etenim temnatque Deos, famamque, virumque,*
*Secura extremo quid carmine iura minentur*
*Iulia? cur, censes? nisi quod furiosa libido* 160
*Æstuet, impurusque intus desæuiat ardor.*
*Hunc tu, an feruidius solatur durus agaso?*
*Ergo consortem temerati admittere lecti*
*Ne querere, & partes post Dauum ferre secundas.*
*Iure fit, & tritum est. Tantum hoc tibi discrepat ille,* 165
*Quod penus in promptu est, quodque intra limina plenus*
*Nauseat, & cura vacuum præsens Venus explet,*
*Aut onerat magis. Interea tu tempora seruas*
*Peruigil; & captas si qua cardo strepat, & num*
*Exoratus hiet postis, licet ingruat imber,* 170
*Verberet & grando fatuum caput; & modo falli*
*Clamas, mox speras placatus, & anxius instas*
*Pactæ momentis tardè labentibus horæ.*
*Prælucens illinc longè puer excubat; hinc tu*
*Isque redisque auidus : subsannat seruulus ipse,* 175
*Et vix compescit subolens vicinia risum.*

*Mitto quot admissum maneant incommoda, cùm vir*
*Improuisus adest, seu casu, seu mala tentat*
*Suspicio. Præceps noti si denegat vsum*
*Postici reditus, quod restat, conscia nutrix* 180
*Includet cumera, aut pauidum & spirare timentem*
*Quadrupedem angusta componet feruida capsa.*
*Hic captus tineis forex luctabere. Quid si*

*In capsâ est, vxor, guttus quem quærimus, audis,*
185 *Expectans trepidus raphanos vel forsitan optans,*
*Iustius extentum ne sæua nouacula mœchum*
*Euiret, & reliquis caueat positque maritis.*
*Nec tamen idcirco, si qua fortuna reducet*
*Incolumem, sapies : tantum hoc valuere pericla,*
189 *Quod strepitum ad quemcumque tremens & pallidus intras,*
*Expectans dum te castigent verbera. Viuis*
*Iam bis, iamque iterum fortunæ munere : tandem*
*Viue tuo. Quid adhuc respectas? Alligat esca,*
*Atque a vermiculo nunquam exterrebere, donec*
195 *Præda vorax toties elusis pendeat hamis.*
*Ergo age, nilne mouent tot tantaque? Sentio, tecum*
*Iamdudum fremis, & tibi mens immurmurat intus :*
  *Postquam me prohibes matronam tangere, saltem*
*Quod superest vnum, scortabor, te duce. — Mene?*
200 *Quære alium : non his ego sum, ne dixeris, author.*
*Non ego te vetitæ abductum de limine nuptæ*
*Inuitem lustro, aut quæram intrusisse popinæ.*
*Non modò vix diræ seruatum ex ore leœnæ*
*Sustineam abiecisse lupæ. Cur dicta malignè*
205 *In peius rapis? officiunt nil nomina, sed res.*
*Tu mala desultim te iactas in noua : dextrum vt*
*Expedias si fortè pedem, grauet inde sinistrum*
*Alta palus, recidens cœno immerseris eodem.*
*Quid? nisi mœcharis, scortari tene necesse est?*
210 *Anne tibi, nisi turpe, placet nihil? Vsque adeone*
*Et prurit sola & iuuat interdicta voluptas?*
  *Cùm te iura vocent ad iusti fœdera lecti,*
*Inuitet natura parens, & præmia ponat*
*Libera cum primis & duri pura laboris*

*Gaudia, tum dulces, gratiſſima pignora natos;* 215
*Tu tamen his demens quæris peccare reliĉtis,*
*Legibus infenſus, naturæ, diſque, tibique.*
*Si mœchæ deſunt, inſanis Thaide. Cur hoc?*
*Cur niſi quod vetitum eſt? niſi quod re dulcior ipſa eſt*
*Culpa tibi, gratumque nihil ſine crimine noſti?* 220
*Coniugis at durum eſt, & blandum nomen amicæ.*
*Coniugis? & cuius? propriæ tantummodo. Namque*
*Cùm peccas, aliena tibi non diſplicet vxor.*
*Stulte, foris dominam, modò quæ ſit adultera, perfers;*
*Ferre domi ſociam fugis, & ſolennia certi* 225
*Iura tori. Verum hæc aliàs. Nunc quærere pergo*
*Quid mœchæ præſtet meretrix: ſi paucula demas,*
*Et fortuna eadem, & ratio eſt communis amandi,*
*Par labor & ſtudium, nihilòque remiſſior æſtus;*
*Fama premit grauior, cùm limen perditus intras* 230
*Omnibus & vappis tritum & nebulonibus, & quos*
*Traducit tonſtrina loquax furnuſque nepotes.*
*Iam quotus haud nupta leuius meretricibus ardet?*
*Rarior hæc vt ſit, meretrix eſt doĉtior: vſus*
*Plus habet, & locat inſidias inſtruĉtius; angit* 235
*Callidius, curaſque ciet mollitque calentem,*
*Et regit & multâ veteratrix temperat arte.*
*Quin vbi te indueris ſponte arĉta in vincula, quæres*
*Qua propriam efficias, nihilo ſapientior ac ſi*
*Præcipuum Lybici quiſquam maris arroget vſum.* 240
*Atqui nec metus hic, ſua nec diſcrimina deſunt.*
*Cui præbebit enim ſecurum perfida ſomnum*
*Et famoſa domus, nullique patens, niſi qui rem*
*Perdidit ingluuie aut feſtinat perdere? Quid iam*
*Enumerem, quoties riualis rixa, quibuſque* 245

*Grande malum dederit? Luit hic pede cæsus; at illum*
*Semianimem pueri referunt : hic lumine læuo*
*Excussus redit; huic redeunti, in limine, guttur*
*Prærepta pro nocte furens transfixit amator.*
250 *Persæpe offensi leuius doluere mariti.*
*Edit & hìc monumenta sui Venus, edit & illìc.*
*Adde malum, quo nec grauius nec certius vllum,*
*Nota lues, Italis si credis, Gallica : sed nos*
*Et nomenque & rem Italiæ concedimus æqui.*
255 *Huius nulla quidem fuga; ne sperauis : vnum*
*Hoc age, te vt redimas minimo; primumque podagra*
*Si potes, hoc paruum est; seu mauis vlcere putri*
*Aut pedis, aut suræ, aut oculis, nasoue pacisci.*
*Quippe hæc haud raro concurrunt omnia : felix*
260 *Cui tantum alterutrum restauerit. Et tamen vt sic*
*Quacumque effugias, alte succinctus inunctum*
*Torrebit flammis medicus, penitusque requiret*
*Igne mali latebras; nequidquam : nam modò pelle*
*Exuta, erumpes serpens nouus; altera saxa*
265 *Quæres rursus vbi impingas, quia tetrior hæret*
*Quæ nec cum scabie queat exsudare libido.*

*Hæc cum sint, grauiora etiam, quæ dicere longum est,*
*Perpetienda tibi, confer iam dulcia : quam non*
*Et leuis, & parua est, & denique nulla voluptas?*
270 *Quantulum in hac suaue est quod poscimus? interit vna*
*Exoriens : dicto citius fugitiua, fruentem*
*Deserit; eripuit sensum volucris fuga : certè*
*Aut fuit, aut veniet; nihil est præsentis in illa.*
*Ante labor, post hæc fastidia : mox redit idem*
275 *Indomitus furor, atque iterumque iterumque recurrit*
*Irritus, adlatratque epulis, & pabula nota*

*Appetit, illectus vanis & imagine falsa.*
*Nam quæ titillant tam momentanea sensus,*
*Tamque exili animum perfundunt rore, quid illa*
*Nos facimus tanti? Contra qui plurimus ambit*    280
*Et circumuallat late dolor altus, & acres*
*Infigit morsus, hunc temnimus, & mala læui*
*Dissimulamus, vixque etiam sentire fatemur?*
*Morbus, ne dubita, morbus. Cui fœtida olebunt*
*Suauiter, aut dulcem referent abſynthia succum,*   285
*Hic num sanus erit? ni fallor, non magis ac cui*
*Nil dulce est. Neuter gratis discernit amara;*
*Et peccant ambo pariter, sed dispare morbo*
*Affectis stomachis, & desipiente palato.*
*Quo magis erroris, quem nos adsciscimus ipsi,*    290
*Naturam, immemores gnati, causamur iniquè,*
*Tanquam nos aliquam in fraudem pellexerit : atqui*
*Ingenitam si vim sequimur, studiosius illa*
*Vitat quæ lædunt, quam delectantia curat;*
*Nec sic lætitia, quanquam est cumulata, mouemur,*   295
*Vt vel tristitia mediocri offendimur. Vrit*
*In cute vix summa violatum plagula corpus,*
*Quando valere nihil quemquam mouet. Hoc iuuat vnum*
*Quod me non torquet latus aut pes : cætera quisquam*
*Vix queat & sanum sese & sentire valentem.*    300

 *Vnde igitur miseris iucundè viuere? quidue*
*Constanter purèque dabit gaudere? nihilne est*
*Tristia quod vitæ permistum condiat? immo*
*Virtus, deliciæ veræ, Charis ipsa, merum mel,*
*Sed tantum sapienti, ex sese, qui sine fuco*    305
*Introrsus verum diiudicat, & neque vulgi*
*Rem mandare fabis, nec cæcæ sustinet vrnæ.*

*Aut nihil eſt fœlix vſquam, aut præſtare beatum*
*Sola poteſt virtus. Sola hæc, quo gaudeat, in ſe*
310 *Semper habet, bene præteriti ſibi conſcia, forti*
*Quæcumque eſt præſenti æqua, & ſecura futuræ.*
*Indiga nullius, ſibi tota innititur : extra*
*Nil cupit aut metuit, nullo violabilis ictu,*
*Sublimis, recta, & ſtabilis, ſeu pauperiem, ſeu*
315 *Exilium, mortemue vehit currens rota, rerum*
*Inſanos ſpectat, media atque immobilis, æſtus.*
*Huc atque huc fortuna furens ruit : illa ſuis ſe*
*Exercet læta officiis, ſecum bona verè.*
*Tuta fruens, ipſoque ſui fit ditior vſu.*
320 *O mihi ſi liceat tantos decerpere fructus,*
*Si liceat, Montane, tibi! Experiamur vterque :*
*Quod ni habitis potiemur, at immoriamur habendis!*

## In tumulum Martialis Belotii, patris. *(XXI)*
## Belotius ad natos ſuperſtites.

*De me ſecuri, fœlices viuite, nati,*
    *Nil iam quod pietas veſtra queratur habet.*
*Teque adeo, lati decorat quem purpura claui,*
    *Flere, valent ſi quid iuſſa paterna, veto.*
5 *Quo vitam ſaturo? centum compleuimus annos :*
    *Hoc ſatis, aut cuiquam quid ſatis eſſe poteſt?*
*Credite, præterito primi iam limite ſecli,*
    *Dixi : confectum num renouatur iter?*
*Quàm timui emeritus ne longa recurreret ætas,*
10     *Vita foret fracto neu repetenda mihi!*
*Sat vixiſſe ſemel : iamdudum feſſa maligno*
    *Pollice prolixum Parca trahebat opus.*

*Quin ego, ceu carpens tua tempora, nate, verebar*
*Hæc tibi ne poſſent adnumerare Dei.*
*Non mea vita fuit iuſtum quæ exceſſerat æuum :*
*Quæ tibi nunc vegeto viuitur illa mea eſt.* 15

(XXII)          In tumulum Francifci Ouifii.

*Quantus erat quem claudit humus, ne quærite de me;*
*Res me multa iubet dicere, pauca dolor.*
*Illius & viui laudes tentauimus olim :*
*Copia tunc vetuit, nunc etiam lachrymæ.*
*Quantus erat, fœuo melius dicetur ab hoſte :* 5
*Cætera ſit mendax, hîc adhibenda fides.*
*Aggreſſus patriam crudeli exfcindere ferro,*
*Inferre & ſuperis impia bella Deis,*
*Hunc petit inſidiis, petit hunc ex omnibus vnum.*
*Quid, niſi quod res eſt, viſus & ipſe loqui?* 10
*Hoc viuo, fateor, patriam ſpes vincere nulla eſt,*
*Extincto, ſpes eſt & ſuperare Deos.*

(XXIII)          In malum librum Clinici de febribus.

*Iſthæc, non mihi, ſed febriculoſis,*
*Vilis pharmaca putida officinæ*
*Serua, lucifuga recens libelle,*
*Sculpto nunc etiam calens ab ære,*
*Vnum ſed mihi, nam libet iocari,* 5
*Narra quam ſibi plauderet beatus*
*Cùm te criſpulus exarabat author,*
*Qui ſe deperit impotente amore.*
*Nam bis hunc mihi contigit videre,*

*Et sanè memini videre nusquam*
*Quicquam dignius omnibus cachinnis,*
*Vt se suspicit infacetus, vtque,*
*Admirans sua solus, ipse toto*
*Late futilis intumescit vtre!*
    *Hoc nobis agedum refer libelle;*
*Nam scis insipido tuo parenti,*
*Quo te tempore parturibat, intus*
*Imum gaudia permeasse pectus.*
*Non ille immeritos momordit vngues,*
*Non te sustinuit semel vel vna*
*Lenis cernere saucium litura.*
*Sed cum iam vndique funderet figuras,*
*Aiunt lumina sustulisse cœlo,*
*Et secum: solidæ nec ipse posco*
*Hoc tantum mihi laudis, inquit; a me*
*Fastus sit procul insolentiorum:*
*Gratias tibi maximas, Apollo,*
*Et vobis quoque maximas, Camœnæ,*
*Hæc tam grandia quæ mihi annuistis!*

### Io. Aurati de Androgyno & Senatu semestri. (XXIV)

*Mortale quondam Iuppiter genus fingens,*
*(Hermaphroditus si Platonis est verax)*
*Maremque feminamque fecerat iunctos,*
*Numeris haberet vt suis opus plenum,*
*Pedes quaternos & quaterna qui crura,*
*Totidem lacertos, & pares illis palmas*
*Gererent: sed inde mentis insolens fastus*

*Recens creatis in Iouem rebellandi*
*Inceſſit, eſſe cùm ſe cernerent tales,*
*Auctuque tanto corporum gemellorum.* 10
*Iratus ergo Iuppiter, coerceret*
*Nimiam ferocis vt ſuperbiam gentis,*
*Diuiſit illos, atque ſingulos, quales*
*Hodie videmus, ſegregauit in partes*
*Per vmbilicos, more quos crumenarum* 15
*Mox ſtringit in paruumque collegit nodum:*
*Interminatus, ſi ſuperbiant vltra,*
*Fore ſingulos vt denuo retruncaret*
*Partes in ambas, ſic vt inſtar Empuſæ,*
*Pedibuſque cruribuſque ſingulis nixi,* 20
*Ioue ſe minores & diis faterentur.*

*Sic acta tum res, acta ſi modò eſt vnquam;*
*Præſens ſed illam comprobauit exemplum:*
*Nam nuper & Rex Præſides ſuos cernens*
*Omneſque Conſiliarios Palatinos,* 25
*Ferocientes integro quod anno ius*
*Darent, habentes continenter in plebem*
*Bis ſex per orbes menſtruos poteſtatem,*
*Diuiſit illos; deque ſingulis, binos*
*Fecit ſedere, iudiceſque ſemeſtres* 30
*Sexto viciſſim quoque menſe præcepit:*
*Ita gens ferocior prius, ſuos faſtus*
*Flatuſque minuit Principis cati cura.*
*Quod ſi ſuperbe, ſi inſolenter vltra ſe*
*Gerant, verendum diuidantur vt rurſus,* 35
*Nomineque cum re ſæpius diminuto,*
*Tandem trimeſtres, forte ſeſquimeſtreſue*
*Dein vocentur, menſtruique ad extremum;*

*Nouæque Lunæ cum nouo magistratu*
40 *Redeant, & olim dictitetur vrbanè:*
*Vt luna menses, sic regit magistratus.*


## Authoris responsio. (XXV)

*Iouis illa vere, vere erat Iouis manus,*
*Quæ cùm gemellum solueret quondam genus,*
*A feminis hac arte distinxit virum,*
*Dimidius vt sit, & sit integer tamen.*
5 *Sic deminuto scilicet deest nihil,*
*Vt sit quod olim dixit Ascræus senex,*
*Plus esse partem sæpè quam totum suum.*
*Fuere, credo, non leues causæ Ioui,*
*Seu pigrum inepti ponderis leuans onus,*
10 *Sua expediuit membra singulis secans;*
*Seu colligatos impudenter fœminis*
*Non esse vidit masculos satis mares;*
*Siue is veternum turpe gentis non ferens,*
*Sub iura duri compulit Cupidinis,*
15 *Amoris arcens desidis fastidia:*
*Hæc cogitasse dixerim summum Iouem,*
*Cùm pro gemella gente singulos daret.*
*At de Senatu Celtico, vel cuilibet*
*Videre promptum est, ille quid iam viderit,*
20 *Discreuit horis quisquis hunc semestribus.*
*Nam cùm Senatum soluit in partes duas,*
*Miro has reuinxit artifex mirus modo:*
*Hæc cessat, illa agit; illa cessat, hæc agit,*
*Rursusque cessat: sic sibi præstant vices,*
25 *Et huius otium illius facit labor.*

Quippe a labore nulla si datur quies,
Animi fatiscunt languidi, atque nulla mens
Irrecreata sufficit laboribus.
Sic nunc laborem alternat otiumque, & lœtius
Noualis ordo Iudicum in dies viget. 30
Non, Iane, sic tu, Hermaphroditum qui putas
Mulctasse corpore altero iratum Iouem,
Pœnas refectus vt daret superbiœ;
Pariter Senatum dicis in partes duas
Truncasse regem, sic vt ordo iam lacer 35
Monitusque damno ponat insolentiam.
Quod si in gemellis illa mens erat Iouis
Quod mitiores singulos duxit fore,
Nil egit ille nilque præstitit secans;
  Disseminauit latius ferum genus, 40
Nec tunc inaucta constitit superbiâ.
Putata creuit, iamque nullus est modus;
Fuere quippe singuli Lycaones,
Nec defuere singuli Salmonees:
Et quid iam inausum singuli relinquimus? 45
Certè gemellos vincimus superbiâ;
Nec nos ob illud Iuppiter subdiuidit.
Num fabricatur semimasculos mares?
Suoue nunquid destinatos muneri
Decurtat artus? Integrum seruat genus, 50
Aptamque formam; nec de tot sæclis adhuc
Est, Iane, quisquam similis Empusæ tuæ.
At tu minaris insuper posthac fore,
Vt si Senatus amplius superbiat,
Faciat bimestrem forte Rex vel menstruum. 55
Sed heus, quid audes, Iane? quid tentas miser?

*Regem monendo non minus doces Iouem,*
*Vt singulorum subsecet rursum genus.*
*Qui si probarit, Iane, commentum tuum,*
60 *Si nos secabit pro modo superbiæ,*
*Quantilla nostrûm quisque pars erit sui?*


### In cenotaphium (XXVI)
### Io. Bironis capti ad Sanquantinum apud Sequanos,
### in carcere,
### sæuitiâ Mansfeldi comitis, interempti.

*Vixisti, memorande Biro, mea gloria: sed dum*
  *Seruabant patriæ te tua fata tuæ,*
*Pacis amans, bellique potens; nunc lumine cassus*
  *Auges Elysios, nobilis vmbra, choros.*
5 *Millibus in mediis pugnantem tradidit hosti*
  *Laurenti nostro sanguine nota dies.*
*Non impune tulit sedenim, sic credere fas est,*
  *Sperauit tantum quisquis habere decus.*
*Nobilis huic cessit, sed non sine vulnere, præda,*
10  *Nec gratis vicit, quodque queratur habet.*
*Te captum tetro damnauit carcere Mansfeld,*
  *Et docuit fortes vincula ferre manus:*
*Illustris turpes anima indignata catenas*
  *Aufugit, & Stygias libera tranat aquas,*
15 *Multa minans, populisque fugam, cladémque Philippo,*
  *Et sibi Mansfeldi sanguine iusta petens.*
*Forsan vix humilem, non iusto funere, cippum*
  *Nunc habet in Flandra grande cadauer humo:*
*Spero quidem, haud vanum Flandris immitibus omen,*
20  *Hanc modò quod terram tam grauis hostis habet.*

*Non sibi fœmineis petit hic solennia pompis*
*Funera, non lachrymas, inclite nate, tuas:*
*Henricum vocat vltorem, qui mixta triumphis*
*Per domitos populos funera ducat ouans.*
*Augeat hic tumulum spoliis bustumque ruinis,* 25
*Et victam cineri largius addat humum.*
*Hæc sibi nunc sperat duris solatia vinclis,*
*Hæc sibi pro diro carcere dona petit.*
*Iamque ipse ingratum tumulum implacabilis vrget*
*Hostis, & inuisam pondere vexat humum.* 30
*At tu crudelis, poteras parsisse Bironi,*
*O Mansfeld, cuiquam parcere si poteras.*
*Non te nota viri pietas, non gratia linguæ*
*Flexit, non bello nobilitata manus,*
*Non placidi mores, viridis non cana senectæ* 35
*Consilia, & proprio sanguine partus honor:*
*Gallorum non hostis eras non ergo Bironis,*
*Barbare, virtutis verius hostis eras.*

(XXVII) De morte
Borbonii marchionis de Beaupreau.

*Luxisti toties, iam perfice, Gallia: talem*
*Materiam lachrymis non dabit vlla dies.*
*Vix toto regum duo funera vidimus anno;*
*En mox Augustæ tertia damna domus.*
*Occidit heu diuum sanguis, puer; occidit, in quo* 5
*Quod totus merito lugeat orbis habet.*
*Iam vir consilio, iam canus moribus: vna,*
*Cur posses puerum dicere, forma fuit.*
*Cur donant quæ mox repetant, lugendaque terris*

    10   *Ostentant raptim gaudia falsa Dei?*
*An quia vel vidisse sat est: mediocribus vti*
   *Sorte datum nobis; maxima numen habet?*

### Ad Iulium Cæsarem Scaligerum.    (XXVIII)

*Quam recte iambi claudicant tui, Cæsar!*
*Agnosco Iulium, atque Iulios versus.*
*Quis namque circa res sit vnicas error?*
*Agnosco vix me in versibus tuis, Iuli,*
5   *Interpolatum mirè laudibus tantis.*
*At noster huius insolens pudor laudis*
*Videt quod in me conscius tibi gaudes*
*Potente versu æquare grandibus parua.*
*Ergo tibine, quod meas canis laudes*
10  *Placere tantum, blandiens mihi, credam*
*Leues phalæcos debilesue scazontas?*
*Imo rubori consulam magis nostro,*
*Dicamque nostros, si tibi placent, versus*
*Donum fuisse Brassaci tui, teque*
15  *Dedisse danti laudes quas dabas dono.*
*Sic cui iuuenta turget feruida in venis*
*Amor, sua quem blandus arte pellexit,*
*Nunc regnat imo in corde perfidus victor:*
*Huic si papauer forte legit in sertum*
20  *Iocans puella, liliumque plebeium,*
*Vilemque strinxit gallica thymum nardo,*
*Stupet beatus & fouet suos ignes,*
*Formamque amatam suauiatur in serto,*
*Sibique gestit, floreo potens dono,*
25  *Nec supra amomum nec supra rosas parcet*

*Efferre laude, forsitanque sic olim*
*Bacchus corollam Gnosiam intulit cœlo:*
*Sic tu (fatere), quod meas canis laudes,*
*Iuli, dedisti Præsidi meas laudes,*
*Iuli, dedisti Præsidis mihi laudes.* 30

# Vers François de feu
ESTIENNE DE LA BOETIE
Conseiller du Roy en sa
Cour de Parlement
à Bordeaux.

A PARIS.
Par Federic Morel Imprimeur du Roy.
M. D. LXXI.
AVEC PRIVILEGE.

*A MONSIEVR*

## MONSIEVR DE FOIX

*CONSEILLER DV ROY
EN SON CONSEIL PRIVÉ, ET AMBASSADEVR
DE SA MAIESTÉ
PRÉS LA SEIGNEVRIE DE VENISE.*

MONSIEVR, eſtant à meſme de vous recommander & à la poſterité la memoire de feu Eſtienne de la Boëtie, tant pour ſon extreme valeur que pour la ſinguliere affection qu'il me portoit, il m'eſt tombé en fantaiſie, combien c'eſtoit vne indiſcretion de grande conſequence & digne de la coërtion de nos loix, d'aller, comme il ſe faict ordinairement, deſrobant à la vertu la gloire, ſa fidelle compaigne, pour en eſtrener, ſans chois & ſans iugement, le premier venu, ſelon nos intereſts particuliers : veu que les deux reſnes principales qui nous guident & tiennent en office, ſont la Peine & la Recompenſe, qui ne nous touchent proprement, & comme hommes, que par l'honneur & la honte, d'autant que celles icy donnent droittement à l'ame, & ne ſe gouſtent que par les ſentimens interieurs & plus noſtres : là où les beſtes meſmes ſe voyent aucunement capables de toute autre recompenſe & peine corporelle. En oultre, il eſt bon à veoir que la couſtume de louer la vertu, meſme de ceulx qui ne ſont plus, ne viſe pas à eulx, ains qu'elle fait eſtat d'aiguillonner par ce moien les viuans à les imiter : comme les derniers chaſtiemens ſont employez par la Iuſtice plus pour l'exemple, que pour l'intereſt de ceulx qui les ſouffrent. Or le louer & le meſlouer ſ'entrereſpondents de ſi pareille conſequence, il eſt malaiſé à ſauuer,

que nos loix defendent offenser la reputation d'autruy, &
ce neantmoins permettent de l'annoblir sans merite. Ceste
pernicieuse licence de ietter ainsi, à nostre poste, au vent
les louanges d'vn chascun, a esté autrefois diuersement
restreinte ailleurs; voire à l'aduenture aida elle iadis à
mestre la poësie en la malegrace des Sages. Quoy qu'il en
soit, au moins ne se sçauroit on couurir que le vice du
mentir n'y apparoisse tousiours tresmesseant à vn homme
bien né, quelque visage qu'on luy donne. Quant à ce personnage de qui ie vous parle, Monsieur, il m'enuoye bien
loing de ces termes, car le danger n'est pas que ie luy en
preste quelqu'vne, mais que ie luy en oste; & son malheur
porte que, comme il m'a fourny, autant qu'homme puisse,
de tresiustes & tresapparentes occasions de louange, i'ay
bien aussi peu de moien & de suffisance pour le luy rendre :
ie dy moy, à qui seul il s'est communiqué iusques au vif
& qui seul puis respondre d'vn million de graces, de perfections & de vertus qui moisirent oisifues au giron d'vne
si belle ame, mercy à l'ingratitude de sa fortune. Car la
nature des choses aiant, ie ne sçay comment, permis que
la verité, pour belle & acceptable qu'elle soit d'elle mesme,
si ne l'ambrassons nous qu'infuse & insinuee en nostre
creance par les outils de la persuasion, ie me treuue si
fort desgarny & de credit pour authoriser mon simple
tesmoignage, & d'eloquence pour l'enrichir & le faire
valoir, qu'à peu a il tenu que ie n'aye quitté là tout ce
soing, ne me restant pas seulement du sien par où dignement ie puisse presenter au monde au moins son esprit
& son sçauoir. De vray, Monsieur, aiant esté surpris de sa
destinee en la fleur de son aage, & dans le train d'vne
tresheureuse & tresuigoureuse santé, il n'auoit pensé à
rien moins qu'à mettre au iour des ouurages qui deussent
tesmoigner à la posterité quel il estoit en cela. Et à l'aduenture estoit il assez braue, quand il y eust pensé, pour
n'en estre pas fort curieux. Mais en fin i'ai prins party
qu'il seroit bien plus excusable à luy d'auoir enseuely
auec soy tant de rares faueurs du ciel, qu'il ne seroit à
moy d'enseuelir encore la cognoissance qu'il m'en auoit

donnee. Et pourtant aiant curieusement recueilly tout ce que i'ay trouué d'entier parmy ses brouillars & papiers espars çà & là, le iouët du vent & de ses estudes, il m'a semblé bon, quoy que ce fust, de le distribuer & de le departir en autant de pieces que i'ay peu, pour de là prendre occasion de recommander sa memoire à d'autant plus de gents, choisissant les plus apparentes & dignes personnes de ma cognoissance & desquelles le tesmoignage luy puisse estre le plus honorable. Comme vous, Monsieur, qui de vous mesmes pouuez auoir eu quelque cognoissance de luy pendant sa vie, mais certes bien legiere pour en discourir la grandeur de son entiere valeur. La posterité le croira si bon luy semble, mais ie luy iure, sur tout ce que i'ay de conscience, l'auoir sceu & veu tel, tout consideré, qu'à peine par souhait & imagination pouuois ie monter au delà, tant s'en fault que ie luy donne beaucoup de compagnons. Ie vous supplie treshumblement, Monsieur, non seulement prendre la generale protection de son nom, mais encore de ces dix ou douze Vers françois qui se iettent comme par necessité à l'abri de vostre faueur. Car ie ne vous celeray pas que la publication n'en ayt esté differee apres le reste de ses œuures, soubs couleur de ce que, par de là, on ne les trouuoit pas assez limez pour estre mis en lumiere. Vous verrez, Monsieur, ce qui en est ; & par ce qu'il semble que ce iugement regarde l'interest de tout ce quartier ici, d'où ils pensent qu'il ne puisse rien partir en vulgaire qui ne sente le sauuage & la barbarie, c'est proprement vostre charge, qui, au reng de la premiere maison de Guyenne, receu de vos ancestres, auez adiousté du vostre le premier reng encore en toute façon de suffisance, maintenir non seulement par vostre exemple, mais aussi par l'authorité de vostre tesmoignage, qu'il n'en va pas tousiours ainsi. Et ores que le faire soit plus naturel aux Gascons que le dire, si est ce qu'ils s'arment quelquefois autant de la langue que du bras, & de l'esprit que du cœur. De ma part, Monsieur, ce n'est pas mon gibbier de iuger de telles choses, mais i'ay ouy dire à personnes qui s'entendent en sçauoir, que ces vers sont non seulement dignes de se presenter en place marchande ; mais d'auantage, qui s'arrestera à la beauté & richesse des inuentions, qu'ils sont, pour le subiect, autant charnus, pleins & moëlleux, qu'il s'en soit encore veu en nostre langue. Naturellement chasque ouurier se sent plus roide en certaine partie de son art, & les plus heureux sont ceulx qui se sont empoignez à la plus noble : car toutes pieces esgalement necessaires au bastiment d'vn corps ne sont pas pourtant esgalement prisables. La mignardise du langage, la douceur & la polissure reluisent à l'aduenture plus en quelques autres ; mais en gentillesse d'imaginations, en nombre de saillies, pointes & traicts, ie ne pense point que nuls autres leur passent deuant. Et si fauldroit il encore venir en composition de ce que ce n'estoit ny son occupation, ny son estude, & qu'à peine au bout de chasque an mettoit il vne fois la main à la plume, tesmoing ce peu qu'il nous en reste de toute sa vie. Car vous voyez, Monsieur, vert & sec, tout ce qui m'en est venu entre mains, sans chois & sans triage, en maniere qu'il y en a de ceulx mesmes de son enfance. Somme, il semble qu'il ne s'en meslast, que pour dire qu'il estoit capable de tout faire. Car au reste, mille & mille fois, voire en ses propos ordinaires, auons nous veu partir de luy choses plus dignes d'estre sçeuës, plus dignes d'estre admirees. Voila, Monsieur, ce que la raison & l'affection, iointes ensemble par vn rare rencontre, me commandent vous dire de ce grand homme de bien ; & si la priuaulté que i'ay prise de m'en addresser à vous, & de vous en entretenir si longuement, vous offense, il vous souuiendra, s'il vous plaist, que le principal effect de la grandeur & de l'eminence, c'est de vous ietter en butte à l'importunité & besongnement des affaires d'autruy. Sur ce, apres vous auoir presenté ma treshumble affection à vostre seruice, ie supplie Dieu vous donner, Monsieur, tresheureuse & longue vie.

De Montaigne, ce premier de Septembre, mil cinq cens soixante & dix.

Vostre obeïssant seruiteur,
MICHEL DE MONTAIGNE.

# VERS FRANÇOIS

### DE FEV E. DE LA BOËTIE
CONSEILLER DV ROY EN SA COVR DE PARLEMENT
A BORDEAVX

---

*A MARGVERITE DE CARLE*

*Sur la traduction des plaintes de Bradamant,
au XXXII<sup>e</sup> chant de LOYS ARIOSTE.*

    IAMAIS plaiſir ie n'ay pris à changer
    En noſtre langue aucun œuure eſtranger :
    Car à tourner d'vne langue eſtrangere,
    La peine eſt grande & la gloire eſt legere.
5   I'ayme trop mieux de moymeſmes eſcrire
    Quelque eſcript mien, encore qu'il ſoit pire.
    Si mal i'eſcris n'ayant prins de perſonne,
    A nul qu'à moy le blaſme ie n'en donne.
    Si i'ay honneur à cela que i'inuente,
10  De ceſt honneur tout mien ie me contente :
    Car de mes vers quelque honneur qui me vienne,
    Prou grande elle eſt, puis qu'elle eſt toute mienne.
    Vn bien tout clair ie l'aime d'auantage,
    Que ie ne fais vn grand bien en partage.
15  Auſſi, pour vray, d'vn ouurage viré,

Quel grand honneur en peut eſtre tiré?
Le traducteur ne donne à ſon ouurage
Rien qui ſoit ſien que le ſimple langage :
Que mainte nuict deſſus le liure il ſonge,
Et depité les ongles il ſ'en ronge :            20
Qu'vn vers rebelle il ait cent fois changé,
Et en traſſant le papier outragé;
Qu'il perde apres mainte bonne iournee,
C'eſt meſme corps, mais la robbe eſt tournee :
Touſiours l'autheur vers ſoy la gloire ameine,  25
Et le tourneur n'en retient que la peine.

D'vn œuure beau la louange en eſt deuë
A qui l'a fait, non pas qui le remue.
D'vn grand palais, celuy qui le deuiſe,
C'eſt des ouuriers celuy là que l'on priſe.     30
  Où peult aſſeoir d'auoir ſa recompenſe
Le traducteur malheureux ſa fiance?
A ſes eſcripts le ſçauant ne prend garde,
Fors qu'en paſſant, au moins ſ'il les regarde,
Soigneux d'auoir la cognoiſſance entiere,       35
Et voir la choſe en ſa forme premiere :
L'ignorant ſeul ſes eſcripts pourra veoir :
Mais quel honneur en pourroït il auoir?
Iamais en rien d'vn ignorant l'eſtime
Ne fut honneur ny gloire legitime.              40
Il ne ſçauroit faire honneur à perſonne :
Car qui n'en a, à nul autre n'en donne.
  Bien a celuy le courage abbattu,
Qui n'attend rien de ſa propre vertu;
Bien a vrayment celuy peu de ſageſſe,           45
Du bien d'autruy qui ſe fait ſa richeſſe.

Donc qu'à trouuer de foymefme on fe range,
Si l'on a faim de la belle louange.
Qu'on f'auanture & qu'on fe mette en lice,
50 Qu'en mille nuicts quelque œuure l'on poliffe,
Quelque œuure grand qui defende fa vie,
Maugré la dent du temps & de l'enuie.
Nous efpargnons pareffeux nos efprits;
Et voulons part à la gloire du pris.
55 L'vn dit qu'il faut qu'on quitte l'auantage
D'inuenter bien à ceux du premier aage;
Que les premiers bienheureux f'auancerent,
Et que du ieu le pris ils emporterent :
Si que par eulx la palme ià gaignee
60 A nul meshuy ne peult eftre donnee,
Et deformais que fa peine on doit plaindre,
A fuiure ceux que l'on ne peut attaindre.
L'autre fe plaint qu'en la fource tarie
Ores on tire à grand'peine la lie,
65 Et ne croit pas que grand profit on face
A labourer vne terre fi laffe :
Quand tout eft prins, qu'il fe faut contenter,
Si l'on n'en a, d'en pouuoir emprunter;
Que les premiers en la faifon meilleure
70 Feirent foigneux la moiffon de bonne heure,
Et à l'enuy prinrent la cruche pleine
Dans le furjon de la neufue fontaine :
Nous tard venus en ce temps mal-heureux,
Faifons en vain la recherche apres eulx.
75 Mais moy ie croy que cefte plainte vaine,
Ne vient pour vray que de craindre la peine :
Car pour certain iamais aux fiens la Mufe

Quelque chanfon nouuelle ne refufe.
Encor qu'Homere eft le premier conté,
Et qu'au plus haut fur fa palme monté, 80
Bas deffoubs foy les autres il regarde,
De f'arrefter les autres n'ont eu garde.
Encor' depuis le berger de Sicile
Trouua que dire, & encore Virgile
A bien depuis de fes rames menee 85
Par tant de flots la nauire d'Enee.

Quand plus d'vn pris à la courfe l'on met,
Chafcun le grand, au partir, fe promet;
Mais puis f'on voit que quelqu'vn fortuné
En bien courant le premier f'eft donné, 90
Nul pour cela fa courfe ne retire,
Mais l'autre pris autant ou plus le tire.
Heureux celuy que le premier on conte :
Mais qui ne l'eft, ne doit point auoir honte.
Il faut qu'auoir de l'honneur il f'attende 95
Quelque autre part, puis qu'il n'a la plus grande.
L'honneur n'a point de fi derniere place,
Que des plus grands defirer ne fe face.

Or eft ce bien vn grand abus, f'on cuide
Que d'inuenter la fontaine foit vuide. 100
De voir le fond on ne doit prefumer
De noftre efprit, ny le fond de la mer.
Des grands difcours la femence infinie
D'œuure nouueau pour iamais eft fournie.
Noftre efprit prend en fa fource eternelle 105
Or vne chofe, or vne autre nouuelle :
Or cefte cy, or cefte là il treuue,
Et puis encor vne autre toute neufue.

Ainſi voit l'on en vn ruiſſeau coulant
110 Sans fin l'vne eau apres l'autre coulant;
Et tout de rang d'vn eternel conduit,
L'vne fuit l'autre, & l'vne l'autre fuit :
Par ceſte cy celle là eſt pouſſee,
Et ceſte cy par vne autre auancee :
115 Touſiours l'eau va dans l'eau, & touſiours eſt-ce
Meſme ruiſſeau, & touſiours eau diuerſe.
Certes celuy que la Muſe amiable
Voit en naiſſant d'vn regard fauorable,
Si mille & mille auant luy ont chanté
120 Ce qui luy eſt à chanter preſenté,
La meſme choſe encore il chantera,
Et ſa chanſon toute neufue fera :
Si en vn lieu apres pluſieurs il paſſe,
En y paſſant il efface la trace.
125 Touſiours depuis que la voye eſt tracee,
Plus on y paſſe & plus elle eſt aiſee.
Doncques ie croy qu'il ne faut iamais craindre
Que d'inuenter le fons on puiſſe attaindre.
Ainſi ie n'ay onq aymé de changer
130 En noſtre langue aucun œuure eſtranger,
Et i'ayme mieux de moymeſmes eſcrire
Quelque œuure mien, encore qu'il ſoit pire.
Et quelquefois, ô ma grand' Marguerite,
Si ie traduis, ma plume ſ'en dépite,
135 D'eſtre aſſeruie à tourner vn ouürage,
Qui n'eſt pas mien, en quelque autre langage.
Mais à ce coup, par ton commandement,
Ie t'ay tourné le deuil de Bradamant :
Bien qu'à tourner ma Muſe ſoit craintiue,

Quand tu le veux, fi faut il qu'elle fuiue. 140
Pour te feruir, il n'eft rien impoffible
Aux grands efforts de mon cueur inuincible :
Car pour te rendre en tout obeiffance,
Mon grand defir m'en donne la puiffance.
Ie tournerois pour toy non pas des vers, 145
Mais bien, ie croy, tout le monde à l'enuers,
Et faillift-il à mon aide appeller
La trifte Hecate, & hardy me mefler
Parmy l'horreur des magiques fecrets,
Et de Merlin les myfteres facrez, 150
I'irois chercher les herbes recelees
Pour le forcier aux Theffales vallees,
Ie tournerois & l'vn & l'autre pole
Pour obeïr à ta forte parole;
Pour obeïr à vn clin de tes yeux, 155
Ie tournerois deffus deffoubs les cieux.
Bref, fi par toy il eftoit ordonné,
Tout de ma main, ie croy, feroit tourné.
Ma volonté, enuers toy obftinee,
Celle fans plus ne peut eftre tournee. 160

## CHANT XXXII

*Des plaintes de Bradamant.*

Je l'ay promis, il faut qu'or ie le chante,
Car ie n'en eus depuis l'aduifement,
D'vne foupçon qui rendit mal contente
Du bon Roger la belle Bradamant;
5 Vne foupçon plus que l'autre cuifante,
Vn plus mordant & venimeux tourment,
Qu'vn qu'en oiant Richardet elle prit,
Pour elle mefme en ronger fon efprit.

Pour vray i'auois ce conte pris à faire :
10 Mais entre deux Regnauld eft furuenu,
Et de Guidon ie ne l'ay fceu desfaire,
Qui l'amufant long temps me l'a tenu.
J'entray fi bien de l'vn en l'autre affaire,
Qu'onc de l'amant il ne m'eft fouuenu.
15 Or m'en fouuiens-ie, or en veus-ie conter,
Ains que Regnauld & Gradaffe chanter.

Donc ce pendant Bradamant fe tourmente,
Que ces vingt iours durent fi longuement,
Lefquels finis, à cefte trifte amante
20 Et à fa foy doit reuenir l'amant.
A vn banny, ou captif en tourment,
L'heure pour vray ne femble pas fi lente,
Quand l'vn attend des fers eftre tiré,
Et l'autre voir fon païs defiré.

25 Or elle croit, en cefte attente dure,
Ou que Pyron boitteus foit deuenu,

Ou que le char fe desbauche & demeure,
Laiffant le train qu'il a toufiours tenu.
Plus chafque nuict, plus chafque iour lui dure,
Que le grand iour que le ciel retenu 30
Fut par l'Hebrieu, pour fa foy & conftance,
Ou que la nuict qu'Hercule print naiffance.

Combien de fois, combien elle eut d'enuie
Sur l'ours, les glirs, les taiffons endormis!
Car de dormir elle eut eu grand'enuie, 35
Sans fefueiller de tout le temps promis,
Et que d'ouïr chofe que l'on luy die,
Fors que Roger, il ne luy fuft permis :
Mais tant f'en faut qu'ainfi elle demeure,
Qu'ell' ne dort pas toute la nuict vne heure. 40

De çà de là par la fafcheufe plume
Elle fe vire, & n'a point de feiour :
Vers la feneftre elle va par couftume,
Pour auancer, fi elle peut, le iour,
Pour efpier fi l'aube fe rallume, 45
Semant fes lis & fes rofes autour.
Puis tout autant, lors que le iour eft né,
Veut voir le ciel des eftoiles orné.

Quand elle fut à quatre ou cinq iours pres,
Lors en fon cœur l'efperance certaine 50
Luy promettoit que d'heure à autre apres
Quelqu'vn diroit : Voici Roger qu'on meine.
Elle monta mille fois les degres
D'vne grand' tour qui defcouuroit la plaine,
Et les forefts & chemins qu'elle penfe 55
Qu'on peut venir à Montaulban de France.

S'elle de loing voit quelque arme qui luife,

S'elle voit rien qui façon d'armes aye,
Lors fon Roger elle croit qu'elle aduife,
60 Et tout à coup fon œil moite f'efgaye.
Si d'vn cheual ou d'vn laquay f'aduife,
C'eft vn meffage. Ainfi elle fe paye;
Et bien qu'encor ceft efpoir la deçoit,
Vn autre apres & vn autre en reçoit.

65 Du mont fouuent, armee, fi deualla,
Croyant pour vray qu'en la campagne il foit;
Puis ne trouuant perfonne, f'en alla,
Et croit qu'il eft monté par autre voye.
Le vain defir qu'en y allant elle a,
70 Celuy là mefme au chafteau la renuoye :
Il n'eft icy ne là; mais ce pendant
Le temps promis fe paffe en attendant.

D'vn iour paffa le temps attendu d'elle,
Deux, trois, huict, vingt, & encores l'amante
75 Ny ne le voit, ny de luy n'oit nouuelle.
Lors fe plaint elle, & fi fort fe lamente,
Qu'elle euft fait deuil aux Seurs par fa querelle,
A qui fouftient chafque poil fa ferpente,
Tant elle fait d'oultrage à fon poil d'or,
80 Sa blanche gorge & fes beaux yeux encor.

Donc il eft dit, donc c'eft ma deftinee,
Que ie cerche vn qui me fuit & fe cache,
Que i'eftime vn dont ie fuis defdaignee,
Que ie prie vn qui de m'auoir fe fafche.
85 Il me veut mal : à luy ie fuis donnee,
Luy qui fe plaift tant qu'il faudra qu'on tafche
Faire du ciel les Deeffes defcendre,
Si à aimer on le veut bien apprendre.

Ie l'aime, helas, & ce hautain l'entend;
Il ne me veut pour amante ny ferue :  90
Pour luy la mort, il le fçait bien, m'attend;
Apres la mort fon aide il me referue.
Il craint me voir, & me fuit, fe doutant
Qu'à le flefchir mon martire me ferue.
Ainfi l'afpic, pour demourer mefchant,  95
Fuit la Mufique & refufe le chant.

Las! retien moy, ô Amour, ce fuyart,
Que fans vaguer, comme moy, il f'arrefte;
Si tu ne peus, donc rend moy celle part
Où tu me prins eftant à nul fubiecte.  100
Las que vrayment mon efprit eft mufart,
Croyant qu'en toy quelque pitié fe mette!
C'eft ton plaifir, voire ta vie entiere,
De faire en pleurs des yeux vne riuiere.

Mais, pauure, helas, de qui me dois-ie plaindre  105
Que de mon fol & infenfé defir,
Qui vole au ciel & fi hault veut attaindre,
Qu'vn feu bruflant fes æles vient faifir?
Du ciel il tombe, & pour cela n'eft moindre
Mon dur tourment, mon aigre defplaifir.  110
Il monte encor, & au feu f'abandonne,
Et iamais fin à mes cheutes ne donne.

Mais mon defir ce mal ne me pourchaffe :
C'eft pluftoft moy qui le loge en mon cœur,
Où fe trouuant, ma raifon il en chaffe,  115
Eftant fur moy & ma force vainqueur.
Il me fouruoye, & çà & là me paffe
De mal en pis, & de moy n'a point peur;
Eftant fans bride à la mort il me meine :

120   Car tousiours croist auec le temps la peine.
        Las, mais pourquoy moymesme ie me blasme?
        Fors de t'aimer, quelle faute ay-ie fait?
        Est-ce grand cas qu'vn foible sans diffame
        Par les assaults de l'amour soit deffait?
125   Donc par rampars dois-ie garder mon ame
        D'auoir plaisir d'vn langage parfait,
        D'vne beauté, d'vne façon guerriere?
        Malheureux l'œil qui fuit à la lumiere.
        C'estoit mon fort, & puis i'y fus menee
130   Par les propos de gents dignes de foy,
        Qui me peignoient vne ioye ordonnee,
        Qu'en bien aimant receuoir ie deuoy.
        Si fainte estoit la promesse donnee,
        Si par Merlin trompee ie me voy,
135   De ce Merlin ie me peus doncques plaindre;
        D'aimer Roger ie ne me peus restraindre.
        Donc ie me plains de Merlin & Melisse,
        Et me plaindray d'eulx eternellement;
        Par leurs esprits ils feirent que ie veisse
140   Vn fruict du grain que i'allois lors semant:
        C'estoit à fin qu'en prison ie me meisse
        Soubs cest espoir; ie ne sçay pas comment,
        Ne qu'ils pensoient, fors qu'ils portoient enuie
        Au doux repos & seurté de ma vie.
145   Ainsi son deuil tant ferree la tient,
        Que nul confort ne trouue en elle place:
        Mais puis l'espoir maugré le deuil reuient,
        Et dans le cœur par le milieu luy passe.
        Deuant ses yeux tousiours Roger luy vient:
150   Ell' croit tousiours qu'encore il satisface;

Ceſt eſpoir fait, maugré la douleur grande,
Que ſon retour d'heure à autre elle attende.
　Donc ceſt eſpoir encore la paiſſoit
Vn mois apres, de ſorte que ſa peine
Quelque peu moins pour cela la preſſoit.　　　　155
Vn iour, la pauure, en venant par la plaine,
Où en cerchant Roger elle paſſoit,
Print vn rapport pour nouuelle certaine
Qui ſi auant dans le cœur luy paſſa,
Que tout l'eſpoir tout d'vn coup il chaſſa.　　　　160
　Par vn Gaſcon qui auoit eſté pris
Des Sarraſins, à la grande iournee
Qui fut donnee au deuant de Paris,
Fut ceſte alarme à l'amante donnee.
Ceſtuy luy a de point en point appris　　　　165
Comment s'eſtoit la guerre demenee :
Elle en propos de Roger ſe ietta,
Et ſans bouger à ce but s'arreſta.
　Rien à conter le Gaſcon ne laiſſa,
Ayant du camp bien grande cognoiſſance :　　　　170
Il luy conta que Roger ne ceſſa
Tant qu'il euſt mis Mandricard à outrance;
Mais que ſi fort Mandricard le bleſſa,
Qu'vn mois ſa vie en fut hors d'eſperance.
S'il ſe fuſt lors de parler arreſté,　　　　175
La vraye excuſe à Roger c'euſt eſté.
　Mais puis il dit, qu'vne dame on appelle
Marphiſe au camp, & que chaſcun la vante,
Qu'on douteroit ſi la face eſt plus belle,
L'eſprit plus vif, ou la main plus vaillante :　　　　180
Que Roger l'aime, & qu'il eſt aimé d'elle,

Que peu fouuent l'vn de l'autre s'abfente,
Et par le camp que le commun bruit vole,
Qu'ils ont donné l'vn à l'autre parole;
185 Que l'on n'attend fors que Roger gueriffe,
Pour faire apres de leurs nopces la fefte;
Qu'il n'eft aucun qui ne s'en refiouiffe,
Et qui de voir ce iour la ne fouhaitte.
Aucun n'y a que fouhaitter ne feiffe,
190 Sçachant des deux la valeur fi parfaite,
D'en veoir fortir la plus vaillante race,
Qu'on veit iamais en cefte terre baffe.

Vn creue-cœur, vne douleur extreme,
Oyant ce conte, affaillit Bradamant,
195 Si que de choir elle fut lors à mefme :
Elle trouua fon deftrier viftement,
Sans dire mot; & chaffant de foymefme
Tout fon efpoir, & pleine de tourment,
De ialoufie & de defpit comblee,
200 Toute en fureur en fa chambre eft allee.

Comme elle eftoit armee elle fe couche
Deffus le lict, virant la face en bas,
Et là de draps elle remplit fa bouche,
Pour fe garder qu'elle ne criaft pas :
205 Mais ce propos qui tant au cœur luy touche,
Luy donne tant de rigoureux combats,
Que ne pouuant fon martyre cacher,
Force luy fut la bride luy lafcher.

A qui meshuy doibs-ie croire, dit elle,
210 O miferable, helas, or di-ie bien,
Tous ont le cœur felon & infidele,
Puis qu'infidele, ô Roger, eft le tien,

Que i'eſtimois ſi humain & fidele.
Voy ton deuoir, voy le merite mien,
Et iuge apres ſ'en hiſtoire ancienne, 215
Onc cruauté ſ'approcha de la tienne.

Pourquoy Roger, comme on ne voit pas vn
Tant beau que toy, tant pourueu de vaillance,
Et qu'en façon, ny gentilleſſe, aucun
Ny tant que toy, ny pres de là ſ'auance; 220
Pourquoy auſſi ne fais tu que chaſcun
Trouue entre tant de vertus la conſtance?
Pourquoy n'as tu pour ta louange entiere,
La foy, qui eſt des vertus la premiere?

Ne ſçais tu pas que ſans la loyauté 225
Nulle vertu ne ſçauroit apparoiſtre?
Comme il n'eſt point de ſi grande beauté
Qui ſans clarté ſe peuſt faire cognoiſtre.
Tu trompes vne, eſt ce grand' nouueauté,
Eſtant ſon Dieu, ſon idole & ſon maiſtre; 230
Vne à qui lors ton langage euſt fait croire
Que du Soleil la lumiere eſtoit noire!

Puis que tu fauls à ce que tu promets,
De toy meshuy quel eſpoir doit l'on prendre?
Que craindras tu, puis que meurtrier tu es 235
D'vne qui t'aime & ne ſe veut deffendre?
Si moy qui t'aime en ce tourment tu mets,
Tes ennemis qu'en peuuent ils attendre?
Au ciel n'a point de Iuſtice, ie penſe,
Si ce forfait demeure ſans vengeance. 240

## CHANSON

Si i'ay perdu tant de vers fur ma lyre,
O inconftante, à bien dire de toy,
Or i'en veux faire autant pour m'en defdire.
　Ceulx qui liront ton infame inconftance,
5 Et les reflots de ta periure foy,
En t'outrageant m'en feront la vengence.
　Il ne faut pas que fi fiere te rende,
Comme autrefois, cefte grande beauté :
C'eftoient mes vers qui la te faifoient grande.
10 　Par moy eftoient ces rofes amaffees,
Qui iufqu'icy en ta face ont efté,
Et or par moy te feront effacees.
　Ie t'ay donné cefte face tant belle,
Ie veux tout prendre, & qu'on ne puiffe voir
15 Rien plus en toy que ton cœur infidele.
　C'eft tout le bien qu'ores auoir ie puiffe,
Que cognoiffance vn chafcun puiffe auoir
De mon malheur, helas, & de ton vice.
　Quand par mes vers ie te verray maudite,
20 Dedans mon cœur ce feul regret i'auray,
Que pour mon mal ta peine eft trop petite.
　Mais fi encor ce n'eft vengence entiere,
En te blafmant au moins i'arracheray
Iufques au fond toute l'amour premiere.
25 　De mon dur mal ie veux que ce bien forte,
Que mon exemple apres moy gardera
Que tu ne trompe aucun de mefme forte.
　Mais fi quelqu'vn encor l'amour n'euite,

M'ayant ouy, celuy meritera
Ce que ie fouffre à ceft' heure fans merite.   30
   Helas dy moy, ô traiftre & defloyalle,
Qu'eft-ce qui t'a defpleu en moy, finon
Contraire à toy, ma volonté loyalle?
   Qu'as tu gaigné à changer de courage,
Sinon de perdre & ta foy & ton nom,   35
Et mon cœur tien, plus que le tien volage?
   Fay, faulfe, fay de tous amants la preuue;
Puis dy que i'ay deferuy ce tourment,
Si tant que moy aucun ferme f'en treuue.
   Tu mefuras ainfi ma recompenfe,   40
Que nous eftions conftans egalement,
Moy en l'amour, & toy en l'inconftance.
   Les vents aux bords tant de vagues n'amenent,
Lors que l'hyuer eft le maiftre de l'eau,
Comme de flots dans ton cœur fe promenent.   45
   L'Automne abbat moins de feuilles aux plaines,
Moins en refait le plaifant renouueau,
Que tu desfais & fais d'amours foudaines.
   O quelle amour mon amour euft conquife,
O que de foy ma foy euft peu gaigner,   50
S'ailleurs qu'en toy ma fortune l'euft mife!
   Si vn cœur ferme & conftant fe peut rendre,
Mon cœur l'euft peu à tous cœurs enfeigner,
Fors qu'au tien feul, qu'il vouloit feul apprendre.
   Or voy-ie à cler, defloyalle, tes ruzes:   55
Non que deuant tu n'en ayes vfé;
Mais lors pour toy ie faifoy tes excufes.
   Excufe toy ores, f'il fe peut faire.
Mais tu fçais bien, toy qui m'as abufé,

60 Quand ie la voy que ta faulte eft trop claire.
   Tu fais grand cas de ta race, ô legere,
   Tu ments : ce fut la mer qui te conceut,
   Et quelque vent de l'hyuer fut ton pere.
   L'eau & le vent, voylà ton parentage :
65 Puis en naiffant celle qui te receut,
   A mon aduis, c'eft la Lune volage.
   Songer ne puis qui t'auroit allaictee;
   Mais enfeignee & faitte de la main
   Tu fus, pour vray, du muable Protee.
70 Encor la mer maintefois eft bonnaffe;
   Le vent par fois eft paifible & ferain :
   Mais de changer tu ne fus oncques laffe.
   Encor Protee, apres mainte desfaicte,
   Lier fe laiffe; & qui te liëra,
75 Puis que le nœud de ma foy ne t'arrefte?
   Tout à la fois le ciel, comme ie penfe,
   Ferme en vn lieu fon tour arreftera,
   Et ton cœur faulx prendra quelque affeurance.
   Las, que de toy pourement ie me vange,
80 Ie te reprens de ta legereté,
   Et tu en fais, peruerfe, ta louange.
   Auffi ie fens que lors que ie m'effaye
   De dire mal de ta defloyauté,
   C'eft lors, helas, que ie touche ma playe.
85 O moy chetif, fi ma force eft fi vaine
   Qu'il fault que moy qui pour elle me deuils,
   Pour la punir, i'augmente encor ma peine!
   Va traiftre, va, ie quitte la vengeance;
   Ie n'en veus plus : tout le bien que ie veus,
90 C'eft que de toy ie n'aye fouuenance.

# SONNETS

## I

L'vn chante les amours de la trop belle Helene,
L'vn veut le nom d'Hector par le monde femer,
Et l'autre par les flots de la nouuelle mer
Conduit Iafon gaigner les trefors de la laine.

Moy ie chante le mal qui à fon gré me meine :         5
Car ie veus, fi ie puis, par mes carmes charmer
Vn tourment, vn foucy, vne rage d'aimer,
Et vn efpoir mufart, le flatteur de ma peine.

De chanter rien d'autruy meshuy qu'ay ie que faire ?
Car de chanter pour moy ie n'ay que trop à faire.     10
Or fi ie gaigne rien à ces vers que ie fonne,

Madame, tu le fçais, ou fi mon temps ie pers :
Tels qu'ils font, ils font tiens : tu m'as dicté mes vers,
Tu les a faicts en moy, & puis ie te les donne.

## II

I'allois feul remafchant mes angoiffes paffees :
Voici (Dieux deftournez ce trifte mal-encontre !)
Sur chemin d'vn grand loup l'effroyable rencontre,
Qui, vainqueur des brebis de leur chien delaiffees,

Tiraffoit d'vn mouton les cuiffes defpecees,          5

VERS FRANÇOIS 269

Le grand deuil du berger. Il rechigne & me monſtre
Les dents rouges de ſang, & puis me paſſe contre,
Menaſſant mon amour, ie croy, & mes penſees.

De m'effrayer depuis ce preſage ne ceſſe :
10 Mais i'en conſulteray ſans plus à ma maiſtreſſe.
Onc par moy n'en ſera preſſé le Delphien.

Il le ſçait, ie le croy, & m'en peut faire ſage :
Elle le ſçait auſſi, & ſçait bien d'auantage,
Et dire, & faire encor & mon mal & mon bien.

### III

Elle eſt malade, helas ! que faut-il que ie face ?
Quel confort, quel remede ? O cieux, & vous m'oyez,
Et tandis, deuant vous, ce dur mal vous voyez
Oultrager ſans pitié la douceur de ſa face !

5 Si vous l'oſtez, cruels, à ceſte terre baſſe,
S'il faut d'elle là haut que riches vous ſoyez,
Au moins penſez à moy, &, pour Dieu, m'ottroyez.
Qu'au moins tout d'vne main Charon tous deux nous paſſe ;

Ou ſ'il eſt, ce qu'on dit des deux freres d'Helene,
10 Que l'vn pour l'autre au ciel, & là bas ſe promene,
Or accompliſſez moy vne pareille enuie.

Ayez, ayez de moy, ayez quelque pitié,
Laiſſez nous, en l'honneur de ma forte amitié,
Moy mourir de ſa mort, ell' viure de ma vie.

## IV

O qui a iamais veu vne barquette telle,
Que celle où ma maiſtreſſe eſt conduitte ſur l'eau ?
L'eau tremble, & ſ'esforçant ſous ce riche vaiſſeau,
Semble ſ'enorgueillir d'vne charge ſi belle.

On diroit que la nuict à grands troupes appelle         5
Les eſtoiles, pour voir celle, dans le batteau,
Qui eſt de noſtre temps vn miracle nouueau,
Et que droit ſur ſon chef tout le ciel eſtincelle.

Pour vray onc ie ne vis vne nuict eſtoillee
Si bien que celle nuict qu'elle ſ'en eſt allee :         10
Tous les aſtres y ſont, qui content eſtonnez

Les biens qu'ils ont chaſcun à ma Dame donnez ;
Mais ils luiſent plus clair, eſtans rouges de honte
D'en auoir tant donné qu'ils n'en ſçachent le compte.

## V

Au milieu des chaleurs de Iuillet l'alteré,
Du nom de Marguerite vne feſte eſt chomee,
Vne feſte à bon droit de moy tant eſtimee :
Car de ce iour tout l'an ce me ſemble eſt paré.

Ce beau & riche nom, ce nom vrayment doré,             5
C'eſt le nom bienheureux dont ma Dame eſt nommee,

Le nom qui de fon los charge la renommee,
Et qui, maugré les ans, de viure eft affeuré.

Ou l'encre & le papier en ma main faillira,
10 Ou ce nom en mes vers par tout le monde ira.
Il faut qu'elle fe voye en cent cartes efcripte.

Et qu'vn iour nos nepueux, eftonnez en tous temps,
Soit hyuer, foit efté, fans faueur du printemps,
Voyent dans le papier fleurir la Marguerite.

## VI

Ou foit lors que le iour le beau Soleil nous donne,
Ou foit quand la nuict ofte aux chofes la couleur,
Ie n'ay rien en l'efprit que ta grande valeur,
Et ce fouuenir feul iamais ne m'abandonne.

5 A ce beau fouuenir tout entier ie me donne,
Et s'il tire auec foy toufiours quelque douleur,
Ie ne prens point cela toutefois pour malheur,
Car d'vn tel fouuenir la douleur mefme eft bonne.

Ce fouuenir me plaift encor qu'il me tourmente,
10 Car rien que tes valeurs à moy il ne prefente.
Il me defplait d'vn point, qu'il fait que ie repenfe.

Vne grace cent fois. Or meshuy vois-ie bien,
Pour pouuoir penfer tout ce que tu as de bien,
Qu'il ne faut pas deux fois qu'vne grace ie penfe.

## VII

Ie publiëray ce bel esprit qu'elle a,
Le plus posé, le plus sain, le plus seur,
Le plus diuin, le plus vif, le plus meur,
Qui oncq du ciel en la terre vola.

I'en sçay le vray, & si cest esprit là           5
Se laissoit voir auecques sa grandeur,
Alors vrayment verroit l'on par grand heur
Les traicts, les arcs, les amours qui sont là.

A le vanter ie veux passer mon aage :
Mais le vanter, comme il faut, c'est l'ouurage   10
De quelque esprit, helas, non pas du mien ;

Non pas encor de celuy d'vn Virgile,
Ny du vanteur du grand meurtrier Achile ;
Mais d'vn esprit qui fust pareil au sien.

## VIII

Ie veux qu'on sçache au vray comme elle estoit armee
Lors qu'elle print mon cœur au dedans de son fort,
De peur qu'à ma raison on n'en donne le tort,
Et de m'auoir failli qu'elle ne soit blasmee.

Sa douceur, sa grandeur, ses yeulx, sa grace aimee,   5
Fut le reng qui premier fit sur moy son effort ;

Et puis de fes vertus vn autre reng plus fort,
Et fon efprit, le chef de cefte grande armee.

Qu'euffe-ie fait tout feul? ie me fuis laiffé prendre;
10 Mais à fon efprit feul ie me fuis voulu rendre.
C'eft celuy qui me print, qui à fon gré me méne,

Qui de me faire mal a eu tant de pouuoir :
Mais puis qu'il faut fouffrir, ie me tiens fier d'auoir
Vne fi grand' raifon d'vne fi grande peine.

## IX

Maint homme qui m'entend, lors qu'ainfi ie la vante,
N'ayant oncq rien pareil en nulle autre efprouué,
Penfe, ce que i'en dis, que ie l'aye trouué,
Et croit qu'à mon plaifir ces louanges i'inuente.

Mais fi rien de fon los en fa faueur i'augmente,
Si de mentir pour elle il m'eft oncq arriué,
Ie confens que ie fois de fon amour priué ;
Ie confens, fi ie mens, que mon efpoir me mente.

Qui ne m'en croit, la voyë : il aura lors creance
10 De plus que ie n'en dis, d'autant comme i'en penfe.
Auffi, pour dire vray, ce n'eft pas là le doute,

Si ie la loue plus qu'elle n'a merité,
Si ie faulx en difant plus que la verité :
Le doute eft fi ie faulx à ne la dire toute.

## X

Ores ie te veux faire vn folennel ferment,
Non ferment qui m'oblige à t'aimer d'auantage,
Car meshuy ie ne puis; mais vn vray tefmoignage
A ceulx qui me liront, que i'aime loyaument.

C'eft pour vray, ie viuray, ie mourray en t'aimant.  5
Ie iure le hault ciel, du grand Dieu l'heritage,
Ie iure encor l'enfer, de Pluton le partage,
Où les pariurs auront quelque iour leur tourment;

Ie iure Cupidon, le Dieu pour qui i'endure;
Son arc, fes traicts, fes yeux & fa trouffe ie iure :  10
Ie n'aurois iamais fait : ie veux bien iurer mieux,

I'en iure par la force & pouuoir de tes yeux,
Ie iure ta grandeur, ta douceur & ta grace,
Et ton efprit, l'honneur de cefte terre baffe.

## XI

« Ie fçay ton ferme cueur, ie cognois ta conftance :
Ne fois point las d'aimer, & fois feur que le iour,
Que mourant ie lairray noftre commun feiour,
Encor mourant, de toy i'auray la fouuenance.

I'en prens tefmoing le Dieu qui les foudres eflance,  5
Qui ramenant pour nous les faifons à leur tour,

Vire les ans legers d'vn eternel retour,
Le Dieu qui les Cieux branſle à leur iuſte cadence,

Qui fait marcher de reng aux lois de la raiſon
10 Ses aſtres, les flambeaux de ſa haute maiſon,
Qui tient les gonds du ciel & l'un & l'autre pole. »

Ainſi me dit ma Dame, ainſi pour m'aſſeurer
De ſon cueur debonnaire, il luy pleut de iurer;
Mais ie l'euſſe bien creuë à ſa ſimple parole.

## XII

I'ay vn Liure Thuſcan, dont la tranche eſt garnie
Richement d'or battu de l'vne & l'autre part;
Le deſſus reluit d'or; & au dedans eſt l'art
Du comte Balthaſar, de la Contiſanie.

5 Où que ie ſois, ce liure eſt en ma compagnie.
Auſſi c'eſt vn preſent de celle qui depart
A tout ce qu'elle voit, à ce qui d'elle part,
Quelque part, quelque ray de ſa grace infinie.

O Liure bienheureux, mon Maron, mon Horace,
10 Mon Homer, mon Pindar, ce ſemble, te font place.
Meshuy d'eſtre immortel tu te peus bien vanter;

Elle fait cas de toy, c'eſt aſſeurance entiere.
A qui ne plairas tu, ayant peu contenter
Des Muſes la dixieme & certes la premiere?

## XIII

Reproche moy maintenant, ie le veux,
Si oncq de toy i'ay eu faueur aucune,
Traiſtre, legere, inconſtante fortune.
Reproche moi hardiment, ſi tu peux.

Depuis le iour qu'en mal' heure mes yeux               5
Voyent du ciel la lumiere importune,
Ie ſuis le but, la deſcharge commune
De tous les coups de ton bras furieux.

Bien toſt i'auray, deſià l'heure ſ'auance,
I'auray de toy par mort quelque vengence,             10
Lors que de moy l'ame ſera partie.

A toy vrayement le camp demeurera;
Mais, i'en ſuis ſeur, ma mort te faſchera,
De te laiſſer cruelle ſans partie.

## XIV

Quand celle i'oy parler qui pare noſtre France,
Lors ſon riche propos i'admire en eſcoutant;
Et puis ſ'elle ſe taiſt, i'admire bien autant
La belle maieſté de ſon graue ſilence.

S'elle eſcrit, ſ'elle lit, ſ'elle va, ſ'elle dance,   5
Or ie poiſe ſon port, or ſon maintien conſtant,

Et fa guaye façon; & voir en vn inftant
De çà de là fortir mille graces ie penfe.

I'en dis le grammercis à ma viue amitié,
10 De quoy i'y voy fi cler; & du peuple ay pitié :
De mil vertus qu'il voit en vn corps ordonnees,

La dixme il n'en voit pas, & les laiffe pour moy :
Certes i'en ay pitié; mais puis apres ie voy
Qu'onc ne furent à tous toutes graces donnees.

## XV

Tu m'as rendu la veuë, Amour, ie le confeffe.
De grace que c'eftoit à peine ie fçauoy;
Et or toute la grace en vn monceau ie voy
De toutes parts luifant en ma grande maiftreffe.

5 Or de voir & reuoir ce threfor ie ne ceffe,
Comme vn maffon qui a quelque riche paroy
Creufé d'vn pic heureux, qui recele foubs foy
Des auares ayeux la fecrette richeffe.

Or i'ay de tout le bien la cognoiffance entiere,
10 Honteux de voir fi tard la plaifante lumiere :
Mais que gagne ie, Amour, que ma veuë eft plus claire,

Que tu m'ouures les yeux & m'affines les fens?
Et plus ie voy de bien, & plus de maulx ie fens :
Car le feu qui me brufle eft celuy qui m'efclaire.

## XVI

Helas! combien de iours, helas! combien de nuicts
I'ay vefcu loing du lieu où mon cueur fait demeure!
C'eft le vingtiefme iour que fans iour ie demeure,
Mais en vingt iours i'ay eu tout vn fiecle d'ennuis.

Ie n'en veux mal qu'à moy, malheureux que ie fuis,   5
Si ie foufpire en vain, fi maintenant i'en pleure;
C'eft que mal aduifé ie laiffay, en mal' heure,
Celle là que laiffer nulle part ie ne puis.

I'ay honte que defià ma peau decoulouree
Se voit par mes ennuis de rides labouree :   10
I'ay honte que defià les douleurs inhumaines

Me blanchiffent le poil fans le congé du temps.
Encor moindre ie fuis au compte de mes ans,
Et defià ie fuis vieux au compte de mes peines.

## XVII

Si onc i'eus droit, or i'en ay de me plaindre :
Car qui voudroit que ie fuffe content
Eftant loing d'elle? Et ie ne fçay pourtant,
En eftant pres, fi mon mal feroit moindre.

Ou pres, ou loing, le mal me vient atteindre;   5
I'ay beau fuir, en tous lieux il m'attend :

Pres, vn vif mal; & puis, loing d'elle eſtant,
Vne langueur, autant ou plus à craindre.

O fier Amour, que tu as long le bras,
10   Puis qu'en fuyant on ne l'euite pas!
Puis qu'il te plaiſt, helas, ie ſuis teſmoing,

Puis qu'à mon dam il t'a pleu que le ſente,
Que ta main a, d'vne arme non contente,
Le feu de pres, & les fleſches de loing.


## XVIII

Quand i'oſe voir Madame, Amour guerre me liure,
Et ſe pique à bon droit que ie vay follement
Le cercher en ſon regne; & alors iuſtement
Ie ſouffre d'vn mutin temeraire la peine.

5 Or me tiens-ie loing d'elle, & ta main inhumaine,
Amour, ne chomme pas : mais ſi aucunement,
Pitié logeoit en toy, tu deuois vrayement
T'ayant laiſſé le camp, me laiſſer prendre haleine.

N'aye-ie pas donc raiſon, ô Seigneur, de me plaindre,
10 Si eſtant loing de feu, ma chaleur n'eſt pas moindre?
Quand d'elle pres ie ſuis, lors tu dois faire preuue

De ta force ſur moy; mais or tu dois auſſi
Relaſcher la rigueur de mon aſpre ſoucy :
Trop mortelle eſt la guerre où l'on n'a iamais trefue.

## XIX

Enfant aueugle, nain, qui n'as autre prouëffe,
Sinon en trahifon quelque flefche tirer,
Qui n'as autre plaifir finon de defchirer
En cent pieces les cœurs de la folle ieuneffe;

Le corps fans honte nud fi ton pere te laiffe,    5
Il monftre qu'on fe doit loing de toy retirer,
Qui n'as rien que les cœurs que tu peux attirer
Par les traiftres appas de ta main larronneffe.

Meurtrier, larron, pipeur, dy moy, dy hardiment,
Si rien aux tiens iamais tu donnas que tourment?   10
Ores, fans t'efpargner, de toy ie me veux plaindre,

Quel mal me feras tu que ie n'aye enduré?
Mes maulx m'ont fait meshuy contre toy affeuré :
I'ay defià tant fouffert que ie n'ay rien à craindre.

## XX

Ie ne croiray iamais que de Venus fortiffe
Vn tel germe que toy. Or ta race i'ay fceu,
O enfant fans pitié : Megere t'a conceu,
Et quelque louue apres t'a baillé pour nourriffe.

Petit monftre maling, c'eft ta vieille malice,    5
Qui te tient acroupi; aucun ne t'a receu

Des hommes ny des Dieux que tu n'ayes deceu;
Et encor ne fe trouue aucun qui te puniffe.

O traiftre, ô boutefeu, donc ta rage affouuie
10 Ne fut ny fera oncq des maulx de noftre vie!
Ie fçay bien que de toy ie ne me puis deffaire.

Et puis qu'ainfi il va, ie vois bien deformais
Que tant que ie viuray, ie ne feray iamais
Saoul de te dire mal, ny toy faoul de m'en faire.

## XXI

Amour, lors que premier ma franchife fut morte,
Combien i'auois perdu encor ie ne fçauoy,
Et ne m'aduifoy pas, mal fage, que i'auoy
Efpoufé pour iamais vne prifon fi forte.

5 Ie penfoy me fauuer de toy en quelque forte,
Au fort m'efloignant d'elle; & maintenant ie voy
Que ie ne gaigne rien à fuir deuant toy,
Car ton traict en fuyant auecques moy i'emporte.

Qui a veu au village vn enfant enioué,
10 Qui vn bafton derriere à vn chien a noué,
Le chien d'eftre battu par derriere eftonné,

Il fe vire & fe frappe, & les enfans ioyeux
Rient qu'il va, qu'il vient, & fuyant parmy eulx,
Ne peut fuir les coups que luymefme fe donne.

## XXII

Où qu'aille le Soleil, il ne voit terre aucune,
Où les maulx que tu fais ne te facent nommer :
Mais de toy icy bas qu'en doit l'on prefumer,
Quand de ton pere auffi tu n'as mercy pas vne ?

Ta force en terre, au ciel, par tout le monde eft vne : 5
L'oifeau par l'air volant fent la force d'aimer,
Et les poiffons cachez dans le fond de la mer,
Et des poiffons le Roy, le grand pere Neptune.

Le noir Pluton, forcé par ta fléche meurtriere,
Sortit voir les rayons de l'eftrange lumiere.
O pétit Dieu, le ciel, l'eau, l'air, l'enfer, la terre, 10

Te crient le vainqueur! Meshuy laiffe ces traicts;
Tu n'as plus où tirer : quand aura l'on la paix,
Si la victoire, au pis, n'eft la fin de la guerre ?

## XXIII

I'ay fait preuue des deux, meshuy ie le puis dire :
Sois ie pres, fois ie loing, tant mal traicté ie fuis,
Que choifir le meilleur à grand' peine ie puis,
Fors que le mal prefent me femble toufiours pire.

Las ! en ce rude choix que me fault il eflire ? 5
Quand ie ne la voy point, les iours me femblent nuits;

Et ie fçay qu'à la voir i'ai gaigné mes ennuis :
Mais deuffe-ie auoir pis, de la voir ie defire.

Quelque braue guerrier, hors du combat furpris
10 D'vn mofquet, a defpit que de pres il n'aift pris
Vn plus honefte coup d'vne lance cogneue :

Et moy, fachant combien i'ay par tout enduré,
D'auoir mal pres & loing ie fuis bien affeuré;
Mais quoy! f'il faut mourir, ie veux voir qui me tue.

## XXIV

Ce iourd'huy du Soleil la chaleur alteree
A iauny le long poil de la belle Ceres :
Ores il fe retire; & nous gaignons le frais,
Ma Marguerite & moy, de la douce feree;

5 Nous traçons dans les bois quelque voye efgaree :
Amour marche deuant, & nous marchons apres.
Si le vert ne nous plaift des efpeffes forefts,
Nous defcendons pour voir la couleur de la pree;

Nous viuons francs d'efmoy, & n'auons point foucy
10 Des Roys, ny de la cour, ny des villes auffi.
O Medoc, mon païs folitaire & fauuage,

Il n'eft point de païs plus plaifant à mes yeux :
Tu es au bout du monde, & ie t'en aime mieux;
Nous fçauons apres tous les malheurs de noftre aage.

## XXV

Vn Lundy fut le iour de la grande iournee
Que l'Amour me liura : ce iour il fut vainqueur
Ce iour il fe fit maiftre & tyran de mon cœur :
Du fil de ce iour pend toute ma deftinee.

Lors fut à mon tourment ma vie abandonnee, 5
Lors Amour m'afferuit à fa folle rigueur.
C'eft raifon qu'à ce iour, le chef de ma langueur,
Soit la place en mes vers la premiere donnee.

Ie ne fçay que ce fut, fi Amour tendit fes toiles
Ce iour là pour m'auoir, ou bien fi les eftoiles 10
S'eftoient encontre moy en embufche ordonnees;

Pour vray ie fus trahy, mais la main i'y preftois :
Car plus fin contre moy que nul autre i'eftois,
Qui fceus tirer d'vn iour tant de males annees.

## A MADAME

# DE GRAMMONT

#### CONTESSE DE GVISEN.

MADAME, ie ne vous offre rien du mien, ou par ce qu'il eſt deſià voſtre, ou par ce que ie n'y trouue rien digne de vous. Mais i'ay voulu que ces vers, en quelque lieu qu'ils ſe viſſent, portaſſent voſtre nom en teſte, pour l'honneur que ce leur ſera d'auoir pour guide céte grande Coriſande d'Andoins. Ce preſent m'a ſemblé vous eſtre propre, d'autant qu'il eſt peu de dames en France qui iugent mieus, & ſe ſeruent plus à propos que vous de la poëſie; &, puis qu'il n'en eſt point qui la puiſſent rendre viue & animée, comme vous faites, par ces beaus & riches accords de quoy, parmi vn milion d'autres beautés, nature vous a eſtrenée, Madame, ces vers meritent que vous les cheriſſez : car vous ſerez de mon aduis, qu'il n'en eſt point ſorty de Gaſcoigne qui euſſent plus d'inuention & de gentilleſſe, & qui teſmoignent eſtre ſortis d'vne plus riche main. Et n'entrez pas en ialouſie de quoy vous n'auez que le reſte de ce que, pieça, i'en ay faiɛt imprimer ſous le nom de Monſieur de Foix, voſtre bon parent; car certes ceus cy ont ie ne ſcay quoy de plus vif & de plus bouillant : comme il les fit en ſa plus verte ieuneſſe, & eſchaufé d'vne belle & noble ardeur que ie vous diray, Madame, vn iour à l'oreille. Les autres *furent faiéiz defpuis, comme il eftoit à la pourfuite de fon mariage, en faueur de fa fame, & fentent def-ia ie ne fcay quelle froideur maritale. Et moy, ie fuis de ceux qui tiennent que la poëfie ne rid point ailleurs, comme elle faiét en vn fubieét folatre & des-reglé.*

# VINGT NEVF SONNETZ

### d'Estienne de la Boëtie

CONSEILLER DV ROY EN SA COVRT DE PARLEMENT
A BORDEAVX

I

PARDON, Amour, pardon : ô feigneur, ie te voüe
Le refte de mes ans, ma voix & mes efcris,
Mes fanglots, mes foufpirs, mes larmes & mes cris :
Rien, rien tenir d'aucun que de toy, ie n'aduoüe.

5 Helas! comment de moy ma fortune fe ioue!
De toy, n'a pas long temps, Amour, ie me fuis ris :
I'ay failly, ie le voy, ie me rends, ie fuis pris;
I'ay trop gardé mon cœur; or ie le defaduoüe.

Si i'ay, pour le garder, retardé ta victoire,
10 Ne l'en traite plus mal : plus grande en eft ta gloire;
Et fi du premier coup tu ne m'as abbattu,

Penfe qu'vn bon vainqueur, & nay pour eftre grand,
Son nouueau prifonnier, quand vn coup il fe rend,
Il prife & l'ayme mieux, f'il a bien combatu.

## II

C'eſt Amour, c'eſt Amour, c'eſt luy ſeul, ie le ſens :
Mais le plus vif amour, la poiſon la plus forte
A qui onq pauure cœur ait ouuerte la porte.
Ce cruel n'a pas mis vn de ſes traictz perçans, 4

Mais arcq, traits & carquois, & luy tout, dans mes ſens.
Encor vn mois n'a pas que ma franchiſe eſt morte,
Que ce venin mortel dans mes veines ie porte,
Et deſià i'ay perdu & le cœur & le ſens.

Et quoy? ſi cet amour à meſure croiſſoit,
Qui en ſi grand tourment dedans moy ſe conçoit! 10
O croiſtz, ſi tu peuz croiſtre, & amande en croiſſant.

Tu te nourris de pleurs; des pleurs ie te prometz,
Et, pour te refreſchir, des ſouſpirs pour iamais;
Mais que le plus grand mal ſoit au moings en naiſſant!

## III

C'eſt faict, mon cœur, quitons la liberté.
Dequoy meshuy ſeruiroit la deffence,
Que d'agrandir & la peine & l'offence?
Plus ne ſuis fort, ainſi que i'ay eſté.

La raiſon fuſt vn temps de mon coſté, 5
Or, reuoltée, elle veut que ie penſe

Qu'il faut feruir, & prendre en recompence
Qu'oncq d'vn tel neud nul ne feuſt arreſté.

S'il fe faut rendre, alors il eſt faifon,
10 Quand on n'a plus deuers foy la raifon.
Ie voy qu'Amour, fans que ie le deferue,

Sans aucun droiƈt, fe vient faifir de moy;
Et voy qu'encor il faut à ce grand Roy,
Quand il a tort, que la raifon luy ferue.

IV

C'eſtoit alors, quand, les chaleurs paſſees,
Le fale automne aux cuues va foulant
Le raifin gras deſſoubz le pied coulant,
Que mes douleurs furent encommencees.

5 Le paifan bat fes gerbes amaſſees,
Et aux caueaus fes bouillans muis roulant,
Et des fruitiers fon automne croulant,
Se vange lors des peines aduancees.

Seroit ce point vn prefage donné
10 Que mon efpoir eſt defià moiſſonné?
Non certes, non! Mais pour certain ie penfe,

I'auray, fi bien à deuiner i'entends,
Si l'on peut rien prognoſtiquer du temps,
Quelque grand fruiƈt de ma longue efperance.

37

## V

I'ay veu fes yeux perçans, i'ay veu fa face claire
(Nul iamais fans fon dam ne regarde les Dieux);
Froit, fans cœur, me laiffa fon œil victorieux,
Tout eftourdy du coup de fa forte lumiere :  4

Comme vn furpris de nuit aux champs, quand il efclaire,
Eftonné, fe pallift fi la fleche des cieux,
Sifflant, luy paffe contre & luy ferre les yeux;
Il tremble, & veoit, tranfi, Iupiter en colere.

Dy moy, Madame, au vray, dy moy, fi tes yeux vertz  9
Ne font pas ceux qu'on dit que l'Amour tient couuerts?
Tu les auois, ie croy, la fois que ie t'ay veüe;

Au moins il me fouuient qu'il me feuft lors aduis
Qu'Amour, tout à vn coup, quand premier ie te vis,
Desbanda deffus moy & fon arc & fa veüe.

## VI

Ce dict maint vn de moy : « Dequoy fe plaint il tant,
Perdant fes ans meilleurs, en chofe fi legiere?
Qu'a il tant à crier, fi encore il efpere?
Et, s'il n'efpere rien, pour quoy n'eft il content? »

Quand i'eftois libre & fain, i'en difois bien autant;  5
Mais certes celuy là n'a la raifon entiere,

Ains a le cœur gafté de quelque rigueur fiere,
S'il fe plaint de ma plainte, & mon mal il n'entend.

Amour, tout à vn coup, de cent douleurs me point :
10 Et puis l'on m'aduertit que ie ne crie point!
Si vain ie ne fuis pas que mon mal i'agrandiffe,

A force de parler : f'on m'en peut exempter,
Ie quitte les fonnetz, ie quitte le chanter.
Qui me deffend le deuil, celuy là me gueriffe.

## VII

Quant à chanter ton los par fois ie m'aduenture,
Sans ozer ton grand nom dans mes vers exprimer,
Sondant le moins profond de cefte large mer,
Ie tremble de m'y perdre, & aux riues m'affure;

5 Ie crains, en loüant mal, que ie te face iniure.
Mais le peuple, eftonné d'ouir tant t'eftimer,
Ardant de te cognoiftre, effaie à te nommer,
Et, cerchant ton fainct nom ainfi à l'aduenture,

Efbloüi, n'attaint pas à veoir chofe fi claire;
10 Et ne te trouue point, ce groffier populaire,
Qui n'aiant qu'vn moyen, ne veoit pas celuy là :

C'eft que f'il peut trier, la comparaifon faicte,
Des parfaictes du monde, vne la plus parfaicte,
Lors, f'il a voix, qu'il crie hardiment : « La voylà! »

## VIII

Quand viendra ce iour là, que ton nom au vray paffe
Par France dans mes vers? combien & quantes fois
S'en empreffe mon cœur, f'en demangent mes doits?
Souuent dans mes efcris de foy mefme il prend place.

Maulgré moy ie t'efcris, maulgré moy ie t'efface.  5
Quand Aftree viendroit, & la foy, & le droit,
Alors, ioyeux, ton nom au monde fe rendroit.
Ores, c'eft à ce temps, que cacher il te face,

C'eft à ce temps maling vne grande vergoigne.
Donc, Madame, tandis, tu feras ma Dourdouigne.  10
Toutesfois laiffe moy, laiffe moy ton nom mettre;

Ayez pitié du temps : fi au iour ie te metz,
Si le temps te cognoift, lors ie te le prometz,
Lors il fera doré, f'il le doit iamais eftre.

## IX

O, entre tes beautez, que ta conftance eft belle!
C'eft ce cœur affeuré, ce courage conftant,
C'eft, parmy tes vertus, ce que l'on prife tant :
Auffi qu'eft il plus beau qu'vne amitié fidelle?

Or, ne charge donc rien de ta fœur infidele,  5
De Vefere, ta fœur : elle va f'efcartant,

Touſiours flotant mal ſeure en ſon cours inconſtant :
Voy tu comme, à leur gré, les vans ſe iouent d'elle ?

Et ne te repent point, pour droict de ton aiſnage,
10 D'auoir deſià choiſi la conſtance en partaige.
Meſme race porta l'amitié ſouueraine

Des bons iumeaux, deſquelz l'vn à l'autre deſpart
Du ciel & de l'enfer la moitié de ſa part,
Et l'amour diffamé de la trop belle Heleine.

### X

Ie voy bien, ma Dourdouigne, encor humble tu vas :
De te monſtrer Gaſconne, en France, tu as honte.
Si du ruiſſeau de Sorgue on fait ores grand conte,
Si a il bien eſté quelquefois auſſi bas.

5 Voys tu le petit Loir comme il haſte le pas ?
Comme deſià parmy les plus grands il ſe conte ?
Comme il marche hautain d'vne courſe plus prompte
Tout à coſté du Mince, & il ne ſ'en plaint pas ?

Vn ſeul oliuier d'Arne, enté au bord de Loire,
10 Le faict courir plus braue & luy donne ſa gloire.
Laiſſe, laiſſe moy faire ; & vn iour, ma Dourdouigne,

Si ie deuine bien, on te cognoiſtra mieux :
Et Garonne, & le Rhone, & ces autres grands Dieux,
En auront quelque enuie, &, poſſible, vergoigne.

## XI

Toy qui oys mes foufpirs, ne me fois rigoureux,
Si mes larmes à part, toutes mienes, ie verfe,
Si mon amour ne fuit en fa douleur diuerfe
Du Florentin tranfi les regretz languoreux,

Ny de Catulle auffi, le foulaftre amoureux, 5
Qui le cœur de fa dame en chatouillant luy perce,
Ny le fçauant amour du migregeois Properce :
Ils n'aiment pas pour moy, ie n'aime pas pour eux.

Qui pourra fur autruy fes douleurs limiter,
Celuy pourra d'autry les plaintes imiter : 10
Chacun fent fon tourment, & fçait ce qu'il endure.

Chacun parla d'amour ainfi qu'il l'entendit;
Ie dis ce que mon cœur, ce que mon mal me dict.
Que celuy ayme peu, qui ayme à la mefure !

## XII

Quoy ? qu'eft ce ? ô vans, ô nuës, ô l'orage !
A point nommé, quand moy d'elle aprochant,
Les bois, les monts, les baiffes vois tranchant,
Sur moy, d'agueft, vous paffez voftre rage.

Ores mon cœur f'embrafe d'auantage. 5
Allez, allez faire peur au marchant

Qui dans la mer les threfors va cherchant;
Ce n'eft ainfi qu'on m'abbat le courage.

Quand i'oy les ventz, leur tempefte & leurs cris,
10 De leur malice, en mon cœur, ie me ris :
Me penfent ils pour cela faire rendre ?

Face le ciel du pire, & l'air auffi :
Ie veux, ie veux, & le declaire ainfi,
S'il faut mourir, mourir comme Leandre.

## XIII

Vous qui aimer encore ne fçauez,
Ores, m'oyant parler de mon Leandre,
Ou iamais non, vous y debuez aprendre,
Si rien de bon dans le cœur vous auez.

5 Il oza bien, branlant fes bras lauez,
Armé d'amour, contre l'eau fe deffendre
Qui pour tribut la fille voulut prendre,
Ayant le frere & le mouton fauuez.

Vn foir, vaincu par les flos rigoureux,
10 Voyant defià, ce vaillant amoureux,
Que l'eau maiftreffe à fon plaifir le tourne,

Parlant aux flos, leur iecta cefte voix :
« Pardonnez moy, maintenant que i'y veois,
Et gardez moy la mort, quand ie retourne. »

## XIV

O cœur leger, ô courage mal feur,
Penfes tu plus que fouffrir ie te puiffe?
O bonté creuze, ô couuerte malice,
Traitre beauté, venimeufe doulceur!

Tu eftois donc toufiours feur de ta fœur? 5
Et moy, trop fimple, il falloit que i'en fiffe
L'effay fur moy, & que tard i'entendiffe
Ton parler double & tes chantz de chaffeur?

Defpuis le iour que i'ay prins à t'aymer,
I'euffe vaincu les vagues de la mer: 10
Qu'eft ce meshuy que ie pourrois attendre?

Comment de toy pourrois i'eftre content?
Qui apprendra ton cœur d'eftre conftant,
Puis que le mien ne le luy peut aprendre?

## XV

Ce n'eft pas moy que l'on abuze ainfi:
Qu'à quelque enfant, ces ruzes on emploie,
Qui n'a nul gouft, qui n'entend rien qu'il oye:
Ie fçay aymer, ie fçay hayr auffi.

Contente toy de m'auoir iufqu'ici 5
Fermé les yeux; il eft temps que i'y voie,

Et que meshui las & honteux ie foye
D'auoir mal mis mon temps & mon fouci.

Oferois tu, m'ayant ainfi traicté,
10   Parler à moy iamais de fermeté?
Tu prendz plaifir à ma douleur extreme;

Tu me deffends de fentir mon tourment,
Et fi veux bien que ie meure en t'aimant:
Si ie ne fens, comment veus tu que i'aime?


## XVI

O l'ai ie dict? helas! l'ai ie fongé?
Ou fi, pour vrai, i'ai dict blafpheme telle?
Ça, faulce langue, il faut que l'honneur d'elle,
De moi, par moi, defus moy, foit vangé.

5   Mon cœur chez toi, ô Madame, eft logé:
Là donne lui quelque geine nouuelle,
Fais luy fouffrir quelque peine cruelle;
Fais, fais lui tout, fors lui donner congé.

Or feras tu (ie le fçai) trop humaine,
10   Et ne pourras longuement voir ma peine.
Mais vn tel faict, faut il qu'il fe pardonne?

A tout le moings, hault ie me defdiray
De mes fonnetz, & me defmentiray:
Pour ces deux faux, cinq cent vrais ie t'en donne.

*38*

## XVII

Si ma raifon en moy f'eft peu remettre,
Si recouurer afthure ie me puis,
Si i'ay du fens, fi plus homme ie fuis,
Ie t'en mercie, ô bien heureufe lettre.

Qui m'euft (helas), qui m'euft fceu recognoiftre, 5
Lors qu'enragé, vaincu de mes ennuys,
En blafphemant, Madame ie pourfuis?
De loing, honteux, ie te vis lors paroiftre,

O fainct papier; alors ie me reuins,
Et deuers toy deuotement ie vins : 10
Ie te donrois vn autel pour ce fait,

Qu'on vift les traictz de cefte main diuine;
Mais de les veoir aucun homme n'eft digne,
Ny moi auffi, f'elle ne m'en euft faict.


## XVIII

I'eftois preft d'encourir pour iamais quelque blafme,
De colere efchaufé, mon courage brufloit,
Ma fole voix au gré de ma fureur branloit,
Ie defpitois les Dieux, & encores Madame, 4

Lors qu'elle, de loing, iecte vn brefuet dans ma flamme :
Ie le fentis foudain comme il me rabilloit,

Qu'auſſi toſt deuant lui ma fureur s'en alloit,
Qu'il me rendoit, vainqueur, a ſa place mon ame.

Entre vous qui, de moy, ces merueilles oiés,
10 Que me dites vous d'elle? & ie vous prie, voiez,
S'ainſi comme ie fais, adorer ie la dois?

Quels miracles en moi penſés vous qu'elle faſſe
De ſon œil tout puiſſant, ou d'vn rai de ſa face,
Puis qu'en moi firent tant les traces de ſes doigtz?

## XIX

Ie tremblois deuant elle, & attendois, tranſi,
Pour venger mon forfaict quelque iuſte ſentence,
A moi meſme conſent du poids de mon offence,
Lors qu'elle me dict : « Va, ie te prens à merci.

5 Que mon loz deformais par tout ſoit eſclarci :
Emploie là tes ans, &, ſans plus, meshuy pence
D'enrichir de mon nom par tes vers noſtre France,
Couure de vers ta faulte, & paie moi ainſi. »

Sus donc, ma plume! Il faut, pour iouir de ma peine,
10 Courir par ſa grandeur d'vne plus large veine.
Mais regarde à ſon œil, qu'il ne nous abandonne.

Sans ſes yeux, nos eſpritz ſe mourroient languiſſants :
Ilz nous donnent le cœur, ilz nous donnent le ſens :
Pour ſe paier de moy, il faut qu'elle me donne.

## XX

O vous, mauditz fonnetz, vous qui prinftes l'audace
De toucher à Madame! ô malings & peruers,
Des Mufes le reproche, & honte de mes vers!
Si ie vous feis iamais, il faut que ie me faffe

Ce tort de confeffer vous tenir de ma race, 5
Lors, pour vous, les ruiffeaux ne furent pas ouuerts
D'Apollon le doré, des Mufes aux yeux vertz,
Mais vous receut naiffants Tifiphone en leur place.

Si i'ay oncq quelque part à la pofterité,
Ie veux que l'vn & l'autre en foit desherité. 10
Et fi au feu vangeur des or ie ne vous donne,

C'eft pour vous diffamer : viuez, chetifz, viuez,
Viuez aux yeux de tous, de tout honneur priuez :
Car c'eft pour vous punir, qu'ores ie vous pardonne.

## XXI

N'aiés plus, mes amis, n'aiez plus cefte enuie
Que ie ceffe d'aimer; laiffés moi, obftiné,
Viure & mourir ainfi, puifqu'il eft ordonné :
Mon amour, c'eft le fil auquel fe tient ma vie.

Ainfi me dict la fee; ainfi en Æagrie, 5
Elle feit Meleagre à l'amour deftiné,

Et alluma fa fouche à l'heure qu'il fuft né,
Et dict : « Toy & ce feu, tenez vous compagnie. »

Elle le dict ainfi, & la fin ordonnee
10 Suyuit apres le fil de cefte deftinee.
La fouche (ce dict l'on) au feu fut confommee.

Et des lors (grand miracle), en vn mefme momant,
On veid, tout à vn coup, du miferable amant
La vie & le tifon f'en aller en fumee.

## XXII

Quand tes yeux conquerans eftonné ie regarde,
I'y veoy dedans à clair tout mon efpoir efcript;
I'y veoy dedans Amour luy mefme qui me rit,
Et m'y monftre, mignard, le bon heur qu'il me garde.

5 Mais, quand de te parler par fois ie me hazarde,
C'eft lors que mon efpoir deffeiché fe tarit;
Et d'auouer iamais ton œil, qui me nourrit,
D'vn feul mot de faueur, cruelle, tu n'as garde.

Si tes yeux font pour moy, or voy ce que ie dis :
10 Ce font ceux là, fans plus, à qui ie me rendis.
Mon Dieu, quelle querelle en toi mefme fe dreffe,

Si ta bouche & tes yeux fe veulent defmentir ?
Mieux vaut, mon doux tourment, mieux vaut les defpartir,
Et que ie prenne au mot de tes yeux la promeffe.

## XXIII

Ce font tes yeux tranchans qui me font le courage.
Ie veoy faulter dedans la gaïe liberté,
Et mon petit archer, qui mene à fon cofté
La belle gaillardife & plaifir le volage;

Mais apres, la rigueur de ton trifte langage 5
Me monftre dans ton cœur la fiere honefteté;
Et, condemné, ie veoy la dure chafteté
Là grauement affife & la vertu fauuage.

Ainfi mon temps diuers par ces vagues fe paffe :
Ores fon œil m'appelle, or fa bouche me chaffe. 10
Helas! en ceft eftrif, combien ay ie enduré!

Et puis qu'on penfe auoir d'amour quelque affeurance :
Sans ceffe, nuict & iour, à la feruir ie penfe,
Ny encor de mon mal ne puis eftre affuré.


## XXIV

Or dis ie bien, mon efperance eft morte.
Or eft ce faict de mon aife & mon bien.
Mon mal eft clair : maintenant ie veoy bien,
I'ay efpoufé la douleur que ie porte.

Tout me court fus, rien ne me reconforte, 5
Tout m'abandonne & d'elle ie n'ay rien,

Sinon touſiours quelque nouueau fouſtien,
Qui rend ma peine & ma douleur plus forte.

Ce que i'attends, c'eſt vn iour d'obtenir
Quelques foufpirs des gens de l'aduenir.
Quelqu'vn dira deſſus moy par pitié :

« Sa dame & luy nafquirent deſtines,
Egalement de mourir obſtines,
L'vn en rigueur, & l'autre en amitié. »

## XXV

I'ay tant veſcu, chetif, en ma langueur,
Qu'or i'ay veu rompre, & fuis encor en vie,
Mon efperance auant mes yeux rauye,
Contre l'efqueulh de fa fiere rigueur.

Que m'a feruy de tant d'ans la longueur ?
Elle n'eſt pas de ma peine aſſouuie :
Elle f'en rit, & n'a point d'autre enuie
Que de tenir mon mal en fa vigueur.

Doncques i'auray, mal'heureux en aimant,
Touſiours vn cœur, touſiours nouueau tourment.
Ie me fens bien que i'en fuis hors d'alaine,

Preſt à laiſſer la vie foubz le faix :
Qui feroit on, finon ce que ie fais ?
Piqué du mal, ie m'obſtine en ma peine.

## XXVI

Puis qu'ainsi font mes dures destinees,
I'en saouleray, si ie puis, mon soucy,
Si i'ay du mal, elle le veut aussi :
I'accompliray mes peines ordonnees.

Nymphes des bois, qui auez, estonnees,
De mes douleurs, ie croy, quelque mercy,
Qu'en pensez-vous ? Puis-ie durer ainsi,
Si à mes maux tresues ne sont donnees ?

Or si quelqu'vne à m'escouter s'encline,
Oyés, pour Dieu, ce qu'orez ie deuine :
Le iour est prez que mes forces ià vaines

Ne pourront plus fournir à mon tourment;
C'est mon espoir; si ie meurs en aimant,
A donc, ie croy, failliray ie à mes peines.

## XXVII

Lors que lasse est de me lasser ma peine,
Amour, d'vn bien mon mal refrechissant,
Flate au cœur mort ma plaie languissant,
Nourrit mon mal & luy faict prendre alaine.

Lors ie conçoy quelque esperance vaine;
Mais aussi tost, ce dur tiran, s'il sent

Que mon espoir se renforce en croissant,
Pour l'estoufer, cent tourmans il m'ameine

Encor tous frez : lors ie me veois blasmant
D'auoir esté rebelle à mon tourment.
Viue le mal, ô Dieux, qui me deuore.

Viue à son gré mon tourmant rigoureux !
O bien heureux, & bien heureux encore,
Qui sans relasche est tousiours mal heureux !

## XXVIII

Si contre Amour ie n'ay autre deffence,
Ie m'en plaindray, mes vers le maudiront,
Et apres moy les roches rediront
Le tort qu'il faict à ma dure constance.

Puis que de luy i'endure ceste offence,
Au moings tout haut, mes rithmes le diront,
Et nos neueus, a lors qu'ilz me liront,
En l'outrageant, m'en feront la vengeance.

Ayant perdu tout l'aise que i'auois,
Ce sera peu que de perdre ma voix.
S'on sçait l'aigreur de mon triste soucy,

Et fut celuy qui m'a faict ceste playe,
Il en aura, pour si dur cœur qu'il aye,
Quelque pitié, mais non pas de mercy.

## XXIX

Ià reluifoit la benoifte iournee
Que la nature au monde te deuoit,
Quand des threfors qu'elle te referuoit
Sa grande clef te feuft abandonnee.

Tu prins la grace à toy feule ordonnee, 5
Tu pillas tant de beautez qu'elle auoit,
Tant qu'elle, fiere, a lors qu'elle te veoit,
En eft par fois elle mefme eftonnee.

Ta main de prendre en fin fe contenta,
Mais la nature encor te prefenta, 10
Pour t'enrichir, cefte terre où nous fommes.

Tu n'en prins rien : mais, en toy tu t'en ris,
Te fentant bien en auoir affez pris
Pour eftre ici royne du cœur des hommes.

# EXTRAICT D'VNE LETTRE

*Que Monſieur le Conſeiller de MONTAIGNE
eſcrit à
Monſeigneur de MONTAIGNE ſon pere, concernant quelques particularitez
qu'il remarqua
en la maladie & mort de feu Monſieur de la BOËTIE.*

VANT à ſes dernieres paroles, ſans doubte ſi
homme en doit rendre bon conte, c'eſt moy, tant
par ce que du long de ſa maladie il parloit auſſi
volontiers à moy qu'à nul autre, que auſſi pource
que pour la ſinguliere & fraternelle amitié que nous nous
eſtions entreportez, i'auois treſcertaine cognoiſſance des
intentions, iugements & volontez qu'il auoit eus durant ſa
vie, autant ſans doute qu'homme peut auoir d'vn autre. Et
par ce que ie les ſçauois eſtre hautes, vertueuſes, pleines de
treſcertaine reſolution, & quand tout eſt dit, admirables, ie
preuoyois bien que ſi la maladie luy laiſſoit le moyen de ſe
pouuoir exprimer, qu'il ne luy eſchapperoit rien en vne telle
neceſſité qui ne fuſt grand & plein de bon exemple : ainſi
ie m'en prenois le plus garde que ie pouuois. Il eſt vray,
Monſeigneur, comme i'ai la memoire fort courte, & debau-
chée encore par le trouble que mon eſprit auoit à ſouffrir
d'vne ſi lourde perte, & ſi importante, qu'il eſt impoſſible
que ie n'aye oublié beaucoup de choſes que ie voudrois eſtre
ſceuës. Mais celles deſquelles il m'eſt ſouuenu, ie les vous
manderay le plus au vray qu'il me ſera poſſible. Car pour
le repreſenter ainſi fierement arreſté en ſa braue démarche,
pour vous faire voir ce courage inuincible dans vn corps

atterré & affommé par les furieux efforts de la mort & de la douleur, ie confeffe qu'il y faudroit vn beaucoup meilleur ftile que le mien. Par-ce qu'encores que durant fa vie, quand il parloit de chofes graues & importantes, il en parloit de telle forte qu'il eftoit mal-aifé de les fi bien efcrire, fi eft-ce qu'à ce coup il fembloit que fon efprit & fa langue f'efforçaffent à l'enuy, comme pour luy faire leur dernier feruice. Car fans doute ie ne le vis iamais plein ny de tant & de fi belles imaginations, ny de tant d'eloquence, comme il a efté le long de cefte maladie. Au refte, Monfeigneur, fi vous trouuez que i'aye voulu mettre en compte fes propos plus legers & ordinaires, ie l'ay fait à efcient. Car eftants dits en ce temps là, & au plus fort d'vne fi grande befongne, c'eft vn fingulier tefmoignage d'vne ame pleine de repos, de tranquilité & d'affeurance.

Comme ie reuenois du Palais, le lundy neufième d'aouft 1563, ie l'enuoyay conuier à difner chez moy. Il me manda qu'il me mercioit, qu'il fe trouuoit vn peu mal, & que ie lui ferois plaifir fi ie voulois eftre vne heure auec luy, auant qu'il partift pour aller en Medoc. Ie l'allay trouuer bien toft après difner. Il eftoit couché veftu, & monftroit defià ie ne fçay quel changement en fon vifage. Il me dift que c'eftoit vn flux de ventre auec des tranchees, qu'il auoit pris le iour auant, iouant en pourpoint foubs vne robbe de foye, auec Monfieur d'Efcars; & que le froid luy auoit fouuent fait fentir femblables accidents. Ie trouuay bon qu'il continuaft l'entreprife qu'il auoit pieça faicte de f'en aller; mais qu'il n'allaft pour ce foir que iufques à Germignan, qui n'eft qu'à deux lieues de la ville. Cela faifois-ie pour le lieu où il eftoit logé tout auoifiné de maifons infectes de pefte, de laquelle il auoit quelque apprehenfion, comme reuenant de Perigort & d'Agenois, où il auoit laiffé tout empefté; & puis, pour femblable maladie que la fienne ie m'eftois autrefois tresbien trouué de monter à cheual. Ainfi il f'en partit, & Madamoifelle de la Boëtie fa femme, & Monfieur de Bouillhonnas fon oncle, auec luy.

Le lendemain de bien bon matin, voicy venir vn de fes gents à moy de la part de Madamoifelle de la Boëtie, qui me mandoit qu'il f·eftoit fort mal trouué la nuict d'vne forte
40 diffenterie. Elle enuoyoit querir vn medecin & vn apotiquaire, & me prioit d'y aller, comme ie fis l'apres difnée.

A mon arriuée, il fembla qu'il fuft tout efiouy de me voir; & comme ie voulois prendre congé de luy pour m'en reuenir, & luy promiffe de le reuoir le lendemain, il me pria auec
45 plus d'affection & d'inftance qu'il n'auoit iamais fait d'autre chofe, que ie fuffe le plus que ie pourrois auec luy. Cela me toucha aucunement. Ce neantmoins ie m'en allois quand Madamoifelle de la Boëtie, qui preffentoit defià ie ne fçay quel malheur, me pria les larmes à l'œil, que ie ne bougeaffe
50 pour ce foir. Ainfi elle m'arrefta, de quoi il fe refiouït auec moy. Le lendemain ie m'en reuins; & le ieudy, le fus retrouuer. Son mal alloit en empirant : fon flux de fang & fes tranchees qui l'affoibliffoient encores plus, croiffoient d'heure à autre.

55 Le vendredy, ie le laiffay encores : & le famedy, ie le fus reuoir defià fort abbatu. Il me dit lors, que fa maladie eftoit vn peu contagieufe, & outre cela, qu'elle eftoit mal plaifante, & melancholique : qu'il cognoiffoit tresbien mon naturel, & me prioit de n'eftre auec luy que par boutees, mais le plus
60 fouuent que ie pourrois. Ie ne l'abandonnay plus. Iufques au dimenche il ne m'auoit tenu nul propos de ce qu'il iugeoit de fon eftre, & ne parlions que de particulieres occurrences de fa maladie, & de ce que les anciens medecins en auoient dit. D'affaires publiques, bien peu ; car ie l'en trouuay tout
65 degoufté dés le premier iour. Mais le dimenche, il euft vne grand' foibleffe : et comme il fut reuenu à foy, il dit qu'il luy auoit femblé eftre en vne confufion de toutes chofes, & n'auoir rien veu qu'vne efpeffe nuë & brouillart obfcur, dans lequel tout eftoit pefle-mefle & fans ordre : toutesfois
70 qu'il n'auoit eu nul defplaifir à tout cet accident. La mort n'a rien de pire que cela, luy dis-ie lors, mon frere. — Mais n'a rien de fi mauuais, — me refpondit-il.

Depuis lors, par ce que dés le commencement de fon mal, il n'auoit pris nul fommeil, & que nonobftant tous les remedes, il alloit toufiours en empirant : de forte qu'on y auoit defià employé certains bruuages, defquelz on ne fe fert qu'aux dernieres extremitez, il commença à defefperer entierement de fa guerifon, ce qu'il me communiqua. Ce mefme iour, par ce qu'il fut trouué bon, ie luy dis, qu'il me fieroit mal, pour l'extreme amitié que ie lui portois, fi ie ne me fouciois que comme en fa fanté on auoit veu toutes fes actions pleines de prudence & de bon confeil autant qu'à homme du monde qu'il les continuaft encore en fa maladie ; & que, fi Dieu vouloit qu'il empiraft, ie ferois tres marry qu'à faute d'aduifement il euft laiffé nul de fes affaires domeftiques découfu, tant pour le dommage que fes parents y pourroient fouffrir, que pour l'intereft de fa reputation : ce qu'il print de moy de tres bon vifage. Et apres f'eftre refolu des difficultez qui le tenoient fufpens en cela, il me pria d'appeler fon oncle & fa femme feuls, pour leur faire entendre ce qu'il auoit deliberé quant à fon teftament. Ie luy dis qu'il les eftonneroit. « Non, non, me dit-il, ie les confoleray & leur donneray beaucoup meilleure efperance de ma fanté, que ie ne l'ay moy mefme. » Et puis il me demanda, fi les foibleffes qu'il auoit euës ne nous auoient pas vn peu eftonnez. « Cela n'eft rien, lui fis-ie, mon frere : ce font accidents ordinaires à telles maladies. — Vrayement non, ce n'eft rien, mon frere, me refpondit-il, quand bien il en aduiendroit ce que vous en craindriez le plus. — A vous ne feroit ce que heur, luy replicquay-ie ; mais le dommage feroit à moy qui perdrois la compaignie d'vn fi grand, fi fage & fi certain amy, & tel que ie ferois affeuré de n'en trouuer iamais de femblable. — Il pourroit bien eftre, mon frere, adioufta-il, & vous affeure que ce qui me fait auoir quelque foing que i'ay de ma guerifon, & n'aller fi courant au paffage que i'ay defià franchy à demy, c'eft la confideration de voftre perte, & de ce pauure homme & de cefte pauure femme (parlant de fon oncle & de fa femme) que i'ayme tous deux

vnicquement, & qui porteront bien impatiemment (i'en fuis
affeuré) la perte qu'ils feront en moy, qui de vray eft bien
grande pour vous & pour eux. I'ay auffi refpect au defplaifir
40 que auront beaucoup de gens de bien qui m'ont aymé &
eftimé pendant ma vie, defquelz certes, ie le confeffe, fi
c'eftoit à moy à faire ie ferois content de ne perdre encores
la conuerfation. Et fi ie m'en vais, mon frere, ie vous prie,
vous qui les cognoiffez, de leur rendre tefmoignage de la
45 bonne volonté que ie leur ay portee iufques à ce dernier terme
de ma vie. Et puis, mon frere, parauenture n'eftois-ie point
né fi inutil, que ie n'euffe moyen de faire feruice à la chofe
publicque? Mais quoy qu'il en foit, ie fuis preft à partir
quand il plaira à Dieu, eftant tout affeuré que ie iouïray de
50 l'aife que vous me predites. Et quant à vous, mon amy, ie
vous cognois fi fage, que, quelque intereft que vous y ayez,
fi vous conformerez vous volontiers & patiemment à tout
ce qu'il plaira à fa faincte Maiefté d'ordonner de moy, &
vous fupplie vous prendre garde que le deuil de ma perte ne
55 poulfe ce bon homme & cefte bonne femme hors des gonds
de la raifon. » Il me demanda lors comme ils f'y compor-
toient defià. Ie luy dis que affez bien pour l'importance de la
chofe : « Ouy (fuyuit-il) à cefte heure qu'ils ont encore vn
peu d'efperance. Mais fi ie la leur ay vne fois toute oftee,
60 mon frere, vous ferez bien empefché à les contenir. » Suiuant
ce refpect, tant qu'il vefcut depuis, il leur cacha toufiours
l'opinion certaine qu'il auoit de fa mort, & me prioit bien
fort d'en vfer de mefme. Quand il les voyoit aupres de luy,
il contrefaifoit la chere plus gaye & les paiffoit de belles
65 efperances.

Sur ce point ie le laiffay pour les aller appeler. Ils com-
poferent leur vifage le mieux qu'ils peurent pour vn temps.
Et apres nous eftre affis autour de fon lict nous quatre feuls,
il dit ainfi d'vn vifage pofé & comme tout efiouy : « Mon
70 oncle, ma femme, ie vous affeure fur ma foy, que nulle
nouuelle attainte de ma maladie ou opinion mauuaife que
i'aye de ma guerifon, ne m'a mis en fantaifie de vous faire

appeller pour vous dire ce que i'entreprens; car ie me porte, Dieu mercy, tres bien & plein de bonne esperance; mais ayant de longue main appris, tant par longue experience que par longue estude, le peu d'asseurance qu'il y a à l'instabilité & inconstance des choses humaines, & mesmes en noftre vie que nous tenons si chere, qui n'eft toutesfois que fumee & chose de neant; & considerant auffy, que puisque ie suis malade, ie me suis d'autant approché du danger de la mort, i'ay deliberé de mettre quelque ordre à mes affaires domesticques, apres en auoir eu voftre aduis premierement.» Et puis addressant son propos à son oncle : « Mon bon oncle, dit-il, si i'auois à vous rendre à cefte heure compte des grandes obligations que ie vous ay, ie n'aurois en piece fait : il me suffit que iusques à present, où que i'aye efté, & à quiconque i'en aye parlé, i'aye toufiours dit que tout ce que vn tres fage, tres bon & tres liberal pere pouuoit faire pour son fils, tout cela auez-vous fait pour moy, foit pour le foing qu'il a fallu à m'inftruire aux bonnes lettres, soit lorsqu'il vous a pleu me pousser aux estats : de sorte que tout le cours de ma vie a efté plein de grands & recommendables offices d'amitiez voftres enuers moy : fomme, quoy que i'aye, ie le tiens de vous, ie l'aduouë de vous, ie vous en suis redeuable, vous eftes mon vray pere; ainfi comme fils de famille ie n'ay nulle puiffance de disposer de rien, s'il ne vous plaift de m'en donner congé. » Lors il se teuft & attendit que les soufpirs & les sanglots euffent donné loifir à son oncle de luy refpondre qu'il trouueroit toufiours tres bon tout ce qu'il luy plairoit. Lors ayant à le faire son heritier, il le fupplia de prendre de luy le bien qui eftoit fien.

Et puis, destournant sa parole à sa femme : « Ma femblance, dit-il (ainfi l'appeloit-il fouuent, pour quelque ancienne alliance qui eftoit entre eux) ayant efté ioint à vous du fainct neud de mariage, qui eft l'vn des plus respectables & inuiolables que Dieu nous ait ordonné ça bas, pour l'entretien de la focieté humaine, ie vous ay aymee, cherie & eftimee autant qu'il m'a efté poffible, & fuis tout affeuré que

vous m'auez rendu reciproque affection, que ie ne fçaurois
affez recognoiftre. Ie vous prie de prendre de la part de mes
biens ce que ie vous donne, & vous en contenter, encores
40 que ie fçache bien que c'eft bien peu au pris de vos merites.»

Et puis, tournant fon propos à moy : « Mon frere, dit-il,
que i'ayme fi cherement & que i'auois choify parmy tant
d'hommes, pour renouueller auec vous cefte vertueufe &
fincere amitié, de laquelle l'vfage eft par les vices dés fi long
45 temps efloigné d'entre nous, qu'il n'en refte que quelques
vieilles traces en la memoire de l'antiquité, ie vous fupplie
pour fignal de mon affection enuers vous, vouloir eftre fuc-
cefleur de ma bibliothecque & de mes liures que ie vous
donne : prefent bien petit, mais qui part de bon cueur, &
50 qui vous eft conuenable pour l'affection que vous auez aux
Lettres. Ce vous fera μνημόσυνον *tui fodalis*. »

Et puis, parlant à tous trois generalement, loua Dieu,
dequoy en vne fi extreme neceffité, il fe trouuoit accompagné
de toutes les plus cheres perfonnes qu'il euft en ce monde ;
55 & qu'il lui fembloit tres beau à voir vne affemblee de quatre
fi accordants & fi vnis d'amitié, faifant, difoit-il, eftat, que
nous nous entraymions vnanimement les vns pour l'amour
des autres. Et nous ayant recommandé les vns aux autres,
il fuyuit ainfi : « Ayant mis ordre à mes biens, encores me
60 faut il penfer à ma confcience. Ie fuis chreftien, ie fuis
catholique : tel ay vefcu, tel fuis ie deliberé de clorre ma
vie. Qu'on me face venir vn preftre ; car ie ne veux faillir à
ce dernier deuoir d'vn chreftien. »

Sur ce poinct il finit fon propos, lequel il auoit continué
65 auec telle affeurance de vifage, telle force de parolle & de
voix, que là où ie l'auois trouué, lorfque i'entray en fa chambre, foible, trainant lentement les mots, les vns apres les
autres, & ayant le pouls abbatu comme de fiéure lente, &
tirant à la mort, le vifage palle & tout meurtri, il fembloit
70 lors qu'il vint, comme par miracle, de reprendre quelque
nouuelle vigueur : le taint plus vermeil & le pouls plus
fort, de forte que ie luy fis tafter le mien pour les comparer

enfemble. Sur l'heure i'eus le cueur fi ferré, que ie ne fceus rien luy refpondre. Mais deux ou trois heures apres, tant pour luy continuer cefte grandeur de courage, que auffi parce que ie fouhaittois pour la ialoufie que i'ay eue toute ma vie de fa gloire & de fon honneur, qu'il y euft plus de tefmoings de tant & fi belles preuues de magnanimité, y ayant plus grande compagnie en fa chambre, ie luy dis que i'auois rougy de honte de quoy le courage m'auoit failly à ouïr ce que luy qui eftoit engagé dans ce mal, auoit eu courage de me dire : que iufques lors i'auois penfé que Dieu ne nous donnaft guieres fi grand auantage fur les accidents humains, & croyois mal ayfeement ce que quelquesfois i'en lifois parmy les hiftoires ; mais qu'en ayant fenti vne telle preuue, ie louois Dieu de quoy ce auoit efté en vne perfonne de qui ie fuffe tant aymé, & que i'aymaffe fi cherement, & que cela me feruiroit d'exemple pour iouer ce mefme rolle à mon tour.

Il m'interrompit pour me prier d'en vfer ainfy, & de monftrer par effect que les difcours que nous auions tenus enfemble pendant noftre fanté, nous ne les portions pas feulement en la bouche, mais engrauez bien auant au cueur & en l'ame, pour les mettre en execution aux premieres occafions qui f'offriroient, adiouftant que c'eftoit la vraye prattique de noz eftudes & de la philofophie. Et me prenant par la main : « Mon frere, mon amy, me dit-il, ie t'affeure que i'ay fait affez de chofes, ce me femble, en ma vie, auec autant de peine & difficulté que ie fais cefte-cy. Et quand tout eft dit, il y a fort long temps que i'y eftois preparé & que i'en fçauois ma leçon toute par cueur. Mais n'eft-ce pas affez vefcu iufques à l'aage auquel ie fuis ? l'eftois preft à entrer à mon trente troifiéme an. Dieu m'a fait cefte grace, que tout ce que i'ay paffé, iufques à cefte heure de ma vie, a efté plein de fanté & de bonheur ; pour l'inconftance des chofes humaines, cela ne pouuoit gueres plus durer. Il eftoit meshuy temps de fe mettre aux affaires & de voir mille chofes mal plaifantes, comme l'incommodité de la

vieilleffe, de laquelle ie fuis quitte par ce moyen. Et puis,
il eft vrayfemblable que i'ay vefcu iufqu'à cefte heure auec
plus de fimplicité & moins de malice que ie n'euffe par
40 auenture fait, fi Dieu m'euft laiffé viure iufqu'à ce que le
foing de m'enrichir & accommoder mes affaires me fuft entré
dans la tefte. Quant à moy, ie fuis certain, que ie m'en vays
trouuer Dieu & le feiour des bienheureux. » Or, parce que ie
monftrois mefme au vifage l'impatience que i'auois à l'ouyr :
45 « Comment, mon frere, me dit-il, me voulez vous faire peur ?
Si ie l'auois, à qui feroit-ce de me l'ofter qu'à vous ? » Sur le
foir, par ce que le notaire furuint, qu'on auoit mandé pour
receuoir fon teftament, ie le luy fis mettre par efcrit, & puis
ie luy feus dire f'il ne le vouloit pas figner : « Non pas
50 figner, dit-il, ie le veux faire moy mefme. Mais ie voudrois,
mon frere, qu'on me donnaft vn peu de loifir ; car ie me
trouue extremement trauaillé & fi affoibly que ie n'en puis
quafi plus. » Ie me mis à changer de propos ; mais il fe reprit
foudain & me dit qu'il ne failloit pas grand loifir à mourir,
55 & me pria de fçauoir fi le notaire auoit la main bien legere,
car il n'arrefteroit gueres à dicter. l'appelay le notaire, &
fur le champ il dicta fi vifte fon teftament qu'on eftoit bien
empefché à le fuyure. Et ayant acheué, il me pria de luy
lire, & parlant à moy : « Voylà, dit-il, le foing d'vne belle
60 chofe que nos richeffes. *Sunt hæc quæ hominibus vocantur
bona.* » Apres que le teftament euft efté figné, comme fa
chambre eftoit pleine de gents, il me demanda f'il luy
feroit mal de parler. Ie luy dis que non, mais que ce fuft
tout doucement.
65 Lors il fit appeller Madamoyfelle de Saint-Quentin fa
niepce, & parla ainfi à elle : « Ma niepce, m'amie, il m'a
femblé depuis que ie t'ay cogneue, auoir veu reluire en toy
des traits de tres bonne nature ; mais ces derniers offices
que tu fais auec fi bonne affection, & telle diligence, à
70 ma prefente neceffité, me promettent beaucoup de toy, &
vrayement ie t'en fuis obligé & t'en mercie tres affectueufe-
ment. Au refte, pour ma defcharge, ie t'aduertis d'eftre

premierement deuote enuers Dieu : car c'eſt ſans doute la
principale partie de noſtre deuoir, & ſans laquelle nulle
autre action ne peut eſtre ny bonne ny belle : & celle là y
eſtant bien à bon eſcient, elle traine aprez ſoy par neceſſité
toutes autres actions de vertu. Apres Dieu, il te faut aymer
& honnorer ton pere & ta mere, meſme ta mere, ma ſœur,
que i'eſtime des meilleures & plus ſages femmes du monde,
& te prie de prendre d'elle l'exemple de ta vie. Ne te laiſſe
point emporter aux plaiſirs; fuis comme peſte ces folles
priuautez que tu vois les femmes auoir quelquefois auec
les hommes, car encores que ſur le commencement elles
n'ayent rien de mauuais; toutesfois petit à petit elles
corrompent l'eſprit, & le conduiſent à l'oyſiueté, & de là,
dans le vilain bourbier du vice. Crois moy : la plus ſeure
garde de la chaſteté à vne fille, c'eſt la ſeuerité. Ie te prie,
& veux qu'il te ſouuienne de moy, pour auoir ſouuent deuant
les yeux l'amitié que ie t'ay portee, non pas pour te plaindre
& pour te douloir de ma perte, & cela deffens-ie à tous
mes amys, tant que ie puis, attendu qu'il ſembleroit qu'ils
fuſſent enuieux du bien, duquel, mercy à ma mort, ie me
verray bientoſt iouïſſant : & t'aſſeure, ma fille, que ſi Dieu
me donnoit à ceſte heure à choiſir, ou de retourner à viure
encores, ou d'acheuer le voyage que i'ay commencé, ie
ferois bien empeſché au chois. Adieu ma niepce, m'amye. »

Il fit apres appeller Madamoiſelle d'Arſat ſa belle fille,
& luy dit : « Ma fille, vous n'auez pas grand beſoing de mes
aduertiſſements, ayant vne telle mere, que i'ay trouuee ſi
ſage, ſi bien conforme à mes conditions & volontez, ne
m'ayant iamais fait nulle faute. Vous ferez tresbien inſtruite
d'vne telle maiſtreſſe d'eſchole. Et ne trouuez point eſtrange
ſi moy, qui ne vous attouche d'aucune parenté, me ſoucie &
me meſle de vous. Car eſtant fille d'vne perſonne qui m'eſt
ſi proche, il eſt impoſſible que tout ce qui vous concerne ne
me touche auſſi. Et pourtant ay ie touſiours eu tout le ſoing
des affaires de monſieur d'Arſat, voſtre frere, comme des
miennes propres. Vous auez de la richeſſe & de la beauté

affez : vous eftes Damoifelle de bon lieu. Il ne vous refte
que d'y adiouster les biens de l'efprit, ce que ie vous prie
vouloir faire. Ie ne vous deffens pas le vice qui eft tant
40 deteftable aux femmes, car ie ne veux pas penfer feulement
qu'il vous puiffe tomber en l'entendement : voire ie crois que
le nom mefme vous en eft horrible. Adieu ma belle fille. »

Toute la chambre eftoit pleine de cris & de larmes, qui
n'interrompoient toutesfois nullement le train de fes dif-
45 cours, qui furent longuets. Mais apres tout cela il commanda
qu'on fift fortir tout le monde, fauf fa garnifon, ainfi nomma
il les filles qui le feruoient. Et puis, appellant mon frere de
Beau-regard : « Monfieur de Beau-regard, luy dit-il, ie vous
mercie bien fort de la peine que vous prenez pour moy :
50 vous voulez bien que ie vous defcouure quelque chofe que
i'ay fur le cœur à vous dire. » Dequoy quand mon frere lui
euft donné affeurance, il fuyuit ainfi : « Ie vous iure que de
tous ceux qui fe font mis à la reformation de l'Eglife, ie
n'ay iamais penfé qu'il y en ait eu vn feul qui f'y foit mis
55 auec meilleur zele, plus entiere, fincere & fimple affection
que vous. Et crois certainement que les feuls vices de noz
prelats, qui ont fans doute befoing d'vne grande correction,
& quelques imperfections que le cours du temps a apporté
en noftre Eglife, vous ont incité à cela : ie ne vous en veux
60 pour cefte heure demouuoir : car auffy ne prie-ie pas volontiers perfonne de faire quoy que ce foit contre fa confcience.
Mais ie vous veux bien aduertir, qu'ayant refpect à la bonne
reputation qu'a acquis la maifon de laquelle vous eftes, par
vne continuelle concorde : maifon que i'ay autant chere que
65 maifon du monde : mon Dieu, quelle cafe, de laquelle il
n'eft iamais forty acte que d'homme de bien ! ayant refpect
à la volonté de voftre pere, ce bon pere à qui vous deuez
tant, de voftre oncle, à voz freres, vous fuyez ces extremitez :
ne foyez point fi afpre & fi violent : accommodez vous à
70 eux. Ne faictes point de bande & de corps à part ; ioignez
vous enfemble. Vous voyez combien de ruïnes ces diffentions
ont apporté en ce royaume ; & vous refpons qu'elles en

apporteront de bien plus grandes. Et comme vous eftes
fage & bon, gardez de mettre ces inconueniens parmy voſtre
famille, de peur de lui faire perdre la gloire & le bonheur
duquel elle a iouy iufques à ceſte heure. Prenez en bonne
part, Monſieur de Beau-regard, ce que ie vous en dis, &
pour vn certain teſmoignage de l'amitié que ie vous porte.
Car pour ceſt effect me fuis-ie referué iufques à ceſte heure
à vous le dire ; & à l'auenture vous le difant en l'eſtat
auquel vous me voyez, vous donnerez plus de poix & d'authorité à mes paroles. » Mon frere le remercia bien fort.

 Le lundi matin, il eſtoit fi mal, qu'il auoit quitté toute
eſperance de vie. De forte que deflors qu'il me vit, il
m'appella tout piteufement, & me dit : « Mon frere, n'auez
vous pas de compaſſion de tant de tourments que ie fouffre ?
Ne voyez vous pas meshuy, que tout le fecours que vous
me faites, ne fert que d'allongement à ma peine ? » Bientoſt
apres, il s'efuanouit : de forte qu'on le cuida abandonner
pour trefpaſſé : en fin, on le reueilla à force de vinaigre &
de vin. Mais il ne veit de fort long temps apres, & nous
oyant crier autour de luy, il nous dit : « Mon Dieu, qui me
tourmente tant ? Pourquoy m'oſte l'on de ce grand & plaifant repos auquel ie fuis ? Laiſſez moy, ie vous prie. » Et
puis m'oyant, il me dit : « Et vous auſſy, mon frere, vous ne
voulez donc pas que ie gueriſſe ? O quel ayfe vous me faites
perdre ! » Enfin, s'eſtant encores plus remis, il demanda vn
peu de vin. Et puis s'en eſtant bien trouué, me dit que
c'eſtoit la meilleure liqueur du monde. « Non eſt dea, fis-ie
pour le mettre en propos, c'eſt l'eau. — C'eſt mon, repliqua-
il, ὕδωρ ἄριστον. » Il auoit defià toutes les extremitez, iufques
au vifage, glacees de froid, auec vne fueur mortelle qui
luy couloit tout le long du corps : & n'y pouuoit on quafi
plus trouuer nulle recognoiſſance de pouls. Ce matin, il
fe confeſſa à fon preſtre : mais parce que le preſtre n'auoit
apporté tout ce qu'il luy failloit, il ne luy peut dire la
meſſe. Mais le mardy matin, M. de la Boëtie le demanda,
pour l'ayder, dit-il, à faire fon dernier office chreſtien.

Ainsi, il ouit la messe & feit ses Pasques. Et comme le prestre prenoit congé de luy, il luy dit : « Mon pere spirituel, ie vous supplie humblement, & vous & ceux qui sont soubs
40 vostre charge, priez Dieu pour moy, soit qu'il soit ordonné par les tres sacrez thresors des desseins de Dieu que ie finisse à ceste heure mes iours, qu'il ayt pitié de mon ame, & me pardonne mes pechez, qui sont infinis, comme il n'est pas possible que si vile & si basse creature que moy aye peu
45 executer les commandements d'vn si haut & si puissant maistre : ou s'il luy semble que ie face encores besoin par deçà, & qu'il veuille me reseruer à quelque autre heure, suppliez le qu'il finisse bien tost en moy les angoisses que ie souffre, & qu'il me face la grace de guider dorenauant
50 mes pas à la suyte de sa volonté, & de me rendre meilleur que ie n'ay esté. » Sur ce point il s'arresta vn peu pour prendre aleine : & voyant que le prestre s'en alloit, il le rappella, & luy dit : « Encores veux-ie dire cecy en vostre presence : Ie proteste, que comme i'ay esté baptizé, ay vescu,
55 ainsi veux-ie mourir soubs la foy & religion que Moyse planta premierement en Ægypte, que les Peres receurent depuis en Iudee, & qui de main en main par succession de temps a esté apportee en France. » Il sembla, à le voir, qu'il eust parlé encores plus long temps, s'il eust peu : mais il
60 finit, priant son oncle & moy de prier Dieu pour luy. « Car ce sont, dit-il, les meilleurs offices que les chrestiens puissent faire les vns pour les autres. » Il s'estoit en parlant descouuert vne espaule, & pria son oncle la recouurir, encores qu'il eust vn vallet plus pres de luy. Et puis, me regardant :
65 « *Ingenui est,* dit-il, *cui multum debeas, ei plurimum velle debere.* » Monsieur de Belot le vint voir apres midy, & il luy dit, lui presentant sa main : Monsieur mon bon amy, i'estois icy à mesme pour payer ma debte, mais i'ay trouué vn bon crediteur qui me l'a remise. » Vn peu apres comme il
70 se réueilloit en sursaut : « Bien, bien, qu'elle vienne quand elle voudra, ie l'attends, gaillard & de pié coy ; » mots qu'il redit deux ou trois fois en sa maladie. Et puis, comme on

luy entre ouuroit la bouche par force pour le faire aualler : « *An viuere tanti eſt ?* » dit-il, tournant ſon propos à Monſieur de Belot. Sur le ſoir, il commença bien à bon eſcient à tirer aux traicts de la mort ; & comme ie ſouppois, il me fit appeller, n'ayant plus que l'image & que l'ombre d'vn homme, & comme il diſoit de ſoy meſme : « *Non homo, ſed ſpecies hominis.* » Et me dit, à toutes peines : « Mon frere, mon amy, pleuſt à Dieu que ie viſſe les effects des imaginations que ie viens d'auoir. » Apres auoir attendu quelque temps, qu'il ne parloit plus, & qu'il tiroit des ſouſpirs tranchants pour ſ'en efforcer, car deſlors la langue commençoit fort à luy denier ſon office. « Quelles ſont elles, mon frere ? luy dis-ie. — Grandes, grandes, me reſpondit-il. — Il ne fut iamais, ſuyuis-ie, que ie n'euſſe ceſt honneur que de communiquer à toutes celles qui vous venoient à l'entendement, voulez vous pas que i'en iouïſſe encore ? — C'eſt mon dea, reſpondit-il : mais, mon frere, ie ne puis : elles ſont admirables, infinies, & indicibles. » Nous en demeuraſmes là, car il n'en pouuoit plus. De ſorte qu'vn peu au parauant il auoit voulu parler à ſa femme, & luy auoit dit d'vn viſage le plus gay qu'il le pouuoit contrefaire, qu'il auoit à luy dire vn conte. Et ſembla qu'il ſ'efforçaſt pour parler : mais la force luy defaillant, il demanda vn peu de vin pour la luy rendre. Ce fut pour neant ; car il euanouit ſoudain, & fut long temps ſans veoir. Eſtant deſià bien voiſin de ſa mort, & oyant les pleurs de Madamoiſelle de la Boëtie, il l'appella, & luy dit ainſy : « Ma ſemblance, vous vous tourmentez auant le temps : voulez vous pas auoir pitié de moy ? Prenez courage. Certes ie porte plus la moitié de peine, pour le mal que ie vous voy ſouffrir, que pour le mien, & auec raiſon, parce que les maux que nous ſentons en nous, ce n'eſt pas nous proprement qui les ſentons, mais certains ſens que Dieu a mis en nous : mais ce que nous ſentons pour les autres, c'eſt par certain iugement & par diſcours de raiſon que nous le ſentons. Mais ie m'en vois. » Cela diſoit il, par ce que le cueur luy failloit. Or, ayant eu

peur d'auoir eftonné fa femme, il fe reprint & dift : « Ie m'en vois dormir, bon foir, ma femme, allez vous en. » Voilà le dernier congé qu'il print d'elle. Apres qu'elle fut partie :
40 « Mon frere, me dit-il, tenez vous au pres de moy, f'il vous plaift. » Et puis, ou fentant les poinctes de la mort plus preffantes & poignantes, ou bien la force de quelque medicament chaud qu'on luy auoit fait aualler, il print vne voix plus efclatante & plus forte, & donnoit des tours dans
45 fon lict auec tout plein de violence : de forte que toute la compaignie commença à auoir quelque efperance, par ce que iufques lors la feule foibleffe nous l'auoit fait perdre. Lors, entre autres chofes, il fe print à me prier & reprier auec vne extreme affection, de luy donner vne place : de
50 forte que i'eus peur que fon iugement fuft esbranflé. Mefme que luy ayant bien doucement remonftré, qu'il fe laiffoit emporter au mal, & que ces mots n'eftoient pas d'homme bien raffis, il ne fe rendit point au premier coup, & redoubla encores plus fort : « Mon frere, mon frere, me refuzez vous
55 doncques vne place ? » Iufques à ce qu'il me contraignit de le conuaincre par raifon, & de luy dire, que puis qu'il refpiroit & parloit, & qu'il auoit corps, il auoit par confequent fon lieu. « Voire, voire, me refpondit-il lors, i'en ay, mais ce n'eft pas celuy qu'il me faut : & puis quand tout
60 eft dit, ie n'ay plus d'eftre. — Dieu vous en donnera vn meilleur bientoft, luy fis-ie. — Y fuffe-ie defià, mon frere, me refpondit il ; il y a trois iours que i'ahanne pour partir. » Eftant fur ces deftreffes, il m'appella fouuent pour f'informer feulement fi i'eftois pres de luy. En fin il fe mift vn peu à
65 repofer, qui nous confirma encores plus en noftre bonne efperance. De maniere que fortant de fa chambre, ie m'en reiiouïs auecques Madamoifelle de la Boëtie. Mais vne heure apres, ou enuiron, me nommant vne fois ou deux, & puis tirant à foy vn grand foufpir, il rendit l'ame, fur les
70 trois heures du Mercredy matin dix-huitiefme d'aouft, l'an mil cinq cens foixante trois, apres auoir vefcu 32 ans, 9 mois, & 17 iours.

# NOTES

# NOTES

## DISCOURS DE LA SERVITUDE VOLONTAIRE

Page 1 : Dans l'*Avertissement au Lecteur* placé en tête de la *Mesnagerie*, Montaigne appelle cet opuscule de La Boétie : *Discours de la Servitude volontaire*. C'est le titre que La Boétie lui-même avait donné à son œuvre. Le témoignage en est confirmé dans les *Essais* : « C'est un discours auquel il donna nom : *De la Servitude volontaire;* mais ceus qui l'ont ignoré l'ont bien proprement depuis rebaptisé : *Le contre un* » (*Essais*, liv. I, ch. 28).

P. 1, ligne 2 :
<blockquote>
Ούκ άγαθὸν πολυκοιρανίη· εἷς κοίρανος ἔστω,<br>
εἷς βασιλεύς.                (*Iliade*, ch. II, v. 204-205.)
</blockquote>

P. 1, l. 4 : *rien plus;* on lit dans les *Essais* « *rien trop* » (I, 16).

P. 1, l. 6 : *autant bien*. L'usage moderne n'admet plus qu'*aussi* devant un adjectif ou un adverbe. Mais on trouve dans Montaigne : « *autant volontiers que* » (III, 5); « *on escrit autant indistinctement qu'on parle* » (III, 13).

P. 1, l. 7 : Montaigne affectionne l'emploi de l'infinitif pris substantivement, comme en grec et en latin. On en trouve de fréquents exemples dans sa prose. Voy. Voizard, *Étude sur la langue de Montaigne*, p. 113.

P. 2, l. 6 : *possible*, peut-être. — Au XVIe siècle, *possible* était fréquemment pris adverbialement; on le rencontre dans Montaigne et de Brach. L'usage s'en est conservé jusqu'au siècle suivant; Molière et La Fontaine l'emploient volontiers, mais l'expression avait vieilli. Littré pense qu'elle mériterait d'être rajeunie.

P. 2, l. 12 : J.-J. Rousseau a dit (*Contrat social*, III, 6) : « Les meilleurs rois veulent pouvoir être méchants, s'il leur plaît, sans cesser d'être maîtres. » M. Dezeimeris a indiqué (*De la renaissance des lettres à Bordeaux*, p. 42) quels curieux rapprochements on peut faire entre la *Servitude volontaire* et le *Contrat social*.

P. 2, l. 16 : *pourmener* a ici le sens de *poursuivre*. Froissart : « tant fu chis assaus continués et *pourmenés* sans nul cés » (*Glossaire*, publié par Aug. Schéler).

P. 2, l. 17 : Sur cette question, Léon Feugère renvoie à Hérodote (III, 80-84), à Polybe (VI, 3) et à Plutarque (*Gouvernements comparés*).

P. 2, l. 20 : *si elle en y doit avoir;* nous intervertirions aujourd'hui la place de *en* et de *y*. Ce n'est pas l'habitude de Montaigne, qui met le plus souvent *en* devant *y* (Voizard, *Langue de Montaigne*, p. 140).

P. 3, l. 24 : *quant et,* avec. Fréquent dans Montaigne et dans De Brach.

P. 3, l. 29 : Nous dirions *qui n'a de puissance que celle,* etc. L'omission du pronom défini ou de la préposition *de,* qu'on emploie parfois à sa place, était fréquente (A. Benoist, *De la syntaxe française entre Palsgrave et Vaugelas,* p. 86). Les grammairiens n'avaient fixé les règles ni de l'emploi ni de l'omission, et la fantaisie des écrivains guidait leur conduite (*Ibid,* p. 89). Montaigne supprime, d'ordinaire, le pronom dans les phrases négatives (Voizard, *Langue de Montaigne,* p. 84 et 146).

P. 3, l. 35 : *de tant plus douloir et moins s'esbahir.* De Brach (*Poèmes,* 1576, in-4º, 56, vº) :

> ... *car tant plus je le prie*
> *Et moins je suis saisi de la furie.*

P. 3, l. 38 : *aucunement.* Fréquent dans Montaigne : « Je me console aucunement » (*Essais,* I, 9).

P. 4, l. 2 : *temporiser.* Montaigne : « ... qu'il ne se peut excuser d'avoir fait alte et temporisé avec les forces qu'il commandoit » (*Essais,* I, 45).

P. 4, l. 18 : *par espreuve.* De Brach (éd. Dezeimeris, I, 65) :

> *Ie le sçai par espreuve, ayant cent et cent fois*
> *Tenté de te ravir l'amour que ie te dois.*

P. 4, l. 18 : L'apocope de l'*e* final du féminin de *grand,* dont on a rencontré un exemple, était alors d'un usage à peu près général. Voyez les autorités grammaticales citées à ce propos par M. Thurot (*De la prononciation française depuis le commencement du XVIᵉ siècle d'après le témoignage des grammairiens,* t. I, p. 175). Comme la plupart de ses contemporains, Montaigne lui aussi écrit *grand'* au féminin (Voizard *Langue de Montaigne,* p. 87).

P. 4, l. 21 : *apprivoiser.* La Boétie emploie ce verbe fréquemment (notamment p. 30, l. 4). Il s'en sert aussi au figuré (p. 18, l. 17). Montaigne : « j'admire ceux qui sçavent s'apprivoiser au moindre de leur suite » (*Essais,* l. III, ch. 3). Sur *apprivoiser* pris ainsi au figuré, voy. une note de M. Tamizey de Larroque (*Lettres de J. Chapelain,* t. I, p. 439).

P. 5, l. 25 : *faillir,* manquer. Montaigne : « Voyant que les gens de cheval à trois ou quatre charges avoient failli d'enfoncer le bataillon des ennemis » (*Essais,* I, 48).

P. 5, l. 37 : *despendre,* dépenser, répandre. Montaigne n'a-t-il pas dit de lui-même : « A amasser cy n'y entends rien ; à despendre cy m'y entends un peu » (*Essais,* III, 9) ?

P. 5, l. 39 : *hommeau,* petit homme. M. Littré ne cite que l'exemple de La Boétie et un exemple postérieur de La Fontaine :

> *Le bon hommeau des coups se consola.*

Voyez ce que dit Henri Estienne, dans la *Précellence du langage françois* (éd. L. Feugère, p. 97) des diminutifs du mot *homme : hommet* et *hommelet.* Ambroise Paré a dit *hommet* (éd. Malgaigne, III, 693). Montaigne a employé *hommenet* (*Essais,* III, 5). M. Littré regrette, à bon droit, qu'*homme* n'ait gardé aucun de ces diminutifs.

P. 5, l. 39 : *femelin,* efféminé. Les exemples de ce mot, qui abondent antérieurement à La Boétie, ne se rencontrent plus après lui. Cela tient à ce que, l'*e* ayant été substitué à l'*i* étymologique, celui-ci a de nouveau prévalu sous l'influence de l'érudition, depuis le XVI<sup>e</sup> siècle : *féminin* (Thurot, *De la prononciation française*, I, 231). Cependant, suivant M. Littré *(Supplément)*, l'adjectif *femelin* est encore employé au féminin, et désigne une race de bœufs de la Haute-Saône et du Doubs, remarquable par la délicatesse de ses formes. M. Alphonse Daudet a parlé « d'âmes d'hommes dans des corps femmelins » (*Trente ans de Paris*, p. 335).

P. 5, l. 43 : *tout empesché*, tout occupé. De Brach (éd. Dezeimeris), t. II, p. 109.

P. 5, l. 45 : *couards et recreus*. — *Couard :* Montaigne, l. I, ch. 2, 22, 25, etc. — *Recreu :* Montaigne, l. II, ch. 22, etc. De Brach (éd. Dezeimeris), t. II, p. 24.

P. 6, l. 2 et 4 : *pourra l'on... dira l'on...* M. Voizard a noté que la forme *l'on*, dont on a déjà rencontré un exemple ci-dessus et que La Boétie emploie volontiers, est plus usitée que *on*, dans les *Essais* (*Langue de Montaigne*, p. 93).

P. 6, l. 17 : *eschelle*, escalade. Montaigne a dit : « Au pied de la maison qu'ils vont escheller » (*Essais*, I, 56). De Brach parle (éd. Dezeimeris), t. II, p. 65 :

> *Des geants Titanins qui, trop audacieux,*
> *Ozeront escheller la grand'voute des cieux.*

P. 6, l. 18 : *conquester*, conquérir. « Il est vieux » (*Dict. de l'Académie*, 1<sup>re</sup> édition). Brantôme a dit *conquister*, par analogie avec l'espagnol *conquistar* (*Œuvres de Brantôme*, éd. Lalanne, t. X, p. 217).

P. 7, l. 29 : *guerdon*, récompense. Plusieurs étymologistes, et notamment tous les précédents éditeurs de La Boétie, font dériver *guerdon* du grec κέρδος, et le verbe *guerdonner* de κερδαίνειν. M. Dezeimeris a déjà démontré que c'était là une analogie purement fortuite. Le sens tout à fait différend des deux mots ne permet pas d'accepter cette dérivation, et s'il fallait absolument trouver à *guerdon* une étymologie grecque, on le ferait plutôt descendre de γέρας διδόναι, γέρας δοῦναι, guerdonner, donner récompense ; italien, *guiderdone, guiderdonare*, anciennement *guidardonare* (*Œuvres poétiques de Pierre de Brach*, t. I, p. 194). Mais la racine de ce mot est assurément germanique : tudesque, *werd*, prix ; allemand, *werth ;* anglais, *worth*. « En donnant à *werd* une terminaison latine, on en fit *werdo, onis ; guerdo, onis ;* et notre mot *guerdon* dérive des cas obliques du mot latin. C'est ainsi que *pinck* donna *pinco, onis ; fan, fano, onis ; flasche, flasco, onis ;* dont nous avons fait *pinçon, fanon, flacon* » (A. de Chevallet, *Origine et formation de la langue française*. Paris, 1853, 1<sup>re</sup> partie, t. I, p. 502).

P. 7, l. 30 : *entretenement*, entretien. De Brach, *Poèmes* (1576), f. 120, v<sup>o</sup>.

P. 7, l. 31 : *loyer*, récompense. De Brach, *Œuvres poétiques* (éd. Dezeimeris), II, p. 157.

P. 7, l. 39 : La forme *enhardie*, qui se trouve dans le manuscrit de Mesmes, est un barbarisme.

P. 7, l. 40 : *se rebousche*, s'émousse. Voy. une ingénieuse note de Boissonnade, citée dans les *Œuvres poétiques* de De Brach (éd. Dezeimeris, t. I, p. 139), et qui rappelle fort à propos cet exemple de Montaigne : « La considération et le respect d'une si notable vertu rebouscha premièrement la pointe de sa cholere ». Aux exemples allégués, on peut en ajouter quelques autres pris dans Guillaume Bouchet (éd. C.-E. Roybet, t. VII, *Lexique*, v° *Reboucher*).

P. 8, l. 3 : *comme si c'eust esté l'aultr'hier, qui furent données en Grece*, etc. Je pense qu'il faut changer la ponctuation et restituer le texte de la manière suivante : « comme si c'eust esté l'aultr'hier *que* furent donnees, etc. » ; c'est à dire « qu'elles furent données ». Il y a ellipse du pronom, ce qui est dans les habitudes de La Boétie. L'éditeur des *Mémoires* avait bien compris le sens ; et il a ajouté le pronom, pour plus de clarté. (R. D.) *Cette note et celles qui seront suivies de ces initiales sont dues à M. R. Dezeimeris.*

P. 8, l. 19 : *mastine*, maltraite. Montaigne : « de se laisser mastiner contre l'honneur de son rang » (*Essais*, III, 3). Brantôme (éd. L. Lalanne), t. IX, p. 24.

P. 9, l. 22 : *estranges*, étrangers. Brantôme : « en païs estrange » (éd. L. Lalanne, t. I, p. 33). Très fréquent dans De Brach.

P. 9, l. 26 : *defaire*, qu'on a déjà rencontré (p. 8, l. 8), signifie tuer, détruire (italien, *disfare*). De Brach, *Œuvres poétiques*, t. II, p. 125 ; Brantôme (éd. L. Lalanne), t. II, p. 200.

P. 9, l. 36 : Pascal devait écrire plus tard : « La puissance des rois est fondée sur la raison et sur la folie du peuple, et bien plus sur la folie. La plus grande et importante chose du monde a pour fondement la foiblesse, et ce fondement est admirablement sûr ; car il n'y a rien de plus sûr que cela, que le peuple sera foible » (*Pensées*, éd. Havet, art. V, 7). Paul-Louis Courrier renchérit encore là-dessus, dans une boutade misanthropique : « D'où vient donc, écrit-il à un de ses amis, que, quelque part qu'on s'arrête, en Calabre ou ailleurs, tout le monde se met à faire la révérence et voilà une cour ? C'est instinct de nature : nous naissons valetaille. Les hommes sont vils et lâches ; insolents quelques-uns, par la bassesse de tous ; abhorrant la justice, le droit, l'égalité ; chacun veut être, non pas maître, mais esclave favorisé. S'il n'y avait que trois hommes au monde, ils s'organiseraient : l'un ferait la cour à l'autre, l'appellerait *Monseigneur*, et ces deux amis forceraient le troisième à travailler pour eux, car c'est là le point » (*Lettre du 25 juin 1806, à M\*\*\**, officier d'artillerie, à Cosenza).

P. 9, l. 38 : *combien que*, pour *bien que*. Fréquent dans les *Essais* : « Et combien qu'elles nous conduisent toutes d'un commun accord » (I, 19). Voyez aussi de nombreux exemples signalés dans De Brach, *Œuvres poétiques*, t. II, p. 7, 129, 150, 158.

P. 10, l. 16 : L'emploi de *consommer* pour *consumer* était fréquent. La Boétie en a usé à diverses reprises (p. 134, 194). On le rencontre dans Régnier (*Sat.* IV, 166) :

*Mon temps en cent caquets sottement je consomme ;*

et aussi dans De Brach (*Œuvres poétiques*, t. I, p. 119, 226 et 287). Voy. également les *Serées* de Guillaume Bouchet (éd. Roybet), t. IV, p. 69, et les *Œuvres complètes* de Melin de Sainct-Gelays (éd. P. Blanchemain), t. I, p. 184.

P. 11, l. 25 : Il importe d'indiquer ici le texte des *Mémoires de l'estat de France*, qui aurait dû être reproduit en variante : « sinon que comme la racine, n'ayant plus d'humeur et aliment, devient une branche seiche et morte ».

P. 11, l. 37 : *en est à dire*, manque. Fréquente dans Montaigne et dans La Boétie (voy. Voizard, *Langue de Montaigne*, p. 221, et surtout Littré, *Dictionnaire*, v° *Dire*); employée également maintes fois par Brantôme (*Glossaire*, éd. L. Lalanne, t. X, p. 238) et par Bouchet (*Serées*, éd. Roybet, t. VI, *Glossaire*, p. 98), cette expression est encore en usage en Poitou, dans le Périgord et dans la Gascogne. Sur *être à dire* au sens de *manquer*, voy. un article de M. Boucherie (*Revue des langues romanes*, t. III, p. 71-77), que M. Littré résume dans son *Supplément*. D'après M. Boucherie, cette expression représente le bas-latin *habere* ou *esse diger, digere, dicere*, qui se trouve avec le même sens dès les textes mérovingiens. M. Boucherie pense que *dicere*, qui a eu le sens de plaider, a passé à celui de réclamer, et, comme on réclame ce qui manque, au sens de manquer.

P. 12, l. 4 : *acquest*, profit, gain. Montaigne a dit : « Le meilleur acquet qu'elle puisse faire, c'est l'affection des siens » (*Essais*, l. II, ch. 8).

P. 13, l. 37 : *saouler*, rassasier, assouvir. Montaigne a dit de même : « Les (choses) presentes ne nous saoulent point » (*Essais*, l. I, ch. 53).

P. 13, l. 40 : Montaigne a parlé lui aussi d'une « grande boucherie » d'ennemis (*Essais*, l. I, ch. 30). On retrouverait aisément, dans les *Essais*, les expressions les plus énergiques de cette éloquente apostrophe.

P. 14, l. 22 : *amour* était féminin à l'origine, comme tous les substantifs venus des masculins latins en *or, oris*. Au XVIe siècle, *amour* est employé indifféremment au masculin ou au féminin. Montaigne en use ainsi ; cependant il semble préférer le féminin.

P. 15, l. 34 : Sur cette question, Léon Feugère renvoie au *Ménon* de Platon.

P. 15, l. 42 : *ministre*. Brantôme, au contraire, a écrit *ministresse* (*Œuvres*, éd. L. Lalanne, t. V, p. 35).

P. 15, l. 44 : Le Dr Payen rappelle que Montaigne s'est souvenu de la pensée et de l'expression (*Essais*, l. II, ch. 12).

P. 15, l. 45 : Montaigne, qui s'est beaucoup servi des verbes ainsi formés de la préposition *entre* soudée à un verbe, a usé du verbe *s'entreconnoistre* : « Si la parole nous fault, nous ne nous tenons plus, nous ne nous entreconnaissons plus » (*Essais*, l. II, ch. 17). De Brach offre également une longue série de verbes formés de la sorte. Voy. *Œuvres poétiques*, Index, v° *Entre...*

P. 18, l. 2 : *combien elles tiennent cher*, combien elles estiment cher. Brantôme s'est servi de l'expression *tenir cher*, avec le même sens. Montaigne emploie lui aussi le verbe *tenir* avec un adjectif : « Je tiens moins hasardeux » (*Essais*, l. I, ch. 20).

P. 18, l. 10 : *n'y voyant plus d'ordre*, n'y voyant plus de moyen. Montaigne : « comme ce bon homme n'y veit plus d'ordre,... il se frappa de son espée » (*Essais*, l. II, ch. 3).

P. 18, l. 13 : La variante indiquée sous la ligne 17 s'applique à la ligne 13 et doit être complétée ainsi : « de demourer libre, comme il est nay, lui fait de l'esprit ».

P. 18, l. 14 : *adviser;* nous disons encore : « *un fol advise bien un sage* »

(Henri Estienne, *Précellence du langage françois*, éd. L. Feugère, p. 212). Montaigne : « Tous les jours, la sotte contenance d'un autre m'advertit et m'advise » (*Essais*, l. III, ch. 8). Sur les différents sens du mot *adviser* et en particulier sur celui de *donner l'idée* qu'il a ici, voy. l'article *Aviser* du *Glossaire* de Froissart, par M. Aug. Schéler (Bruxelles, 1874, in-8°).

P. 18, l. 17 : Montaigne (*Essais*, l. III, ch. 9) a exprimé le désir de trouver un gendre « qui sçeut appaster commodément » ses vieux ans.

P. 18, l. 25 : Comme nous l'avons déjà fait remarquer, ces deux vers de La Boétie ne se trouvent dans aucune des poésies de lui qui nous sont parvenues.

P. 19, l. 27 : Compléter la variante 27 : « comme j'ay dit ailleurs autrefois, passant le temps ».

P. 19, l. 29 : Sur Guillaume de Lur de Longa, prédécesseur de La Boétie au Parlement de Bordeaux, voyez ce qui a été dit dans l'*Introduction*.

P. 19, l. 45 : *ils s'y portent*, ils s'y comportent. Brantôme (éd. L. Lalanne), t. II, p. 262.

P. 19, l. 49 : *faire estat de*, tenir compte. Brantôme : « Je dis à M. d'Estrozze soudain : « Il est mort, monsieur ; n'en faites plus d'estat ; allons-nous-en » (*Œuvres*, éd. L. Lalanne, t. VI, p. 70).

P. 20, l. 9 : *passer*, dépasser. De Brach, *Œuvres poétiques* (éd. R. Dezeimeris), t. II, p. 87 :

                                   *...Le premier mur passoit*
        *De hauteur le second...*

P. 20, l. 12 : *estreindre*, comprimer, étouffer. Brantôme : « En pensant estraindre une querelle, plusieurs s'en renaissent et en arrivent une infinité d'escandales » (t. VI, p. 389).

P. 20, l. 13 : *estranger de*, éloigner de. Employé assez fréquemment par La Boétie, et fort usité au XVIe siècle. Italien : *straniare*. Voy. notamment De Brach, *Œuvres poétiques* (éd. R. Dezeimeris), t. II, p. 242 ; Brantôme, *Œuvres* (éd. L. Lalanne), t. VII, p. 411 ; les *Serées* de Guillaume Bouchet (éd. Roybet), t. II, p. 34.

P. 20, l. 22 : Henri de Mesmes répond ainsi à ces remarques, dans l'essai de réfutation de La Boétie, qui se trouve à la suite du *Contr'un* : « S'ils sont esleus, prenons nous en à eulx ; s'ils sont de naissance, c'est la nature ; s'ils nous ont conquis, servons aux plus forts, c'est le droit des gens. Ainsi noz ancestres respondirent aux Romains. » Et il ajoute à la fin du paragraphe : « C'est par nécessité et pour maintenir les peuples. »

P. 22, l. 3 : *ne se donna garde*, ne prit garde. Brantôme, *Œuvres* (éd. L. Lalanne), t. IV, p. 253.

P. 22, l. 4 : *cette bonne pièce là*. Montaigne a appelé « les fols et les mechants... la pire pièce du monde » (*Essais*, éd. Didot, 1802, l. II, ch. 12, t. II, p. 153). Expression employée encore, mais familièrement.

P. 22, l. 12 : C'est le cas de rappeler ici le mot de Montesquieu, que nous avons déjà cité : « Je ne puis comprendre comment les princes croient si aisément qu'ils sont tout, et comment les peuples sont si prêts à croire qu'ils ne sont rien ».

P. 23, l. 26 : Cicéron a dit : « Fermè in naturam consuetudo vertitur » (*De inventione*, I, 2). Ce que nous traduisons par le vieux proverbe : *Nourriture passe nature*. Montaigne : « C'est une violente et traistresse maistresse d'eschole que la coustume » (*Essais*, I, 22). Il faut voir ce chapitre de Montaigne consacré à la coutume, et où se retrouvent d'heureuses réminiscences de La Boétie.

P. 23, l. 29 : Appien, *Guerres de Mithridate*, éd de Henri Estienne, 1592, in-folio, p. 248; Pline, *Histoire naturelle*, XXIV, 2.

P. 23, l. 49 : *gel*, gelée. Italien, *gelo*. De Brach, *Œuvres poétiques* (éd. Dezeimeris), I, 172 et 178.

P. 24, l. 2 : C'est sans doute ce passage qui a donné lieu à Montaigne de croire que La Boétie « eust mieux aimé estre nay à Venise qu'à Sarlat » (*Essais*, l. I, ch. 27).

P. 24, l. 19 : Plutarque, *De l'éducation des enfants*, c. 2.

P. 25, l. 32 : *ramentevoir*, rappeler, remémorer. Montaigne : « Il alloit ramentevant à haute voix l'honorable cause de sa mort. » — Sur ces faits, voy. Hérodote, l. VI, ch. 48, 49, 94; l. VII, ch. 5, 8, 32 et surtout 133.

P. 25, l. 40 : Complétez la variante : « de ceux que Daire son père y auoit envoyez ».

P. 25, l. 41 : *spartain*. M. Voizard (*Langue de Montaigne*, p. 251) n'a trouvé que dans Montaigne l'adjectif *spartain*. « L'histoire spartaine » (*Essais*, l. II, ch. 32).

P. 27, l. 35 : Plutarque, au commencement de la *Vie de Caton d'Utique*.

P. 27, l. 48 : *Si dit lors*. Du latin *sic*. La conjonction *si* conserve maintes fois dans les *Essais* sa signification étymologique *ainsi* (Voizard, *Langue de Montaigne*, p. 139). Brantôme, *Œuvres* (éd. L. Lalanne), t. V, p. 148, et De Brach, *Œuvres poétiques* (éd. Dezeimeris), t. II, p. 213.

P. 28, l. 11 : Henri de Mesmes écrit dans son essai de réfutation : « Qu'apellons-nous Rome? une République? nous nous trompons. C'estoit une cage d'oiseaux de rapine, voleurs qui escumoient le monde ; c'estoit une oligarchie, une tirannie d'une cité sur toute la terre habitable; je trouve le monde moins foulé d'Alexandre que d'eux. Ils chassèrent les tyrans de dessus eulx pour le devenir du reste de la terre, ils n'estoient pas Roys, mais ils bailloient des Rois à l'Asie, à l'Afrique, à l'Europe ».

P. 28, l. 12 : Variante : « que le pays et le terroir parfacent rien ».

P. 28, l. 16 : Variante : « le joug au col, et que, ou bien on les excuse ».

P. 29, l. 38 : *naïf*, natif. Montaigne : « la vraye et naifve vertu (*Essais*, l. II, ch. 27).

P. 29, l. 41 : C'est-à-dire : *comme celle des plus braves courtaus*. Rien n'était plus fréquent au XVIe siècle que cette tournure elliptique, qui donne de la rapidité à la phrase. La même construction était fréquente en grec (Voy. Matthiæ, *Grammaire grecque*, p. 890 et suiv. de la traduction française), et se retrouve aussi en italien (voy. notamment Dante, *Inferno*, II, 61). On en rencontre d'autres exemples dans La Boétie. Montaigne lui aussi a usé fréquemment de cette ellipse. De nombreux exemples pris dans les *Essais* ont été mentionnés par M. Dezeimeris dans une note des *Œuvres* de Melin de Sainct-Gelays (Bibliothèque elzévirienne, t. II, p. 200), et dans une remarque sur un vers de Despois qui complète les précédentes indications (*Poésies françaises, latines et grecques de Martin Despois*, p. 43).

P. 29, l. 41 : *brave* signifiait primitivement beau, pompeux, superbe. Il a conservé dans le patois périgourdin une partie de son sens primitif : on dit encore d'une jolie fille : *ey bravo*, elle est belle. Ce sens s'est également maintenu dans le langage gascon. — *Courtaud,* cheval qui a le crin et les oreilles coupés, d'après Nicot, et, d'après Roquefort, cheval de course de moyenne taille.

P. 29, l. 44 : *se gorgiasent sous la barde,* se pavanent sous l'armure qui les recouvre. Suivant Nicot, le mot *gorgias* avait deux acceptions : substantif, c'était le nom d'une des plus riches parties de l'habillement des femmes; adjectif, il avait pris par extension le sens de *pimpant, paré, élégant.* Montaigne l'emploie avec cette dernière signification. Parlant de cette acception, Ménage dit : « La vieille langue avait *gorgias,* le XVIe siècle a fait le verbe *gorgiaser,* et l'a employé souvent ». Montaigne : « Pourvu qu'ils se gorgiasent en la nouvelleté, il ne leur chault de l'efficace » (*Essais,* l. III, ch. 5). — *Barde,* armure du cheval et aussi harnachement. Montaigne : « Si vous marchandez un cheval, vous lui ostez ses bardes, vous le voyez nud et à descouuert » (*Essais,* l. I, ch. 42).

P. 30, l. 1 : Montaigne : « elles (les femmes) agrandissent le regret du mary perdu par la souvenance des bonnes et agréables conditions qu'il avoit » (*Essais,* l. II, ch. 4).

P. 30, l. 6 : *case,* maison. Italien, *casa,* d'où également *casanier.*

P. 30, l. 15 : Le Dr Payen et L. Feugère ont rappelé que Montaigne voulait que le gouverneur d'un enfant de bonne maison « eust plustot la teste bien faite que bien pleine » (*Essais,* l. I, ch. 25).

P. 31, l. 31 : Le texte des *Mémoires de l'estat de France* me semble fournir la vraie leçon.

P. 31, l. 32 : J.-V. Le Clerc cite, à ce propos, Lucien *(Hermotime ou le choix des sectes)* et Erasme (sur le proverbe *Momo satisfacere).*

P. 31, l. 41 : Plutarque, *Vie de Cicéron,* c. 53.

P. 32, l. 20 : *qu'il leur en fut bien succédé,* qu'il leur en fut bien arrivé. Montaigne : « commence a experimenter comment te succèderont la doulceur et la clemence » (*Essais,* I, 23).

P. 33, l. 32 : Ainsi qu'on l'a remarqué, ce n'est pas dans le traité des *Maladies,* indiqué ici par La Boétie, mais dans le traité intitulé Περὶ ἀέρων, ὑδάτων καὶ τόπων. Voy. la traduction de M. Littré (t. II, p. 63). Le Dr Payen a reproduit, dans son édition de la *Servitude volontaire,* les passages d'Hippocrate allégués par La Boétie.

P. 33, l. 35 : Voy. dans les œuvres d'Hippocrate la lettre d'Artaxercès à Hystane, celle d'Hystane à Hippocrate et la réponse d'Hippocrate à celui-ci.

P. 33, l. 42 : *avec la liberté, se perd, tout en un coup, la vaillance.* C'est une allusion directe à ces deux vers devenus proverbiaux (Homère, *Odyssée,* XVII, 322) :

Ἥμισυ γὰρ τ'ἀρετῆς ἀποαίνυται εὐρύοπα Ζεὺς
ἀνέρος, εὖτ' ἄν μιν κατὰ δούλιον ἦμαρ ἕλῃσιν.

La Boétie, sans doute, a réuni à dessein ces quatre monosyllabes : « *tout en un coup* », pour rendre la valeur et l'effet des mots grecs : εὖτ' ἄν μιν. (R. D.)

P. 34, l. 2 : Ces belles paroles semblent un souvenir de Tyrtée, et en particulier de son premier chant :

Τεθνάμεναι γὰρ καλὸν ἐπὶ προμάχοισι πεσόντα
ἄνδρ' ἀγαθὸν, περὶ ᾗ πατρίδι μαρνάμενον, κ. τ. λ.

P. 34, l. 10 : *encore ils aident-ils*. Est-il besoin de faire remarquer combien la variante semble préférable et est plus correcte ?

P. 34, l. 11 : Dans son traité intitulé Hiéron ou le Tyran, Ἱέρων ἢ Τυραννικός. Voy. Montaigne (*Essais*, I, 42), qui fait plusieurs emprunts à ce livre.

P. 34, l. 24 : Le manuscrit de De Mesmes porte « et les soldats », ce qui est une erreur de copiste. Nous avons suivi la leçon des *Mémoires*.

P. 34, l. 25 : Compléter la variante : « ausquels ils ont fait tort les armes en la main. Il y a eu de bons rois qui ont bien eu à leur solde ».

P. 35, l. 37 : Le manuscrit porte : « Thrason ou Térence ». Nous avons adopté dans le texte la leçon des imprimés.

P. 35, l. 40 :

> *Eone es ferox, quia habes imperium in belluas ?*
> (Térence. *Eunuque*, act. III, sc. I.)

P. 35, l. 44 : Voy. Hérodote, l. I, c. 86, 154, 155, 156 (L. F.).

P. 36, l. 8 : Le manuscrit portait *Lude* et *Lyde* ; nous avons adopté la leçon des imprimés. — L'étymologie de *ludus*, mentionnée ici par La Boétie, est celle qui avait cours de son temps. Voy. l'art. *Ludus*, de l'*Etymologicum linguæ latinæ* (Amsterdam, 1652, in-folio) de Gérard Vossius, qui cite Tertullien et son livre *des Spectacles*.

P. 36, l. 19 : « *Haim*, dit Nicot, c'est un crochet de fil d'archal dont on prend les poissons à tout la ligne. Il s'appelle aussi hamesson » ; du latin *hamus*.

P. 37, l. 35 : *image* était indifféremment féminin ou masculin, plus communément masculin. Du Bartas (*Œuvres complètes*, Paris, 1611, *Semaine*, III<sup>e</sup> journée, p. 101), Bonaventure des Périers (*Cymbalum*, I), et d'autres l'emploient au masculin. Montaigne l'a fait du féminin (Voizard, *Langue de Montaigne*, p. 75).

P. 37, l. 41 : *esculée*, « une pleine écuelle » (Oudin). Rabelais et Froissart (cités dans Lacurne de Sainte-Palaye, *Dictionnaire historique*, v° *Esculée*).

P. 38, l. 8 : La négation a été rayée sur le manuscrit. Nous l'avons maintenue à l'exemple des imprimés.

P. 38, l. 11 : *ord*, sale, qui excite le dégoût. Montaigne, *Essais*, l. I, ch. 56 (éd. Didot, 1802, t. I, p. 405).

P. 38, l. 15 : Tacite, *Histoires*, l. I, ch. 4.

P. 38, l. 22 : Lisez dans la variante : « rien qui valust que son humanité ».

P. 39, l. 30 : Suétone, *Vie de César*, §§ 84-88.

P. 40, l. 26 : *à leur poste*, à leur convenance. Italien, *a sua posta*. Montaigne, *Essais*, l. II, ch. 35 ; Brantôme (éd. Lalanne), t. V, p. 102 ; De Brach (éd. Dezeimeris), t. II, p. 130, etc.

P. 41, l. 32 : *prendre pour argent content*. Montaigne : « Je ne me persuade pas aysement qu'Epicurus, Platon et Pythagoras nous ayent donné pour argent contant leurs atomes, leurs idées et leurs nombres » (*Essais*, l. II, ch. 12).

P. 41, l. 35 : Plutarque, *Vie de Pyrrhus*, ch. 2.

P. 41, l. 42 : Variante : « et du vilain parler du populaire ».

P. 41, l. 43 : Suétone, *Vie de Vespasien*, ch. 7.

P. 42, l. 6 : On ne reconnaîtrait guère, sous la traduction de La Boétie, les beaux vers de Virgile qu'il a voulu rendre (*Enéide*, ch. VI, v. 585 et suiv.) :

> *Vidi et crudeles dantem Salmonea pœnas,*
> *Dum flammas Jovis et sonitus imitatur Olympi.*
> *Quatiuor hic invectus equis, et lampada quassans,*
> *Per Graium populos mediæque per Elidis urbem,*
> *Ibat ovans, divumque sibi poscebat honorem,*
> *Demens ! qui nimbos et non imitabile fulmen*
> *Ære et cornipedum cursu simularat equorum.*
> *At pater omnipotens densa inter nubila telum*
> *Contorsit (non ille faces, nec fumea tædis*
> *Lumina), præcipitemque immani turbine adegit.*

En face de la traduction de La Boétie, le manuscrit de De Mesmes donne, en marge, la traduction du même passage par Joachim du Bellay (*Deux livres de l'Enéide de Virgile, le quatrieme et le sixieme, traduits en françois par I. Du Bellay*, Paris, Frédéric Morel, 1561, in-4°, f° 52 r°) :

> *J'ay veu aussy cruellement damnee*
> *Au mesme lieu, l'ombre de Salmonee,*
> *Qui contrefit, pour la foudre imiter,*
> *Par vn flambeau le feu de Iuppiter.*
> *Quatre coursiers son charriot traynoient,*
> *Qui par la Grece en pompe le menoient :*
> *Voire au milieu d'Elide la cité*
> *Et se donnoit tiltre de deïté.*
> *Outrecuidé, qui du Dieu souuerain,*
> *En galopant dessus vn pont d'airain,*
> *Contr'imitoit l'inimitable orage :*
> *Mais Iuppiter par vn espes nuage*
> *Darda son traict (non la vapeur fumeuse*
> *Sortant du feu d'vne torche gommeuse)*
> *Et accabla ce chef tant orgueilleux*
> *D'vn tourbillon terrible et merveilleux.*

P. 42, l. 16 : La leçon du manuscrit de De Mesmes est évidemment fautive. Comme dans les *Mémoires*, il faut lire : « *du Pere tout-puissant* ». Cela rétablit le sens, et répond au latin : *flammas Jovis*. (R. D.)

P. 43, l. 29 : *mescroire*. Le XVI<sup>e</sup> siècle employait aussi le verbe *descroire* (Henri Estienne, *Conformité du langage françois avec le grec*, éd. L. Feugère, p. 114). Montaigne : « Quand je me plains, ils me reprennent et mescroient » (*Essais*, l. I, c. 9). Montaigne a également employé le substantif *mescréance* (l. II, ch. 12) et l'adjectif *mescréable* (l. I, ch. 35), que M. Voizard n'a trouvé que dans les *Essais* (*Langue de Montaigne*, p. 250).

P. 43, l. 30 : Complétez la variante : « nous et nos ancêtres n'avons eu aucune occasion ».

P. 43, l. 39 : *si privement*, si intimement. Montaigne emploie l'adjectif *privé* dans le sens d'*intime*, familier (*Essais*, l. I, ch. 20). De Brach (éd. Dezeimeris), t. I, p. 75. — *Tollir*, enlever. Fréquent dans les *Essais*.

P. 43, l. 49 : *mechanique* (lat. *mechanicus*, artisan), c'est-à-dire chose de métier. Brantôme (éd. Lalanne), t. V, p. 383 ; Bouchet, *Serées* (éd. Roybet), t. III, p. 113. Ce sens s'est conservé jusqu'à Malherbe, qui s'en est servi dans sa traduction des *Epîtres* de Sénèque (épître XC).

P. 44, l. 2 : Les quatre premiers chants de la *Franciade*, — les seuls qui parurent, — furent publiés en 1572, quelques jours seulement après la Saint-Barthélemy. Mais Ronsard avait conçu le projet de ce poème épique plus de vingt ans auparavant. Il en avait longuement entretenu ses amis et ses protecteurs. Le prologue de la *Franciade* fut lu devant Henri II par Lancelot de Carle, le jour des rois de 1550 ou 1551, si l'on en croit Olivier de Magny, qui assistait lui-même à cette audition (Jules Favre, *Olivier de Magny, étude biographique et littéraire*, p. 16 et 34).

P. 44, l. 6 : Virgile, *Enéide*, l. VIII, v. 664 :

*Et lapsa ancilia cœlo.*

P. 44, l. 8 : La Boétie fait allusion aux Panathénées, instituées, dit-on, par Erichtonius, roi d'Athènes (1573-1556 av. J.-C.). On sait que, pendant ces fêtes, avaient lieu des processions de *canéphores*, c'est-à-dire de jeunes filles portant sur leur tête des corbeilles enguirlandées. Il y avait aussi des courses, dont le prix était une couronne de l'olivier sacré, offerte aux vainqueurs. — Sur *olive* pris pour *olivier*, voy. une page de Florimond de Raymond, dans l'*Anti-Christ* (1519, in-4°, f° 342), où l'on en trouve plusieurs exemples.

P. 44, l. 12 : *sur les erres*, sur les traces. D'après Henri Estienne, le mot *erres*, emprunté à la vénerie, s'applique aux « cerfs, chevreuls et daims, encore que quelques-uns aiment mieux les nommer (les traces) *fries* ou *pieds* » (*Précellence de langage françois*, éd. Feugère, p. 128).

P. 46, l. 12 : L. Feugère rappelle ici très justement l'*Iliade*, chant VIII, vers 19 et suivants.

P. 46, l. 25 : Voici le sens de ce passage. Les médecins disent que lorsque, dans notre corps, il y a quelque partie atteinte de maladie, tout dérangement *(s'il s'y bouge rien)* d'un autre point de l'organisme vient porter ses effets en aggravation sur le premier mal. (R. D.)

P. 46, l. 25 : *rien* a ici son sens primitif *(rem)*, une chose, quelque chose. On le trouve assez fréquemment avec cette acception dans Montaigne (Voizard, *Langue de Montaigne*, p. 94).

P. 47, l. 28 : *essorillé*, qui a perdu ses oreilles. L'*essorillement* était une peine infamante appliquée aux voleurs, d'après les *Etablissements de Saint-Louis*. Pour ce motif, la perte des oreilles était regardée comme une note d'infamie et le nom d'*essorillés* désignait les gens malhonnêtes. Ils ne pouvaient faire partie du clergé ni de la magistrature. La Roche-Flavin, au livre sixième de ses *Treize livres des Parlements de France* (Bordeaux, in-folio, p. 356), leur consacre un chapitre et déclare que « les essorillés ne doivent estre receus à la magistrature, estant ce que la plus grande injure et le plus grand affront qu'on sçauroit faire à un homme, que de luy coupper ou arracher le nez ou les oreilles ». Aussi, lorsqu'on perdait l'oreille par accident ou maladie, on demandait au roi ou au juge de vouloir bien constater par lettres la cause fortuite de cette mutilation (Lacurne de Sainte-Palaye, *Glossaire*, v° *Essoreiller*).

P. 47, l. 30 : *tasché*, entâché. Brantôme (éd. L. Lalanne), t. I, 249.

P. 47, l. 35 : *chevaler*, poursuivre. Voy. le *Dictionnaire de l'ancienne langue française*, de F. Godefroy (t. II, v° *Chevaler*), qui cite la phrase de La Boétie, et d'autres exemples d'Amyot, de Larivey, de Pasquier.

P. 47, l. 41 : Plutarque, *Vie de Pompée*.

P. 48, l. 6 : *qui n'en peuvent mais* (lat. *magis*). Locution très fréquente au XVI$^e$ siècle et conservée jusqu'au XVII$^e$ (Molière, La Fontaine). Montaigne en use maintes fois (Voizard, *Langue de Montaigne*, p. 133).

P. 48, l. 7 : Au sens propre, le *naquet* était le garçon qui, au jeu de paume, servait les joueurs. Ce mot n'avait pas tardé à désigner le valet auquel on pouvait imposer impunément toutes sortes de besognes pénibles. Henri Estienne l'indique dans sa *Précellence du langage françois* (éd. L. Feugère, p. 141) : « De ce jeu (le jeu de paume) est pris aussi le mot *naquet*, en ceste façon de parler : *il pense faire de moy son naquet*. Et de ce nom *naquet* vient le verbe *naqueter*, duquel on use quand on dit : *vous me faites naqueter après vous.* » On disait aussi *naqueter quelqu'un*. Brantôme a employé cette expression à diverses reprises et de cette façon; voy. au *Lexique* dressé par M. Ludovic Lalanne (t. X de son éd.) les mots *nacquetter* (p. 311) et *aiguillette* (p. 177). Voici un exemple de *naquet*, pris dans son sens figuré, que je trouve dans le poète bordelais Martin Despois :

> *Ie t'ayme extremement, mais si tu pensois faire*
> *Quelque naquet de moi,*
> *Des liens de l'amour ie sçaurois me desfaire,*
> *Et me passer de toi.*

(*Poésies françaises, latines et grecques de Martin Despois*, publiées par R. Dezeimeris 1874, p. 44.)

P. 50, l. 4 : *le de quoy*, c'est-à-dire les biens. M. Feugère rappelle justement que le peuple dit encore, en parlant d'un homme aisé : *il a de quoi*. La Boétie s'est plusieurs fois servi de l'expression. Voyez notamment p. 71, l. 58; p. 73, l. 40 et 48.

P. 50, l. 18 : *mauvestié*. Montaigne a parlé de « la bonté ou mauvestié de l'âme » (*Essais*, l. III, ch. 51). Sainte-Beuve regrette la disparition de ce mot (*Poésie au XVIe siècle*, 2ᵉ édition, 1838, t. II, p. 21).

P. 51, l. 36 : Le manuscrit de Mesmes porte fautivement *desseins*. Le mot *despens* a été maintenu d'après les *Mémoires*.

P. 51, l. 38 : *terne*, réunion de trois personnes. La Boétie fait ce substantif féminin comme l'espagnol *terna*.

P. 52, l. 9 : Ou plus exactement, comme le fait remarquer L. Feugère, tuée d'un coup de pied. Voy. Suétone, *Vie de Néron*, c. 35 ; Tacite, *Annales*, l. XVI, c. 6.

P. 52, l. 17 : Il est évident que les *Mémoires de l'estat de France* donnent ici la vraie leçon. — Sur la mort d'Agrippine, voyez également la *Vie de Néron*, par Suétone, c. 34, et Tacite, *Annales*, l. XII, c. 67 ; l. XIV, c. 5, 8.

P. 52, l. 20 : *Etre coiffé de*, être infatué de quelqu'un ; ici, être amoureux. Allusion semblable à celle qui a donné naissance à l'expression triviale *avoir un béguin*. A côté de la phrase de La Boétie, M. Littré insère une citation intéressante de Charron (*Sagesse*, I, 38). Cette locution est encore en usage dans la Gironde au sens particulier où l'emploie La Boétie.

P. 53, l. 26 : Je n'hésiterais pas à restituer : « cela mesme l'esveille. » (R.D.)

P. 53, l. 27 : De Caligula, dont on trouve l'expression rapportée par Suétone (*Vie de Caligula*, c. 33).

P. 53, l. 36 : Suétone, *Vie de Domitien*, c. 17.

P. 53, l. 37 : Elle se nommait Marcia (Hérodien, l. I, c. 54).

P. 53, l. 37 : Voy. Hérodien, l. IV, c. 23 et 24.

P. 54, l. 7 : Montaigne a dit : « L'histoire, c'est mon gibier en matière de livre » (*Essais*, l. I, c. 25). Voy. ce que dit Henri Estienne sur l'emploi métaphorique de *gibier* (*Précellence*, etc., éd. L. Feugère, p. 134).

P. 55, l. 28 : Plutarque, *de l'Utilité à tirer de ses ennemis*, c. 2.

P. 55, l. 39 : Pétrarque, sonnet 17 :

> *Ed altri, col desio folle che spera*
> *Gioir forse nel foco perchè splende,*
> *Provan l'altre virtu, quella che'ncende.*

P. 55, l. 43 : La leçon des imprimés a été adoptée de préférence à celle du manuscrit qui portait : « il faut rendre conte de reconnaître ».

P. 56, l. 20 : *maudisson*. Montaigne, *Essais*, l. II, ch. 29.

P. 57, l. 33 : *mange-peuples*, c'est la traduction littérale du fameux δημοβόρος d'Homère (*Iliade*, I, 341). Ronsard l'a traduit un peu autrement (éd. de 1623, p. 661) :

> *C'est Childeric, indigne d'être roy,*
> *Mange-sujet, tout rempli d'avarice.*

— Dans ses *Lettres* (éd. Réveillé-Parise, II, 404), Guy-Patin a parlé « des partisans et autres mangeurs du peuple ». Et La Fontaine a dit plus poétiquement :

> *Il leur apprit à leurs dépens*
> *Que l'on ne doit jamais avoir de confiance*
> *En ceux qui sont mangeurs de gens.*

(*Les Poissons et le Cormoran*, l. X, fable 4).

P. 57, l. 36 : La variante portée sous la ligne 31 s'applique ici.

P. 57, l. 45 : *Debonnaire*. La Boétie a maintes fois employé ce mot, comme Montaigne. M. Littré cite l'exemple suivant de J. Bruyant :

> *Soyés courtois et debonnaire*
> *Comme un home estrait de bonne aire.*

— Et il ajoute : « Quand J. Bruyant dit qu'un homme *debonnaire* est un homme issu *de bonne aire*, il donne l'étymologie et le sens du mot, qui, signifiant d'abord de bonne race, s'est particularisé dans celui de doux, bienveillant. » Voyez également un passage significatif de la *Précellence du langage françois*, d'Henri Estienne (p. 129, éd. Feugère).

## LA MESNAGERIE DE XENOPHON

Page 59 : Nous avons reproduit le titre du petit recueil de 1571, et chacun des opuscules qui le composent a été réimprimé ici dans l'ordre de l'édition originale. Il nous suffira donc de donner la description bibliographique de celle-ci :

Petit in-8° de 131 ff. chiffrés. Signatures Aij-Rij.

F° 1, v°. Extrait du privilège.

F° 2. Lettre de Montaigne à M. de Lansac.

F° 3, v°. Avertissement au Lecteur.

F° 4. La Mesnagerie de Xenophon.

F° 71. Lettre de Montaigne à Monsieur de Mesmes.

F° 73. Les regles de mariage de Plutarque.

F° 89. Lettre de Montaigne à sa femme.

F° 90. Lettre de consolation de Plutarque à sa femme.

F° 99, v°. Stephani Boetiani poemata (Titre).

F° 100. Lettre de Montaigne au chancelier de L'Hospital.

F° 102. Stephani Boetiani poemata (Commencement des vers latins).

F° 121. Extrait d'une lettre de Montaigne sur la maladie et la mort de La Boétie.

F° 131. Achevé d'imprimer le 24 de novembre 1570.

P. 61 : Ainsi qu'on l'a vu par l'énumération ci-dessus, l'*Advertissement au Lecteur* est placé, dans l'édition originale, à la suite de la *Lettre à M. de Lansac*. Nous avons cru qu'il était mieux en situation au seuil même du volume et nous l'avons reproduit aussitôt après le titre.

P. 62, l. 2 : Voy. ce que nous avons dit dans l'*Introduction* (p. XXXI) au sujet de cet ouvrage aujourd'hui perdu.

P. 63 : Louis de Saint-Gelais, seigneur de Lansac, capitaine, négociateur souvent employé en Italie, en Allemagne et en Espagne, favori de la reine-mère et son agent de confiance. Il fut plusieurs fois en rapports avec le Parlement de Bordeaux, à l'époque même où La Boétie en faisait partie (*Chronique du Parlement*, par Jean de Métivier, t. II, p. 112, 285, 328). C'est sans doute ainsi qu'il put connaître La Boétie, et l'apprécier « par les tesmoignages publics qu'il avoit donné de soy ».

P. 65, titre : L'original grec est intitulé Οἰκονομικός, sous-entendu λόγος. Le vieux mot de *mesnagerie*, employé par La Boétie, était fort en usage, au XVIe siècle, pour désigner l'économie domestique, le soin du ménage en général. Il rend exactement le sens du grec. Voy. notamment Montaigne, *Essais*, l. I, ch. 38; l. II, ch. 12.

P. 65, l. 1, chapitre I : La division de la *Mesnagerie* en chapitres semble avoir été établie par Montaigne. Elle a été empruntée à une traduction latine des traités de Xénophon, que Montaigne possédait parmi ses livres (*Xenophontis, philosophi et historici clarissimi, opera, quæ quidem græcè extant, omnia, partim jam olim, partim nunc primum, hominum doctissimorum diligentia, in linguam latinam conversa atque nunc postremum per Seb. Castalionem de integro, magno studiosorum compendio, recognita.* Basileæ, apud Isingrinium, anno 1551 ; petit in-8°). La traduction de l'*Économique*, qui se trouve dans la deuxième partie de l'ouvrage (p. 240 à p. 306), est due à Jacobus Lodoicus Strebœus, du diocèse de Reims. Les chapitres de cette traduction latine correspondent exactement à ceux de la traduction de La Boétie. Ces divisions, qui manquent dans l'édition grecque des œuvres de Xénophon, également publiée par Isingrinius (Bâle, pet. in-8°, 1545-1550, suivant Hoffmann), se retrouvent dans l'édition des versions latines de Xénophon donnée à Bâle en 1555, in-folio, par Brylingerus, dans laquelle figure la traduction de Strebœus. Reproduite plus tard par Henri Estienne parmi les traductions latines rassemblées à la suite de son Xénophon (1561, in-f°, p. 349-371), la traduction de Strebœus n'y est pas divisée en chapitres. C'est donc sur l'édition de 1551 ou sur celle de 1555 que les divisions de la version de La Boétie ont été calquées. Montaigne possédait un exemplaire de l'édition de 1551, qui, revêtu de sa signature, figure actuellement dans la collection Payen, à la Bibliothèque Nationale, sous le n° 508.

La rédaction des manchettes du petit volume de La Boétie paraît, elle aussi, devoir être attribuée à Montaigne, qui composa sans doute ces manchettes en même temps qu'il divisait en chapitres la traduction de son ami. Ces manchettes offrent, en effet, une grande analogie avec les notes marginales que Montaigne écrivait sur ses volumes, et, en particulier, avec celles qu'on lit sur l'exemplaire des *Commentaires* de César, dont il faisait sa lecture habituelle (Voy. *Documents inédits sur Montaigne*, recueillis et publiés par le D$^r$ Payen, 3$^e$ fascicule, p. 33). — Quant aux sommaires inédits et manuscrits que nous avons pris sur un exemplaire de *la Mesnagerie* appartenant à M. Dezeimeris, nous avons déjà dit pourquoi nous les reproduisons ici. Tout permet de supposer qu'ils sont de la main de Montaigne. La signature de celui-ci fait défaut, il est vrai, mais le volume a été relié à nouveau, fort maladroitement, à la fin du XVIII$^e$ siècle, et cette signature a peut-être disparu sous le couteau du relieur, qui a supprimé le premier feuillet de garde et détruit une partie des notes marginales. Ce précieux volume provient de la succession de M. de Lamontaigne, et a été acquis en 1857, à Bordeaux, à la vente d'Adler, par son possesseur actuel, qui le paya 3 fr. 50, en compagnie d'un Voiture et d'un Alciphron. Sur le titre on lit : *Ex libris Andreæ Delpech, jurisconsulti Sarlatensis*. A la fin, sur le verso de la garde, se trouve l'indication suivante, également écrite par Delpech : « Vide *Memoires de l'Estat de France sous Charles IX*, 3 vol. — Troisiesme volume. Seconde edition reveue, corrigee et augmentee, 1578. Le lieu de l'impression n'y est pas. *La Servitude volontaire* est dans le troisiesme volume. »

P. 65, l. 3 : Charles Graux résume ainsi ce que l'on sait de la biographie de cet interlocuteur de Socrate : « Critoboulos, fils de ce Criton, l'un des plus fidèles disciples de Socrate, que Platon a mis en scène dans le dialogue qui porte son nom. Doué d'une intelligence médiocre, mais d'une beauté rare, Critoboulos reçoit d'utiles conseils de Socrate, au sujet de sa conduite, dans les *Mémorables* (I, 3, et II, 6); et il figure parmi les personnages du *Banquet* de Xénophon (III, 7 ; IV, 10 et suivants). Il tenait de son père une grande fortune. » — Nous ferons volontiers usage de l'édition du texte grec de l'*Économique* récemment publiée, pour les classes, par MM. Charles Graux et Alfred Jacob (Paris, Hachette, 1888, in-16). Commode et soignée, cette édition a fait faire, selon l'expression de M. Ed. Tournier, « un pas notable à la constitution du texte de l'*Économique* ».

P. 66, l. 12 : D'après Cotgrave et Nicot, la *mise* est la *dépense*. Montaigne emploie ce mot à diverses reprises dans un sens un peu plus large. Voy. *Essais*, l. I, ch. 40 (Naigeon, t. I, p. 318); l. II, ch. 18 (*ibid.*, III, 76); l. III, ch. 1 (*ibid.*, III, 238).

P. 67, l. 50 : *Ce fais mon.* — *Mon*, adverbe d'affirmation, signifiant *assurément, certainement*, et venant du latin *munde*, selon Diez. Aujourd'hui disparu, il se trouve encore dans Molière. Voy. Voizard, *Langue de Montaigne*, p. 136 et 226; Guillaume Bouchet, les *Serées* (éd. Roybet), t. VI, *Lexique*, p. 196.

P. 68, l. 4 : Le texte grec porte : εἰ δὲ πωλοίη αὖ πρὸς τοῦτον, ὃς μὴ ἐπίστηται χρῆσθαι. Cobet, — et après lui Charles Graux, — corrige ainsi : εἰ δὲ πωλοίη αὖ πρὸς τοῦτο ᾧ μὴ ἐπίσταιτο χρῆσθαι, ce qui donne un sens différent : *mais s'il les vend pour un objet dont il ne sait pas se servir*.

P. 68, l. 15 : Le texte porte : πριάμενος οἷον ἑταίραν, qu'il en achète une courtisane. — *Emploite;* Montaigne, qui en use (*Essais*, III, 5), se sert aussi du verbe *emploiter* (Voizard, *Langue de Montaigne*, p. 173 et 208).

P. 68, l. 30 : A la lecture de l'*Économique*, Plutarque fut frappé de la portée de cette formule : Tirer parti de ses ennemis, ὠφελεῖσθαι ἀπὸ τῶν ἐχθρῶν. C'est pour la développer qu'il composa le petit traité conservé dans ses *Œuvres morales* sous ce titre : Πῶς ἄν τις ὑπ'ἐχθρῶν ὠφελοῖτο.

P. 69, l. 32 : M. Cobet suppose que le texte de Xénophon présente ici une lacune, sans doute considérable. D'après lui, Socrate devait exposer dans cette partie aujourd'hui perdue, comment on peut tirer parti de ses ennemis.

P. 70, l. 7 : *A cler*, clairement, distinctement. M. Voizard remarque (p. 256) que cette locution ne se trouve que dans Montaigne. On peut ajouter La Boétie et Brantôme (éd. L. Lalanne, III, 283).

P. 70, l. 12 : *Desbaucher*, détourner. Montaigne a dit (*Lettre sur la mort de La Boétie*, ci-dessus p. 305) : « comme j'ay la memoire fort courte et debauchee encore par le trouble de mon esprit. » Voy. aussi Brantôme, *Glossaire*, v° *Desbaucher*.

P. 70, l. 20 : *Despensif,* qui cause de la dépense, coûteux. Littré, qui enregistre le mot, ne mentionne que l'exemple de La Boétie.

P. 71, l. 41 : *Diffamer* les corps des personnes, salir, gâter. S'est conservé dans ce sens jusqu'au XVII° siècle. Voy. dans Littré, v° *Diffamer*, des exemples d'Amyot, d'Aubigné, etc.

P. 71, l. 53 : *Tu ayes ordonné de moy que je suis assez riche.* Le grec (II, 1) porte : κατέγνωκας ἡμῶν, c'est-à-dire : « tu ayes ordonné de nous que nous sommes assez riches. » La Boétie a bien compris que ce pluriel se rapportait à Critobule; mais il aurait dû, comme le grec le lui indiquait, employer le pluriel, et la langue française lui permettait de le faire. Avec le singulier, la réponse de Socrate devient incompréhensible, car elle repose sur l'ambiguïté du mot « nous » dans la phrase précédente. (R. D.)

P. 71, l. 60 : *Et si, de vray, il est parfois que j'ay grand pitié de toy.* Il y a dans le grec (II, 2) : Καὶ, ναὶ μὰ Δί', ἔστιν ὅτε καὶ πάνυ οἰκτείρω σε ἐγώ. — Outre le tour *il est que*, dans le sens de « il arrive que », « il est des moments où », rendant le grec ἔστιν ὅτε *(est quum)*, on peut remarquer l'effort du traducteur pour rendre l'effet d'accumulation des monosyllabes et des dissyllabes de la phrase de Xénophon, et en conserver la physionomie originale. (R. D.)

P. 72, l. 19 : *Un faire il le faut*, c'est-à-dire une obligation stricte. Larivey, dans le *Laquais* (acte V, sc. 2) : « Mais puisque c'est un faire le faut, et n'y a point de remede, etc. » (R. D.)

P. 72, l. 20 : Henri Estienne a introduit ici une nouvelle lecture du texte de Xénophon, qui a passé, après lui, dans les éditions de l'*Économique*. Il lit ainsi ce passage : ἤ οὔτε θεοὺς οὔτε ἀνθρώπους οἴμαί σε ἄν ἀνασχέσθαι, c'est-à-dire, *autrement ni les dieux ni les hommes ne te seraient favorables.* Voici comment il indique, dans ses annotations, cette interprétation nouvelle : « In vulgaribus editionibus habes ἤ ὅσους οὔτε ἀνθρώπους pro ἤ οὔτε θεοὺς οὔτε ἀνθρώπους. Quum autem lectio illa manifestè depravata sit, mirum est in ea interpretanda non hæsisse interpretes. » (*Xenophontis omnia quæ extant opera*, 1561, in-f°, p. 479, l. 28, et *Annotationes*, p. 35.)

P. 72, l. 28 : Ἱπποτροφίας τε καὶ χορηγίας καὶ γυμνασιαρχίας καὶ προστατείας, c'est-à-dire les entretiens des chevaux, les chorégies, les fonctions de gymnasiarque et celles de prostate. Sur ces charges et ces obligations imposées à Athènes aux citoyens des deux classes les plus élevées, voy. les commentateurs de Xénophon, et en particulier Charles Graux.

P. 73, l. 33 : *Escharcement*, parcimonieusement ; de l'adjectif *eschars*, avare (italien, *scarso*). Montaigne a plusieurs fois employé cet adverbe (Voizard, *Langue de Montaigne*, p. 226).

P. 73, l. 58 : *Ne sachant de richesse que c'est*, c'est-à-dire : ce que c'est que la richesse. Sur l'omission de *ce* devant *que*, voir ma note sur P. de Brach, t. I, p. 95. Il y a de plus, ici, une inversion. (R. D.)

P. 74, l. 31 : *Fust*, lat. *fustis;* gascon, *fust*, bâton, bois, hampe (*Glossaire gascon*, dans les *Archives historiques de la Gironde*, t. XI, p. 57). Le mot de *fût* est encore en usage dans le sens où le prend La Boétie et désigne la planchette sur laquelle s'attachent les cordes d'un instrument.

P. 75, l. 37 : *Non fais, en bonne foy, dit Socrates, je n'ay garde*. Ici encore, on voit combien est grand et constant le désir qu'a le traducteur de rendre le mouvement de la phrase grecque (II, 14) Οὐ μὰ Δί', ἔφη ὁ Σωκράτης, οὐκ ἔγωγε. *Non fais* est mis pour : « Non, je ne fais point cela. » (R. D.)

P. 76, l. 22 : Le texte porte : μηδὲ εἰδότας εἰ σῶα ἐστὶν αὐτοῖς, ne sachant pas si ces objets sont en bon état.

P. 77, l. 46 : *Mestier*, besoin. Sur les emplois du mot *mestier*, et ses acceptions diverses, voy. Henri Estienne, *Précellence du langage françois*, (éd. L. Feugère), p. 358.

P. 79, l. 37 : *En sont affolez*. *Affoler* (de *a* et de *fouler*), endommager, léser. Montaigne l'a diverses fois employé (Voizard, *Langue de Montaigne*, p. 200). La Boétie traduit ainsi le grec λυμαίνονται.

P. 79, l. 52 : La Boétie a voulu rendre un trait familier par une pointe équivalente, prise dans le langage de son temps. Le grec disait : «Voyons, Critobule, nous sommes entre amis, tu peux bien nous avouer la vérité. » Le traducteur, songeant aux incidents que faisait souvent surgir la division des membres des Parlements en conseillers clercs et conseillers lais (laïcs), emploie ce dernier mot : « tu peux bien nous dire tout ce que tu penses, car il n'y a pas ici de collègues clercs, et nous sommes tous lais. » C'est un trait de mœurs analogue à celui qui a créé l'expression *faire comme chanoines en chapitre*, dont l'origine est si bien contée, dans la 3ᵉ *Nouvelle* de B. des Periers. (R. D.)

P. 80, l. 1 : Les éditeurs modernes ont modifié ce passage qui se lisait ainsi : οἷς δὲ σὺ λέγεις ἀγαθὰς εἶναι γυναῖκας, ὦ Σώκρατες, ἢ αὐτοὶ ταύτας ἐπαίδευσαν, οὐδὲν οἷόν τε ἐπισκοπεῖσθαι. C'est ce que La Boétie a traduit.

P. 80, l. 4 : Sur le cas que Socrate faisait de cette femme célèbre, voy. le *Ménexène* de Platon.

P. 80, l. 16 : *de tous autres maistres*. C'est une erreur typographique de l'édition originale. Il est probable que La Boétie avait écrit *de tous autres mestiers* ou *de toutes autres maistrises;* à moins que l'erreur ait été causée seulement par la présence du mot *maistres* à la ligne précédente, et que l'on restitue : *de tous autres arts*. (R. D.)

P. 80, l. 17 : Supprimez la virgule après *seruir*.

P. 80, l. 18 : *Art*. Le genre de ce substantif n'était pas fixé au XVIᵉ siècle.

La Boétie l'emploie au masculin et au féminin, quoique ce dernier genre soit plus fréquent chez lui. Il en est de même de Montaigne (Voizard, *Langue de Montaigne*, p. 70).

P. 81, l. 57 : *A chasque gouvernement*. Le grec porte τῷ ἄρχοντι ἑκάστῳ, c'est-à-dire *à chaque gouverneur*. Il s'agit ici du gouverneur civil de la province.

P. 81, l. 58 : *Monition*, munition. Amyot : « Ce livret contenoit l'estat de la monition dont il avoit fait faire provision » (Caton d'Utique, ch. 77).

P. 81, l. 60 : *Fonde* (lat. *funda*); aujourd'hui *fronde*, avec épenthèse de l'*r*. Montaigne : « Les coups de leurs fondes n'estoient pas moins certains et loingtains » (*Essais*, I, 48).

P. 81, l. 60 : *Picquiers*. La Boétie traduit ainsi le grec γερροφόρους, soldats porteurs du γέρρον, sorte de bouclier d'osier que portaient spécialement certains corps de l'armée perse.

P. 82, l. 7 : *Les ayant assemblés tous*. Le texte ajoute : excepté ceux qui se trouvent dans les citadelles, πλὴν τοὺς ἐν ταῖς ἀκροπόλεσιν.

P. 82, l. 12 : Τῶν φρουράρχων καὶ τῶν χιλιάρχων καὶ τῶν σατραπῶν. — Le φρούραρχος est le commandant et le chef d'une circonscription militaire; le χιλίαρχος commande à mille hommes et La Boétie l'a parfaitement désigné par le nom de colonel. Ainsi qu'on le verra plus bas, le satrape était une espèce de vice-roi, exerçant le pouvoir pour le compte du roi et ayant sous ses ordres les gouverneurs militaires (φρουράρχους) et les gouverneurs civils (ἄρχοντας).

P. 83, l. 44 : *Daces*, impôts. Brantôme : « Don Pedro, vice-roi de Naples, y voulut mettre l'inquisition et y establir de nouvelles daces » (Ed. L. Lalanne, III, 95).

P. 84, l. 7 : La remarque, qui se trouve ici dans la bouche de Socrates, est originairement dans celle de Critobule.

P. 84, l. 21 : M. Charles Graux prétend qu'il s'agit ici de Cyrus l'ancien, le fondateur de la monarchie perse, tandis que plus bas (ligne 31) il est question de Cyrus le jeune. Cette distinction me paraît mal fondée, et je crois qu'il n'est question que de Cyrus le jeune, ainsi que La Boétie s'est efforcé de le faire entendre.

P. 85, l. 44 : *Il vesquit*. Montaigne dit également : « un Dieu qui vesquit » (II, 12); et : « leurs femmes et leurs enfants vesquirent » (II, 6).

P. 85, l. 47 : *Fors seulement Ariée*, etc. On suppose qu'un lecteur ancien ajouta ici, à la marge de son livre, la rectification suivante, puisée dans l'*Anabase* de Xénophon : πλὴν Ἀριαίου· Ἀριαῖος δ'ἔτυχεν ἐπὶ τῷ εὐωνύμῳ κέρατι τεταγμένος. Les plus récents éditeurs suppriment cette annotation, qui était passée dans le texte de Xénophon.

P. 85, l. 50 : Lysandre alla en ambassade auprès de Cyrus en l'an 407 avant J.-C.

P. 85, l. 57 : *Les rancs des fruitiers*. Montaigne : « une haulte montaigne pleine de fruictiers et arbres verdoyants » (*Essais*, III, 6).

P. 85, l. 58 : *Compassez*, c'est-à-dire exécutés au compas. Charron : « l'un, se promenant en une salle, regarde à compasser ses pas d'une certaine façon sur les carreaux ou tables du plancher » (*Sagesse*, I, 38). — *Souef*, suave, se trouve dans Montaigne (Voizard, *op. cit.*, p. 198).

P. 86, l. 14 : *Je te jure le Soleil*; ὄμνυμί σοι τὸν Μίθρην, je te jure par

Mithra, divinité représentant le Soleil et le Feu, dans la mythologie des anciens Perses.

P. 86, l. 20 : Cicéron a inséré dans son dialogue sur *la Vieillesse* (ch. 17) cette anecdote sur Cyrus. Il traduit ainsi cette dernière phrase : « Rectè vero te, Cyre, beatum ferunt, quoniam virtuti tuæ fortuna conjuncta est. »

P. 87, l. 37 : *Viande* désignait primitivement toute espèce d'aliment, tout ce qui était propre à nourrir l'homme ou l'animal. C'est le sens qu'il a ici, et dont quelques traces se sont conservées dans la langue. A la fin du xvi<sup>e</sup> siècle, il commença à prendre l'acception particulière qu'il a aujourd'hui (Voy. Nicot, v° *Viande*.)

P. 87, l. 51 : Καὶ γὰρ ἐν τῷ χώρῳ καὶ ἐν τῷ ἄστει ἀεὶ ἐν ὥρᾳ αἱ ἐπικαιριώταται πράξεις εἰσίν, car, à la campagne et à la ville, les actions les plus opportunes sont toujours faites à heure fixe.

P. 88, l. 7 : Ἐν τῷ μέσῳ τοὺς καρποὺς τρέφουσα τῷ κρατοῦντι λαμβάνειν; Xénophon veut dire que la terre, poussant ses fruits en pleine campagne (ἐν τῷ μέσῳ), peut être la proie du vainqueur. Ce sens est éclairé par ce qui est dit ci-dessous p. 92, l. 20.

P. 88, l. 30 : Le texte de Xénophon portait ἡ γῆ θέλουσα, et La Boétie a parfaitement rendu cette expression, qu'il traduisait le premier. M. Graux préfère lire θεὸς οὖσα, qui est une leçon fournie par Stobée.

P. 89, l. 40 : *Destourbier*, empêchement, obstacle. Montaigne (*Essais*, l. II, ch. 37 ; l. III, ch. 13).

P. 90, l. 8 : *Les vermines*, ἐρυσίβαι. C'est, à proprement parler, la maladie des graminées qu'on désigne sous les noms divers de nielle, charbon, rouille.

P. 91, l. 41 : *Parsonniers* ou *parçonniers*, associés. « Celuy sera le meilleur parsonnier qui apporte le plus en la société » (Bouchet, *Serées*, éd. Roybet, t. I, p. 231).

P. 91, l. 60 : Les éditeurs récents de Xénophon, M. Schenkl, M. Graux, suppriment ce passage comme une interpolation (jusqu'à la page 92, l. 9). Xénophon, en effet, n'a parlé nulle part, dans ce qui précède, de ce dont il est ici question.

P. 92, l. 14 : *Le plus facile à apprendre*, μαθεῖν τε ῥᾴστη. M. Graux supprime également ces mots, quoique fournis par les manuscrits, parce qu'il n'a pas été dit jusque-là que l'agriculture fût un art facile à apprendre et qu'il n'en sera question que plus loin.

P. 93, l. 49 : *Prou*, assez. Montaigne : « prou de gens ont pensé que... » (*Essais*, I, 55) ; « les princes me donnent prou s'ils ne m'ostent rien » (III, 9). — Cet adverbe, qui ne s'est maintenu dans la langue que dans l'expression *peu ou prou*, subsiste encore dans plusieurs patois. Provençal, *prou, pro* ; gascon, *prou*.

P. 94, l. 6 : On manque absolument de renseignements sur la personne de cet Ischomache.

P. 94, l. 8 : « Le portique de Ζεὺς Ἐλευθέριος formait, à ce que l'on croit, une partie de la bordure occidentale de l'agora d'Athènes » (Charles Graux).

P. 94, l. 29 : Εἰς ἀντίδοσιν τριηραρχίας ἢ χορηγίας, pour un échange de triérarchie ou de chorégie. La Boétie n'a pas rendu le sens de l'original. Lorsqu'il était désigné pour contribuer à l'équipement des flottes ou à l'entretien des chœurs, un Athénien pouvait se soustraire à cette charge en indiquant, pour la remplir à sa place, tel concitoyen qu'il prétendait plus riche que lui. Si ce dernier refusait, il était tenu de faire avec le premier échange de ses biens, s'il le lui proposait. Cet échange était l'ἀντίδοσις.

P. 95, l. 33 : Dans les actes officiels, on désignait les personnes par leur nom et celui de leur père au génitif, avec la mention de leur *dème*.

P. 98, l. 3 : *Laisse*, en langage cynégétique, se dit d'une couple de lévriers, qu'ils soient ou non en laisse. La Boétie le prend ici au figuré et je n'ai pas trouvé d'autre exemple de cette acception métaphorique.

P. 98, l. 4 : *Couple*; Montaigne : « comme une couple de chevaux attelez à un mesme timon » (*Essais*, I, 183).

P. 100, l. 26 : *Bornail*, ruche. Provençal, *bournat*; languedocien, *bournal*; gascon, *bournac*, tronc d'arbre creux, et, par extension, ruche (racine, *bourna*, creuser). Jasmin a dit (*Dict. provençal* de Mistral, v° *Bournat*) :

> *Aquel bournat d'abelhos.*

P. 100, l. 28 : *Journal*, journée, et, par extension, tâche de la journée. M. Godefroy ne cite, avec ce dernier sens, que des exemples antérieurs à La Boétie (v° *Journal*).

P. 101, l. 33 : *Leans*, là-dedans (de *là* et du lat. *intus*), par opposition à *céans*, ici-dedans (Voy. Littré, *Dictionnaire*, v<sup>is</sup> *céans* et *léans*. Brantôme : « Voylà le corps qui repose leans du plus brave et vaillant prince et capitaine qui fût jamais » (I, 283).

P. 101, l. 35 : *Elle a le soing des petits qui naissent, afin qu'ils soient bien nourris et eslevez; et, apres qu'ils ont fait leur paroy, et que les jeunes, etc.* — Le grec porte (VII, 34): Καὶ τὸν γιγνόμενον τόκον ἐπιμελεῖται, ὡς ἐκτρέφηται· ἐπειδὰν δὲ ἐκτραφῇ καὶ ἀξιοεργοί κ.τ.λ. — Je crois qu'il vaut mieux ne pas suivre M. Feugère, mais conserver la leçon de l'édition originale *(ils ont)* car le sujet d'ἐκτραφῇ est τόκος *(les petits)*. Quant au mot *paroy*, il est trop caractéristique pour que l'on puisse l'attribuer à une bévue du typographe. Très probablement, La Boétie s'est laissé guider par sa connaissance des mœurs des abeilles. Au lieu de *ils ont fait leur paroy*, il a dû écrire *ils ont forcé leur paroy*. Cela suggérerait une modification légère, mais expressive, à faire dans le texte de Xénophon, en lisant ἐντρέφηται (nourriture de la larve à l'intérieur de la cellule), au lieu de ἐκτρέφηται, ce qui constituerait une opposition avec ἐκτραφῇ (éducation hors de la cellule, de la paroi). — Si la correction semblait bonne, il faudrait en faire honneur à La Boétie, puisque sa traduction y conduit assez naturellement. (R. D.)

P. 101, l. 36 : *Apres qu'elles ont fait*, corrigez *qu'ils ont fait*.

P. 101, l. 38 : *Le jecton*, essaim d'abeilles. Les apiculteurs emploient encore ce mot dans le sens où le prend La Boétie : essaim qui quitte la ruche. Pasquier : « il n'y a jetton d'abeilles qui n'ait son roy » (*Lettres*, t. I, p. 602). Ambroise Paré : « chacune d'elles (abeilles) desire estre pres le roy, et, s'il est las, le portent; et, en quelque part qu'il s'arreste, tout le jetton s'arrestera et se campera » (*Animaux*, 6).

P. 101, l. 39 : Σὺν τῶν ἑπομένων τινὶ ἡγεμόνι, disait le texte des premiers éditeurs de Xénophon que La Boétie a traduit. Henri Estienne a mis σὺν τῶν ἐπιγόνων τινὶ ἡγεμόνι, c'est-à-dire avec quelqu'un de ses descendants pour chef.

P. 101, l. 53 : Les premières éditions portaient εὐχαριστώτερον. Henri Estienne l'a remplacé par ἀχαριστώτερον, désagréable ; cette leçon a toujours été adoptée depuis lors. Voy. dans les *Annotationes in Xenophontem* (p. 37), les raisons invoquées par Henri Estienne en faveur de ce changement.

P. 104, l. 14 : *Sommier*, bête de somme. Montaigne : « servir de sommier à des soldats » (*Essais*, l. III, ch. 11).

P. 104, l. 24 : *Sont bien taillez*, c'est-à-dire sont bien de nature à fouler aux pieds leurs compagnons d'armes. Voy. Aug. Scheler, *Glossaire* de Froissart, v° *taillié et taillier*.

P. 104, l. 28 : Supprimer la virgule après *camp*.

P. 105, l. 35 : La Boétie n'a pas rendu exactement tous les termes techniques employés ici par Xénophon.

P. 105, l. 37 : *Et ainsi, mais qu'ils aillent d'ordre*. Ce texte de l'édition originale me paraît suspect. Peut-être faudrait-il lire : *Et ainsi, mets qu'ils aillent*, c'est-à-dire : « D'autre part, suppose qu'ils aillent. » Nous retrouverons plus loin (p. 130, l. 9) la même confusion de mots. (R. D.)

P. 105, l. 53 : *De tourteau, ou de pain, ou de viande*, ἢ μάζης, ἢ ἄρτου, ἢ ὄψου. Μᾶζα, galette d'orge; ὄψον, plat de légumes.

P. 106, l. 24 : Ἐν δεκακλίνῳ στέγῃ συμμέτρῳ, dans une salle de dix lits bien proportionnée. Comme le remarque M. Feugère, elle eût contenu un plus grand nombre de convives. M. Graux entend ce passage différemment ; pour lui δεκάκλινος signifie de la contenance de 10 κλῖναι, soit 100 coudées carrées ou 25 mètres carrés.

P. 107, l. 58 : *Aveindre*, atteindre. Montaigne : « au lieu de me monter et haulser de ma place pour y aveindre » (*Essais*, l. III, ch. 7).

P. 110, l. 14 : *Dont les estuves qui sont entre deux font la séparation*. On trouve dans les premières éditions, celle d'Henri Estienne comprise, θύραν βαλανείῳ ὡρισμένην. Les éditeurs modernes, au contraire, lisent θύρᾳ βαλανωτῇ ὡρισμένην, le gynécée clôturé par une porte fermant au βάλανος, petit cylindre qui servait à assujettir la traverse d'une porte et qu'on n'enlevait qu'avec une clef (βαλανάγρα).

P. 112, l. 9 : *Droicturier*, originairement, qui suit la ligne droite (Montaigne : « suyvre la voie battûe droicturiere », II, 12), et, par extension, au figuré, qui aime le droit, la justice. Montaigne : « c'est un grand personnage (Tacite) droicturier et courageux » (*Essais*, l. III, ch. 8).

P. 115, l. 43 : *Illuminez*. Voy. ci-dessus p. 37, variante 35.

P. 116, l. 27 : *Elle estrive*, résister. Montaigne : « si le condamné estrivoit à leur ordonnance, ils menoient des gens propres à l'exécuter » (*Essais*, l. II, ch. 35). Voy. aussi l. II, ch. 23 ; l. III, ch. 5, etc.

P. 117, l. 33 : La Boétie interprète le texte de Xénophon plutôt qu'il ne le traduit, dans la phrase qui précède.

P. 117, l. 40 : *et que je le conte à ceste heure*. Il y a, je crois, une faute dans l'édition originale. Je lirais : *et que je te conte à ceste heure*, comme dit, d'ailleurs, le grec (X, 13) ὥσπερ νῦν σοι λέγω. (R. D.)

P. 117, l. 56 : *Rabiller*, redresser. Montaigne : « au lieu de rabiller nostre faulte, nous la redoublons » (*Essais*, l. I, ch. 56).

P. 118, l. 5 : Les commentateurs de Xénophon ignorent de quel personnage il est ici question.

P. 120, l. 30 : *Affaire* était indifféremment masculin ou féminin. Montaigne l'emploie avec ces deux genres (Voizard, *Langue de Montaigne*, p. 69).

P. 121, l. 34 : *Aux Portiques*, ἐν τῷ ξυστῷ, sous les galeries couvertes des gymnases, appelées ξυστοί ou δρόμοι, et où les Athéniens allaient promener en causant.

P. 121, l. 36 : *Si j'en ai au labour;* νειὸν ποιοῦντες, dit le texte, c'est-à-dire préparant une terre à recevoir la semence. « Les Grecs, dit M. Charles Graux, laissaient reposer la terre une année sur deux, ne la travaillant cette année-là que pour détruire les mauvaises herbes; c'est ce qui s'appelait νειὸν ποιεῖν. »

P. 121, l. 45 : *Le plus que je puis, pour ce que c'en est.* Dans sa traduction latine de Xénophon, Strebœus rend ainsi ce passage : *quoad possum, ne cùm facit hæc.* Montaigne, que cette interprétation ne satisfaisait pas, a souligné ces mots sur son exemplaire et a écrit en marge : *quantum res ipsa patitur.*

P. 121, l. 51 : *Je change d'habillement.* Le texte porte ἀπεστλεγγισάμην (ἀπό, στλεγγίς, *strigilis*), c'est-à-dire je me frotte avec la στλεγγίς, sorte d'étrille qui correspond à la *strigilis* des Latins.

P. 122, l. 28 : M. Charles Graux suppose, après Weiske, qu'il y a là une lacune dans le texte.

P. 123, l. 34 : Ici encore, La Boétie interprète le texte plutôt qu'il ne le traduit. Ischomache dit seulement dans le grec : ἤδη δ', ἔφη, ὦ Σώκρατες, καὶ διειλημμένως πολλάκις ἐκρίθην ὅ τι χρὴ παθεῖν ἢ ἀποτῖσαι. Παθεῖν, c'est encourir une peine, ἀποτῖσαι, payer une amende. La Boétie a bien marqué la distinction.

P. 123, l. 45 : *Mensonge,* qui avait commencé par être féminin, était des deux genres au XVIe siècle. Montaigne l'emploie ainsi (Voizard, *Langue de Montaigne,* p. 70).

P. 123, l. 48 : Il vaudrait mieux ponctuer : *Non fais, non.* (R. D.)

P. 123, l. 49 : *Que de tout la court et le marché ne soient achevez.* Le texte grec dit simplement πρὶν γ'ἂν παντάπασιν ἡ ἀγορὰ λυθῇ, avant que l'assemblée ne se soit séparée complètement.

P. 123, l. 61 : *Receveur,* ἐπίτροπος, celui auquel on confie le soin de quelque chose; ce serait plutôt ici : *régisseur.*

P. 124, l. 20-21 : Il me paraît que la seconde phrase commençant par *comment* est une correction de la première, et que Montaigne a mal à propos conservé les deux, l'une après l'autre. La Boétie avait sous les yeux d'anciens textes portant διδάσκειν (XII, 6); comprenant qu'il y avait là une erreur, l'excellent helléniste a corrigé le texte et rétabli διδάσκεις (ce qui est la leçon admise maintenant). Ce changement l'a conduit à modifier aussi sa première version, en substituant à l'infinitif *(comment enseigner d'aymer)* le présent de l'indicatif *(comment enseignes tu de t'aymer).* (R. D.)

P. 124, l. 22 : *En bonne foy, dis-je,* etc. Il faudrait *dit-il.* Ce paragraphe, qui semble être ici dans la bouche de Socrate, est, au contraire, une réponse d'Ischomache.

P. 125, l. 44 : *Desseigner,* désigner, indiquer. Montaigne : « les hommes se font desseigner par art certaines regles de vivre » *(Essais,* l. I, ch. 38).

P. 125, l. 50 : *Les sommeilleux et dormars. Sommeilleux;* Froissart, *Glossaire,* par Aug. Scheler, vº *Sommeilleus; — Dormart;* Montaigne, *Essais,* III, 13; — Bouchet, *Serées,* t. III, p. 111; t. IV, p. 100.

P. 127, l. 44 : *Le Roy,* c'est-à-dire le roi de Perse.

P. 127, l. 55 : Le texte grec porte en outre : ἤ τι καὶ ἄλλο προσμαθητέον αὐτῷ ἔσται, εἰ μέλλει ἐπίτροπος ἱκανὸς ἔσεσθαι, ou bien lui faudra-t-il apprendre encore quelque chose, s'il veut devenir bon régisseur.

P. 129, l. 40 : *Combien on tue d'eux.* Ceci est une erreur évidente. M. Feugère l'a fait disparaître en lisant *combien on tire d'eux,* qui traduit le grec πολλὰ ἀνύτοιο παρ' αὐτῶν.

P. 130, l. 9 : *Mais que ton homme.* Ce « mais » après « eh bien ! » est étrange. J'estime qu'il y a erreur typographique dans l'édition originale, et qu'il faut lire : *mets*, c'est-à-dire « admettons ». La phrase, ainsi modifiée répondra exactement au grec. Comparez p. 105, lig. 37. (R. D.)

P. 130, l. 30 : Les premières éditions portent : γέγραπται γὰρ ζημιοῦσθαι ἐπὶ τοῖς κλέμμασι, καὶ δεδέσθαι ἤν τις ἁλῶ ποιῶν, καὶ θανατοῦσθαι τοὺς ἐγχειροῦντας. Weiske corrige ainsi et sa correction est adoptée dans l'édition Graux : καὶ δεδέσθαι τοὺς ἐγχειροῦντας καὶ θανατοῦσθαι ἤν τις ἁλῶ ποιῶν, des châtiments sont prononcés contre le vol : la prison pour la tentative, la mort pour le flagrant délit.

P. 132, l. 7 : *A grand planté,* en grande abondance. Montaigne : « Nostre mere nature nous avoit munis a planté de tout ce qu'il nous falloit » (*Essais*, l. II, ch. 12).

P. 132, l. 14 : La Boétie suit ici très exactement le texte grec tel qu'il était publié de son vivant. Les éditeurs modernes de Xénophon ont remarqué que les idées ne s'enchaînaient pas très bien jusqu'à la page 134, l. 25. Ils ont imaginé quelques transpositions dans le dialogue et dans la suite du raisonnement. On trouvera ces modifications indiquées ou discutées dans la plupart des éditions critiques de l'*Économique*, et notamment celles de Weiske, Schneider, Breitenbach, Sauppe et K. Schenkl.

P. 132, l. 24 : *Or conte doncques.* Il y a ici une erreur typographique de l'édition originale. Il faudrait lire *écoute* au lieu de *conte*, ce qui répond au grec (XV, 4) ἀκούσῃ. (R. D.)

P. 132, l. 26 : J'estime qu'au lieu de : *car elle estant plus,* il faudrait restituer : *car elle est tant plus*. (R. D.)

P. 135, l. 59 : *Sans ce qu'ils s'arrestent,* etc. M. Alfred Jacob, qui a achevé l'édition de l'*Économique*, commencée par feu Charles Graux, retranche ce membre de phrase, jusqu'à ces mots *les fruits sur la terre*.

P. 136, l. 25 : *S'en ressentira d'avantage.* Le texte grec porte μάλιστα χεῖσθαι, c'est-à-dire être meuble, friable. Comparez Virgile (*Géorgiques*, I, 66) : *Putris se glæba resolvit.*

P. 137, l. 34 : C'est ce que Virgile a recommandé aussi au laboureur (*Géorgiques*, I, 66) :

*Glæbasque jacentes*
*Pulverulenta coquat maturis solibus æstas.*

P. 137, l. 41 : *Havies,* brûlées. Olivier de Serres : « (le fruit) tout havi deviendrait-il par la chaleur du soleil, le treuvant sans couverture » (*Théâtre d'agriculture*, 1605, p. 353). — On trouvera ci-dessous *havir* et *se havir*.

P. 137, l. 48 : *Qu'elles se meurent, au hault de seicheresse.* Mauvaise ponctuation. Lire : « se meurent au hault, de seicheresse ». Il faut trier les herbes et les jeter sur la superficie du sol *(au hault),* ἐπιπολῆς (XVI, 15), afin qu'elles y soient desséchées par le soleil. (R. D.)

P. 139, l. 57 : Il faut faire attention que Xénophon, en ce passage, n'entend pas parler d'une semence de blé, mais de fourrage à enfouir. Il dit que cet enfouissement devient un aliment pour la terre, σῖτος τῇ γῇ (XVII, 10). La Boétie a mal interprété cet endroit. (R. D.)

P. 142, l. 10 : *Ceux qui gouvernent le sol*, τοῖς ἐπαλωσταῖς, c'est-à-dire des serviteurs qu'on chargeait de faire passer les épis à fouler, sous les pieds des animaux.

P. 142, l. 20 : *La bale*, capsule qui sert d'enveloppe au grain dans l'épi de blé. Gascon, *bala, bale;* provençal, *balai;* catalan, *baleigs*. Olivier de Serres (dans Littré, v° *Bale*) : « La bale et bourriezs des bleds battus en l'aire ». Amyot : « Tout ainsi que le feu se prend aisément à de la bale et au poil de lièvre » *(Préceptes de mariage)*.

P. 143, l. 62 : *Jetter*, s'emploie encore en parlant des plantes qui produisent des bourgeons ou des scions. On trouvera plus loin (p. 144, l. 31) *jettons*, pousses, rejetons. Amyot : « du sapin les tendres jettons » *(Propos de table*, IV, I). J.-A. de Baïf *(Poèmes,* liv. VIII, éd. Marty-Laveaux, t. II, p. 388) :

*Tantost en émondant*
*Le ruitier trop épais de jettons abondant.*

P. 143, l. 62 : *Et vien ça donc* est la traduction du grec ἴθι δή. La Boétie se préoccupe de rendre, quand il le peut, le jeu même des particules grecques.

P. 144, l. 18 : Le Lycabète, colline située aux portes d'Athènes, au nord-est de l'Acropole. — Phalère, port de l'Attique, à l'est du Pirée.

P. 145, l. 35 : *Bouter,* mettre, placer. Gascon, *bouta*. En Poitou, où le verbe *bouter* s'est conservé avec le même sens, il a aussi celui de remuer la terre (L. Favre, *Glossaire du Poitou, de la Saintonge et de l'Aunis*, v° *Bouter*).

P. 145, l. 41 : Ou plutôt ainsi J. C'est à peu près la forme que devrait avoir la bouture, dont une partie serait verticale et l'autre oblique.

P. 146, l. 17 : *La coquille*, ὄστρακον. L'emploi de ces tessons avait pour but d'empêcher la terre qui couvrait la partie supérieure des souches, de se sécher ou d'être emportée par la pluie.

P. 149, l. 40 : *Et plusieurs mesmes qui ne le firent oncques*. Le grec καὶ τῶν ἰδιωτῶν οἱ πλεῖστοι, et même la plupart des particuliers. Il est probable que La Boétie avait écrit : *et plusieurs mesmes qui ne le furent oncques*.

P. 150, l. 3 : *Or la faut il nettoyer qui la veut semer*. Il faudrait placer une virgule après le mot nettoyer. Il y a là un tour qui était des plus usités au XVI° siècle, mais qui cause souvent de l'embarras au lecteur d'aujourd'hui. *Qui*, est mis pour *si on, si quelqu'un* (j'ai expliqué cette formule dans mes notes sur P. de Brach); et le membre de phrase « *qui les jettera dans l'eau* » veut dire : « si quelqu'un les jette dans l'eau », εἴ τις ἐμβάλλοι (XX, 11), dit le grec. (R. D.)

P. 151, l. 32 : *Mais tout le monde cognoit la terre, qu'elle ne faut iamais à faire bien à qui luy en fait*. Ce passage est un de ceux où l'on peut le mieux constater la nature des efforts faits par La Boétie, et comme traducteur et comme artisan de langage. Le Grec dit (XX, 14): γῆν δὲ πάντες οἴδασιν ὅτι εὖ πάσχουσα εὖ ποιεῖ. On voit comment le mouvement de la phrase est conservé dans la version de notre auteur. Non seulement il maintient au mot principal le rôle essentiel que ce mot a dans le grec, mais il cherche encore à faire passer en français l'hellénisme dont la phrase de Xénophon offre un exemple notable, et il croit à la possibilité d'introduire dans notre langue un gallicisme équivalent. — La phrase grecque présente ce que les grammairiens ont appelé une *attraction* (Matthiæ, *Gram. Gr.*, § 296, 3; et 630). C'est une construction bifurquée, où le verbe, accompagné d'abord d'un régime direct, est, aussitôt après, suivi d'une reprise par proposition complétive commandée par la conjonction *que* (ὅτι), et dans laquelle le régime du premier membre devient sujet du second : *Et vidit Deus lucem quod esset bona* (Genèse, I, 4). *Metuo fratrem, ne intus sit* (Térence, *Eun.*, III, v. 62). Buttmann et Burnouf (*Gram. Gr.*, § 388, 9) avaient eu raison d'observer que ce tour spécial se produisait particulièrement avec les verbes οἶδα, ἀκούω, etc. La Boétie a cru pouvoir faire passer en français le même idiotisme, en se servant de verbes de même signification. Un peu plus loin, dans ses vers français, il dira (p. 303, son. XXV) :

*Je me sens bien que j'en suis hors d'alaine.*

Du reste, d'autres écrivains du même temps tentèrent de naturaliser ce tour grec. De Brach a dit (t. I, p. 190):

*Quand elle, qui le voit qu'a la mort il souspire ;*

et l'on trouve encore dans Regnier (*sat.* x, 115) :

*Je jugeai ce lourdaut, à son nez authentique,*
*Que c'estoit un pédant.*

L'idiotisme en question n'a pas subsisté dans notre langue ; mais on voit avec quel soin il avait été essayé par les écrivains savants du XVI⁰ siècle, et comment il entra réellement dans l'usage pendant une importante période littéraire. (R. D.)

P. 151, l. 55 : Le texte grec parle d'une route de deux cents stades. M. Feugère rappelle très justement un passage de Columelle, XI, 1.

P. 153, l. 45 : *Penible*, dans le sens de : « ami du labeur », διὰ τὴν φιλοπονίαν. De Brach a donné le même sens à ce mot :

*Des penibles nochers les ames marinieres*

Ce vers est extrait de son poème intitulé : *Les Manes de Monluc*. (R. D.)

P. 155, l. 35 : *Pour traverser à quelques pas*, c'est-à-dire quelque passage. Montaigne prend le mot *pas* dans le sens de *passage* d'un livre (*Essais*, I, 42). Voy. aussi Brantôme (éd. L. Lalanne), t. III, p. 261. — Xénophon appelle κελευσταί ceux qui étaient ainsi chargés de commander les rameurs et de leur marquer la cadence.

P. 156, l. 17 : *Targue* ou *targe*, sorte de bouclier carré. Brantôme (éd. L. Lalanne), t. III, p. 251 ; — De Brach (éd. Dezeimeris), t. I, p. 3 ; t. II, p. 25, 60. Montaigne, *Essais* (édition originale, réimpression Dezeimeris et Barckhausen), t. I, p. 347 ; t. II, ch. 10.

## LES RÈGLES DE MARIAGE DE PLUTARQUE

Page 159 : Sur Henri de Mesmes, seigneur de Roissy et de Malassise, nous nous contenterons de renvoyer à ses *Mémoires inédits*, publiés par M. Édouard Frémy (Paris, E. Leroux, s. d., in-18) et précédés de la *Vie publique et privée de Henri de Mesmes*. C'est à lui que Henri Estienne, qui lui avait dédié, en 1562, sa traduction latine des *Hypotyposes pyrrhoniennes* de Sextus Empiricus, dédia aussi, en 1565, son *Traité de la conformité du langage françois avec le grec*. En 1552, il avait épousé sa cousine, Jeanne Hennequin, fille de Oudard Hennequin, conseiller et maître des comptes.

P. 161 : Ce petit traité est intitulé Γαμικὰ παραγγέλματα. On ne sait rien du Pollion, auquel Plutarque adresse ces *Préceptes conjugaux*. Quant à Eurydice, elle avait été l'élève du philosophe et l'on a même prétendu, mais sans preuves, qu'elle était sa fille.

P. 161, l. 1 : Les divisions adoptées dans la traduction de La Boétie sont prises dans l'ouvrage suivant : *Plutarchi Chœronei, philosophi et historici clarissimi, opera moralia quæ in hunc usque diem latinè extant universa* (Basileæ, apud Mich. Isingrinium, 1541, in-f°). Les *Præcepta connubialia*, qui occupent les pages 22-25, sont accompagnés de manchettes dont quelques-unes ont été traduites en français. Amyot a également adopté, à quelques différences près, les divisions de cette version latine.

P. 161, l. 12 : Ἱππόθορος ; « cantio quæ equabus coeuntibus accinebatur ad eas magis stimulandas » (Henri Estienne, *Thesaurus*, éd. Didot). Voy. aussi Plutarque, *Symposiaques*, livre V, question 5.

P. 161, l. 13-14 : La Boétie altère le sens volontairement. Le traité de Plutarque étant dédié à une jeune mariée, La Boétie, avec beaucoup de tact, a senti que notre langue, en telle condition, se refusait à dire certaines choses et à tolérer certaines comparaisons. (R. D.)

P. 162, l. 23 : Plutarque, *Vie de Solon*, ch. 37.

P. 163, l. 60 : Dans cette phrase, comme ci-dessous, l. 50 et suiv., La Boétie a mieux compris le texte grec qu'Amyot et l'a mieux rendu.

P. 164, l. 29 : *Chevir*, venir à bout. Montaigne : « si les choses se rendent à notre mercy, pourquoi n'en chevirons-nous, ou ne les accommodons-nous à nostre avantage » (*Essais*, l. I, ch. 40).

P. 165, l. 38 : Montaigne cite ce propos et le met dans la bouche de Théano, la femme de Pythagore et non sa bru, comme il le dit. M. J.-V. Le Clerc fait remarquer justement que cette réflexion se trouve dans Hérodote, I, 8.

P. 165, l. 51 : Plutarque fait ici une ingénieuse application de la fable de Phébus et Borée, Ἥλιος καὶ Βορρᾶς. Voy. Ésope, fable 306 (éd. Coray, p. 200-202, où elle se trouve sous quatre formes). Chacun connaît la belle fable de La Fontaine (liv. VI, fable III). On trouvera dans l'édition de La Fontaine, publiée dans la collection des *Grands Écrivains* (t. II, p. 8), l'historique de cette allégorie.

P. 165, l. 62 : Plutarque, *Vie de Caton l'Ancien*, ch. 35.

P. 166, l. 25 : Les monstres, τὰς ἐπιφανείας, c'est-à-dire les superficies.

P. 167. l. 38 : Montaigne rappelle cette coutume des rois de Perse (*Essais*, l. I, ch. 29).

P. 168, l. 14 : Platon, *les Lois*, l.V, trad.Victor Cousin, t.VII, p. 281-282.

P. 169, l. 40 : *Meslange* était alors féminin et ne s'employait au masculin qu'en poésie, d'après Nicot. Montaigne le fait cependant masculin (Voizard, *Langue de Montaigne*, p. 73).

P. 169, l. 55 : Plutarque, *Vie de Paul Émile*, ch. 7.

P. 170, l. 21 : *Dot* a été masculin, d'après son origine étymologique, dans tout le XVIe siècle. C'est ainsi que Montaigne l'emploie (Voizard, *Langue de Montaigne*, p. 68). — *Les charmes et le reste*; le grec porte : καὶ φάρμακα καὶ τὸν κέστον. La Boétie avait dû écrire, *et le ceste*, c'est-à-dire la ceinture de Vénus.

P. 170, l. 27 : *Des dons*. Le grec porte : μὴ τοῖς ὄμμασι γαμεῖν, μηδὲ τοῖς δακτύλοις. M. Feugère a remarqué judicieusement que La Boétie avait dû écrire : *aussi peu se doit l'on marier des doigts*.

P. 171, l. 35 : Diogène de Laerte, II, 33.

P. 171, l. 38 : Le grec ajoute : τὴν δὲ καλήν· Τί οὖν, ἂν σώφρων γένωμαι; Et si elle est belle : Que sera-ce si je suis sage? La Boétie a omis ce dernier membre de phrase.

P. 171, l. 41 : *Le tyran sicilien*, c'est-à-dire Denis l'Ancien. Voy. Plutarque, *Vie de Lysandre*, ch. 3.

P. 171, l. 56 : *A la nociere Junon*, τῇ γαμελίᾳ Ἥρᾳ, à laquelle était consacré le mois de janvier ou γαμηλιών.

P. 172, l. 3 : *Sentant à la drogue comme l'aloé*. Le texte ajoute : *ou toute autre drogue médicale*. — *Sentir à* est souvent employé par Montaigne : « figues qui sentoient au miel ».(II, 12). C'est là un des *gasconnismes* qui ont excité *la colère* de Pasquier contre le style de Montaigne (*Lettres*, XVIII, 1).

P. 172, l. 5 : *Qu'il sacrifiast aux Grâces*. Montaigne rappelle ce trait dans les *Essais*, II, 17. — Sur Xénocrate, on peut consulter la thèse de M. Denys Van de Wynpersse (*De Xenocrate Chalcedonio*, Leyde, 1882, in-8º).

P. 173, l. 42 : Plutarque, *Vie de Phocion*, ch. 42.

P. 173, l. 52 : *Le calcon*, c'est-à-dire les caleçons. La Boétie et Amyot traduisent ainsi le grec περισκελίδας.

P. 173, l. 54 : Sur Théano, dont il a été question un peu plus haut, voy. *Dictionary of greek and roman biography and mythology* de W. Smith, qui analyse et résume tous les renseignements sur cette femme célèbre.

P. 173, l. 62 : *Vénus de Lide*. Le grec porte : τὴν Ἠλείων Ἀφροδίτην. La Boétie avait écrit Vénus d'Élide.

P. 174, l. 11 : *Plus cognus* : ἀδοξοτέρους, dit le texte grec, c'est-à-dire moins honorés.

P. 175, l. 39 : M. Feugère a écrit sur ce passage une remarque très juste qu'il importe de reproduire ici : « Le grec porte le contraire, et Amyot s'est conformé à la lettre du texte, en traduisant : « Celuy (le mariage) de ceux » qui couchent seulement ensemble » (τῶν συγκαθευδόντων); *seulement* est ajouté. La Boétie a supposé que la négation avait été omise par Plutarque, ou plutôt par ses éditeurs, et il l'a suppléée; évidemment, c'est avec raison : dans le premier cas, en effet, ne voit-on pas qu'il est question des époux unis par le cœur; dans le second, de ceux qui ne sont unis que par le corps; dans le troisième, de ceux que ne joint entre eux ni l'un ni l'autre lien, qui *demeurent*, mais qui ne *vivent* pas ensemble. Je m'étonne que la correction, dont le français de La Boétie suggère la pensée, n'ait été indiquée par aucun critique. La ressemblance de συ et de ου explique d'ailleurs très bien l'omission fautive de la négation dans le texte. »

P. 175, l. 45 : A Rome, sous la République, les donations entre époux étaient interdites, et tout acte fait en fraude de cette défense était frappé d'une nullité radicale et absolue, *ipso jure nihil valet quod actum est* (l. III, § 10, Digeste, *De donat. inter vir. et ux.*, liv. XXIV, tit. I). Cette règle se relâcha sous l'Empire.

P. 175, l. 50 : *Lepte*. Il y avait deux villes du nom de Leptis en Lybie : Leptis major (aujourd'hui Lebida) et Leptis minor (Lempta).

P. 176, l. 21 : Ainsi que le remarque M. Feugère, Plutarque s'éloigne un peu de Xénophon (*Anabase*, l. I, ch. 7). Montaigne a suivi le récit de celui-ci (*Essais*, l. I, ch. 47).

P. 176, l. 30 : Euripide, *Médée*, v. 193 et seq.

P. 177, l. 42 : *Le Poete*, c'est-à-dire Homère, *Iliade*, ch. XIV, v. 208-210.

P. 177, l. 57 : Euripide, *Andromaque*, v. 930.

P. 178, l. 19 : *A chef de pièce*, au bout de quelque temps. Voy. dans le *Dictionnaire historique* (éd. L. Favre, v<sup>is</sup> *Chef* et *Pièce*) les exemples de Noël du Fail, de Pasquier, etc., recueillis par Lacurne de Sainte-Palaye. — *Fuitif*, l'usage a préféré la forme savante *fugitif* (Thurot, *De la Prononciation française depuis le commencement du XVI<sup>e</sup> siècle*, t. II, p. 230).

P. 178, l. 30 : Au sens propre le *coutre* ou *coultre*, du latin *culter*, est le couteau placé en avant du soc de la charrue. Le gascon *coutre* désigne aussi la charrue à défricher (Cénac Moncaut, *Dictionnaire gascon-français*, v° *Coutre*). Ici La Boétie le prend dans le sens de labourage. Je ne connais pas d'autre exemple de cette dernière acception.

P. 178, l. 31 : Scyros et Raria étaient deux bourgs de l'Attique, consacrés l'un et l'autre à Cérès.

P. 179, l. 33 : *De la ville Pelis qu'ils appellent Bœuf-Joug.* — Ce passage a été différemment interprété. « On ne connaît, dit M. Feugère, aucun endroit dans l'Attique qui ait porté ce nom; aussi plusieurs, et particulièrement Amyot, ont-ils cru préférable de lire ὑπὸ πόλιν; il faudrait traduire alors : qui avait lieu tout près de la ville. Wyttenbach, dans ses *Observations*, t. I, p. 897, n'approuve pas cette correction, quoiqu'il soit porté à croire tout ce passage corrompu. »

P. 179, l. 35 : *Sème*. La *sème* désigne encore en Poitou la saison des semences (Favre, *Glossaire du Poitou*, v° *Seme*).

P. 179, l. 38 : Dans une pièce aujourd'hui perdue.

P. 179, l. 46 : *Gorge le Rhéteur*. Sur la circonstance ici rapportée, voy. Philostrate, *Vit. Soph.*, I, 7. — Le Mélanthe, dont il est question, est vraisemblablement le poète dramatique, contemporain d'Aristophane.

P. 179, l. 55 : *Le palais et les amis;* ἀγορὰν καὶ φίλους, c'est-à-dire le public et ses propres amis.

P. 180, l. 11 : Sur cette croyance des anciens, M. Feugère renvoie à Elien, *Nat. an.*, V, 11.

P. 180, l. 18 : *Tigre* était épicène. Montaigne l'emploie au masculin.

P. 180, l. 23 : *Teintes en greine*. La *greine* ou *graine* est la cochenille ou kermès employée dans la teinture de l'écarlate. Voy. les exemples recueillis par M. F. Godefroy, dans son *Dictionnaire de l'ancienne langue française*, v° *Graine*.

P. 181, l. 36 : Platon, *Lois*, l. V, traduction Cousin, t. VII, p. 259.

P. 181, l. 50 : *Timoxène*. Reiske a supposé (t. VI de son édition, p. 547) que c'était la femme même de Plutarque, mais Wyttenbach ne partage pas cette opinion.

P. 181, l. 59 : *Garderobe*. Montaigne l'emploie au féminin (*Essais*, l. I, ch. 31).

P. 182, l. 1 : *Qu'on les t'a montrées*. Construction fréquente chez les écrivains du XVIe siècle. Voir les passages de P. de Brach que j'ai signalés, dans l'*Index* de cet auteur, aux articles « Pronom personnel » et « Construction du pronom personnel ». (R. D.)

P. 182, l. 8 : Homère, *Iliade*, ch. VI, v. 429, et Euripide, *Hécube*, v. 280.

P. 182, l. 30 (texte et manchette) : Montaigne a fait usage de ce passage et en a transcrit le mot caractéristique (*amas*, au sens d'embryon), dans le 8e chapitre du premier livre des *Essais*. Cette circonstance paraît de nature à confirmer encore l'attribution à Montaigne de ces manchettes manuscrites. (R. D.)

P. 183, l. 57 : Voy. ces vers de Sapho, dans les *Analecta* de Brunck, t. I, p. 57, πρός τινα πλουσίαν, ἀλλ' ἀμαθῆ καὶ ἄμουσον γυναῖκα.

## LETTRE DE CONSOLATION

#### DE PLUTARQUE A SA FEMME

Page 185 : Montaigne avait épousé, le 23 septembre 1565, Françoise de La Chassaigne. Lorsqu'il écrivait à sa femme, de Paris, le 10 septembre 1570, pour lui dédier la *Lettre de consolation* de Plutarque, traduite par La Boétie, Montaigne venait, en effet, de perdre le premier enfant issu de son mariage. Voici ce qu'on trouve, à ce propos, sur l'exemplaire des *Éphémérides* de Beuther annoté par Montaigne : « 1570. Iunius, 28. naquit de Francoëse de la chassaigne & de moë vne fille que ma mere et mōsr le presidāt de la chassaigne pere de ma fame surnōārent thoinette. c'est le premier enfant de mon mariage. Et mourut deus moës apres. » (Dr J.-F. Payen, *Documents inédits sur Montaigne*, n° 3. 1855, in-8°, p. 12.) C'est bien la fille « longuement attendue au bout de quatre ans de nostre mariage ». Montaigne se trompe seulement en écrivant à sa femme qu'elle a perdu cette fille « dans le deuxieme an de sa vie ». C'est le deuxième mois qu'il eût fallu dire, et l'enfant dut mourir à la fin d'août 1570.

P. 186, l. 8 : Voyez, au sujet de cette date, les remarques que nous faisons plus bas sur la lettre de Montaigne à M. de Foix.

P. 187 : La *Lettre de consolation* ne se trouve pas dans le recueil des opuscules de Plutarque (Bâle, 1541, in-folio), où les divisions des *Règles de mariage* ont été prises. C'est sans doute pour ce motif que la traduction de La Boétie n'est point partagée en paragraphes, dans l'édition originale. Nous avons essayé de suppléer à ce défaut en adoptant ici les divisions introduites par les éditeurs modernes. Les nôtres correspondent à celles de l'édition de Fr. Dübner dans la *Collection grecque* de Didot (*Œuvres morales*, t. I, p. 734-739).

P. 188, l. 12 : Reiske propose (t. VIII, p. 400) la leçon suivante adoptée par les éditeurs subséquents : οἶδα ἀγαπητὴν διαφερόντως γενομένην, « et je sais qu'elle fut l'objet de notre vive tendresse ».

P. 188, l. 18 : *Attrempé*, modéré, bien réglé. Montaigne, qui emploie au moins deux fois le mot *attrempance* (*Essais*, l. II, ch. 12 ; l. III, ch. 1); a dit également : « L'ame est un air receu par la bouche, eschauffé au poumon, attrempé au cœur, et espandu par tout le corps » (*Essais*, l. II, ch. 12, éd. Naigeon, t. II, p. 289).

P. 188, l. 30 : Montaigne fait allusion à ce passage (*Essais*, l. III, ch. 4).

P. 189, l. 38 : Ces vers d'une tragédie d'Euripide, aujourd'hui perdue, *Phaéton*, nous ont été conservés par Plutarque. Voy. *Euripidis fragmenta*, publiés par F.-G. Wagner, dans la *Collection grecque* de Didot, p. 806.

P. 189, l. 61 : *N'en rien*, c'est-à-dire « ni en rien ». (R. D.)

P. 190, l. 12 : *Aux festins et aux jeux*. Le texte grec porte : ἐν βακχεύμασι, c'est-à-dire aux Bacchanales.

P. 190, l. 31 : *De la mesme source*. Le grec porte ἐκ μιᾶς πηγῆς. L'édition originale de la traduction de La Boétie dit *de la même force*. C'est une erreur évidente et facile à comprendre, que M. Feugère a corrigée.

P. 191, l. 60 : L'aîné des enfants de Plutarque se nommait Autobule.

P. 192, l. 18 : *Pour les servir*. Montaigne employait le verbe *servir* comme intransitif, et les exemples abondent dans les *Essais*. On en trouve également dans La Boétie lui-même. Voy. ci-dessus *Discours de la Servitude volontaire*, p. 2, l. 5.

P. 192, l. 26 : Dans la *Consolation à Apollonius* (*Œuvres morales*, dans la *Collection grecque* de Didot, t. I, p. 133), Plutarque rapporte plus longuement le même apologue et le met dans la bouche d'un ancien philosophe.

P. 193, l. 40 : *Tiennent en serre*. « *Tenir en ses serres* se dit proprement de quelqu'un de ces oiseaux (les oiseaux de proie), quand il tient entre ses griffes quelque petit oiseau ; mais nostre langage use de cette phrase, parlant de celuy qui tient quelcun à sa mercy » (Henri Estienne, *de la Précellence du langage françois*, éd. Feugère, p. 133).

P. 193, l. 45 : *Entourné*, entouré. Montaigne, *Essais*, l. I, ch. 19.

P. 193, l. 51 : Il est évident que le premier éditeur a oublié un mot ; c'était l'équivalent du grec ἄλειμμα qui désigne la friction avec parfums qu'on se faisait donner au bain. La Boétie avait dû écrire ou « frictionner » ou « oindre ». (R. D.)

P. 194, l. 11 : « Il est question d'un personnage de ce nom dans plusieurs traités de Plutarque, et particulièrement dans celui où il examine *pourquoi la Pythie ne rend plus des oracles en vers*, ch. 7 ». (L. Feugère.)

P. 196, l. 13 : *Faire prendre grand saut*, c'est-à-dire apporter un grand trouble. Plutarque a dit οὐδ' ἐπιφέρουσι συντυχικὰς ὀλισθήσεις.

P. 197, l. 41 : *Riches mecaniques*. La Boétie a essayé de rendre ainsi le grec τοῖς ἀνελευθέροις.

P. 197, l. 43 : *N'en usent point, quand ils l'ont perdu*. Il y a ici une lacune qui défigure la traduction de La Boétie. Le texte grec porte οἳ πολλὰ συνάγοντες οὐ χρῶνται παροῦσιν, ἀλλὰ θρηνοῦσι καὶ δυσφοροῦσιν ἀπολομένων, c'est-à-dire « ceux qui n'usent pas des biens qu'ils ont, mais se plaignent et se lamentent s'ils viennent à les perdre ».

P. 197, l. 43 : J'estime qu'il y a ici un mot mal transcrit et une ligne omise. Je lirais « maniaques » à la place de *mécaniques*, dont on trouverait difficilement des exemples en signification si étrange. Remarquer d'ailleurs que le premier *a* de « maniaque » a pu, dans l'écriture cursive, figurer un *e* et un *c* aux yeux du copiste et causer son erreur. — Quant à la ligne omise, je la restituerais ainsi : « ... n'en usent point *tant qu'ils le possèdent, mais le pleurent et se désolent* quand ils l'ont perdu ». Cela répondrait exactement au grec ; et le parallélisme d'expressions : *tant qu'ils... quand ils,* expliquerait la méprise si fréquente en typographie dans des cas semblables. (R. D.)

P. 198, l. 7 : *Par mystère aux fêtes de Bacchus*. La science moderne n'est pas très exactement informée sur les anciens mystères, à cause du silence qu'on exigeait des initiés. L'initiation était cependant assez accessible. Les mystères de Bacchus sont les plus anciennement mentionnés.

P. 199, l. 36 : Tout ce membre de phrase a été ajouté par La Boétie. Il supplée heureusement à ce que Plutarque a dit et qui ne nous a pas été conservé. Voy. la note par laquelle Reiske a voulu expliquer ce passage et qui confirme la traduction de La Boétie (t. VIII, p. 413, note 38).

P. 199, l. 37 : Ce vers, dont Plutarque ne cite ici que la fin, est cité en entier dans la *Consolation à Apollonius*. C'est un vers de Théognis. Voy. R.-F.-P. Brunck, *Gnomici poetæ græci* (Argentorati, 1784), in-12, p. 18, v. 419.

P. 199, l. 59 : Les éditeurs terminent en effet par le mot λείπει. Reiske remarque (t. VIII, p. 414, note 41) que rien ne semble manquer et que le texte est complet. Il suffit de répéter ἔχωμεν, qui se trouve un peu au dessus, ou de suppléer un autre verbe, διαφυλάττωμεν ou διατηρῶμεν, par exemple. C'est ce que La Boétie a compris.

## STEPHANI BOETIANI POEMATA

Page 203 : En dédiant au chancelier de L'Hospital les vers latins de La Boétie, Montaigne rendait hommage à celui qu'il regardait comme un des meilleurs poètes latins de son temps (*Essais*, l. II, ch. 17).

P. 205, l. 12 : *Regret de sa part*. L'erreur ici est évidente, et les éditeurs de Montaigne ont eu raison de corriger et de mettre : *de sa perte*.

P. 207 : *Ad Belotium et Montanum* (I). — J'ajouterai ici quelques renseignements destinés à rectifier la notice consacrée à Jean de Belot dans les *Généalogies des maistres des requêtes ordinaires de l'hostel du Roy* de Blanchard. Jean Belot y est qualifié de chevalier, sieur du Treuilz, et ses armes sont indiquées comme étant d'argent à trois pals de gueule, au chef d'azur, chargé d'un croissant montant d'argent, accosté de deux étoiles d'or. Au contraire, dans un jugement rendu par lui et conservé au Cabinet des Titres de la Bibliothèque nationale (*Pièces originales*, vol. 284, dossier 6141, p. 5), il se qualifie de « seigneur et vicomte de Pommyers ». D'après Blanchard, Charles IX ayant créé, par un édit du mois de décembre 1568, quatre nouvelles charges de maîtres des requêtes de son hôtel, en plus des treize charges précédemment créées, Belot fut pourvu d'une de ces quatre charges par lettres patentes données à Paris, le 8 janvier suivant. Il prêta serment au Parlement et au Grand Conseil les 13 et 17 du même mois. En 1569, Jean de Belot fut envoyé en Berry en qualité de « commissaire deputté par Sa Majesté pour l'exercisse de la justice et execution de ses edictz en la ville de Bourges et bailliage de Berry ». (Voy. le jugement susmentionné du 30 juillet 1569.) La *Généalogie* de Blanchard dit qu'il mourut en 1569. D'après l'*Histoire du Languedoc* (t. V, p. 307) de dom Vaissette, il fut envoyé à Toulouse, en mai 1571, en compagnie de Molé, conseiller au Parlement de Paris, pour y remplir une mission semblable à celle dont il avait été chargé en Berry. Il la remplit, paraît-il, avec une modération que les historiens protestants ont louée. Quelques pièces concernant Jean de Belot sont conservées au Cabinet des Titres de la Bibliothèque nationale (*Pièces originales*, vol. 284, dos. 6141, pp. 2, 3, 4 et 5). — Il ne fut pas seulement loué par Ronsard et par Baïf, mais encore par Passerat (éd. Prosper Blanchemain, t. I, p. 185) et par Amadis Jamyn (Paris, 1582, liv. I, f° 28).

P. 208, v. 16 : M. Feugère fait remarquer que la forme *præstasse* ne se rencontre nulle part ; *præstari* et *præstatus* sont fort douteuses. Voy. Forcellini, *Lexic.*, Padoue, 1827 (3ᵉ édit.), t. III, p. 666.

P. 208, v. 45 : Ingénieuse allusion à ce vers de Virgile (*Æn.* X, 377) :

*Ecce maris magno claudit nos objice pontus.*

Voir la note de Pierius sur la leçon *obice*. (R. D.)

P. 209, v. 49 : *Peregrinum cœlum*, expression d'Ovide (*Trist.*, IV, VIII, 25). (R. D.)

P. 209 : *Ad Carliam uxorem* (II). — Ces vers adressés à Marguerite de Carle forment des strophes composées d'un petit asclépiade, d'un glyconique, d'un iambe dimètre et d'un second glyconique.

P. 210, v. 41 : Je lirais :

*o liceat diu*
*Vitam* NON *sine te, Carlia, ducere*
*Intactam pariter malis.*

M. Feugère, en traduisant ce passage dans son *Étude*, n'a pu rendre ce *nam sine te* qui serait un non-sens. (R. D.)

P. 210 : *Ad Michaelem Montanum* (III). — La Boétie fait usage ici de la strophe alcaïque.

P. 211, v. 16 : *Reicit* pour *rejicit*.

P. 211, v. 17 : Il serait utile d'écrire ici *Virtus* avec une majuscule, ainsi que plus bas (v. 30) *Voluptas*, à cause de la personnification qui est la base même de l'allégorie de Prodicus. (R. D.)

P. 211, v. 25 : L'antiquité s'est maintes fois servi de cette allégorie, inventée, dit-on, par le sophiste Prodicus. Voy. notamment Xénophon, *Mémorables*, II, 1, et Silius Italicus, *Puniques*, XV, 18-128.

P. 211, v. 33 : *Purpureæ genæ* serait préférable.

P. 212, v. 37 : Ce vers est défiguré. M. Feugère l'a rétabli ainsi :

*Luxuque et annis : ast anus impudens.*

P. 212, v. 37 : Ce vers a été mal reproduit. On y a introduit des mots qui devaient être des variantes et la mesure est brisée. (R. D.)

P. 212, v. 49 : Ponctuez : *At, puer, effuge*. (R. D.)

P. 213 : *Ad Musas, de antro Medono Cardinalis Lotharingi* (IV). — La grotte de Meudon, élevée en 1556 par Philibert Delorme dans le parc du château de Meudon, qu'il avait bâti pour le cardinal de Lorraine, était célèbre alors. Ronsard (*Eglogue* III) l'a chantée à propos du mariage (février 1558) de Charles de Lorraine et de Claude de France, fille de Henri II. Bernard Palissy en parle dans un *Devis d'une grotte pour la Royne Mère* (*Œuvres*, éd. B. Fillon et Louis Audiat, t. I, p. 3). En voici une description d'après un voyage manuscrit cité par Benjamin Fillon dans ses *Lettres écrites de la Vendée* (p. 49): « A deux lieues de Paris est Meudon, où se voit, dans le bois, une admirable et merveilleuse grote, enrichie d'appuis et d'amortissemens de pierre taillée à jour, de petites tourelles tournées et massonnées à cul de lampe, pavée d'un pavé de porphyre bastard, moucheté de taches blanches, rouges, vertes, grises et de cent couleurs différentes, nétoyée par des esgouts faits à gargouilles et à muffles de lyon. Il y a des colonnes, figures et statues de marbre, des peintures grotesques, compartimens et images d'or et d'azur et aultres coulleurs. Le frontispice est à grandes colonnes cannelées et rudentées, garnies de leurs bases, chapitaux, architraves, frises, corniches et moulures de bonne grâce et juste proportion ; le vase et taillouer soustenu sur les testes des vertus, approchant à la moyenne proportion des colosses, enrichies de feuilles d'acante et de branche-ursine, pour soustenir la pleinte du bastiment très bien conduit et bien achevé ; mais les troubles y ont fait d'irréparables ruines et surtout aux tuyaux qui ont été rompus. » Cette description date du XVIIe siècle. Dans les premières années du XVIIIe siècle, le Dauphin, fils de Louis XIV, faisait construire un château sur cet emplacement. D'après le Dr Robert (*Histoire de la commune de Meudon*, p. 47), il ne reste plus actuellement de la grotte qu'une grande terrasse en briques rouges, qui soutient le parterre situé devant le château.

P. 213, v. 1 : Ces vers sont des phaléciens. La Boétie en a fait usage assez fréquemment.

P. 213, v. 1 : Quand Montaigne appelle Virgile « le maistre du chœur » (*Essais*, I, 36), il se souvient du vers latin de son ami :

*Dic, ó Calliope, chori magistra ;*

mais La Boétie avait lui-même dans la mémoire un vers d'Hésiode (*Théogonie*, 79), où il est dit de Calliope : ἡ δὲ προφερεστάτη ἀπασέων. Du reste, toute cette pièce est pleine de réminiscences d'Hésiode, traitées avec un tact particulier et une préoccupation très frappante de la forme. Au lieu de prendre de toutes pièces des passages des anciens, ainsi que le faisaient Ronsard et Baïf, l'ami de Montaigne, devançant A. Chénier, s'est inspiré seulement des vieux maîtres, et les a variés en adaptant à son sujet ce qui l'avait frappé chez eux, et en s'appropriant, même pour dire autre chose, les tours particulièrement gracieux du langage. C'est ainsi que, au vers 19, il se souvient du vers 5 de la *Théogonie* :

Καί τε λοεσσάμεναι τέρενα χρόα Περμησσοῖο ;

la scène étant changée pour lui, il transforme l'image, mais l'hellénisme contenu en ce vers avait un charme qui ne pouvait lui échapper : il l'a fait passer en latin :

*Vos, mersæ caput (heu!) sacris in undis.*

Ronsard, au même moment, ne faisait pas si bien dans ses imitations. Si on lit, dans sa fameuse *Ode à L'Hospital*, la mise en œuvre des mêmes passages d'Hésiode, on les verra utilisés d'une façon bien moins délicate. (R. D.)

P. 215 : *Ad Belotium cùm donaret Carmina quinque pœtarum* (V). — Il a paru plusieurs recueils sous ce titre au XVIe siècle. Le plus célèbre, et celui que La Boétie avait sans doute donné à Belot, est le volume dont la première édition parut à Venise, chez Valgrisius, en 1547, sous ce titre : *Carmina quinque illustrium pœtarum* (pet. in-8°). La seconde édition vit le jour deux ans après, à Florence (apud Laurentium Torrentinum). Toutes deux sont maintenant fort rares, la première surtout. — Les cinq poètes sont Bembo, André Navagero, Balthasar Castiglione, Jean Cotta et Marc-Antoine Flaminio.

P. 215 : *Ad Chassaneum cùm illi donaret Solinum manu scriptum* (VI). — Pendant son séjour au Parlement de Bordeaux, La Boétie eut deux collègues du nom de La Chassaigne : le célèbre président Geoffroy de La Chassaigne et son fils cadet, le conseiller Joseph de La Chassaigne, dit le jeune, écuyer, seigneur de Pressac. C'est à celui-ci que La Boétie s'adresse. Quoique laïque, il avait obtenu un office de conseiller clerc, le 7 juillet 1543, et devint plus tard président. Homme fort studieux et grand admirateur de l'antiquité, ainsi que le déclare Élie Vinet, il fut l'ami de Pierre de Brach (*Œuvres poétiques*, t. II, p. 98) et le beau-père de Michel de Montaigne, qui épousa sa fille Françoise. Joseph de La Chassaigne mourut le 28 juillet 1572.

P. 216, v. 4 : Rien n'indique dans cette pièce que ce manuscrit de Solin fut de la main même de La Boétie, comme l'a écrit M. Feugère. M. Dezeimeris a remarqué, avec raison, que ce devait être un manuscrit ancien, car les éditions de Solin abondaient déjà alors et un manuscrit récent n'aurait eu aucune valeur (*Remarques sur Plutarque*, p. 104). Je rappellerai en outre qu'Élie Vinet avait donné, à Poitiers, en 1554, une nouvelle édition du *Polyhistor* de Solin, d'après un manuscrit appartenant au couvent des Dominicains de Bordeaux et qui lui fournit aussi le texte d'Eutrope et de Florus. Voy. sur ce manuscrit l'introduction du volume suivant : *C. Julii Solini Polyhistor, ex antiquis Burdegalensium Dominicanorum codicibus, ita restitutus, ut nunc primum natus et editus videri possit; index locupletissimus, in tres divisus, rerum, auctorum citatorum et novorum verborum indices, in quibus multa monuit de varia scriptura, nonnulla etiam explicuit, dum exemplaria conferret, Elias Vinetus Santonensis* (Pictavis. Enguilberto Marnesio excudebatur, mense maio M. DLIII, ex Regis privilegio in quinquennium. In-4° de 144 pp., plus 8 pp. liminaires et 32 pp. d'index).

P. 216 : *Ad Pomerium* (VII). — Sauvat de Pomiers, sieur du Breuil, en Médoc, conseiller lay au Parlement de Bordeaux depuis le 29 août 1519. Issu d'une vieille famille de légistes bordelais, il fut lui-même une des lumières de sa compagnie (Cf. De Lurbe, *de Illustribus Aquitaniæ viris*,

p. 103). Devenu président aux enquêtes, le 23 novembre 1533, il résigna plus tard son office de conseiller en faveur de son fils, Pierre, qui fut admis au serment en mai 1554, le même jour que La Boétie. Par une grave dérogation aux usages et aux ordonnances, que semblait justifier la haute science du vieillard, Sauvat de Pomiers demeura président aux enquêtes, quoiqu'il ne fût plus conseiller (Brives-Cazes, *le Parlement de Bordeaux et la Cour des Commissaires de 1549*, p. 176 et 194).

P. 216 : *Ad Charidemum* (VIII). — Charidème est un nom emprunté par La Boétie à Martial, pour désigner le personnage, objet de cette épigramme.

P. 216, v. 6 : La même pointe se retrouve dans le sonnet XXVII du 3ᵉ livre des *Meslanges* de De Brach (t. II, p. 197 de mon éd.), et, plus près de la rédaction de La Boétie, dans une épigramme de Théodore de Bèze, *in Poardum*, p. 94 des *Amœnitates poeticœ*. Mais il semble vraiment que Molière ait lu les vers de La Boétie, lorsqu'il a dit :

> *Prenez cette matoise, et lui donnez la main ;*
> *Toute la ville en corps reconnaitra ce zèle,*
> *Et vous épouserez le bien public en elle.*

*L'Étourdi*, III, 2. (R. D.)

P. 216 : *Ad Danum* (IX). — Voy. sur Lambert Daneau et sur cette pièce, qui lui est adressée, ce que nous avons dit dans l'*Introduction*, p. LXXII.

P. 216 : *Ad Fauguerollum* (X). — Lancelot de Mosnier, sieur de Fauguerolles, conseiller lay au Parlement de Bordeaux depuis février 1537, devint président, le 13 décembre 1554, en remplacement de Guillaume Lecomte (Brives-Cazes, *loc. cit.*, p. 205).

P. 216, v. 2 : Homère avait dit πολύτροπος (*Odyssée*, I, 1 ; X, 330). De Lurbe applique la même épithète à André Thevet (*De illustribus Aquitaniæ viris*, p. 146).

P. 217 : *In Nævolum* (XI). — C'est un nom qu'on trouve dans Juvénal (*Sat.*, IX, 1) appliqué à un avare, et qu'on rencontre assez fréquemment dans Martial.

P. 217, v. 8 : Il est également question d'un *Rufinus* dans les *Épigrammes* de Martial (III, 31).

P. 217 : *In Lavianum* (XII). — Sur Gaillard de Lavie, conseiller lay au Parlement de Bordeaux, contre lequel ces distiques semblent être dirigés, voy. ce qui a été dit ci-dessus, dans l'*Introduction*, p. LXXIV, note 3.

P. 218 : *De fugâ Caroli Imperatoris, eversis Teruana et Hedino* (XIII). — Au sortir du siège de Metz, Charles-Quint s'empara, pour se venger de sa défaite, de Thérouanne et d'Hesdin, que l'incurie de Henri II laissa prendre et raser. Ce monarque sortit enfin de sa torpeur, et il lui suffit d'assembler une armée pour paralyser les efforts de Charles-Quint, réduit à l'impuissance par le duc de Guise devant Metz. L'empereur recula sans livrer bataille. — Sur ce sujet qui a inspiré Buchanan et Du Bellay, voyez notamment H. Forneron, *les Ducs de Guise et leur époque*, t. I, p. 177.

P. 218 : *In horologium Margaretæ Lavaliæ* (XIV). — Marguerite de Laval, première femme de Jean Dorat. Celui-ci, alors principal du collège de Coqueret, épousa, par acte passé le 21 décembre 1548, suivant Moréri, « en l'église paroissiale de Saint-André des Arcs à Paris, Marguerite de Laval, par sentence de l'official de Josas, comme il est porté dans ledit acte, où Dorat est nommé Jean Disnemandi, *aliàs* Dorat ». Pour de plus amples renseignements sur ce mariage, voyez la notice placée par M. Marty-Laveaux en tête des poésies françaises de Jean Dorat, dans la *Pléiade française*, p. XXII.

P. 218 : *Ad Maumontium surdum* (XV). — Jean de Maumont, limousin comme Dorat et helléniste comme lui, était fort lié avec Jules-César Scaliger, comme La Boétie; cette liaison commune ne nuisit sans doute pas à leurs relations. On trouvera dans les *Poemata* de Scaliger (1574, in-8º) des vers adressés à Maumont (p. 213 et 452 de la 1ʳᵉ partie notamment), et dans le recueil des *Lettres* de Scaliger, publié par Dousa en 1600, se rencontrent plusieurs lettres à Maumont avec des réponses de celui-ci.

P. 219 : *In adulatores poetas* (XVI). — J'ignore à qui cette pièce s'adresse et à quel personnage s'applique le prénom de *Charles* qu'on trouve au premier vers; peut-être est-ce le cardinal Charles de Lorraine.

P. 219, v. 16 : *Visius*, François de Guise. Sur son expédition à Naples, voy. H. Forneron, *les Ducs de Guise et leur époque*, t. I, ch. 6, p. 189.

P. 219, v. 20 : *Theatinis;* allusion au pape Paul IV, fondateur de l'ordre des Théatins. On trouve la politique du souverain pontife analysée dans l'ouvrage de M. Georges Duruy sur *le Cardinal Carlo Caraffa*.

P. 220, v. 31 : La Boétie n'est pas juste pour la prise de Calais, qui fut un fait d'armes fort important.

P. 220 : *De morte Bontani* (XVII). — J'ai vainement cherché, un peu partout, le nom de cet obscur avocat.

P. 222 : *In tumulum Sardoni Calvimontis avunculi* (XVIII). — Sardon de Calvimont était frère de Philippe de Calvimont, mère d'Estienne de La Boétie, et oncle maternel de celui-ci. Ainsi que son frère Charles de Calvimont, Sardon de Calvimont était chanoine de l'église Saint-Front de Périgueux. Voy. ci-dessous *Appendice* II.

P. 222, v. 7 : Il faut lire *lemma*, c'est-à-dire le titre inscrit en tête de ces vers. (R. D.)

P. 223 : *De morte Julii Cæsaris Scaligeri* (XIX). — Ces vers de La Boétie sur la mort de Jules-César Scaliger ont été reproduits par Joseph Scaliger en tête de la *Poétique* de son père (*J.-C. Scaligeri, viri clarissimi*, Poetices libri septem. Apud Antonium Vincentium, 1561, in-folio). On les trouve également dans la plupart des éditions postérieures de la *Poétique*, notamment dans celle de 1581 (apud Petrum Santandreum, in-8º), et dans celle de 1607 (in bibliopolio Commeliano, in-8º). La pièce publiée par Joseph Scaliger contient quelques variantes intéressantes. C'est pour ce motif que nous la donnons ici dans son entier.

STEPHANI BOETII, REGII BURDIGALÆ SENATORIS, DE JULIO CÆSARE
SCALIGERO CARMEN,
AD VIDUM BRASSACUM, PRÆSIDEM.

*O, Vide, versu si queam superstite*
*Fugacis ævi prorogare limites,*
*Factisve laudem demereri posteram,*
*Hæc vna, Vide, cura jam restat mihi :*
*Omnia parato ferre, dum vitæ brevi*
*Memores nepotes aliquid addant gloria.*
*Quis nanque certos mortis implacabilis*
*Tardare speret ictus ? quando pharmacis*

*Fugitare mortem primus Æsculapius*
*Vetat peremptus: nunc et alter Iulius*
*Extinctus alget, atque acerbo funere*
*Victor fatetur artis impotentiam,*
*Non hunc fefellit vlla vis recondita*
*Salubris herbæ, saltibus seu quam auiis*
*Celat nivosus Caucasus, seu quam procul*
*Riphæa duro contegit rupes gelu.*
*Hic jamque spectantes ad Orcum non semel*
*Animas repressit victor, et membris suis*
*Hærere succis compulit felicibus,*
*Negrique avaras Ditis elusit manus.*
*Quid tandem ? et ipse non minus videt modo*
*Visenda cunctis stagna lividæ stygis:*
*Vnumque restat, vividum nomen viri,*
*Immune lethi non Charonta sentiet,*
*Latrantris ora nec timebit Cerberi.*
*Hoc ille doctis providus mandaverat*
*Servare chartis, quas in hos, fati memor,*
*Pararat vsus: spes nec hunc fallet sua.*
*Nam longa gratis Cæsarem nepotibus*
*Sacrabit ætas: Cæsarem teret legens*
*Mirator orbis: lector et dicet frequens*
*Hoc incola felix Agennum claruit,*
*Verona cive. At interim nos, Brassace,*
*Quos Cæsaris perientat amissi dolor,*
*Extrema tristes exequemur munera.*
*Te, Vide, sacris deditum decet magis*
*Curare longi funeris solennia :*
*Me in veste pulla, frigidum juvat pio*
*Rigare fletu Cæsarem: non illum ego*
*Lugere vivus desinam forsan meis*
*Et ipse mox luctum relicturus parem,*
*Ævum omne flendo ducitur mortalibus:*
*Miserique luctu continentur mutuo*
*Lugemus, aut lugemur omnes in vicem.*

P. 223, v. 1 : *Vide*. Sur Guy de Galard de Brassac, consultez l'*Introduction*, p. LXXVI.

P. 225 : *Ad Michaelem Montanum* (XX). — Montaigne faisait grand cas de cette « satire latine excellente, par laquelle il (La Boétie) excuse et explique la précipitation de nostre intelligence si promptement parvenue à sa perfection ». C'est, en effet, l'une des œuvres de La Boétie les plus importantes par ses dimensions et c'est peut-être la plus intéressante à étudier, à cause des sentiments particuliers dont elle nous a conservé la trace.

P. 226, v. 40 : *Cedo libens*, etc. M. Feugère fait remarquer que Montaigne n'est ni moins généreux ni moins modeste, et qu'on peut appliquer aux deux amis ces belles paroles de Tacite : « Vixerunt mira concordia, per mutuam caritatem, invicem se anteponendo » (*Agricola*, c. 6).

P. 228, v. 102 : *Inexpensum*: « On ne trouve qu'*expensus* dans les auteurs anciens ; ils n'ont pas employé ce mot avec la particule négative qui en modifie ici le sens. » (Léon Feugère.)

P. 230, v. 160 : La loi *Julia de Adulteriis*, rendue par Auguste l'an 737 de Rome, qui édictait des peines contre les adultères.

P. 231, v. 206 :, *Desultim* (de *desultare*) ne se rencontre pas dans les bons auteurs et la forme *immerseris* (de *immerso*), qu'on trouve un peu plus bas, est elle-même rare.

P. 233, v. 247 : *Limine lævo* porte l'édition originale ; nous avons adopté la correction de M. Feugère.

P. 233, v. 273 : Montaigne cite ce vers, dans les *Essais,* accouplé à un vers d'Ovide (l. I, ch. 40).

P. 234, v. 296 : Montaigne cite également les vers suivants (*Essais,* l. II, ch. 12), avec quelques légères variantes :

> Pungit
> *In cute vix summa violatum plagula corpus,*
> *Quando valere nihil quemquam movet. Hoc juvat unum,*
> *Quod me non torquet latus, aut pes : cætera quisquam*
> *Vix queat aut sanum sese, aut sentire valentem.*

P. 235 : *In tumulum Martialis Belotii, patris* (XXI). — Je n'ai trouvé nulle part des renseignements sur Martial de Belot, qui était le père de Jean de Belot, dont nous avons déjà rencontré plusieurs fois le nom.

P. 236 : *In tumulum Francisci Ovisii* (XXII). — Les récits de la mort du duc de Guise sont nombreux. Nous rappellerons seulement ici que Lancelot de Carle, qui assista le duc à ses derniers moments, a laissé une ample relation de ses propos et de sa fin. Consultez sur les diverses éditions de l'opuscule de Lancelot de Carle une note publiée par M. Tamizey de Larroque, dans les *Vies des poètes bordelais et périgourdins* de Guillaume Colletet, p. 25. Cet opuscule fut traduit en latin par Jean Le Vieil, qui composa lui aussi des vers latins sous ce titre : *De cæde Francisci Lotareni, Guisii ducis magni, lugubre carmen* (Paris, Claude Fremy, 1563, in-8° de 4 ff.). M. Baguenault de Puchesse a résumé et discuté les documents originaux sur cette mort, dans une étude faite sur les lieux mêmes de l'assassinat de Poltrot de Méré (*Le Contemporain,* février et mars 1867).

P. 236, v. 3 : Dans une pièce aujourd'hui perdue et qui devait différer sensiblement de la XVI° du présent recueil, dans laquelle La Boétie se montre moins favorable au duc de Guise.

P. 236 : *In malum librum Clinici de febribus* (XXIII). — Il est impossible de dire, à l'aide de ces seules indications, de quel livre et de quel médecin il est ici question.

P. 236, v. 3 : *Lucifuga.* M. Feugère a corrigé heureusement en lisant *lucifugax.*

P. 237 : *Jo. Aurati de Androgyno et senatu semestri* (XXIV). — On trouvera la biographie de Dorat, consciencieuse et détaillée, en tête de l'édition de ses poésies françaises donnée par M. Ch. Marty-Laveaux, dans la *Pléiade française* (1875, in-8°). Consultez également la thèse latine de M. Paul Robiquet (*De Joannis Aurati, poetæ regii, vita et latinè scriptis poematibus.* Paris, 1887, in-8° de 140 pp.). Cette pièce-ci n'a pas été recueillie dans les *Poematia* de Dorat (Paris, 1576, in-8°), réunis fort à la hâte, comme on le sait, très fautifs et très incomplets. On y trouve seulement deux pièces de vers composées sur un androgyne, né à Paris en juillet 1570 (p. 27 et suivantes). Elles avaient précédemment été publiées à Lyon, avec une planche, et traduites en français par de Chevigny. On trouve également quelques distiques de Dorat, *de Androgyno infante,* publiés dans les *Deliciæ poetarum gallorum,* 1re partie, p. 269.

P. 237, v. 2 : La fable de l'Androgyne est racontée dans le *Banquet* de Platon, qui la met dans la bouche d'Aristophane (*Banquet,* ch. XIV et XV).

Voy. les œuvres de Platon, édition Hirschig, t. I, p. 671, dans la *Collection grecque-latine* de Didot.

P. 238, v. 19 : *Empusa*, spectre ou fantôme diabolique qu'Hécate envoyait visiter les malheureux. Il prenait toutes sortes de formes et avait un pied d'airain et un pied d'âne (Cf. *Thesaurus* d'Henri Estienne, édition Didot, v° ἔμπουσα).

P. 238, v. 22 : La division du Parlement de Paris en semestres, c'est-à-dire en fractions ne devant siéger que six mois, eut lieu en 1554, par un édit porté en avril, à l'instigation du cardinal de Lorraine. Voici comment De Thou explique l'origine de la pièce de Dorat : « *In eamque rem, Joannes Auratus, tunc aulicorum puerorum præceptor, et mox professor regius, vir divini ingenii, carmen elegantissimum, sed petulanti libertate, in gratiam cardinalis Lotharingi, qui negotium illud urgebat, conscripsit; quo amplissimum ordinem androgyno Platonis comparat : et sicut propter fastum et nimiam insolentiam Jovis jussu divisum illum tradunt, sic senatum plus æquo superbum et ferocientem a consultissimo principe divisum esse dicit; ac fore ut, si insolescere pergat, ex semestri trimestris, atque ad extremum sesquimestris et menstruus efficiatur; adeo ut locum tandem dicterium habiturum sit, Lunam ut menseis, sic magistratus regere.* » (Jac. Aug. Thuani, *Historiæ sui temporis*, liv. XIII. Edit de Buckley, t. I, p. 471.)

P. 239 : *Authoris responsio* (XXV). — Sur cette réponse de La Boétie, voy. le quatrain de J.-C. Scaliger, publié dans l'*Introduction*, p. LXXIV, note 1.

P. 239, v. 7 : Il y a ici une réminiscence d'un mot d'Hésiode passé en proverbe (*Travaux et jours*, v. 40) :

Οὐδὲ ἴσασιν ὅσῳ πλέον ἥμισυ παντός.

Xénophon y avait déjà fait allusion, ci-dessus p. 151, l. 53.

P. 241 : *In cænotaphium Joannis Bironis* (XXVI). — Jean de Gontaud, baron de Biron, père du maréchal de Biron, commença à servir en Italie au siège de Parme. Il se trouva aux batailles de la Bicoque et de Pavie, où il fut fait prisonnier. Gentilhomme de la chambre du roi (1547), ambassadeur auprès de Charles-Quint et de Jean III de Portugal (1548), il devint dans la suite capitaine de cent hommes d'armes et gouverneur de Saint-Quentin. Il fut fait prisonnier à la journée du 10 août 1557 et fut enfermé à Tournay, où il mourut de ses blessures. Dans l'*Histoire généalogique et chronologique de la maison de France* (t. VII, p. 304), le P. Anselme publie l'extrait suivant d'une lettre de l'abbé de l'Isle à son frère François de Noailles, évêque de Dax, datée du 25 août 1558 et concernant cette mort : « Il y a quatre ou cinq jours que M. de Boissec, de la maison de La Mothe-Fénélon, revint de Flandres, où il étoit allé pour voir M. de Biron, et traiter de sa rançon; mais il le trouva mort d'un demi-jour devant qu'il y arrivât; de quoi le roi eut grand regret quand il lui fut dit, ayant mêmement sçû que les indignitez et rigueurs que lui tenoit le comte de Mansfeld, son maistre, lui avoient fait avancer ses jours, et dont il a chargé M. de Saint-Sulpice, son gendre, en lui donnant son état de gentilhomme de la chambre, de faire porter son corps à Notre-Dame de Paris, comme en la plus grande, célèbre et fréquentée église de France, avec une épitaphe en lieu, autour ou sur sa tombe, le plus apparent, qui contienne la qualité du défunt, sa prison, et façon de dire sa mort, chargeant expressément d'y mettre ces propres mots : « Par le cruel et inhumain traitement du comte de Mansfeld, son maître. »

P. 242 : *De morte Borbonii, marchionis de Beaupreau* (XXVII). — Henri de Bourbon, marquis de Beaupréau, était fils unique de Charles de Bourbon, prince de la Roche-sur-Yon, et de Philippe de Montespédon, qui avait été dame d'honneur de Catherine de Médicis. Le marquis de Beaupréau tomba de cheval à Orléans, dans un tournoi avec le comte de Maulévrier, et mourut le 10 décembre 1560 des suites de ses blessures, à l'âge d'environ quatorze ans. Son épitaphe a été faite en vers français par Jean Passerat (*Poésies françaises*, publiées par Prosper Blanchemain, t. II, p. 122).

P. 242, v. 3 : Le roi François II était mort quelques jours seulement auparavant, — dix-sept mois après la mort de son père — et on a vu, dans l'*Introduction*, pour quelle raison La Boétie se trouvait alors à Orléans.

P. 243, v. 12 : Ces vers de La Boétie sur la mort du marquis de Beaupréau sont reproduits dans l'*Histoire généalogique de la maison de France* de Louis et Scévole de Sainte-Marthe (Paris, 1627, t. II, p. 232). On les rencontre aussi, mais fort inexactement rapportés, dans les *Mémoires* de L'Estoille (*Mémoires pour servir à l'histoire de France*, Cologne, 1719, t. I, p. 6).

P. 243 : *Ad J.-C. Scaligerum* (XXVIII). — Cette pièce a été fort élégamment traduite par M. Dezeimeris dans l'*Introduction* mise en tête des *Remarques et corrections sur Plutarque* (*Publications de la Société des Bibliophiles de Guyenne*, t. I, p. 107). On y trouvera également traduite la pièce adressée par Scaliger à Brassac et à laquelle La Boétie répond ici (*Ibid.*, p. 105).

P. 243, v. 1 : Allusion aux vers *scazons* ou boiteux employés par Scaliger dans sa lettre et par La Boétie dans sa réponse. Scaliger a dit lui aussi dans sa *Némésis* (*Poemata*, 1574, 1re partie, p. 62), en parlant d'Hipponax, le prétendu inventeur du vers scazon :

*Qui claudicante fortius currit pede.*

### VERS FRANÇOIS DE FEU ESTIENNE DE LA BOÉTIE

Page 245 : Le titre placé en tête des *Vers françois* est la reproduction fac-similé de l'édition originale. Nous ne ferons ici que compléter la description bibliographique :

Petit in-8° de 19 ff. chiffrés, et 1 feuillet final blanc. Signatures Aij-Eiij.

F° 1. Lettre de Montaigne à M. de Foix.
F° 5. Vers françois de feu E. de La Boétie.
F° 8. Chant XXXII. Des plaintes de Bradamant.
F° 12. Chanson.
F° 13 v°. Sonnets.

Ce petit opuscule est excessivement rare, avec la date de 1571, et n'a pas été signalé jusqu'ici par les bibliographes. L'unique exemplaire, isolé, que j'aie rencontré, est conservé à la Bibliothèque de l'Arsenal,

*Belles-Lettres,* n° 6540 (Réserve). C'est le même qui se trouve mentionné sous le n° 12782, dans le catalogue de la bibliothèque du duc de La Vallière, dressé par Nyon l'ainé (t. IV, p. 82). J'en trouve un autre exemplaire, portant cette même date de 1571, réuni aux traductions et aux vers latins de La Boétie. C'est le volume inscrit sous le n° 511 de la collection Payen, à la Bibliothèque nationale. Cet exemplaire est particulièrement précieux, car, sur le titre, on lit la signature de Montaigne, ce qui confirme absolument l'exactitude de la date. — La plupart des exemplaires, comme ceux de la *Mesnagerie,* portent la date de 1572. Ceux-ci offrent une analogie complète avec ceux de 1571.

P. 247 : Paul de Foix, comte de Carmain, l'un des esprits les plus cultivés et les plus élevés de son temps, prit part aux négociations du traité de Troyes et représenta la France, en qualité d'ambassadeur, en Écosse, en Angleterre, à Venise et à Rome. Nommé archevêque de Toulouse, il mourut à Rome en 1584, à l'âge de cinquante-six ans. Voy. les regrets de Montaigne sur cette mort dans les *Essais,* l. III, ch. 9.

P. 250 : Cette date ne doit pas être acceptée sans examen. L'*Avertissement au Lecteur,* mis en tête des opuscules de La Boétie (ci-dessus, p. 62), est daté de Paris 10 août 1570; la lettre à Madame de Montaigne (ci-dessus, p. 186), de Paris 10 septembre 1570; et celle-ci à M. de Foix, de Montaigne 1$^{er}$ septembre 1570. Il suffit de rapprocher ces trois dates pour remarquer qu'elles ne concordent pas. En les adoptant, Montaigne, qui était à Paris le 10 août, serait venu à Montaigne le 1$^{er}$ septembre et serait retourné à Paris le 10 septembre, ce qui est matériellement impossible avec les moyens de transport dont on disposait alors. L'une de ces dates est inexacte : ou bien Montaigne, qui était chez lui pour la mort de sa fille, aurait dû dater de son habitation la lettre qu'il adressait à sa femme ; ou bien Montaigne ne quitta pas Paris, pendant l'impression des opuscules de La Boétie, achevée le 24 novembre 1570, et alors c'est de Paris et non de Montaigne que dut être adressée la lettre à M. de Foix. Cette dernière hypothèse me paraît la plus probable.

P. 251, v. 11 :

*Car de mes vers quelque honneur qui me vienne,*
*Prou grande elle est, puisqu'elle est toute mienne.*

Pour expliquer ces deux vers, M. Feugère sous-entend le mot *gloire.* Il n'en est pas besoin. *Honneur* était épicène et Montaigne l'a employé aux deux genres (Voizard, *Langue de Montaigne,* p. 76). La Boétie en use de même et, ici, il le fait féminin.

P. 252, v. 22 : *En trassant,* c'est-à-dire en raturant, en corrigeant. Montaigne s'est servi du mot de *trasseure* au sens de rature (*Essais,* I, 39).

P. 252, v. 29 : *Celui qui le devise,* celui qui en a fait le devis, dirions-nous maintenant, celui qui en a dressé le plan. On a déjà rencontré ce mot ci-dessus, p. 109, l. 60. De Brach (*Œuvres poétiques,* II, 90):

*Nostre antique palais fut par lui devisé.*

P. 252, v. 30 : *Ouvrier,* dissyllabe. Les syllabes finales *ier, iez,* furent monosyllabiques jusqu'à Corneille (Quicherat, *Traité de versification française,* 2$^e$ édition, p. 291).

P. 253, v. 72 : *Surjon*, petit jet d'eau qui sort naturellement de terre. Montaigne, *Essais*, l. II, ch. 12. De Brach, *Œuvres poétiques*, t. I, p. 274, et t. II, p. 97 (au figuré).

P. 254, v. 79 : Comme le fait remarquer M. Feugère, tout ce passage offre quelques ressemblances avec le début de l'*Orator* de Cicéron ; on en pourrait rapprocher plusieurs traits.

P. 254, v. 83 : *Le berger de Sicile,* Théocrite.

P. 255, v. 109 : Ces vers sont cités par Montaigne (*Essais*, l. III, ch. 13) avec quelques légères variantes. C'est là que les a pris Guillaume Bouchet, qui les cite à son tour dans les *Serées* (9ᵉ serée, éd. Roybet, t. II, p. 129) :

> *Ainsi veoid on, en un ruisseau coulant,*
> *Sans fin l'une eau apres l'aultre roulant ;*
> *Et tout de reng, d'un eternel conduict,*
> *L'une suyt l'aultre, et l'une l'aultre fuyt.*
> *Par ceste cy celle là est poulsée,*
> *Et ceste cy par l'aultre est devancée :*
> *Toujours l'eau va dans l'eau ; et toujours est-ce*
> *Mesme ruisseau et toujours eau diverse.*

Eloi Johanneau a essayé de justifier les rimes de ces deux vers en supposant qu'on prononçait *divesse* en Guyenne, au temps de La Boétie. Rien n'est moins justifié, et il n'est pas besoin de cette explication : la rime existe et suffisait alors.

P. 256, v. 147 : M. Feugère a corrigé *faillist-il* en *fallust-il*. Il a eu tort ; car l'autre forme était usitée au XVIᵉ siècle. Le comte Jaubert (*Glossaire du centre*) a cité cet exemple de Des Périers (*Cymbalum*, 72) : « Il n'y avoit si petit coquin à qui il ne me faillist tenir propos et rendre raison. » (R. D.)

P. 256, v. 152 : *Aux Thessales vallées*, c'est-à-dire dans les vallées de la Thessalie, qui était réputée produire un grand nombre d'herbes magiques.

P. 256, v. 155 : *A un clin de tes yeux*. Le mot s'est conservé dans la locution *clin d'œil*. Montaigne l'emploie dans son sens originaire, action d'incliner, d'abaisser : « un seul clin de leur volonté » (*Essais*, l. II, ch. 12).

P. 257 : *Chant XXII. Des plaintes de Bradamante.* — Les poètes français ne tardèrent pas à s'essayer à traduire en vers quelques fragments de l'Arioste. Fort peu de temps après que l'opuscule de La Boétie eut paru, le libraire Lucas Breyer réunit quelques imitations de divers auteurs sous ce titre : *Imitation de quelques chans de l'Arioste par divers poetes françois, nommez en la quatrieme page suyvante* (Paris, 1572, in-8° de 72 ff. Le privilège est du 29 avril 1572). Les poètes sont Desportes, Saint-Gelais, J.-A. de Baïf et Louis d'Orléans. Nous rappellerons, en outre, qu'une imitation qui s'appelle *Olympe* et contient le récit des amours d'Olympe et de Birenne se trouve dans le volume de Pierre de Brach intitulé *Imitations* (Bordeaux, 1584, pet. in-4° de 84 ff.).

P. 257, v. 3 : *Soupçon* était généralement féminin au XVIᵉ siècle. Montaigne le fait des deux genres, quoique plus volontiers féminin (Voizard, *Langue de Montaigne*, p. 72).

P. 257, v. 16 : Ici La Boétie a omis de traduire sept huitains, qui sont étrangers à la passion de Bradamant.

P. 257, v. 26 : Pyron ou Pyroïs était, avec Ethon, dont il est aussi question dans l'Arioste, l'un des deux chevaux qui traînaient le char du Soleil.

P. 258, v. 27 : Est-il besoin de faire remarquer qu'il faut prononcer *demure?* De Bèze reprochait aux poètes gascons de faire ainsi rimer *figure* et *engraveure, nature* et *heure.* Ce reproche est cité par M. Thurot dans le chapitre de son ouvrage sur la *Prononciation française* qu'il consacre à la prononciation de *eu* (t. I, p. 445).

P. 258, v. 31 : *Hébrieu,* dissyllabe. Voy. également Ch. Thurot, *De la Prononciation française,* t. I, p. 489.

P. 258, v. 34 : *Les glirs,* les loirs. Dans son *Dictionnaire de l'ancienne langue française,* M. Godefroy ne cite que l'exemple de La Boétie.

P. 258, v. 34 : *Les taissons,* les blaireaux. Est encore en usage dans le centre de la France (C$^{te}$ Jaubert, *Glossaire du centre de la France,* v° *tésson*). Gascon : *tachoun* (Cénac-Moucaud, *Dictionnaire gascon-français, dialecte du département du Gers*).

P. 259, v. 65 : Ce vers a une syllabe de trop ; il faudrait supprimer *si,* comme l'a fait M. Feugère, ou le remplacer par *y.*

P. 259, v. 77 : Les Furies. — *Serpente,* employé dans le sens de femelle du serpent, l'a été jusqu'au XVII$^e$ siècle. On le trouve dans La Fontaine (*Psyché,* dans les *Œuvres* de La Fontaine, éd. L. Moland, t. VI, p. 161).

P. 260, v. 101 : *Musart,* étourdi, irréfléchi.

P. 261, v. 123 : *Sans diffame,* sans mauvaise réputation, c'est-à-dire quelqu'un qui soit faible, mais non déshonoré.

P. 261, v. 131 : *Ordonnée,* bien réglée. C'est dans ce sens que Régnier a dit (*Satire* VI) :

> *Ha! que c'est chose belle et fort bien ordonnée*
> *Dormir dedans un lit la grasse matinée.*

P. 262, v. 153 : *La paissoit,* la nourrissoit. Montaigne : « Tant y a, qu'il advient le plus souvent que le peuple a raison, et qu'on repaist ses yeulx de ce de quoy il avoit a paistre son ventre. » (*Essais,* l. III, ch. 6.)

P. 262, v. 166 : *Comment s'estoit la guerre demenée,* comment la guerre avait été conduite. Marot (dans Godefroy, v° *Demener*) :

> *Au bon vieux temps un train d'amour regnoit*
> *Qui sans grand art et dons se demenoit.*

P. 263, v. 192 : Ici La Boétie a omis de traduire trois huitains, dans le récit du Gascon.

P. 263, v. 195 : *Si que,* si bien que. Fréquent avec ce sens, dans les *Essais.* Cf. Voizard, *Langue de Montaigne,* p. 145.

P. 263, v. 196 : *Elle trouva.* Leçon fautive. M. L. Feugère corrige : *elle tourna.* L'italien dit, en effet, *volto.*

P. 264, v. 215 : Au XVI$^e$ siècle, *ancien* était indifféremment dissyllabe ou trissyllabe. Voy. les exemples mentionnés par M. Thurot dans son ouvrage sur la *Prononciation française* (t. I, p. 538). Au contraire, *meurtrier,* qu'on rencontre au vers 235, fut dissyllabe jusqu'à Corneille. Ronsard a dit :

> *D'un trait meurtrier empourpré de son sang.*

P. 264, v. 240 : La Boétie s'est arrêté ici, bien qu'il n'eût pas achevé de traduire l'épisode des plaintes de Bradamant, qui se continuent encore dans l'original italien.

P. 265, CHANSON : Cette chanson me paraît devoir être rapprochée des vingt-neuf sonnets retrouvés par Montaigne après la publication du petit livret de 1571 et insérés dans les *Essais*. Il semble qu'elle fut la conclusion de cette passion « belle et noble » qui échauffa La Boétie « en sa plus verte jeunesse », et que Montaigne promettait à la belle Corisandre de lui dire, un jour, « à l'oreille ».

P. 265, v. 5 : *Les reflots de ta perjure foy*. — *Reflot* est formé sur *flot* comme *reflux* sur *flux*. — *Perjure* (aujourd'hui *parjure*) du latin *perjurus*, comme *perfaict* (aujourd'hui *parfait*) de *perfectum*.

P. 265, v. 9 : M. Feugère rappelle justement sous ce vers celui de Properce (III, 2, 16) :

> *Carmina sunt formæ tot monumenta tuæ.*

P. 266, v. 31 : *Traistre;* on retrouve *traistre* ainsi employé au féminin un peu plus bas (v. 88) et ailleurs (p. 276, son. XIII, v. 3, et p. 296, son. XIV, v. 4).

P. 266, v. 34 : *Courage*, cœur. De Brach, *Œuvres poétiques*, t. I, p. 22, 23.

P. 266, v. 43 : M. Feugère cite Properce (II, 4, 11, et II, 9, 33), sous cette strophe et sous la suivante. Les vers de La Boétie rappellent, par leur allure, le sonnet de Baïf qui commence ainsi :

> *Ni la mer tant de flots à son bord ne conduit,*
> *Ni de nége si dru ne se blanchist la terre,*
> *Ni tant de fruits l'automne aux abres ne desserre,*
> *Ni tant de fleurs aux prez le printemps ne produit,* etc.

Voy. les remarques dont M. Becq de Fouquières accompagne ce sonnet, dans son édition des *Poésies choisies de J.-A. de Baïf*, p. 120, note 5.

P. 267, v. 82-84 : De Brach a imité ce passage jusque dans la tournure de phrase et dans les mots (t. I, p. 153, v. 25-28, de mon éd.). (R. D.)

P. 268, son. I, v. 3 : *La nouvelle mer*, le Pont-Euxin. L'expression est empruntée à Catulle (IV, 24) : « *quum veniret a mare Novissimo* ». (R. D.)

V. 3 : *Nouvelle*, inconnue.

V. 4 : *Les tresors de la laine*, c'est-à-dire la toison d'or. Properce, III, XI, 12 : *Iret ut Aesonias aurea lana domos*. (R. D.)

V. 6 : *Carmes*, chants. Latin : *carmina*. Italien : *carmi*. — On retrouve une semblable allitération dans Du Bellay (*Regrets*, 12) :

> *Je ne chante, Magny, je pleure mes ennuis,*
> *Ou pour le dire mieux, en pleurant je les chante,*
> *Si bien qu'en les chantant parfois je les enchante.*

V. 11 : *Que je sonne*, que je chante. Fréquent dans ce sens (Ronsard, Du Bellay, Baïf, De Brach, etc.).

P. 268, son. II, v. 1 : *Remaschant*, repassant en son esprit. Ronsard, *Odes*, l. III, à Charles de Pisseleu :

> *Icy cestuy de la sage nature*
> *Les faits divers remasche en y pensant.*

V. 6 : *Il rechigne*, il grince. Voy. l'étymologie de ce mot dans Littré, v° *Rechigner*.

V. 10 : *J'en consulteray... à ma maistresse;* ceci me paraît un souvenir de la langue espagnole, dans laquelle les verbes actifs exigent la préposition *à* lorsque leur régime est un être animé.

P. 269, son. III, v. 6 : *Que riches vous soyez*, que vous soyez enrichis de sa possession. Malherbe (dans un fragment) a dit :

> [nos navires] *riches de la perte*
> *De Tunis ou de Biserte*, etc.

et André Chénier a trouvé cette expression « heureuse et horacienne ». (R.D.)

V. 6 : Comme le remarque M. Feugère, cette expression est antique. Sophocle, au début de l'*Œdipe roi*, v. 31, dit que le royaume de Pluton est *enrichi* par la contagion qui dévore en foule les citoyens, Ἄδης πλουτίζεται. La Fontaine, dans sa fable des *Animaux malades de la peste*, peint aussi d'un trait ce fléau, qu'il montre

> *Capable d'enrichir en un jour l'Achéron.*

Ronsard a dit (*Amours*, II, son. 6, *sur la mort de Marie*) :

> *Ha ! Mort, en quel estat maintenant tu me changes !*
> *Pour enrichir le Ciel, tu m'as seul appauvry.*

De Brach (*Œuvres poétiques*, t. I, p. 228):

> *Puis que les cieux ont eu ce qu'ils ont désiré,*
> *Bien heureux se voyant enrichir de ma perte.*

P. 270, son. IV, v. 1 : Supprimez la virgule après le premier vers. (R. D.)
V. 5 : Du Bellay venait de dire

> *Deja la Nuit en son parc amassoit*
> *Un grand troupeau d'estoiles vagabondes.*

*Olive*, son. 83. (R. D)

P. 270, son. V, v. 1 : La Boétie pétrarquise dans ce sonnet. En chantant Laure, Pétrarque avait joué sur le nom de sa maîtresse et sur celui du laurier *(lauro)*, et Du Bellay, en célébrant son *Olive*, a employé plusieurs de ses sonnets (sonnet 115) à chanter l'olivier :

> *Pour mieux hausser la plante que j'adore*
> *Jusqu'à l'esgal des lauriers toujours verds.*

V. 11 : *Cartes*, papiers. Latin et italien, *carta*.
P. 271, son. V, v. 12 : Tibulle, IV, 1, 24-27 :

> *At quodcumque meæ poterunt audere Camenæ*
> *..... omne vovemus*
> *Hoc tibi, nec tanto careat mihi nomine charta.*

Cf. Horace, *Od*. IV, IX, 30. (R. D.)

P. 271, son. VI, v. 12 : Supprimez la virgule entre le vers 11 et le vers 12.
V. 13 : *Penser* employé activement. Ronsard, *Hymnes*, II, 4 (Ed. P. Blanchemain, t. V, p. 184):

> *Je ne fais que gemir et pense nuict et jour*
> *Le moyen de guarir mes pleurs et mon amour.*

P. 272, son. VII, v. 9 : *Aage*, durée de la vie (du latin *ætaticum*, vie). Montaigne : « Voire en la saison la plus licentieuse de mon aage. » (*Essais*, I, 19.)

P. 272, son. VIII : Nous avons déjà dit que le second livre des *Diverses amours* de Jean-Antoine de Baïf (Paris, 1572, f° 196) contient six sonnets de La Boétie, insérés sous ce titre : *Six sonets d'Estienne de La Boitie*. La présence de ces sonnets a été signalée en 1874, par M. Becq de Fouquières, dans les *Poésies choisies de J.-A. de Baïf* (p. 184, note 1). L'année précédente, M. Édouard Tricotel les avait intégralement publiés, dans l'*Amateur d'autographes* (février 1873, p. 17-20), sous cette mention un peu inexacte : *Six sonnets inédits d'Estienne de La Boëtie*. Depuis lors, M. Becq de Fouquières les a insérés dans les *Œuvres choisies des poètes français contemporains de Ronsard* (Paris, 1880, in-12, p. 209-212), et M. Marty-Laveaux les a reproduits en note de son édition nouvelle de J.-A. de Baïf, dans la *Pléiade françoise* (*Œuvres en rime de Jan-Antoine de Baïf, secretaire de la chambre du Roy*. Paris, 1882, in-8°, t. I, p. 412). Nous les reproduirons également. Le lecteur verra aisément, de la sorte, que les pièces recueillies par J.-A. de Baïf ne sont que des rédactions assez différentes de quelques-uns des sonnets publiés par Montaigne. Voyez ce que nous avons déjà dit, à ce sujet, dans l'*Introduction*, p. LXIII et LXIV. M. R. Dezeimeris a depuis longtemps fait une étude spéciale des questions que soulèvent ces deux versions d'une même œuvre; il publiera prochainement un livre où sera insérée cette discussion. — Le sonnet ci-dessous, qui correspond au sonnet VIIIᵉ de Montaigne, est le quatrième des six sonnets publiés par Baïf (f° 196, v°; Marty-Laveaux, t. I, p. 414).

*Ie veu qu'on fçache, Amour, comme elle eſtoit armee*
*Lors qu'elle prit mon cœur au dedans de ſon fort :*
*Afin qu'à ma raiſon nul n'en donne le tort,*
*Et de m'auoir trahy qu'elle ne ſoit blaſmee.*

*La douceur de ſes yeux des plus rudes aimee*
*Menant mille beautez fit le premier effort :*
*Son entretien pouſſoit de graces vn ranfort :*
*Son eſprit fut le chef de ceſte belle armee.*

*Qu'uſſe ie fait tout ſeul ? Ie me ſuis laiſſe prendre,*
*Et c'eſt à ſon eſprit que ie voulu me rendre,*
*Qui me prit, qui me tient, qui a ſon gre me meine.*

*Ce tout diuin eſprit a ſur moy tout pouuoir,*
*Mais puis qu'il faut ſouffrir, ie ſuis heureux d'auoir*
*Si iuſte occaſion de ſouffrir tant de peine.*

P. 273, son. IX, v. 3 : *Que je l'aie trouvé*, que je l'aie inventé. La Boétie s'est déjà servi du mot *trouvé* dans le sens de controuvé (ci-dessus, p. 9, l. 23).

P. 274, son. X, v. 8 : *Les parjurs*. C'est un exemple des nombreuses apocopes qui étaient tolérées alors en poésie.

V. 10 : *Trousse*, carquois. De Brach (éd. Dezeimeris), t. I, p. 172.

P. 274, son. XI, v. 3 : *Je lairrai,* je laisserai. Forme très fréquente dans Montaigne (*Essais,* l. I, ch. 23 ; II, 12, 17 ; III, 4, 9).

P. 275, son. XII, v. 1 : Le « livre thuscan », dont il est ici question, est le livre du *Courtisan* de Balthazar de Castiglione, qui parut en 1528 (*Il libro del Cortegiano del Conte Baldesar Castiglione.* Venetia, nelle case d'Alde romano. 1528, in-folio de 122 ff. non chiffrés). Cet ouvrage devint le bréviaire de l'homme de cour et les éditions italiennes en furent nombreuses. Jacques Colin d'Auxerre le traduisit en français pour la première fois en 1537 (*Le courtisan nouuellement traduict de langue ytalique en françois par Jacques Colin d'Auxerre.* Paris, V. Sertenas, 1537, in-8°). Le succès de ce « libro d'oro », comme l'appelaient les Italiens, fut aussi grand en France qu'au delà des monts, et les éditions françaises se trouvèrent aussi nombreuses que les éditions italiennes (Édouard Bourciez, *les Mœurs polies et la littérature de cour sous Henri II,* p. 275 et 279). Le livre de Castiglione fut la source d'une importante littérature de cour. Je me bornerai à rappeler ici que le *Galateo* de Giovanni della Casa, paru en italien en 1558, fut presque aussitôt traduit pour la première fois en français par un compatriote de La Boétie, Jean du Peyrat, de Sarlat (*Le Galathée, ou la maniere et fasson comme le gentilhomme se doit gouverner en compagnie, traduit de l'italien en françois par Jean du Peyrat.* Paris, J. Kerver, 1562, pet. in-8°).

P. 275, son. XII, v. 4 : Lisez : Cortisanie.

P. 276, son. XIII : Le sonnet que nous reproduisons ci-dessous est le premier des six sonnets insérés par J.-A. de Baïf au second livre de ses *Amours diuerses* (f° 196, r° ; Marty-Laveaux, t. I, p. 412). Il correspond au sonnet XIII publié par Montaigne.

*Si onques i'u de vous quelque faueur,*
*Fauſſe legere inconſtante rebelle,*
*Reprochez la, reprochez : quelle eſt-elle*
*Sinon ouuerte ou couuerte rigueur ?*

*Depuis le iour que vous donnay mon cœur,*
*Qu'ay-ie penſé qu'à vous eſtre fidelle,*
*Loyal, conſtant ? Vous, à m'eſtre cruelle,*
*A me hayr, à me voir en langueur ?*

*Dans peu de temps i'en verray la vengeance,*
*Et par ma mort. O douce mort, auance :*
*A mon regret i'ay la vie trop dure.*

*Cruelle, a vous le camp demeurera :*
*Mais vous fâchant ma mort me vengera,*
*Quand n'aurez plus qui vos fiertez endure.*

P. 276, son. XIV, v. 1 : *J'oy*, j'entends. Cf. Voizard, *Langue de Montaigne*, p. 61.

V. 6 : *Je poise*, je pèse. Montaigne : « je l'ay poisé et remarqué en l'histoire du seigneur de Langey » (*Essais*, I, 16).

V. 9 : *J'en dis le grammercis*, le grand merci. On trouve *gramercy* dans la collection de l'*Ancien théâtre françois* de la Bibliothèque elzévirienne (t. I, p. 215). Montaigne : « je ne me puis dire nul grammercy »(*Essais*, II, 11).

P. 277, son. XIV, v. 14 : HOMÈRE, *Odyssée*, VIII, 167 :

Οὕτως οὐ πάντεσσι θεοὶ χαρίεντα διδοῦσιν
ἀνδράσιν.

Montaigne a cité le vers de son ami dans les *Essais*, l. I, ch. 10. (R. D.)

P. 277, son. XV : Le sonnet ci-dessous est le cinquième des six sonnets insérés par Jean-Antoine de Baïf au second livre de ses *Amours diuerses* (f° 197, r°; Marty-Laveaux, t. I, p. 414). Il correspond au sonnet XV publié par Montaigne.

*Tu m'as ouuert les yeux, Amour, ie le confeſſe,*
*Car ie ne ſouloy voir que c'eſtoit de beauté,*
*De ſçauoir, de vertu, d'addreſſe, de bonté :*
*Auiourd'huy ie voy tout en ma belle Maiſtreſſe.*

*Or de voir & reuoir ſes graces ie ne ceſſe :*
*Ie les penſe & repenſe. A ma grand'loyauté*
*I'en dy mille mercis, pour auoir merité*
*De conoiſtre l'honneur qui tout orgueil abaiſſe.*

*I'ay de ce bien diuin l'entiere conoiſſance,*
*A toy ſeul i'en confeſſe, Amour, la redeuance :*
*Mais ſ'il faut dire vray, le trop ſauoir me nuit.*

*Tu m'as ouuert les yeux d'vne lumiere pure,*
*Mais plus ie voy de biens, tant plus de maux i'endure :*
*Et le feu qui m'eſclaire eſt celuy qui me cuit.*

V. 14 : La Boétie a pris ce trait dans Pétrarque et s'en est servi ailleurs. Voy. ci-dessus la *Servitude volontaire*, p. 55, l. 39, et la note qui se rapporte à ce passage, p. 337. — On peut rapprocher le dernier tercet de ce sonnet du tercet final d'un sonnet de Pierre de Brach (*Œuvres poétiques*, I, 29) :

*Mais hélas ! de la voir de quoi m'a-t-il servi ?*
*Plus belle la voyant d'en estre plus ravi,*
*Et d'un plus grand plaisir tirer plus grand dommage.*

## NOTES 373

P. 278, son. XVI : J.-A. de Baïf a également publié ce sonnet. C'est le troisième des six sonnets recueillis par lui (*Diverses amours*, second livre, f° 196, v°; Marty-Laveaux, t. I, p. 413). Il correspond au sonnet XVI de Montaigne.

*Helas! combien de iours, helas! combien de nuits*
*Ay-ie vefcu banny doù mon cœur fait demeure?*
*C'eft le vingtieme iour que fans iour ie demeure,*
*Mais ie paffe en vingt iours plus d'vn fiecle d'ennuis.*

*Ie n'en veu mal qu'a moy, fortuné que ie fuis!*
*Si ie foupire & plein, fi ie lamente & pleure,*
*C'eft que ie m'eflongnay laiffant à la malheure*
*La beauté qu'eflongner nullement ie ne puis.*

*Ma face, qui defia de rides labouree,*
*Par les ennuis foufferts fe voit decoloree*
*Me fait rougir de honte. O douleurs inhumaines*

*Vous faittes grifonner mon poil deuant le temps :*
*Combien que ie fois ieune au conte de mes ans,*
*Las! ie fuis defia vieil au conte de mes peines.*

V. 13 : *Encor moindre je suis*, etc. On disait *moindre d'age, moindre d'ans*, mais la tournure avait vieilli.

P. 278, son. XVII, v. 6 : Sur *fuir* dissyllabique, voy. les autorités rassemblées par M. Thurot dans son ouvrage sur la *Prononciation française depuis le commencement du XVI<sup>e</sup> siècle, d'après le témoignage des grammairiens* (t. I, p. 549-550).

V. 9 : *Que tu as long le bras*. Montaigne (cité par M. Feugère): « l'amitié a les bras assez longs pour se tenir et se joindre d'un coing du monde à l'autre » (*Essais*, III, 9).

V. 12 : *Il t'a pleu que le sente*. Conformément à l'usage de son temps, Montaigne supprime volontiers le pronom de la première personne (Voizard, *Langue de Montaigne*, p. 96).

P. 279, son. XVIII, v. 14 : *Trefve* se prononçait *treuve*, d'après Palsgrave cité par M. Thurot (I, 468).

P. 280, son. XIX : Le sonnet ci-après est le second des six sonnets insérés par Jean-Antoine de Baïf au second livre de ses *Amours diuerses* (f° 196, r°; Marty-Laveaux, t. I, p. 413). Il correspond au sonnet XIX publié par Montaigne.

*Enfant aueugle-né, c'eſt bien grande proueſſe*
*Venir en trahiſon des fleſches nous tirer?*
*N'as-tu d'autre plaiſir que venir dechirer*
*Les cœurs mal aſſeurez de la ſimple ieuneſſe?*

*Ta mere, qui tout nu ſans vergongne te laiſſe,*
*Monſtre bien qu'on ſe doit loin de toy retirer.*
*O que ſot eſt celuy qui ſe laiſſe attirer*
*A ton enfance vieille, & double, & trompereſſe.*

*Meurdrier, larron, pipeur, fay moy, fay hardiment,*
*Fay du pis que pourras : redouble mon tourment.*
*Ie veu te deffier, & ne veu plus me pleindre.*

*Quel mal me peux tu faire (ô cruel ſans mercy)*
*Que ie n'aye enduré? Ie ſuis tant endurcy,*
*I'ay deſia tant ſouffert que rien ie ne doy craindre.*

P. 280, son. XX, v. 1 : *Sortisse* est la forme régulière de la troisième personne du présent du subjonctif, quoi qu'en ait dit M. Feugère. Montaigne : « Je ne puis me garder... que mon imagination ne se saisisse incontinent du palais d'Apollidon » (*Essais*, I, 51).

P. 281, son. XXI, v. 1 : *Premier*, premièrement.

V. 14 : Pétrarque a comparé plus poétiquement l'amant à un cerf blessé qui emporte, en fuyant, le trait dans sa blessure, et Joachim Du Bellay a repris cette comparaison (*Olive*, sonnet 70).

P. 282, son. XXII, v. 2 : Sénèque, *Hippolyte*, v. 283, et aussi v. 186.

P. 282, son. XXIII : Le sonnet ci-dessous est le dernier des six sonnets insérés par J.-A. de Baïf dans ses *Amours diuerses* (f° 197, r°; Marty-Laveaux, t. I, p. 414). Il correspond au sonnet XXIII publié par Montaigne.

*I'ay ſenty les deux maux de l'amoureux martyre :*
*Soit de pres, ſoit de loin, ſi mal traité ie ſuis,*
*Que ie per iugement : & dire ie ne puis,*
*Fors que le mal preſant me ſemble touſiours pire.*

*Las! en ce choix forcé, que me faut-il elire?*
*Quand ie ne la voy point, les iours me ſemblent nuits,*
*Et ſçay que de la voir viennent tous mes ennuis.*
*Mais deuſſé-ie auoir pis, de la voir ie deſire.*

*Le soldat courageux bleſſé d'vn coup de trait,
Sans prouuer ſa vertu, meurt auecque regret
De ne ſentir le coup de quelque main conuë.*

*Moy, qui conoy combien i'ay partout enduré,
De mourir pres & loin ſuis touſiours aſſuré.
Mais quoi? ſ'il faut mourir, ie veu voir qui me tuë.*

V. 1 : *Preuve*, épreuve.
V. 8 : On peut comparer ce quatrain à la fin d'un sonnet de De Brach (*Œuvres poétiques*, I, 136, sonnet XII) et voir les rapprochements qu'a groupés en note le savant éditeur.
P. 283, son. XXIV, v. 4 : *Serée*, soirée. C'est le titre d'un ouvrage bien connu, du XVIe siècle, *les Serées* de Guillaume Bouchet.
V. 8 : *Prée*, prairie. De Brach, *Hymne de Bourdeaux*, v. 129.
V. 11 : Le Médoc est cette partie du Bordelais, bornée à l'est et au nord par la Garonne, et au sud par le pays de Buch, qui s'étend le long des côtes de l'océan Atlantique. Comme on le sait, La Boétie avait épousé Marguerite de Carle, qui était veuve, en premières noces, de Jean d'Arsac, seigneur d'Arsac, du Castéra de Saint-Germain, de Lilhac et de Loyrac en Médoc, et c'est dans le Médoc qu'il voulut se rendre dès qu'il se sentit atteint du mal qui devait l'emporter.
V. 14 : M. Feugère rappelle quelques traits de Sénèque le Tragique (*Hippolyte*, acte II, sc. 2), dont La Boétie paraît s'être souvenu dans sa description du bonheur des champs.
P. 284, son. XXV, v. 9 : *Je ne sçay que ce fut*, je ne sais ce que ce fut. La suppression de *ce* antécédent d'un relatif était fréquente alors; Montaigne, B. Des Périers, De Brach, etc., en usent souvent. — *Encontre*, contre.

## VINGT-NEUF SONNETS D'ESTIENNE DE LA BOÉTIE

P. 285 : Sur Diane d'Andouins, qui avait épousé Philibert de Gramont, comte de Guiche, et qui fut célébrée sous le nom de la *belle Corisandre*, voyez ce que nous avons dit dans l'*Introduction*, page LXVIII, note 2.
P. 287 : Ces vingt-neuf sonnets de La Boétie ont été insérés par Montaigne dans les *Essais* dont ils forment le 29e chapitre du livre premier. Voici comment Montaigne explique, à la fin du chapitre précédent, pourquoi il a substitué ces vers au *Discours de la Servitude volontaire* qu'il avait voulu tout d'abord imprimer : « Or, en eschange de cet ouvrage serieux, j'en substitueray un autre, produit en cete mesme saison de son aage, plus gaillard et plus enjoué : ce sont vingt et neuf sonnets que le sieur de Poiferré, homme d'affaires et d'entendement, qui le connoissoit (La Boétie) longtemps avant moy, a retrouvé par fortune ches luy, parmy

quelques autres papiers, et me les vient d'envoier, de quoy je luy suis tres obligé, et souhaiterois que d'autres qui detiennent plusieurs lopins de ses escris, par cy, par là, en fissent autant. »

Ces vers parurent dans chacune des éditions des *Essais* publiées du vivant de Montaigne. Sur l'exemplaire de l'édition de 1588 corrigé de sa main et conservé à la Bibliothèque municipale de Bordeaux, Montaigne a biffé ces sonnets et a écrit : « Ces vers se voient ailleurs. » Plus tard, en 1595, M$^{lle}$ de Gournay, dans l'édition des *Essais* qu'elle donna à cette date, dit plus explicitement encore : « Ces vingt-neuf sonnets d'Estienne de La Boétie ont été depuis imprimés avec ses œuvres. » De quelles œuvres M$^{lle}$ de Gournay veut-elle parler? Aucune édition des opuscules de La Boétie autre que la première n'est parvenue jusqu'à nous, celle de 1600 n'étant que la première avec un titre nouveau. M$^{lle}$ de Gournay voudrait-elle parler d'un ouvrage aujourd'hui perdu de La Boétie, par exemple de l'*Historique description du solitaire et sauvage pays de Médoc*, comme on l'a prétendu? Nous avons exposé ailleurs les raisons qui nous empêchent de croire à une semblable hypothèse. Voy. ci-dessous APPENDICE IV.

P. 287, son. I, v. 2 : Souvenir de Properce (III, XVII, 19) :

*Quod superest vitæ, per te et tua cornua vivam, etc.* (R. D.)

V. 5 : Cf. Horace, *Sat.* II, VIII, 61. (R. D.)

V. 6 : *Je me suis ris de toi*, je m'en suis moqué. Des Périers : « l'archidiacre ne savoit que faire, de s'en facher ou de s'en rire » (*Joyeux devis*, IV, 24).

V. 6 : La Fontaine employait encore ce tour (*Contes*, II) :

*N'a pas long temps, de Rome revenoit
Certain cadet...* (R. D.)

V. 8 : *Je le desadvouë* est mis ici pour « je le renie », et non pas, comme disait M. Feugère, pour « je m'en disculpe ». Le poète ne s'en disculpe pas, puisqu'il dit : *J'ay failly, je le voy*. (R. D.)

V. 10 : *Ne l'en traicte plus mal*, c'est-à-dire ne sois pas plus sévère à cause de cela. C'est une allusion à ces vers célèbres de Tibulle (I, VIII, 7) :

*..... Deus crudelius urit
Quos videt invitos succubuisse sibi.* (R. D.)

P. 288, son. II, v. 2 : *La poison* (lat. *potio*). Féminin conformément à l'étymologie. Montaigne : « l'impression de cette poison » (*Essais*, I, 51).

V. 3 : *Ait ouverte la porte*. La règle du participe passé était mal fixée au XVI$^e$ siècle. On tendait cependant à ne faire accorder le participe avec le substantif que quand celui-ci le précédait. Voy. ci-dessus (p. 254, v. 85), une première infraction à cet usage :

*A bien depuis de ses rames menée
Par tant de flots le navire d'Enée.*

V. 5 : *Lui tout*, c'est-à-dire « lui, tout entier » :

*C'est Venus tout entière à sa proie attachée*

ou, comme avait dit Horace (*Od.* I, xix, 9):

*In me tota ruens Venus.* (R. D.)

V. 11 : *Amende,* c'est-à-dire : adoucis-toi, sois moins cruel. Le dernier vers du sonnet explique celui-ci. (R. D.)

P. 288, son. III, v. 3 : La Boétie a déjà dit (p. 30, l. 1): « les ans... agrandissent l'injure ». Voy. la note p. 332, et aussi ci-dessous, p. 291, son. VI, v. 2.

V. 4 : Ceci est un souvenir direct de Marot (*Epigr.* 196):

*Plus ne suis ce que j'ai esté*
*Et ne le sçaurois jamais estre,* etc.

ce qui, d'ailleurs, dérivait d'Horace (*Od.* IV, 1, 3):

*Non sum qualis eram bonæ*
*Sub regno Cynaræ.* (R. D.)

P. 289, son. IV, v. 1. : *C'estoit alors,* etc. Il faut comparer, pour le tour, le 1<sup>er</sup> sonnet du *Songe* de Du Bellay. (R. D.)

V. 7 : M. Feugère a mal expliqué ce vers. *Son automne croulant* signifie : « secouant, faisant tomber les fruits de ses arbres ». J'ai expliqué (dans mes notes sur l'*Eroticos* de Plutarque, p. 67), la signification du mot *automne* en ce vers. (R. D.)

V. 8 : *Les peines advancées* ne signifie pas, comme le conjecture M. Feugère, « les peines prises auparavant », mais bien : « les peines dont on a fait l'avance ». Le paysan fait l'avance de ses peines, et l'automne les lui rembourse,

*A l'usure paiant l'advance de sa peine,*

comme a très bien dit P. de Brach (t. I, p. 228 de mon éd.) en paraphrasant La Boétie. (R. D.)

V. 13 : M. Feugère se méprend encore en expliquant ce vers par : « si l'on peut compter sur l'avenir ». Tout le sonnet repose sur ce vers. La Boétie dit : « J'ai commencé d'aimer dans la saison des fruits, dans la saison qui acquitte les espérances de l'agriculteur : si l'on peut tirer un pronostic de cette circonstance quant au résultat de mes amours, je recueillerai, moi aussi, quelque fruit de ma longue attente. » — Il est plus que probable que La Boétie se souvenait de ce passage de Dante (*Inferno,* I, 41-43):

*Si che a bene sperar m'era cagione*
. . . . . . . . . . . . . .
*L'ora del tempo, e la dolce stagione.* (R. D.)

V. 14 : Agathias (*Anthol. Palat.,* xi, 365) a dit, en employant le mot θέρος (été) pour « moisson », comme La Boétie vient d'employer le mot *automne* pour « fruit » :

ἐσθλόν σοι τὸ θέρος μαντεύομαι. (R. D.)

P. 290, son. V, v. 6: *Se pallist;* Montaigne emploie ainsi fréquemment à la forme réfléchie les verbes qui indiquent un état d'âme : *se craindre, se jouir, se feindre,* etc.

P. 290, son. VI, v. 1 : *Ce dit,* placé ainsi au commencement de la phrase, me semble une tournure gasconne, et l'éditeur de De Brach a rapproché avec raison cet exemple de La Boétie du vieux noël gascon *Rebeillats bous, maynades,* qui débute de la sorte :

> *Sou dit Marie à soun gouyat :*
> « *He Diu ! moun hil, qu'as tu troubat,*
> *Per que ès si fort estounat ?* »

(*Œuvres poétiques de Pierre de Brach,* par Reinhold Dezeimeris, t. I, p. 346).

P. 291, son. VII, v. 1 : *Los,* louange. Montaigne : « Ils attribuoient au rang le los qui appartenoit au merite. » (*Essais,* l. I, ch. 3.)

P. 292, son. VIII, v. 6 et suiv. : M. Feugère n'a pas du tout entendu le dernier vers qui est le résumé de tout le sonnet. Voici le sens de toute cette fin : « Quand pourrai-je te nommer de ton vrai nom, de ce nom qui se place de lui-même sous ma plume ? Si Astrée (la Justice) qui vivait au milieu des hommes de l'âge d'or, revenait parmi nous avec la Foi et le Droit (envolés jadis avec elle), ton nom pourrait alors se découvrir à tous ; mais c'est honte à notre temps cruel de m'obliger à le taire. Aussi, tant que ce temps durera, tu seras cachée sous le nom de ma Dordogne... Mais plutôt aie pitié de notre époque malheureuse, et laisse-moi dévoiler ton nom ; car, si je le dis (comme tu es une nouvelle Astrée), cet âge sera à son tour âge d'or, s'il doit jamais le devenir. » — Les derniers vers contiennent une allusion à la prédiction célèbre de Virgile (*Ecl.* IV, 6-9) :

> *Jam redit et Virgo, redeunt Saturnia regna,*
> *Jam nova progenies cælo demittitur alto.*
> *Tu modo nascenti puero, quo ferrea primum*
> *Desinet, ac toto surget gens aurea mundo...*

Cf. *Enéide,* I, 291-293. Le reste du sonnet montre que, pour le mythe d'Astrée, La Boétie se souvenait particulièrement des *Phénomènes* d'Aratus, que Ronsard imita d'ailleurs dans son *Hymne de la Justice,* et que Remy Belleau traduisit avec tout le poème grec. — Quant à l'expression : *lors il sera doré,* je l'ai expliquée par de nombreux exemples, t. II, p. 202 de mon édition de P. de Brach. On disait alors le « siècle doré » pour « l'âge d'or ». (R. D.)

V. 10 : Montaigne nous apprend (voy. ci-dessus p. 61) que La Boétie avait composé d'autres vers français « sous le nom de Gironde ». Il me semble que ce renseignement doit être rapproché de ce que La Boétie dit ici, et que ces deux traits aident à éclairer les deux amours du poète. La Boétie, jeune et bouillant, aima d'abord celle dont il ne veut pas dire le nom et qu'il désigne sous le surnom de *Dordogne* dans ce sonnet et dans le suivant. C'était sans doute une compatriote du poète, une jeune fille de Sarlat ou du Périgord, comme ce surnom de *Dordogne* le fait supposer. Négligé, trahi peut-être, par celle en la constance de qui il avait cru, La Boétie écrivit la *Chanson* si amère de ton (p. 265) qui semble marquer la fin de cette liaison éphémère. Plus tard, le jeune homme se reprit à aimer. Cette fois-ci il aimait une femme sérieuse, déjà veuve et mère, dont les qualités de cœur étaient plus douces et plus loyales. L'inspiration du poète se ressentit de cette passion plus tempérée. Marguerite de Carle habitait le Médoc ; La Boétie chanta le pays où elle se plaisait et qui allait tant lui tenir à cœur. Le sonnet XXIV (p. 283) donne bien la mesure de ces nouveaux sentiments. Ne semble-t-il pas que La Boétie ait dû, comme il l'avait fait jadis, désigner sous le voile transparent de *Gironde*, cette nouvelle tendresse tant qu'il ne lui fut pas permis de l'exprimer plus clairement? Je croirais volontiers, pour ma part, que *la Gironde* du poète fut Marguerite de Carle, comme sa *Dordogne* avait été une première et inconstante passion.

P. 292, son. IX, v. 6 : La Vézère est un affluent de la Dordogne.

V. 14 : La belle Hélène, si célèbre par ses amours volages, était en effet la fille de Jupiter et de Léda, et la sœur des Dioscures Castor et Pollux dont l'amitié a été si vantée par les poètes.

P. 293, son. X : Encore un sonnet que M. Feugère n'a pas compris, non plus que M. Le Clerc. Le sens est : « Ma Dordogne (il s'adresse ici à la rivière, et non à sa maîtresse) tu es humble et timide, et tu n'oses pas te montrer. Mais vois la Sorgue : quel renom n'a-t-elle pas acquis par Pétrarque qui chanta Laure à Vaucluse? Vois le Loir : Ronsard (de Vendôme) lui donne la célébrité que Virgile (de Mantoue) a value au Mincio. Et Du Bellay (d'Angers), vois quelle gloire il a donnée à la Loire. Va! laisse faire, et La Boétie (de Sarlat) te rendra plus célèbre que ne le sont les grands fleuves et Rhône et Garonne. » *Arne* est l'*Arno*, le fleuve de Florence — et *Olivier* est mis ici par allusion à Du Bellay qui avait célébré sa dame sous le nom d'*Olive*. L'*olivier d'Arne enté au bord de Loire*, c'est la bouture florentine, le sonnet, greffée par Du Bellay en terre française. Voyez ma note sur P. de Brach, t. II, p. 210. (R. D.)

V. 14 : PÉTRARQUE (son. 137):

*Chi può dir com 'egli arde, è in picciol fuoco,*

vers cité par Montaigne dans les *Essais* (I, 2). — Voir mes notes sur P. de Brach, t. I, p. 212-213. (R. D.)

P. 294, son. XII, v. 1 : Nous citons ce quatrain d'après l'édition originale des *Essais*, que nous reproduisons ici. Dans les éditions suivantes, ces vers sont légèrement modifiés :

*Quoy! qu'est-ce ? ô vens! ô nues! ô l'orage!*
*A point nommé, quand d'elle m'aprochant,*
*Les bois, les monts, les baisses vois tranchant,*
*Sur moy d'aguest vous poussez votre rage.*

V. 3 : C'est-à-dire : « Je vais franchissant les bois, les montagnes, les vallées. » *Baisse* ou *besse*, d'après B. des Périers, « c'est en plusieurs lieux de France un lieu bas et une vallée » (*Discours*, ch. 17).

V. 4 : *D'aguest*, de parti pris, de propos délibéré. Montaigne : « Il la (l'âme) faut tendre et roidir d'aguet. » (*Essais*, l. II, ch. 11.)

P. 295, son. XII, v. 11 : Ce sonnet est rempli de réminiscences de l'*Anthologie grecque*. Il me suffira de rappeler la 64ᵉ et la 168ᵉ épigr. du liv. V de la *Palatine*. (R. D.)

P. 296, son. XIV, v. 7 : *Que tard j'entendisse*, c'est-à-dire que je ne comprisse que tard. Cf. son. XV, v. 3. (R. D.)

P. 296, son. XV, v. 3 : *Qui n'entend rien qu'il oye*, M. Feugère explique *qu'il oye* par : « qu'il comprenne »; c'est l'inverse qui est vrai; cela veut dire : « qui ne comprend rien de ce qu'il entend ». *Entendre* s'employait surtout au sens moral (voyez le vers 7 du sonnet précédent); *ouïr* s'employait surtout au sens physique. (R. D.)

P. 297, son. XVI, v. 4 : Ces répétitions de mots étaient dans le goût du temps. On trouve dans Melin de Sainct-Gelays (*Œuvres complètes*, éd. de la *Bibliothèque elzévirienne*, t. II, p. 269) :

> *Car vos escrits et paroles honnestes*
> *De vous sans vous m'ont donné cognoissance.*

V. 6 : *Geine*, torture.

P. 298, son. XVII, v. 2 : *Asthure*, à cet heure, locution gasconne que Montaigne, Monluc et Brantôme ont fréquemment employée.

V. 4 : *Je t'en mercie*, je t'en remercie. On trouve plus loin dans la lettre de Montaigne à son père (p. 308) : « Il me manda qu'il me mercioit. »

V. 11 : *Pour ce fait qu'on vist*. Il faut supprimer la virgule après le mot *fait*. Cela revient à dire : « pour qu'on vit », et je ne puis comprendre comment M. Feugère a pu se méprendre sur le sens. (R. D.)

P. 298, son. XVIII, v. 4 : *Despiter*, maudire, se mettre en colère contre quelqu'un. Brantôme : « Les unes (les veuves) despitent le ciel, les autres maugréent la terre » (*Œuvres*, éd. L. Lalanne, t. IX, p. 658).

V. 5 : *Brevet* signifiait tout ensemble billet et talisman. La Boétie joue ici sur les deux sens.

V. 6 : Autre exemple de l'hellénisme signalé p. 348. (R. D.)

P. 299, son. XVIII, v. 10 : Il faudrait écrire : *et, je vous pri', voyez*, comme cela a été imprimé dans la seconde édition des *Essais* de Montaigne. (R. D.)

V. 12-14 : Voy. ma note sur les poésies de Martin Despois, p. 65. (R. D.)

P. 299, son. XIX, v. 3 : C'est-à-dire reconnaissant moi-même le poids de mon offense. Montaigne : « Qui peut attendre le lendemain, sans mourir de honte, le desdaing de ces beaux yeux consens de sa laschetê » (*Essais*, l. III, ch. 5). L'expression est encore en usage dans la Guyenne et dans la Saintonge.

P. 300, son. XX, v. 3 : *Le reproche*, c'est-à-dire l'opprobre. (R. D.)

V. 4 : Ce vers est légèrement modifié dans les éditions des *Essais* qui suivirent la première :

> *Si je vous feis jamais, s'il faut que je me fasse, etc.*

V. 7 : *Apollon le doré*. Du Bellay (*Olive*, I) appelle Apollon *le dieu au chef doré*, et ailleurs (fº 193 vº, éd. 1575) *Apollon au crin doré*. (R. D.)

V. 11 : *Dès or*, dès maintenant.

P. 300, son. XXI, v. 6 : Sur la fable de Méléagre, voy. Ovide, *Mét.*, VIII, v. 270 et suiv.

V. 14 : De Brach, dans son *Hymne de Bourdeaux*, v. 763, a appliqué cette image à La Boétie lui-même :

> *Homme d'un grand espoir, si le malheur fatal*
> *N'eust amorti le feu de son tison vital*
> *Au fort de sa chaleur...*

P. 301, son. XXII, v. 13 : Du Bellay (*Olive*, s. 22) s'applaudit que sa vie soit consumée

> *Par le tourment d'une si douce flamme ;*

et de Brach (*Œuvres poétiques*, t. II, p. 44), traduisant plus littéralement le grec γλυκύπικρος, parle

> *De ce tourment dous-amer*
> *Qui nous vient de trop aimer.*

P. 302, son. XXIII, v. 11 : *Estrif*, débat, querelle.

P. 303, son. XXV, v. 3 : *Avant mes yeux*, devant mes yeux, sous mes yeux.

V. 13 : Il faudrait écrire : *qu'y feroit on;* leçon fournie par la seconde édition des *Essais* de Montaigne. (R. D.)

P. 304, son. XXVI, v. 9 : *A m'escouter s'encline*, c'est-à-dire « condescend à m'écouter ». Mon savant et regretté ami Lespine avait justement rapproché ce vers de Pétrarque (*Canz.* XLIX, v. 11) *al mio prego t'inchina :* « condescends à ma prière ». (R. D.)

P. 304, son. XXVII, v. 3 : Palsgrave avait posé cette règle : « Les participes en *ant* n'ont point de féminin ». Elle est suivie ici, et M. Voizard remarque que Montaigne s'y conforme aussi (*Langue de Montaigne*, p. 119).

P. 305, son. XXVIII, v. 10 : OVIDE, *Heroid*. VII, 5 :

> *Sed merita et famam, corpusque, animumque pudicum*
> *Quum male perdiderim, perdere verba leve est.*

P. DE BRACH (t. I, p. 141, de mon éd.) :

> *Apres la perte de toy mesme,*
> *Perdre le temps, c'est peu perdu.*

*Perdre ma voix*, c'est-à-dire perdre mes paroles, *perdere verba*, comme dit Ovide. (R. D.)

V. 12 : *Et fut celuy*, c'est-à-dire « et fut-ce celui-là même »; ni M. Feugère, ni M. Louandre n'ont compris ce passage. Le sens est : « et il n'est pas jusqu'à l'Amour, l'Amour auteur de mon tourment, qui, sans me faire grâce, ne fût disposé à ressentir quelque pitié pour moi. » (R. D.)

P. 306, son. XXIX, v. 4 : DU BELLAY (*Olive*, 66) :

> *Pour mettre en vous sa plus grande beauté,*
> *Le ciel ouvrit ses plus riches trésors.* (R. D.)

## LETTRE DE MONTAIGNE

P. 308, l. 25 : François de Peyrusse, comte d'Escars, était lieutenant du roi en Guyenne depuis les premiers mois de 1559.

P. 308, l. 28 : Germignan, village de la commune du Taillan, à peu de distance au nord-est de Bordeaux. La Boétie s'y arrêta à la maison de campagne de Richard de Lestonnac, beau-frère de Montaigne (voyez APPENDICE VIII).

P. 308, l. 31 : Nous avons cité ailleurs (*Introduction*, p. XXXIV, note 2) un passage de Jean Tarde déclarant que la peste éclata en Périgord, et notamment à Sarlat, au milieu de cette même année.

P. 308, l. 35 : Sur Estienne de La Boétie, curé de Bouillonnas (voyez ci-dessus *Introduction*, p. XIII, note 2 et aussi ci-dessous APPENDICE II).

P. 315, l. 57 : J'ai déjà noté dans l'*Introduction*, p. XXXIV, note 4, que Montaigne se trompe légèrement en donnant à ce testament la date du dimanche 15 août. C'est le samedi 14 qu'il fut confectionné. Voy. ci-dessous APPENDICE VIII.

P. 315, l. 65 : C'était la fille de sa sœur Anne, épouse de Jean Le Bigot, écuyer, seigneur de Saint-Quentin, près Castillonnès. Voy. APPENDICE II.

P. 316, l. 25 : On sait que Marguerite de Carle avait eu de son premier mari, Jean d'Arsac, deux enfants : un fils, Gaston d'Arsac ; et une fille, Jaquette d'Arsac.

P. 317, l. 48 : Né le 17 mai 1534, Thomas de Montaigne, sieur de Beauregard, était le frère cadet de Michel. Il figure comme témoin au testament de La Boétie, et, plus tard, il épousa Jaquette d'Arsac, la belle-fille de celui-ci.

P. 318, l. 29 : C'est le commencement de la première *Olympique* de Pindare.

P. 319, l. 65 : Cicéron, *Epist. fam.*, II, 6.

P. 319, l. 66 : C'est le conseiller Jean de Belot dont il a déjà été question. Voy. ci-dessus p. 355.

P. 321, l. 62 : *Ahanner*, soupirer avec effort. Voy. Pasquier, *Recherches*, liv. VIII, ch. 6.

P. 321, l. 70 : Cette lettre s'achève, dans l'édition originale, par la mention suivante qui clôt le volume : *Achevé d'imprimer le 24 de novembre 1570.*

# APPENDICE

# APPENDICE

I

DE LA VÉRITABLE PRONONCIATION DU NOM DE LA BOÉTIE.

Quelque spécieuse qu'elle semble tout d'abord, cette question est une question d'actualité, depuis que la municipalité parisienne a donné à une rue le nom du penseur périgourdin. Pour la trancher plus sûrement, nous examinerons successivement la prononciation des deux syllabes qui composent le mot.

I. Les voyelles *oé*, qu'on est maintenant dans l'usage de séparer, se réunissaient en diphtongue, et se prononçaient comme jadis les mots *poëte* ou *boête* (boîte), ou bien comme les mots *poêle*, *moëlle*, etc. Cela résulte de la transcription *Boitie*, *Boytie*, *Boittie*, qu'on rencontre fréquemment dans les titres anciens et dans les auteurs contemporains (notamment Antoine de Baïf, Henri de Mesmes et Antoine de La Pujade). En patois périgourdin, cette diphtongue est rendue par *ou* et, de nos jours, par *oï*.

II. Dans la deuxième syllabe, le *t* doit être prononcé dur. Les preuves abondent pour soutenir et faire prévaloir cette opinion, mise en avant par le D$^r$ Payen.

1º C'est une tradition constante : Bayle (au mot *Bongars*) et Mercier de Saint-Léger (*Notes manuscrites sur La Croix du Maine*) en font foi. La Monnoye est on ne peut plus explicite là-dessus : « Son nom, écrit-il, qu'on prononce communément *La Boécie*, se doit prononcer *La Boétie*, comme rimant avec *partie*; c'est ce que j'ai su des gens du pays. » L'usage actuel du Périgord est de le prononcer de la sorte, et l'on pourrait aisément rapprocher quelques noms propres modernes de cette même région, dans lesquels la prononciation du *t* est identique (1).

2º On peut aussi le conclure de la présence simultanée de deux *t* dans quelques transcriptions fautives (2), et de la traduction latine *Boethus*,

---

(1) En Périgord, comme le remarque l'abbé Audierne à propos de la prononciation du nom même de La Boétie, le *t* dans la syllabe *tie* est toujours prononcé durement. Pour rendre le son doux, c'est le *c* qu'on emploie (ex. : *La Poncie*, ancienne terre des Salignac-Fénelon, en Périgord), ou les deux *ss* (ex. : *La Roussie*, château des environs de Sarlat). Il serait facile de multiplier outre mesure les exemples : *La Bonetie*, *Lacatie*, *La Durantie*, *La Mauretie*, noms de villages des environs de Sarlat; *Clytie*, *La Roudetie*, noms de terres, etc.

(2) Maintes fois, M$^{lle}$ de Gournay a écrit ainsi La Boëtie avec deux *t*. Dans un petit volume assez rare, intitulé *Recueil de littérature, de philosophie et d'histoire* (Amsterdam, 1730, in-18), on trouve (p. 38) une importante liste de corrections manuscrites aux *Essais*, faites par M$^{lle}$ de Gournay, sur un exemplaire lui ayant appartenu et qui était conservé alors dans la biblio-

employée par Arnaud de Ferron dans l'avertissement de son édition du traité *de l'Amour,* cité par M. Reinhold Dezeimeris (1). Cette dernière orthographe est au reste passée en français, et l'on trouve parfois la forme *La Boéthie* ou *La Boithie* dans les documents du temps.

3° Enfin, on peut invoquer la rime suivante, découverte par M. Tamizey de Larroque dans les stances du poète agenais Antoine de La Pujade *sur les œuvres chrétiennes de Damoiselle Catherine de La Moissie, veufve du feu sieur d'Aspremont* et parente de La Boétie (2) :

> *Car puis que vous avez l'honneur d'être sortie*
> *Du généreux estoc du docte* La Boitie,
> *Qui fut un grand poète et un grand orateur, etc.*

La véritable prononciation est donc *La Boitie,* avec le *t* dur, comme dans *ortie.* Cependant, bien des personnes, s'autorisant de certains exemples, notamment du mot *poète,* prononcent *La Boëtie,* en séparant les lettres *oé,* mais en conservant le *t* dur : cela est admissible, et l'on peut rencontrer, dès le XVIe siècle, des cas qui l'autorisent (3).

Quant à la prononciation du *t* doux, comme dans *péripétie, facétie,* quoiqu'elle soit de beaucoup la plus répandue aujourd'hui, elle est vicieuse et doit être absolument rejetée (4).

II

NOTES GÉNÉALOGIQUES SUR LA FAMILLE
D'ESTIENNE DE LA BOÉTIE.

Nous réunissons ici tous les renseignements de quelque importance, imprimés ou manuscrits, concernant la famille qui a donné naissance au grand écrivain. Déjà, M. le vte Gaston de Gérard a publié dans les *Archives historiques de la Gironde* (t. XV, pp. 241 et suiv.) une ample collection de documents, qui fournissent sur la famille La Boétie des indications fort précieuses. En 1875, M. l'abbé Audierne s'est servi des mêmes documents, sans en indiquer l'origine, pour la confection de sa brochure intitulée : *Un mot sur La Boétie, sa famille et la prononciation de son nom* (Sarlat, 1875, in-8° de 27 pp.).

A notre tour, nous ne les négligerons point. Nous les compléterons à l'aide de notes manuscrites également communiquées par M. de Gérard. Avec une extrême bonne grâce, M. de Gérard a dépouillé à notre intention le dossier considérable qu'il a réuni sur la famille de La Boétie. Il en a extrait tout ce qui offrait quelque intérêt ; il a résumé toutes les pièces qui

---

thèque de Spanheim. En deux endroits différents (p. 39 et 41), Mlle de Gournay a corrigé l'orthographe de l'auteur pour y mettre deux *t*. N'est-ce pas concluant? Mlle de Gournay aurait-elle pu se tromper aussi grandement elle qui, sans nul doute, avait entendu prononcer par Montaigne lui-même le nom de son ami?

(1) *De la Renaissance des Lettres à Bordeaux au XVIe siècle,* p. 48. — La forme latine ordinaire est *Boetianus;* on rencontre encore cependant la forme *Boetus,* qui vient elle aussi confirmer notre opinion.

se trouvaient en sa possession. Le meilleur des notes qui suivent vient de lui. C'est donc à lui que les curieux doivent savoir gré d'avoir jeté quelque lumière sur ces obscurités. Nous lui en adressons, pour notre part, nos plus sincères remercîments.

Les documents relatifs à cette famille ne remontent pas au delà du milieu du xv<sup>e</sup> siècle. Les Boyt étaient marchands et bourgeois de Sarlat. Enrichis par le négoce, élevés par les charges de magistrature, ils se sont éteints au moment où leur évolution se terminait. Au reste, on ne trouve chez eux aucune prétention à la noblesse. Tout ce que l'on peut dire, c'est qu'Estienne jouissait *viagèrement* et *personnellement*, en sa qualité de conseiller au Parlement de Bordeaux, de la plupart des privilèges de la noblesse. D'ailleurs de pareils exemples abondent, au sein du Parlement de Bordeaux, recruté en grande partie dans le haut commerce ou dans la bourgeoisie (5).

Sur la foi de M. Bouffanges, qui s'est occupé de l'histoire de Sarlat, le D<sup>r</sup> Payen signale, aux xii<sup>e</sup>, xiii<sup>e</sup>, xiv<sup>e</sup> siècles, Robert et Pierre de La Boétie, consul, et Gabriel de La Boétie, conseiller (?). M. Bouffanges est tellement sujet à caution pour les premiers temps de l'histoire de Sarlat qu'on ne saurait accepter sans de grandes réserves les données fournies par lui, surtout si l'on remarque : 1° que le consulat n'existait pas à Sarlat au xii<sup>e</sup> siècle ; 2° que le prénom de Gabriel y est absolument inusité au moyen âge ; 3° que les membres de cette famille portèrent certainement le nom de Boyt ou Boit jusqu'à la fin du xv<sup>e</sup> siècle. Le nom de La Boétie ne se rencontre pas dans les documents originaux avant le milieu du xv<sup>e</sup> siècle.

Voici, classé dans l'ordre chronologique, ce que l'on peut savoir avec certitude sur les ascendants et la parenté du célèbre conseiller au Parlement de Bordeaux. Il importe de faire remarquer auparavant, que tous les documents qui ont servi à établir les deux premiers degrés, sont des notes informes ou des analyses d'actes, sans forme authentique, qui ont été employées, au xviii<sup>e</sup> siècle, dans un procès entre les Philopald, seigneurs de La Boétie, et l'évêché de Sarlat. Ceci explique pourquoi beaucoup de ces mentions donnent à Guillaume et à Raymond, son fils, le nom de La Boytie. C'était une *traduction libre*, pour faciliter l'argumentation, qui aurait pu être gênée par la succession des noms de *Boit* ou *Boyt* du xv<sup>e</sup> siècle. Dans tous les documents du xv<sup>e</sup> siècle, dont le texte nous est parvenu *in extenso*, les noms patronymiques sont toujours *Boit* ou *Boyt*.

I. **Guillaume Boyt, Boytia, ou de La Boytie**, bourgeois et marchand de Sarlat, épouse N...

Le 13 juin 1347, Guillaume de La Boytie reçoit de Bertrande de Dali la reconnaissance d'un jardin, situé au *barry* ou faubourg de la Bouquerie, à Sarlat (Bertrand Plamon, n. r.). — Note informe.

---

(2) *Les œuvres chrestiennes d'Antoine La Puiade, Conseiller et secrétaire des Finances de la Reyne Marguerite. Contenant les trois livres de la Chrisliade et austres poemes en vers chrestiens.* Paris, Robert Foüet, 1604, in-12, f° 142.
(3) *Remarques et corrections d'Estienne de La Boétie sur Plutarque*, p. 37-38.
(4) M. Grellet-Balguerie a cependant essayé de la défendre avec plus de conviction que de bonheur (*Revue des Bibliophiles*, année 1879, p. 179).
(5) E. Brives-Cazes, *le Parlement de Bordeaux et la cour des commissaires en 1549*, p. 32.

Le 25 mai 1448, noble homme Jean de Leygue vend à G. de La Boytie deux quartons de froment et une poule de rente sur une terre à la Borie (lieu dit au territoire actuel de La Boétie, dont la Borie est une ferme) (La Boria, n. r.). — *Archives historiques de la Gironde,* t. XV, p. 241.

Le 15 février 1450, Guillaume Rougier, du lieu de Tempnhac, vend à Guillaume de La Boytie diverses rentes sur le village de la Serpoulie, paroisse de Saint-Quentin (Aoustier, n. r.). — *Arch. hist.,* t. XV, p. 242.

Le 19 février 1451, Guillaume Boyt achète de Guillaume et P. Polhi, père et fils, le moulin de Cluzel (dit depuis de La Boétie), mouvant de l'évêque de Sarlat (Sardon de Barts, n. r.). — *Arch. hist.,* t. XV, p. 243. — Le même jour, Guillaume Griffoul, prieur claustral de Sarlat, le R. P. Bernard Bonal, abbé de Saint-Amand de Coly, Guillaume Bot, vicaires généraux de l'évêque de Sarlat, investissent Guillaume de La Boytie du susdit moulin (Géraud Austie, n. r.). — *Ibid.*

Le 16 juillet 1464, Guillaume de La Boytie achète à Jehan la Tretzi, dit Suquet, une pièce de terre, sise en la rivière de Mauzens, avec douze deniers de rente dus au dit de La Boytie sur le lieu dit le mas de Fromental.

Le 3 avril 1466 et le 18 mars 1467 (v. st.), Guillaume Boytia paie à Martial Gourdon, receveur de l'évêché, dix deniers de cens pour les Places (lieu dit à La Boétie), six deniers pour le pré de la Poulgue (lieu dit près de Sarlat), et deux quartons de blé et six deniers de cens, pour cinq années d'arrérages dus pour le moulin de Cluzel. — *Arch. hist.,* t. XV, p. 244.

*Sans date.* Guillaume de La Boytie fonde la chapellenie dite de La Boytie, dans l'église paroissiale de Sainte-Marie de Sarlat (1), la dote de huit livres de rente et nomme Raymond de La Pomarède, clerc de Sarlat, pour premier chapelain (Pièce informe mais ancienne). Cette chapellenie a existé jusqu'au XVIIIe siècle. On en trouve maintes traces dans les papiers de la famille La Boétie. Le 27 janvier 1547, Jean Béty, cordonnier de Sarlat, vend à Raymond Manigault, marchand, une pièce de terre sise au territoire de Vigueras, sous réserve de deux sols six deniers de rente, dus annuellement à la chapellenie de La Boétie. Et le 17 février suivant, Raymond Manigault reconnaît cette terre à Messire Antoine Chalvignac, dit de La Boytie, chapelain de La Boytie, prêtre de Sarlat, qui donne quittance des lods et ventes (de Céron, n. r.). — Le 30 juin 1560, Jean Martini, clerc tonsuré, chapelain de la chapellenie de La Boytie, desservie dans l'église paroissiale de Sainte-Marie de Sarlat, résigne ce bénéfice en cour de Rome, en faveur de Me Antoine Yssandon, clerc tonsuré du même diocèse (Daussel, n. r.). Orig. *Arch. de Gérard.* — Le 3 mars 1675, M. Mathurin Vivier, prêtre, docteur en théologie, archiprêtre de Polegrac, prend possession de la dite chapellenie dans l'église Sainte-Marie de Sarlat (Lagrange, n. r.). Orig. *Ibid.* — Le 11 février 1702, Jean Monzie, sieur de la Bourgonnie, comme mari de demoiselle Marie de Veyssière, et, en cette qualité, seigneur de La Boétie, nomme Me François Jamet, prêtre, prébendier de l'église cathédrale de Sarlat, en qualité de chapelain de La Boytie, bénéfice vacant par la mort de Me Mathurin Vivier, curé de Villefranche. — Orig. signé et scellé du cachet et armes de Jean Monzie. *Ibid.*

---

(1) L'abbé Audierne se trompe en croyant qu'il s'agissait de la chapelle située au manoir de La Boétie.

Guillaume Boyt ou de La Boytie eut pour enfants :

1° RAYMOND, qui suit ;

2° CLÉMENCE BOYTE, femme de Pierre Graulet, lequel, au nom de sa femme, et de concert avec Raymond Boit, son beau-frère, consent une reconnaissance à l'ouvrier du chapitre, le 22 octobre 1486, de certains biens situés à « las Places ». — *Arch. hist.*, t. XV, p. 246.

3° Autre CLÉMENCE BOYTE, femme de Jean Grignon, ou Grinhon, bourgeois de Sarlat. Ce dernier, au nom de Raymond Boit, son beau-frère, achète une terre, sise au territoire de « las Places », de Philippe et Antoine Cleyrac. — Ils eurent une fille, GUILLEMETTE GRIGNON, mariée à Michel ou Micheau de Salis, bourgeois de Sarlat, qui, au nom de sa femme, fait une reconnaissance à l'ouvrier du chapitre de Sarlat, des terres ci-devant achetées au lieu de « las Places », le 29 mai 1507. — Le 20 janvier 1541 (v. st.), elle reçoit de Bertrand Reyzades et consorts, habitants de Marcillac, la reconnaissance d'une maison sise à Marcillac, jadis vendue à Guillaume de La Boytie, par noble Jean de Siorac, seigneur de Siorac (Dortrie, n. r.). — Le 16 avril 1586, Jean de Salis, sieur de La Batut, fils et héritier universel de feu M$^c$ Antoine de Salis, lieutenant général de Sarlat, petit-fils de Michel et de Guillemette de Grignon, reconnaît à Gaspard de Longueval, ouvrier du chapitre, les mêmes terres du bien de « las Places » (de Cordis, notaire) (2).

II. Raymond Boyt, ou de La Boytie, bourgeois et marchand de Sarlat, mort avant 1499. Il épouse noble Hélène de Verdon (des environs de Belvès), qui vivait encore en 1502.

Le 3 janvier 1492 (v. st.), Raymond de La Boytie reçoit de Simon Bot la reconnaissance d'une pièce de terre située à Garaujac, *nunc* Graujac. — *Arch. hist.*, t. XV, p. 241.

Le 30 décembre 1499, honorable homme Etienne de Manhanac, bourgeois et marchand de Sarlat, comme tuteur des enfants de feu Raymond Boyt, marchand de Sarlat, reconnaît tenir en fief de R. P. en Dieu M$^c$ Amand de Gontaud, évêque de Sarlat, deux moulins et un « hospice » dans lequel ces moulins sont situés, lesquels moulins sont appelés « del Cluzel » *sive* « de La Bastide », sur le ruisseau de Cuze, au territoire de Sarlat. — *Arch. hist.*, p. 248.

Le 22 septembre 1502, noble Hélène de Verdon, comme veuve de Raymond de La Boytie, reçoit de Raymond de Montlavy une reconnaissance d'une pièce de terre sise au territoire de Molceyrières, *nunc* Moulayssières, commune de Sarlat (J. Amelin, n. r.). — *Arch. hist.*, p. 241.

Ils eurent pour enfants :

1° ANTOINE, qui suit ;

2° GAUCELIN, licencié en 1512. Cité par le D$^r$ Payen. Très douteux. Il faut sans doute le confondre avec Gantounet.

3° GANTOUNET, qu'on voit figurer, en 1507 et 1512, en compagnie de ses frères dans deux actes cités plus bas.

4° ESTIENNE, qui figure lui-même, en 1507 et 1512, dans les actes ci-

(2) Les descendants actuels, par les femmes, des Salis de La Batut, sont les de La Borie, comtes de La Batut.

dessous mentionnés. Collégial de Saint-Martial de Toulouse, il étudie sous Jean de Fraysse, depuis 1517 jusqu'en 1523; bachelier le 3 mars 1523; prieur de Notre-Dame des Vayssières en 1535; chapelain de la chapellenie de Réveilhon, dans la cathédrale de Sarlat (De Gourgues, *Dict. topog. de la Dordogne*, verbo *Le Réveilhon*); puis curé de Bouilhonnac.

5º GUILHERME, épouse, vers 1512, Raymond de Laurière, écuyer, seigneur de Ferrand, près Issigeac. Veuve, elle fait donation à son fils Etienne, le 12 juillet 1561 (Bibl. nationale, mss., *Fonds Périgord*, vol. 148, verbo *Laurière*) (1).

6º CLÉMENCE, épouse, vers 1520, Jean Amelin, bachelier en droit, sieur de Rochemaurin, les Forces, Martilhac, viguier de Sarlat. — C'est le célèbre écrivain, traducteur de Tite-Live (Bibl. nat., mss., *Carrés de d'Hozier*, vol. 19, verbo *Amelin*) (2).

III. Antoine de La Boytie, seigneur de La Boytie, La Mothe-lès-Sarlat (lieu dit totalement inconnu), licencié ès lois, lieutenant particulier par autorité royale au siège de Sarlat et bailliage de Dome, bourgeois de Sarlat.

Epouse Philippe de Calvimont, fille de Jean, seigneur de Lherm, et de Anne du Puy de La Jarthe, sœur de Jean, seigneur de Lherm, président au Parlement de Bordeaux (Dordogne, *Archives départementales*, B. 53, nº 1). Il teste en 1533 et meurt après 1540.

Le 21 novembre 1501, « honorabilis vir Antonius de La Boytia, in juribus licenciatus, » donne à Louis Monteil l'investiture d'une maison sise à Sarlat, au *barry* de Lendrevie (Ortric, notaire royal et jurat). — *Arch. hist.*, t. XV, p. 247.

Le 24 juillet 1507, « discretus vir magister Anthonius de La Boytie », bourgeois de Sarlat, tant en son nom qu'en celui de MM<sup>es</sup> Gantounet et Estienne de La Boytie, ses frères, absents, reconnaît de religieux homme Guillaume de Gordièges, ouvrier de la cathédrale, une terre, « sise à las Plasses, confronte avec le moulin de la Boytie, qui autrefois a esté de ceux d'Aubusson » (Amici, n. r.). — *Arch. hist.*, t. XV, p. 245.

Le 20 novembre 1512, honorable homme Antoine de La Boithie, bachelier en droit *(sic)*, tant en son nom qu'en celui de MM<sup>es</sup> Gantounet et Estienne de La Boithie, ses frères, vend à Frère Mathias Hamelin, syndic du chapitre, diverses rentes à lui dues sur le territoire de « las Plasses ». — *Arch. hist.*, t. XV, p. 246.

Le 1er décembre 1521, honorable homme maître Antoine de La Boitie *(sic)*, licencié en droits, lieutenant particulier de M. le sénéchal de Périgord au siège de Sarlat, reçoit une reconnaissance de Pierre Seguey, dit Cathaud, pour certains biens à Angentoulan.

Le 19 décembre 1524, noble Jean de Fages, du noble repaire de la Veyssière, fait donation à Antoine de La Boytie de cens et rentes à lui dus sur une terre sise en la rivière de Mauzans.

---

(1) Le marquis de Laurière, habitant au Buisson de Cabans, en est le descendant direct. Une fille de Guilhermine de La Boétie, Anne de Laurière, avait épousé François de Perponcher, seigneur de Suquet. Voyez la généalogie de la famille de Perponcher dans les *Variétés Girondines* de M. Leo Drouyn, t. I. p. 172.

(2) Cette alliance est indiquée dans les stances déjà citées d'Antoine de La Pujade, à Catherine de La Moyssie, veuve du feu sieur d'Aspremont. On y lit (f. 142):

1528. Antoine de La Boétie acquit par échange d'Etienne de Salle une « peissière et coustal », confrontant avec le pré des hoirs de Raymond Gondi, plus trois quartonnés de bois, sis à Moussidières, confrontant avec le bois de M⁰ Frénon Grézel.

Le 24 octobre 1528. Transaction entre honorable homme M. Mᶜ Antoine de La Boétie, licencié en droits, et Jean de Castanet, notaire de Sarlat. Ledit de La Boétie cède à Castanet la combe « des deux bercades » confrontant avec le ruisseau de Cuze. Castanet cède diverses rentes et des terrains, dont un ayrial sis en la ville de Sarlat, et confrontant avec la maison des Escoles de la ville et avec le ruisseau de Cuze et avec la maison de Micheau de Salis.

Le 17 janvier 1532, Mᶜ Jean de Castanet, notaire royal de Sarlat, reconnaît de honorable homme Mᶜ Antoine de La Boétie, licencié en droits, lieutenant particulier par autorité royale, seigneur de La Mote, l'ayrial sis à Sarlat, confrontant avec « la maison commune de ladite ville de Sarlat, appelée la maison de las Escoles », avec la rue publique, et avec la maison des héritiers de feu Mᶜ Micheau de Salis, et avec le ruisseau de Cuze (Hamelin, n. r.).

Le 3 février 1540, Jean Reynal, laboureur, lui consent une reconnaissance. — C'est le dernier acte dans lequel son nom se trouve employé, et nous ne rappellerons ici que pour mémoire le procès-verbal de l'enregistrement d'une enquête faite en faveur de Jean de Gontaud-Biron, à la suite d'un incendie qui, en 1538, avait consumé les archives conservées dans une des tours du château de Biron. Ce document, qu'Antoine de La Boétie avait signé, le 9 juin 1540, en sa qualité de lieutenant particulier du sénéchal de Périgord à Sarlat, a été signalé plus haut et se trouve reproduit dans les *Archives historiques du département de la Gironde* (t. II, pp. 145-147).

Il eut pour enfants :

1º ESTIENNE, né en 1530, conseiller au Parlement de Bordeaux et auteur du *Discours de la servitude volontaire*. — Le 1ᵉʳ mars 1558, Maître Estienne del Fourn, prêtre de Sarlat, reconnaît de M. Mᶜ Estienne de La Boétie, conseiller du roi en sa cour de Parlement de Bordeaux, absent, mais représenté par M. Mᶜ Estienne de La Boétie, licencié, prieur des Vayssières, son oncle, présent, une maison sise à Sarlat au *barry* ou faubourg de Lendrevie (Martel, n. r.). — *Arch. hist.*, t. XV, p. 252. — 26 juin 1561. Procuration consentie par Estienne de La Boétie, « conseiller en la court de Parlement de Bourdeaux, » au nom et comme procureur de son oncle, Estienne de La Boétie, « curé de la cure et doyoné de Souston, diocèse Dax, » en faveur de Sardon Riail, pour affermer les revenus de ladite cure (Themer, n. r.). — *Arch. hist.*, t. XXV, p. 320.

2º ANNE, épouse Jean Le Bigot, écuyer, seigneur de Saint-Quentin, près Castilhonnés, qui suit.

*Car puisque vous avez l'honneur d'être sortie*
*Du généreux estoc du docte La Boitie,*
*Qui fut un grand poète et un grand orateur,*
*Si du docte Amelin, un second Tite-Live,*
*De degrés en degrés vostre race dérive*
*Comment pourroit le sang au sang estre menteur ?*

3° CLÉMENCE, épouse Hélie de Gimel, chevalier, seigneur de La Garrigue et Saint-Vincent.

Le 23 août 1567, ils consentent à Jeanne de Magnanac, femme de Messire Raymond de Gimel, chevalier de l'ordre du Roi, seigneur de La Vigerie, une reconnaissance de biens, sis « au territoire de las Plasses ». — Clémence mourut avant le 29 janvier 1584. A cette date, son mari, en qualité d'héritier universel de sa femme, transige avec demoiselle Anne de La Boytie, veuve de feu Jean Lebigot, écuyer, seigneur de Saint-Quentin, sur les successions de feu M. M$^e$ Antoine de La Boytie, lieutenant particulier de Sarlat, demoiselle Philippe de Calvimont, sa femme, de Messieurs M$^e$ Estienne de La Boytie, conseiller au Parlement de Bordeaux, et autre Estienne de La Boétie, curé de Bouilhonnac. — *Arch. hist.*, t. XV, p. 254.

IV. Anne de La Boytie, épouse Jean Le Bigot, écuyer, seigneur de Saint-Quentin et de La Boytie, du chef de sa femme, dont :
1° BERTHOMIEU LE BIGOT, écuyer, seigneur de Saint-Quentin;
2° N... LE BIGOT, qui suit.

V. N... Le Bigot, demoiselle de Saint-Quentin, épouse Jacques de Roffignac, écuyer, seigneur du Fresnoy et de La Boytie, dont :
1° GABRIEL, seigneur de Marzac ;
2° GABRIELLE, qui suit.

VI. Gabrielle de Roffignac, épouse, le 15 septembre 1659, Jean de Carbonnier, écuyer, du lieu de Castilhonnès. C'est la souche dont descend le marquis Marc de Carbonnier de Marzac, habitant actuellement Bordeaux et Castilhonnès.

PHILIPPE DE CALVIMONT. — Nous avons déjà dit que la mère d'Estienne de La Boétie, Philippe de Calvimont, était fille de Jean, seigneur de Lherm, et d'Anne du Puy de La Jarthe. Nous reproduirons ici l'analyse d'un document, qui figure dans l'*Inventaire des Archives de la Dordogne*, par M. F. Villepelet, et qui donne des renseignements précis sur les collatéraux de Philippe de Calvimont.

B. 53. — 1554. Sentences civiles. La cour présidiale adjuge à M. M$^e$ Guy de Calvimont, conseiller du Roi et son avocat général en son grand conseil, tant en son nom que comme héritier universel de feu M$^e$ François de Calvimont, son frère, demandeur en division et partage, deux seizièmes; à M$^{es}$ Sardon et Charles de Calvimont, chanoines de l'église Saint-Front de Périgueux, à chacun d'eux un autre seizième de seize faisant le tout, pour leur droit de légitime dans la succession des biens, meubles et immeubles de feu M$^e$ Jean de Calvimont, père des parties. L'héritier universel d'iceluy, Messire Jean de Calvimont, conseiller du Roi et président second en sa cour de Parlement à Bordeaux, défendeur, ne sera pas tenu de rapporter à la masse héréditaire les sommes constituées en dot à ses sœurs Yolande et Philippe par feu son père ; mais il devra tenir compte à ses frères des fruits perçus sur leur légitime depuis le décès de son père, sauf à déduire ce qu'ils pourront avoir reçu pendant leur séjour dans la maison paternelle.

MAISONS DE LA BOÉTIE. — Deux habitations portent encore le nom de La Boétie et en gardent le souvenir : l'une à Sarlat, l'autre dans les environs.

La maison patrimoniale est située à Sarlat, place du Peyrou, ancienne place du Moustier, en face de la cathédrale. Elle est fort intéressante et curieuse par son caractère architectural. Construite au moment de la Renaissance, elle est d'un style charmant et offre à l'archéologue des ornements remarquables. Sa façade a été plusieurs fois reproduite par la gravure.

1° Lithographie dans la *Guienne historique et monumentale* d'Alex. Ducourneau (Bordeaux, 1843, 4 parties en 2 vol. in-4°), t. I, 2ᵉ part., p. 36.

2° Gravure sur bois de M. Leo Drouyn, dans le *Magasin pittoresque*, juin 1850, p. 180.

3° Lithographie, dans les *Annales agricoles et littéraires de la Dordogne, journal de la ferme-modèle et des comices agricoles du département, publié sous les auspices de la Société d'agriculture, sciences et arts* (Périgueux, in-8°), 1848, 9ᵉ année (t. IX), p. 344.

4° Eau-forte par Edmond Malo, dans l'*Artiste* de novembre 1888 (t. II, p. 367).

La municipalité de Sarlat a fait placer sur la façade une plaque de marbre avec cette inscription :

ÉTIENNE DE LA BOÉTIE,
LE CÉLÈBRE AMI DE MICHEL MONTAIGNE,
EST NÉ DANS CETTE MAISON
LE 1ᵉʳ NOVEMBRE 1530.

Ce n'est pas le seul hommage à la mémoire du grand écrivain. Une rue de la ville porte son nom et ses compatriotes ont voulu lui élever une statue. Un décret du 14 octobre 1876 a approuvé ce projet, qui n'a pas encore été mis à exécution.

Sur cette façade se voyait jadis un écusson qui a été gratté depuis longtemps et où se trouvaient, dit-on, les armes de La Boétie. La famille *Boit* ou *La Boitie* n'étant pas noble, il est permis de douter de cette explication. Quoi qu'il en soit, l'abbé Audierne a cru retrouver les armes de cette famille dessinées à la plume à la première page du livre des contrats d'achat de la propriété de La Boétie. L'écu, d'après ce document, porterait d'azur, chargé d'une colombe d'argent, abaissant son vol sur une coupe d'or au chef de sable, chargé de trois annelets d'argent, le tout surmonté d'un bonnet magistral et de ses lambrequins. Cet écu, placé en tête du contrat de vente du domaine de La Boétie, n'est ni celui du vendeur ni celui de l'acquéreur. On a supposé, d'après cela, qu'il ne pouvait être que celui du domaine vendu. Ajoutons que rien de positif n'autorise à affirmer cette attribution seulement possible.

Il est aussi impossible de fixer avec certitude à quelle date la famille Boit fit édifier une maison sur les propriétés qu'elle avait acquises aux environs de Sarlat. Les documents sont muets sur ce point. Il est vraisemblable de dire que l'habitation actuellement existante n'est pas celle qui avait été primitivement construite. D'après un livre de raison d'une famille de Sarlat, dont un extrait a été publié par M. de Gérard, dans le *Bulletin de la Société historique et archéologique du Périgord* (1875, t. II, p. 180), l'habitation primitive aurait été détruite par l'archidiacre de Vassal de la Tourrette, qui s'empara de Sarlat en juin 1590, à la tête des Ligueurs. Ce récit est explicite en ceci et dit formellement que l'habitation fut détruite, « ledict sieur de la Torrette estant allé faire desmolir une maison nommée La Boytie, afin que ceux de la religion ne la prinssent ». Le manque absolu de caractère architectural de l'immeuble actuel confirme ce témoignage, et les bâtiments de la demeure conservée ne doivent pas remonter au delà des premières années du XVIIe siècle.

Quoiqu'elle méritât moins cet honneur que la maison de Sarlat, la gravure l'a reproduite aussi souvent :

1° Lithographie, dans l'ouvrage de Ducourneau, la *Guienne historique et monumentale* (cette planche est placée à la fin de la 2e partie du second volume).

2° Lithographie de Mademoiselle Marie Payen, d'après un dessin de M. de Cerval, placée en tête de la brochure de son père sur La Boétie.

3° Gravure à l'eau-forte de M. Leo Drouyn, en tête des *Remarques et corrections sur le traité de Plutarque sur l'Amour*, publiées par M. R. Dezeimeris pour la *Société des Bibliophiles de Guyenne*.

4° Lithographie, dans le *Bulletin de la Société historique et archéologique du Périgord*, 1881 (t. VIII), p. 333.

Ajoutons qu'ainsi que tous les autres biens de La Boétie, cette habitation passa en la possession de Jean Le Bigot, mari d'Anne de La Boétie, et vint plus tard aux mains de la famille de Roffignac. Celle-ci la vendit, en 1650, à la famille des Veyssières de Puylebreuil. Elle passa par un mariage dans la famille des Philopald et plus récemment, par droit d'hérédité, dans la famille de Gérard du Barry, qui la possède actuellement.

## III

### LA BOÉTIE JURISCONSULTE.

Nous avons retrouvé quelques rapports autographes de La Boétie, faits en qualité de conseiller rapporteur. Sans être d'une importance capitale, ces documents démontrent que le jeune magistrat était un jurisconsulte de marque, et prouvent que le corps dont il faisait partie savait apprécier les mérites de ce conseiller. Nous dresserons ici la liste des rapports qu'il nous a été permis de rencontrer aux Archives départementales de la Gironde. Nous publierons également l'un d'entre eux *in extenso*, afin de donner une idée du langage juridique de La Boétie. Son style, sobre et concis, contraste assez avec celui de ses collègues dont nous avons aussi parcouru les rapports.

Ces documents ont, en outre, le mérite d'être les seuls autographes actuellement connus de La Boétie, dont on n'avait jusqu'à maintenant retrouvé que la signature au bas de quelques pièces officielles. C'est pour ce motif, que nous avons fait reproduire l'un d'eux, après avoir reconnu l'authenticité de l'écriture.

# APPENDICE 395

26 juin 1557. — Entre Guillaume Exaudier, appellant du seneschal d'Agenois ou son lieutenant, et aussi appelé, d'une part; et M$^{res}$ Simon Durand, Jehan et Pierre Virebal, consulz de la ville de la Sauvetat de Caumon, appelés et aussi appellans dudict seneschal ou son dict lieutenant, d'aultre.

29 mars 1559. — Entre Loys de Sainct-Aubin, seigneur de l'Espine, appellant du seneschal de Xaintonge ou son lieutenant, et aultrement appellant de certain apoinctement doné par ledict seneschal ou son dict lieutenant, d'une part; et François de Courbon, escuier, seigneur de Sainct-Legier, appellé, d'aultre.

2 mai 1560. — Entre Guillemine et Katherine Laval, o l'authorité de leurs maris, appellans du seneschal de Guiene ou son lieutenant, d'une part; et Jehan Tesseron, au nom et come pere et legitime administrateur de Jehane Tesseron, sa fille, intimé, d'aultre.

8 mai 1560. — Entre Jehan Arsoneau, tant en son nom que come pere et legitime administrateur de ses enfans et de feue Marie du Saute, appellant du seneschal d'Albret ou son lieutenant au siege de Castelmauron, d'une part; et maistre Bertholme Barbe et Marguerite Juillet, sa fame, intimés, d'aultre.

14 mai 1560. — Sur la requeste presentee par Auger de Busli tandant auls fins lui permetre d'informer sur les moyens de fauls par lui baillés contre certains acquets mis au dos de l'obligé produict par Richard de Blancs et maintenus de fauls par ledict Busli.

24 mai 1560. — Entre Jehan et Arnaud Penaus, au nom et come tuteurs des enfans de feu Menaud d'Espaignet, appellans du seneschal de Bazadois ou son lieutenant et aultrement des juges présidiauls, d'une part; et M. Richard de Quinquarnon, advocat audict siège, appellé, d'aultre.

18 juin 1560. — Entre maistres Jehan et Arnaud Eiquens et M. Helies Baron, appelans du seneschal de Guiene ou son lieutenant, d'une part; et Marie Barbari, intimée, d'aultre.

16 juillet 1560. — Entre maistres Jehan de Carcassone, Bernard· de Ferrabouc, Pierre La Mothe, Anthoine de L'Espinat, Jehan d'Art, Geraud Imbert et Pierre de Campagnac, chanoines de l'eglize cathedralle de Condom, appellans du seneschal d'Agen ou son lieutenant au siege de Condom, et aultrement demendeurs en reparation d'attentas et l'interinement de certaines requestes, d'une part; et maistre Blaize de la Deveze, chanoine dudict Condom, appellé, defendeur ausdicts pretendus attentas et requestes, d'aultre.

3 août 1560. — Entre Bernard Raulin, au nom et come pere et legitime administrateur de ses enfans et de feue Jehane Rouls, sa fame, demendeur en execution d'arrest, d'une part; et Pierre Rous, defendeur, et Jehan et Bernard Rous, opposans à l'arrest execution, d'aultre.

14 août 1560. — Entre Jehan Chapon, demendeur les despens de certain default et execution d'arrest, et aultrement defendeur a certaine requeste, d'une part; et Bernard Gardete, defendeur, et aultrement demendeur l'interinement de certaine requeste, d'aultre.

17 août 1560. — Entre François et Jehan Blanchous, appellans des juges presidiauls d'Agen, d'une part; et Anthoine Garrigon, appellé, d'aultre.

23 janvier 1561. — Entre M. Bernard de Lafiteau, docteur en medicine, appellant des juges presidiauls d'Agen, d'une part; et Bertrand Morineau, marchand de Marmande, appellé, d'aultre.

21 février 1561. — Entre Michel Delpi et Marie de Petit appellans du seneschal de Perigore ou son lieutenant au siege de Perigeus, d'une part; et Katherine Fumades, appellée, d'aultre.

13 mai 1561. — Entre Pierre Costut, appellant du seneschal d'Agenois ou son lieutenant, d'une part; et Estiene, Jehan, Jehane et Marie du Terrail, appellés, d'aultre.

12 juillet 1561. — Entre Pierre Pascault, demendeur l'interinement de certaine requeste, d'une part; et Jehan Piconet, defendeur à ladicte requeste, d'aultre.

31 juillet 1561. — Entre Helies et Jehan Gabourin freres appellans du seneschal d'Albret ou son lieutenant au siege de Castelgelous, et demendeurs l'interinement de certaine requeste, d'une part; et Simone Gabourin, intimee et defenderesse à ladicte requeste, d'aultre.

20 août 1561. — Entre Catherine et Anne Moretz, femmes de Jehan Robin et Peirot Bernard, appellantes du seneschal de Guiene ou son lieutenant, d'une part; et Meric Pidoire, intimé, d'aultre.

6 avril 1562. — Entre M. François de la Guische, protonotaire du Sainct Siege apostolique au nom et come tuteur de Philibert de la Guische, seigneur de Plaignac, appellant du seneschal du Limozin ou son lieutenant, d'une part; et Me Bertrand d'Audinot, appellé, d'aultre.

6 avril 1562. — Entre Seguine de la Mothe, appellante de Bernard Verger, sergant roial, executeur de certain arrest, et aultrement demenderesse l'interinement de certaines letres Royauls en forme de requeste civile, d'une part; et Jehan du Laurans, escuyer, seigneur de —, appellé et aultrement defendeur ausdictes letres, d'aultre.

6 avril 1562. — Entre François de Verneuil, appellant des juges presidiaus de Perigeus, d'une part; et maitre Guillaume, prestre, et Martial de Verneuil appellés, d'aultre.

7 septembre 1562. — Entre Me Pierre Henaud advocat, en la cour, demendeur l'interinement de certaine requeste, d'une part; et Me Jacques le Melon, procureur en la court, defendeur en ladicte requeste.

7 mai 1563. — Entre Jehanot de Sainct-Thourens, demendeur l'interinement de certaine requeste, d'une part; et Peissot Seguin, defendeur à ladicte requeste, d'autre.

21 mai 1563. — Entre maistre Jehan Mignot, advocat en la court, appellant des juges presidiaulx de Guiene, et demendeur en reparation d'attentas et aultrement intimé, d'une part; et Reimond Bournel, merchant de Bourdeauls, intimé et defendeur auxdicts attentas, et aultrement appellant desdits juges presidiauls, d'aultre.

*Entre maistres : Jehan de Carcassone, Bernard de Ferrabouc, Pierre la Mothe, Anthoine de l'Espinats, Jehan d'Art, Geraud Imbert et Pierre de Campagnac, chanoines de l'eglize cathedralle de Condom, appellans du seneschal d'Agen ou son lieutenant au siege de Condom, et aultrement demendeurs en reparation d'attentas et l'interinement de certaines requestes, d'une part;*

Et maistre Blaize de la Deveze, chanoine dudict Condom, appellé, défendeur ausdicts pretendus attentas et requestes, d'aultre;

Veu le proces, libelle appellatoire, requeste dudict Carcassone et ses consors, du vint et uniesme febvrier mil cinq cans cinquante et neuf, tandant auls fins pour les causes i contenues retenir la cognoissance du principal, et en ce faisant condamner les syndics du chapitre de ladicte eglize de Condom puis qurante ans rendre compte par ordre des années de leurs syndicats, et leur adjuger contre les dits syndics provision de cinq cans livres pour la poursuite du proces; aultre requeste dudict Carcassone, du huictiesme apvril mil cinq cans cinquante et neuf, tandant auls fins pour les causes i contenues permetre audict Carcassone et ses consors proceder par fulminations et censures ecclesiastiques contre les detenteurs des instrumans, livres, procedures et enseignements concernans le revenu de l'eglize et contre les scavans ceuls qui ont malversé à l'administration du bien de ladicte eglise, instrumans d'aferme de la terre de Goulard a freres Guillem de Saint-Pierre et Blaize de la Deveze, du quatriesme aoust mil cinq cans cinquante et sept; aultre instrumant d'aferme de la Gardere a M⁰ Jehan d'Esparbes, du sixiesme juillet mil cinq cans cinquante et six, soubs aferme dudict d'Esparbes du segond octobre mil cinq cans cinquante six; aultre instrumant du vint et quatriesme novembre mil cinq cans cinquante et huict; aferme du tiers d'aoust mil cinq cans cinquante et ung; soubz aferme du neufviesme novembre mil cinq cans cinquante et trois; contract entre Jehan de la Salle et ledict de la Deveze, du vintiesme octobre mil cinq cans cinquante et neuf; informations du vint et uniesme mars mil cinq cans cinquante et quatre; arrest du trentiesme mars mil cinq cans cinquante et neuf; aultre arrest du cinquiesme mai mil cinq cans soixante, et aultres pieces et productions des parties :

Il sera dict, sans avoir esgard auls attentas pretendus par ledict Carcassone et ses consors, que la Court mect l'appel et ce dont a este appellé au neant, et faisant droict sur lesdictes requestes declaire n'i avoir lieu d'adjuger auls dicts Carcassone et la Deveze les provisions par euls respectivemant requises, et ordone que ledict Carcassone et ses consors blasmeront et debatront particulieremant dans huictaine les articles des comptes dudict la Deveze de la recepte et mise par lui faicte, en l'année mil cinq cans cinquante et sept, produits au proces et pardevant maistre Estiene de La Boetie, conseiller du Roi en la court, et a ces fins permect audict de Carcassone proceder par censures ecclesiastiques contre ceuls qui detienent les titres et documans concernans le revenu de l'eglize Saint-Pierre de Condom, et ladicte reddition de compte; et pour le regard de la reddition de conte requise par ledict Carcassone et ses consors contre les syndics qui ont este puis qurante ans aultres que ceuls de ladicte année mil cinq cans cinquante et sept, ladicte Court ordone qu'ils se pourvoiront come verront estre a faire, et avant faire droict sur les conclusions dudict la Deveze auls fins d'estre tenu pour presant audict chapitre de Condom pandant la porsuite du presant proces, ledict la Deveze faira appeller les chanoines et chapitre dudict Condom, si bon lui semble, pour, le tout faict et devers la cour raporté, estre ordoné ainsi qu'il apertiendra par raison; condamne ledict Car-

*cassone et ses consors auls despans faicts en la court concernants la cause d'appel et pretendus attentas, la taxe d'iceuls a ladicte court reservée sans despans desdictes requestes et pour cause, les aultres pour le regard du principal reservés en fin de cause.*

Signé : ALESME.

<small>Habeat relator pro speciebus sex scuta et pro comisario vingt un escus payables par les appellans.</small>

E. DE LA BOÉTIE.

Messieurs les presidans ALESME, DE LA GUIONIE; Messieurs MASSIOT, BELCIER, DE LA GANNE, ARNOUL, BOETIE, AYMAR, ALIS, MACEI, BERENGUIER, DUDUC.

16 juillet 1560.

## IV

### DES OUVRAGES PERDUS DE LA BOÉTIE.

*HISTORIQUE DESCRIPTION DU SOLITAIRE ET SAUVAGE PAYS DE MÉDOC.*

Les *Mémoires de nos troubles sur l'Edit de Janvier 1562* ne sont pas le seul ouvrage de La Boétie qui ne soit point arrivé jusqu'à nous. La plupart de ses biographes estiment qu'il avait composé aussi une description du Médoc, actuellement perdue. Mais l'existence de ce dernier opuscule n'a jamais été parfaitement démontrée, et cette preuve est particulièrement difficile à établir maintenant. Nous essaierons cependant d'indiquer succinctement les raisons invoquées en faveur de cette existence, en les faisant suivre des motifs qui nous empêchent d'y croire, pour notre part.

I. Les contemporains de La Boétie n'ont point mentionné le volume dont la perte nous occupe. C'est au XVIIIe siècle seulement qu'il en est parlé pour la première fois. Dans l'édition de la *Bibliothèque historique de la France* du P. Lelong, donnée, en 1768, par Févret de Fontette, on trouvait, sous le numéro 2,230, la mention suivante :

*Historique description du solitaire et sauvage pays de Médoc (dans le Bordelois), par feu* M. DE LA BOÉTIE, *Conseiller du Roi en sa Cour de Parlement à Bordeaux, etc. Bordeaux, Millange, 1593, in-12.*

Et en note : « On a joint à cette description quelques vers du même auteur, qui ne se trouvent point dans l'édition qu'avoit donné de ses œuvres Michel de Montaigne. »

Févret de Fontette tenait le renseignement d'un bibliophile éminent, l'abbé Desbiey (1), alors vicaire de la paroisse de Notre-Dame du Puy-

---

<small>(1) Cet envoi dut s'effectuer par l'entremise de l'Académie de Bordeaux. C'est ce qui semble résulter d'un échange de lettres entre le secrétaire de l'Académie et l'imprimeur Hérissant, qui publiait cette nouvelle édition de la *Bibliothèque* du P. Lelong. Voyez le *Catalogue des Manuscrits de l'ancienne Académie de Bordeaux*, dressé par M. Raymond Céleste (1879, in-8°, p. 317).</small>

Paulin, à Bordeaux, qui lui adressa, le 20 août 1765, pour la réimpression de ce répertoire considérable, une liste d'environ 300 ouvrages, omis par le P. Lelong. Cette liste est, paraît-il, conservée encore par M. Charles Grellet-Balguerie, « bibliophile-amateur » (2).

Environ vingt ans après, un autre érudit, l'abbé Baurein, bordelais et contemporain de l'abbé Desbiey, mentionnait pour la seconde fois le travail de La Boétie. Voici en quels termes : « Une personne de Lettres, que la profession aussi honorable que laborieuse qu'elle exerce, avec autant de capacité que de distinction, n'empêche pas de s'appliquer aux connoissances historiques qui concernent Bordeaux et le pays Bordelois, a eu la bonté de nous donner avis que M. Etienne Laboetie, natif de Sarlat, Conseiller au Parlement de Bordeaux, et ami intime du célèbre Michel de Montaigne, avoit fait imprimer en l'année 1593, chez Millanges, une Description historique de la Contrée du Médoc, que ce savant qualifioit de *Pays solitaire et sauvage*. Nous avons remercié cette personne, comme nous le devions, de l'avis important qu'elle vouloit bien nous donner, et nous croyons devoir encore l'en remercier publiquement. Mais il ne nous a pas été possible de retrouver un ouvrage aussi rare et aussi ancien. Nous aurions été d'autant plus charmés de nous en procurer la lecture, qu'elle nous auroit mis à portée de rectifier ce qui auroit pu nous échapper de peu exact sur l'ancien état de cette contrée » (3).

On s'accorde assez généralement à reconnaître aussi l'abbé Desbiey dans « la personne de Lettres », dont parle l'abbé Baurein. De cette façon, ces deux mentions découleraient d'une seule et même source : l'indication de l'abbé Desbiey. Or, l'abbé Baurein affirme catégoriquement qu'il n'a point vu le volume, et qu'il n'a pu le trouver, malgré toutes ses recherches. Il me semble qu'on peut conclure de là que l'abbé Desbiey ne le possédait point, car doit-on admettre un instant qu'il ne l'eût pas montré à son confrère, s'il l'eût connu dans quelque collection étrangère ? C'est donc sur des notes ou par ouï-dire que l'abbé Desbiey citait lui-même ce volume. Il ne faut pas s'étonner outre-mesure, après cela, qu'il se soit trompé en le mentionnant, ou que sa bonne foi ait été surprise, alors que la bibliographie n'usait pas des méthodes rigoureuses qu'elle emploie de nos jours.

II. On a voulu tirer aussi, d'une annotation de Montaigne, un argument en faveur de l'existence de cet opuscule. Sur l'exemplaire de l'édition de 1588 qu'il amendait, en vue d'une nouvelle édition, plus soignée et plus complète, de son livre, et qui est précieusement conservé à la Bibliothèque publique de Bordeaux, Montaigne avait supprimé les vingt-neuf sonnets de La Boétie, qui y sont reproduits, et avait écrit : » Ces vers se voyent ailleurs ». Plus tard, en 1595, M$^{lle}$ de Gournay, dans la réimpression, revue et augmentée, des *Essais* qu'elle donna, disait plus explicitement encore : « Ces vingt-neuf sonnets d'Estienne de La Boétie ont été depuis imprimés avec ses œuvres ». Dans ce cas, où se trouvent-ils ? On a prétendu que ceci confirmait la note du P. Lelong, et qu'ils devaient vraisemblablement avoir pris place à la suite de la *Description du Médoc*.

---

(2) *Revue des Bibliophiles*, année 1879, p. 175, et aussi année 1881, p. 365.
(3) L'abbé Baurein, *Variétés Bordelaises, ou Essai historique et critique sur la topographie ancienne et moderne du diocèse de Bordeaux*. Bordeaux, 1785, in-12, t. IV, p. 253 et suivantes (Ed. Feret, t. II, p. 417).

Mais, comme le remarque fort judicieusement le Dr Payen (1), la publication de cet opuscule ayant été, suivant le P. Lelong, — et si elle a jamais eu lieu, — postérieure d'un an à la mort de Montaigne, ce dernier ne pouvait guère avoir en vue un livre qui n'avait pas encore paru de son vivant. Dira-t-on que celui-ci le connaissait, sans doute pour l'avoir préparé lui-même et parce qu'il y donnait ses soins ? Comment se fait-il alors, que Claude Morel, qui en 1600, avait pris prétexte de la découverte d'une prétendue traduction de l'*Économique* d'Aristote par La Boétie, pour livrer au public un nouveau recueil des autres opuscules de cet auteur, n'ait pas compris dans ce recueil les vingt-neuf sonnets et d'autres poésies. s'il y avait lieu ? Or, on n'ignore pas que Claude Morel n'était pas difficile au point de vue des attributions, puisqu'il allait, pour rajeunir ses *rossignols,* jusqu'à mettre sur le compte de La Boétie une traduction, qu'il savait bien avoir été faite par un autre (2). Dans de semblables circonstances, le libraire n'eût pas manqué de faire son profit des vers nouvellement publiés d'Estienne de La Boétie. N'est-il donc pas plus naturel de croire, en tout cela, à une confusion de la part de Mlle de Gournay, qui a pris, après Montaigne, les vingt-neuf sonnets intercalés dans les *Essais,* pour les vingt-cinq sonnets imprimés auparavant, à la suite du fragment de l'Arioste, par « son père d'alliance » ?

III. Plus récemment encore, on a trouvé une troisième mention relative à la *Description du Médoc*, mention manuscrite; il est vrai, mais antérieure par la date à celles du P. Lelong et de l'abbé Baurein. Elle est rapportée dans une brochure de Benjamin Fillon, que nous avons eu occasion de citer au cours de nos recherches (3). Pour elle aussi, nous reproduirons les termes exacts : « Disons en terminant, écrit le collectionneur, que le catalogue manuscrit de la bibliothèque d'un sieur Senné *(sic),* de Saintes, dressé dans le premier tiers du xviie siècle, si l'on en juge par l'écriture, porte la mention suivante : « *Description du pays de Médoc par M. de La Boétie,* » sans autre indication de lieu d'impression et de format. Ce devrait être néanmoins cette *Historique description du solitaire et sauvage pays de Médoc,* imprimée à Bordeaux, chez Millanges, en 1593, in-12, dont on recherche en vain, depuis si longtemps, un exemplaire. »

Le renseignement est vague, comme on le voit. Benjamin Fillon n'a pas pris la peine d'identifier le Sené dont il est question ici. Je crois cependant que c'est Nicolas Sené, théologal du chapitre de Saintes, prédicateur du roi, docteur en théologie et qui fut un des correspondants de Guez de Balzac (4). D'après un portrait cité dans la *Bibliothèque de la France,* Nicolas Sené, qui avait 34 ans en 1620, serait né vers 1586, ce qui s'accorde bien avec la date assignée par Benjamin Fillon à la rédaction de ce catalogue (5). Quant aux destinées ultérieures de la bibliothèque, peut-être importante, que le prédicateur du roi avait assemblée, il m'est impossible d'en rien dire. J'ai consulté l'érudit et obligeant bibliothécaire de Saintes,

---

(1) *Notice bio-bibliographique sur La Boétie,* p. 43.
(2) *Vide infrà,* p. 419.
(3) *La devise d'Estienne de La Boétie et le juriste fontenaisien Pierre Fouschier.* 1872, in-8°.
(4) Louis Audiat, *Saint-Pierre de Saintes, cathédrale et insigne basilique.* 1871, in-8°, p. 60.

M. Louis Audiat, pour qui l'histoire de cette ville offre bien peu de secrets, et il n'a pu me fournir aucun détail à ce sujet. La famille Séné est éteinte depuis 1837.

Quelque puissant que serait un pareil témoignage, s'il était plus explicite, cette indication me semble trop incertaine pour en tirer une déduction précise. Le volume était-il imprimé ou manuscrit ? Deux points importants, sur lesquels le catalogue est muet, et qui laissent le champ libre aux suppositions. N'est-il pas à croire, en effet, en l'absence de renseignements plus complets, que le volume conservé dans la bibliothèque du théologal Séné était plus vraisemblablement un manuscrit qu'un imprimé ?

En résumé, que conclure d'explications déjà si longues ? Ainsi qu'on a pu en juger, les raisons de croire à l'existence de la *Description du Médoc* ne sont pas péremptoires. D'autre part, les partisans de la non-existence ont noté que toutes les recherches à ce sujet ont été infructueuses, depuis Baurein qui réclamait déjà l'ouvrage en 1784, jusqu'au D$^r$ Payen qui n'a cessé de le poursuivre avec une persévérance digne d'un sort plus heureux. De plus, comme le remarque M. Tamizey de Larroque, il est difficilement admissible qu'un livre composé par un écrivain illustre reste si longtemps inconnu de tout le monde, même des amis intimes de cet écrivain, même de tous ses concitoyens, même des plus zélés et des plus consciencieux bibliographes. « Jamais un tel prodige ne se serait vu dans l'histoire littéraire (6). » Enfin, le D$^r$ Payen a relevé, dans sa notice, que le titre même de cet ouvrage offrait une si grande analogie avec ce vers d'un des sonnets à Marguerite de Carle :

*O Médoc, mon païs solitaire et sauvage,*

qu'on a pu le forger sur ce modèle, et que cette ressemblance pourrait bien être la source de l'erreur (7).

Tout ceci ne laisse donc pas de rendre la question encore plus obscure, et il est impossible, avec des textes aussi peu probants que ceux qui sont invoqués, de se prononcer avec sûreté pour l'affirmative ou pour la négative. Je croirais volontiers cependant, malgré les incertitudes qui abondent, que la *Description du Médoc* n'a pas été imprimée, et qu'un lecteur ignorant a pris pour le manuscrit d'un nouvel ouvrage de La Boétie ce qui était le manuscrit même de ses sonnets. L'hypothèse est gratuite, je ne me le dissimule point; elle paraît assez vraisemblable. Je souhaite que la découverte du libelle, s'il existe, soit imprimé, soit manuscrit, vienne la renverser ou la confirmer. Dans l'état actuel des renseignements et en face du silence de Montaigne, j'aurais peur, en me montrant trop affirmatif dans un sens ou dans l'autre, d'enlever légèrement à La Boétie la paternité d'un ouvrage qui est vraiment son œuvre, ou de lui attribuer un travail composé par un autre, comme il est advenu pour la traduction de l'*Economique* d'Aristote, laissée si longtemps sous son nom.

(5) Edition Fevret de Fontette, t. IV, p. 268.
(6) *Revue des Bibliophiles*, année 1879, p. 305.
(7) *Notice bio-bibliographique sur La Boétie*, p. 33. — Ce vers se trouve dans le XXIV sonnet des *Vers françois*, ci-dessus, p. 283.

## V

### LE RÉVEILLE-MATIN DES FRANÇOIS.

Quoique nous nous soyons assez longuement occupé du *Réveille-Matin des François* au cours de cette étude, nous y reviendrons cependant pour ajouter quelques indications complémentaires.

On trouvera des renseignements bibliographiques nombreux et précis sur ce libelle dans l'article *Nicolas Barnaud* de la *France Protestante* des frères Haag. Le lecteur désireux de faire plus ample connaissance avec le *Réveille-Matin* devra y recourir. Nous avons extrait de cette notice, ainsi que des remarques de Brunet, dans son *Manuel*, tout ce qui se rapportait à notre sujet. Nous n'y relèverons donc que deux erreurs, qui ont subsisté dans la nouvelle édition de la *France Protestante*, publiée sous la direction de M. Henri Bordier.

1° Il est inexact de dire, comme on l'affirme dans cette nouvelle édition (t. I, col. 849), que c'est Montaigne lui-même qui publia pour la première fois la *Servitude volontaire* en 1571 (1). Outre que cette date est fausse, on sait que Montaigne se refusa au contraire à éditer l'opuscule de son ami. De plus, ce ne sont pas seulement les doctrines de La Boétie qu'on retrouve dans le *Réveille-Matin*, mais bien ses propres paroles et un long extrait de son ouvrage, comme nous l'avons déjà indiqué.

2° Quoi qu'en pensent les auteurs de la *France Protestante*, Brunet n'a pas, sans raisons, fait précéder l'édition française du *Dialogue* d'Eusèbe Philadelphe par l'édition latine. C'est l'usage constant, à cette époque, de procéder ainsi, notamment parmi les écrivains protestants (2), et l'on s'expliquerait plus malaisément, sans cela, la publication presque simultanée des deux éditions de ce même ouvrage, en deux langues différentes. Au reste, l'opinion de Brunet est incontestable en ce qui concerne le petit volume contenant à la fois les deux dialogues (Edimbourg, 1574). Il est certain que, pour cette fois-ci tout au moins, l'édition latine parut avant l'édition française, qui ne serait ainsi qu'une traduction. Cela est clairement exprimé dans le titre même du second dialogue, le seul qui nous occupe véritablement ici : *in lucem nunc primum editus*, y lit-on en effet, tandis qu'au titre de l'édition française de ce second dialogue on lit au contraire *mis de nouveau en lumière* (3). En outre, l'épître de Philadelphe aux gentilshommes et au peuple de Pologne, est donnée, dans le *Réveille-*

---

(1) « On y retrouve les doctrines émises avec tant d'autorité par Etienne de La Boétie dans son célèbre discours de la *Servitude volontaire*, publié par les soins de Montaigne en 1571... » (Haag, *La France Protestante*. Deuxième édition publiée sous la direction de M. Henri Bordier. Paris, 1877, t. I, colonne 849.)

(2) Calvin lui-même en est la preuve.

(3) Pour plus de précision, nous reproduisons en entier le titre de ce second dialogue, dans ses deux éditions successives :

*Dialogus secundus, ab* Eusebio Philadelpho Cosmopolita, *in Gallorum et vicinarum gentium gratiam conscriptus et nunc primum in lucem editus.* Edimburgi, ex typographia Jacobi Jamœi, 1574.

*Dialogue second du Réveille-Matin des François, et de leurs voisins. Composé par* Eusèbe Phila-

*Matin*, comme *traduite en françois du livre latin dédié aux estats, princes, seigneurs, barons, gentilshommes et peuple polonois*. Ceci justifie donc Brunet absolument, et un examen attentif de l'opuscule eût empêché les frères Haag de contester son appréciation. Ainsi qu'on le voit, c'est en latin, comme nous l'avons déjà écrit, que parut le premier fragment publié de la *Servitude volontaire* et nous reproduirons plus bas ce passage, à titre de curiosité littéraire.

Par qui ce lambeau de La Boétie fut-il traduit en latin? La question risque fort de rester sans réponse, car il est difficile de déterminer la paternité du *Réveille-Matin*, tant l'auteur a pris soin de se cacher et a évité toute indiscrétion qui pût mettre sur sa trace. Sans vouloir essayer d'éclaircir un point, qui n'est pour nous que secondaire, nous ne dirons pas moins cependant à qui l'on a successivement attribué ce libelle. Cujas a désigné le jurisconsulte Jacques Donneau (4), Adrien Baillet Théodore de Bèze et M. Sayous François Hotman (5). On a aussi nommé avec quelque vraisemblance le médecin protestant Nicolas Barnaud. D'autres enfin, — et c'est l'opinion qui nous paraît la plus plausible, — n'ont voulu voir dans ces deux dialogues qu'une œuvre écrite à la fois par plusieurs pamphlétaires, composition indigeste où l'on a tenté de faire entrer le récit des persécutions et le développement des griefs, revendication hybride qui tient à la fois de la harangue et du mémoire (6).

Il ne nous reste plus qu'à faire connaître, en terminant, comment la prose de La Boétie a pu prendre place dans ce factum. Pour cela, nous transcrirons l'argument du second dialogue, qui le résume assez exactement. Le voici : « Le Politique et l'Historiographe François (ce sont les deux interlocuteurs du dialogue), revenant par divers chemins de leur charge, se rencontrent, — comme Dieu veut, — logez en une mesme hostellerie à Fribourg en Brisgoye, et apres s'estre recognus, caressez et recueillis, ils récitent l'un à l'autre le succez de leurs voyages, l'estat présent de la France, et par occasion quelques traits de celuy d'Angleterre. Ils traitent aussi de la puissance des Rois, de la tyrannie, et de la servitude volontaire, et plusieurs autres belles matières très nécessaires en ce temps, réservans au lendemain ce qu'ils ont à dire de plus. » Dans le cours du Dialogue, le Politique s'étonne, comme La Boétie, auquel il emprunte ses propres expressions, que « tant d'hommes, tant de bourgs, tant de villes, et tant de provinces endurent si longtemps un tyran seul, qui n'a moyen que celui qu'on lui donne, qui n'a puissance de leur nuire, sinon tant qu'ils ont vouloir de l'endurer, qui ne sauroit leur faire mal aucun, sinon alors qu'ils ayment mieux le souffrir que lui contredire ». Mis en goût par cette idée ingénieuse,

---

DELPHE COSMOPOLITE, *et mis de nouveau en lumière*. A Edimbourg, de l'Imprimerie de Jacques James. Avec permission. 1574.

(4) Dans sa *Præscriptio pro Jo. Montlucio adversus libellum Zach. Furnesteri* (pseudonyme sous lequel Donneau avait répondu à l'évêque Monluc).

(5) SAYOUS, *Études littéraires sur les écrivains français de la Réformation*, 1853, in-18, t. II, p. 43 et suivantes. Il semble à M. Sayous que plus d'une tête, sinon plus d'une main, a travaillé à cet ouvrage et que Hotman en a tout au moins inspiré la part la plus sérieuse et la plus originale.

(6) Cette interprétation me semble confirmée par l'épithète de *Cosmopolite* ajoutée au pseudonyme de Philadelphe. Notons, en passant, que Littré ne cite pas d'exemple de ce mot antérieur au XVIII<sup>e</sup> siècle.

son compagnon l'Historiographe, le prie de lui dire ce qu'il pense de la servitude volontaire, lui déclarant qu'il l'écoutera jusqu'au bout et aime mieux veiller toute la nuit qu'interrompre un entretien si intéressant. « J'en suis content, reprend le Politique ; aussi bien y a-t-il longtemps que j'en suis si gros, que je creve d'envie que j'ay d'enfanter ce que je sens de c'est (sic) affaire. Mais je proteste bien que je n'en parleray point comme les Huguenots en parlent, ils sont trop doux et trop serviles : j'en parleray tout amplement en vray et naturel François, et comme un homme peut parler de choses sujettes à son jugement, voire au sens commun de tous les hommes ; afin que tous nos Catholiques, nos patriotes et bons voisins et tout le reste des François, qu'on traite pire que les bestes, soyent esveillez à ceste foys pour recognoistre leurs misères et aviser trestous ensemble de remédier à leurs malheurs. » Et alors, le Politique débite pour son propre compte sans en nommer l'auteur, un long fragment du *Contr'un*, en l'agrémentant de quelques allusions qui défigurent parfois la pensée de La Boétie, ou d'erreurs qui la rendent fort peu intelligible par instants. Nous avons déjà annoncé que nous reproduirions seulement ici, à titre de document curieux, la traduction latine de ce fragment. Le lecteur pourra se convaincre, en la parcourant, qu'elle n'est pas sans offrir un certain intérêt. La latinité en est pure et le traducteur a su faire passer dans ses périodes quelque chose de l'éloquence et de l'harmonie de la prose française.

Nous donnons intégralement tout ce qui a été inséré du *Contr'un* dans *le Réveille-Matin des François*. Ces passages occupent les pages 182-190 du second dialogue dans l'édition française et les pages 128-134 de l'édition latine.

« *Perabsurdum hoc mihi semper videri solet, dum expendo ac circumspicio mille hominum myriades miserè servientes, neque id vero invitos, aut a vi potentiore subactos facere, sed nescio quomodo, unius duntaxat solo nomine tanquam præstigiis fascinatos : cujus quidem nec potentiam debent pertimescere, cum solus homo sit : nec mores amare, cum erga eos sit inhumanus. Inferiores viribus homines sæpissimè iis qui superiores sunt, morem gerere coguntur : tunc fateor tempori serviendum esse, neque enim semper potentiores esse licet. Itaque si natio aliqua bello devicta uni servire adigitur (ut olim triginta tyrannis Atheniensium civitas) non mirum est, si tum serviat : casus is lugendus est : imò verò lugendum non est, sed miseria æquo est animo ferenda, et sese quisque rebus servare debet secundis.*

» *Hoc nostræ naturæ innatum est, ut communia amicitiæ officia vitæ nostræ bonam partem possideant. Ratio postulat, ut ametur virtus, erga beneficos grato simus animo, ac sæpè de commodis nostris nonnihil detrahamus, ut honori eorum qui nobis chari sunt et merentur consulamus. Quamobrem si regionis cujusdam incolæ virum aliquem insignem nacti; cujus eximiam in eis conservandis prudentiam, magnamque in eis regendis et gubernandis sollicitudinem experti fuerint : si, inquam, deinceps ei sponte, et ultro sese submittunt, adeoque ei confidunt, ut primatum aliquem deferant (dubito quidem an prudenter fiet illum ex eo loco removere, ubi rem præclarè gerebat, in eumque promovere, ubi rem fortassis male administrabit) verum procul dubio eorum bonitas et*

# APPENDICE 405

*honestas, qui eum in gradum eum evexerunt, ex eo conspicitur, quod nihil mali ab eo metuant, a quo beneficiis fuerunt affecti.*

» *At bone Deus! Quid hoc rei est? Quænam est hæc infelicitas : quod vitii genus? Aut potius quodnam infœlix vitium? Videre innumeros homines non quidem parere, sed servire, non gubernari sed tyrannide opprimi : nec uxorem, nec liberos, ne ipsam quidem vitam in propria habere facultate, stupra, rapinas, crudelitatem perpeti, non castrorum, non barbari exercitus, adversus quem sanguinem, vitamque fertiliter effundere decet, sed unius duntaxat, non Herculis quidem, vel Sansonis, sed pusilli homuncionis, quo in totâ gente et natione nemo erit mollior, ignavior nec effeminatior : non qui vi et annis homines ad imperium cogere possit, sed qui impudicæ mulierculæ servitio totus addictus sit : idne vero ignaviam dicemus? eosque qui ei serviunt, imbelles appellabimus?*

» *Si duo, tres, quatuorve ab uno lacessiti vim illius atque injuriam non repellant, id quidem absurdum videbitur, ac fortassis non injuria fracto esse animo arguentur. At si centum, si mille ab uno quidvis patiantur, nonne ei obsistere nolle, non autem non audere dicentur? Neque ignaviæ, sed incuriæ et contemptui tribuendum esse, si non centum, non mille homines, sed centum provinciæ, mille civitates, infinitæ myriades hominum cum uno solo manus conserere detrectent. Quo vero id tandem nomine vocabimus? An ignaviam? an inertiam?*

» *Hoc a natura omnibus vitiis comparatum est, ut certas quasdam habeant metas, ultra quas transgredi nequeant. Duo unum metuere poterunt, imo etiam fieri poterit, ut a decem unus reformidetur. At mille, mille myriadas hominum, at mille civitates unius vim, atque impetum nequaquam propulsare! Non hæc quidem est ignavia, minimè eousque progreditur, sicuti nec ex opposito eousque protenditur fortitudo, ut vir solus murum ascendat, cum acie solus confligat, regnum invadat, ac in suam ditionem redigat. Quod igitur hoc vitii genus et portentum est, quod ne ignaviæ quidem appellationem meretur? cui satis turpe nomen indi* (sic pour *indici*) *nequit. Constituantur una exparte quinquaginta armatorum hominum millia, totidem ex adversa opponantur; instruantur utrinque acies, signo dato concurrant, pro libertate alii retinenda, alii adimenda pugnent : quibus conficere possumus adscribendam esse victoriam? utros alacriori studio ad pugnam profecturos confidimus? an eos qui pro suorum laborum et virtutis præmio libertatis conservationem sperant, an vero eos qui nullum aliud pro illatis acceptisve vulneribus, quam aliorum servitutem expectant? Ante illorum oculos semper anteactæ vitæ versatur felicitas, ac in posterum solitæ quietis et voluptatis expectatio : non adeo afficiuntur iis quæ brevi illo pugnæ tempore subeunda sunt, quam iis quæ ipsis perpetuo, liberis, ac universæ posteritati perferenda erunt.*

» *His verò nihil est quod addat animos, quem exiguus concupiscentiæ stimulus, qui statim ad primum periculum retunditur, nec adeò incenditur concupiscentiæ æstus quin, ut verisimile est, minima sanguinis guttula facilè extingui possit. In prœliis illis celebribus Milciadis et Themistoclis, ante duo millia annorum commissis (quorum adhuc recens adeò viget memoria historiarum beneficio quam si hesterno die facta fuissent) quid tam exiguis Græcorum copiis non vires, sed constantiam ac fortitudinem tantam suppeditam censemus, ut tot navium impetum sustinerent, tot gentes in unum collectas funderent, quam quod gloria dierum illorum, non tam pugna Græcorum adversus Persas, quam libertatis de dominatione, et tyrannide, ingenuitatis de immoderata regnandi cupiditate victoria et triumphus fuisse videtur? Incredibile dictu est, quantam generositatem suorum defensorum animis ingeneret, et excitet libertas.*

» *Quod autem quotidiè factitari in Francogallia nostra cernimus ut homo solus mille civitates pro libidine fœdè conculcet, quis unquam nisi oculatus testis, crederet? Id verò si tantum in exteris nationibus conspiceretur, quis non potius commentum, quam rem veram esse arbitraretur? Atqui solus homo est, ille tyrannus: cum quo dimicare, non opus est, satis per se profligatus est, dummodo propriæ servituti non assentiantur provinciæ. Nihil ei adimendum est, nihil duntaxat illi est subministrandum. Ipsemet ergò est populus qui sese opprimi sinit, qui seipsum mancipat, siquidem cum servitutis et libertatis ei datur optio, nuncio libertati remisso servitutis jugum eligit : qui suo malo et detrimento subscribit, idque potius sibimet ipse accessit ac persequitur. Si cum aliquo dispendio et jactura recuperanda esset libertas, non urgerem : quamquam quid homini charius esse debet, quam sese in naturæ jus vindicare? Verumenimvero non tantos ab eo spiritus postulo, concedo ut nescio quam miserè vivendi securitatem dubiæ quietè et beatè vivendi spei præferat. Quid? si ut potiatur libertate, ea duntaxat optanda est? si sola voluntate et voto opus est? An ulla erit gens, quæ eam nimis caram et paratu difficilem, ut pote quæ solo desiderio acquiri possit, existimet? quæque voluntati et voto parcat, ut id bonum recuperet, quod pretio etiam sanguinis redimi deberet? Profecto sicuti scintillæ igniculus augetur subjecta materia, sed ignis, si ligna non suggerantur, sponte extinguitur, sic etiam tyranni quo magis extorquent, eo magis omnia ad exitium vocant, quo plura eis erogantur. At si nihil eis suppeditetur, si suos non geratur, sine dimicatione, sine ictu, nudi concident.*

» *Generosi homines ut optatum bonum assequantur periculum non reformidant, consulti et prudentes laborem non fugiunt : qui verò sunt ignavo animo neque mortem oppetere, nec bonum amissum recuperare nolunt, hic solum consistunt, ut expectant : aspirandi facultas et virtus ab eis sua ignavia sublata est. Potiundi quidem voluntas, et desiderium illis a natura insitum permanet. Ac communè hoc quidem votum est tum stultis, tum intelligentibus tum forti animo præditis, tum ignavis, ut omnia quæ adepti, beati ac fœlices, suaque sorte contenti effici possint, exoptent : in hoc uno defuisse hominibus natura quodammodo videtur, in expetenda scilicet libertate, quæ tamen adeo pulchrum, et jucundum bonum est, ut eâ amissâ sensim irrepant omnia mala, si quæ verò bona adhuc remanent, et supersunt eâ corruptâ et depravatâ, servitute omnem venustatem et saporem simul amittant.*

» *Solam libertatem non expetere homines ideo videntur, quoniam ea, si expeterent, frui liceret : quod perinde est, ac si hoc tantum bonum idcirco parare negligerent, quod paratu nimis facile sit.*

» *O miseri et infœlices populi! o natio obstinato animo tuam perni-*

*ciem persequens! Vobis spectantibus ac ferentibus, vestrorum fructuum potior et præstantior pars vi aufertur, in vestris agris prædæ aguntur, diripiuntur domus, ac supellectile paterna et avita spoliantur : ita vivitis ut nihil vobis proprium vendicare audeatis, imo deinceps maximi commodi et fœlicitatis loco ducetis, si bona vestra, fundos, familias adeoque vitam ipsam, precario et tanquam conducta possideatis. Hæc vero omnia infortunia, exitia et vastitates non ab infestis hostibus manant, sed ab hoste quidem, eoque hoste quem vos adeo attollitis, pro cujus amplitudine vestra capita morti fortiter offerre non veremini. Is qui vobis adeo insolenter dominatur, duabus manibus tantum præditus est, uno corpore, nec quicquam præterea, quam quivis plebeius possidet, habet : excepto animo prædatore, ac proditore, eaque autoritate, quam ei vos in vestram pestem conceditis : unde quæso tot oculos quibus vos observat, et speculatur, sortitus esset, nisi ipsimet suppeditaretis? Unde tot manus haberet, quibus vos cædit, et vulnerat, nisi ex vobis ipsis depromeret? Pedes vero quibus capita vestra conculcat, unde nisi ex vestris nactus esset? Quam aliam adversus vos potestatem, nisi quam vos ei attribuitis, obtinet? Semina vestra terræ committitis, ut vastitatem inferat, ædes supellectile ornare studetis, ut suis rapinis escam suggeratis. Alitis filias vestras ut suam libidinem explere possit. Liberos vestros educatis, ut eos ad sua bella rapiat, ad lanienam ducat, ut iis suarum libidinum ministris abutatur, per eos tanquam satellitates suas vindictas ulciscatur. Vestra corpora laboribus defatigatis, ac frangitis, ut tyrannus in deliciarum omne genere molliter delitescat, ac sese ne fœdis voluptatibus provolvat. Vos vos ipsi debilitatis, ut eum confirmetis, utque vos frœno arctiore comprimat. Ex tot indignis molestiis, quas in vix ipsa quidem bruta animalia perferrent, vos facilè afferetis, si, ut id ponitis, non dicam conemini, sed solum in animum inducatis. Nolite amplius servire, hocque ratum et firmum habetote, ecce vobis libertas parta est. Nolo ut commoveatis, aut concutiatis, nolite tantum fulcire, eumque, magni instar Colossi, cui basis ac ponderis fulcimentum subductum est, corruere ac comminui videbitis.* »


## VI

### LA BOÉTIE PHILOLOGUE.

Voici la description du rarissime volume qui renferme la traduction de Ferron. Elle est faite sur l'exemplaire inscrit à la Bibliothèque nationale, sous la cote J. 10,808.

Le format est le petit in-8°. Dans un joli encadrement à figures pantagruéliques, se trouve le titre : *Plutarchi Chæronei Eroticus, interprete Arnoldo Ferrono Burdigalensi Regio consiliario, ad Franciscum Nomparem Caulmontionum* (sic) *Regulum.* Lugduni, apud Joan. Tornaesium. MDLVII. pp. 102, numérotées. A la fin, la devise *Son art en Dieu* sur une banderole.

P. 3. *Arnoldus Ferronus Francisco Nompari Caulmontiorum regulo s. d.* — Comme l'a dit M. Dezeimeris, cette préface est de Scaliger, qui l'a reproduite dans ses *Epistolæ* (p.88) sous ce titre : *Ad Franc. Nomparum* (sic), *in versionem Erotici Plutarchi, nomine amici*. Seulement Ferron y a introduit, vers la fin, un fragment d'une autre dédicace faite aussi par Scaliger *nomine amici*, et qui se retrouve à la page 285 des *Epistolæ* de celui-ci.

P. 8. *Plutarchi Chæronei sermo amatorius, Arnoldo Ferrono Burdigalensi Regio consiliario interprete*.

P. 79. *Martha Valeria Arnoldi Ferroni hæc congerebat*. — C'est une suite de sept épigrammes rassemblées par Marthe de Vallier, femme de Ferron, et tirées pour la plupart de l'*Anthologie*.

P. 80. *Recognita quædam*. — Sous ce titre, sont publiées les corrections fournies par La Boétie. Elles se terminent à la page 92 par cette mention : *Hæc adnotare libuit, pleraque autem sunt ex iis quæ a Stephano Boetho, collega meo, viro verè Attico et altero ætatis nostræ Budæo, excepi*. Puis viennent, sur la même page 92, des notes latines de Ferron, contenant des variantes pour sa version et publiées sans intervalle qui les sépare de ce qui précède.

P. 99. *Restituta alia*. — Ce sont quelques corrections de texte avec renvoi en marge à l'édition de Froben. Ces *restituta* se terminent à la page 101.

Ainsi que l'indique la note d'Arnaud de Ferron, tous les *recognita* ne sont pas dus à La Boétie. La plupart en viennent cependant, et il est impossible de dire quelles sont les corrections qu'il faut lui restituer. En présence de cette difficulté, M. Dezeimeris a donc publié intégralement, dans les *Publications de la Société des Bibliophiles de Guyenne* (1868, in-8°, t. I, pp. 81-161), toutes les notes indiquées par Ferron comme pouvant être de La Boétie.

Elles sont au nombre de 101. M. Dezeimeris les a fait précéder d'une préface magistrale qui indique bien le rôle philologique de Ferron et celui de La Boétie. Sans être un savant de la valeur de Scaliger, son ami, manquant surtout de sagacité, Ferron était un helléniste habile. Toujours il sut rendre, en des traductions aisées, le sens des auteurs qu'il interprétait. Souvent il se trompa ; parfois aussi, au cours de sa besogne, il trouva d'ingénieuses conjectures.

Quelle part revient à La Boétie, dans la traduction du traité *de l'Amour ?* M. Dezeimeris la suppose assez notable ; il serait même porté à croire que Scaliger fit allusion à ce fait, lorsqu'il parlait, dans ses vers, de la grande part revenant à *Ambactus* dans certaine traduction signée de celui qu'il nommait *Struma* et qui n'était autre que Ferron (1).

« Les notes de La Boétie conservées par Ferron, ajoute M. Dezeimeris, nous permettent de nous faire une idée de la nature du travail fourni au traducteur de Plutarque par le jeune et éminent helléniste ; mais, en réalité, la collaboration de celui-ci dut être beaucoup plus importante qu'on ne serait porté à le croire par l'examen pur et simple des remarques subsistantes. Nous savons, en effet, que les notes parvenues jusqu'à nous sont

---

(1) Scaligeri *Poemata*, p. 427, et *Publications de la Société des Bibliophiles de Guyenne*, t. I, p. 98.
(2) *Publications de la Société des Bibliophiles de Guyenne*, t. I, p. 112.

seulement un extrait de celles qu'il avait fournies. Certaines observations relatives à des passages compris dans les deux premiers tiers du traité *de l'Amour* ont été supprimées et celles se rapportant au dernier tiers n'ont pas été conservées. Du reste, il faut remarquer que l'ensemble de ces annotations avait essentiellement le caractère d'une communication amicale, et il est très probable que La Boétie ne les écrivait pas avec la pensée de les voir imprimer plus tard. Tout porte à croire que, d'ordinaire, lorsque Ferron adoptait les remarques ou corrections de La Boétie, ces corrections étaient introduites par lui dans le corps même de sa version, et il jugeait inutile dès lors de les répéter à la fin du volume. Une négligence de l'imprimeur nous fournit même un exemple très important des surcharges faites sur le manuscrit. Peut-être aussi Ferron, qui, si l'on en croit Scaliger, était assez tenace dans ses idées, supprimait-il celles des remarques de son collègue qui se trouvaient en opposition avec ses propres idées. En tout cas, il est certain que nous n'avons qu'une partie du travail de revision accompli par La Boétie sur la version de Ferron; mais ce qui subsiste suffit pour que l'on puisse constater le mérite du philologue et la valeur de son œuvre » (2).

Les annotations insérées par Ferron sont pleines de sens et de savoir. Elles contiennent des interprétations nouvelles, des rapprochements ingénieux, des leçons adoptées par la critique. En les publiant à nouveau, M. Dezeimeris les a accompagnées d'un commentaire savant et copieux, qui en montre toute la valeur. Nous y renverrons le lecteur désireux d'approfondir davantage le caractère de La Boétie, ou d'étudier son œuvre de plus près. Il y verra que bien des corrections, dont les éditeurs de Plutarque ont fait leur profit, depuis Xylander jusqu'à Winckelmann, remontent jusqu'à La Boétie et jusqu'à Ferron, qu'on a mis à contribution sans les nommer.

C'était justice de restituer aux deux amis les efforts tentés en commun pour éclairer un texte parfois si difficile à comprendre, d'indiquer les résultats auxquels leur sagacité les a conduits. M. Dezeimeris l'a fait avec un tact plein de pénétration. Ses recherches érudites nous ont montré un La Boétie nouveau, qu'il n'est plus permis de méconnaître. Elles ont dévoilé une des aptitudes de cet esprit, qui en avait de si brillantes, au dire de Montaigne. Ce travail de critique nous fait lire avec une plus entière confiance les pages que l'auteur des *Essais* a consacrées à l'homme et à l'ami.

Afin de donner la physionomie complète du talent de La Boétie, nous reproduisons ici les remarques publiées à la fin de la traduction de Ferron. Nous avons suivi le texte même de M. Dezeimeris, dont les corrections heureuses facilitent la lecture de ces remarques. Comme lui, nous les avons numérotées, et nous donnons, entre parenthèses, à la fin de chacune d'elles, des références qui renvoient à l'édition Dubner. Le premier chiffre indique la page et le second la ligne du texte de l'Ἐρωτικός publié dans les *Moralia* de la *Collection grecque-latine* de Didot, t. II, p. 914-943.

# IN PLUTARCHI EROTICO

## RECOGNITA QUÆDAM (¹)

[1] *Hos sive scriptis*, οὓς εἴτε γραψάμενος. — *Hæc verba, ni fallor, non rogantis sunt, sed promissa postulantis; ideòque sic interpretor:* « *quem, a nobis rogatus, modò narraturus es, sive eum scriptis mandaris, sive memoria tenes, quòd ea de re sæpissimè patrem rogaveris*, [*etc.*] » (914. 36).

[2] *Scisne quantum*, οἶσθα ὅσον. — *Nihil aliud hîc est* ὅσον *quam* « *quid*, » *ut et alibi sæpè; itaque sic interpretor:* « *scis verò quidnam a te postulaturi simus?* » (914. 43)

[3] *Sed sciam vobis dicentibus*, ἀλλὰ εἴσομαι λεγόντων. — Λεγόντων *aoristus est in participio; ideò sic verto:* « *minimè, sed, cùm dixeritis, tum sciam.* » (915. 1)

[4] *Noli*, ἄφελε. — *Respondebit græco si ita dicatur:* « *parce orationi inserere, etc.* » *Poeticum tamen hoc* « *parce* », *sed mirè convenit græco.* (915. 2)

[5] *Cursus*, διαδρομάς. — « *Decursus* » *si dicatur respondebit græco; sed ego* « *anfractus* » *dicerem.* (915. 4)

[6] *Et quæcunque alia, etc.*, καὶ ὅσα ἄλλα τοιούτων, *etc.* — *Locus est obscurus, nec ausim improbare interpretationem; at modò, sic intelligo:* « *parce inserere prata et umbras et cætera ejusmodi quæ plurimi quidem non probant, voluntque Helissum et cætera a Platone describi audacter magis quam appositè.* » (915. 4)

[7] *Quorsum*, τί δέ. — « *Quid verò indiget?* » (915. 8)

[8] *Recta est oratio*, εὐθύς. — *Hîc* εὐθύς *adverbium est, non nomen. Ubi autem legitur* ἑξῆς, *legendum* ἐξ ἧς. *Sensus ergò est:* « *quid verò opus habet hæc narratio proœmiis? Statim ab initio occasio unde sermo cœpit chorum postulat;* » *nam* « *chorum* » *non* « *saltationem* » *dicendum. Intelligit enim tantas esse turbas in ipso initio narrationis ut choro tragico opus sit; itaque ostendunt sequentia verba*, σκηνῆς καὶ δράματος, *hîc enim* δρᾶμα *tragœdiam significat, ut alibi sæpè.* (915. 9)

[9] *Unà servet*, καὶ συναωασώζειν τὸν μῦθον. — « *Ut unà mecum ejus narrationis memoriam revocet.* » (915. 13)

---

(1) Ainsi qu'on l'a vu dans l'analyse bibliographique placée ci-dessus, le volume original porte simplement : *Recognita quædam*.

[10] *Morum gratia maximè ornatum*, μάλιστα εὐημεροῦντα. — Intelligo: « cui in ejus amore inter omnes procos optimè res cesserat; » aut: « cui in ejus amore magis quam cæteris procis secundæ res erant. » (915. 21)

[11] *Duos itaque*, δύο δέ. — « Duos aut tres fermè dies in civitate unà fuerunt, semper in palæstris aut theatris philosophantes, etc. » (915. 25)

[12] *Per Jovem*, νὴ Δία. — Non memini apud Latinos me legisse « per Jovem » in eo sensu, quo Græci dicunt νὴ Δία. Verterem: « sanè. » (915. 36)

[13] *Formosa satis*, ἱκανὴ τὸ εἶδος. — « Forma idonea, » dixit Terentius, et, ni fallor, exprimit græcum. (915. 38)

[14] *Et proferens*. — « De eo » adjiciendum censeo. (915. 43)

[15] *Prædam venabantur*, συγκυνηγοί. — Hinc demo « prædam ». (915. 49)

[16] *Post verbum « deliberaret »*, deest interpretatio ejus incisi: ὧν ὁ μέν, etc., usque ad verbum ὁ δέ. Volunt autem sibi ea verba: « quorum hic quidem ejus erat frater patruelis, et quidem grandior natu. » (916. 1)

[17] *Evertendum objiceret*, προϊεμένου. — « Dederat. » (916. 4)

[18] *Ut illis non visis et in eis novus*, ὡς αὐτῶν ἀθέατος καὶ νεαρός. — « Ut ea non respiciat, sed semper puer, etc. » (916. 8)

[19] *Ex præmunitione*, ἐκ παρασκευῆς. — « Ex composito. » (916. 13)

[20] *Oblitus sermonum*, λόγων. — « Literarum » intelligo. (916. 20)

[21] Λήθη δὲ λόγων, *oblitus autem est sermonum*. — Λόγοι καὶ λόγος, apud hunc auctorem et alibi, sæpe significant « studia bonarum artium », ut indicat locus apertus in principio libri περὶ τῆς τῶν παίδων ἀγωγῆς, itaque interpretor: « hinc nulla jam amplius studiorum in literis, nulla amplius patriæ cura. » (916. 20)

[22] Ἀμέλει, *profecto*. — « Nimirum enim Protogeni hujusmodi aliqua causa peregrinationis fuerat; » aut: « scilicet, [etc.]. » (916. 26)

[23] *Vel minima cum mulieribus*, τῇ γυναικωνίτιδι μέτεστιν. — « Veri autem amoris nullum est in mulierum thalamis vestigium. » (916. 38)

[24] Τῇ γυναικωνίτιδι μέτεστιν, *cum mulieribus*. — « In fœminarum thalamis reperitur. » (916. 38)

[25] *Voracitas quædam et vitæ cupiditas appellatur*, λαιμαργία τις ἢ φιλοψυχία. — Omnino malè legitur φιλοψυχία, nullo sensu;

*legendum haud dubiè* φιλοψία, « *immoderata cura ciborum.* » *Sic idem auctor usus est* τῶν συμποσιακῶν τετάρτου προβλήματι δ'. (916. 45)

[26] Νέαν, *mollem.* — « *Florentem et vegetam* » *intelligo.* (916. 50)

[27] Οὐκ ἐθέλει παραμένειν, *non vult expectare.* — « *Amplius non durat.* » (917. 6)

[28] Οὐδὲ θεραπεύει τὸ λυποῦν καὶ ἀκμάζον, [κ. τ. λ.]. — « *Quippe qui nec forma movetur, nec angitur, eamque non aliter colit nisi fructum ferat amicitiæ et virtutis, secundum mores amatorum et ingenia.* » (917. 6)

[29] Πόθῳ στίλβων, *desiderio.* — « *Cupiditate;* » *verbum est Ciceroni familiare in hac significatione ut respondeat* πόθῳ. (917. 24)

[30] Τοῖς ἀξίοις ἐπιμελείας, *sedulitate necessaria.* — *Ad personas, non ad res refertur :* « *adhortans eos qui ejus cura digni sunt.* » (917. 29)

[31] *Alii quidem irrident eos*, ἕτεροι μὲν γάρ. — « *Nam alii risum non tenebunt.* » (917. 50)

[32] Δεῖ δέ τινος εὐπρεπείας, *decore autem quodam.* — *Honestum quemdam prætextum intelligit per* εὐπρέπειαν, *ut loquitur Quintilianus.* (918. 42)

[33] Ἀφροδισίων παιδικῶν κοινωνία, *nulla Venere participes sunt.* — « *Nulla est in amore puerili Veneris communicatio.* » (918. 49)

[34] Ἐπιλαβέσθαι, *apprehendisse.* — *Non* « *apprehendisse,* » *sed* « *reprehendisse.* » (919. 15)

[35] Τόδ' ἐξοπλίζειν τοὔπος ἀργεῖον λέων, *illud verò est, etc.* — *Versus est iambicus.* « *Sermone inermi convenit Græcis loqui,* » *nam* ἀργεῖον λέων « *Argivum populum* » *significat.* (919. 16)

[36] *Comprehensam propemodum*, μόλις συνεχομένην. — « *Vix teneri.* » (919. 21)

[37] Συνδιακεκαλυμμένῳ καὶ γέμοντι πυρός, *contecto et pleno igni.* — *Intelligit Daphnæum modò amare perditè Lysandram, non ejus forma captum, sed quòd multus illi usus esset cum quodam qui eam deperibat, et qui erat* διακεκαλυμμένος καὶ γέμων πυρός. (919. 28)

[38] Προσκρούοντα, *reclamat.* — « *Scilicet quòd et judices offendo et mihi ipsi noceo.* » (919. 32)

[39] Ἐμοῦ γε ἕνεκα πάσαις γυναιξίν ἐραστήν. — *Sensus est :* « *contendo igitur, id antè præfatus per me licere huic adolescenti amare quamlibet mulierem* [*etc.*]. » (919. 37)

[40] Μέγα γὰρ ἂν ἐλαφρᾷ, *magnum, etc.* — « *Nam, in ea ætate, etiam nuberet quantumvis humili et obscuræ, difficile tamen esset, in ea conjunctione, eum ut vinum temperatum locum suum tenere.* » (919. 40)

APPENDICE 413

[41] Δοκοῦσαν, *sperare*. — « *Quodammodò, veluti regnare.* » (919. 43)

[42] Περικόπτουσι, *contemnunt et incidunt*. — *Sensus est*: « *quidam, cùm uxores locupletes duxerunt, ipsi spontè, earum divitias, ut animi pinnulas, amputant, ne his sublatæ avolent;* » *nam sic interpretandum esse locum suadent verba, et locus planus paulò infrà, in his verbis*: πλοῦτον μὲν αἱρεῖσθαι [κ. τ. λ.] (919. 46)

[43] Κἂν μένωσι, *melius est*. — « *Si enim uxores divites maneant.* » 919. 50)

[44] Ταῦτα γὰρ ἐρωτικά. — *Totus hic locus corruptus est.* (920. 12)

[45] Φυγεῖν τις ἂν ἔχει. — Ἔχοι *lego. Sensus est*: « *eam vero quæ se amare fatetur nemo non debet fugere et execrari, non uxorem ducere, etc.* » (920. 17)

[46] Παυσαμένου δὲ τοῦ Πρωτογένους, *cùm autem, etc.* — *Intelligendum est Daphnæi hæc esse verba, et fortasse deest in græco* Δαφναῖος. *Sensus est*: « *vides quomodo, dùm semper ad communem hypothesin redit, eò nos adducat, non invitos, ut necesse sit restim sequi, et amorem nuptialem in genere defendere.* »
*Postea Anthemion respondet*: « *intelligo, inquit, quinimo et pluribus quam antea rationibus ab amore illos prohibere conatur;* » *hoc enim significant ea verba*: ἀμύνει διὰ πλειόνων νῦν αὐτοὺς ἐρᾶν. « *Tu verò, modò tantùm fer opem opibus, quibus nos maximè nunc Peisias terret.* » *Sic sensus erit apertus; ut autem sic intelligatur, ubi legitur* εἰ δὲ βοηθήσων, *reponendum*: σὺ δὲ βοήθησον. (920. 20 et 25)

[47] Αἱ δὲ σώφρονες, *pudicæ*. — *Totum hoc per interrogationem legendum puto*: « *quid pudicæ? nonne earum severitas et contractum os habet aliquid grave et intolerandum?* » *Sed suspicor modò legendum* κατερρυπωμένον, *ut significet munditiem quam videmus ferè in pudicis.* (920. 30)

[48] Κατεσσυμμάτων. — *Locus discutiendus.* (920. 36)

[49] *Hujus aras, etc.*, ἧς ἱερὰ καὶ ναούς. — *Sensus est*: « *Belestiæ templa habent, aut certè Veneris Belesticæ, Alexandrini, sic imperante rege; nam vult non amplius ab Alexandrinis Belestiam vocatam sed Venerem Belesticam.* » (920. 54)

[50] Ὀχυρωμένῳ. — *Non est nomen proprium, sed sensus est*: « *Antigonus, cùm scriberet ei qui præsidio tenebat Munichiam, et in ea munienda erat occupatus, jussit non tantùm ut torquem faceret validum, sed et canem invalidum, indicans scilicet ut Atheniensium opes frangeret.* » (921. 20)

[51] Δύσμικτα. — « *Difficile enim duo conveniunt cùm utrumque fervidum adhuc est, et in ipso juventutis flore.* » (921. 37)

[52] Παρεφύλαττε τὴν ὥραν. — *Sensus est* : « *observavit horam qua solebat Bacchon, eundo ad gymnasium, pro foribus ejus ire moderato gressu.* » (922. 9)

[53] Πλούτῳ χλιδῶσα, *etc.* — « *Opibus affluens fœmina, mortalia tantum sapis.* » (922. 34)

[54] *Et nisi natura,* καὶ εἰ μή. — « *Et sanè cujus facilitatis et stultitiæ fuisset me celare, cui omnia committebat consilia, quemque, hac in re, maximè partes Ismendoræ sequi sentiebat.* » (923. 1)

[55] *Nam cùm vult,* ὅτι γὰρ ἂν θελήσῃ. — « *Nam quod concupiverit amor, id vita, id opibus, id proprii nominis jactura redimit.* » (923. 5)

[56] Εἰληφέναι τὸν ἄνθρωπον ἐπίνοια. — *Legendum* τὴν ἄνθρωπον, *ut ad Ismenodoram referatur; mirè enim congruit dictum Pemptidis quod sequitur.* (923. 9)

[57] Οὕτως ὁρῶν, *etc.* — *Sensus est*: « *cùm viderem de amore decertantes, cùm uterque suum esse diceret, in mentem non veniebat mirari quòd divinum aliquid et eximium haberetur, cùm tantam eum viderem vim habere ut compelleretur hinc, retineretur tamen, et ab utrisque coleretur; itaque tum silebam, videbam enim non tam publicam et communem esse disputationem quam privatam disceptationem; nunc autem, etc.* » (923.19)

[58] Οὐ δι' ἄκρας τὸ σοφὸν εὕρηται, *etc.* — *Versus est iambicus. Vult autem differentiam esse inter ea quæ ad sapientiam et ea quæ ad pietatem pertinent; ut ea quæ ad scientiam spectant, tota penitùs mente exquirenda sint, at ea quæ pietatis sunt non sic in disquisitionem revocanda sint, quoniam si in uno pietatis sedes et basis labefactetur, tota religio corruat.* (923. 43)

[59] Ζεὺς γὰρ οἶδα. — *Locus hic mihi videtur lacer; cogitandum est.* (923. 50)

[60] Ὥστε παρεῖς γραφῆς. — *Nullo sensu legitur* παρεῖς γραφῆς; *legendum omninò* παρεισγραφῆς, *unico verbo, et sensus constabit bellissimè. Significat autem:* « *non modo sibi aram poscit Amor, nec advena irrepsit inter homines, delitias sibi poscens, ut illi cavendum sit ne causam dicat quòd se subjecerit (hoc enim* παρεισγραφεῖν)*, cùm legitimus non sit, se tamen deis inserat.* » (924. 10)

[61] Πόρρω γάρ οὐκ ἄπειμι. — *Sensus est*: « *nam, ut non longè discedam a re proposita, nempe a sermone de amore, ipsa Venus, si de ea quæratur demonstrari non potest.* » (924. 20)

[62] Ἔρωτος δὲ πάρεργόν ἐστιν Ἀφροδίτη. — *Sensus est*: « *hæc quidem hominum renovatio adanimata Veneris est opus. Hæc Venus, cùm adest amor, amoris est* πάρεργον; *si autem abest, Venus etiam*

*est vilis, ignobilis, non optanda.* » Sic enim probat quæri non debere utrum Amor deus sit, cùm de Venere non quæratur, quæ tamen perfectè ejus sit πάρεργον, ac, si absit, res nullius pretii. (924. 27)

[63] Καὶ πάλιν, ὦ τῶδε. — *Mihi quidem locus est corruptus.* (924. 45)

[64] Καὶ ἄλλο πρὸς ἄλλον. — « *Homerus, inquit, homicidam vocat,. et multa in illum continua convicia aggerat.* » Intelligit de versu qui est, ni fallor, Iliad. B,

"Αρες, "Αρες, βροτολοιγέ, μιαιφόνε, τειχεσιπλῆτα,

sunt enim ibi tria in Martem convicia ἄλλο πρὸς ἄλλον. Nostri Galli dicunt appositius: l'un sur l'autre. Nunc prior versio magis arridebat. (925. 7)

[65] Οὐ γὰρ νύμφαι τινές. — *Totum hoc per interrogationem legendum.* (925. 52)

[66] Ἀλλὰ θνητὸν ἅμα ψυχαῖς. — *Suspicor corruptum esse locum, non est planus sensus, nec constat secundus iambicus.* (926. 24)

[67] Γλυκὺ γὰρ θέρος. — « *Amor enim in corde penitùs cupiditatem serens, cupiditatem, inquam, dulcem viri æstatem, id est, segetem.* » (926. 37)

[68] Παντὸς μᾶλλον. — « *Hoc idem potiùs quàm quidvis aliud.* » Παντός enim, non παντῶς, legitur, et rectè. (926. 41)

[69] Ἔχει καὶ ταῦτα, *habent et hæc.* — *Intelligo id dicere Zeuxippum :* « *habent certè, mea quidem sententia, et amatoria non alienum quemdam, sed aliquem proprium et suum præsidem et propugnatorem.* » (926. 50)

[70] Ἐπιλάβοιτο τοῦ λόγου, *rationi sunt consentanea.* — *Ipse interpretarer :* « *ad rem faciunt,* » vel « *propositam quæstionem tangunt.* » *Dicerem igitur :* « *id etiam quod a Platone dictum est, licet longè a proposito distet, tamen ad rem facit.* » (926. 52)

[71 et 72] Ἀρχὴν κρείττονος, *qui occupat principium.* — *Dupliciter hæc verba accipi possunt. Primò :* « *error ille et deflexio ratiocinationis et mentis, qui non aliter oritur quàm cùm ea vis animæ quæ nobilior est in nobis regnat,* » *ut sic victoria et principatus ejus nobilioris potentiæ sit ortus et principium* ἐνθουσιασμοῦ. — *Aliter intelligi potest, idem habere principium eum errorem et furorem quod habet præstantior animæ potentia,* λογικὴν *autem intelligit.* (927. 4)

[73] Ἐξαλλαγῆς ἐν ἀνθρώπῳ καὶ παρατροπῆς. — *Furorem et errorem intelligit, id est,* ἐνθουσιασμόν; « *depravationem* » *autem vertere durum videtur.* (927. 21)

[74] Βούλομαι τουτονὶ Πεμπτίδην ἐρέσθαι τί, *dic cur amor unus, etc.*
— *Parum aut omnino non corruptus mihi videtur hic locus. Sic autem esse accipiendum censeo : « Plato furorem quemdam esse putavit qui, ex corporis intemperie profectus, animum afficit : hic malus est et morbosus. Alter est merus furor animi, qui generali nomine enthusiasmus appellatur; hujus quatuor species sunt : manticus hic vatum est; bacchicus hic est Menadum et Corybantum; poeticus hic est vatum; bellicus hic est militum; et singuli quidem suos habent Deos præsides : manticus Apollinem, bacchicus Dionysium, poeticus Musas; bellicus Martem. At non dubium alium dicunt esse furorem, nec eum quidem segnem, qui dicitur amatorius. Quis igitur Deus, ô Pemptide, quatit hunc fructiferum thyrsum, amatorium quis regit hunc enthusiasmum longè acerrimum et calidissimum erga fœminas? »* (927. 23)

[75] Καὶ οὐχ, ὥς τις εἶπεν, *et nequaquam.* — *Id vult : « quod aliquis dixit de poetis, eorum versus esse vigilantum somnia, id verè de amatoribus dici potest. »* (927. 42)

[76] Καὶ τὸ εἶδος καὶ τὸ ἦθος, *etc.* — *Hic locus medicam manum desiderat. Non dubito tamen quin, ubi bis legitur* σύντονον, *ultimo loco legendum* σύντομον. (928. 3)

[77] Μέγα μὲν σθένος, *atqui magnam habet.* — *« Venus addit enim magnam victoriam; »* νίκας *enim in genitivo dorico est, non accusativo plurali.* (928. 16)

[78] Τῶν Ταντάλου λεγομένων ταλάντων. — *Hoc vult : « eam quæ modò ab omnibus deserta, noctu vagabatur sine face, modò, afflante amoris vento, videre est in tanto esse pretio, ut talentis Tantali ejusque regno anteponi debere videatur. » Quæ fuerit Gnathænion nescio, nec etiam an fuerit, nec hîc quid sibi velit.* (928. 30)

[79] Τῶν περὶ Νικόστρατον. — *Phrasis est græca : nihil autem aliud est quam « Nicostratus ».* (928. 49)

[80] Ἐπὶ ταῖς τοῦ Διὸς τιμαῖς. — *Sensus est : « cùm plerique inventi sint qui, ut honores et dignitates assequerentur, copiam uxorum fecerint, quemquam ne putas esse qui amasium prostituat, etiamsi præmium lenocinii propositum sit ut, amasio prostituto, non aliter colatur quàm ipse Jupiter ? »* (929. 4)

[81] Ἑτέρου δὲ τῶν ἑταίρων. — *Hoc vult : « cùm quidam sociorum Antipatridæ cum ejus psaltria lasciviùs versatus esset, ipse Alexander, erga eam benè affectus, rogavit Antipatridam : « an et tu eam amas ? » qui cùm respondisset : « et valdè quidem! » — « Pereat, dixit ille, malus malè; » et a psaltria abstinuit,*

*intactamque eam reliquit. »* — *Ubi autem legitur* ἀποσχέρεσθαι, *nullo sensu, legendum* ἀποσχέσθαι, « *abstinuisse.* » (929. 17)

[82] Σκόπει, *etc., rursus itaque considera.* — *Non hic præfert amorem Marti, sed huic amorem commendat quod non mollis sit, nec effœminatus, sed quod etiam in bellicis rebus strenuus sit, nec in bellorum periculis frigescat.* (929. 23)

[83] Οὐδὲν Ἄρεος δεῖται. — *Non dicit amatorem non egere Marte ad pugnandum, sed dicit Martis esse plenum, id est, bellici furoris, sic enim semper interpretamur* « *Martem;* » *sic apud Homerum sæpè sumunt mentes et arte gerentes. Tamen et sensus rectè constat si serventur versionis verba.* (929. 27)

[84] Ἐπὶ Χαλκιδέων κάλλει πόλεσι. — *Puto legendum non* κάλλει *sed* θάλλει, *ut sit:* « *in urbibus Chalcidensium viget amor, non sine animi fortitudine.* » (930. 15)

[85] Ἀρδέτας ἐγγραφόμενον. — *De hujus loci interpretatione nihil dicam prius quam libros consuluerim; interim per interrogationem legendum hoc censeo.* (930. 19)

[86] Μόνον ἀήττητον ὄντα. — *Locus mihi videtur lacer.* (930. 26)

[87] Ὅπου καὶ μηδὲν δεομένοις, *quare non egent.* — *Ego intelligo:* « *in bello quidem nullus unquam hostis amatorem et amasium ulla vi disjunxit, cùm et soleant amatores amasiis ostendere fortes ne sint, an ignavi, etiam cùm nihil est opus.* » *Sic forsan intelligi potest hic locus, tamen, meo quidem judicio, mendo non caret.* (930. 29)

[88] Εὔκναμος. — *Nomen est proprium;* Ἀμφισσεὺς *autem nomen est patriæ.* (930. 45)

[89] Καὶ θείᾳ τινὶ τύχῃ ψαύουσι λέγοντες. — *Puto nihil deesse, nisi* τοῦ ἀληθοῦς, *ut sit:* « *rectè enim dicunt, et divina quadam sorte accidit ut veritatem tangerent cùm aïunt (etc.);* » θείᾳ *igitur legendum, et, in lacuna,* τοῦ ἀληθοῦς. (931. 19)

[90] Ὦ Ἡράκλεις. — *Hoc vult:* « *penè me conciliasti Anyto, cum quo veluti paternas gerebam inimicitias, Socratis et Philosophiæ nomine.* » *Anytus enim delator fuit Socratis.* (931. 51)

[91] Ἰωμένῃ Μούσαις, *ejaculans.* — *Non* « *ejaculans* » *sed* « *sanans, curans* ». *Principium cujusdam Idyllii apud Theocritum, ad Niciam, explicat hunc locum.* (932. 28)

[92] Ἀλλ' εἴ τι μὴ Λύσανδρον, *secundùm Lysandrum.* — *In mentem revocare oportet quod priùs dicebat Peisias, Daphnœum amare Lysandram. Itaque sic legendum puto:* « εἴ τι μὴ διὰ Λυσάνδραν ἐκλέλησαι παιδίων, « *nisi forte propter Lysandræ amorem antiquorum jocorum oblitus es.* » (932. 29)

[93] Ταῦτα, *quàm pulchrè.* — *Sic intelligo:* « *atqui hæc omnia*

53

*quid aliud sunt quàm divinus quidam afflatus?* » Deest enim manifestò οὐ ante θεοληψία. (932. 36)

[94] Ἐπὶ στόμα ἐάσειν, *permittere ut per os egrediatur. — Quinimo vertendum puto: « in ore manere, sinere os non egredi. » Et hoc quod minimè præterit quia suo loco omisit, id est quod posteà rogatur ut dicat, scilicet de fabulis Ægyptiorum.* (932. 48)

[95] Καὶ γάρ ἐστι παμμέγεθες. — « *Est enim longum.* » (932. 49)

[96] Ἴσως μὲν γάρ. — *Disputationem persequitur: « jam verò arbitror, ut et in aliis fermè omnibus quæ nobis animi cogitatione, non sensuum perceptione, cognita sint, ea nos accepisse aut a poetis aut a legibus, aut ratione, sic et opinionem de Deis, etc.* » (932. 50)

[97] Ἀχαλκεύτοις πέδαις. — *Intelligebat Euripides Amorem colligatum pedicis, non æreis, neque fabricatis, et loquebatur de amore uxorio, qui non tam mutuo affectu quam pudore constringitur, ut indicant sequentia verba.* (933. 42)

[98] Ἀλλ' ὑπὸ πτεροῦ φερομένοις. — *Lego* φερομένης, *ut referatur ad* φιλίας καὶ κοινωνίας. *In Academiam, inquit, coronatus Amor deducitur, vectus quadrigis bigisque amicitiæ et societatis, non, qualem Euripides ait, constrictam pedicis non æreis, frigidam ille quidem et gravem imponens pro re et usu pudoris necessitatem, sed alia quadam stipatus amicitia, quæ pennis fertur volans per quæcumque sunt in rerum natura pulcherrima et divinissima, de quibus et ab aliis scriptum est diligentiùs.* (933. 44)

[99] Βίαις ἀπάγει. — *Non vacat mendo. — Tota hæc Ægyptia narratio mihi sanè est mystica; ideoque manus hisce sacris non admoveo, usque ad eum locum:* ὡς δὲ γεωμέτραι. (933. 49)

[100] Γῆν δὲ κατ' οὐδὲν Ἀφροδίτην καλοῦντες, *qui verò terram Venerem. — Sic interpretor: « qui verò Venerem terram vocant, etsi nihil est quod eorum sententiam juvet, capiunt tamen aliquam similitudinem. Quemadmodum enim terra, ob continuos in eam syderum aspectus quodammodo cœlestis dici potest: certè locus est copulationis immortalium cum mortalibus; cùm tamen per se infirma sit et obscura non lucente sole, sic et Venus, sublata Amoris luce.* » (934. 30)

[101] Τὸν Ζεύξιππον, *etc. — Verba sunt Diogenis, qui narrat celebrari nuptias, et Zeuxippum quidem primò subtristem visum, sed nunc primum esse qui choream ducat.* (943. 15)

*Hæc adnotare libuit; pleraque autem sunt ex iis quæ a Stephano Boëtho, collega meo, viro verè Attico et altero ætatis nostræ Budæo, excepi.*

# APPENDICE

## VII

### DE LA TRADUCTION DES *ÉCONOMIQUES* D'ARISTOTE ATTRIBUÉE A LA BOÉTIE.

Nous n'avons pas à examiner ici les nombreux problèmes d'histoire littéraire soulevés par les *Économiques* d'Aristote. Ces questions, fort intéressantes sans doute, nous entraîneraient absolument hors de notre sujet. Elles sont d'ailleurs résumées, et, pour la plupart, résolues, dans deux mémoires importants de MM. Egger et Hauréau, publiés dans les *Mémoires de l'Académie des Inscriptions et Belles-Lettres*, tome XXX, première partie, pages 419 et 463.

Sans s'arrêter sur le point de savoir si l'*Économique* a été bien réellement composé par Aristote ou par son disciple Théophraste, point délicat qui restera probablement longtemps dans l'ombre, il nous suffit de rappeler que des deux livres sur ce sujet, qui nous sont parvenus sous le nom d'Aristote, le premier seul semble être du grand philosophe. Et encore, parmi les dix chapitres qui le composent, nous ne possédons l'original grec que des six premiers; les quatre autres sont cités d'ordinaire d'après la traduction latine de Léonard Bruni d'Arrezzo, faite au commencement du XVe siècle [1].

Ce sont ces six premiers chapitres qui furent traduits en 1554 et publiés sous ce titre : *Les Œconomiques d'Aristote, c'est-à-dire la manière de bien gouuerner une famille, nouuellement traduictes de grec en françois* [2].

Quoique l'auteur de cette traduction ne soit point nommé en tête de ce petit volume, on l'attribue assez généralement à Gabriel Bounin, avocat au Parlement de Paris, et les initiales G. B., placées en tête de la dédicace au conseiller Brinon s'accordent parfaitement avec cette désignation que La Croix du Maine a faite pour la première fois, dès la fin du XVIe siècle [3]. En 1554, ce jeune homme n'avait que dix-huit ans, si l'on en croit un portrait placé, en 1561, au verso du titre de sa tragédie *La Soltane* [4].

Quarante-six ans après, l'éditeur Claude Morel mettait en vente le recueil des opuscules de La Boétie, que son père Frédéric Morel avait publié en 1571, en le faisant seulement précéder d'une traduction des six chapitres de l'*Economique* d'Aristote, placée au nom de La Boétie. Cette collection des œuvres de La Boétie n'était donc autre que celle éditée par les soins de Montaigne et qui sans doute n'avait pas eu grand débit. La composition et la pagination du volume étaient les mêmes, comme on le verra plus loin. Seul le titre avait été changé pour justifier cette nouvelle accession ; la traduction d'Aristote portait une pagination et une table séparées.

[1] Le Français J. Toussain (Tusanus) s'est amusé à la remettre en grec et c'est ce texte qu'on réimprime quelquefois.
[2] A Paris, de l'imprimerie de Michel de Vascosan, demourant ruë S. Jacques, à l'enseigne de la Fontaine. M.D.LIII. Avec privilège du Roy.
[3] *Bibliothèque* de la Croix du Maine, 1584, in-folio, p. 109.
[4] Ce portrait est reproduit en tête d'autres ouvrages de Bounin, mais alors sans indication d'âge. — En outre des bibliothèques de la Croix du Maine et Du Verdier, on trouvera des renseignements sur Gabriel Bounin dans la *Bibliothèque françoise* de l'abbé Goujet, t. XIII, p. 243.

Longtemps cette nouvelle traduction passa pour différente de celle de 1554 et les bibliographes regardèrent La Boétie comme le troisième traducteur français de l'opuscule d'Aristote. Ceci s'explique par l'extrême rareté de l'une et l'autre plaquettes qui empêchait de les rapprocher. Mais M. Egger, ayant eu l'occasion de comparer la traduction de Bounin qu'il avait rencontrée dans la bibliothèque de son confrère M. B. Hauréau, à celle qu'on attribue à La Boétie, n'eut pas de peine à reconnaître que l'une n'était que la reproduction de l'autre. Mis à même, à notre tour, de conférer les deux textes, grâce à l'extrême obligeance de M. Hauréau, nous n'avons pu que confirmer les assertions du savant helléniste.

Comme l'écrivait M. Egger en exposant les résultats de sa trouvaille (1), Claude Morel aurait donc été l'auteur ou la victime d'une supercherie, lorsque, en 1600, il ajoutait cet opuscule à la collection des œuvres de La Boétie, et c'est à Gabriel Bounin que reviendrait l'honneur, si mince qu'il soit, de cette propriété.

Le premier point nous semble certain. La supercherie est patente : elle résulte de ce fait que Claude Morel a servilement reproduit le libelle de 1554, en omettant la dédicace, c'est-à-dire le seul document qui pût faire deviner le véritable auteur (2).

De plus, il est fort téméraire, à notre avis, de dire que La Boétie ait jamais traduit Aristote. Personne ne parle de cette prétendue traduction avant la publication de Claude Morel, et Montaigne était trop soucieux de la gloire de son ami pour manquer de la reproduire dans son recueil de 1571, où il avait ramassé *vert et sec* tout ce qui sortait d'une plume si chère. Si cette traduction avait vraiment appartenu à celui qu'il pleurait, comme elle était imprimée depuis quinze ans déjà, il l'aurait assurément connue et n'aurait pas omis d'en dire tout au moins quelques mots.

Enfin, comme le remarque judicieusement M. Egger, si La Boétie est l'auteur de cette traduction, comment expliquer qu'ayant traduit deux ouvrages sur le même sujet et portant tous deux en grec le même titre, il ait intitulé celui de Xénophon *la Mesnagerie* et celui d'Aristote *les Economiques* ? Claude Morel avait si bien compris l'anomalie, qu'il avait mis sur le titre de son volume le seul nom de *Mesnagerie*, quitte à laisser reparaître, un peu plus loin, le nom d'*Œconomiques*.

Quant à l'argument en faveur de Bounin contre La Boétie que M. Egger veut tirer du langage modeste de la dédicace, il ne nous paraît pas concluant. En 1554, La Boétie était à peine conseiller au Parlement de Bordeaux, où il prêta serment dans le courant de mai de la même année, et non en 1550 comme M. Egger l'écrit par erreur. Il était alors presque aussi jeune et aussi inconnu que Bounin. Nous ne voyons pas en quoi le sentiment de son inexpérience messied à un magistrat de vingt-quatre ans, qui promettait plus qu'il n'avait donné jusqu'alors.

Mais ceci n'infirme en rien les conclusions logiques du raisonnement de M. Egger, qui sont aussi les nôtres. On ne peut nier que l'édition de 1600 ne soit la reproduction très exacte, maladroite même à force d'exactitude,

---

(1) D'abord dans les *Annales de la Faculté des Lettres de Bordeaux*, année 1880, p. 85, et ensuite dans les *Mémoires de l'Académie des Inscriptions et Belles-Lettres*, t. XXX, 1ʳᵉ partie, p. 459.
(2) Voir plus loin *Notes bibliographiques*.

de celle de 1554. En rapprochant l'ouvrage d'Aristote de celui de Xénophon, Claude Morel a voulu probablement réunir les traductions de deux textes qu'on publiait assez communément ensemble. C'est la seule excuse d'une opération qui rajeunissait un volume depuis longtemps mis en vente. Le mauvais côté de son action a été de porter, pour cela, au compte d'un seul et même interprète ce qu'il savait sans doute être l'œuvre d'un autre. Encore ne faut-il pas juger trop sévèrement ce procédé, à un moment où l'idée de la propriété littéraire n'était pas encore développée.

Quel était exactement l'auteur de cette traduction d'Aristote, attribuée ainsi à La Boétie? Etait-ce bien Gabriel Bounin? Comme nous l'avons dit, le petit volume de 1554, reproduit en 1600, n'est pas signé. Seules les initiales G. B., qui précèdent la dédicace, confirment l'attribution qu'en fait La Croix du Maine. Bounin était un helléniste assez expert; il abusait même du grec dans ses autres ouvrages. La chose est donc fort vraisemblable; d'autant que nous avons noté dans l'opuscule de 1554 quelques signes qui se retrouvent aussi dans les publications de Bounin, par exemple la répétition d'une même maxime grecque, à la fin de la traduction et de la table, ce que Bounin fait assez souvent. C'est là un indice peu probant, sans doute, qui a cependant sa valeur pour confirmer d'autres indications. Guillaume Colletet avait écrit une vie de Bounin, aujourd'hui perdue, qui sans doute éluciderait la question. Quelle que soit la solution de ce petit problème, nous n'en reproduirons pas moins ici, à titre de document, la traduction qui a été si longtemps considérée comme l'œuvre de La Boétie.

# LES ŒCONOMIQVES

## D'ARISTOTE

L'art & fcience de bien regir vne chofe publique eft differente à celle qui nous apprend à bien gouuerner vne maifon, non feulement en ce qu'vne cité eft bien autre qu'vne maifon, d'autant que ces chofes font le fubiect des fufdictes fciences, mais principallement en ce que la fcience d'adminiftrer vne ville depend de plufieurs gouuerneurs & magiftrats, & le reglement de la maifon ne depend que d'vn feul.

Or eft il qu'aucunes arts & fciences font diftinctes & diuifees, & le meftier de celuy qui fçait faire quelque chofe, eft different au meftier & fcience de celuy qui en fçait vfer, comme en lutz & fluttes; mais par la fcience de bien policer vne ville, on la peult dés le commencement fonder & peupler; & eftant peuplee, la bien regler : dont il s'enfuit que c'eft le deuoir de la fcience de bien gouuerner vne maifon, l'acquerir & efleuer, pour en vfer bien apres.

Doncques vne ville n'eft autre chofe qu'vne affemblee de maifons, auec terres & poffeffions fuffifantes pour viure commodement; & qu'il ne foit ainfi, fi ceux qui font affemblez ne peuuent auoir moyen de viure en icelle, la focieté eft rompue, & d'auantage pour cefté caufe les hommes f'affemblent.

Or ce qui eft le motif pour lequel chafque chofe a efté faite, eft auffi fon effence : en forte qu'il f'enfuit que la fcience de bien gouuerner vne maifon a efté auparauant l'art de bien policer vne cité, entendu que c'eft fon effect, puis que la maifon eft vne des parties de la ville. Confiderons donc quelle eft la fcience de bien regir vne maifon, & quel eft fon deuoir.

Les parties de la maifon font la perfonne & les biens; & puis que l'on confidere la nature de chacune chofe, premierement en ce qui eft fa plus petite partie, le femblable eft de la maifon, en forte que felon Hefiode, il faut que cecy y foit :

*Premierement maifon pour demourer,*
*Puis femme apres, & bœuf pour labourer.*

Car ce qui eft pour la nourriture eft le principal, & la femme eft neceffaire pour les perfonnes libres : en forte qu'il faut mettre bon ordre aux chofes qui touchent fa compagnie, c'eft à dire l'enfeigner quelle il faut qu'elle foit.

Le foing principal des biens eft de ceux qui font felon nature, entre lefquels l'agriculture tient le premier lieu, & les arts qui ont leur exercice en la terre tiennent le fecond, comme eft l'art de trouuer metauls.

Mais l'agriculture tient le premier, pour ce qu'elle eft iufte, & fon proufit ne vient point des hommes, foit qu'ils en foient contens, comme eft du meftier de tenir hoftellerie, ou de fe louer à autruy, foit qu'ils en foient contraincts, comme eft en l'art militaire. Encores eft elle de celles qui font le plus felon nature : car tout ainfi que la nourriture eft donnee à tous de par la mere, ainfi eft donnee à tous humains par la terre : ioint que cet art duit beaucoup à la force, & ne rend les corps inutiles, comme font les arts mechaniques, ains les faict pouuoir aifement coucher dehors, endurer le labeur, & fe mettre en danger contre les ennemis : attendu qu'il n'y a que les biens de telles perfonnes qui foyent hors de fauuegarde. Quant eft de ce qui appartient aux perfonnes, le premier foing eft de la femme, puis que la compagnie de l'homme & de la femme eft le plus felon nature.

Cecy a esté autrefois par nous deduict, que nature desire procreer beaucoup de semblables, comme aussi chasque espece d'animaux; mais il est impossible que cela soit parfaict par la femelle sans le masle, ou par le masle sans la femelle, en sorte que de necessité, ils se font accouplez l'vn l'autre. Or quant est des autres animaux sauuages, ceste compagnie leur vient par vn instinct irraisonnable, & en tant qu'ils participent de nature, & leur seule cause est de procreer leurs semblables, mais entre ceux qui viuent de plus grande priuauté & prudence, elle se declare plus à plein, en tant qu'entre eux on cognoist plus d'aydes, amitiez, beneuolences & façons pareilles.

Et en l'homme plus qu'à tous autres : car le masle & femelle ne cherchent seulement leur estre, mais aussi de s'ayder l'vn l'autre pour auoir leurs commoditez. Quant est d'auoir lignee, cela ne touche seulement le deuoir de nature, mais aussi tourné à leur proffit : car de ce que les peres estans en leurs forces auront trauaillé pour leurs enfans qui n'en ont le moyen, ils en rapporteront le proffit en vieillesse, eux estans lors sans pouuoir. En telle sorte, nature par ceste reuolution s'entretient, afin d'estre perpetuelle, sinon par nombre particulier, pour le moins en espece. Ainsi par la prouidence de Dieu, la nature d'vn chacun tant de l'homme que de la femme, a esté ordonnee pour la communauté.

Car leur nature est differente en ce que leur puissance n'est vtile en toutes mesmes choses, mais en quelques endroits aux choses contraires, & toutefois tendantes tout à vn : car elle a faict l'vn plus fort, l'autre plus foible, à fin que l'vn pour sa crainte soit plus espargnant & regardant à ses affaires; l'autre pour sa force, soit plus courageux & enclin à repousser l'outrage; l'vn à aller dehors, l'autre à garder ce qui est en la maison; & pour le trauail, l'vn se puisse tenir assis & à requoy, & soit imbecile aux affaires foraines, l'autre soit moins propre pour le repos, & se porte mieux aux exercices. Au regard des enfans, la procreation en est bien commune, mais la commodité est particuliere; car à l'vn appartient la nourriture, à l'autre l'enseignement.

Premierement donc les loix enuers la femme soient, ne luy faire tort; car en ceste sorte l'homme n'en receura d'elle, & le sens commun nous instruict en cest endroict : car comme disent les Pythagoriens, le moins qu'on pourra ne fault sembler faire tort, non plus qu'à vne esclaue retiree de l'autel. Le tort que peult faire l'homme à la femme, est de trop hanter compagnies estrangeres. Et quant est de la compagnie, il ne faut qu'elle manque entre eux, ny aussi qu'ils soient en repos, comme n'ayans pouuoir de s'absenter, mais qu'ils s'accouftument en telle forte qu'ils fe contentent, foit en la prefence, foit en l'abfence.

Et cecy a efté dict par Hefiode :

*Si chaftes meurs à femme veux apprendre,*
*Il te faudra vne pucelle prendre.*

Car les diffimilitudes des meurs empefchent l'amitié.

Quant eft des accouftremens, ainfi que deux perfonnes hautaines & fuperbes de courage, pareillement deux glorieux pour leurs corps ne fe doiuent hanter enfemble : au refte, le mary & la femme, trop exceffifs en habits, femblent aux ioueurs de farces fus vn efchafault. Au regard des poffeffions & des biens, l'homme, d'autant qu'il eft le plus excellent & le plus neceffaire & le meilleur, eft celuy qui doit auoir fuperintendence fur eux, & pour ce, il fault duire les efclaues à toute vertu.

Et d'iceux y a deux efpeces, celuy qui prend foing des affaires, & celuy qui trauaille du corps. Et pour ce que nous voyons que les fciences rendent les ieunes gens d'autre qualité, il eft neceffaire d'entretenir ceux qui ont efté enfeignez, & aufquels il faut donner charges honneftes. Le deuoir du maiftre enuers fes feruiteurs foit ne leur permettre d'eftre outrageux, & ne leur donner trop grand licence, & monftrer plus de faueur à ceux qui font les mieux apprins, & aux manœuures donner force viures.

Et puis que le vin rend, mefmes auffi ceux qui font bien nays, enclins à faire tort, & en plufieurs nations, mefmes ceux qui font nays libres s'abftiennent de vin, il eft certain qu'il ne leur en faut donner, ou bien peu.

Et pour ce qu'il y a trois poincts en leur efgard, l'œuure, le chaftiement & la nourriture, ne les punir & ne les faire trauailler, & les bien nourrir, les rend fuperbes & outrecuidez; mais les mettre au labeur & au chaftiement, & les laiffer mourir de faim, c'eft bien leur faire tort, & les mettre à une impoffibilité. Il refte donc de les faire trauailler & bien traicter, veu qu'on ne peut commander à ceux qui n'attendent aucun loyer; & le loyer du ferf, c'eft la nourriture.

Et comme de toutes autres perfonnes, quand on ne faict aux plus gens de bien le plus de bien, & que la recompenfe ne fuit pas les merites, on les rend pires, ainfi eft il des feruiteurs; & pour ce, il y fault auoir efgard & leur departir & relafcher vne chacune chofe, felon qu'ils le meritent, c'eft à fçauoir la nourriture, les veftemens, le loyfir, & chaftiement, enfuyuans tant de parolle comme d'effect, l'experience des medecins en la compofition de leurs medecines, qui ont preueu que la medecine de laquelle on vfe trop fouuent, fe tourne en nourriture.

Mais les plus propres au trauail font ceux qui n'ont ny trop de crainte, ny trop de hardieffe, car ceux qui font par trop craintifs, n'ofent rien entreprendre; & ceux qui font trop courageux, ne font pas duictz à la fubiection : encores faut il qu'aux vns & aux autres la fin des labeurs foit ordonnee, d'autant que c'eft vne chofe raifonnable & vtile, propofer pour leur pris liberté, attendu qu'ils ont courage au trauail, quand il y a recompenfe & que leur temps eft limité. Il les faut auffi tenir en obeïffance, gardans comme oftages leurs enfans; & tout ainfi qu'on voit en vne ville, n'en auoir beaucoup d'vn mefme pays; & faire les facrifices & banquets plus pour les efclaues que pour les libres : car ils en font lors mieux traictez, & pour cefte raifon telles chofes ont efté inftituees.

Pour paruenir aux biens, le bon pere de famille doit garder quatre chofes; car il faut qu'il puiffe acquerir, puis contregarder, autrement il acquerroit pour neant, car ce feroit puyfer de l'eau auec vn panier, & ce qu'on dit vn tonneau pertuifé : encores faut il qu'il les fçache mettre en ordre, & en bien vfer, d'autant que pour cefte raifon nous en auons affaire. Et faut qu'il fepare vne chacune de fes poffeffions, & ayt plus de biens portans fruict que de ceux qui ne rendent rien, & diuife en cefte forte fes trafiques, qu'elles ne foient toutes enfemble en danger.

Et quant à leur garde, il eft bon d'vfer de la façon des Perfes & de ceux de Laconie : encores l'œconomie d'Athenes eft vtile, car en vendant ils acheptent, & quant aux meubles de la maifon, les moindres familles n'en font fort garnies. La façon des Perfes eft que le pere de famille mefme ordonne & vifite toutes chofes, qui eft ce qu'a dict Dion de Dionyfius. Nul n'a tant de foing des affaires d'autruy que des fiennes propres : en forte qu'il doit auoir l'œil à toutes chofes qui font de fon deuoir. En ceft endroit, l'apophthegme du Perfe & Lybien eft fort à propos : car l'vn enquis qu'eft ce qui rendoit vn cheual en bon poinct, refpondit, l'œil de fon maiftre; & quand on demanda au Lybien quel eftoit le meilleur fumier, il refpondit les pas du maiftre.

Il faut donc que l'homme ayt l'œil à vne chofe, & la femme à vne autre, ainfi que les affaires du reglement de la famille font departies à chacun d'eux; & cefte façon de faire doit eftre rare aux moindres maifons, & en celles aufquelles eft neceffaire commettre gens pour le maniement des affaires, on en doit vfer plus fouuent : car on ne peut enfuiure bien celuy qui enfeigne mal, foit à la follicitation des affaires, foit aux autres chofes ; en forte qu'il eft impoffible, les feigneurs n'ayans foing de leurs affaires, que ceux qui en font chargez en foyent foingneux. Et puis que telles manieres de faire font fort honneftes & adreffantes à vertu, & proufitables pour le gouuernement de la famille, il faut que les feigneurs f'efueillent auant que ceux qui font à leurs feruices, & qu'ils prennent leur fommeil les derniers, & que leur maifon, tout ainfi qu'vne ville, ne foit fans garde ; & qu'ils ne delaiffent ce qui eft de leur deuoir, ny nuiċt ni iour, mefmes f'efueillent auant le poinċt du iour ; car cela eft proufitable pour la fanté, pour le reglement de la maifon & pour celuy qui eft amateur de fçauoir.

Or aux moindres familles, la maniere des Atheniens en la difpofition des fruiċts eft vtile ; mais aux grandes maifons, en diuifant tant les chofes qui fe defpendent par vn an, que celles qui fe confument en vn mois, & faifant pareillement de l'vfage des vtenfiles, tant de ceux qui feruent par iour, que de ceux defquels on vfe peu fouuent, faut le tout donner à ceux qui ont le maniement des affaires.

Au refte il eft neceffaire quelquesfois voir & vifiter le tout, à fin qu'on ne foit ignorant tant de ce qui a efté conferué que de ce qui a efté diminué.

Il faut auffi compartir la maifon, eu efgard tant aux biens qu'à la fanté, qu'à la commodité & bonne affiette d'iceux. Soubs le nom des biens, i'entens les fruiċts, & ce qui eft propre aux vefte-mens ; & faut voir quelles chofes leur font propres, & entre les fruiċts, ce qui proufite à ceux qui font fecs, & ce qui eft bon à ceux qui font humides ; & des autres biens, ce qui eft vtile aux chofes animees & à celles qui font fans vie, & pareillement aux efclaues, aux libres, aux femmes, aux hommes, tant à ceux qui font eftrangers qu'à ceux du païs ; & pour le bon air & fanté, il faut qu'elle foit expofee aux vents pour l'efté, & l'hiver au foleil : ce qu'elle fera fi elle n'eft point toute carree, mais foit plus ample vers le feptentrion.

Il femble auffi qu'aux grandes maifons vn portier eft vtile, lequel encores qu'il fuft inutile pour les autres affaires, foit pour la feureté de ce qu'on apporte & emporte, & pour la garde des meubles, il eft bon enfuiure la façon des Lacedemoniens ; car il faut qu'vne chacune chofe foit mife en fon lieu, pour autant que cela qui eft ainfi mis en fon lieu, eft plus toft trouué.

## VIII

### TESTAMENT D'ESTIENNE DE LA BOÉTIE.

Le testament d'Estienne de La Boétie a été publié pour la première fois, d'après une copie fournie par M. Jules Delpit, dans le *Chroniqueur du Périgord et du Limousin* (Périgueux, 1854, in-folio, t. II, p. 25). Il en a été fait un tirage à part sous ce titre : *Testament de Etienne de La Boétie, l'ami de Montaigne, publié pour la première fois* (Périgueux, 1854, brochure in-8° de 16 p.). Dix ans après, on a réimprimé ce document dans la *Revue des races latines* d'octobre 1863 (t. XLI, p. 406). Plus tard, une nouvelle transcription a été donnée dans la belle collection des *Archives historiques de la Gironde* (t. XVII, p. 161). C'est de beaucoup la plus exacte et c'est elle que nous reproduisons ci-dessous (1). Enfin, on retrouve encore ce testament dans l'ouvrage de M. Théophile Malvezin sur Montaigne et sa famille, où il est publié (p. 289) d'après une copie défectueuse conservée à la Bibliothèque publique de la ville de Bordeaux, dans les *Titres de la maison noble de Montaigne*.

« Au nom du Père et du Filz et du Sainct Esprit, amen. Saichent tous presens et advenir que, aujourdhuy, soubz escript, dacte de ces presentes, pardevent moy, Jehan Raymont, notaire et tabellion royal, en la ville et cité de Bourdeaulx et seneschaucée de Guyenne, présens les témoingtz, cy soubz escriptz et nommés; a esté présent et personnellement constitué Monsieur Maistre Estienne de Laboétie, conseillier du Roy, en sa court de parlement de Bourdeaulx; lequel estant détenu mallade de malladie, au villaige de Germinhan, en la paroisse du Tailhan, et au bordieu (2) de Monsieur de Lestonna (3); toutes fois estant en son bon sens, bon propoz, bonne mémoire, volant porvoir de ce que Dieu luy a donné, en ce monde, a faict et ordonné, de sa propre bouche, son testament et ordre de dernière volumpté, en la forme et manière qu'il est escript cy-dessus *(sic)*.

Estienne de Labeoetie *(sic)*, conseillier du Roy, en la court de Parlement de Bourdeaulx, en présence de moy, notaire, et tesmoingtz, a fait son testament noncupatif, en la forme et maniere que s'en suyt :

Premierement, a volu estre enterré, là, où et en la manière qu'il plaira à son héritier, et à sa discreption;

Item, a déclairé qu'il est bien marry qu'il ne puysse faire quelque grand

---

(1) La minute du testament d'Estienne de La Boétie est conservée aux Archives départementales de la Gironde, E. *Notaires*. J. Raymond, 1563, 1564, n° 447-1, f° 39.

(2) *Bourdieu*, petit domaine, en patois bordelais.

(3) Richard de Lestonnac, seigneur d'Espaigne ou du Parc à Mérignac, conseiller au Parlement de Bordeaux, avait épousé, le 5 mai 1555, Jeanne de Montaigne, sœur de Michel, dont il eut plusieurs enfants.

(4) Sur les personnes de la famille de La Boétie mentionnées dans le testament consulter les *Notes généalogiques* publiées ci-devant.

(5) La mort de Marguerite de Carle est bien postérieure à celle de La Boétie. Nous en ignorons la date exacte; nous savons seulement qu'elle fit son testament le 7 juin 1580. Sans doute elle ne survécut pas longtemps. (Th. Malvezin, *Michel de Montaigne, son origine et sa famille*, p. 305.)

adventaige a ses très amées seurs, Clemence et Anne de Laboetie (4); mais il s'aseure tant de leur bonté qu'elles prendront en bonne part ce qu'il faict, pour ne pouvoir, ny ne debvoir aultrement faire;

Item, a nommé, de sa bouche, son héritier universel, en tous et chascuns ses biens, meubles immeubles, son oncle et parrin, Estienne de Laboetie, vrayement son aultre père, à qui il est tenu de son institution et de tout ce qu'il est et pouvoit estre; et prie ledit Estienne de Laboetie, très affectueusement, de bailher a sa bien aymée femme et expouse, Marguarite de Carle (5), la somme de douze cens livres tournoises. Six cens livres, dans la fin de l'année presente, et les aultres six cens, dans la fin de l'aultre année prochaine.

Ledict testateur prie Monsieur Maistre Michel Ayquem de Montaigne, conseillier du Roy, en la court de Parlement de Bourdeaulx, son inthime frère et inviolable amy, de reculhir, pour un gaige d'amitié, ses livres qu'il a à Bourdeaulx, desquelz luy faict present, excepté de quelques ungtz de droict, qui sont à son cousin, filz légitime et héritier du feu seigneur président de Calvymont.

Ledict testateur a treuvé beaucoup de fidélité et de bonne volumpté à Sainct-Quentin, sa niepce, qui est maintenant norrie avecques sa femme; il luy donne deux cens livres tournoises, payables, l'heure et le jour qu'elle se mariera.

A Jacquette d'Arssac, sa belle fille (6), luy donne cens livres tournois, payables, l'heure et le jour qu'elle se mariera.

A laissé, son exécuteur, sondict oncle.

Item, a cassé et adnullé tous testemens qu'il pourroit avoir faict par cyd[ev]ent, et veult que ledict present testament aye valleur et non aultre; et, s'il n'avoit valleur, par forme de testament, qu'il aye valleur, par forme de codicille, et laisse faicte et irrévocable.

Et a appelé, à tesmoingtz; Thomas de Montaigne, escuyer, seigneur de Beauregard (7), Maistre Nicolas Brodeau, docteur en médecine, Charles Bastier, maistre appoticaire de Bordeaulx, Françoys Gailhard, Sardon Viault, Raymond Dumas et Pothon Chayret, tesmoingtz cogneus, ad ce appellés et requis.

Audict lieu de Germinhan, parroysse du Tailhan, en Medoc, le quatorziesme jour du mois d'aoust, mil cinq cens soixante et troys. Ainssin signé : E. de la Boétie et Thomas de Montaigne, Nycolas Brodeau, C. Bastier et Francoys Gailhand.

RAYMONT, notaire royal (8). »

(6) De son second lit avec Estienne de La Boétie, Marguerite de Carle n'eut pas d'enfants, mais elle en eut deux de Jean d'Arsac, son premier mari : Gaston d'Arsac, décédé jeune et sans enfants, et Jaquette d'Arsac, dont il est question ici et qui épousa Thomas de Montaigne.

(7) Frère cadet de Michel, Thomas de Montaigne, seigneur de Beauregard, avait épousé en premières noces Serène Estève, de Langon, qui mourut sans enfants. Il convola avec Jaquette d'Arsac, quelque temps après la mort de La Boétie. Celle-ci étant décédée vers 1578, en lui laissant plusieurs enfants, il contracta une troisième union en 1582, avec Françoise de Dampierre.

(8) « Grossoyé et délivré en pappier par moy, Pierre Marraquier, collationaire général, à M. Me Pierre de Lasserre, advocat en la Cour, le 5 juillet 1582. »

## IX

### NOTES BIBLIOGRAPHIQUES.

Nous avons déjà décrit bibliographiquement les éditions originales des différents opuscules de La Boétie, et le présent volume en reproduit exactement les titres. Nous joindrons à ces indications quelques renseignements complémentaires sur les éditions subséquentes, et aussi sur les travaux dont La Boétie a été l'objet.

Les opuscules de La Boétie imprimés par Montaigne ne reparurent qu'une seule fois de nouveau, après la mort de celui-ci, dans une édition qui n'est, à vrai dire, que celle de 1570 dont on a changé le titre. Elle est disposée de la sorte :

LA | MESNAGERIE | D'ARISTOTE ET | DE XÉNOPHON. | *C'est-à-dire* | LA MANIERE DE BIEN GOV- | VERNER VNE FAMILLE | TRADUICTE DE GREC EN | *françois par Feu* ESTIENNE DE LA BOE- | TIE *Conseiller du Roy en son Parlement de Bor-* | *deaux. Et mise en lumière auec quelques vers* | *françois et latins dudict la* BOETIE, *par* | MICHEL *sieur de* MONTAIGNE. | — Marque du libraire : une fontaine. — A PARIS, chez CLAVDE MOREL, rue | Sainct Iacques, à La Fontaine | M. DC. |

Petit in-8°, à pagination séparée pour l'Aristote, les Vers français et le Xénophon. En voici le détail :
Aristote, 8 ff. — 1 f. Titre général.
Folio 2. Manque.
Folio 3. Brief recueil de ce qui est contenu en ce présent traité.
Folio 4. Les Æconomiques d'Aristote, c'est-à-dire, la manière de bien gouverner une famille.
Folio 8 v°. Fin. Devise grecque qui termine aussi la table des matières.
— Erreur de pagination, le feuillet 4 est répété.

Les vers français sont identiques, au point de vue typographique, à ceux de 1571 et 1572, seul le titre varie : *Vers françois de feu Estienne de La Boétie, Conseiller du Roy en sa cour de Parlement à Bordeaux.* — Marque du libraire : une fontaine. — *A Paris, chez Claude Morel, rue Saint-Jacques, à La Fontaine. M.DC. Avec privilège du Roy.*

Même observation pour le Xénophon, à la fin duquel Claude Morel a laissé la mention : *Achevé d'imprimer le 24 de novembre 1570.* Rien n'y est changé que le titre.

Ces opuscules sont fort rares sous la date de 1600. Le D$^r$ Payen ne connaissait que deux recueils complets ainsi composés : le sien, qui provenait de la bibliothèque de Huzard (collection Payen, n° 583) et celui de M. Aimé Martin. La bibliothèque Sainte-Geneviève possède l'Aristote seul, avec le même titre que le recueil tout entier (Réserve, R. 961 [2]).

LA SERVITUDE VOLONTAIRE. — Ainsi que nous l'avons dit dans l'*Introduction*, le *Discours de la Servitude volontaire* ne parut d'abord que par fragment. Un lambeau en fut publié, en latin, puis en français, dans le *Réveille-Matin des François*. Peu de temps après, on l'intercalait en entier dans les *Mémoires de l'Estat de France sous Charles IX*.

Cent cinquante ans s'écoulèrent, comme le remarque le Dr Payen, jusqu'à ce que Coste, le consciencieux éditeur des *Essais*, fit entrer le *Contr'un* dans ses éditions de 1727 (Genève, 5 vol. in-8º), 1739 (Londres, 6 vol. in-12) et 1745 (Londres, 7 vol. in-12). En 1740, on l'avait également imprimé à Londres (1) dans un supplément in-4º des éditions des *Essais* de 1724 et 1725 (96 pp.). Depuis lors, sauf un petit nombre d'exceptions, le *Contr'un* a fait partie de toutes les éditions des *Essais*, dont il semblait être l'appendice nécessaire. Nous ne mentionnerons ici que les éditions séparées qui en ont été faites.

*Lettres de M. Montaigne, et le traité de la Servitude, ou le Contr'un.* — De l'imprimerie de Delance. A Paris, chez Louis, libraire, rue de Savoye, nº 12, 1802, in-8º de 152 pp.

La *Servitude volontaire* commence à la p. 68 et occupe toute la fin de l'opuscule. — La même année, il a été fait sous le même titre un tirage in-12, qui ne diffère du précédent que par la signature des feuilles.

*De la Servitude volontaire, ou le Contr'un, Discours d'Etienne de La Boétie (1548).* — Paris, Chamerot, quai des Augustins, 13. 1835, in-16 de x-96 pp.

En épigraphe : « Les esclaves volontaires font plus de tyrans, que les tyrans ne font d'esclaves forcés. » ROYER-COLLARD, *Séance du 1er septembre 1835*.

L'opuscule est dédié à M. C. P. Forget, docteur et professeur agrégé à la Faculté de Médecine de Paris, et la dédicace, datée du 20 septembre 1835, signée J. B. Mesnard. Le *Contr'un* est précédé d'une courte notice sur La Boétie et d'une préface non signées. Quelques notes sont signées J. B. M. Le texte est rajeuni et les mots hors d'usage sont remplacés.

*De la Servitude volontaire par Estienne de La Boétie (1548) avec une préface de F. DE LA MENNAIS (1835).* — Paris, Paul Daubrée et Cailleux, éditeurs, rue du Bouloi, 23, hôtel des Domaines. 1835, in-8º de 149 pp.

La préface de La Mennais occupe 57 pp. Les notes sont de Coste, ainsi que l'indique le titre intérieur. Il a été fait l'année suivante, à Bruxelles, chez Laurent (in-32, de 125 pp.), une contrefaçon identique à la publication française. L'édition in-8º porte successivement la mention de 1re, 2e et 3e édition et conserve la date de 1835.

*La Servitude volontaire ou le Contr'un par Estienne de La Boétie ouvrage publié en l'an 1549 et transcrit en langage moderne pour être plus à la portée d'un chacun voire des moins aisés, par* ADOLPHE RECHASTELET. — Bruxelles et Paris, chez les marchands de nouveautés, 1836, in-18 de 158 pp.

Cette édition ne fut pas mise dans le commerce : un petit nombre d'exemplaires seulement fut distribué par les éditeurs, Félix Delhasse

---

(1) D'après une note manuscrite de l'exemplaire de la Bibliothèque de l'Arsenal, ce supplément aurait vu le jour à Paris, sans l'autorisation des censeurs qui l'avaient refusée à cause de la réimpression du *Contr'un*.

et Charles-Antoine Teste. Ce dernier prit la part la plus active à la confection de ce libelle et la signature *Adolphe Rechastelet* n'est que l'anagramme de son nom. Né à Bagnols le 27 mai 1782, mort à Paris le 30 août 1848, Charles-Antoine Teste était le frère puîné de Jean-Baptiste Teste, le célèbre orateur. — Précédée d'extraits du chapitre de l'*Amitié* ou des lettres-dédicaces de Montaigne, *la Servitude volontaire* est accompagnée, dans cette édition, de *Quelques citations historiques de nos annales républicaines*, et de réflexions sur *La vraie et la fausse grandeur*. A la suite, on a imprimé une longue pièce de vers non signée, mais qui est de Louis-Marc-Emile Saussine, né à Paris le 14 mars 1814, mort en 1832. Cette édition précédée d'un curieux avant-propos et accompagnée de notes, est terminée par des réflexions sur le *Trait de désintéressement d'Hippocrate*.

*La Servitude volontaire, donnée pour la première fois selon le vrai texte de l'auteur, d'après un manuscrit contemporain et authentique, par le D*r *J.-F.* PAYEN. — Paris, Firmin Didot frères, 1853. in-8º.

Ce texte est publié à la suite de la notice dont il sera question ci-dessous. Le manuscrit suivi a appartenu à Henri de Mesmes. Jadis coté, à la Bibliothèque nationale, sous le nº 564 du Fonds de Mesmes, il porte actuellement le numéro 839 du Fonds Français. Le manuscrit nº 20,157 du Fonds Français de la Bibliothèque nationale, provenant de la Bibliothèque de l'ancien séminaire de Saint-Magloire, renferme également une copie du *Discours de la Servitude volontaire* (p. 551-561). Mais c'est une transcription du texte de l'*Estat de France sous Charles IX*, faite sans doute pour les pères de Sainte-Marthe, dans les papiers desquels elle se trouve.

*De la Servitude volontaire ou le Contr'un, discours par Etienne de La Boétie, précédé d'une préface par A.* VERMOREL *et suivi des lettres de Montaigne relatives à La Boétie.* — Paris, 1863, in-32 de 192 pp.

Le premier tirage de cette édition, qui fait partie de la *Bibliothèque nationale, choix des meilleurs auteurs anciens et modernes,* a paru le 13 novembre 1863. Depuis lors, il en a été fait plusieurs autres, imprimés à un grand nombre d'exemplaires.

*La Boétie, la Servitude volontaire ou le Contr'un, réimprimé sur le manuscrit d'Henry de Mesmes par* D. JOUAUST. — Paris, librairie des Bibliophiles, 1872. pet. in-8º de XII-66 pp.

Fait partie de la collection intitulée *les Petits Chefs-d'œuvre*. Le *Contr'un* est précédé d'une préface et suivi de notes.

ŒUVRES. Les opuscules de La Boétie n'ont été réunis qu'une fois. Voici le titre du recueil :

*Œuvres complètes d'Estienne de La Boétie, réunies pour la première fois et publiées avec des notes, par* LÉON FEUGÈRE, *professeur de rhétorique au collège Henry IV*. — Paris, Jules Delalain, 1846, in-12 de XXIV-532.

Cette publication, qui contient d'intéressantes remarques philologiques, renferme toutes les publications de La Boétie, y compris la traduction d'Aristote.

OUVRAGES RELATIFS A LA BOÉTIE. — Le D$^r$ Payen a inséré, au cours de sa notice, une importante liste d'ouvrages à consulter sur La Boétie. Nous y renverrons le lecteur. Nous né rappellerons que quelques volumes, trop importants pour les omettre, et nous essaierons surtout de compléter l'énumération du D$^r$ Payen, en y ajoutant les travaux publiés depuis lors.

*Etienne de La Boétie, l'ami de Montaigne, étude sur sa vie et ses ouvrages, précédée d'un coup d'œil sur les origines de la littérature française,* par LÉON FEUGÈRE, *agrégé-professeur de rhétorique au collège Henri IV.* — Paris, 1845, in-8º de 310 pp.

Cette étude a été publiée, en 1859, dans les volumes du même auteur intitulés *Caractères et portraits littéraires du XVI$^e$ siècle.*

*Notice bio-bibliographique sur La Boétie, l'ami de Montaigne, suivie de la Servitude volontaire donnée pour la première fois selon le vrai texte de l'auteur, d'après un manuscrit contemporain et authentique,* par le D$^r$ J.-F. PAYEN. Paris, 1853, in-8º, 145 pp.

*Causeries du lundi par* C.-A. SAINTE-BEUVE, *de l'Académie française,* — T. IX, pp. 112-128, article sur *La Boétie,* publié dans le *Moniteur universel,* du 14 nov. 1853, à l'occasion des travaux de Feugère et du D$^r$ Payen.

*Étude sur Etienne de La Boétie,* par M. PRÉVOST-PARADOL, *publiée à l'occasion d'une fête de charité, donnée à Sarlat, le 31 juillet 1864.* — Périgueux, 1864, brochure in-8º de 16 pp.

Publiée dans le feuilleton du *Journal des Débats* du 19 décembre 1859, cette étude fait partie du volume intitulé *Etudes sur les Moralistes français* (Paris, 1865, in-12, pp. 41-78).

*Étude sur Estienne de La Boétie,* — *Traité de la Servitude volontaire ou Contr'un,* par ALBERT DEBERLY, *étudiant en droit.* — Amiens, 1864, brochure in-8º de 20 pp.

*Remarques et corrections d'Estienne de La Boétie sur le traité de Plutarque intitulé* De l'Amour *avec une introduction et des notes,* par REINHOLD DEZEIMERIS. — Bordeaux, 1868, in-8º de 80 pp.

Extrait des *Publications de la Société des Bibliophiles de Guyenne.*

JULES CLARETIE. *La libre parole.* — Paris, 1868, in-12.

Contient un article sur La Boétie (pp. 147-157).

*Les Prosateurs français du XVI$^e$ siècle, par* EUGÈNE RÉAUME. — Paris, 1869, in-8º.

La huitième leçon est consacrée à La Boétie et à Charron (pp. 181-211).

*Les Moralistes français au XVI$^e$ siècle,* par M. ALBERT DESJARDINS, *agrégé à la Faculté de droit de Paris.* — Paris, 1870, in-8º.

Cet ouvrage, couronné par l'Académie des Sciences morales et politiques, contient sur La Boétie moraliste (pp. 131-147) un ingénieux chapitre que nous avons déjà eu l'occasion de citer.

BENJAMIN FILLON. *La devise d'Estienne de La Boétie et le juriste fontenaisien Pierre Fouschier.* — Fontenay-le-Comte, 1872, in-8º de 16 pp.

*Vies des poètes bordelais et périgourdins par* GUILLAUME COLLETET, *de l'Académie française, publiées, d'après le manuscrit autographe du Louvre, avec notes et appendices, par* PHILIPPE TAMIZEY DE LARROQUE. — Paris et Bordeaux, 1873, in-8º de 104 pp.

La vie de La Boétie s'y trouve (pp. 51-69), à côté de celle de Lancelot de Carle, et l'une et l'autre sont publiées avec de fort intéressants commentaires.

*Un mot sur La Boétie, sa famille et la prononciation de son nom pendant mon court séjour dans sa ville natale, par* M. l'abbé AUDIERNE. — Sarlat, avril 1875, in-8º de 27 pp.

*Cour d'appel d'Agen.* — *Un Magistrat au XVIᵉ siècle, Estienne de La Boétie. Discours prononcé à l'audience solennelle de rentrée, le 3 novembre 1876, par* M. FRANCISQUE HABASQUE, *avocat général.* — Agen, 1876, in-8º de 54 pp.

*La Statue de La Boétie à Sarlat. Les vrais titres de célébrité d'Estienne de La Boétie : sa vie, ses œuvres, son génie. Mémoire dédié au Conseil municipal par* A. LASSERRE, *avocat.* — Sarlat, 1876, in-8º de 111 pp.

FOURGEAUD-LAGRÈZE. *Le Périgord littéraire : La Boétie, la Servitude volontaire (1548); La Campie, la Juliade ou Jules démasqué (1649).* — In-8º sans date (1876), de 39 pp. Ribérac, impr. Condou.

*Conférence du 17 février 1877. Étude sur Estienne de La Boétie, par* EUGÈNE MAGNE, *professeur de rhétorique honoraire, etc.* (Se vend au profit de la statue de La Boétie.) — Périgueux, 1877, in-8º de 52 pp.

A la fin se trouve reproduite une lettre d'Henri Martin à M. Lasserre (18 décembre 1876) au sujet de la statue de La Boétie.

*Étienne de La Boétie, d'après de nouveaux documents, par* E. DE MONZIE (*Revue de France*, t. XXIV, pp. 503-528, 1ᵉʳ août 1877).

*Essai sur les idées politiques de Montaigne et La Boétie, par* FRANÇOIS COMBES, *professeur d'histoire à la Faculté des lettres de Bordeaux.* — Bordeaux, 1882, in-4º de 57 pp.

Enfin, La Boétie a été le héros d'un roman : *Nahouma, ou le château mystérieux, par* Mlle E. FAUGÈRE (Paris, 1857, in-12). Il y joue un rôle, qui, pour n'en rien dire de plus, s'éloigne fort de la réalité historique.

# INDEX

# INDEX

A clair, *clairement*, pages 70, 340.
Acquest, *profit*, 12, 119, 329.
Addresser, *dresser, redresser*, 41, 45, 120, 157.
Adviser, *transitif direct*, 18, 329.
Affaire, *subst. masc.*, 120, 165, 257, 310, 345.
Affoler, *endommager*, 79, 341.
Age, *durée de la vie*, 248, 272, 369.
Aguest (d'), *de parti pris*, 294, 379.
Ahanner, *souffler avec effort*, 321, 382.
Ainçois, 77.
Aisnage, *aînesse*, 293.
Alescher (s'), 36.
Amiable, *aimable*, 169, 170.
Amour, *subs. fém.*, 14, 54, 125, 199, 205, 329.
Apaster, 18, 330.
Appesantir, *trans. direct, alourdir*, 198.
Apprivoiser de (s'), 4, 326.
Art, *subst. fém.*, 80, 341.
Asthure, *à cette heure*, 298, 380.
Attraire, *attirer*, 182.
Attrempé, *modéré*, 188, 354.
Aucunement, *en quelque sorte*, 3, 172, 309, 326.
Au par sus, *par-dessus*, 132.
Autant bien, 1, 325.
Avant, *devant*, 303, 381.
Aveindre, *atteindre*, 107, 144, 345.
Avenable, *convenable*, 191.
Aventure (à belle), 28, 104.
Avorter (s'), 15.

Baisse, *vallée*, 294, 379.
Bale, *capsule de blé*, 142, 348.
Barde, *harnachement*, 29, 332.
Barquette, *petite barque*, 270.
Blasphème, *subst. fém.*, 297.
Benoist, *bénit*, 306.
Bornail, *ruche*, 100, 102, 140, 344.

Bouger (se), 46, 191, 335.
Boutefeu, 281.
Bouter, *mettre*, 145, 157, 348.
Brave, *beau, pompeux*, 29, 82, 93, 108, 293, 331.
Braveté, 55, 165.
Brevet, 298, 380.

Caperaçon, *caparaçon*, 181.
Carmes, *chants*, 268, 368.
Cartes, *papiers*, 271, 369.
Case, *maison*, 30, 332.
Caver, *creuser*, 144.
Ce *omis devant* que, 73, 284, 341, 375.
Ce dit, 290, 377.
Ce fais-mon, 67, 339.
Ce maid' Dieu, 17, 113.
Change (en), *en échange*, 168.
Chardon, *tige*, 162.
Charpenterie, 65.
Chef de pièce (à), *au bout de quelque temps*, 178, 352.
Chevaller, *poursuivre*, 47, 335.
Chevir, *venir à bout*, 164, 350.
Chiorme, *chiourme*, 155.
Clin, *clignement*, 256, 366.
Coiffé (être) de, *être infatué de*, 52, 336.
Combien que, *bien que*, 9, 328.
Compassé, *tiré au compas*, 85, 86, 342.
Congé, *permission*, 110, 137, 278.
Conquester, *conquérir*, 6, 327.
Consent, 299.
Consommer, *consumer*, 10, 55, 134, 194, 301, 328.
Consulter à, 269, 368.
Cornepié, 42.
Coulpe, *faute*, 79.
Couple, *paire*, 98, 344.
Courage, *cœur*, 265, 368.
Couronnel, 82.

Courtaud, *cheval*, 29, 332.
Coutre, *labourage*, 178, 179, 352.
Couvertement, 162, 171.
Coy, *tranquille*, 319.
Craindre (se) de, 34, 56.

Dace, *impôt*, 83, 342.
Dam, *damnation*, 290.
Debaucher, *détourner*, 70, 307, 340.
Debonnaire, 57, 147, 188, 275, 337.
Debonnaireté, 132.
Defaire, *tuer, détruire*, 8, 9, 11, 261, 328.
Demener (se), *se conduire*, 262, 367.
Departement, *action de départir*, 203.
Dequoy, *subst. masc.*, 50, 73, 336.
Desbaucher (se), *se détourner*, 258.
Desconfort, *plainte*, 192.
Desconforter (se), *se plaindre*, 189.
Deshonté, *sans vergogne*, 168.
Dès or, *dès maintenant*, 300, 380.
Despart (il), *il départit*, 84, 95, 293.
Despartent (ils), 137.
Despendre, *dépenser*, 5, 70, 77, 111, 326.
Despensif, *coûteux*, 70, 340.
Despit, *adj.*, *dépité*, 166, 188.
Despiter, *maudire*, 298, 380.
Desseigner, *désigner*, 125, 346.
Destourbier, *subst.*, *trouble*, 89, 343.
Deuiller (se), *se lamenter*, 196, 197, 267.
Deunir, *désunir*, 170.
Devant, *avant*, 21, 95, 100, 101, 136, 148, 171.
Devisé, 109.
Deviser, *faire le devis*, 252, 365.
Diffame, *mauvaise réputation*, 261, 367.
Diffamé, *mal famé*, 293.
Diffamer, *salir, gâter*, 71, 300, 340.
Difformer, *changer*, 189.
Dire (être à), *manquer*, 11, 123, 131, 151, 152, 329.
Discourir, *parcourir*, 31, 47, 50.
Dixme, *dixième*, 277.
Dormard, *dormeur*, 125, 346.
Dot, *subst. masc.*, 170, 350.
Droiturier, *aimant le droit*, 112, 346.

*Ellipse du pronom*, 29, 331; — 278, 373; — 284, 375.
Empesché de, 5, 311, 327.
Emploite, *usage, pratique*, 68, 340.
Encliner (s'), *s'incliner*, 304, 381.
Encommencé, *commencé*, 289.

Encontre, *contre*, 284.
En droit soi, *en soi*, 155.
Enlimonné, *envasé*, 140.
Ensuivre, *suivre*, 169.
Entourné, *entouré*, 193, 354.
Entracoller (s'), 166.
Entraimer (s'), 54.
Entreconnoistre, 15, 329.
Entrecraindre (s'), 54.
Entrelouer (s'), 155.
Entrerépondre (s'), 247.
Entreténement, *entretien*, 7, 83, 327.
Erres, *traces*, 44, 335.
Esbaudi, *réjoui*, 166.
Escharcement, *chichement*, 73, 341.
Escheller, *escalader*, 6, 327.
Esculée, *une pleine écuelle*, 37, 333.
Espoindre, *exciter*, 155.
Essorillé, *qui a les oreilles coupées*, 47, 335.
Estouble, *chaume*, 141.
Estrange, *étranger*, 9, 166, 282, 328.
Estranger, *éloigner*, 20, 198, 330.
Estreindre, *comprimer*, 20, 330.
Estrif, *débat*, 302, 381.
Estriver, *débattre*, 116, 178, 345.
Etat (faire) de, *considérer comme*, 19, 54, 152, 330.
Exerciter (s'), 86.

Faillir, *transitif direct*, 5, 52, 326.
Faillist-il, *fallut-il*, 256, 366.
Faire il le fault (un), 72, 340.
Femelin, *efféminé*, 5, 326.
Femmelette, 5.
Fien, *fumier*, 148.
Florir, *fleurir*, 15.
Fonde, *fronde*, 81, 105, 342.
Fort (au), 115, 125.
Franchement, *en liberté*, 19.
Franchise, *liberté*, 22, 24, 33, 282, 288.
Fruitier, *subst.*, *arbre fruitier*, 85, 289, 342.
Fuitif, *fugitif*, 178, 352.
Fumière, 42.
Fust, *bois*, 74, 341.

Garde (se donner), *prendre garde*, 22, 330.
Garderobe, *subst. masc.*, 181, 353.
Geine, *tourment*, 297, 380.
Gel, *gelée*, 23, 331.
Géométrien, *géomètre*, 166.
Glir, *loir*, 258, 367.
Grammercis, *subst.*, *grand merci*, 277, 372.

Gorgiaser (se), *se pavaner*, 29, 332.
Greine, *cochenille*, 180, 352.
Guerdon, *récompense*, 7, 327.
Guiterne, *guitare*, 74.

Haim, *hameçon*, 36, 333.
Hault à la main, 61.
Havi, *brûlé*, 137, 347.
Havir (se), *se brûler*, 145.
Hébrieu, *Hébreu*, 258, 367.
Heur, *fortune*, 12.
Heure (à l'), *sur l'heure*, 86.
Hommeau, 5, 326.
Honneur, *subst. fém.*, 251.
Hosties, *victimes*, 72, 171.
Huchet, *cor*, 24.

Illuminé, *enluminé*, 37, 115, 345.
Image, *subst. masc.*, 37, 333.
Imaginatif (faire l'), 40.
*Infinitif pris substantivement*, 1, 325, etc.
Instituer, *intituler*, 33.
Interroguer, *interroger*, 146, 147.
Inventeresse, 178.
*Inversion*, 73, 341 ; — 182, 353.

Je *supprimé*, 278, 373.
Jecton, *essaim d'abeilles*, 101, 344.
Jetter, *pousser*, 143, 145, 150, 162, 348.
Jettons, *pousses*, 144, 145.
Journal, *journée*, 100, 344.
Jurer, *trans. direct*, 86, 274, 342.

Lairrai (je), *je laisserai*, 274, 371.
Lais, 79, 341.
Laisse, *subst. fém.*, *couple*, 98, 344.
Leans, *là-dedans* (par opposition à *céans*), 101, 344.
Los, *louange*, 291, 299, 378.
Loyaument, 274.
Loyer, *récompense*, 7, 204, 327.
Luitte, *lutte*, 167.
Luitteurs, *lutteurs*, 167.

Mais (n'en pouvoir), *n'en pouvoir davantage* (lat. *magis*), 48, 335.
Mais que, *pourvu que*, 36, 105, 130.
Malegrace, 248.
Malencontre, *subst. masc.*, 19, 268.
Mange-peuples, 57, 337.
Mastiner, *maltraiter*, 8, 328.
Maudisson, *malédiction*, 56, 337.
Mauvaistié, *méchanceté*, 50, 336.
Mechanique, *chose de métier, d'artisan*, 43, 80, 91, 197, 334.

Mensonge, *subst. fém.*, 123, 346.
Mercier, *remercier*, 298, 308, 315, 380.
Meritoirement, 203.
Mesconter (se), *se tromper*, 111.
Mescroire, *ne pas croire*, 43, 64, 334.
Meshui, *désormais*, 12, 71.
Meslange, *subst. fém.*, 169, 175, 195, 350.
Mesmement, 134.
Mesnager, 65 et *passim*.
Mesnagerie, 63 et *passim*.
Mestier, *besoin*, 77, 175, 341.
Mestier (faire), *avoir besoin*, 103, 107.
Mignarder (se), 14.
Migrégeois, *à demi-grec*, 294.
Ministre, *subst. fém.*, 15, 329.
Mise, *dépense*, 66, 80, 152, 359.
Moindre, 278, 373.
Mon, *adv.* (lat. *mundè*), *assurément*, 67, 359.
Monition, *munition*, 81, 82, 342.
Monter, *transitif direct*, 17.
Mosquet, *mousquet*, 283.
Musart, *étourdi*, 260, 268, 367.

Nacqueter, *valeter*, 48, 336.
Naïf, *natif*, 17, 29, 114, 115, 331.
Nau, *navire*, 106.
Navire, *subst. fém.*, 174, 254.
Noçal, *nuptial*, 161, 179.
Nocier, *nuptial*, 171.
Noise, *querelle*, 170, 172, 177.
Nombrer, *compter*, 107.
Nouvelleté, *nouveauté*, 185.

Œuvre, *subst. masc.*, 251, 252, 253, 254, 255.
Olive, *olivier*, 44, 335.
Ord, *sale*, 38, 333.
Ordinaire à, 23.
Ordonné, *bien réglé*, 261, 367.
Ordonéement, *en ordre réglé*, 180.
Ordre (n'y voir plus d'), *n'y voir plus de moyen*, 18, 329.
Orfèverie, 65.
Oy (j'), *j'entends*, 276, 296, 372, 379.

Paissage, *pâturage*, 98.
Paître, *trans. direct*, *nourrir*, 262, 311, 367.
Pallir (se), *pâlir*, 290, 377.
Parçonnier ou parsonnier, *associé*, 91, 97, 114, 343.
Parement, *parure*, 171, 183.
Par épreuve, 4, 326.

440 INDEX

*Participe passé (accord du)*, 254, 288, 376.
*Participe présent (accord du)*, 28, 304, 381.
Pas, *subst., passage*, 155, 349.
Passer, *dépasser*, 20, 330.
Pénible, *ami du labeur*, 153, 349.
Pensement, *pensée*, 81, 84, 101, 102, 119, 196.
Penser, *trans. direct*, 271, 369.
Perfumer (se), *se parfumer*, 180.
Perjure, *parjure*, 265, 368.
Picquier, *porteur de pique*, 81, 342.
Pipeur, *trompeur*, 70.
Plaindre de (se), 4.
Planier, *plénier*, 126.
Planté (à grand), *à grande abondance*, 132, 347.
Poindre, *piquer*, 194, 291.
Poise (je), *je pèse*, 276, 372.
Poison, *subst. fém.*, 288, 376.
Populas, 30, 40, 41.
Porter (se), *se comporter*, 19, 330.
Possible, *adv.*, 2, 6, 21, 43, 77, 79, 81, 117, 122, 123, 143, 176, 196, 325.
Poste (à sa), *à sa convenance*, 40, 155, 248, 333.
Pourmené, *poursuivi*, 2, 325.
Prée, *prairie*, 283, 375.
Premier, *adv., premièrement*, 76, 95, 115, 134, 138, 179, 290.
Preuve, *épreuve*, 279, 282, 375.
Privé, *intime*, 96.
Privément, *intimément*, 43, 334.
Prochasser, *pourchasser*, 124, 132.
*Pronom supprimé*, 278, 373.
Protraire, *portraire*, 182.
Prou, *assez*, 41, 93, 149, 343.

Quant et, *avec*, 3, 35, 192, 326.
Qui, pour *celui qui*, 150, 348.
Quitter, *laisser*, 163, 193, 288, 291.

Rabiller, *redresser*, 117, 298, 345.
Radresser, *redresser*, 121.
Rai, *rayon*, 163, 275, 299.
Raller (reva), 199.
Ramentevoir, *rappeler*, 25, 181, 331.
Rapporteresse, 178.
Rebouscher (se), *s'émousser*, 7, 327.
Recharge, *surcharge*, 194.
Rechigner, *grincer*, 268, 368.
Recreu, *las*, 5, 327.
Reflot, 265, 368.
Refroigné, *renfrogné*, 166.
Regard (pour ce), *à cet égard*, 43, 181, 194.

Remascher, *repasser*, 268, 368.
Repenser, *transitif direct*, 271.
Reproche, *opprobre*, 300, 380.
Retirer, *éloigner*, 70.
Reva (il), 199.
Rien, *quelque chose* (lat. rem), 46, 335.
Rien plus, 1, 325.
*Rime* : est-ce *rimant avec* diverse, 255, 366 ; — demeure *avec* dure, 257, 366 ; — trefue *avec* preuve, 279, 373.
Rire (se), 287, 295, 303, 306, 376.

Saison (il est), *il est temps*, 289.
Saouler, *rassasier*, 13, 57, 329.
Sarceau, *sarcloir*, 140.
Semaison, *semailles*, 138.
Sème, *subst. masc., semence*, 178, 352.
Sentir à, 172, 351.
Serée, *soirée*, 283, 375.
Serpente, *subst. fém.*, 259, 367.
Serre (en), 193, 354.
Servir, *intrans.*, 2, 192, 354.
Si, *ainsi*, 27, 331.
Si que, *si bien que*, 263, 367.
Sommeilleux, *qui aime le sommeil*, 125, 346.
Sommier, *conducteur de bêtes de somme*, 104, 345.
Sonner, *chanter*, 268, 368.
Souef, *suave*, 85.
Soupçon, *subst. fém.*, 257, 366.
Spartain, *Spartiate*, 25, 26, 27, 331.
Succédé (il lui en a bien), 32, 332.
Surjon, *filet d'eau*, 253, 366.
Suspens, *suspendu*, 310.

Tabourin, *tambourin*, 180.
Taillé de (être), *être contraint de*, 104, 345.
Taisson, *blaireau*, 258, 367.
Tant (de), *d'autant*, 100, 103, 134.
Tant plus (de), *d'autant plus*, 10.
Tant plus (de)... et moins, 3, 326.
Targue, *bouclier*, 156, 349.
Tasché, *entâché*, 47, 335.
Temporiser, 4, 326.
Tenir cher, *estimer cher*, 18, 329.
Terne, *subst. fém., trinité*, 51, 336.
Terrien, *terrestre*, 199.
Tigre, *subst. fém.*, 180, 352.
Tirasser, *tirailler*, 268.
Tollir, *élever*, 43, 334.
Tormenter (se), 177, 180, 191.
Tracfique, *subst. fém.*, 205.

Traistre, *adj. épicène*, 266, 276, 296, 368.
Trasser, *raturer*, 252, 365.
Travail, *trouble*, 190.
Travailler, *troubler*, 189.
Trop mieux, 251.
Trousse, *carquois*, 274, 370.

Trouvé, *controuvé*, 9, 370.
Trouver, *inventer*, 273, 370.

Vesquit (il), *il vécut*, 85, 342.
Vestant, *revêtant*, 173.
Viande, *aliment*, 87, 343.
Virile, *adj. épicène*, 113.

# TABLE DES MATIÈRES

Préface............................................................  VII

Introduction : *Estienne de La Boétie, sa vie, ses ouvrages et ses relations avec Montaigne*..............  XI

Discours de la Servitude volontaire........................  1
Avertissement au lecteur par M. de Montaigne............  61
Lettre à M. de Lansac......................................  63
La Mesnagerie de Xénophon..................................  65
Lettre à M. de Mesmes......................................  159
Les règles de mariage de Plutarque........................  161
Lettre à M$^{me}$ de Montaigne............................  185
Lettre de consolation de Plutarque à sa femme............  187
Lettre au chancellier de L'Hospital.......................  203
*Stephani Boetiani Poemata*................................  207
Lettre à M. de Foix........................................  247
Vers françois de feu Estienne de La Boétie...............  251
Lettre à M$^{me}$ de Grammont.............................  285
Vingt-neuf sonnets d'Estienne de La Boétie...............  287
Extrait d'une lettre que Monsieur le conseiller de Montaigne écrit à Monseigneur de Montaigne, son père, concernant quelques particularités qu'il remarqua en la maladie et mort de feu Monsieur de La Boétie.......  307

Notes...............................................................  323

   *Discours de la Servitude volontaire*...................  325
   *Mesnagerie de Xénophon*................................  337
   *Règles de mariage de Plutarque*........................  350
   *Lettre de consolation de Plutarque à sa femme*........  353

## TABLE DES MATIÈRES

Poemata............................................. 355
Vers françois........................................ 364
Vingt-neuf sonnets................................... 375
Lettre de Montaigne.................................. 381

APPENDICE............................................ 383

 I. De la véritable prononciation du nom de La Boétie. 385
 II. Notes généalogiques sur la famille d'Estienne de La Boétie............................................. 386
 III. La Boétie jurisconsulte........................ 394
 IV. Des ouvrages perdus de La Boétie : Historique description du solitaire et sauvage pays du Médoc. 398
 V. Le réveille-matin des François.................. 402
 VI. La Boétie philologue (notes sur le traité de Plutarque de l'Amour)................................... 407
 VII. De la traduction des Économiques [d'Aristote attribuée à La Boétie................................ 419
 VIII. Testament d'Estienne de La Boétie............ 427
 IX. Notes bibliographiques......................... 429

INDEX................................................ 435

www.ingramcontent.com/pod-product-compliance
Lightning Source LLC
Chambersburg PA
CBHW051408230426
43669CB00011B/1810